高等学校交通运输与工程类专业教材建设委员会规划教材
江苏"十四五"普通高等教育本科省级规划教材
江苏省高等学校重点教材

Bridge Inspection, Evaluation and Strengthening Technology

桥梁检测评定与加固技术

（第2版）

魏　洋　丁明珉　赵　康　编著
郑开启　董峰辉

人民交通出版社
北京

内 容 提 要

本书系统介绍了桥梁检测评定与加固方面的专业知识。主要内容包括：绪论、桥梁结构病害分析、桥梁检测仪器设备与传感器、桥梁结构的材料性能检测、桥梁荷载试验、桥梁检查与评定、桥梁缺陷与裂缝修复技术、桥梁上部结构改造与加固技术、不同桥型上部结构的加固方法、桥梁支座更换及下部结构加固技术、工程应用实例等。

本书可作为土木工程、道路桥梁与渡河工程、工程管理、交通工程等专业的本科生及研究生（含继续教育）教材，也可作为桥梁相关专业职业教育教材，还可供从事桥梁施工、设计、检测和管理的工程技术人员参考。

图书在版编目(CIP)数据

桥梁检测评定与加固技术／魏洋等编著. — 2版. — 北京：人民交通出版社股份有限公司，2024.2
ISBN 978-7-114-19472-6

Ⅰ.①桥… Ⅱ.①魏… Ⅲ.①桥梁结构　检测②桥梁结构—评定③桥梁结构—加固　Ⅳ.①U44

中国国家版本馆CIP数据核字(2024)第066755号

高等学校交通运输与工程类专业教材建设委员会规划教材
江苏"十四五"普通高等教育本科省级规划教材
江苏省高等学校重点教材

Qiaoliang Jiance Pingding yu Jiagu Jishu

书　名：	桥梁检测评定与加固技术（第2版）
著作者：	魏　洋　丁明珉　赵　康　郑开启　董峰辉
责任编辑：	卢俊丽　李　敏
责任校对：	赵媛媛　刘　璇
责任印制：	刘高彤
出版发行：	人民交通出版社
地　　址：	(100011)北京市朝阳区安定门外外馆斜街3号
网　　址：	http：//www.ccpcl.com.cn
销售电话：	(010)85285911
总 经 销：	人民交通出版社发行部
经　　销：	各地新华书店
印　　刷：	北京虎彩文化传播有限公司
开　　本：	787×1092　1/16
印　　张：	33.5
字　　数：	840千
版　　次：	2019年1月　第1版 2024年2月　第2版
印　　次：	2024年2月　第2版　第1次印刷　总第6次印刷
书　　号：	ISBN 978-7-114-19472-6
定　　价：	90.00元

(有印刷、装订质量问题的图书，由本社负责调换)

《桥梁检测评定与加固技术》教材配套资源索引

资源编号	资源名称	页码
1	空心板梁桥主要病害照片	25
2	T形梁桥主要病害照片	30
3	桥梁伸缩缝更换过程现场实例(盐靖高速公路通榆河特大桥)	33
4	盐靖高速公路通榆河特大桥伸缩缝装置更换工艺动画	33
5	预应力钢筋混凝土连续箱梁病害视频	34
6	拱桥主要病害照片	45
7	斜拉桥主要病害照片	57
8	桁架桥梁检测车检测实例视频	74
9	不同类型桥梁检测车检测加固施工视频	74
10	桥梁动载跳车试验视频	179
11	桥梁动载跑车试验视频	179
12	桥梁动载刹车试验视频	179
13	便捷桥梁检查系统实例(达陕高速)	188
14	混凝土材料性能劣化视频	214
15	桥梁弯剪组合加固演示动画	221
16	粘贴钢板加固法演示动画	238
17	粘贴钢板加固工程实例照片	238
18	灌注法修补裂缝实例照片	238
19	预应力FRP板加固桥梁实例(连霍高速)	249
20	粘贴FRP加固技术演示动画	249
21	体外预应力加固技术演示动画	269
22	体外预应力加固工程实例照片1	269
23	体外预应力加固工程实例照片2	269
24	钢绞线网-聚合物砂浆加固工程实例照片	283
25	预应力钢丝绳-聚合物砂浆加固技术演示动画	291
26	桥梁抗弯组合加固技术演示动画	291
27	空心板内腔灌注混凝土抗剪加固实例	322
28	桥面混凝土铺装改造及新增混凝土养护照片	325
29	九江长江公路桥梁加固改造工程演示动画	325
30	桥梁新增横隔板工程实例照片	329
31	组合箱梁跨中增设横隔板加固实例照片	338
32	连续箱梁体外预应力粘贴FRP综合加固工程实例	341

续上表

资源编号	资源名称	页码
33	北京三元桥大修工程整体替换施工演示动画	341
34	梁体局部增加截面加固桥梁实例照片	341
35	南京栖霞大桥吊杆更换工程照片	353
36	连霍高速京杭运河特大桥吊杆更换实例	353
37	江苏盐城射阳河大桥吊杆更换工程照片	353
38	斜拉桥换索工程实例(壶西大桥)	357
39	桥梁支座更换过程演示(抱箍法)	363
40	桥梁加固支架搭设照片	363
41	桥梁更换支座工程实例照片	363
42	PLC桥梁顶升支座更换实例	369
43	墩柱增大截面加固实例	384
44	桥墩纵向嵌入筋与FRP管组合加固技术演示动画	387
45	新增立柱加固独柱墩实例	394
46	钢筋拉拔试验实例照片	397
47	钢管围堰水下桩基加固施工实例照片	401
48	水下不分散砂浆加固水下桥墩工程实例	410
49	FRP管加固水下桩基加固施工实例照片	410
50	预制混凝土板桥墩加固技术演示动画	411
51	桥墩钢丝网与FRP管组合加固演示动画	413
52	桥梁桥面铺装病害实例照片	447
53	钢套管加固水下桩基加固施工实例	508

国家级一流本科课程 中国大学MOOC《桥梁检测评定与加固技术》
https://www.icourse163.org/course/NJFU-1206940801

江苏省一流本科虚拟仿真实验课程《林区桥梁混凝土墩柱水下加固抗震虚拟仿真实验》
http://jsxngx.seu.edu.cn/lqhntkz/

资源使用说明：

1. 扫描封面上的二维码(注意此码只可激活一次)；
2. 关注"交通教育出版"微信公众号；
3. 公众号弹出"购买成功"通知,点击"查看详情",进入后即可查看资源；
4. 也可进入"交通教育出版"微信公众号,点击下方菜单"用户服务－图书增值",选择已绑定的教材进行观看。

前言

21世纪以来,我国桥梁整体建设水平和规模得到了长足发展,截至目前,全国公路桥梁已达100余万座,在桥梁大规模新建之后,必将迎来桥梁养护的巨大市场。我国桥梁在建造核心技术、桥型与结构体系、材料性能和装备水平等方面都取得了重大进步,但要达到桥梁强国所需的桥梁养护技术水平,仍然还有很长的路要走。近年来,我国发生了多起严重的桥损与安全事件,对国民经济和人民群众的生命安全造成了极大的危害。如何保障桥梁结构的安全性、耐久性和使用功能成为桥梁工程界面临的主要挑战。随着材料科学、机械制造及信息技术的快速发展,如今的桥梁维修养护对智能化、数字化、标准化、快速化等提出了更高要求,也要求桥梁管养的从业者须具备更高的专业素质和综合能力。

"桥梁检测评定与加固技术"是一门技术性和工程实践性均较强的专业课,与当前我国桥梁发展与行业市场需求紧密相联。本课程的目的是通过学习和掌握桥梁检测、桥梁病害分析、桥梁检查评定、桥梁加固的相关专业知识,熟悉桥梁病害特点及相关仪器设备、材料性能、技术工艺,能够对病害桥梁进行诊断,并制订相应性能提升方案。学生通过本课程的学习,能增强在桥梁养护方面的实践与创新能力,提高对我国桥梁行业发展的适应性。

本书主要内容包括:桥梁结构病害分析,桥梁检测仪器设备与传感器,桥梁结构的材料性能检测,桥梁荷载试验,桥梁检查与评定,桥梁缺陷与裂缝修复技术,桥梁上部结构改造与加固技术,不同桥型上部结构的加固方法,桥梁支座更换与下部结构加固技术,工程应用实例等。本书在修订时,合并了各类拱桥病害及加固技术内容,增加了独柱墩桥梁加固等内容。

本书特色如下:

1. 结构体系系统全面:全书内容涵盖检测、评定与加固,涉及公路桥梁与城市桥梁,上部结构与下部结构,梁桥、拱桥等各类型桥梁。系统全面,条理清楚、层次分明,各部分内容具有内在联系。

2. 内容科学先进:除了桥梁基本养护技术,还介绍了最新行业技术与研究成果,包括编写团队的科研成果,涉及了众多新技术、新材料、新设备,能够反映行业领域的当前技术。

3. 案例丰富:在论述技术、材料、设备时列举了大量的工程案例,包括桥梁检测、评定与加固的系统工程实例,内容与行业技术的发展紧密联系,符合认知规律,富有启发性。

4. 课程思政浸润:桥梁维修养护行业工作艰苦、责任重大,本书在介绍专业知识的同时,深挖蕴含其中的思想价值和精神内涵,构建了全面融贯习近平新时代中国特色社会主义思想的思政案例体系,将"埋头苦干""担当作为""坚持发扬斗争精神"等二十大精神凝炼为家国情怀、工匠精神、职业操守、社会责任和可持续发展等数十种课程思政元素,做到育才和育人相统一。

5. 纸数融合:本书配备数字化教学资源,内附二维码,同时线上共享关键结构构造、施工工艺的工程照片、录像、动画等电子资源。针对主要知识点编者制作了约 60 个知识点教学视频,读者可在中国大学 MOOC 公共平台观看(https://www.icourse163.org/course/NJFU-1206940801)。

全书共 11 章,由南京林业大学魏洋、丁明珉、赵康、郑开启、董峰辉编写。具体编写分工为:第 1 章由董峰辉编写,第 2 章由郑开启编写,第 3 章、第 4 章由赵康编写,第 7 章由董峰辉编写,第 5 章、第 6 章、第 8 章、第 9 章、第 10 章由魏洋编写,第 11 章由丁明珉编写,全书由魏洋统稿。在本书编写过程中,南京林业大学研究生徐扬、程勋煜、周家凯、张希、李宁、彭东林、王序、蒋俊峰、杨波、严少聪、徐鹏飞、蔡超、翟志欣、聂玉晗、陈思和黄哲等参加了书稿的整理及插图绘制工作。在本书修订过程中,南京林业大学王秋东、王家庆、黄林杰、刘杰、杜浩博士参与了修订工作。

本书编写及修订过程中,江苏高速公路工程养护技术有限公司、中铁桥隧技术有限公司、江苏现代路桥有限责任公司、江苏华通工程检测有限公司、北京特希达交通勘察设计院有限公司、柳州欧维姆工程有限公司等提供了大量工程实例资料;同时,本书参考了大量国内外桥梁维修养护方面的专利、专著、教材、报告及设计与施工方案等资料,部分地方直接或间接引用了相关内容。在此,谨向这些资料的提供者或作者表达敬意和谢意。

由于编者水平有限,教材中错谬之处在所难免,敬请批评和指正(联系邮箱:wy78@njfu.edu.cn),以便修订时更正。

编　者

南京林业大学

江苏省公路智能检测与低碳养护工程研究中心

江苏省高校桥梁智能建造与安全运维重点实验室

2024 年 1 月

目录

第1章 绪论	1
1.1 我国桥梁的发展	1
1.2 典型桥梁事故的经验教训	5
1.3 桥梁运营管理及检测加固技术现状	16
1.4 本书主要内容	23
思考题	24
第2章 桥梁结构病害分析	25
2.1 概述	25
2.2 空心板梁桥结构特点与病害	25
2.3 简支T梁桥结构特点与病害	30
2.4 预应力混凝土连续箱梁桥结构特点与病害	34
2.5 预应力混凝土组合箱梁桥结构特点与病害	40
2.6 上承式拱桥结构特点与病害	45
2.7 中、下承式拱桥结构特点与病害	52
2.8 斜拉桥结构特点与病害	57
2.9 悬索桥结构特点与病害	64
2.10 下部结构特点与病害	68
思考题	73
第3章 桥梁检测仪器设备与传感器	74
3.1 一般工具与设备	74
3.2 位移、线形、裂缝及缺陷测量技术	78
3.3 应变、温度与荷载测量技术	90
3.4 基于应变测试的衍生传感器	101

3.5　测振传感器 ··· 103
　　3.6　数据采集分析仪 ··· 106
　　思考题 ·· 109

第4章　桥梁结构的材料性能检测 ·· 111
　　4.1　概述 ·· 111
　　4.2　超声法检测混凝土结构内部缺陷 ··· 111
　　4.3　回弹法检测混凝土强度 ·· 119
　　4.4　超声回弹综合法检测混凝土强度 ··· 124
　　4.5　钻芯法检测混凝土强度 ·· 127
　　4.6　钢筋锈蚀检测 ·· 132
　　4.7　混凝土氯离子浓度检测 ·· 137
　　4.8　混凝土内钢筋分布及保护层厚度检测 ·································· 143
　　4.9　钢结构超声波探伤检测 ·· 146
　　思考题 ·· 151

第5章　桥梁荷载试验 ·· 153
　　5.1　概述 ·· 153
　　5.2　荷载试验预备工作 ··· 154
　　5.3　静载试验 ·· 155
　　5.4　动载试验 ·· 171
　　5.5　试验报告编写 ·· 185
　　思考题 ·· 186

第6章　桥梁检查与评定 ·· 188
　　6.1　公路桥梁检查 ·· 188
　　6.2　公路桥梁技术状况的分层综合评定法 ·································· 194
　　6.3　公路桥梁承载能力分析与评定 ··· 202
　　6.4　城市桥梁养护管理 ··· 206
　　6.5　城市桥梁技术状况评定 ·· 208
　　思考题 ·· 213

第7章　桥梁缺陷与裂缝修复技术 ··· 214
　　7.1　桥梁缺陷修复技术 ··· 214
　　7.2　桥梁裂缝修复技术 ··· 221
　　思考题 ·· 226

第8章　桥梁上部结构改造与加固技术 ·· 227
　　8.1　增大截面加固法 ·· 227
　　8.2　粘贴钢板加固法 ·· 238
　　8.3　粘贴纤维复合材料(FRP)加固技术 ····································· 249
　　8.4　体外预应力加固法 ··· 269

8.5 钢绞线网-聚合物砂浆加固技术 ································· 283
8.6 预应力钢丝绳-聚合物砂浆加固技术 ····························· 291
8.7 改变结构体系加固技术 ··· 304
思考题 ·· 315

第9章 不同桥型上部结构的加固方法 ······························· 317
9.1 加固原则 ··· 317
9.2 空心板梁桥维修加固技术 ······································· 318
9.3 T梁桥维修加固技术 ·· 325
9.4 组合箱梁桥维修加固技术 ······································· 331
9.5 连续梁(刚构)桥、悬臂梁桥维修加固技术 ······················· 341
9.6 上承式混凝土拱桥维修加固技术 ································· 345
9.7 中、下承式拱桥维修加固技术 ··································· 352
9.8 斜拉桥和悬索桥维修加固技术 ··································· 357
思考题 ·· 362

第10章 桥梁支座更换及下部结构加固技术 ························· 363
10.1 支座更换技术 ··· 363
10.2 桥梁整体顶升技术 ··· 373
10.3 地基冲刷处理与基础加固技术 ································· 376
10.4 墩柱加固技术 ··· 384
10.5 独柱墩加固 ··· 393
10.6 桥台加固 ··· 397
10.7 桥梁水下结构加固技术 ··· 400
思考题 ·· 415

第11章 工程应用实例 ··· 417
11.1 公路桥梁检测实例一(分层综合评定法) ······················· 417
11.2 公路桥梁检测实例二(分部件综合评定法) ····················· 423
11.3 城市桥梁检测实例 ··· 427
11.4 桥梁荷载试验实例 ··· 432
11.5 桥梁上部结构加固实例 ··· 439
11.6 桥梁下部结构加固实例 ··· 496

附录 课程思政体系 ··· 513

参考文献 ··· 519

第1章 绪论

1.1 我国桥梁的发展

21世纪以来,我国桥梁整体建设水平和规模得到了长足发展,一座座技术过硬、姿态各异的桥梁相继建成,跨越江河湖海、峡谷深沟。截至2022年年底,全国公路桥梁103万座,首次超过100万座,总长约8.58万延米,其中特大桥8000余座,约1621万延米。截至2023年年底,我国悬索桥、斜拉桥、拱桥和梁桥的最大跨径均位居世界第一(含在建),我国已经成为名副其实的桥梁大国。从桥梁发展历程来看,我国公路桥梁建设经历了从平原区向艰险山区,从一般江河湖泊向大江大河再向海湾及联岛工程建设的发展历程。桥梁结构从常规的梁桥和拱桥,向大跨径斜拉桥、悬索桥、高墩、不对称结构及弯桥,再向离岸深海长大桥梁、公铁两用重载桥梁、大型预制装配结构等发展。我国桥梁在建设核心技术、桥型与结构体系、材料性能和装备水平等方面都取得了巨大进步,尤其在大跨径桥梁建造领域处于世界先进水平,许多突破世界性技术难题的中国桥梁已经建成。在经历了20世纪80年代的学习与追赶、20世纪90年代的跟踪与提高两个发展阶段后,我国桥梁建设技术迎来了21世纪的全面创新与引领阶段。

在梁桥、拱桥、斜拉桥、悬索桥四种基本桥型和跨海工程建设中,我国正在引领世界桥梁建设,稳步走在通往世界桥梁强国的道路上。截至2023年年底,世界排名前十的各类桥梁中,我国都占半数以上,其中包括攻克了许多技术难题,建成或正在建设的创世界之最的桥梁。代表性的桥梁有港珠澳跨海大桥、五峰山长江大桥、常泰长江大桥、天峨龙滩大桥、套尔河大桥等,这些桥梁在多个领域突破已有技术纪录,被写入世界桥梁史,标志着我国的桥梁建造技术越来越成熟、越来越先进,桥梁技术创新和建造水平越来越得到世界各国的认可。

1.1.1 港珠澳跨海大桥

港珠澳跨海大桥连接香港大屿山、澳门半岛和广东省珠海市,采用"人工岛+海底隧道+桥梁"的设计方案,总长55km(图1-1)。工程于2009年12月15日开工,2018年10月24日建成通车,创下了世界最长跨海大桥的纪录。港珠澳跨海大桥不仅是中国施工难度最大的跨海桥梁项目之一,也是世界交通史上技术最复杂的建设项目之一,投资额超过千亿元。主体工程包括一个6.7km长的海底隧道,其为世界上最长的沉管海底隧道。港珠澳跨海大桥海中桥梁全长约22.9km,包括青州航道桥、江海直达船航道桥、九洲航道桥三座通航孔桥及约20km的非通航孔桥。整个工程的技术难点包括人工岛构筑、海底沉管隧道及主桥工程技术。大桥建造过程中,建成了国内首条钢箱梁板单元制造自动化示范生产线,板单元、钢结构拼装阶段采用"无损装焊、无损吊运、无损支撑"的"三无拼装技术";开发了直径75mm的高强度预应力粗钢筋,屈服强度≥835MPa,抗拉强度≥1035MPa;研发了一系列大型海上施工设备,包括大型浮式起重机、大型钢圆筒同步振沉系统、墩身承台整体预制模板等。

a)通航桥　　　　　　　　　　　　b)人工岛

图1-1　港珠澳跨海大桥

1.1.2 五峰山长江大桥

五峰山长江大桥(图1-2)是位于江苏省内连接镇江丹徒区与京口区的过江通道,位于长江水道之上,是连镇高速铁路跨越长江的关键工程,也是江都—宜兴高速公路跨越长江的关键工程。五峰山长江大桥于2015年10月28日动工兴建,2019年12月26日完成主桥合龙,大桥全线贯通;2020年12月11日铁路桥投入运营,2021年6月30日公路桥投入运营。五峰山长江大桥北起高红路,上跨长江水道,南至金港大道;线路全长6408.9m,主桥长1428m;大桥上层为双向八车道高速公路,设计速度为100km/h,下层为双向四线高速铁路,设计速度为250km/h。五峰山长江大桥是首次采用悬索桥结构体系的高速公铁两用桥梁,建立了一整套高速铁路悬索桥关键设计参数指标体系。

图 1-2　江苏五峰山长江大桥

1.1.3　常泰长江大桥

常泰长江大桥是位于江苏省内连接常州与泰兴的跨长江大桥(图 1-3),是集高速公路、城际铁路、一级公路"三位一体"的过江通道。大桥采用上层高速公路,下层城际铁路+普通公路的"三位一体"结构,上层桥面布置双向六车道高速公路,下层桥面上游侧布置两线城际铁路,下层桥面下游侧布置四车道一级公路。大桥位于泰州大桥与江阴长江公路大桥之间,全长 10.03km,其中,公铁合建段长 5299.2m,下层公路接线长 4730.8m。主航道桥采用主跨 1176m 的斜拉桥,两侧专用辅航道桥均采用主跨 388m 的钢桁梁拱桥,均刷新了同类桥梁世界纪录,为当时世界最大跨度公铁两用斜拉桥和最大跨度公铁两用钢桁拱桥。常泰长江大桥于 2019 年 1 月开工。建成后的常泰长江大桥将创造六项世界纪录:世界最大跨度斜拉桥、最长连续长度桁梁、最大规模碳纤维复合材料索、最大跨度公铁两用拱桥、最大规模荷载非对称布置桥梁、最高强度桥用平行钢丝斜拉索。其荷载大、跨径大,铁路偏载。主航道桥主塔设计总高 352m,分为上塔柱、中塔柱、下塔柱三个区段;采用钢-混混合结构空间钻石形桥塔,可以有效避免大体积混凝土开裂问题,实现了景观与结构的统一。斜拉索国内首次采用 ϕ7mm-2100MPa 锌铝合金镀层钢丝,同时在主塔下横梁与主跨跨中之间设置水平拉索,改变了水平荷载传力途径,减小了塔底弯矩。

图 1-3　江苏常泰长江大桥(施工现场)

1.1.4 天峨龙滩特大桥

天峨龙滩特大桥位于广西河池市天峨县龙滩大坝上游6km处，是广西南丹至天峨下老高速公路(南天高速)的一座特大桥梁(图1-4)。天峨县是广西最后三个没有通高速的县域之一，南天高速的建成将改变这一局面。天峨龙滩特大桥是南天高速的重点控制性工程，大桥全长2488.6m。其中，主桥采用上承式劲性骨架混凝土拱桥方案，跨径600m，两岸拱座均依托山体，垂直于红水河展开，主拱截面采用在钢管混凝土之外外包混凝土的方案。天峨龙滩特大桥于2024年2月1日建成通车，目前是世界最大跨径拱桥，将混凝土拱桥跨径的世界纪录提高了155m。该桥跨度大、设计、施工难度高，是拱桥建造史上的又一里程碑。天峨龙滩特大桥的建造过程涉及了拱桥、斜拉桥、悬索桥、简支梁桥、连续钢构桥等桥型的原理及建造工艺，集深基坑、高桥墩、大体积混凝土、拱肋吊装、拱上立柱、劲性骨架外包混凝土等施工难点于一体，开创了世界600m级拱桥建设的新纪元。

图1-4 广西天峨龙滩特大桥(施工现场)

1.1.5 套尔河特大桥

套尔河特大桥地处山东滨州无棣县、沾化区交界处，位于徒骇河入渤海的海口段，是G228丹东线滨州段项目的核心难点工程(图1-5)。套尔河特大桥全长4334m，主桥设计为128m+338m+128m混合梁连续刚构桥。大桥主跨跨径338m，建成后将超越330m跨径的重庆石板坡长江大桥复线桥，成为世界第一跨径梁桥，主跨跨中设置173m钢箱梁段，通过两端端部6.5m的钢-混结合段与两侧76m的混凝土段连接为整体。大桥主桥桥墩包含灌注桩70根，每根桩径2m、设计桩长105m，孔深120m，每根灌注桩所需混凝土约342m³，属于大直径超长灌注桩，标志着灌注桩施工长度的新突破。

未来，我国桥梁建设将进一步创新突破桥梁关键技术装备，总体遵循安全可靠、长寿耐久、优质高效、智能先进、绿色低碳的发展路径，向工业化、信息化、智能化、绿色化等方向发展，聚焦于桥梁结构与关键施工工艺创新、桥梁新材料研发、重大施工装备开发、桥梁绿色化和智能化设计建造、全寿命智能运维与管养等领域，桥梁的建设将跨越高山深谷、连接城市乡村，促进产业结构升级及关联产业发展，助力乡村振兴，成为支撑经济社会高质量发展的交通脊梁。

图1-5　山东套尔河特大桥(效果图)

1.2　典型桥梁事故的经验教训

随着桥梁的大规模建设,在施工及运营中,桥梁的灾损和安全事故时有发生。这些灾损和事故常造成巨大的人员伤亡、财产损失和交通中断等,带来严重的社会影响。根据事故调查分析及经验总结,其原因可以归为设计原因、施工原因、养护原因、车辆超载、灾害及偶然作用等,而实际桥梁灾损和事故常常是多因素综合作用的结果,不能简单地归于单一原因。为了从典型桥梁事故中总结经验、吸取教训,防患于未然,提高认识,强化桥梁养护管理人员安全底线思维,以下选择部分已公开的国内外典型桥梁事故案例进行分析。

1.2.1　设计原因

由于当时人们对桥梁力学理论认知有限,导致设计中存在缺陷而引起桥梁安全事故。例如,对大跨度柔性桥梁空气动力性能认识不足而发生塔科马(Tacoma)海峡大桥垮塌事故,对结构疲劳性能无法计算评估而发生的因链条"眼杆"疲劳破坏的锡尔弗(Silver)大桥垮塌事故,对吊杆复杂受力缺乏设计应对而发生的宜宾小南门大桥垮塌事故。

1)塔科马(Tacoma)海峡大桥

事故发生过程:塔科马(Tacoma)海峡大桥位于美国华盛顿州的塔科马(Tacoma)海峡(图1-6),大桥主跨853m,建造于1938年11月至1940年7月。在建造的最后阶段,人们发现大桥在微风的吹拂下会出现晃动甚至扭曲变形的情况,驾驶员在桥上驾车时可以看到另一端的汽车随着桥面的扭动一会儿消失一会儿又出现的奇观。1940年11月7日,大桥在远低于设计风速(19m/s,相当于八级大风)的情况下发生强烈的风致振动,桥面经历了70min振幅不断增大的反对称扭转振动,最终导致桥面折断,坠落到峡谷中。

事故调查分析:相关研究表明,该桥发生垮塌的直接原因是当时对桥梁设计理论认知不足,大桥设计存在缺陷。其采用普通钢梁截面,缺少流线型设计,导致对风的阻力大,同时钢梁宽度与高度设计值较小,刚度不足,因而在风荷载作用下引起桥梁的扭转和振动,最终导致桥梁的垮塌。

图1-6 塔科马(Tacoma)海峡大桥垮塌事故

2）锡尔弗(Silver)大桥

事故发生过程：锡尔弗(Silver)大桥位于美国俄亥俄河上，连接着俄亥俄州与西弗吉尼亚州，采用的是"眼杆"链条设计方案。所谓"眼杆"链条，就是把主要承重结构设计成类似于自行车链条的样式（类似于悬索桥）相互交织通过"眼杆"连接并固定于桥塔。1967年12月15日，正值下班高峰期，购物和下班的人们挤满了桥梁，悲剧就在这时发生了；短短1min内，桥梁彻底垮塌（图1-7），垮塌事故直接导致50余辆汽车坠入俄亥俄河中，46人丧生。

图1-7 锡尔弗(Silver)大桥垮塌事故

事故调查分析：据有关研究分析，造成该起事故的直接原因是链条"眼杆"的疲劳断裂；另外，链条与桥塔之间的不合理连接关系，也是导致灾难发生的原因之一。

3）宜宾小南门大桥

事故发生过程：宜宾小南门大桥主桥是中承式钢筋混凝土肋拱桥，主跨为240m，矢跨比为1/5，是当时国内跨径最大的钢筋混凝土拱桥，是四川南部宜宾进入云南的咽喉要道。主跨中部180m范围的桥面系为吊杆悬吊横梁，横梁上置纵向预制空心板，两端桥面系分别由30m的钢筋混凝土门式框架支撑。全桥共17对34根吊杆，原吊杆采用钢绞线夹片锚，钢绞线套以无缝钢管，两端灌注硫磺砂浆，中间用水泥浆灌注保护。2001年11月7日凌晨4点，宜宾小南门大桥发生吊杆断裂及桥面垮塌事故（图1-8），4对8根钢吊杆断裂，对应的北岸1根、南岸3根横梁坠入金沙江中，使得北岸两跨(20m)、南岸4跨(40m)桥面坍塌，交通中断。

事故调查分析：据有关部门调查分析，该桥梁垮塌的直接原因是原吊杆腐蚀。吊杆下锚头存在不同程度的锈蚀，桥面体系依靠吊杆悬挂于拱肋之上，而桥梁伸缩缝的存在，使吊杆在承受拉应力的同时,随"飘浮式"结构的"晃动"承受较复杂的额外应力,这样复杂的受力状态造成吊杆断裂,桥面一侧垮塌后,桥面的支撑状态发生变化,导致另一侧也垮塌。

图1-8　宜宾小南门大桥垮塌事故

1.2.2　施工原因

桥梁施工阶段往往是桥梁全寿命周期中结构最不稳定的阶段,对于一些特殊的结构形式,如果施工不当尤其容易导致发生垮塌等事故,发生这类垮塌事故的代表性桥梁有:未按设计要求施工导致承载力不足发生倒塌的韩国圣水大桥;砌筑材料质量未满足设计要求且上部构造施工工序不合理而发生垮塌的湖南堤溪沱江大桥;支架搭设不符合规范、施工工艺不当而发生垮塌的贵州小尖山大桥。

1)韩国圣水大桥

事故发生过程:圣水大桥位于韩国首都首尔的汉江,于1979年建成。大桥全长1160m,宽19.4m,采用悬臂式钢桁梁桥结构,共有7跨钢桁梁。主桥中间5跨采用悬臂梁,每跨跨径为120m,每跨包括2个36m长的悬臂梁和跨中48m长的悬挂梁。边跨长84m,悬臂梁与悬挂梁之间采用的是当时流行的铰接方式。1994年10月21日早上,在车流量高峰时期,第五根与第六根桥墩间的48m悬挂梁整体塌落入水(图1-9)。当时正值旱季,桥下水深仅有3~5m,落梁并未完全沉没,桥面部分在水面以上,1辆公共汽车和6辆小汽车从20m高处坠落。事故最终导致32人死亡、17人受伤。

图1-9　韩国圣水大桥垮塌事故

事故调查分析:垮塌事故始于一侧悬臂梁的1根竖杆焊缝断裂,并进一步引起剩余2根竖杆断裂,销栓剪断,简支的悬挂梁失去一端支撑。其主要原因为悬臂梁与悬挂梁间铰接竖杆的焊缝未按设计要求进行全熔透焊接,且铰接板与翼缘板厚度过渡段坡度远大于设计值;钢桁悬臂梁结构冗余度不足;桥梁缺乏维护和有效监测,后期的保养不到位。

2) 湖南堤溪沱江大桥

事故发生过程:湖南堤溪沱江大桥位于湖南省凤凰县,全长328.45m,桥面宽度13m。其桥型为4孔65m跨径等截面悬链线空腹式无铰石拱桥,且为连拱石拱桥,桥墩高33m。事故发生时,大桥腹拱圈、侧墙的砌筑及拱上填料已基本完工,拱下正在拆除剩余拱架。首先是在第一跨拱圈偏1号桥墩处出现了开裂、掉渣、石块下落现象,进而第一孔突然垮塌。受连拱效应影响,第二、三、四孔朝第一跨0号台方向相继倒塌(图1-10)。事故造成了64名作业人员死亡、22人受伤的严重后果。

图1-10 湖南堤溪沱江大桥垮塌事故

事故调查分析:据有关调查分析,事故的直接原因是大桥的主拱圈砌筑材料未满足设计要求,拱桥上部构造施工工序不合理,导致主拱圈砌筑质量差,降低了拱圈砌体的整体性和强度。随着拱上荷载的不断增加,第一孔主拱圈靠近0号桥台一侧3~4m宽度范围内,即2号腹拱下的拱脚区段砌体强度达到破坏极限而垮塌,受连拱效应影响,整个大桥迅速垮塌。

3) 贵州小尖山大桥

事故发生过程:贵州小尖山大桥全长155m,桥墩高47m。2005年12月14日,大桥的施工支架突然发生垮塌,横跨在3个桥墩上的两段正在浇筑的桥面轰然坠下(图1-11),桥面上施工的工人也同时坠落谷中。事故共造成8人死亡、12人受伤。

图1-11 贵州小尖山大桥垮塌事故

事故调查分析:据有关部门研究分析,事故的直接原因是支架搭设时基础施工不符合相关规范要求。其中,部分支架的钢管壁厚不够,部分支架钢管与枕木之间缺少垫板,同时部分支架预压时,预压范围不充分,每跨都存在部分区域未预压到的情况。

1.2.3 养护原因

养护原因主要为养护管理缺失,未能及时发现病害及损伤或虽然发现病害但未给予重视并进行恰当处置,进而导致桥梁病害急剧发展而产生桥梁事故。养护原因造成的病害常常表现为腐蚀损伤、疲劳损伤等,如桁架疲劳损伤未受到重视而发生事故的美国I-35W密西西比河大桥、长期超载运行并难以判断吊杆内部锈蚀程度与承载力状况的福建武夷山公馆大桥等。

1) 美国I-35W密西西比河大桥

事故发生过程:I-35W密西西比河大桥为(80+139+80)m三跨连续上承式钢桁架桥,跨越密西西比河,于1967年建成,其主桁腹杆和弦杆截面为工字形和箱形。1990年,有研究报告指出,在桥梁支座和桥架接合处附近有腐蚀迹象,并将该桥评定为有"结构缺陷",当时全美总共有超过7万座桥梁被评为此等级。2007年8月1日下午6时1分,正值交通高峰时段,该桥突然坍塌(图1-12),139m中跨上承桁架部分落入密西西比河中,造成13人死亡、145人受伤。

图1-12 美国I-35W密西西比河大桥垮塌事故

事故调查分析:据有关资料显示,事故当天车流量大,桥梁荷载相对于设计时已有大幅增加;垮塌当天U10W节点板附近正在进行桥面铺装作业,存在较大施工堆载;事故现场打捞发现,L11W和U10W节点变形严重;桥梁垮塌归因于U10W节点板厚度偏小、强度不足引起节点板损毁,失去节点连接作用;另外,在垮塌前的桥梁检查中发现了节点板扭曲和变形现象,但未受到相关部门重点关注。

2) 福建武夷山公馆大桥

事故发生过程:福建武夷山公馆大桥为3孔中承式钢架拱桥,于1996年11月8日开工,1999年11月20日竣工通车,全长301m,宽18m,中孔跨径100m,两边孔跨径80m。该桥上部结构为3孔中承式悬链线等截面(拱脚处截面加高加厚)钢筋混凝土箱形无铰拱桥,大桥横向由两片箱拱组成,吊杆采用(54+7)ϕ5高强钢丝经防腐处理而成,外包钢管,桥面采用厚度25cm的钢筋混凝土连续板搁在横梁上。2011年7月14日上午9时左右,大桥将近50m长的主梁突然向下断裂垮塌(图1-13),桥上一辆旅游大巴在事故中坠落,造成1人死亡、22人受伤。

图 1-13 福建武夷山公馆大桥垮塌事故

事故调查分析:据有关部门调查分析,长期的严重超载超限车辆是造成桥梁破坏的主要原因,长期超载对吊杆造成了强度与疲劳损伤,最终导致其发生断裂破坏;另外,吊杆密封、防腐工艺较差,经过10多年的使用,无法通过常规检查确定吊杆内部锈蚀程度与承载力状况。总体来说,养护管理不到位、超载及吊杆锈蚀损伤无法及时判断处理造成了大桥的垮塌事故。

3)台湾宜兰县苏澳镇南方澳大桥

事故发生过程:2019年10月1日9时左右,台湾宜兰县苏澳镇南方澳大桥发生垮塌事故(图1-14),桥身拦腰从中段塌入海中。垮塌时,一辆油罐车正在过桥,并随同桥面跌落水中,起火燃烧;另有多艘渔船遭压毁,多名外籍渔工受困。大桥是宜兰当地知名的景观桥,同时也是将南方澳环状路线串起的重要地标。大桥为单跨双叉式钢拱桥,长140m,宽15m,距离海平面18m。大桥为系杆拱结构,主梁采用斜杆与主拱圈相连,钢主梁受拉以平衡拱圈产生的水平推力。

图 1-14 中国台湾宜兰县苏澳镇南方澳大桥垮塌事故

事故调查分析:据有关资料显示,大桥整体采用少见的"双叉式单拱桥"结构,有别于常见的双肋拱桥,其外形虽然美观,但是结构整体刚度及稳定性较差。此外,大桥的维护和保养工作不足,吊杆存在严重锈蚀及损伤,损伤吊杆难以承担桥面荷载;大桥的设计冗余度低,在一根吊杆断裂之后,系杆及桥面发生了连续断裂与坠落,进而主拱失去系杆平衡水平力,导致大桥整体垮塌。

4)意大利热那亚莫兰迪大桥

事故发生过程:2018年8月14日中午11点30分,意大利北部城市热那亚A10高速公路上的莫兰迪大桥倒塌(图1-15)。大桥于1962年开建,1967年完工,全长1182m,最高处距地面90m,桥宽28m。大桥主体为多塔稀索斜拉桥体系,主要通过桥面上的四个桥塔和连接桥面的拉索承重,A形塔附加V形斜撑形成索塔,两侧主梁分别悬臂伸出并悬吊于斜拉索,拉索采用预应力混凝土结构。事故发生时仅仅十几秒,大桥约200m长、45m高的主体瞬间垮塌离析,桥体碎块和数十辆汽车一起砸向桥下的河流、铁轨与建筑物。事故造成43人丧生,16人重伤,600多人无家可归。

事故调查分析:据相关部门调查分析,负责运营的意大利高速公路公司对大桥管养维修不善。大桥靠近海洋,预应力混凝土拉索开裂受到严重腐蚀,相关维修加固没能有效解决内部钢索腐蚀严重的问题。最终,莫兰迪大桥在运行了50年后,在一场雷电交加的暴风雨中发生了不幸。

图1-15 意大利热那亚莫兰迪大桥坍塌事故

1.2.4 车辆超载

车辆超载、超限以及不按设计规定行驶等会造成桥梁事故,典型案例如无锡312国道高架桥、沪渝高速(G50)花湖互通D匝道、哈尔滨阳明滩大桥、辽宁盘锦田庄台大桥、北京怀柔白河桥等。

1)无锡312国道高架桥

事故发生过程:2019年10月10日18时10分,江苏省无锡市312国道K135处、锡港路上跨桥发生桥面侧翻事故(图1-16)。事故由两辆超载车辆偏心通过桥梁引起,侧翻桥面造成多辆车辆滑落,并砸中桥底正在通行的2辆车辆,造成3人死亡,2人受伤。该桥梁全长761m,为分离式Y形互通立交,双向各两车道,设计速度80km/h。大桥按照城-A级设计,同时满足公路—Ⅰ级设计要求。侧翻桥面属于锡港路上跨桥B匝道(往上海方向),共3跨,总长度82m(22m+35m+25m),为变截面三联箱梁结构,两边墩设置双支座(双墩柱),两中墩设置单支座(独墩柱);主梁宽度为9.5m,桥下净空5.2m。

图1-16 无锡312国道高架桥梁体倾覆事故

事故调查分析:事故的直接原因为行驶在桥面一侧的两辆重型平板半挂车严重超载,两车前后间距较近(荷载分布集中),偏心荷载引起的倾覆效应远超桥梁上部结构抗倾覆能力,造成桥梁支座失效,梁体和墩柱之间产生相对滑动和转动,从而导致梁体侧向滑移倾覆。

2)沪渝高速(G50)花湖互通 D 匝道

事故发生过程:2021 年 12 月 18 日 15 时 30 分,位于湖北省鄂州市境内的沪渝高速(G50)花湖互通 D 匝道的一段 500m 长的匝道桥桥面发生整体侧翻(图 1-17),倾覆由一大件运输车辆遇桥面养护施工强行偏心通过桥梁引起,该车辆是由 3 辆牵引车、2 辆挂车组成,车货总质量 521.96t(货物本体质量 291t),车组总长 67.67m,轴载超过限定标准(198t)。大桥桥梁整体倾覆,导致 3 辆货车坠落、1 辆小轿车被压,桥上施工人员从桥上掉落。事故造成 4 人死亡、8 人受伤。

事故调查分析:据有关资料显示,事故由大件运输车辆违法超限运输,故意逃避监管,违反大件运输车辆通行桥梁时应居中行驶的规定引起。事故发生时运输车辆重心偏离桥梁中心线达 3.13m,倾覆效应超过桥梁抗倾覆能力,致使桥梁支撑约束体系受损破坏,抗倾覆加固拉拔装置失效,最终整体倾覆。

图 1-17　沪渝高速(G50)花湖互通 D 匝道桥面侧翻事故

3)哈尔滨阳明滩大桥

事故发生过程:2012 年 8 月 24 日 5 时 30 分左右,哈尔滨阳明滩大桥引桥——三环路群力高架桥洪湖路段上行匝道发生倾覆(图 1-18)。该桥梁上部结构采用钢-混凝土组合简支箱梁,垮塌长度为 130m 左右。事发时,桥上先后一共有 4 辆货车正在驶过,匝道倾覆后车辆翻落地面,事故当日造成 3 人死亡、5 人受伤。

图 1-18　哈尔滨阳明滩大桥引桥垮塌事故

事故调查分析:据有关部门调查分析,该桥梁的支承结构设计为独柱墩,整体平衡性差,侧向抗倾覆能力不足;多辆超载车辆在垮塌梁体范围内同时集中靠右侧行驶,造成一侧偏载受力,并严重超载,最终导致梁体失去平衡而倾覆垮塌。

4)辽宁盘锦田庄台大桥

事故发生过程:辽宁盘锦田庄台大桥位于305国道盘锦与营口交界处,建于20世纪70年代,全长878m,桥面宽9m,连接辽河两岸。2004年6月10日早晨7时,北起第14孔和15孔之间悬臂梁端突然断裂垮塌(图1-19)。大桥从中间断裂27m,导致3辆汽车落水,驾乘人员逃生,无人员死亡。事故发生时,一辆自重30t的大货挂车,载着80t的水泥,在严重超载情况下通过该桥(该桥在2000年7月被确定为通行车辆限重15t、限速20km/h),重载使大桥第9孔悬臂端预应力混凝土结构瞬间脆性断裂。

图1-19 辽宁盘锦田庄台大桥垮塌事故

事故调查分析:据有关部门调查分析,发生桥梁垮塌的直接原因有两个方面,即桥梁的损伤病害和车辆超载通行。该桥在超载车辆长期作用下,内部预应力结构严重受损,事故发生时车辆严重超载通行致使跨中段垮塌。

5)北京怀柔白河桥

事故发生过程:北京怀柔白河桥跨越白河,上部结构为4孔净跨50m的钢筋混凝土刚架拱桥,矢跨比1/10,下部结构为实体墩台,嵌岩桩基础,桥梁全宽11.5m,其中桥面宽9m,两侧各设1.25m人行步道,全长232.81m。该桥始建于1987年,2006年进行了上部结构加固,经检测为二类桥梁,设计荷载为汽车-20级。2011年7月19日凌晨,一辆重达160t的严重超载的6轴货车(车长为14m、宽为2.5m、高为2.2m)通过桥梁第一孔时,发生桥梁垮塌(图1-20),而后4孔全部垮塌。无人员伤亡。

图1-20 北京怀柔白河桥垮塌事故

事故调查分析：据有关部门调查分析，导致该桥梁垮塌的直接原因是车辆严重超载。

1.2.5 灾害及偶然作用

灾害及偶然作用包括洪水、泥石流、地震、爆炸以及船舶撞击等，通常会造成桥梁的突然倒塌，导致极其严重的后果。

1）河南伊河汤营大桥

事故发生过程：河南伊河汤营大桥位于栾川县潭头镇汤营村，全桥共5孔，每孔净跨40m，全长233.7m，全宽8m，桥面净宽7m，两边各设安全带0.5m。桥梁结构形式为空腹式石拱桥，圬工结构，于1987年年底竣工通车。2010年7月24日，因遭遇特大暴雨袭击，伊河汤营大桥全部垮塌，部分基石被洪水冲走，只剩下桥两端的汉白玉栏杆（图1-21），桥上众多滞留人员不幸落入水中。事故造成53人遇难，13人失踪。

事故调查分析：该桥梁的垮塌是由洪水所致。洪水来临时，杂物阻塞桥孔下泄水面，导致洪水冲击力急剧增大，使桥梁瞬间垮塌。

图1-21 河南伊河汤营大桥垮塌事故

2）美国I-40大桥

事故发生过程：I-40大桥位于美国俄克拉荷马州阿肯色河上。2002年5月26日，一艘拖船所拖驳船与大桥桥墩相撞，大桥长达180m的部分梁段塌落（图1-22）。由于桥上驾驶员看不到前方桥面塌落，随后陆续有10辆汽车坠入水中，共造成14人死亡。

图1-22 美国I-40大桥垮塌事故

事故调查分析:据有关资料显示,该桥梁的垮塌源于船舶撞击。

3)广东九江大桥

事故发生过程:广东九江大桥为 $2\times160m$ 的独塔双索面预应力混凝土斜拉桥,于1988年6月正式建成通车。2007年6月15日凌晨时分,一艘佛山籍运沙船偏离主航道航行撞击九江大桥,23号、24号和25号3个桥墩倒塌,靠近九江方向的100m桥面坠入江中,靠近鹤山方向的100m桥面以接近垂直的角度插入江内,事故导致9人死亡。大桥垮塌下的箱梁压在运沙船上,令船体倾斜插入江中,仅露出船尾部分(图1-23)。

图1-23 广东九江大桥垮塌事故

事故调查分析:据有关部门调查分析,船舶偏离航道,误入非通航孔,受撞击的桥墩防撞能力低,直接撞击桥墩导致九江大桥垮塌。

1.2.6 桥梁事故统计

根据公开的桥梁倒塌事故资料,倒塌桥梁主要集中于长三角(江苏、浙江)、珠三角(广东)以及四川等地(图1-24),桥梁倒塌事故主要分布在经济发达地区和重工业发达地区或地震及复杂的地质条件地区。

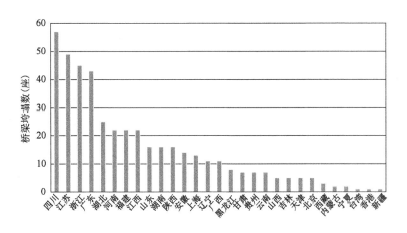

图1-24 国内桥梁倒塌事故地区分布情况

有关部门依据国内桥梁破坏原因,分别从设计原因、施工原因、超载原因、碰撞事故、自然灾害、疲劳破坏、人为破坏和其他原因8个方面进行统计分析(图1-25),指出桥梁施工原因是桥梁发生倒塌破坏的主要原因,其数量占到所有桥梁事故总数的近30%;其次依次是自然灾害、疲劳破坏、超载及碰撞事故等,车辆超载造成的桥梁事故占比达到11%以上。由于超载及碰撞等与车船因素有关的事故数量占到总事故数量的20%以上,车船因素已成为桥梁破坏甚至倒塌的主要原因之一,防撞及提升桥梁抗撞能力应是未来桥梁养护发展的重点之一。

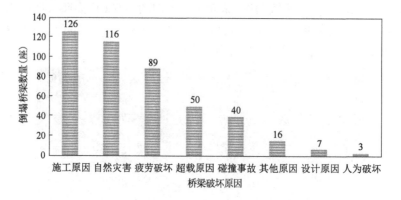

图1-25　国内桥梁倒塌事故原因统计分析

1.3　桥梁运营管理及检测加固技术现状

随着交通运输量大幅度增长,行车密度及车辆载重越来越大,如何保障桥梁的安全性、耐久性和使用功能已成为桥梁工程界所面临的巨大挑战。桥梁工程技术发展也面临着从以建设为主向建养并重转型,需要在桥梁养护理念、方式、设备与材料及养护设计方法等方面进行创新与改进,在高精度智能监测技术、智能评估决策技术、快速高效加固技术等方面进一步取得突破。

1.3.1　桥梁运营管理技术发展方向

在桥梁运营管理技术方面,主要创新发展方向有基于BIM(Building Information Model,建筑信息模型)技术的桥梁管养系统,桥梁技术状况、承载能力和减灾防灾能力评定方法,桥梁预防性养护技术等。

(1)基于BIM技术的桥梁管养系统

BIM技术是一种采用数字、可视化等手段表达工程项目物理特征和功能特征等信息的技术。BIM技术非常适用于桥梁工程的建设与养护。面对我国提升桥梁长期性能和长大桥梁运营管理的技术需求,需要研发高精度、长寿命、智能化传感器,发展桥梁关键状态参数和性能指标长期跟踪监测技术,构建桥梁健康诊断以及性能和抗力衰变监测技术体系与标准,研发基于BIM技术的桥梁管养系统,以推动我国公路桥梁养护管理技术的发展,实现桥梁工程全寿命期BIM应用(图1-26)。BIM技术结合运营维护管理系统,能够发挥在空间定位和数据记录方面的优势,搭建桥梁三维数字档案,从而更合理地制订维护计划,提高维护效率。BIM技术在实现桥梁检查可视化的同时,可以将桥梁检查出的病害情况进行可视化,模拟桥梁部件病害位置及发展过程,使相关人员可以更直观地了解桥梁各部位病害的历史进程与实时状态,实现桥梁检查养护从整体到局部的全方位病害可视化管理。

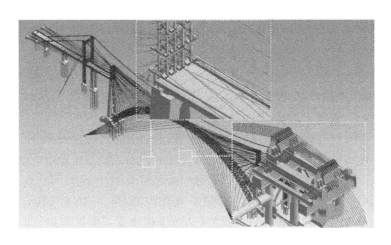

图 1-26 BIM 技术在桥梁运营维护中的应用

(2) 桥梁技术状况、承载能力和减灾防灾能力评定方法

在服役桥梁技术状况、承载能力和减灾防灾能力评定计算中,为体现在役桥梁不同损伤程度对抗力的影响,应根据桥梁的表观质量状况,材料强度损失状况,引入在役桥梁检算系数,对结构抗力予以修正,旧桥检算系数应科学、准确地反映现有桥梁实际技术状况。

面对服役桥梁养护科学决策的技术需求,需要构建桥梁安全可靠性评估和使用寿命预测等理论体系及技术方法,以提升桥梁服役的可靠性并延长其使用寿命。

(3) 桥梁预防性养护技术

桥梁的预防性养护是指为了防止桥梁病害的发生和延迟桥梁轻微病害的进一步扩展,以减缓桥梁病害发展速度、延长桥梁使用寿命为目的的养护作业。它是一种周期性的强制保养措施,并不考虑桥梁是否已经有了某种损坏,而是通过采用先进的检测技术努力拓宽人们对桥梁早期病害的认识空间,提前发现桥梁隐形病害的存在,并施以正确的预防性养护措施。其核心是要求采用最佳成本效益的养护措施,强调养护管理的计划性和科学性。

面对我国服役桥梁养护管理和桥梁资产保全增效的技术需求,需要转变桥梁养护理念,发展桥梁预防性养护技术,提升桥梁机械化养护能力,构建符合我国国情的桥梁养护技术及装备体系,以促进我国桥梁技术向"建养并重"转型发展。

1.3.2 桥梁检测技术发展方向

桥梁检测、评定对特殊技术和设备的依赖性比较高,检测的准确性和养护的科学性通常取决于设备的先进性与可靠性。面对我国桥梁工程材质、损伤、缺陷和受力状态的检测需求,桥梁检测发展需要研发桥梁永久荷载下受力状态非破损检测技术及装备,发展桥梁损伤和缺陷的可视化检测诊断方法及装备体系,构建服役桥梁材质状况高精度量化无损检测技术体系,以支撑我国桥梁养护和安全保障水平的提升。

近年来,国内外专家学者主要针对无损检测技术、水下结构检测技术、无人机检测技术等方面进行了集中技术攻关。

1) 无损检测技术

由于无损检测技术对结构无损伤,检测速度快捷、方便,一直以来是桥梁检测技术的优先发展方向。传统的桥梁检测方法主要依赖动静载试验和检测人员的现场目测,并辅以混凝土硬度试验、超声波探测、腐蚀作用试验等多种检测手段。随着现代传感与通信技术的发展,无损检测技术逐渐向着智能化、快速化、系统化的方向发展。

桥梁无损检测技术首先是混凝土强度、缺陷的无损检测技术。截至目前,混凝土无损检测技术经历了从表面压痕技术、回弹检测技术到超声回弹综合检测技术等的发展阶段。

检测桥梁裂纹时,液体渗透是应用最多的无损检测技术;检测钢结构桥梁损伤程度时,主要通过 X 射线摄像法进行检测从而找到缺陷位置;检测损伤时,主要采用红外热成像技术(图1-27)。红外热成像仪的工作过程是利用各种探测器来接收物体发出的红外辐射,再进行对其光电信息进行处理,最后将检测结果以数字、信号、图像等方式显示出来,它是一门探知、观察和研究各种物体的综合性技术。其原理在于物体内部存在的裂缝和缺陷将改变物体的热传导,使物体表面温度分布产生差别,利用红外热成像仪测量不同热辐射,即可确定物体的缺陷位置,达到检测缺陷的目的。红外热成像技术一般被应用在远距离检测诊断中,检测效率较高。

a)桥面热扫描图　　　　　　　　　　b)软件处理后的桥面缺陷图

图1-27　红外热成像仪检测桥面缺陷

检测结构物整体变形情况时可采用声学成像检测。利用声波成像仪可以实现对结构物整体变形、冲刷状况、变位量及周围地形变化等进行大面积的实时勘测,特别适合于对大规模结构群的整体检测(图1-28)。另外,声学成像检测也特别适合于前期对水下结构损伤情况的初步了解,因为检测时只需在水面上进行,并且检测范围广,效率高,成本低。但是其缺点在于检测项目单一,只能提供图片资料及定性意见,无法对受损结构做定量分析。

利用磁漏摄动无损检测技术可以检测钢索、钢结构和混凝土内部的钢筋等。

2)桥梁水下结构检测技术

桥梁检测若只着眼于水上结构部分,而忽视受损可能更加严重的水下结构,那么桥梁结构的安全将无法得到保障。在一次次桥梁结构安全事故的推动下,技术人员对桥梁水下结构检测的重要性认识逐渐得到提升。桥梁水下结构检测是未来桥梁检测的发展方向之一。

(1)桥梁水下结构人工检测。桥梁水下结构人工检测(图1-29)是较为常用且效率较高的水下检测方法之一。国外将人工潜水检测分为个体潜水检测和水面支持潜水检测两个等级。个体潜水检测是由具有工程经验的潜水员单独实行水下检测,是对所有桥梁定期检测的一个重要组成部分。水面支持潜水检测是由水面供氧,水上水下工程技术人员协同工作的检测方式,适合长时间大范围的水下检测,且主要应用在一些特定环境或水下加固工程中。

a)仪器设备

b)处理后的效果

图1-28 声学成像检测设备及效果

图1-29 桥梁水下结构人工检测

(2)水下机器人成像检测。水下机器人成像检测是利用水下机器人(图1-30)的高清水下摄像系统对桥梁水下结构进行成像检测,检测过程中通过螺旋桨为水下探测提供前后移动和上下移动的推力。检测时,使用电缆与水下机器人完成连接后,技术人员需将机器人缓慢投放入水中进行水下视频拍摄,从而检测工程的缺陷、病害及工程施工是否达到预期设计要求。水下机器人成像检测具有以下特点:下潜深度大;行进检测速度快;水下摄像头分辨率高,在较好的水体环境条件下,可以清晰显示水下结构裂缝、空洞、缺损等破损和病变现象;辅助成像系统在水质条件较差的情况下,通过水下机器人携带的二维多波束声呐或其他成像设备可以实现对目标的定位和辨识,得到较直观的图像。但是,水下机器人在障碍物众多的河道中操作非常困难,在流动水域难以保持静态悬浮的稳定观察状态,即难以实现病害定位,如对裂缝、空洞、缺损等表面缺陷无法准确量测其长度、宽度、深度等。

图1-30 水下机器人

3)无人机桥梁检测技术

桥梁外观的检查一般主要依靠肉眼或者肉眼外加辅助工具(如桥检车、望远镜等)来实现,检测桥梁主要构件是否出现裂缝、开裂破损、露筋锈蚀、支座脱空等病害。对于特殊结构桥梁(斜拉桥、悬索桥、钢管混凝土拱桥等)或者大跨梁桥、高墩桥梁,传统的检测工具无法达到桥梁病害部位或者间接设施费用过大,如对斜拉桥拉索的检测,需人工爬上拉索向下进行检测作业,不仅效率低、难度大、危险系数高,且检测精细度远远不够,无人机技术的应用则在很大程度上解决了这一难题。

无人机桥梁检测技术(图1-31)利用小型无人机进行检测。检测人员通过无人机悬挂的高分辨率摄像头对桥梁进行近距离、全方位观测,对桥梁结构病害、变形,尤其是桥梁底部容易出现病害的部位可实现高分辨率拍摄。无人机由飞行控制系统、云台控制系统和微波传输系统组成。飞行控制系统由遥控发射机、接收机、舵机和陀螺仪自主飞行控制器组成;云台控制系统由云台遥控发射机、接收机、舵机、电子陀螺仪和地面接收站组成。拍摄的画面通过微波传输到地面接收设备上进行储存,以备后期技术人员对画面进行分辨处理。

a)无人机　　　　　　　　　　　　b)无人机在梁底检测

图1-31　无人机及其在检测中的应用

无人机桥梁检测技术具有以下特点:

(1)无人机可以直接到达检测部位,无需其他辅助措施,节省费用,使用成本远低于搭架检测和桥梁检测车;

(2)对于部分无法企及的桥梁底部、悬索、拉索及吊杆等部位,无人机可以抵近观察,掌握更多细节;

(3)检测桥墩、支座及桥梁底部等危险场所,无需搭架或者吊篮配合人工检测,极大地提高了安全性;

(4)在桥梁日常巡查时,尤其是城市桥梁,无需封闭道路、中断交通,在天气情况允许的前提下,实施桥梁检测具备较高的及时性;

(5)不需要专用起降场地,有利于桥梁检测的日常化进行;

(6)对桥梁检测时,只要操控人员在地面对无人机进行遥控即可,大大地降低了作业的难度。

与无人机类似,无人车、无人船、爬壁机器人、爬索机器人等多种类型智能检测装备也逐渐被开发用于各类桥梁构件检测,环境适应性、病害识别效果及检测精度随着无损技术发展不断提升。

但是,对于桥梁结构外观无人检测一般需检测裂缝、缺陷等病害,如裂缝宽度识别,其规范的限值一般是0.2mm,因此裂缝宽度的识别精度至少要达到0.05mm,甚至0.02mm,这对于图像识别是一个巨大的挑战,特别是实际桥梁结构的应用环境下难度更高。

1.3.3 桥梁加固技术发展

桥梁加固的含义为当桥梁局部损坏或承载力不足时进行的修复和补强工程措施。随着行车密度、吨位的不断提高，服役桥梁负荷日益增加，许多旧桥承载能力已经不能满足新荷载的等级要求等，桥梁病害日益凸显，危桥的数量逐年增加，部分桥梁损坏严重或处于超期运营状态，逐步阻碍交通畅通。而通过对桥梁进行加固可以改善结构性能，恢复和提高桥梁结构的安全度，提高其承载能力和通过能力，以延长桥梁的使用寿命，使整个桥梁结构可满足规定的承载力要求，并满足规定的使用功能需求。因此，桥梁加固愈发成为桥梁养护的重点内容之一。桥梁加固技术发展方向如下：

(1)需要完善加固设计理论与方法。经过多年的研究与发展应用，我国桥梁加固技术已经日趋成熟，上部结构主要加固技术包括：裂缝修复、增大截面加固、粘贴钢板加固、粘贴纤维材料加固、局部材料置换与修补、体外预应力加固、钢绞线网聚合物砂浆加固、预应力钢丝绳聚合物砂浆加固、改变结构体系加固等；下部结构主要加固技术包括：桥梁的整体顶升技术（包括桥梁支座更换技术），桥墩、桥台加固技术，桥梁水下结构加固技术等，这些加固技术基本能够适应桥梁加固的需求。但面对服役桥梁病害处治和提高使用荷载等级的实际需求，仍然需要完善加固设计理论与方法。

(2)模式化替换技术和整体替代技术。一般来说，城市交通比较繁忙，对城市路网中的关键节点进行桥梁的养护、维修、加固、置换会严重影响人民的生活和安全，特别是置换桥梁的上部结构工程。因此，模式化替换技术和整体替代技术等快速施工法已成为最行之有效的方法。模式化替换技术和整体替代技术通过快速移走旧结构模块、架设新结构模块，实现对服役桥梁的快速加固与替换，如对第一座由中国自行设计建造的双层公铁两用特大桥南京长江大桥维修加固改造时，拆除了原混凝土桥面系（混凝土行车道板＋钢纵梁），改造替换为正交异性钢桥面板结构（图1-32），目的是桥面板的轻型化，减轻主桁钢结构和墩台基础的恒载内力；在北京三元桥拆除混凝土旧梁整体替代为钢箱梁的项目中，三元桥旧桥的主梁及桥面板损坏严重，承载力明显下降，遂采用整体替代技术对其进行快速维修（图1-33）。三元桥旧桥重约1600t，替换后的新桥重约1300t。整体替代换梁主要施工过程分为拆旧梁、架新梁、桥面沥青层铺装以及伸缩缝等附属设施安装，同时桥下拆解运弃旧梁及新旧梁临时支墩等，整体置换工作仅43h完成，最大限度减少了施工对交通的影响。

图1-32 南京长江大桥模式化替换技术

图 1-33　北京三元桥整体替代技术

(3)桥梁应急装备与修复技术。面对地震等灾难后应急抢通和道路突发事件保通的需求,需要提升桥梁应急装备跨越和承载能力,拓展桥梁应急装备的品种,增强桥梁应急装备的施工便捷性,以提高灾后的应急保障能力及水平。在灾后应急抢通阶段,对于灾害损伤较轻的桥梁可采取相关紧急修复技术,对结构受损部位予以修复,从而达到快速抢通的目的。紧急修复技术针对的主要就是灾害损伤较轻的桥梁,并以时效性为优先原则。针对不同类型的桥梁常规灾害,需选择适宜的紧急修复方法,如设置临时支撑、受损桥墩临时支护、桥头竖向高差找平等。对于灾害中因落梁而阻断交通的桥梁,不论其受灾情形为完全损毁还是部分损毁,都应考虑采用紧急便道、便桥的形式予以紧急抢通。紧急便道、便桥同样以时效性为优先考虑原则,结构稳定性及安全性次之。便道、便桥等临时结构,可根据河川历史流量、现场地质环境、现场既有材料等因地制宜进行设置,如设置土堤便道、涵管便道、临时钢便桥等(图1-34)。

图 1-34　某跨河大桥临时桁架桥

(4)桥梁加固方案涉及综合因素。由于桥梁加固技术较多,在选取加固方案时,应做到具体问题具体分析,根据每种加固方法的技术特点制订相应的加固方案,力求做到用最节省的经济投资创造最好的加固效果。桥梁维修与加固涉及综合因素包括:桥梁结构形式;桥位地形、水文、自然状况;桥梁现状分析;施工技术水平;能否封闭交通;预期加固效果;资金投入量等。

另外,加固后的桥梁结构承载能力提高幅度受原结构的制约,如受原结构配筋率、截面尺寸等限制,不可能无限制地提高承载能力。对桥梁进行维修加固时,能不更换原有结构的应不更换,能充分利用既有桥的应充分利用。在维修和加固旧桥过程中,尽量减小对现有交通影响。

我国在桥梁建设规模上处于世界领先地位，但在桥梁检测装备、桥梁病害自动识别、桥梁寿命评估、桥梁安全预警、应急事件处理及软件自主研发等方面仍需继续提升。

1.4 本书主要内容

在桥梁的设计、建设和运营的整个寿命周期中，桥梁的运营使用为整个寿命周期的主要状态，为确保桥梁正常使用，保障桥梁运营安全，延长桥梁使用寿命，需切实做到桥梁科学养护，提高桥梁养护管理水平。本书针对桥梁结构养护行业需求，围绕桥梁运营管理、桥梁病害、桥梁检测评估及加固改造，全面介绍了相关桥梁结构特点与病害、设计构造与计算理论、施工关键工艺、材料性能、仪器设备及工程实践案例等。

第1章首先介绍了我国桥梁的发展，重点介绍了近些年攻坚克难建成或正在建设的一些代表性桥梁，选择公开的国内外典型桥梁事故案例以做分析启示，并对桥梁运营管理及检测加固技术发展现状进行阐述。

第2章针对空心板梁桥，简支T梁桥，预应力混凝土连续箱梁桥，预应力混凝土组合箱梁桥，上承式拱桥及中、下承式拱桥，斜拉桥，悬索桥等不同桥梁结构形式及其下部结构，并结合其结构与受力特点，重点阐述相应的病害形式与特征。

第3章主要介绍桥梁检测车、钢筋位置探测仪、钢筋锈蚀仪、位移、裂缝及线形测量设备，应变、温度与荷载测量技术，基于应变测试的衍生传感器，测振传感器，传感器测试设备等桥梁检测技术与设备。

第4章围绕桥梁结构的材料性能检测，主要介绍了超声法检测混凝土缺陷，回弹法、超声回弹综合法、钻芯法检测混凝土强度，钢筋锈蚀检测、混凝土氯离子浓度检测、混凝土内钢筋分布及保护层厚度检测及钢结构的超声波探伤检测等。

第5章围绕桥梁荷载试验，主要介绍了桥梁静载试验与动载试验。

第6章主要介绍了桥梁检查与评定方法，包括公路桥梁、城市桥梁养护规定，公路桥梁及城市桥梁的技术状况评定方法。

第7章针对各类桥梁经常产生的缺陷与裂缝，介绍了桥梁缺陷与裂缝修复技术。

第8章作为本书重点，介绍了桥梁上部结构现有加固技术，包括增大构件截面加固技术、粘贴钢板加固技术、粘贴纤维加固技术、体外预应力加固技术、高强不锈钢绞线网-聚合物砂浆加固技术、预应力钢丝绳-聚合物砂浆加固技术、改变结构体系加固技术等。

第9章针对不同桥型上部结构与病害特点，介绍了各类桥型相应加固方法，包括空心板梁桥，T梁桥，连续梁（刚构）桥，悬臂梁桥，上承式混凝土拱桥，中下承式拱桥，斜拉桥和悬索桥等。

第10章主要介绍桥梁支座更换及下部结构加固技术，包括支座更换、桥梁整体顶升、地基冲刷处理与基础加固、独柱墩加固、桥台加固及桥梁水下结构加固技术等。

第11章针对桥梁检测评估及桥梁加固改造的具体应用，根据桥型、结构、加固方法等不同，相应给出代表性实例。

本书内容围绕桥梁养护展开，相关材料、设备、检测与评估、设计构造、施工工艺等均服务于桥梁养护全过程。

【思考题】

1. 我国桥梁的发展历程中有哪些代表性桥梁?
2. 举例说明我国桥梁建设中有哪些典型技术创新。
3. 引起国内外桥梁倒塌事故的常见原因有哪些?
4. 作为桥梁技术人员,在桥梁养护工作中应担负哪些责任?
5. 简述导致桥梁垮塌施工方面与设计方面的原因。
6. 桥梁垮塌事故教训对桥梁结构设计有哪些启示?
7. 分析导致桥梁垮塌车辆超载的背后因素。
8. 说明桥梁垮塌可能的自然灾害原因。
9. 通过对桥梁垮塌的案例统计分析,可以得出哪些规律?
10. 我国桥梁在检测方面可能存在哪些技术需求?
11. 桥梁加固方案制定需要考虑哪些因素?
12. 展望我国在未来桥梁管养技术方面有哪些需求?

第 2 章
桥梁结构病害分析

2.1 概 述

桥梁结构的病害主要表现为材料老化、结构出现裂缝、钢材锈蚀、局部构件的断裂破坏等。对于不同桥梁结构形式,根据其结构与受力特点,通常产生特定形式的病害,表现出一定的规律性,在桥梁检测时,应有针对性地结合桥梁结构形式给予重点关注。本章针对桥梁上部结构病害,结合不同桥型进行详细介绍,包括空心板梁桥、简支 T 梁桥、预应力混凝土连续箱梁桥、预应力混凝土组合箱梁桥、上承式、中承式及下承式拱桥、斜拉桥、悬索桥等;针对下部结构病害,对桥台、桥墩、盖梁及桩基础分别进行介绍。

2.2 空心板梁桥结构特点与病害

1.空心板梁桥主要病害照片

空心板梁桥是小跨径钢筋混凝土桥梁中最常用的形式之一(图 2-1)。其截面内部设置空心孔,目的是为了提高截面的刚度、节省材料用量。空心孔的数量一般为 1~2 个,如图 2-2a)所示。空心板梁桥具有外形简单、建筑高度低、预制施工方便及节约材料等优点,是小跨径桥梁广泛采用的桥型。空心板梁桥以简支结构为主,常适用于跨径小于

20m 的桥梁。根据有无预应力,可将空心板分为普通钢筋混凝土空心板和预应力混凝土空心板;前者常用于跨径小于 13m 的情况,后者常用于跨径大于 13m 的情况。

空心板梁桥具有简单的截面形式,尤其适合批量预制及装配式施工。空心板预制拼装时,板间采用铰缝横向连接,从而实现各板共同受力。早期的铰缝采用小铰缝构造,铰缝尺寸小,缝间连接钢筋薄弱,缝内无拉结筋,易发生铰缝破坏;后期增大了铰缝尺寸,现浇混凝土质量得到保证,铰缝内设置一定数量的拉结筋[图 2-2b)],进一步增强了横向剪力传递能力。

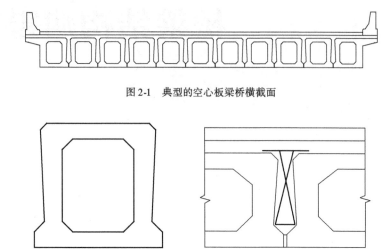

图 2-1 典型的空心板梁桥横截面

a)空心板截面　　　　　　　b)截面铰缝

图 2-2 空心板梁桥典型空心板截面与铰缝构造

2.2.1 铰缝连接破坏

预制装配式空心板梁桥的板间竖向剪力传递是靠铰缝构造实现的,通过铰缝的剪力传递功能可实现车辆荷载的横向传递。在汽车荷载的频繁作用下,当板间连接铰缝不足以抵抗行车荷载产生的竖向剪力时,铰缝混凝土开裂、破碎,产生铰缝连接破坏(图 2-3)。程度较轻的,铰缝混凝土与空心板侧壁分离,雨水渗透并侵蚀混凝土;程度严重的,混凝土粉碎甚至脱落,受水严重侵蚀,完全丧失承载力。铰缝连接破坏的根本原因是铰缝抗剪承载力不足。铰缝抗剪承载力除了受混凝土浇筑质量影响外,很大程度上取决于铰缝设计构造及新旧混凝土间的黏结力。

如果铰缝破坏严重,在行车荷载作用下,会出现所谓的"单板受力"现象,即直接承受汽车荷载的空心板难以将所受荷载向两侧顺利传递。"单板受力"现象的出现,使某些板受力过大,会引发进一步的病害。铰缝连接破坏造成桥梁单板受力已成为空心板梁桥的一种通病。

2.2.2 板底横向弯曲裂缝

在空心板梁桥中,除纵向铰缝破坏之外,还常常伴有板底的横向弯曲裂缝(图 2-4)。主要原因是桥梁抗弯承载力储备不足,在汽车荷载作用下,板底产生较大的弯曲应力。由于混凝土的抗拉能力较低,当板底的弯曲拉应力超过混凝土的抗拉强度时,桥梁跨中底面产生横向弯曲裂缝;裂缝延伸方向基本垂直于轴线方向,分布于跨中附近,间距最小可达到 100~200mm,长度可横向贯通空心板。根据裂缝的深度不同,分为浅裂缝和贯穿至板内空心孔内部的深裂缝两种情况,后者危害尤其严重。

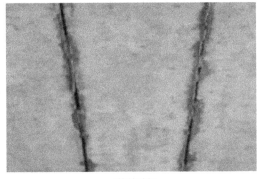
a)铰缝破坏

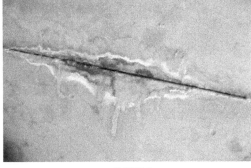
b)铰缝漏水

图 2-3　空心板铰缝破坏及漏水

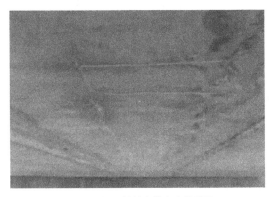

图 2-4　空心板板底横向弯曲裂缝

2.2.3　剪切裂缝

空心板剪切裂缝主要表现为空心板腹板斜向开展的裂缝,有时发展至板底与横向裂缝贯通形成 L 形或 U 形裂缝,如图 2-5 所示。剪切裂缝主要分布在靠近梁端支座 1/4 跨区域,倾斜角度一般为 40°~60°,尤其在较大跨径的先张法空心板中常见,特别是边板。剪切裂缝的成因是荷载作用下空心板腹板的主拉应力超限引起的混凝土受拉开裂。

a)腹板侧面斜向裂缝

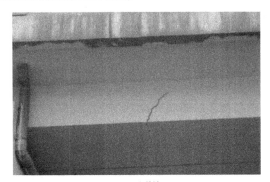
b)U形裂缝

图 2-5　空心板剪切裂缝

2.2.4 板底纵向裂缝及纵筋锈蚀

板底纵向裂缝主要表现为沿着纵筋的布置方向分布,其产生原因主要分为两种情况。一种情况是施工过程中,由于先张法预应力束放张时钢束的回缩对混凝土产生较大的预压力,产生横向劈裂拉应力。如果预应力放张过早,混凝土强度尚低,易产生纵向开裂。另外预应力放张过快,梁体内部应变无法很快地达到平衡,发生应变滞后也会导致横向拉应力超限而开裂。

另一种情况是由于梁底混凝土保护层厚度不足或环境条件恶劣而导致开裂,尤其对于预应力空心板,预应力筋与混凝土之间需要较大的黏结力,如抗劈裂能力不足,在板中间厚度最薄处易产生裂缝,裂缝的出现会引起普通钢筋锈蚀[图 2-6a)]及预应力钢绞线锈蚀[图 2-6b)],进而引起周围混凝土胀裂。当混凝土开裂后,这些裂缝更增加了钢筋锈蚀的速度,如此恶性循环使结构出现的裂缝不断发生扩展,导致混凝土剥落、露筋等严重病害。

a)纵筋锈蚀　　　　　　　　　　　　　　b)钢绞线锈蚀

图 2-6　板底纵筋及钢绞线锈蚀

2.2.5 支座脱空或破坏

空心板梁桥在装配安装空心板时,每块空心板底部设置 4 个支座。三点可以决定一个平面,四点则难以保证共面。当预制空心板梁板底面不平、支座垫石的高程控制精度较差,或者构件安装时未按要求对所有支座是否均匀受力进行检查时,常出现支座脱空,形成"三条腿"受力现象,导致 4 个支座受力不均;同时,当支座顶面与梁底不能严格平行时,也会导致单个支座顶面的受力不均。在支座受力不均时,空心板梁桥易发生扭曲和振动,引起梁体和铰缝的不利受力,极易导致铰缝混凝土破碎及铺装层的纵向开裂。另外,由于橡胶老化、养护不周及超载等原因,支座也常出现老化龟裂、剪切变形过大、局部外鼓、刚度及承载力不足等问题,难以满足现行规范要求。典型支座病害如图 2-7 所示。

2.2.6 铺装层破坏

铺装层破坏是指桥面铺装层的开裂、破碎与塌陷(图 2-8)。铺装层破坏是桥梁上部结构典型的损坏形式之一,具有普遍性,常常顺桥向发展。铺装层破坏的常见主要原因为空心板梁之间铰缝连接失败破坏了空心板梁之间的横向整体性,使荷载横向分布能力减弱,甚至横向连接完全失效。伴随铰缝破坏的同时,在桥面铺装层上沿铰缝方向会产生不规则的纵向裂缝,严重时形成一条破碎带。雨雪水常可通过铺装层及破碎后的铰缝渗入板底,留下明显的渗水痕迹,同时水分造成空心板梁钢筋腐蚀,严重影响结构的耐久性。

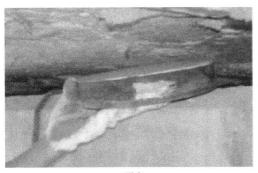

a) 脱空　　　　　　　　　　　　　　b) 受力不均

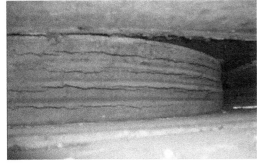 

c) 老化龟裂　　　　　　　　　　　　d) 剪切变形过大

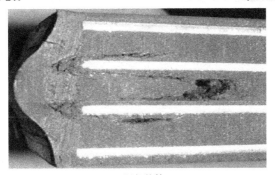

e) 局部外鼓

图 2-7　空心板梁桥典型支座病害

 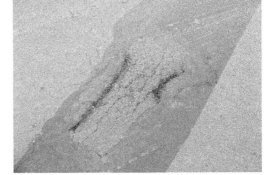

a) 纵向开裂　　　　　　　　　　　　b) 路面下陷

图 2-8　铺装层破坏

根据铺装材料的不同,空心板梁桥的常用铺装层有:沥青铺装层、普通水泥混凝土铺装层和钢纤维混凝土铺装层。由于空心板梁桥结构与不同材料铺装层结构的力学兼容性存在差异,在服役过程中,空心板梁桥的铺装层会呈现不同的破坏形式,具体如下:

(1)沥青铺装层空心板梁桥:沉陷、纵裂、龟裂、车辙、推移、波浪、拥包、收缩裂缝、老化开裂、磨耗、松散及泛油等。

(2)普通水泥混凝土铺装层空心板梁桥:表面裂缝、断裂、沉陷、渗水、表面磨耗破损、露骨及坑槽等,其中裂缝最为常见。

(3)钢纤维混凝土铺装层空心板梁桥:表面龟裂网裂、纵裂、横裂、脱皮或局部破损露骨、表面磨损等。

2.3　简支 T 梁桥结构特点与病害

2.T形梁桥主要病害照片

简支 T 梁桥是指钢筋混凝土 T 形截面简支梁桥。T 形截面设计经济合理,既充分利用了混凝土的抗压能力,又最大限度减少了受拉区混凝土的面积,使 T 形梁结构的重量得到减轻。简支 T 梁具有简支梁的一般受力特点,其结构图示及永久均布荷载下的弯矩图如图 2-9 所示,其跨中主要承受弯矩,端部为剪弯区,承受弯矩的同时还承受较大的剪力。简支 T 梁桥施工工艺多采用预制装配的方法,亦可采用整体现浇的方法,其具有吊装质量轻、施工简单、投入设备少的特点,在我国公路中、小跨径桥梁中应用广泛。

简支 T 梁桥一般为预应力混凝土结构,适用跨径为 20～40m,横向由多片 T 梁拼接组成,通常在纵向 $L/2$(跨中,L 为跨度)及 $L/4$、$3L/4$ 处设置横隔板,横向各梁之间通过横隔板及湿接缝连接,在理论计算上一般通过横向分布系数将其简化为单片 T 梁进行承载力分析。典型简支 T 梁主要构造示意如图 2-10 所示。

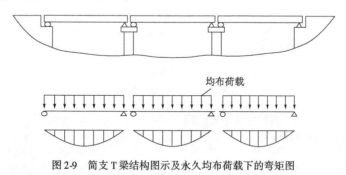

图 2-9　简支 T 梁结构图示及永久均布荷载下的弯矩图

2.3.1　横隔板损坏或横向联系不足

如果采用预制装配的方法,各片 T 梁预制后,运输至现场架设在相邻两片梁的横隔板连接处,采用钢板焊接等工艺连接,典型 T 梁结构的横隔板横向连接构造如图 2-11 所示。通过横隔板将各片 T 梁相互连接成整体,横隔板的刚度越大,桥梁整体性越好,荷载作用下各片 T 梁能够更好地协同受力。

横隔板在荷载作用下,主要承受弯矩及剪力。横隔板连接钢板裸露时,环境作用下易发生锈蚀,如图 2-12a)所示。由于剪力的存在,横隔板之间的连接容易错位,导致混凝土开裂,如

图2-12b)所示;由于弯矩的作用,横隔板常发生不同程度的开裂,在其底面出现抗弯承载力不足引起的弯曲裂缝,裂缝竖向分布在翼缘与横隔板底面之间。

a)T梁整体　　　　　　　　　　　　　　b)横隔板

图2-10　典型简支T梁构造

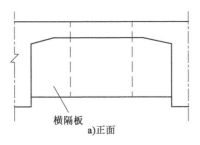
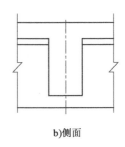

a)正面　　　　　　　　　　　　　　b)侧面

图2-11　简支T梁横隔板横向连接构造图

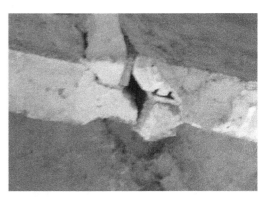

a)连接钢板锈蚀　　　　　　　　　　　　b)横隔板错位

图2-12　T梁横隔板病害

在以往T梁桥的设计中,部分T梁桥的横隔板的数量往往设置不足,如未设置或仅仅在跨中设置横隔板,或横隔板病害间接引起横隔板截面刚度的减小,都会在一定程度上降低T梁桥的荷载横向传递效率。横隔板病害会带来桥梁的整体刚度不足,在经过长时间的超负荷运行后,横向联系比较薄弱的部位还会产生不同程度的二次病害。

2.3.2 翼缘纵向接缝开裂和破碎

简支 T 梁桥通过在翼缘之间后浇混凝土湿接段连接相邻两片 T 梁,湿接段浇筑在 T 梁拼装架设调整完成之后进行。由于湿接段的尺寸较小,施工工艺质量难以保证,如浇筑时模板漏浆、翼缘板两侧凿毛处理不充分,都会产生湿接段混凝土浇筑质量问题,严重时会使得湿接段翼缘板由固端板变成简支板,跨中弯矩增大一倍。汽车荷载作用下,翼缘湿接段易产生断裂、塌陷、坑洞等病害,导致局部混凝土出现破碎、坑槽甚至漏空。图 2-13 所示为 T 梁翼缘出现的多处平行于轴线方向的纵向裂缝,并多数存在渗水现象;图 2-14 所示为 T 梁翼缘后浇湿接段严重破碎、漏空病害。

a) 纵向开裂

b) 渗水

图 2-13　T 梁翼缘纵向开裂及渗水

a) 破碎

b) 漏空

图 2-14　T 梁翼缘湿接段漏空与破碎病害

2.3.3 腹板裂缝与露筋

T 梁腹板竖向或斜向裂缝为 T 梁桥最常见的一种裂缝,如图 2-15 所示。腹板竖向或斜向裂缝宽度一般为 0.1~0.2mm,且间距无规律。通过对既有 T 梁桥损伤形式的综合调查,腹板上的竖向或斜向裂缝主要是由于混凝土收缩或抗剪承载力不足引起,并且在混凝土的徐变和反复荷载作用下宽度会增大。由抗剪承载力不足而引起的斜向裂缝对结构的安全性危害很大,裂缝的出现预示着抗剪承载力的不足,同时进一步降低了构件的刚度及抗剪承载力,裂缝过宽时会导致露筋,引起钢筋锈蚀。

a)斜向裂缝

b)竖向裂缝

图 2-15　T 梁腹板裂缝

2.3.4　梁底横向裂缝

T 梁桥抗弯承载力不足时,跨中区域梁底将会出现横向弯曲裂缝。弯曲裂缝的存在一方面会导致梁体的截面刚度下降,引起结构跨中挠度增大;另一方面也会引起钢筋的锈蚀问题,降低结构的耐久性。梁底横向裂缝可向上延伸,形成 U 形或 L 形裂缝。T 梁桥的弯曲裂缝特点是底面裂缝宽度最大,随着裂缝向上延伸,裂缝宽度逐渐减小,直至消失。

2.3.5　支座劣化

T 梁桥的支座主要病害包括:支座垫层的病害、支座座板的病害和支座失去变形作用。支座垫层的主要病害有:油毡老化和油毡破裂;支座座板的主要病害有:翘起、扭曲或者断裂,贴角焊缝开裂;支座失去变形作用的原因通常是梁底填充异物,会导致梁体混凝土压坏、剥离、掉角等。

根据支座类型的不同,橡胶支座的主要病害有:老化、变形、变质、失去自由伸缩的能力。滑动盆式支座的主要病害有:钢盆锈蚀和开裂(图 2-16)、固定螺栓剪断损坏、螺母松动、上螺栓卡死,支座的滑动面不平整,轴承产生裂纹和切口,滚轴有出现偏移和下降。

2.3.6　伸缩缝损坏

伸缩缝设置在梁端,受桥面温度变化影响反复伸缩变形,同时承受桥面车辆荷载的作用,极易损坏。伸缩缝的常见病害为:伸缩缝橡胶条老化、脱落;接头活动异常;锚固构件损坏、松脱;伸缩缝凹槽填入其他硬物,活动受限不能自由变形;构造部位下陷或凸出等,如图 2-17 所示。伸缩缝损坏后,不仅影响行车舒适性、增加桥梁的行车冲击荷载,而且桥面渗水侵蚀支座,引起

3.桥梁伸缩缝更换过程现场实例(盐靖高速公路通榆河特大桥)

4.盐靖高速公路通榆河特大桥伸缩缝装置更换工艺动画

桥梁主体结构的钢筋锈蚀,进一步诱发或加重桥梁结构病害。伸缩缝破坏时失去伸缩作用,也将同时影响桥梁在温度变化下的纵向自由变形性能。

a)严重锈蚀　　　　　　　　　　　　b)钢盆开裂

图 2-16　盆式支座典型病害

a)伸缩缝橡胶条破坏　　　　　　　　b)伸缩缝内阻塞

图 2-17　伸缩缝典型病害

2.4　预应力混凝土连续箱梁桥结构特点与病害

5.预应力钢筋混凝土连续箱梁病害视频

预应力混凝土连续箱梁桥采用箱形截面。箱形截面与其他截面相比有诸多优点，如截面抗扭刚度较大，有良好的稳定性，整体性好，底板和顶板都具有较大的混凝土面积，能有效抵抗正负弯矩，并满足配筋的构造要求。预应力混凝土连续箱梁桥广泛使用预应力技术，能够充分发挥高强度材料的作用，提高构件的抗裂度和刚度。

预应力混凝土连续箱梁桥作为连续梁桥，在结构自重和汽车荷载等恒、活载作用下，主梁受弯，跨中截面承受正弯矩，中间支点截面承受负弯矩，恒载、活载下的支点负弯矩对跨中正弯矩均有卸载作用，从而增强其跨越能力(图 2-18、图 2-19)。作为超静定结构，温度变化、混凝土收缩徐变、基础变位以及预加力等会使桥梁结构产生次内力。

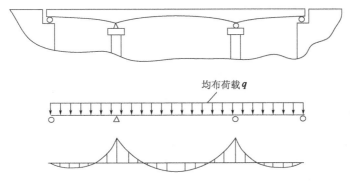

图 2-18　连续梁桥结构图示及永久均布荷载下的弯矩图

图 2-19　预应力混凝土连续箱梁构造

预应力混凝土连续箱梁具有桥型简洁美观、整体性和连续性好、行车舒适的特点,且施工工艺较为成熟。目前,在 40~150m 中等跨径和大跨径范围内,预应力混凝土连续箱梁桥已成为最主要的桥梁形式之一。

在预应力混凝土连续箱梁的基础之上,去除中部桥墩支座,主梁和桥墩刚性连接,即形成连续梁与桥墩固结的箱形截面连续刚构桥。除了边界条件有所区别之外,预应力混凝土连续刚构桥与预应力混凝土连续梁桥的梁体结构构造相似,其梁体的病害特征也相近,因此,后文对预应力混凝土连续箱梁桥病害的介绍内容同时也适用于箱形截面的预应力混凝土连续刚构桥。

2.4.1　跨中下挠超限

大跨径预应力混凝土连续箱梁桥或预应力混凝土连续刚构桥跨中下挠较为普遍,且其下挠可达到相当大的数值。如作为预应力混凝土连续刚构桥,湖北黄石长江公路大桥主跨 245m(图 2-20),跨中下挠达 33.5cm;广东虎门大桥辅航道桥主跨 270m,跨中下挠达 22.0cm(至 2003 年),经系列加固后(2006 年),结构性能有所提升,跨中下挠趋缓,但仍持续增加,达到 36.8cm(2019 年);佛山油金大桥主跨 80m,跨中下挠达 17.9cm。由于此类严重病害,桥梁不得不进行多次限载和维修加固。

预应力混凝土连续箱梁桥或预应力混凝土连续刚构桥跨中下挠的原因主要有:①对混凝土徐变的严重性和长期性认识不足;②设计缺乏主动控制桥梁恒载下挠的意识;③片面强调缩短施工周期;④存在施工质量缺陷;⑤梁体开裂、截面刚度下降导致挠度进一步加大。跨中下挠常常与跨中段底板弯曲裂缝及靠近支座段腹板斜裂缝一起发生,截面开裂会导致梁的刚度降低,跨中挠度增大,挠度增大会进一步促进截面裂缝的发展,形成恶性循环。

图2-20　湖北黄石长江公路大桥

2.4.2　弯曲裂缝

混凝土受弯构件承受弯矩作用时,若弯曲正应力超过混凝土的抗拉强度,则会产生正截面弯曲裂缝。在连续箱梁的正弯矩区的底部和负弯矩区的顶部,即箱梁的底板和顶板,易产生此类裂缝。正弯矩区的弯曲裂缝主要分布于跨中或1/4跨位置附近,沿截面横向发展,严重时将贯通底板宽度,延伸至腹板(图2-21)。负弯矩区的弯曲裂缝主要分布在支座位置附近,产生的可能原因主要有:纵向预应力不足;后期预应力损失过大;挂篮施工时挂篮所在位置局部变形过大;支架施工时沉降过大;混凝土未达到设计要求就提前拆模等。

2.4.3　腹板剪切斜裂缝

腹板的剪切斜裂缝通常产生于支座附近区域,由于剪切作用和弯曲作用叠加,此处剪应力最大,主拉应力方向的抗裂安全储备不足时,主拉应力会使腹板中产生倾斜裂缝[由下部开始,沿着与中性轴呈25°～50°的角度裂开(图2-22)]。剪切斜裂缝主跨发生的概率高于边跨,主跨从中墩至$2L/5$的区域内逐步增多,且主要集中于$L/4～3L/8$区域,尤其是无配置腹板下弯束的桥梁及节段。出现斜裂缝的主要设计及施工原因如下:①下弯预应力束布置不足和竖向预应力不足;②腹板特别是根部区段的腹板厚度偏薄,配置普通钢筋偏少;③竖向预应力施工操作不规范,有效预应力不足。此外,箱形截面的扭转、翘曲、畸变也会使腹板中的剪应力加大,从而增大主拉应力。典型支座附近的箱梁腹板的剪切斜裂缝如图2-23所示。

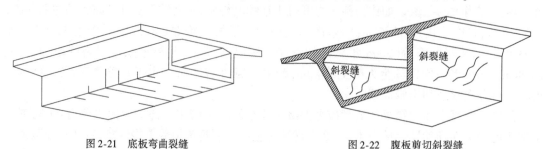

图2-21　底板弯曲裂缝　　　　　　　图2-22　腹板剪切斜裂缝

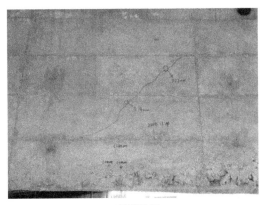
a)箱梁外侧

b)箱梁内侧

图 2-23 箱梁腹板在桥墩附近的斜裂缝

2.4.4 局部应力裂缝

局部应力裂缝是由局部应力集中引起的裂缝,主要出现在支座、锚头等受局部应力较大的部位或受到突然撞击的部位。齿板裂缝是典型的局部应力裂缝,一般开始于底板锚块后面,并沿与箱梁纵轴呈 30°~45°角向两侧腹板斜向扩展的趋势。图 2-24 给出预应力筋锚固齿板附近裂缝形态及实例。该类裂缝严重时还会继续扩展至腹板(图 2-25),产生与中性轴呈 30°~45°角的腹板斜裂缝。混凝土强度不足、局部钢筋配置不足、预应力张拉过早或预应力筋锚固端过于集中于某一截面常常会产生齿板裂缝。

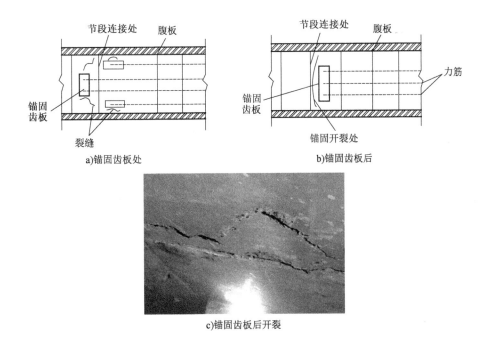

图 2-24 锚固齿板附近局部应力裂缝形态及实例

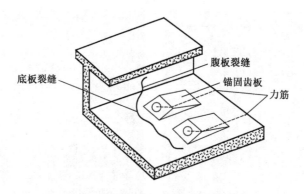

图 2-25 锚固齿板后裂缝三维示意图

对于悬臂浇筑的预应力混凝土连续箱梁,预应力弯束筋的锚固布置于梁节段接缝断面,锚固预应力弯束筋时,在锚固区会引起局部高压应力进而引起徐变变形,使锚后混凝土产生拉应力。当锚后受拉钢筋配置不足时,易产生该类局部应力裂缝(图 2-26)。

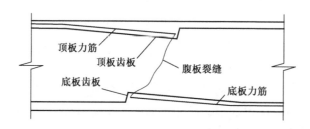

图 2-26 预应力弯束筋的锚后腹板斜裂缝

2.4.5 顶、底板纵向裂缝

箱梁典型顶、底板纵向裂缝如图 2-27 所示,纵向裂缝实例及严重病害如图 2-28 所示。顶板纵向裂缝,通常是由于顶板横向弯矩过大、无横向预应力、箱梁横向弯矩空间效应、顶板板厚偏小、横向配筋不足、箱梁内外温差过大产生温度应力等原因所致。另外,早期顶板设计厚度较薄时,或预应力波纹管位置偏差过大、波纹管及普通钢筋的保护层厚度过小时,会引起混凝土剥落、钢筋锈蚀,进而产生纵向裂缝。

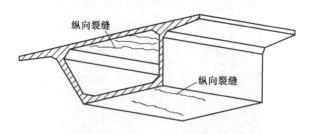

图 2-27 箱梁顶、底板纵向裂缝

底板纵向裂缝是与桥梁轴线方向平行的裂缝,主要集中在箱梁底板的左右两侧,且主跨发生概率高于边跨。此类裂缝通常沿着顺桥向的预应力孔道发展,并常常伴随沿孔道的漏水,造成严重的锈蚀危害;底板纵向裂缝严重时,会造成混凝土崩裂剥离,甚至在施工过程中也会发生。原因可能与预应力束尤其是底板的合龙束相关,包括:①纵向预应力波纹管偏位、保护层不足;②纵向预应力设计过大或预应力筋转向大而产生较大径向力,且防崩钢筋设置不足。图 2-29 为纵向裂缝导致箱梁顶板严重剥落锈蚀及箱梁底板混凝土整体崩裂实例。

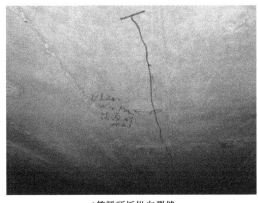
a)箱梁顶板纵向裂缝

b)箱梁底板纵向裂缝

图 2-28　箱梁顶板纵向裂缝、底板纵向裂缝病害实例

a)箱梁顶板严重剥落锈蚀

b)箱梁底板混凝土整体崩裂

图 2-29　纵向裂缝导致的箱梁顶板严重剥落锈蚀及箱梁底板混凝土整体崩裂实例

2.4.6　腹板纵向裂缝

从力学角度分析,腹板纵向裂缝是由竖向正应力引起,特别是横隔板较少的箱梁在荷载作用下的变形并不完全符合经典梁理论的周边刚性假定,因而会出现截面畸变变形,箱梁腹板在畸变的作用下会导致竖向正应力过大,进而产生水平裂缝(图 2-30)。此类裂缝多呈细长状、部分断续分布并析出白色结晶,裂缝宽度为 0.06～0.12mm,裂缝周围混凝土较为平整,且开裂位置一般位于预应力管道处。实际工程中,特别是在混凝土养护龄期不足的情况下,预应力张拉时间过早,混凝土在未完全凝结的情况下受到预压力会在泊松效应的影响下增加预应力筋附近混凝土的径向拉应变,产生此类裂缝。

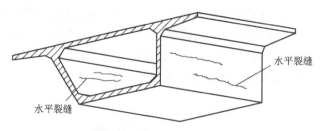

图 2-30　箱梁腹板水平裂缝

2.4.7　波纹管、预应力筋、锚具外露及锈蚀

波纹管、预应力筋、锚具是预应力混凝土连续箱梁结构不可或缺的元素,由于桥梁施工质量不佳或后期使用病害,经常导致其波纹管、预应力筋、锚具外露及锈蚀(图 2-31)。其原因主要包括:①波纹管、预应力筋定位不准、偏差过大;②波纹管孔道堵塞、漏浆、孔道压浆不密实;③后张法预应力筋张拉后未及时压浆、封锚;④后张法穿束过早或未采取有效的保护措施;⑤钢绞线张拉后未及时浇筑混凝土等。

a)波纹管外露

b)预应力筋锚具锈蚀

图 2-31　波纹管、预应力筋与锚具外露及锈蚀

2.5　预应力混凝土组合箱梁桥结构特点与病害

预应力混凝土组合箱梁桥是指通过预制单片预应力混凝土小箱梁,运输至现场拼装并后浇翼缘及横隔板之间的混凝土连接缝(湿接缝),从而形成整体的一种预制装配式桥梁结构。预应力混凝土组合箱梁桥一般为预应力混凝土结构,跨径为 30～50m,横向由多片小箱梁组成,小箱梁之间通过横隔板及翼缘湿接缝连接,在设计计算时通过横向分布系数将其简化为单片梁进行承载力分析。预应力混凝土组合箱梁桥的典型构造如图 2-32 所示,其结构图示及永久荷载下的弯矩图与简支 T 梁类似。

预应力混凝土组合箱梁桥特点主要包括:①箱梁截面的抗弯刚度大、抗扭刚度高,在横向偏心荷载作用下,各片梁受力均匀性较好,结构整体性强;②设计时采用部分预应力混凝土结构,可节省钢材、增加结构延性,减少因施加过大预应力而引起的上拱值,提升行车舒适性;③装配化程度高、架设方便、施工速度快、跨越能力较大;④设计图的标准化程度高,具有完善的通用图集,这能够降低重复设计并有效保障设计质量;⑤湿接缝是其横向空间受力的重要构造。

图 2-32　组合箱梁典型构造

2.5.1　腹板竖向裂缝和底板横向裂缝

腹板竖向裂缝和底板横向裂缝属于组合箱梁桥主要结构性裂缝病害(图 2-33、图 2-34),其中腹板竖向裂缝集中出现在距墩顶 1/4 跨至 3/4 跨范围内,且裂缝的宽度最大值多出现在腹板的中间位置,呈中间宽两头细的枣核形,一般为竖向贯通,裂缝宽度大多为 0.10 ~ 0.15mm。底板横向裂缝往往发生在跨中至 1/4 跨径处,向跨中逐渐加密。部分腹板的竖向裂缝与底板的横向裂缝贯通形成 U 形裂缝。

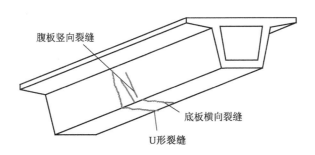

图 2-33　组合箱梁腹板竖向裂缝及底板横向裂缝病害形态

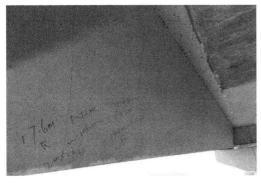

a)腹板竖向裂缝1

b)腹板竖向裂缝2

图　2-34

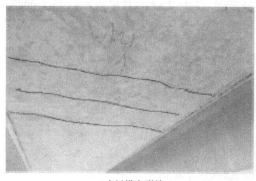
c)底板横向裂缝

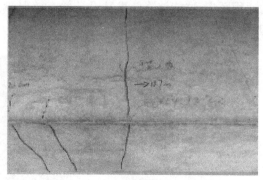
d)U形裂缝

图 2-34　组合箱梁腹板竖向裂缝及底板横向裂缝病害实例

箱梁腹板竖向裂缝与底板横向裂缝属于组合箱梁主要的受力裂缝病害,是由箱梁本身的承载力不足而引起的。其具体可能包括以下原因:①预应力线形偏差大、张拉施工质量不佳、管道压浆不密实等导致预应力损失过大、有效预应力减小;②箱梁架设安装过程中横向临时连接不到位,导致已架设的箱梁呈单梁受力的状态,使得预制梁在桥面运输时承受的荷载过大而引起箱梁开裂;③湿接缝施工质量差降低了桥梁的横向整体性,箱梁实际承受的荷载大于设计值;④严重的超载使得箱梁承受的实际荷载远大于设计荷载。

2.5.2　腹板斜裂缝

腹板斜裂缝是箱梁受力裂缝危害较为严重的一种(图 2-35)。腹板斜裂缝主要发生在梁端至1/4跨径处,多与腹板成45°左右夹角,呈"正八字"形。腹板斜裂缝或斜向延伸到底板,在腹板和底板交接处裂缝沿纵向开展,或向上延伸至顶板,在腹板与顶板的交接处裂缝沿纵向开展。

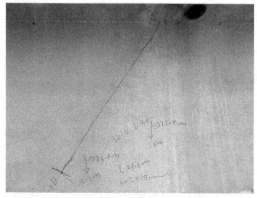
a)腹板斜裂缝1

b)腹板斜裂缝2

图 2-35　组合箱梁典型腹板斜裂缝

组合箱梁腹板斜裂缝产生的可能原因主要有:①腹板厚度偏小,抗剪承载力不足;②预应力弯起钢筋预应力施加不足或预应力损失过大;③超载作用下,箱梁1/4跨处主拉应力最大处易产生斜向裂缝。

2.5.3 腹板和底板纵向裂缝

组合箱梁腹板和底板纵向裂缝都较为常见,大多沿着预应力束的孔道分布,且在两个边梁处出现较多。腹板纵向裂缝多分布在跨径的1/4～3/4范围内(图2-36),主要沿预应力束对应的表面发生,裂缝宽度一般为0.08～0.12mm,有的连续通长,有的断断续续,裂缝长度一般较长。底板纵向裂缝主要沿预应力束方向对应的表面发生(图2-37),多分布在跨径的1/4～3/4范围内,多呈现断续或连续式,偶有平行式纵向裂缝。裂缝位置分布较为零散,长度无明显规律,缝宽多为0.10mm左右。

a)腹板纵向裂缝1

b)腹板纵向裂缝2

图2-36 组合箱梁腹板纵向裂缝

a)底板纵向裂缝1

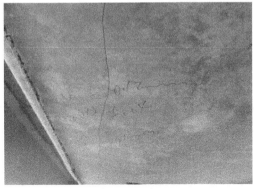
b)底板纵向裂缝2

图2-37 组合箱梁底板纵向裂缝

组合箱梁腹板和底板纵向裂缝主要与梁体预制施工有关,尤其是施工时预应力管道偏差、混凝土浇筑质量差、养护不到位,以及在环境、温度、车辆超载等综合作用下易产生开裂,其通常与受力无关。因此在日常养护中,对于纵向裂缝仅需关注裂缝宽度是否超限,是否有扩展趋势,适时采取耐久性养护措施即可。

2.5.4 湿接缝裂缝

湿接缝裂缝通常发生在相邻两片预制箱梁间现场浇筑的桥面板范围内,主要表现为横向、纵向裂缝,其中横向裂缝较多,此种裂缝是组合箱梁较普遍的病害[图2-38a)],裂缝宽度一般为 0.1mm 左右。湿接缝裂缝产生的原因主要有:①箱梁翼缘板端部凿毛不到位、新老混凝土接合面的施工质量差,浇筑质量没有得到有效保障[图 2-38b)];②湿接缝浇筑工序不合理,如早期箱梁顶板负弯矩钢束在湿接缝浇筑之前施工,预应力未能对负弯矩区湿接缝部分产生有效作用,之后则改为先浇筑湿接缝,再张拉顶板负弯矩预应力钢束。

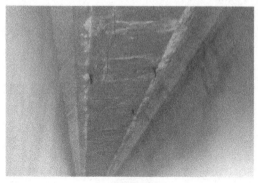 

a)湿接缝裂缝　　　　　　　　　　b)湿接缝浇筑质量低实例

图 2-38　组合箱梁湿接缝裂缝及低劣浇筑实例

2.5.5　横隔板裂缝和破损

横隔板为连接相邻两片箱梁的主要结构构造,对组合箱梁的横向荷载传递具有十分重要的作用。横隔板一般为钢筋混凝土结构,横隔板长度方向的上缘受桥面板约束,下缘受相邻箱梁的类似于多排支座的端部约束。在混凝土收缩及温度作用下,横隔板会在长度方向产生拉应力,加之侧面的抗裂钢筋常常配置较少,因此易产生表面竖向收缩裂缝。

与受弯剪作用的钢筋混凝土梁类似,横向荷载作用会引起横隔板竖向裂缝和斜裂缝[图 2-39a)]。竖向裂缝在横隔板的跨中及横隔板与箱梁连接边角处的出现频率较高,裂缝长度多为横隔板高度,裂缝宽度多为 0.08~0.12mm;斜裂缝呈倾斜状态。另外,在重载车辆作用下,横隔板也易发生较为严重的局部破损,尤其是横隔板与组合箱梁的连接处[图 2-39b)]。横隔板的严重破损会使得箱梁之间的横向联系变得薄弱,降低各个箱梁共同承载的能力。

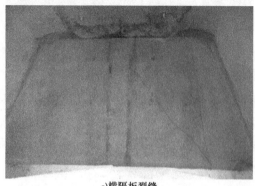 

a)横隔板裂缝　　　　　　　　　　b)横隔板破损

图 2-39　组合箱梁横隔板病害

2.6 上承式拱桥结构特点与病害

2.6.1 主拱体系病害

1)双曲拱桥

双曲拱桥因拱圈在纵、横向均呈弧形曲线而得名。双曲拱桥于20世纪60年代发源于江苏无锡,之后在全国各地得到广泛应用。这种桥型在结构上继承圬工结构的优良传统,充分利用了预制装配的优点,适应了无支架施工和无大型起吊机具的情况,具有施工方法便捷、材料用量节省等特点。在外观上,双曲拱桥具有浓厚的民族文化特色。但由于双曲拱桥自身的结构、受力特点以及使用实际状况,经常出现结构整体性差、结构性开裂等问题。

6.拱桥主要病害照片

双曲拱桥上部结构由主拱圈和拱上建筑组成。主拱圈通常是由拱肋、拱波、腹拱板、腹拱墩和横向联系等部分组成(图2-40)。双曲拱桥施工的主要特点是将主拱圈"化整为零",将拱肋、拱波、腹拱板等各个部分分别预制,再"集零为整"装配形成整体结构,拱波在横向也呈类似于拱的弧形。双曲拱桥的双向曲线构造,充分利用了材料的抗压性能,可以最大限度地节省材料,但是由于涉及构件种类多、数量多,结构构造与施工工艺复杂,整体性较差,现已较少使用。

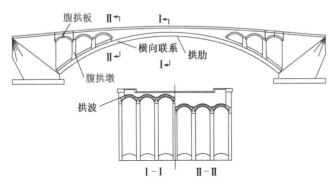

图2-40 双曲拱桥结构示意图

(1)拱肋裂缝

拱肋是双曲拱桥的主要受力构件。当拱肋抗弯承载能力不足时,就会出现拱肋裂缝,拱肋裂缝主要表现为垂直于拱轴线的拱底径向裂缝和拱背径向裂缝。拱底径向裂缝主要发生于拱顶正弯矩较大区段的拱肋部位的下缘,由下向上延伸,下宽上窄,严重时延伸到拱肋顶。拱背径向裂缝产生在拱脚附近负弯矩区段,尤其是桥台水平位移较大时,常出现拱背裂缝,拱背径向裂缝会减弱拱脚的固定作用使主拱圈发生内力重分布,同时使拱顶截面应力增大加速拱顶开裂。拱肋抗弯承载力不足的主要原因有:①桥台向两侧发生过大的水平位移,引起拱顶正弯矩、拱脚负弯矩的大幅增加;②横向联系布置数量过少或截面刚度不足,横向各个拱肋受力不均导致单肋受力过大;③拱肋截面混凝土劣化。拱肋病害严重时,表现为混凝土剥落及露筋(图2-41)。

a)混凝土剥落　　　　　　　　　　　　　b)露筋

图 2-41　双曲拱桥拱肋严重病害

(2) 拱波病害

拱波病害表现为拱波纵向开裂、钢筋锈蚀等(图 2-42)。由于拱波厚度较小,结构整体较为薄弱,各部分拱波之间纵横向连接性较差,加之使用中的车辆超载现象,拱波常常出现开裂病害,尤其是拱脚及桥路线形过渡区域的拱波,承受着较大的冲击荷载,甚至产生拱波断裂等严重病害。

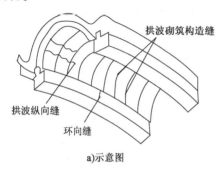

a)示意图　　　　　　　　　　　　　　　b)实例

图 2-42　双曲拱桥拱波病害

2) 钢筋混凝土桁架拱桥

钢筋混凝土桁架拱桥是一种具有水平推力的拱形桁架桥。该种桥梁兼具桁架桥自重轻和拱桥结构受力合理的优点。由于各杆件受力明确,杆件的材料特性能够得到充分合理的利用,因此,桁架拱桥是十分节省材料的一种桥梁结构形式,曾在我国得到广泛应用。

桁架拱桥主要由桥台、桁架拱片、微弯板及横向联结系组成(图 2-43)。桁架拱片是主要承重构件,包括上弦杆、下弦杆、腹杆(竖杆、斜杆)及实腹段等。横向联结系包括横系梁、横隔板等。斜杆桁架拱桥是桁架拱桥腹杆布置形式中较为特殊的一种拱桥,特指腹杆为内、外倾斜杆组成的桁架拱桥,其特点是桁架中无竖向杆件,腹杆数量少,节间跨度大,外观较为简洁美观。

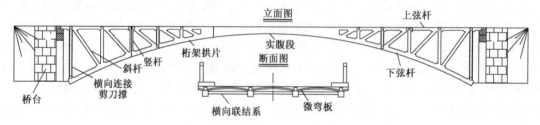

图 2-43　钢筋混凝土桁架拱桥结构示意图

由于桁架拱桥的设计曾经过于强调外形轻巧、节约材料,使用混凝土强度等级较低,配筋也较少,导致桁架拱片病害较为普遍,具体如下:

(1)整体刚度不足

结构整体变形过大,刚度不足。混凝土收缩、徐变使桁架拱片挠度变大,偏离设计线形;横向联结系布置偏少或横系梁截面偏小,横向连接刚度不足。

(2)实腹段裂缝

桁架拱片实腹段厚度较小,承受较大弯矩、轴力和一定的剪力,实际为偏心受压构件。实际工程中,由于支座会发生水平位移,桥跨承受的水平力减小,会引起跨中实腹段承受的弯矩增大,故而实腹段容易受拉产生裂缝,继而发生钢筋锈蚀等病害。

(3)上弦杆弯曲裂缝

上弦杆在承受轴力之外,同时承受局部荷载产生的弯矩,其数值从跨中向两端逐渐增大,尤其是靠近两端的节间,其跨度较大,节间的跨中弯矩效应影响较大,故上弦杆底部经常发生弯曲裂缝病害。

(4)下弦杆开裂或混凝土压碎

水平力、竖直力及弯矩通过拱脚传递给桥台,下弦杆与拱脚结合处是桁架拱桥应力水平较高及复杂的部位,因此容易产生裂缝或混凝土压碎病害。计算表明,下弦杆均承受较大压力,下弦杆靠近拱脚处还承受较大的剪力和弯矩,易出现弯曲裂缝。

(5)腹杆(竖杆、斜杆)病害

腹杆(竖杆、斜杆)的受力特征比较明确,以承受轴力为主,剪力和弯矩均较小。根据桁架杆件的形式不同,腹杆受力特征不同,一般竖杆主要承受轴压力,一侧斜杆承受拉力,另一侧斜杆承受压力。腹杆病害主要表现为混凝土裂缝、剥落及露筋与钢筋锈蚀等(图2-44)。

3)刚架拱桥

刚架拱桥是在双曲拱桥、桁架拱桥的基础上结合斜腿刚构的特点发展演变而来的一种桥型,属于有推力的高次超静定结构。刚架拱桥因具有构件少、自重轻、经济节约、结构美观等优点,曾被广泛推广应用。

图2-44 桁架拱桥腹杆混凝土剥落、露筋

刚架拱桥主要由外弦杆、内弦杆、实腹段、拱腿(主拱腿)、斜撑(次拱腿)、横向联结系(横系梁)、桥面板等组成(图2-45、图2-46)。刚架拱桥是一种轻型的组合体系拱桥,拱上结构与主拱结合形成一个整体。刚架拱桥与梁桥和一般简单体系拱桥相比,结构的内力峰值得到较大削弱,结构受力特性兼具梁式结构与拱式结构的特点,被广泛应用于跨径为25~70m的桥梁。

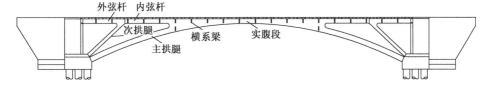

图2-45 刚架拱桥结构示意图

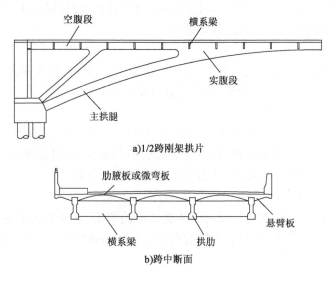

图 2-46 刚架拱桥构造细部详图

刚架拱桥的空腹段外弦杆、内弦杆主要为受弯构件(截面的轴力很小);主、次拱腿和跨中实腹段主梁为压弯构件,其中,跨中实腹段主梁因跨中弯矩较大,而轴向压力相对较小,因此为大偏心受压构件,主、次拱腿的轴向压力相对较大,而弯矩相对较小,因此主要表现为小偏心受压构件。刚架拱桥的控制截面为:跨中截面的最大正弯矩、节点截面的最大负弯矩、拱脚截面的最大负弯矩和最大水平推力。典型刚架拱桥在恒载作用下内力图示如图 2-47 所示。

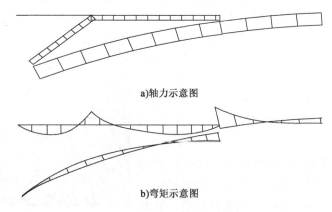

图 2-47 某刚架拱桥 1/2 结构在恒载作用下的内力图示

(1) 主、次拱腿开裂

主、次拱腿的轴向压力相对较大,而弯矩相对较小,因此主要表现为小偏心受压构件。主拱腿、次拱腿开裂调查表明,在役刚架拱桥主、次拱腿的拱脚处多出现较明显的横向裂缝。

根据有限元计算分析结果,在结构自重和汽车荷载作用下,主、次拱腿一般不产生拉应力,但在墩、台不均匀沉降时,拱腿底部的负弯矩非常敏感,较小的不均匀下沉也将产生较大的拉应力(甚至超出混凝土极限抗拉强度),使得拱脚处产生与拱腿轴线相垂直的横向裂缝。图 2-48a)所示为典型的刚架拱桥次拱腿横向裂缝,裂缝由顶面沿两侧面向下延伸。除了受力裂缝,在拱腿湿接缝处由于施工质量缺陷也易出现裂缝,某刚架拱桥主拱腿湿接缝处出现裂缝,并出现露筋锈蚀现象,如图 2-48b)所示。

a)次拱腿横向裂缝　　　　　　　　　　b)主拱腿湿接缝处裂缝

图 2-48　刚架拱桥次拱腿与主拱腿裂缝

(2)节点开裂

刚架拱桥主、次拱腿和与上弦杆结合部位应力复杂,易出现不规则裂缝(图 2-49)。节点开裂的主要原因有:①节点外形不够圆顺,存在尖角,引起局部应力集中;②节点连接刚度不够,构造钢筋连接偏薄弱;③节点连接多为焊接钢板连接,焊接质量无法保障,加之此处应力状态复杂,通常产生疲劳裂缝,影响结构安全。

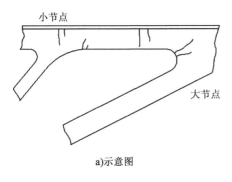

a)示意图　　　　　　　　　　b)实例

图 2-49　刚架拱桥节点裂缝

(3)弦杆及实腹段开裂

内、外弦杆及实腹段常采用矩形、工字形或箱形截面,外弦杆为受弯构件,内弦杆及实腹段为压弯(偏心受压)构件。一般桁架拱片产生的裂缝,首先出现在外弦杆,其次是内弦杆和实腹段。外弦杆的承载能力与其他承重构件不一致,外弦杆在恒、活载作用下呈现梁式结构的受力状态,特别是跨径大、单斜撑的刚架拱桥,弦杆病害较突出,主要表现为受弯裂缝,支座附近受负弯矩影响,多出现斜裂缝,如图 2-50 所示。

内弦杆及实腹段为偏心受压构件,容易在受拉区出现裂缝。实腹段主要受正弯矩作用,根据对现役刚架拱桥的检测调查分析,实腹段梁体跨中底部裂缝较多、较宽,部分裂缝竖向、横向基本贯通,形成 U 形裂缝;除了竖向裂缝外,在主拱腿和与上弦杆结合部位的大节点内侧常会有斜向裂缝发生,如图 2-51 所示。

图 2-50　刚架拱桥弦杆裂缝

a)竖向裂缝　　　　　　　　　　　　　　　b)斜裂缝

图 2-51　刚架拱桥实腹段裂缝

2.6.2　传力体系病害

1)横向联结系病害

上承式拱桥拱肋间通常设有横向联结系(横系梁、横隔板等),这不仅使各片拱肋可以在集中荷载(车辆荷载)作用下共同分担荷载,变形均匀,而且使单片拱肋在横向连成整体,形成一个拱形框架,从而大大加强了拱肋的横向刚度,保证了拱肋的横向稳定性。双曲拱桥、桁架拱桥、刚架拱桥横系梁或横隔板病害及原因大体相似。

双曲拱桥的横向联结系存在截面偏小、数量偏少等问题,与拱肋联结处的抗剪能力也偏小。当承受较大的外荷载作用时,横向联结系产生较大的内力甚至开裂,刚度减弱,无法有效地横向传递荷载,并引起拱肋的受力与变形不均匀,同时也会加剧自身的病害产生;横向联结系开裂严重,又将导致拱波开裂,使拱圈的整体受力性能和稳定性降低[图 2-52a)]。

桁架拱桥横向联结系开裂的原因是由于原设计标准较低,横向联结系较薄弱,交通量与荷载的增加,造成桁架竖向变形量大,使横向联结系产生裂缝[图 2-52b)],甚至断裂。

刚架拱桥的横向联结系在空腹段及实腹段按一定间距设置,拱腿及斜撑上一般也设置。因为刚架拱桥设计标准低,横向联结系薄弱而不能适应大交通量或重载交通,横隔板中部大多有上下贯通的竖向裂缝,挖空的横隔板比实心横隔板严重,特别是实腹段横隔板裂缝较多且较宽[图 2-52c)],严重的几乎断裂成只有钢筋相连,甚至导致横系梁脱落。

a)双曲拱桥横系梁裂缝

b)桁架拱桥横系梁裂缝

c)刚架拱桥横系梁裂缝

图 2-52 典型横系梁病害

2)微弯板病害

微弯板作为双曲拱桥、桁架拱桥等拱桥的主要桥面结构在实际工程中得到了大量使用。微弯板常用结构形式有预制拱板式和上平下拱的少筋式,极少采用矩形实心板或空心板。微弯板是在矩形板的基础上优化出来的,钢筋和混凝土用量较少,质量小,但施工复杂。

微弯板桥面是直接受力构件,车轮荷载直接作用在微弯板而形成集中力。微弯板内通常配筋较少,作为混凝土结构,除了具有其他普通混凝土结构常见病害(蜂窝、麻面、孔洞、老化、掉角、剥落、层隙、表面腐蚀、露筋及裂缝等)之外,在车辆重载作用和动力效应下,还表现出开裂、磨损、断板、穿孔、渗水及塌陷等病害。典型病害示意及实例如图 2-53 所示。

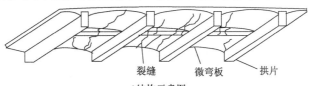
a)结构示意图

b)实例

图 2-53 微弯板典型病害结构示意图及实例

2.6.3 其他病害

1）墩台位移

上承式拱桥，尤其是双曲拱桥由于自重较大，相应的水平推力也大，对地基的性能要求高，当设计、施工不当时，常容易引起墩台的较大位移和沉降，进而引起拱桥线形的变化，结构受力产生巨大变化，导致拱圈下沉、开裂，拱肋与拱波分离，侧墙与拱肋分离，空腹小拱开裂或立柱严重裂缝等损坏现象。

2）拱上建筑开裂

拱上建筑开裂主要表现为腹拱开裂，产生原因主要是主拱的变形（主拱变形相当于腹拱的墩台位移）。腹拱开裂表现为腹拱横向开裂和环向开裂，其中以横向开裂最为严重。腹拱在结构上多为混凝土板拱，并形成多孔构成的连拱，拱拱之间未能按主拱变形的需要设铰，或只设简易铰但起不到铰的作用，在使用过程中，由于荷载作用、温度变化、主拱变形、混凝土收缩作用，腹拱内产生了较大的内力而引起横向开裂；而未设铰的边腹拱的横向开裂尤其严重，有些边腹拱在开裂后出现错动。腹拱的环向开裂一般是由混凝土收缩和徐变、温度变化等引起。

其他病害，如伸缩缝、墩台支座及桥面铺装病害与简支梁桥等相似。

2.7　中、下承式拱桥结构特点与病害

中承式拱桥的桥面位于拱肋的中部，中间部分悬吊在拱肋上，两端由立柱支承在拱肋上，其桥跨结构一般由主拱、吊杆、立柱、横梁、纵梁和桥面板等组成，如图2-54所示。桥面荷载直接作用在桥面板上，桥面板把作用力通过横梁、吊杆和立柱传递到主拱上，主拱将这些作用力传递到桥墩、桥台和基础。下承式拱桥的桥面系位于拱肋的下部，桥面通过吊杆悬吊于主拱之上，主拱和吊杆是主要的承重构件，与中承式拱桥的中间部分相似。下承式拱桥的优点是建筑高度很小，纵坡小，可节省引道长度；缺点是构造复杂，主拱施工麻烦，一般适用于地基较差的桥位上。

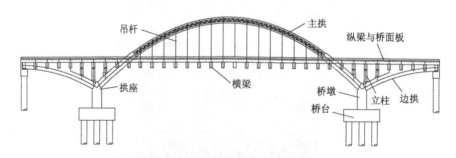

图 2-54　中承式拱桥结构总体结构布置

对于多片拱肋的中、下承式拱桥，横向联结系连接相邻梁片主拱肋，以增加分离拱肋的横向刚度和稳定性。中、下承式拱桥的结构各部分相对独立，结构整体性较差，荷载通过桥面系、横梁、吊杆、拱肋受力，传力环节多，结构的安全性不容易保证。本节以钢筋混凝土中、下承式

拱桥为例，描述该类拱桥的主要病害。对于钢管混凝土等其他材料形式，中、下承式拱桥病害整体上具有相似性。

2.7.1 拱肋病害

钢筋混凝土中承式拱桥常采用实心或箱形拱肋，箱形拱肋是在实心拱肋的基础上将实心拱肋挖空形成的另一种结构形式，其刚度更大，更节约材料，结构更轻，跨越能力更大，且可预制安装。

拱肋由于环境因素的影响常会出现混凝土剥落、露筋及钢筋锈蚀问题。作为主要受力构件，拱肋承担弯矩和轴力的作用，常出现不同形式的裂缝。裂缝出现的部位一般在拱脚上缘、拱顶部位、拱肋的侧面及拱脚侧面等，有的裂缝已深入内部混凝土中，形成贯穿裂缝，严重时会导致混凝土压碎。拱肋局部病害包括局部混凝土缺损、空洞、粗集料外露，甚至钢筋外露且严重锈蚀等，有时伴有渗水现象。尤其箱形拱肋出现裂缝等病害后，会进一步引起箱形拱肋的箱内积水现象，导致钢筋锈蚀及混凝土劣化。拱肋典型病害如图 2-55 所示。

a)拱脚混凝土开裂压碎

b)拱肋顶面露筋

c)拱肋侧部裂缝

d)拱肋侧面露筋

图 2-55　钢筋混凝土拱肋典型病害

2.7.2 吊杆病害

拱桥吊杆在使用过程中，由于各种原因极易引起聚乙烯（Polyethylene，简称 PE）护套开裂及破损、吊杆锈蚀及断裂、锚头积水及腐蚀等病害。

1) PE 护套开裂及破损

通过对拱桥吊杆的调查,发现平行钢丝拉索 PE 护套一般在几年内即发生开裂及破损,如图 2-56 所示。相关资料表明,拉索 PE 护套最短不到 1 年,最长不到 10 年就产生开裂。开裂病害主要由于 PE 护套老化,断裂伸长率降低引起。外包 PE 护套损坏,雨水能由损坏处渗入,引起吊杆 PE 套内部潮湿,甚至积水,进一步导致吊杆钢丝锈蚀。

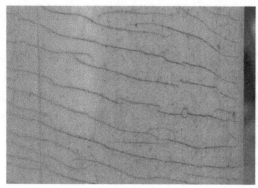

a)开裂　　　　　　　　　　　　b)破损

图 2-56　吊杆 PE 护套环向开裂及破损

2) 吊杆锈蚀及断裂

PE 护套开裂,失去了对吊杆内部钢丝的防护,吊杆钢丝、钢绞线常出现不同程度锈蚀(图 2-57):一般锈蚀或轻微锈蚀时,个别钢丝、钢绞线有轻微锈坑;锈蚀较重时,有明显锈坑;锈蚀十分严重时,有严重锈坑,钢丝、钢绞线截面削弱明显。锈蚀病害主要由 PE 护套防护不佳、护套内部有水汽及积水引起。吊杆出现锈蚀等缺陷后,由于自身实际较高的应力水平、较大的疲劳应力幅及疲劳应力循环频率,存在应力腐蚀断裂和疲劳断裂的危险性。

a)钢丝锈蚀例一　　　　　　　　　　　　b)钢丝锈蚀例二

c)钢绞线锈蚀例一　　　　　　　　　　　　d)钢绞线锈蚀例二

图 2-57　吊杆钢丝、钢绞线锈蚀

桥面系多为纵向漂浮体系,在温度荷载、车辆制动力等作用下,桥面漂浮体系存在较大的水平位移,造成各吊杆受力差异大。短吊杆通常处于桥面与立柱交接处,与跨中长吊杆相比,短吊杆刚度较大,固有频率较高,致使短吊杆比长吊杆受到更大的弯曲和剪切作用,同时桥面变位易使吊杆偏位、保护层断裂,这样复杂受力状态使得短吊杆及结构更容易产生破坏,如图 2-58 所示。

a)短吊杆变位 b)短吊杆断裂

图 2-58 短吊杆病害及断裂

3)锚头积水及腐蚀

由于防护罩缺损、止水橡胶条老化或止水软膏开裂等原因,锚头下端预埋管易出现进水现象,北方地区的一些桥梁曾因预埋管内积水发生冻裂。同时,锚头内的防腐黄油易挥发及老化,预埋管内积水使得预埋管、锚头及索体易受到腐蚀,尤其对于暴露于空气环境中的锚头,在积水和空气多重作用下,极易发生腐蚀(图 2-59)。

a)锚头积水 b)锚头腐蚀

图 2-59 吊杆锚头积水及腐蚀

2.7.3 系杆病害

系杆的主要作用是平衡拱肋的水平推力,是无推力中、下承式拱桥的关键构件,分为柔性系杆和刚性系杆。柔性系杆仅承担拉力;刚性系杆在承受拉力的同时,承受弯矩、剪力及扭矩等。在早期,拱桥系杆都采用永久系杆,未预留更换的结构构造,技术发展成熟后则在拱桥上预留更换的结构构造,以便于系杆的定期更换。系杆的形式多样,包括钢绞线、钢箱梁、预应力混凝土等。以预应力混凝土系杆为例,其病害表现为:

(1)系杆有效预应力降低。锚固张拉及松弛等原因会造成预应力损失,进而导致系杆有效预应力降低。

（2）系杆梁体波纹管外露、混凝土开裂。预应力混凝土系杆常为后张预应力构件，由于施工质量等原因，容易出现混凝土孔洞、波纹管外露现象；预应力损失、有效预应力降低可能导致系杆混凝土承受过大拉应力而开裂；同时，混凝土构造钢筋配置不足、保护层厚度偏小也易产生表面开裂（图2-60）。

a)系杆梁体底面波纹管外露　　　　　　　　b)系杆梁体纵向裂缝

图2-60　系杆梁体波纹管外露、混凝土开裂

（3）系杆内部索体锈蚀、断裂。在系杆索体耐久性保护措施失效时，外界雨水渗入，在腐蚀介质与荷载的双重作用下易引起索体锈蚀甚至断裂。

2.7.4　立柱病害

立柱为受压构件，使用过程中的常见病害有：①开裂裂缝，裂缝分布可呈横向、竖向、环向[图2-61a)]；②立柱位置偏差大、错位，表现为立柱与纵梁结合处错位，立柱顶端与纵梁结合不密贴；③表面蜂窝、麻面、缺损、露筋，主要原因为立柱混凝土浇筑质量较差或受到侵蚀，多发生于立柱柱脚处[图2-61b)]；④立柱两端局部混凝土压碎。

a)立柱下部水平裂缝　　　　　　　　b)立柱柱脚局部缺损、露筋

图2-61　立柱典型病害

2.7.5　横梁病害

横梁主要承受剪力和弯矩作用，病害主要表现为开裂、混凝土剥落、露筋、位置偏差等。具体病害主要有：①表面开裂，出现纵、横向裂缝，侧面裂缝；②局部混凝土脱落，出现露筋、钢筋

锈蚀;③横梁安装位置偏差大,拱肋横向连接传力效果差。典型病害如图2-62所示。

a)横梁侧面裂缝

b)横梁牛腿混凝土缺损露筋

图2-62 横梁典型病害

2.7.6 拱座病害

拱座是指与拱肋两端相连的现浇不规则混凝土构造物,是固定拱肋并支承拱上结构的重要构件。拱肋在拱座处固结,如存在系杆、端横梁,也可能同时锚固于此处。拱座处荷载大,受力复杂。有系杆时,拱座可能在承受竖向作用力的同时,还承受水平作用力;通过对众多拱桥的现状调查发现,拱座开裂现象十分常见,且常常呈网状裂缝(图2-63),主要原因在于拱座本身构造复杂,局部拉应力大、沉降不均匀、受温度作用影响、施工养护不到位等。

a)网状裂缝1

b)网状裂缝2

图2-63 拱座开裂

2.8 斜拉桥结构特点与病害

7.斜拉桥主要病害照片

斜拉桥是将主梁通过多个间隔分布的斜拉索锚拉于桥塔的一种桥梁,是由主要承压的桥塔、受拉的斜拉索和受弯的主梁组合形成的一种结构体系(图2-64)。斜拉桥是一种自锚式结构体系,主梁除支承在墩台之上,还支承于桥塔引出的斜拉索之上,可将其看作斜拉索代替中间支墩的多跨弹性支承连续梁。主梁同时承受着斜拉索的水平力。斜拉索能够起到减小主梁弯矩,降低主梁高度,减轻结构质量,节省材料的作用。斜拉桥采用的主梁的形式主要有混凝土梁、钢箱梁、钢桁架梁和组合梁。斜拉桥作为一种组合体系桥梁,比梁式桥的跨越能力更大,是大跨度桥梁的最主要桥型之一。

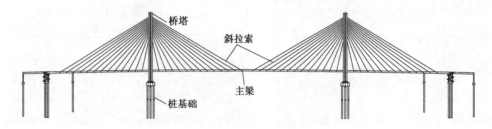

图2-64 斜拉桥结构构造示意图

2.8.1 斜拉索病害

1)斜拉索回缩

斜拉索回缩主要出现在由高强度热镀锌钢丝制成的斜拉索。此类斜拉索在张拉过程中分丝板会与锚杯内壁相接触[图2-65a)、b)]。分丝板除了承受拉力和冷铸体的反力外,还将承受侧向挤压力和摩擦力;而分丝板厚度较薄,分丝板常会因受力过大而变形,最终导致钢丝回缩[图2-65c)]、受力不均,影响斜拉索的疲劳寿命。

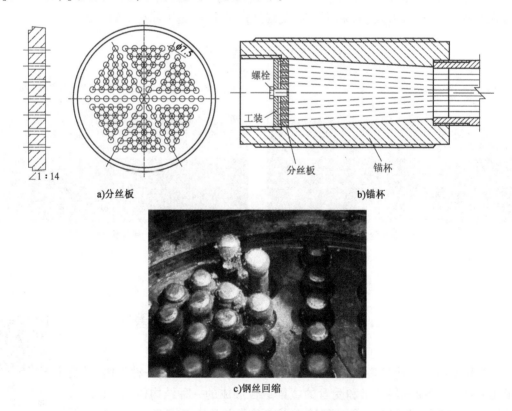

图2-65 斜拉桥分丝板锚杯结构和钢丝回缩

2）斜拉索防护体系病害

斜拉索防护体系目前主要由镀锌钢丝的镀锌层和 PE 护套来共同组成，PE 护套采用工厂化热挤高密度聚乙烯（High Density Polyethylene，简称 HDPE）（图 2-66）。PE 护套在大气环境中的防腐寿命一般为 25 年左右，但 PE 护套在使用过程中经常遭受意外损伤（图 2-67），在日照、雨淋等环境作用下，易发生老化开裂。PE 护套的防护体系病害可分为 3 个等级：①较好：PE 护套表面无病害；②一般：PE 护套表面有微裂缝，但不能观察到斜拉索钢丝；③较差：PE 护套表面老化、有裂缝，已能观察到斜拉索钢丝，防护性能已失效。

图 2-66　热挤高密度聚乙烯（HDPE）斜拉索断面

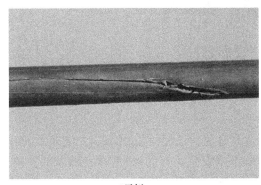
a）示例一

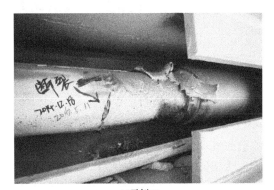
b）示例二

图 2-67　斜拉索 PE 护套开裂

3）斜拉索钢丝腐蚀

斜拉索钢丝腐蚀产生的直接原因为防护措施失效，其本质原因是高强钢丝与周围介质发生电化学作用，发生了氧化还原反应（图 2-68）。钢丝中的碳元素、合金元素及其他杂质形成阴极，铁元素形成阳极，当斜拉索表面凝结或吸附水汽形成水膜时，钢丝表面形成局部微差电池，导致阳极（钢丝）腐蚀。同时，一旦防护失效，空气中的氧气、二氧化碳及二氧化硫等还会不断溶解到水膜中，促进原电池反应，加快斜拉索的腐蚀。

斜拉索钢丝的强度和延性随着钢丝腐蚀程度的加深而显著降低。根据腐蚀钢丝外观形貌、钢丝截面削弱情况，钢丝锈蚀可划分为多个不同等级，并分别采取相应的不同措施：若腐蚀较轻，可采用局部除锈，并涂装防锈保护层，修复外端护套；若中度或重度腐蚀，则需考虑更换斜拉索，并加强外端防腐措施。

a)整体腐蚀例一　　　　　　　　　　　　b)整体腐蚀例二

c)腐蚀局部情况　　　　　　　　　　　　d)蚀坑

图 2-68　斜拉索钢丝腐蚀实例

防止斜拉索的腐蚀,即是要防止斜拉索钢丝表面形成可作为电解液的水膜,最有效的防腐手段即是将钢丝与大气隔离。

4)斜拉索振动

斜拉索质量轻、阻尼小,振动产生的荷载远超过其自重,常成为斜拉索设计的控制性荷载。斜拉索多暴露于大气中,在风、雨等环境因素的影响下常发生明显的振动,并且随着斜拉桥跨度的增加,斜拉索长度的增加,斜拉索振动愈加显著,拉索间距也会随之变化(图 2-69)。此外,如果斜拉索的振动频率与主桥结构的基频接近,还会引起桥梁整体的振动耦合,加剧桥梁整体的振动。斜拉索的振动会增加斜拉索的张力,产生斜拉索和锚具的疲劳破坏,损坏斜拉索的保护装置,导致与桥塔、主梁的连接部位的损坏。

图 2-69　斜拉索因振动过大间距发生变化

5）斜拉索减振阻尼器损坏

斜拉索振动会增加自身的疲劳应力,影响其正常使用,进而缩短拉索的使用寿命。在斜拉索的适当部位(通常是在锚固端附近)安装各种形式的阻尼器,可以提高斜拉索的阻尼而耗散拉索的振动能量,减轻斜拉索的振动[图 2-70a)]。安装阻尼器的方法是一种得到广泛应用的减振措施,对各种斜拉索振动都有良好的减振效果。但是如果阻尼器发生破坏[图 2-70b)],将会导致斜拉索振动特性的改变,进而影响斜拉桥的受力安全。

a)阻尼器减振　　　　　　　　　　b)阻尼器连接断裂

图 2-70　斜拉索减振措施及阻尼器连接断裂

6）斜拉索索力退化

索力退化是指斜拉索中索力由于各种原因而降低的现象。斜拉桥各斜拉索索力之间会相互影响,由于某些斜拉索索力退化,会直接影响整体斜拉索的索力分布,且对主梁的线形、结构内力等产生显著的影响。产生索力退化的原因包括斜拉索断丝、钢丝强度退化、温度影响、锚固松动、锚头病害和自然灾害影响等。

7）锚固区病害

锚固区受力集中,应力复杂。由于锚头自身的金属材料特性、外部荷载条件以及环境作用等因素,锚头也是斜拉桥中容易出现病害的部位。锚头由于长期暴露于大气环境中,不可避免地会遭受环境侵蚀,出现锈蚀、断裂现象。同时锚具由于其构造特征限制,如果外界水分进入,水分将长期存在于锚头内,从而加速锚头腐蚀。典型斜拉索锚头病害如图 2-71 所示。

 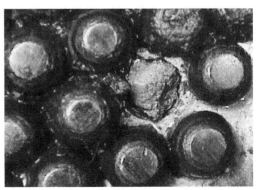

a)锚头锈蚀　　　　　　　　　　b)锚头断裂

图 2-71　典型斜拉索锚头病害

2.8.2 索塔病害

斜拉桥主梁直接承受的恒载和活载会通过斜拉索传递给索塔,因而索塔是通过斜拉索对主梁起弹性支承作用的重要构件。索塔承受的荷载除索塔自重外,还有斜拉索索力的水平分力引起的轴向力、斜拉索的竖直分力引起的弯矩和剪力。此外,环境温度变化、日照温差、风荷载、地震作用、混凝土收缩徐变等都会对索塔内力产生影响。当主梁采用悬臂施工时,索塔还要承受施工阶段相当大的不平衡弯矩。对于单索面独塔斜拉桥,还应考虑抗风稳定性问题。

根据建造材料的不同,索塔可以分为混凝土索塔和钢索塔。索塔常年裸露于大气环境中,在自然环境、荷载作用、人为侵袭等作用下,易产生不同程度的病害。

对于混凝土桥塔,其主要病害如下。

(1)索塔锚固区病害。索塔锚固区是斜拉桥索塔的关键受力部位,其形状和构造复杂,锚下集中应力大,是一个病害多发区域(图2-72)。其主要病害为:

①应力集中产生的锚固区纵、横向裂缝;
②混凝土收缩产生的网状裂缝;
③锚固区环向预应力束断丝;
④斜拉索振动产生的混凝土损伤。

 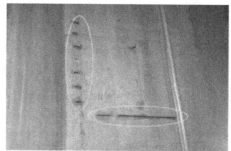

a)主塔外侧竖向裂缝　　　　　　　　　b)塔壁内侧锈胀露筋

图2-72　斜拉桥混凝土索塔病害

(2)索塔非锚固区病害。索塔非锚固区常见病害为混凝土裂缝,具体表现为涂层剥落、网状裂纹等。原因包括温度、收缩、徐变和不均匀沉降等。

相对于混凝土索塔,钢索塔具有工厂化加工程度高、自重轻、施工进度快等优点。钢索塔的病害主要有:防腐涂层脱落、螺栓松落、腐蚀、焊接缺陷、局部裂纹等,如图2-73所示。

a)防腐涂层脱落　　　　　　　　　b)螺栓松落

图2-73　斜拉桥钢索塔典型病害

2.8.3 主梁病害

斜拉桥主梁是斜拉桥的主要承重构件之一,主要承受直接的恒载、活载作用,并承受斜拉索产生的水平分力。主梁出现的病害形式多样,根据材料类型不同,主梁的主要形式可分为混凝土梁、钢梁(钢箱梁、钢桁架梁)和组合梁等,各自病害分析如下:

1)混凝土梁

混凝土梁一般采用预应力混凝土箱形梁或π形梁,容易出现裂缝病害。常见的裂缝有弯曲裂缝、腹板斜裂缝、横隔板裂缝、顶底板纵向裂缝等,同混凝土梁桥特征类似,不再赘述。

2)钢梁

为了减轻桥梁主跨自重,多数大跨度斜拉桥主梁都采用钢梁,包括钢箱梁及钢桁架,且以前者居多。

钢箱梁的病害主要为钢箱梁局部涂层剥落、烧伤及锈蚀、疲劳裂纹、焊缝裂纹、局部钢材(如横隔板节点)断裂、纵隔板腹杆断裂、过大的塑性变形及局部失稳等(图2-74)。其中,正交异性钢桥面板既作为桥面板承受面外的局部轮载,也作为主梁的上翼缘直接参与主梁受力,其仅在纵向间隔布置加劲肋,在横向则少量布置横隔板。顶板、纵向加劲肋和横隔板通过焊接连接,其受力复杂,在疲劳荷载作用下,表现出更加普遍的病害;横隔板及纵向加劲采用钢桁架形式时,对应可能发生连接处焊缝裂纹、节点处母材开裂及杆件断裂等。钢箱梁节段之间也有采用螺栓连接的方式,包括顶板、腹板、底板、U肋等之间的连接,在应力、腐蚀、疲劳荷载作用下,会产生常见的螺栓锈蚀、脱落、断裂等病害(图2-75)。

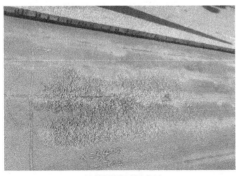

a)钢箱梁桥面板腐蚀

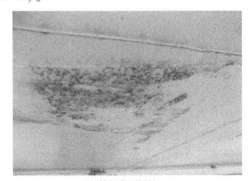

b)钢箱梁底面锈蚀

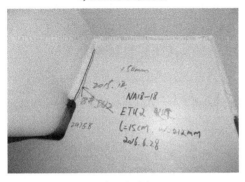

c)U肋焊缝裂缝

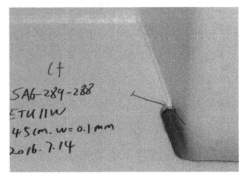

d)U肋处横隔板开裂

图 2-74

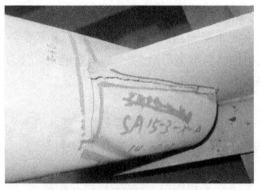
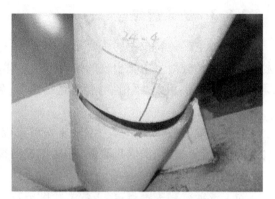

e)桁架式纵隔板节点及腹杆裂缝　　　　　f)桁架式纵隔板腹杆断裂

图 2-74　斜拉桥钢箱梁病害

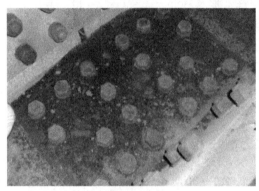

a)螺栓锈蚀　　　　　　　　　　　b)螺栓断裂断口

图 2-75　斜拉桥钢箱梁螺栓连接病害

钢桁架的病害大多与钢箱梁病害相似,表现为涂层劣化剥落、钢材锈蚀、螺栓脱落与断裂、杆件屈曲以及连接部位的焊缝断裂等。

3) 组合梁

组合梁是由钢梁和混凝土两种材料共同组合而成的梁。它的突出特点是充分合理地利用了多种材料优点,各材料得以扬长避短,各尽所能,协同工作,此外还具有施工方便、结构刚度大、整体性与抗震性能好等优点。组合梁除了会出现钢梁和混凝土梁的病害外,还会出现具有其自身特点的病害,如组合梁桥面板裂缝、连接剪力件的疲劳断裂与滑移等。

2.9　悬索桥结构特点与病害

悬索桥是通过悬挂于索塔并锚固于两岸(或桥两端)的主缆作为上部结构主要承重构件的桥梁,如图 2-76 所示。悬索桥一般由索塔、主缆、锚碇、吊索、加劲梁、索夹、散索鞍及鞍座等主要部分组成。加劲梁主要提供抗扭刚度和荷载作用面,并将荷载传递给吊索。吊索连接主缆和加劲梁,并将加劲梁传来的荷载传递给主缆。主缆是悬索桥的主要承重构件,承受活载和加劲梁、吊索及自身的恒载等。索塔起支承主缆的作用,承受缆力的竖向分力和不平衡水平力。塔顶鞍座是主缆转向装置,可以将缆力的竖向分力传递给索塔。散索鞍在主缆进入锚碇前起分散主缆和转向作用。锚碇(地锚式悬索桥)是锚固主缆的构造物,根据构造的不同以不同方式承担主缆的拉力。悬索桥在各种结构体系桥梁中的跨越能力最大,跨径可达1000m以上。

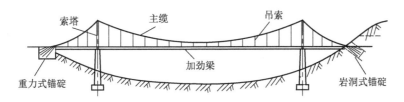

图2-76 悬索桥结构示意图

2.9.1 主缆病害

主缆通过塔顶鞍座悬挂在塔上并锚固于两端锚固体,承受活载和加劲梁的恒载,主缆一般由高强钢丝组成,紧缆后安装索夹,涂刷防腐腻子,缠绕匝丝后涂外防护层。主缆病害主要有防护涂装劣化失效、主缆线形变化、腐蚀及断丝等。由于主缆外缠匝丝间连接不紧密,相邻匝丝间通常无横向联系,主缆受弯拉时易使匝丝分离引起涂装防护层受拉,从而导致涂装防护破坏。典型主缆防护层老化及开裂如图2-77所示。

 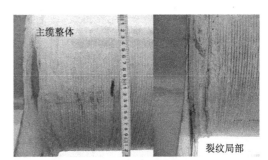

a)防护层老化脱落　　　　　　b)防护层开裂

图2-77 悬索桥主缆防护层老化开裂

在长期运营中由于主缆松弛以及荷载重量的改变,如桥面荷载重量、附属设施增加,会导致主缆线形发生变化,这种变化积累到一定程度便会影响受力、使用功能和美观性。主缆钢丝缝隙、索夹缝隙、索鞍缝隙的存在使得主缆实际意义上成为开放式主缆,外层防护涂层易于老化、开裂、脆化及脱落。主缆外部的各类防蚀措施失效后,水和氧气常常可畅通无阻地进入主缆钢丝内部并实现交换,导致主缆钢丝腐蚀。

主缆腐蚀与桥梁环境、施工工艺、养护工艺等密切相关,主缆腐蚀会减少有效的主缆索股截面面积,降低主缆承载能力,典型悬索桥主缆锈蚀病害如图2-78所示。主缆腐蚀病害严重时,将导致吊索或主缆索股断丝,有些断丝发生在外层,有些则发生在内部,肉眼无法看到。主缆钢丝腐蚀产生的影响极其深远,应重视其防护并及时检修其防护措施。

主缆在塔顶鞍座、边跨散索鞍、地锚室、中跨跨中等部分由于潮湿或受力较大,更易产生锈蚀。

a)整体锈蚀状况　　　　　　　　　b)钢丝表面锈蚀状况

图 2-78　悬索桥主缆锈蚀病害

2.9.2　吊索病害

吊索的主体一般为钢丝绳、钢绞线、平行钢丝束、圆钢拉杆等,外部往往还设置 PE 护套防护。吊索防护层与斜拉桥拉索 PE 护层相似,常见病害有划痕、开裂、剥落、破损及火损等,这些也会进一步导致雨水进入索体内部。吊索在自然环境下,容易生锈、腐蚀、断丝甚至断裂(图 2-79),尤其是吊索在腐蚀环境和交变应力耦合作用下更容易产生腐蚀-疲劳损伤,进而降低吊索的塑性,产生重大安全隐患。吊索是一种可替换结构,在严重腐蚀时可考虑更换。

a)吊索锈蚀及断裂　　　　　　　　　b)吊索断裂

图 2-79　悬索桥吊索锈蚀及断裂病害

吊索与索夹及加劲梁的连接部位也易出现病害,如吊索采用销接方式,吊索锚具和主缆索夹耳板及钢箱梁耳板之间的销轴连接,容易因销轴和耳板的相对滑动引起磨损。吊索的下锚头一般有防护罩、锚圈等构造,雨水渗入沿吊索护筒流下,可能造成下锚头、锚具、索体腐蚀及下锚头积水,因此,下锚头常常存在防护罩积水、锚圈及墩头锈蚀等病害(图 2-80)。

2.9.3　索夹病害

索夹主要病害包括表面涂层脱落、螺栓锈蚀、索夹滑移等(图 2-81)。吊索索夹在主缆上产生滑移的外观表现为对应的吊索倾斜,其原因有:一是高强度吊索的预拉力松弛,使索夹与主缆的夹紧程度放松;二是在长期使用后主缆内部的挤紧程度提高,空隙率减小,使索夹在主缆上产生滑移。

 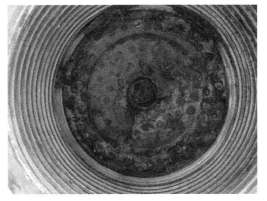

a)锚圈锈蚀　　　　　　　　　　　　　b)墩头锈蚀

图 2-80　悬索桥吊索下锚头病害

 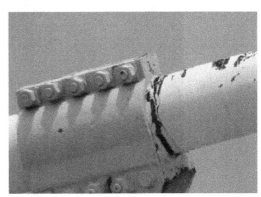

a)涂层脱落及螺栓锈蚀　　　　　　　　b)索夹滑移

图 2-81　悬索桥索夹典型病害

索夹滑移将改变吊索状态,使垂直吊索变成斜吊索,亦使加劲梁的受力状态及吊索的内力改变,对结构产生不利影响。索夹在主缆上滑移的同时会划伤主缆缠丝、损坏防锈层,进而使缠丝破坏,导致主缆损伤。

2.9.4　锚碇病害

锚碇是将主缆拉力传递给地基的锚固系统,其可分为重力式锚碇和岩洞式锚碇。锚碇作为一个刚体,在主缆拉力的水平分力作用下,不应产生滑移。从受力角度来讲,锚碇的尺寸大小首先要保证受力的安全,即满足抗滑移和抗倾覆的要求。锚碇典型病害包括:混凝土开裂漏水、钢构件和锚具锈蚀等。锚碇属于大体积混凝土结构,容易产生温度裂缝;锚室顶盖、锚室四壁容易开裂渗漏、泛碱,导致锚室内产生积水;锚室内部钢构件及锚具,由于锚室混凝土开裂漏水、潮湿,可能导致锚室混凝土内部钢筋腐蚀严重,锚具结构有可能受到严重危害(图 2-82)。

2.9.5　桥塔与主梁病害

悬索桥桥塔与主梁病害,与斜拉桥桥塔与主梁病害相似,图 2-83 所示为悬索桥钢箱梁典型裂纹病害。主要包括:①U 肋过焊孔处 U 肋裂缝;②U 肋过焊孔处横隔板裂缝;③U 肋过焊孔处顶板焊缝开裂;④U 肋与顶板连接处焊缝开裂;⑤竖向加劲肋与横隔板相交处竖向焊缝开裂等。

a)锚室混凝土开裂

b)锚室渗漏

图 2-82　悬索桥锚碇典型病害

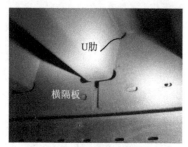
a)U肋过焊孔处U肋裂纹

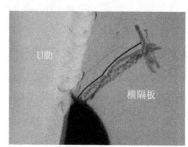
b)U肋过焊孔处横隔板裂纹

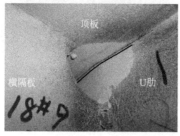
c)U肋与顶板焊缝裂纹

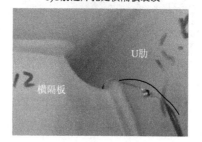
d)U肋过焊孔处U肋裂纹

图 2-83　悬索桥钢箱梁典型裂纹病害

2.10　下部结构特点与病害

桥梁下部结构主要包括桥梁墩台、盖梁及基础。

桥墩是指多跨桥梁的中间支承结构物,主要承受上部结构的传递荷载、流水压力、水面以上的风荷载、可能出现的冰荷载和船只或漂浮物的撞击力、地震作用等。桥台不仅是支承桥跨结构的结构物,还是衔接两岸接线路堤的构筑物,既要能挡土护岸,又要承受台背填土及填土上车辆荷载所产生的附加侧压力。

桥梁墩台的主要作用包括:①承受上部结构传来的荷载;②通过基础将荷载及本身自重传递到地基上。桥梁墩台不仅本身应具有足够的强度、刚度和稳定性,而且对地基的承载力、沉降量、地基与其基础之间的摩阻力等也都提出一定的要求,避免在荷载作用下有过大的水平位移、转动或者沉降发生。桥梁常用的桥台形式大体可以分为重力式桥台和轻型桥台。

墩台基础是桥梁墩台结构直接与地基接触的部分,主要承受墩台身传来的荷载。墩台基础应具有足够的强度、刚度和稳定性,还要考虑避免在荷载作用下产生大的水平位移、转动或沉降。常用的墩台基础分为:浅基础(刚性和柔性扩大基础)、深基础(桩基础和沉井基础等)、深水基础。

2.10.1 桥台桥墩病害

对于桥台,软土地基的塑性流动产生向河道中心方向的强大推力,会导致桥台向河道中心方向的位移而失稳破坏(图 2-84)。移动量过大时,桥台背墙损坏,并引起主梁靠近桥台端部的局部压曲、开裂、破碎。同时,较大的水平力也会造成支座的破坏。

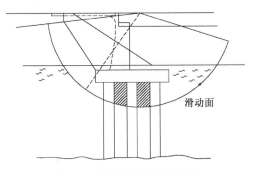

图 2-84 桥台滑动破坏结构图示

桥台除了发生整体滑动的失稳破坏外,还经常会出现桥台外倾、台身开裂等病害。如图 2-85a)所示,桥台台帽以下的前墙产生斜裂缝,并且前墙向外倾斜;桥台台帽背墙已顶到梁端,桥面伸缩缝已失去作用。导致桥台前墙侧面开裂、外倾的原因主要有:①桥台砌筑质量差;②在长期超载车辆的作用下,台后土压力增大;③桥台路面开裂,雨水经裂缝渗入填料而无法排出,台后的水压产生侧向压力;④台后路面开裂下沉,造成桥台处车辆跳车,对台帽产生较大的冲击。图 2-85b)所示为某桥台台身开裂实例,桥台开裂一般是其他病害的直接表现结果。

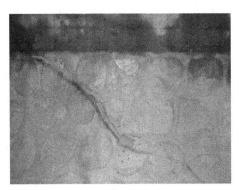

a)桥台外倾　　　　　　　　　　b)桥台开裂

图 2-85 桥台外倾与开裂

对于桥墩,典型病害表现为墩身的裂缝,同时裂缝的出现会引起钢筋的锈蚀、混凝土的碳化,降低混凝土的抗冻融、抗疲劳及抗渗能力等。有以下原因可能引起墩身的开裂:①大体积混凝土的温度裂缝,表现为裂缝宽度大小不一,受温度变化影响较为明显,冬季较宽,夏季较窄；②不均匀沉降受力裂缝，由于地基不均匀沉降使得某个方向桥墩受到竖向剪力作用，当桥墩不足以抵抗这一剪力时而产生受力裂缝，地基不均匀沉降是墩身开裂的外部原因，而墩身抗剪承载力不足是受剪开裂的内在原因[图2-86a)]；③一般受力裂缝，由于桥墩承载力不足以承担荷载产生的拉应力，产生受力裂缝，图2-86b)为T形桥墩墩顶两侧悬臂荷载产生的受力裂缝。图2-87所示为桥墩典型病害实例，包括根部的抗弯承载力不足产生的弯曲裂缝；船只撞击引起的裂缝及混凝土大面积破损，尤其是未采取防撞措施的桥墩，在受到船只撞击时，可能产生严重的混凝土裂缝及破损等；对于严重的火灾，会造成桥墩混凝土大面积破损及剥落，危及桥梁整体结构的安全性。

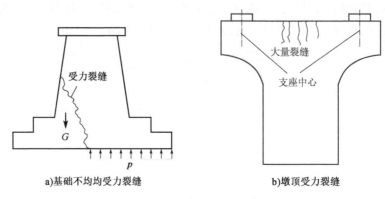

图2-86 桥墩典型受力裂缝原理

图2-87 桥墩典型病害及破损实例

2.10.2 盖梁病害

盖梁作为典型受弯构件,主要病害可能有:承载力不足的弯曲裂缝及剪切裂缝,环境腐蚀引起的混凝土剥落、蜂窝、露筋、钢筋锈蚀等(图2-88)。另外,盖梁的挡块常常因配筋不足或构造不合理,在梁体横向挤压下而产生开裂、破损等病害,如图2-89所示。

a)开裂

b)露筋及锈蚀

图2-88 盖梁典型病害

a)开裂

b)破损

图2-89 盖梁挡块典型病害

2.10.3 桩基础病害

桩基础往往位于河流中,在水流的不断作用下,河道处于不断的演变之中,一些河道因冲刷而下切,会进一步导致墩台基础的埋深不断减小。另外,在既有桥梁中,由于改建和扩建的影响,河床平衡状态发生破坏后,冲刷加剧,河床断面不断下降(图2-90)。还有一些桥梁因河道挖沙、取土等因素的影响,其墩台基础的埋置深度不断减小,这也会削弱墩台的稳定性,减小墩台的承载力。

桩基础的使用条件和使用环境较之水上结构更为恶劣。例如,水下较高的静态应力和疲劳应力、河水冲刷、淘刷、磨损、气蚀、严寒地区的冻融和侵蚀(化学腐蚀和电化学腐蚀)、浮冰及地震作用、环境荷载(生物附着)和桥梁上部结构传递的工作荷载等,均易导致桥梁水中桩基础及桥墩形成各类损伤缺陷,包括缩颈、混凝土保护层剥落、截面削弱、截面掏空、露筋、钢筋锈蚀等,如图2-91所示。

a)示例一

b)示例二

图 2-90 河床下切

a)混凝土保护层剥落

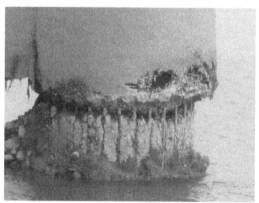
b)截面削弱

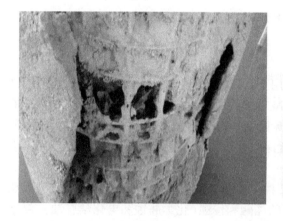
c)截面掏空

d)钢筋锈蚀

图 2-91 桩基础典型病害

【思考题】

1. 空心板梁桥铰缝破坏的主要原因有哪些？铰缝破坏对桥梁受力产生哪些影响？
2. 桥梁支座有哪些常见病害？
3. 预应力钢筋混凝土连续箱梁桥的病害有哪些？分析产生的原因。
4. 预应力混凝土连续箱梁桥跨中下挠的主要原因有哪些？
5. 比较简支 T 梁和预应力混凝土组合箱梁的结构特点。
6. 预应力混凝土连续箱梁腹板斜裂缝产生的原因有哪些？其分布规律如何？
7. 预应力钢筋混凝土连续箱梁的病害有哪些？产生的原因分别有哪些？
8. 横隔梁损坏对简支 T 梁和预应力混凝土组合箱梁的结构实际受力状态产生什么影响？
9. 预应力混凝土组合箱梁的横隔板会出现哪些裂缝和损伤？
10. 桁架拱桥的桁架拱片的主要病害有哪些？
11. 刚架拱桥的主要受力构件有哪些？简述其受力特点及常见病害。
12. 中、下承式拱桥的传力体系由哪些构件组成？常见病害有哪些？
13. 斜拉桥的斜拉索、索塔和主梁有哪些常见的病害？分别对桥梁受力安全造成哪些影响？
14. 悬索桥的主缆和吊索有哪些常见病害？如何预防？
15. 哪些偶然作用可能会对桥梁结构造成损伤或病害？
16. 桥墩承受哪些荷载？其病害及原因有哪些？
17. 桥梁水下桩基础典型病害有哪些？

第 3 章
桥梁检测仪器设备与传感器

仪器设备、传感器及测量技术是桥梁检测与荷载试验的基础保障,其准确性、可靠性直接关系桥梁检测与荷载试验能否达到预期目的。不同的仪器设备、传感器具有不同的测试精度及适用性,正确选配和使用仪器设备及传感器,确保测试数据的可靠性,是桥梁检测与荷载试验技术人员的基本素质。技术人员不仅应该深刻理解桥梁被测参数的性质和要求,还应全面认识有关测量仪器设备、传感器的原理、功能和使用要求,才能正确选择仪器设备和传感器,取得良好的检测效果。

3.1 一般工具与设备

8. 桁架桥梁检测车检测实例视频

9. 不同类型桥梁检测车检测加固施工视频

3.1.1 桥梁检测车

桥梁检测车是一种能够为桥梁检测人员快捷提供作业平台的专用汽车,其作业平台通过液压系统能够快速收放到达桥梁检测部位,尤其是桥面或桥下高空作业等部位。桥梁检测车能够随时灵活移动,帮助检测人员安全、快速、高效地进入作业位置开展流动检测或维修作业,工作时对交通影响小。桥梁检测车由汽车底盘和工作臂组成。根据专用工作装置的不同,桥梁检测车主要分为吊篮式和桁架式两种。

吊篮式桥梁检测车(图3-1)也称折叠臂式桥梁检测车,采用吊篮式工作平台,其结构小巧,受待检测桥梁结构的制约少,工作灵活,既可检测桥下,也可升起检测桥梁上部结构,可有线/无线操作,灵活方便,有时候还可以作为高空作业车使用,价格相对桁架式桥梁检测车低。吊篮式桥梁检测车的工作范围为点阵式,作业平台是装在臂架顶端的一个吊斗,作业面积较小,只可容纳2~3名人员作业,载质量一般只有200~300kg,在工作过程中,检测和维修人员不能自由地上下桥,只有将吊篮收回到车上后才能实现,检测过程中作业幅度小,还需要经常移动和旋转吊篮,作业效率相对较低。

图3-1　吊篮式桥梁检测车

桁架式桥梁检测车(图3-2)采用通道式工作平台,稳定性好,承载能力大,可以在桥下形成独立工作平台,方便工作人员行走。其在底盘上加装了稳定器机构、自行走式支撑脚轮、固定式配重,最大限度地保证了操作人员的安全。桁架式桥梁检测车具有实施检测作业方便、交通影响小、工作机动灵活、作业效率高、操作方便、安全可靠性高等突出优点。桁架式桥梁检测车按使用形式又可分为车载式(也称自行式)和拖挂式两种。车载式桥梁检测车的桥梁检测平台安装在汽车底盘上,加装控制系统与汽车底盘构成一体;拖挂式桥梁检测车则需由载货汽车或其他汽车拖动行驶。

a)车载式

b)拖挂式

图3-2　桁架式桥梁检测车

3.1.2 钢筋位置探测仪

钢筋位置探测仪是直观显示钢筋分布、钢筋位置以及保护层厚度的测试仪器,主要由探头、主机以及相关附件组成(图3-3)。基于电磁场理论,钢筋位置探测仪内置的线圈和混凝土内钢筋构成一个相互作用的电磁模型。通过内置的线圈产生强磁场,当磁场与钢筋相交时,会产生一个随着钢筋导电性及磁场变化而变化的感应电流;钢筋位置探测仪内置接收线圈用于接收感应电流的变化,接收到的感应电流经过放大和滤波处理后,会转换成与钢筋位置、直径等信息相关的电信号;钢筋位置探测仪内部的处理器会根据接收到的电信号进行计算和分析,从而确定钢筋的位置、直径等信息,计算和分析结果会通过探测仪上的显示屏或其他输出方式进行展示,使用户能够直观地了解钢筋的分布情况。

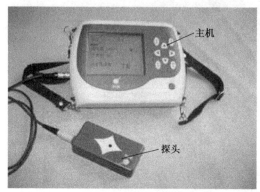
a)示例一

b)示例二

图3-3 钢筋位置探测仪

当探测仪探头位于钢筋正上方时,探头距离钢筋的距离最小,感应电流达到极大值。因此,通过对感应信号峰值的判断确定钢筋的位置,随后即可定出钢筋的间距。此外,钢筋保护层厚度的确定方法与钢筋直径是否已知有关。感应信号幅值 E 与钢筋直径 D 和探头到钢筋的直线距离 L(保护层厚度)有关,即 $E=f(D,L)$。当钢筋直径 D 已知时,信号幅值 E 仅与探头到钢筋的直线距离 L 有关,一般探测仪都预先标定出 E 与 L 的关系。当钢筋直径未知时,采用同时检测钢筋直径和保护层厚度的方法。此时,探测仪预先标定出每一种钢筋直径 D 的信号幅值 E 与钢筋距探头的直线距离 L 的关系式,并得到关于 D 与 L 的信号幅值 E 的二维矩阵。采用联合方程法或最小二乘法可解得所检测钢筋直径和保护层厚度。

钢筋位置探测仪在工作时需要与被测混凝土结构紧密接触,以确保磁场能够有效地与钢筋相互作用。此外,探测效果还受到混凝土含水率、混凝土密度和钢筋浸润程度等因素的影响,实际使用中需综合考虑这些因素来提高钢筋探测的准确性和可靠性。

3.1.3 钢筋锈蚀仪

在正常情况下,由于混凝土材料呈弱碱性,混凝土中钢筋表面会形成一层薄的钝化膜,这层钝化膜为钢筋提供良好的保护层而不被腐蚀,所以钢筋混凝土结构的使用寿命长。然而,钢筋混凝土结构在长期使用的过程中,由于复杂交变荷载的作用和温度应力的影响,其保护层会开裂或逐渐剥落,空气中的二氧化碳、二氧化硫等气体进入裂缝中,使混凝土中的钢筋发生锈蚀,进而使钢筋有效截面面积减小、体积增大,从而导致混凝土进一步膨胀、剥落,钢筋与混凝土的握裹力、结构承载力降低,直接影响混凝土结构的安全性及耐久性。因此,对混凝土结构内部钢筋锈蚀程度的检测是对桥梁结构检测评定的重要内容之一。

混凝土结构中钢筋锈蚀的电化学反应原理如图3-4a)所示。钢筋锈蚀大致经历阳极反应、电子传输、阴极反应及锈蚀物形成四个阶段:

(1)阳极反应:钢筋表面铁原子释放电子,铁原子转变为亚铁离子(Fe^{2+}),电子穿过钝化膜,从钢筋表面离开;

(2)电子传输:电子通过混凝土毛细孔中的溶液向电化学腐蚀的阴极方向移动;

(3)阴极反应:电子到达阴极区,与通过混凝土表面毛细孔渗透进混凝土内部的氧气及水发生还原反应,生成氢氧根离子(OH^-);

(4)锈蚀物形成:Fe^{2+}与OH^-在混凝土周围及毛细孔内相遇,发生反应生成氢氧化亚铁[$Fe(OH)_2$],而$Fe(OH)_2$在混凝土的孔隙液中不能稳定存在,当它遇到溶液中的氧气时,就会进一步的发生反应生成在溶液中稳定存在的氢氧化铁[$Fe(OH)_3$]、铁锈($Fe_3O_4 \cdot nH_2O$)等。

由于钢筋锈蚀是一个不断反应的过程,在此期间不断有电子在混凝土结构内部迁移,产生了自然腐蚀电位,而钢筋锈蚀仪[图3-4b)]正是采用电化学方法检测混凝土内部钢筋锈蚀的设备。使用钢筋锈蚀仪检测时,在混凝土表面贴附参比电极(如铜/硫酸铜电极或银/氯化银电极),以及辅助电极(惰性金属电极),通过连接参比电极、辅助电极和被测钢筋,形成一个三电极体系,可测得钢筋表面与钢筋锈蚀仪探头间的电位差。钢筋锈蚀程度与测量的电位差之间存在一定关系,通过电位的变化规律,即可以实现对钢筋锈蚀程度的判断。

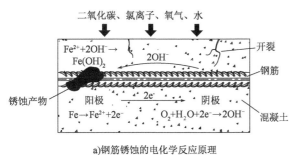
a)钢筋锈蚀的电化学反应原理

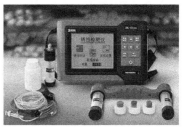
b)钢筋锈蚀仪

图3-4 钢筋锈蚀电化学反应原理及钢筋锈蚀仪

3.1.4 非金属超声波检测仪

声波是物体机械振动状态(或能量)的传播形式,超声波是一种波长极短的机械波。超声波振动频率在20kHz以上,通常以纵波的方式在弹性介质内传播,它的频率高、波长短,在一定距离内沿直线传播,具有良好的束射性(集中向一个方向传播,方向性很强)。

非金属超声波检测仪主要由主机和换能器组成,换能器一般有两个,一个是发射换能器,一个是接收换能器,如图3-5a)所示,主机主要实现波形的时频分析及存储。非金属超声波检测仪可以检测声时、声速,并用以观察声波波形、读取波幅。

非金属超声波检测仪的基本原理[图3-5b)]是利用高频电脉冲激励发射换能器产生超声波,超声波在混凝土中传播后被接收换能器接收,并转换成电信号显示在示波屏上,根据接收到的超声波信号的幅度、频率、波形的变化,超声波在混凝土中传播的时间以及已知的超声波在混凝土中的传播速度,评估混凝土内部缺陷类型、大小及混凝土的力学性能。

在检测混凝土内部缺陷时,发射换能器向混凝土内部发射高频超声波脉冲,接收换能器位于与发射换能器相对的另一侧或者预设路径上的某一点,用于接收穿过混凝土后的超声波信号。当超声波在传播过程中遇到混凝土内部缺陷时,会发生反射、折射或散射现象,从而导致接收换能器接收到的超声波信号的幅度、频率、波形发生变化。

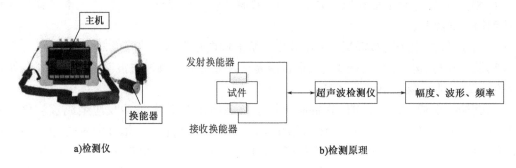

图 3-5 非金属超声波检测仪原理及示例

3.2 位移、线形、裂缝及缺陷测量技术

桥梁结构施工和运营时会产生变形、缺陷与病害以及线形变化,桥梁结构变形包括水平位移、竖向挠度、相对滑移、转角、外形和表面轮廓变化等;缺陷与病害包括混凝土不密实、内部空洞以及裂缝等;线形包括桥梁的平面线形、纵向线形、高程高差等。桥梁结构的变形、缺陷与病害及线形、距离、空间位置及水下情况等都是桥梁检测评定中需要经常测试的重要内容。

3.2.1 机械式位移测量仪器

机械式位移测量仪器会用到百分表、千分表、拉线式位移计等仪表和张线式位移测量装置等,这些仪表和测量装置的测量原理为机械原理,能够非常方便地直接测读结构的位移变化。

1)百分表和千分表

百分表和千分表是利用精密齿条齿轮机构制成的通用位移测量工具。其工作原理都是利用顶杆、齿轮、滑轮、弹簧、指针和刻度盘等部件,将被测尺寸引起的测杆微小直线移动,经过齿轮传动放大,转换为指针在刻度盘上的转动,从而读出被测尺寸的大小。它一般由传感结构、转换结构、指示装置和附属装置组成。

百分表[图 3-6a)]的最小刻度值为 0.01mm,量程通常为 0～5mm 或 0～10mm,大量程的可达 0～30mm 或 0～50mm,允许误差为 0.01mm;千分表[图 3-6b)]的最小刻度值为 0.001mm,量程通常有 0～1mm 或 0～3mm,允许误差为 0.001mm。千分表和百分表的结构相似,只是增加了相应的放大齿轮,灵敏度提高了 10 倍。

使用时应注意选用刚度较大的支架,而且在使用时方向应保持百分表、千分表测杆垂直于被测结构,并且与被测结构完全分离,如图3-7所示。还要注意选择合适的测量范围,使用之前要注意保证指针摆动正常并进行标定。

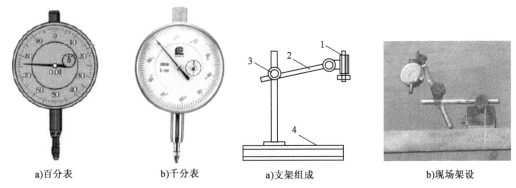

a)百分表　　　　b)千分表　　　　a)支架组成　　　　b)现场架设

图3-6　百分表与千分表　　　　图3-7　试验用支架
　　　　　　　　　　　　　　1-夹头;2-金属杆件;3-活动铰;4-底座

由百分表、千分表再配以其他机械装置可组成各种测量其他参数(如应变、转角等)的仪器。

(1)应变测量

采用特制的夹具将位移计安装于结构表面,根据式(3-1),可以将测量标距范围内结构表面的伸长量换算得到平均应变。位移计还常被用来测定混凝土结构表面应变,常用的测量标距为10~20cm,且具有精度高、量程大、标距大等特点。如图3-8所示为位移计应变量测装置。

$$\varepsilon = \frac{\Delta l}{l} \tag{3-1}$$

式中:l——测量标距,即两个固定基座中心之间的距离;

Δl——两个固定基座中心之间距离的变化量。

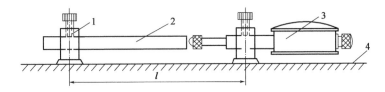

图3-8　位移计应变量测装置
1-金属夹头;2-顶杆;3-位移计;4-试件

(2)转角测量

百分表、千分表可以配以水准管组成水准管式倾角仪,来测定转角,其计算原理如式(3-2)所示。测量时将水准管一端铰接于基座,另一端通过弹簧片被顶在测微计的微调螺丝的下方,将仪器用夹具安装于测点,通过调节微调螺丝使水准管的气泡居中,以使水准管处于水平。水准管式倾角仪的具体结构与测量原理如图3-9所示。其特点是精度高、尺寸小,但受外界温度影响大,不宜受阳光暴晒。

$$\alpha = \arctan \frac{h}{l} \tag{3-2}$$

式中:l——铰接基座与微调螺丝定点之间的距离;

h——微调螺丝定点顶进或后退的位移。这种仪器最小读数可达 $1''\sim 2''$，量程为 $0\sim 30''$。

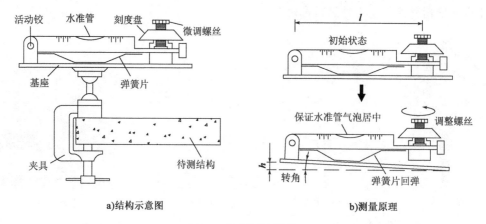

图 3-9 水准管式倾角仪

2）拉线式位移计

拉线式位移计是位移传感器在结构上的巧妙转换与精巧集成（图3-10）。它充分结合了角度位移测量和直线位移测量的优点，将机械位移量转换成可计量的、成线性比例的电信号。被测物体产生位移时，拉动与其相连接的钢绳，钢绳带动传感器传动机构和传感元件同步转动；当位移反向移动时，传感器内部的回旋装置将自动收回绳索，并在绳索伸缩过程中保持其张力不变，从而输出一个与绳索移动量成正比的电信号。拉线式位移计主要用于桥梁、边坡、裂缝、建筑、地铁以及软基处理沉降的位移监测测量，可实现长期自动化监测。

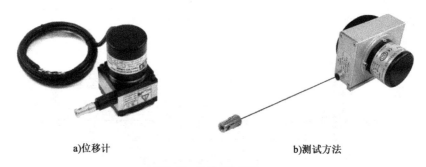

图 3-10 拉线式位移计

3）张线式位移测量装置

张线式位移测量是指通过测量张紧钢丝的位移变化间接测量桥梁结构位移（图3-11）。对于净空高度较大的桥梁结构，利用机械式位移计直接测量桥梁结构位移需要搭设高支架，耗费时间长、对交通影响大，高支架受自重或外力产生的变形大，也会影响测量结果。利用张线式位移测量，即从测点引出一条细钢丝，钢丝一端与测点固结，另一端悬挂重物，利用重物自重使钢丝自然绷紧，测量钢丝位移变化间接反映测点位移。为保证测量精度，需选用低线膨胀系数、低松弛的钢丝，保证长期测量的稳定性；加装水平向限位装置，保证钢丝仅在竖直方向发生位移。如遇到测点下方难安置位移计的情况（水面），可设置定滑轮将细钢丝转向至容易测试位置，较好地满足测量需求。

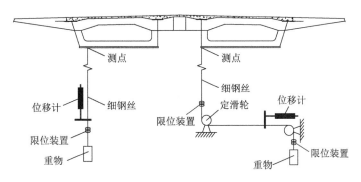

图 3-11 张线式位移测量装置

3.2.2 激光位移计

激光位移计是一种高可靠性的非接触式精确测量仪器,可实现对距离、位移、外形尺寸和表面轮廓等参数的实时测量。激光位移计根据测量原理可分为激光三角测量和激光回波信号分析,激光三角测量一般适用于高精度、短距离的位移测量,而激光回波分析则用于较远距离的外形和表面轮廓测量。

(1)基于激光三角测量:根据入射激光束的方向与被测物体表面法线方向的角度关系,可以将激光位移计分为斜入射式和直入射式两种。图 3-12a)为直入射式激光位移计结构原理图,传感器由线激光发射系统,成像系统和图像传感器(Complementary Metal-Oxide-Semiconductor,CMOS)组成。线激光发射系统发射线激光束,该线激光束垂直入射被测物体表面,在物体表面产生的漫反射光束经由成像系统后汇聚在 CMOS 上,内置的数字信号处理器即可计算出传感器和被测物体之间的距离。在选择激光位移计时需要注意量程,一般将待测物体置于基准平面附近,可实现物体在$(-y_1,y_2)$内的位移测量,如果超出此范围,待测物体则无法在 CMOS 中成像。图 3-12b)展示了激光位移计用于桥梁结构位移的检测。采取三角测量法的激光位移传感器最高线性度可达 $1\mu m$,分辨率更是可达到 $0.1\mu m$ 的水平。

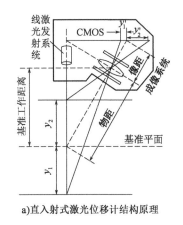
a)直入射式激光位移计结构原理

b)桥梁检测应用

图 3-12 激光位移计原理及应用

(2)基于激光回波信号分析:在激光成像时,由于发射的线激光束具有一定的发散角,对一定距离处目标进行成像探测时,将形成具有一定尺寸的成像光斑,成像光斑内的子目标对激光回波都会产生一定贡献,回波在CMOS接收光敏面上互相叠加,形成合成回波,通过特定算法对回波信号进行提取与处理,即可实现目标的成像。

3.2.3 磁致伸缩位移计

磁致伸缩位移计是一种以非接触方式进行位置测量的传感器,主要元件包括波导丝、电子仓、浮球等,如图3-13所示。波导丝是以铁镍合金为基础的铁磁材料,其被安装在不锈钢管内,传感器的电子电路系统被封装在电子仓内,浮球内装有非接触磁环,浮球可以随液位的变化而上下移动。该传感器主要是依据磁致伸缩材料的磁致伸缩效应和逆磁致伸缩效应进行测量的器件,依靠计时装置,通过计算电流脉冲的发射与接收到回波信号的时间间隔来计算被测对象的位移量。

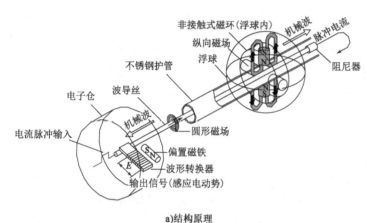 

a)结构原理　　　　　　　　　　　　b)工程应用

图3-13 磁致伸缩位移计及工程应用

当传感器工作时,电子仓内的电路产生一个电流脉冲(起始脉冲)输入波导丝中,该电流脉冲信号沿着波导丝向前传播并在波导丝的周围形成一个圆形磁场(安培定律),圆形磁场随着电流脉冲信号一起向前传播,当该磁场与套在波导丝上的浮球内的非接触式磁环产生的磁场相交时,由于磁致伸缩现象,波导丝在磁场相交点产生一个机械应变脉冲(机械波),并以声速向两个方向传输,向波导丝末端传输的机械波被末端的吸能材料吸收,而往电子仓方向传输的机械波则经过波型转换器的线圈转换出感应电动势,即逆磁致效应,该电动势被电路检测并放大。通过测量起始脉冲与感应电动势之间的时间,再乘以脉冲传播的固定声速,即能计算出非接触磁环的实际距离。由于这个过程是连续不断的,只要磁环被带动,新位置就能够立刻被测出。磁致伸缩位移传感器输出的信号是一个绝对值,具有高精度、高响应、低迟滞、非接触、寿命长、稳定性高、安装方便等优点,无需定期标定和维护,因而在位移精确测量领域内应用广泛。

3.2.4 倾角仪

倾角仪又称角度仪(图3-14),其基于电容传感技术,利用输出电压与所处平面的转角大小成正比测量待测点的倾角变化,能够测量桥梁结构相应测点的竖向转角和挠度。利用倾角仪测量桥梁挠度时应将倾角仪布设在桥梁不同截面测点,测量荷载作用下不同截面竖向转角,进而推算挠度。

a)倾角仪　　　　　　　　　　　b)桥梁检测应用

图3-14　倾角仪及桥梁检测应用

使用倾角仪测量桥梁的挠度,不同于传统的仪器(如百分表、水准仪)可以直接测得桥梁某一点的挠度值,而是首先使用倾角仪测得桥梁变形时多个控制截面的倾角,根据倾角拟合出倾角曲线,进行积分,利用最小二乘法得到桥梁纵轴线方向的挠度值,进而得到挠度曲线,即可以求得桥梁上纵轴线任意一点的挠度值。利用倾角仪测量桥梁挠度曲线方程至少需要5个测点,每一跨支座处(或者支座附近)应布置倾角仪,其余倾角仪应在桥跨均匀布置,均匀对称的布置方式便于计算,也有利于保证计算结果的准确性。

利用倾角仪测量桥梁挠度,具有以下特点:①利用倾角仪测量桥梁挠度,不需要设置固定参考点,受外界环境干扰小,尤其适用于测量复杂的跨河桥、跨线桥、跨海桥、跨峡谷桥和高空桥梁;②倾角仪具有良好的低频特性和良好的瞬态反应能力,灵敏度高;③能够实时监测桥梁静挠度和动挠度,利用倾角仪数据可以计算桥梁任何截面静挠度和动挠度曲线,实现桥梁挠度多点同步检测;④倾角仪成本低。

3.2.5　连通管位移监测

连通管位移监测包括两种测量方法,分别为基于液位的连通管位移监测和基于液压的连通管位移监测。

1)基于液位的连通管位移监测

根据连通管的原理,将一个面积相对较大的容器放置在桥墩等固定不变的位置(基准点),连通管和桥梁紧密固定,管内装有液体,当桥梁发生竖向位移时,各连通管随着桥梁的位移一起移动,连通管液面与基准液面保持一致,读取连通管的液位差值即连通管处测点的位移值,从而得到桥梁在该点的挠度值[图3-15a)、b)]。目前,传统连通管法通常与适当的传感器(如光电液位传感器)相结合,进而实现自动的数据采集及处理,在许多大跨径桥梁位移测量中得到了应用。然而,该方法成本较高,连通管里面的液体易受冻而导致测量精度降低。

2)基于液压的连通管位移监测

此种位移监测系统由液体(水或其他液体)、管道以及传感器(液体或压力)等组成,通过在桥梁安装并固定充满液体的管道,各关键点布置压力变送器,当桥梁发生竖向位移时各连通管随着桥梁的位移一起移动,引起管道中各测点产生液体压力差,通过测量液体压力差获得相应各测点的位移[图3-15c)]。由于该方法具有不受多方位变形和现场恶劣环境影响、读数稳定、精度高等特点,并且在耐久性和经济性等方面具有较明显的优势,在桥梁结构位移监测、基础沉降监测等方面应用广泛。

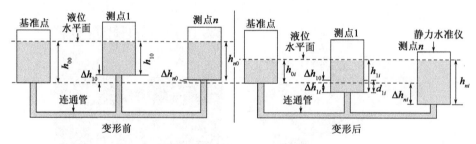

a)基于液位的连通管位移监测原理

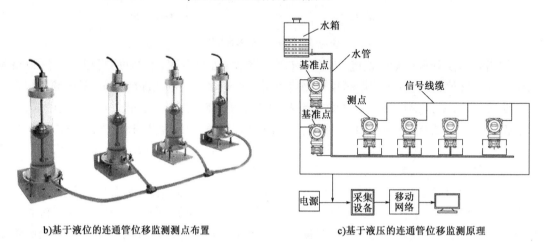

b)基于液位的连通管位移监测测点布置　　c)基于液压的连通管位移监测原理

图 3-15　连通管位移监测

3.2.6　图像法动挠度检测

目前,基于图像法的桥梁挠度检测仪能够在几百米范围测量桥跨动挠度,如图 3-16 所示。该仪器主要由测试头、CCD(Charge-Coupled Device,电荷耦合器件)图像传感器、控制器、靶标、标定器、聚焦镜头、三脚架等部分组成,采用图像法测量,能够满足各种桥梁的动挠度、振动位移测量。通过光电检测和数字图像处理技术,实现对桥梁挠度的精确、非接触式测量。

a)动挠度检测仪　　　　　　b)桥梁动挠度检测

图 3-16　桥梁动挠度检测仪及现场检测

图像法的基本原理是在桥梁的测试点上安装一个测试靶标,测试靶标接收到准直激光发生装置发出的激光束后会形成一个清晰的光斑。当桥梁在荷载作用下产生振动时发生挠度变化,光斑会在靶标上产生相应的位移。将测试头安装在可以观察到靶标光斑变化的位置,通过调整聚焦镜头的焦距,将光斑清晰地聚焦到 CCD 图像传感器上;CCD 负责将捕捉到的光学图像转换为电信号,电信号随后被模数转换器(Analog-to-Digital Converter,ADC)转换为离散的数字信号;控制器接收到数字信号,通过特定的算法对这些数据进行处理,计算出桥梁的挠度值,得到被测桥梁在荷载作用下产生的纵向和横向位移及其对时间的响应曲线,并通过显示器、打印机或其他接口将结果输出,供用户查看和分析。在此基础上,可进一步通过频谱分析给出桥梁的强迫振动频率和固有频率,通过计算分析给出桥梁试验的冲击系数、横向转角等参数。

基于图像法的桥梁挠度检测仪应在初次使用前、定期、维修或更换关键部件后、测量环境发生较大变化时、对测量精度有特别要求时以及长时间未使用后使用标定器对检测仪进行校准,以确保测量数据的准确性和可靠性。检测仪最小可测动态范围由 CCD 器件象元的分辨率决定,最大测量范围由镜头的视场角、光学系统放大率和 CCD 有效象元阵列长度决定。

3.2.7 水准仪

水准仪是桥梁位移和线形测量的一种主要常用仪器。其测量原理是借助于水平视线观察竖立在两点上的标尺读数,从而测定两点间的高差,基于已知点的高程推算出未知点的高程,最终计算出桥梁待测点的挠度值。利用水准测量原理测定待测点高程常采用高差法。高差法的测量原理如图 3-17 所示,其中已知 A 点的高程 H_A,在 A、B 两点竖直方向上安放两根水准尺,通过水准仪可以分别读出 A、B 两点上水准尺的读数为 a 和 b,则 A、B 两点之间的高程高差 h_{AB} 为

$$h_{AB} = a - b \tag{3-3}$$

则未知点 B 点的高程 H_B 为

$$H_B = H_A + h_{AB} \tag{3-4}$$

即

$$H_B = H_A + a - b \tag{3-5}$$

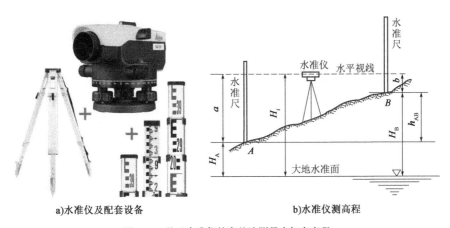

a)水准仪及配套设备　　b)水准仪测高程

图 3-17　基于水准仪的高差法测量未知点高程

目前，桥梁检测常用的水准仪有精密光学水准仪和电子水准仪。

1）精密光学水准仪

精密光学水准仪[图 3-18a)]一般是指精度高于 ±1mm/km 的光学水准仪，与一般光学水准仪相比，其特点是能够精密地整平和准确地读取读数，我国水准仪系列中 DS_1 等均属于精密水准仪。精密光学水准仪主要用于高精度测量工程。

2）电子水准仪

电子水准仪[图 3-18b)]又称数字水准仪，是以自动安平水准仪为基础，在望远镜光路中增加了分光镜和读数器（CCD 线），并采用条码标尺和图像处理电子系统构成的光机电测一体化的水准仪。电子水准仪采用条码标尺，其读数采用自动电子读数。

目前，电子水准仪的照准标尺和调焦仍需目视进行。人工调试后，标尺条码一方面被成像在望远镜分化板上，供目视观测；另一方面通过望远镜的分光镜，又被成像在光电传感器上，供电子读数。由于各厂家标尺编码的条码图案各不相同，条码标尺一般不能互通使用。电子水准仪的特点是读数客观、测量的精度高。

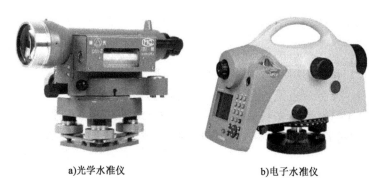

a)光学水准仪　　　　　　b)电子水准仪

图 3-18　水准仪

3.2.8　全站仪

全站仪是桥梁位移和线形测量的另一种主要常用仪器（图 3-19），其全称是全站型电子监测仪，是集电子经纬仪、光电测距仪和数据记录装置于一体的测量仪器，还可以与计算机通信，利用全站仪专用软件可以进行水平角测量、竖直角测量、距离测量、坐标测量结果的计算。全站仪测量桥梁变形，特别是静力荷载作用下的变形，须采用高精度（测距精度达到毫米级，测角精度不大于 1″）全站仪。但桥梁检测工程中测量桥梁变形主要关注相对精度，以 3% 相对精度计，如桥梁绝对位移有 10cm，仪器至少应有 3mm 精度。有些中小桥绝对位移仅几毫米，即使选用最高精度的全站仪，其测量精度还是不尽如人意。目前使用较多的智能全站仪如图 3-20 所示。

全站仪一般需要配合棱镜一起工作，但也有无需棱镜的免棱镜全站仪，即全站仪无需照准反射棱镜、反射片等专用反射工具即可测距。免棱镜全站仪采用的测距模式分为相位比较式、脉冲式和脉冲相位比较式。其中相位比较式测距模式测距精度高；脉冲式测程远；脉冲相位比较式是近年来的新科技成果，测程远且测距精度高。免棱镜全站仪适合不宜放置反射棱镜或者反射片的地方的测距。例如，观测桥梁高墩的偏位、垂直度，施工过程中桥梁梁体的线形、偏位，桥梁基础变形测量等；但免棱镜测距时由于受到激光束的限制，对角落或者深色表面物件的测距效果不太理想，通常会出现不能进行正确测距或者测距误差大的情况。

图3-19　全站仪

图3-20　GNSS测量

3.2.9　全球导航卫星系统(GNSS)

全球导航卫星系统(Global Navigation Satellite System,GNSS)利用空中卫星进行定位,实现桥梁线形及位移测量(图3-20)。GNSS测量系统主要由空间星座部分、地面监控部分、用户设备部分组成,利用GNSS技术可以观测至少4颗GNSS卫星,可实现全天候的三维定位。目前正在运行或即将运行的全球导航卫星系统有中国的北斗卫星导航定位系统(BeiDou Navigation Satellite System,BDS)、美国的全球定位系统(Global Positioning System,GPS)、俄罗斯的格罗纳斯(GLONASS)系统、欧盟的伽利略(GALILEO)系统。除了上述的4个全球系统及其增强系统(美国的WAAS、欧洲的EGNOS和俄罗斯的SDCM)外,日本和印度等国也在建设自己的区域系统和增强系统。利用GNSS技术测量桥梁位移(图3-20),主要采用差分技术测量以减小大气等对GNSS测量结果的影响。其基本原理是通过两台或两台以上的流动站接收机对同一组相同的卫星进行观测,以其中一台接收机为基准点来确定另一台接收机的相对变化即为桥梁待测点空间位置的变化。

GNSS具有以下特点:①GNSS接收机的体积小、功耗低,可以实现远距离、通视条件不佳情况下的三维坐标高精度测量,测量桥梁静态挠度值,观测结果精度可达到±5mm;测量桥梁动挠度值,测量精度一般可达到±40mm;②GNSS不要求测站之间互相通视,只需测站上空开阔即可,因此其费用低;③随着GNSS测量技术的不断完善,GNSS测量工作作业时间短;④GNSS接收机自动化程度越来越高,操作简便智能化高,观测人员只需对中、整平、量取天线高及开机后设定参数,接收机即可进行自动观测和记录;⑤常用的GNSS卫星系统均已组建了全球覆盖、分布均匀的卫星星座,可保证在任何时间、任何地点连续进行观测,且一般不受天气状况影响,可实现全天候作业。

3.2.10　裂缝观测

确定混凝土桥梁结构的开裂荷载、裂缝宽度与分布形态,对研究结构的抗裂性能、变形性能及破坏过程均有十分重要的价值。一般地,裂缝出现前,检查裂缝出现的方法是借助于放大镜用肉眼观察;裂缝出现后,可采用读数显微镜及各类裂缝计量测裂缝宽度的发展变化。

1)读数显微镜及裂缝卡

读数显微镜是由光学透镜与游标刻度玻片等组成的复合仪器[图3-21a)],其最小刻度值不大于0.05mm。其次,也可用印刷有不同宽度线条的裂缝标准宽度板(裂缝卡)与裂缝对比量测[图3-21b)];或用一组具有不同标准厚度的塞尺进行裂缝试插对比,刚好插入裂缝的塞尺厚度,即裂缝宽度。后两种方法比较粗略,但能满足桥梁检测一般裂缝测试要求。

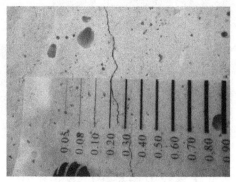

a)读数显微镜　　　　　　　　　b)裂缝卡

图3-21　裂缝读数显微镜及裂缝卡

2)数显式裂缝测宽仪

数显式裂缝测宽仪(图3-22)可以远距离非接触地找寻裂缝位置,并对裂缝宽度、长度、形状等进行观测测量,现场测出数据,对裂缝进行放大、拍照,自动生成检测报告,大大提高了工作效率。它的原理是采用高精密度光学镜头及大面阵高灵敏度CCD,配以超高亮度照明装置,通过高精度视觉系统获得裂缝图像,实现观测裂缝,并对裂缝图像采用图像处理系统进行数据处理,以获得裂缝宽度和长度信息,实现对裂缝远距离、非接触式、高精度、高效率的测量。

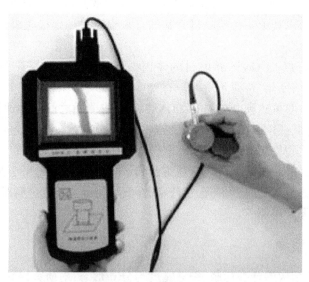

图3-22　数显式裂缝测宽仪

3.2.11　雷达探测仪

雷达探测仪是基于雷达原理的检测仪器[图3-23a)],该仪器主要由发射天线、接收天线、雷达发射前端、模数转换器(ADC)与数字信号处理器等组成,可用于测距、测速和缺陷检测[图3-23b)、c)]。

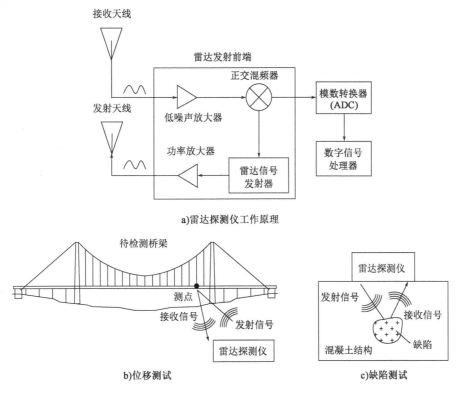

图3-23 雷达探测仪及其工程应用

其测距原理是通过雷达发射器对目标发射单频微波,发射波达到目标之后产生的回波被雷达接收器接收,基于两次回波信号与发射波的相位差实现对目标的位移测量。测速原理是多普勒效应,即雷达与目标存在相对运动时,回波信号的频率会发生变化。雷达探测仪能够区分目标与干扰杂波,通过分析多普勒频移,从干扰中检测并跟踪目标的速度。缺陷检测原理是利用不同介质对雷达信号的反射特性差异,以及电磁波在构件内部传播的特性来检测缺陷。当桥梁结构内部存在缺陷时,缺陷处介质电磁学性质差异大,电磁波反射强烈,且波形不连续,雷达探测仪检测图上能直观识别构件内部的缺陷位置、形状及范围;当结构内部不存在缺陷时,反射波较弱,波形连续。

雷达探测仪在复杂的桥梁结构振动和位移监测方面具有显著优势,抗干扰能力和稳定性较强,可实现近距离、远距离、多目标和无反射靶标位移测量,利用雷达探测仪检测桥梁病害、缺陷时探测结果准确、可靠。

3.2.12 声呐探测仪

声呐探测仪利用声波在水下的传播特性,通过发射声波并接收从目标物体反射回来的声波,进而分析处理这些声波信号,以达到对水下目标的探测、定位和通信。它属于声学定位的范畴,是水声学中应用最广泛、最重要的一种装置(图3-24),主要用于测定水下物体的位置、形状、大小以及距离等参数。

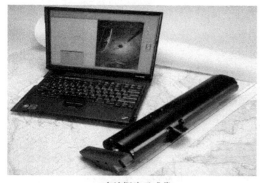
a)声呐探头及成像

b)河床及桥梁基础扫描结果

图 3-24 声呐探测仪及桥梁水下检测应用

声呐探测仪由发射机、换能器、接收机、显示器、定时器、控制器等主要部件构成。发射机制造电信号,经过换能器(一般用压电晶体),把电信号变成声信号向水中发射。声信号在水中传递时,如遇到桥墩、桩基础、河床等目标,就会被反射回来,反射回的声波被换能器接收,又变成电信号,经放大处理,在荧光屏上显示或在耳机中变成声音。根据信号往返时间可以确定目标的距离,根据声调的高低等情况可以判断目标的性质,包括目标物体的大小、距离和方位等。利用声呐扫描成像技术,声呐探测仪能实现对桥梁水下基础、河床断面的完整扫描,能够将桥梁水下基础冲刷、空洞等实际情况,以图像形式直观、准确地展现。

利用声呐探测仪对水下目标进行扫描检测,较传统的检测方法(人工触摸、水下摄像、超声波探测等)具有较大的优势:①扫描速度快、工作效率高;②便携性好,体积小、质量轻;③能实现全水域、全天候扫描,不受环境影响;④清晰度高、分辨率高。

3.3 应变、温度与荷载测量技术

应变量测是桥梁结构试验的重要内容。为测量桥梁结构在各种作用下的应力情况,必须先测定其应变变形,再通过材料已知的应力-应变关系,推算出应力值。应变的量测,通常是在预定的标准长度范围 L(标距)内,量测长度变化增量的平均值 ΔL,由 $\varepsilon = \Delta L/L$ 可求得 ε,这是应变量测的基本原理。标距 L 的确定应遵循如下原则:对于应力梯度较大的结构和应力集中的测点,L 应尽量小;但对某些非均质材料组成的结构,L 应有适当的取值范围。

3.3.1 手持式应变计

手持式应变计(图 3-25)由金属支架、位移计(百分表或千分表)和伸缩调整装置三部分组成。它是一种机械式应变测量仪器,每次测量前,都必须在标准针距尺上标读,然后再在待测结构上测读,比较两者之间的差数,即为所求变形量。它的特点是便于携带,适合在现场使用,尤其适用于桥梁结构的长期变形测量,无论是结构施工过程中变形的测量,还是结构在受力过程中变形的观察。手持式应变计在使用时不能过分施加拉力和压力,以免位移计或弹簧片受损;测量过程中不宜更换测量人员或转换测量方向;试验结束后,仪器应放入盒中,以免灵敏度受到影响。

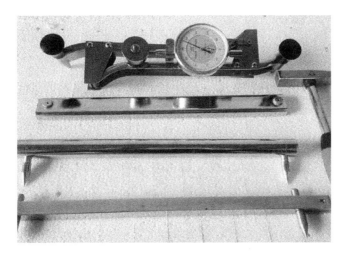

图 3-25 手持式应变仪

3.3.2 电阻应变片(计)

电阻应变测量技术的基本原理是将电阻应变片粘贴在被测构件上,当构件变形时,应变片与构件一起变形,致使应变计的电阻值发生相应的变化,通过测量装置,可将电阻值变化换算成电压变化信号,从而得到待测应变值。

1)电阻应变片原理与特点

电阻应变片由直径为 0.02~0.05mm 的康铜丝或镍铬丝绕成栅状夹在两层绝缘薄片中(基底)制成,具体构造如图 3-26 所示。

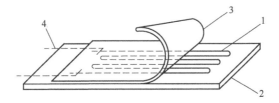

图 3-26 电阻应变片的构造
1-敏感丝栅;2-基座;3-覆盖层;4-引出线

电阻应变片中,确定长度和截面的每一段金属丝都有一个电阻值 R,即

$$R = \rho \frac{L}{A} \tag{3-6}$$

式中:ρ——金属丝的电阻率;

L——金属丝的长度;

A——金属丝的截面面积。

当金属丝受到拉力(压力)时,长度会增长(缩短),截面面积会减少(增大),电阻值也会发生相应的变化,如图 3-27 所示。

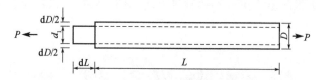

图 3-27 电阻应变片受力示意图

采用数学的极限思想将这种变化变为无穷小,可以得到电阻 R 的微分表达:

$$dR = \frac{\partial R}{\partial \rho}d\rho + \frac{\partial R}{\partial L}dL + \frac{\partial R}{\partial A}dA \tag{3-7}$$

金属丝伸长 ΔL 时,电阻变化率为:

$$\frac{dR}{R} = \frac{d\rho}{\rho} + \frac{dL}{L} - \frac{dA}{A} \tag{3-8}$$

将式(3-9)代入式(3-8),略去高阶项,得式(3-10),其中 K_0 见式(3-12)。

$$\frac{dA}{A} = -2\mu \frac{dL}{L} \tag{3-9}$$

$$\frac{dR}{R} = \frac{d\rho}{\rho} + \frac{dL}{L}(1+2\mu) = \frac{d\rho}{\rho} + (1+2\mu)\varepsilon = K_0 \varepsilon \tag{3-10}$$

$$K_0 = (1+2\mu) + \frac{d\rho}{\rho}\Big/\varepsilon \tag{3-11}$$

其中,K_0 表示应变灵敏系数,其物理意义是每单位应变所造成的相对电阻变化率。它反映了金属丝材料电阻的效应,也可以表示电阻应变片输出信号与输入信号在数量上的关系。$1+2\mu$ 这一项是由几何尺寸改变引起的,金属导体以此为主。$(d\rho/\rho)/\varepsilon$ 这一项表示是由材料的电阻率随应变所引起的变化,半导体材料以此为主。K_0 为常数,一般约为 2.0。

电阻应变片具有以下特点:灵敏度高,可以精确地分辨出 1×10^{-6} 这个量级的应变,对于钢材而言相当于 0.2MPa 的应力;标距小,粘贴方便,可满足布置空间需要,可以用来测量局部应力,可以小于 1mm;质量小,可以在动态应力分析方面发挥独特作用;易实现自动、多点、同步测量,方便操作。但测量时导线多,易受温度电磁场影响。

2) 常用应变片

目前在实验室中较为常用的应变片有金属丝式应变片、箔式应变片、半导体应变片和应变花。金属丝式应变片(图3-28)最常用的形式为丝绕式。它的敏感元件是丝栅电阻丝,丝式应变片的尺寸从几毫米到几百毫米不等,阻值一般为 $50\sim400\Omega$。丝式应变片常用的金属材料是康酮、镍铬合金、铁镍铬合金和铂铱金等。

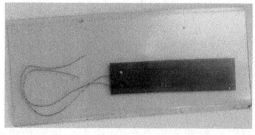

a) 应变片

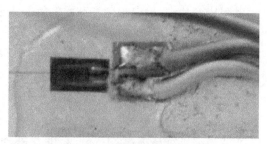

b) 粘贴效果

图 3-28 金属丝式应变片及其粘贴效果

箔式应变片(图 3-29)的敏感元件是通过光刻技术和腐蚀工艺变成丝状的一种金属箔栅。箔式应变片的尺寸,有的只有零点几毫米,而有的可以达到几十毫米,阻值一般为 60~1000Ω。它在性能上的优点是散热条件好,逸散功率大,可以允许较大电流、耐蠕变和漂移的能力强,易做成任意形状,但它的工艺较复杂。箔式应变片的材料主要为康酮、镍铬合金等。

a)直角应变花　　　　b)单应变　　　　c)直角应变花

图 3-29　箔式应变片

半导体应变片(图 3-30)是根据压阻效应制造的。所谓压阻效应,是指对一块半导体材料(如多晶硅 Poly-Silicon,简称 P-Si)的某一轴向施加一定的荷载而产生应力时,它的电阻率会发生变化,称为半导体的压阻效应。半导体应变片的突出特点是它的灵敏系数比一般的应变片高出 50 倍以上,可以使输出信号大大增强,其缺点是温度系数大,稳定性不及金属应变片。

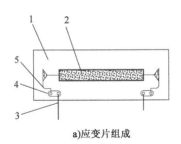 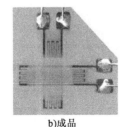

a)应变片组成　　　　b)成品

图 3-30　半导体应变片图示
1-胶膜衬底;2-P-Si 片;3-外引线;4-内部接线端子;5-内部引线

应变花是一种具有两个或两个以上不同轴向敏感栅的电阻应变片,用于确定平面应力场中主应变的大小和方向。在两向应力状态下,需要测出一点的两个或三个方向的应变,方可求出此测点的主应力的大小和方向,这时需要使用粘贴在一个公共基底上,按一定方向布置的 2~4 个敏感栅组成的电阻应变片,这种应变片称为电阻应变花,如图 3-31、图 3-32 所示。两种常见的应变花即直角应变花和等角应变花,它们是在一个公用的基底上重叠地粘贴 3 个彼此间相互绝缘的电阻丝,也可以用 3 个单独的应变片代替。

3)应变片选用

在选择应变片的形式时,主要根据应变测量的目的、被测试件的材料、应力状态以及测量精度。对于测试点应力状态是一维应力的结构,可以选用单轴应变片;对于二维应力结构,可以选用直角应变花,并使其中一条应变栅与主应力方向一致;如主应力方向未知,就必须使用三栅或四栅的应变花。

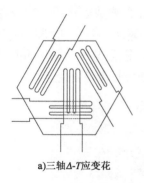 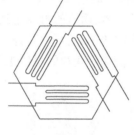 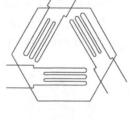

a) 三轴Δ-T应变花　　　　b) 三轴60°应变花　　　　c) 三轴45°应变花

图 3-31　几种常见的应变花

图 3-32　三轴45°应变花实例

在选择应变片尺寸时应考虑应力分布、动静态测量、应变大小等因素。若材质均匀、应力梯度大,应采用栅长较小的应变片;对于材质不均匀而强度不等的材料(如混凝土)或应力分布变化较为缓和的构件,应选用栅长较大的应变片;对于冲击荷载或高频动荷载作用下的应变测量,还要考虑应变片的响应频率。如表 3-1 所示,一般来说,应变片丝栅越小,测量精度越高,越能正确反映被测量点的真实应变。综合考虑各种因素影响,应变片的栅长短一些比长一些要好。

各种栅长应变片的最高工作频率　　　　表 3-1

应变片栅长 L(mm)	1	2	5	10	20	25	50
可测频率 f(kHz)	250	125	50	25	12.5	10	5

注:表中是在钢材上正弦应变信号测得的数据,$L = \lambda/20, \lambda = C/f$。其中,$C$ 为应变传播速度,对于钢和铝 $C = 5000$m/s,f 为正弦应变频率。

4) 应变片的粘贴步骤和防护

应变片粘贴时应按以下主要步骤进行,如图 3-33 所示。

(1) 打磨。选择的构件表面待测点需经打磨,用砂轮磨平欲测的对象,用细铁砂纸抛光并达到光洁。

(2) 清洗。用浸有丙酮或酒精的药棉清洗欲测部位表面,清除油垢灰尘,保持清洁。

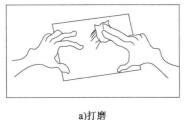  

a)打磨　　　　　　　　　b)清洗　　　　　　　　　c)粘贴

图 3-33　应变片粘贴步骤

(3)粘贴。将选好的应变片背面均匀地涂一层粘贴剂,胶层厚度要适中,然后将应变片的十字线对准欲测部位的十字交叉线,轻轻校正方向,然后盖上一层薄膜纸。用手指朝一个方向滚压应变片,挤出气泡和过量的胶水,保持胶层尽可能薄而均匀,再用同样的胶粘贴引线端子。

3.3.3　电阻应变测量的桥路组合

由机械应变引起的电阻应变计电阻值的变化通常很小。若用 $R=120\Omega$、$k=2.0$ 的电阻应变计来测量钢结构($E_s=2.0\times10^5\mathrm{MPa}$)的应变,当某点应力为 100MPa 时,应变计电阻值的变化 ΔR 为:

$$\Delta R = k \cdot R \cdot \varepsilon = 2\times120\times100/200000 = 0.12(\Omega) \tag{3-12}$$

如果要求测量的相对误差为 1%,那么测量电阻变化的仪器的刻度值要求不大于 0.001Ω;如果同样以 0.001Ω 的精度去测量 1MPa 的应力,误差就太大了,这样就产生了对测量灵敏度要求高而又要求量程大的矛盾。

1)惠斯顿电桥

由于将应变等机械量转换为电阻的变化,这种变化是很微弱的,必须要采用高精度的测量电路-电桥测量电路。惠斯顿电桥是一种常见的电阻-电压转换装置,它能把应变计电阻的微小变化转换为适合放大和处理的电压。

电桥测量原理如图 3-34 所示,R_1、R_2、R_3、R_4 分别为电阻器,U_{BD} 为输出电压。R_1 和 R_2 串联,R_3 和 R_4 串联,两组并联于 A、C 两点。当 B、D 开路(与电压桥输出端高阻抗等价)时,B、D 之间的电位差为:

$$U_{BD} = \frac{R_1R_3 - R_2R_4}{(R_1+R_2)(R_3+R_4)} \cdot V_{AC} \tag{3-13}$$

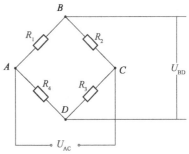

图 3-34　电桥线路原理

如果 $R_1R_3 = R_2R_4$,则 $U_{BD}=0$,即

$$\frac{R_1}{R_4} = \frac{R_2}{R_3} \tag{3-14}$$

$$\Delta U_i = V_{AC}\frac{R_1R_2}{(R_1+R_2)^2}\left(\frac{\Delta R_1}{R_1} - \frac{\Delta R_2}{R_2} + \frac{\Delta R_3}{R_3} - \frac{\Delta R_4}{R_4}\right) \tag{3-15}$$

在全等臂电桥情况下,$R_1=R_2=R_3=R_4$,且应变片的灵敏系数 $K=K_1=K_2=K_3=K_4$,则有:

$$\Delta U_i = \frac{1}{4}U_{AC}K(\varepsilon_1 - \varepsilon_2 + \varepsilon_3 - \varepsilon_4) \tag{3-16}$$

2)温度补偿

接入电桥的电阻应变片的电阻值随温度变化,这一变化同样会引起电桥输出电压,一般每升温1℃,应变放大器输出的变量可达几十个微应变($\mu\varepsilon$)。显然,这是非受力应变,需要排除。这种排除温度影响的措施称为温度补偿。

根据应变电桥的输出特性,应用上不难对温度进行补偿,只要将一片与工作片(贴在被测件上的应变片)阻值、灵敏系数和电阻温度系数都相同的应变片,贴在一块与被测件材料相同而不受力的试件上,并使它们处于同一温度场,电桥连接时使工作片和补偿片处在相邻桥臂中[如R_1接为工作片,R_2接为补偿片(图3-34)],这样R_1和R_2对电桥输出的影响互相抵消,可以起到温度补偿作用。

补偿片可采用单点补偿多点的办法,具体补偿多少点要根据被测物的材料特性、测点位置及环境条件决定。一般桥梁应变测量(钢结构或混凝土),可以一点补多点。野外应变测试温度补偿时,必须注意大小范围温度场的不同或变化(如迎风面和背风面、桥面上方和下方等),对这种特殊场合的温度补偿一般要求一对一。有些实桥应变测试时,出现数据回零差、重复性差或飘移不稳等问题,很可能是由温度补偿不到位引起的,所以实桥温度补偿要求更加严格。

补偿片也可参与机械应变,只要知道补偿片与工作片所感受应变之间的比例关系,采取适当的桥路接法就能起到温度补偿的作用,有时还能提高电桥的灵敏度。这一方法称为温度自补偿。

3)桥路组合

电桥桥路的灵敏系数与电桥的有源工作臂数目n有关,n越大,灵敏度越高,电桥的这一特性在实用中非常重要。可以合理选择贴应变计的位置、方位并调整应变计在桥臂上的组合,以便从比较复杂的组合应变中测出需求的成分而排除其他成分。这一调整的原则是,在满足特殊要求的条件下,选择测量电桥组合形式时,要优先选用输出电压较高、能实现温度互补偿且便于分析的组合。实际上,利用电桥的桥臂特性,可以把不同数量的应变计接入电桥构成所谓1/4桥、半桥和全桥等(图3-35),其中最常用的是半桥和全桥。

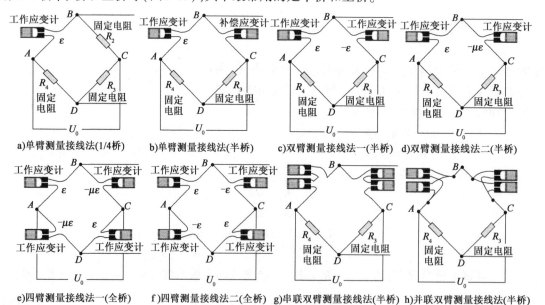

图3-35 电阻应变测量桥路组合形式

(1) 1/4 桥桥路组合方式

单点测量时,组成测量电桥的 4 个电阻中,R_1 为电阻片电阻,其余三个为精密电阻(无电阻变化),则有:

$$\Delta U_i = \frac{1}{4} V_{AC} K \varepsilon_1 \tag{3-17}$$

(2) 半桥桥路组合方式

半桥桥路组合方式是将半桥接电阻片,另半桥为精密电阻($\Delta R_3 = \Delta R_4 = 0$),则有:

$$\Delta U_i = \frac{1}{4} V_{AC} K (\varepsilon_1 - \varepsilon_2) \tag{3-18}$$

(3) 全桥桥路组合方式

全桥桥路组合方式是测量电桥的 4 个电阻全由电阻片组成,即有:

$$\Delta U_i = \frac{1}{4} V_{AC} K (\varepsilon_1 - \varepsilon_2 + \varepsilon_3 - \varepsilon_4) \tag{3-19}$$

式(3-17)~式(3-19)表明了电桥的输出与桥臂电阻(由测量的接片需要可为电阻片和精密电阻组桥)的相对增量 $\Delta R/R$ 或应变 ε 成正比的关系。由此也可看出电桥的增减特性,即相邻的输出符号相反,电桥输出具有相减特性;相对两臂符号相同,电桥输出具有相加特性。

3.3.4 振弦式应变计

振弦式(钢弦式)应变计是通过"弦"的振动频率变化间接测量应变的设备,通常由两端座、振弦、信号传输电缆等组成,如图 3-36a)所示。将振弦式应变计置于被测结构表面并固定两端座,当结构发生变形时,与结构刚性固结的应变计会产生同步变形,内置的钢弦会相应张紧或松弛,其振动频率会发生变化。激励与信号拾取装置激励振弦使其发生谐振,同时拾取其振动频率信号,信号经电缆传输至读数装置,即可得到应变的变化情况。若被测物内部应力、应变没有发生变化,但是温度变化使被测物产生了应变,在实际计算时需要考虑这部分应变的影响。振弦式应变计的计算公式如下:

$$\Delta \varepsilon = k \cdot (F_i - F_0) + (T_i - T_0) \cdot (b_1 - b_2) \tag{3-20}$$

式中:k——振弦式应变计标定系数;

F_0——应变计初始状态模数值,模数值为频率值平方的千分之一;

F_i——应变计 i 时刻测量模数值;

T_0——应变计初始状态感受的温度;

T_i——应变计 i 时感受的温度;

b_1——应变计的温度补偿修正系数;

b_2——待测物体温度膨胀系数。

图 3-36b)展示了振弦式应变计信号拾取的工作原理:将钢弦置于磁场中,通过紧固螺钉给钢弦施加确定的初始拉力 F,钢弦在受到激励后发生共振,共振的弦线在磁场中做切割磁力线运动,因此会在拾振线圈中感应出电动势 U,感应电势的频率就是振弦的共振频率。由力学原理知,钢弦的共振频率与弦线所承受的拉力具有相关关系,因此测得钢弦的振动频率即可求出待测物理量拉力,可推算其相应变形。

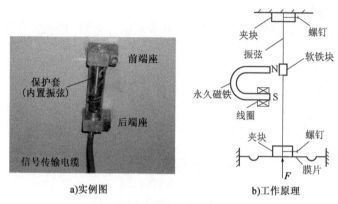

图 3-36 振弦式应变计及工作原理

振弦式应变计的测量范围根据其测试频率，一般为几千微应变（$\mu\varepsilon$）。振弦式传感器的构造简单、线性范围宽，测试结果稳定、可靠，受温度影响小、抗干扰能力强，适用中长期观测，在桥梁施工监控及健康监测中应用广泛，也经常应用于桥梁荷载试验的应变测试。在使用振弦式应变计进行应变测试时，事先要进行严格标定，建立频率与应变的相关关系。作为混凝土内部应变测试用途时，振弦式应变计绑扎在钢筋上，同时需做好防水和防机械损伤等处理。

3.3.5 光纤光栅传感器

光纤传感技术是利用光纤敏感材料和结构构造将被测参量转换为光纤中相应光信号的新一代传感技术。自从1978年美国学者Hill发现掺锗光纤中的光致光栅特性以来，到1989年GMetlz等人利用高强度的紫外激光所形成的干涉条纹对光纤进行侧面横向曝光形成光纤光栅（Fiber Bragg Grating, FBG），经过20多年的发展，光纤光栅传感器已广泛应用于土木工程领域。

布拉格光纤光栅传感器的工作原理是通过在光纤内部写入的光栅，反射或透射布拉格波长的检测，实现对被测结构的应变和温度量值的绝对测量，如图3-37所示。布拉格波长的变化反映的是外界参量的变化。而光纤光栅的反射或透射波长光谱主要取决于光栅周期和介质的有效折射率，任何使这两个参量发生改变的物理过程都将引起光栅布拉格波长的漂移。光纤布拉格中心波长可表达为：

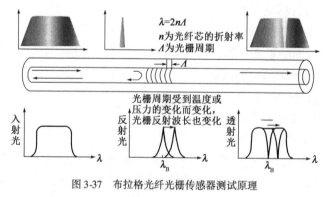

图 3-37 布拉格光纤光栅传感器测试原理

$$\lambda_B = 2n\Lambda \tag{3-21}$$

式中：λ_B——光纤光栅的中心波长；
n——纤芯的有效折射率；

$\varLambda$——光栅周期。

如果光栅周围的温度或应力发生变化使 FBG 产生变形,将导致光栅的栅距、周期及纤芯折射率的变化,从而使 FBG 反射光波中心波长发生改变,其中应变作用下引起的中心波长漂移 $\Delta\lambda_{BS}$ 可表示为:

$$\Delta\lambda_{BS} = \lambda_B(1-P_e)\Delta\varepsilon \tag{3-22}$$

式中:$\Delta\varepsilon$——轴向应变;

P_e——有效弹光系数。

温度作用下引起的中心波长漂移 $\Delta\lambda_{BT}$ 可表示为:

$$\Delta\lambda_{BT} = \lambda_B(\alpha+\xi)\Delta T \tag{3-23}$$

式中:α——热膨胀系数;

ξ——热光系数。

FBG 传感器中心波长总漂移量 $\Delta\lambda_B$ 可由式(3-18)和式(3-19)叠加表示为:

$$\Delta\lambda_B = \lambda_B(1-P_e)\Delta\varepsilon + \lambda_B(\alpha+\xi)\Delta T \tag{3-24}$$

简化为:

$$\frac{\Delta\lambda_B}{\lambda_B} = K_\varepsilon \cdot \Delta\varepsilon + K_T \cdot \Delta T \tag{3-25}$$

式中:K_ε——应变传感灵敏度系数,$K_\varepsilon = 1-P_e$;

K_T——温度传感灵敏度系数,$K_T = \alpha+\xi$。

一般情况下,温度作用下中心波长漂移可通过温度补偿器测得,即只受温度作用、不受应力作用的 FBG 传感器,温度、应变传感灵敏度系数可通过试验室标定获得。因此,只要测量波长的变化,便可求得结构的应变,从而求出应力,判断结构受力情况。

布拉格光纤光栅传感器的组成包括纤芯、包层和保护层(图 3-38),其中纤芯用来传输光波,包层用来提高纤芯传输效率、降低传输损耗,保护层提供保护作用,避免纤芯和包层被腐蚀和外力作用而损伤。布拉格光纤光栅传感器利用光纤的光敏性,在其产生变形时,其纤芯内的空间相位光栅将发生改变,因此光纤传输特性的基本参数,如中心波长将产生变化。

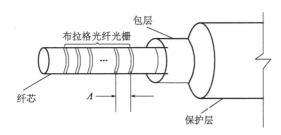

图 3-38 布拉格光纤光栅传感器结构示意图

FBG 传感器的工作实质是将光在传感区域受到的环境信号转换、传输并储存为可以辨别的数字信息。在传感过程中,光源发出的光波由传输通道进入 FBG 传感器,传感器在应力、温度场的作用下,对光波进行调制,然后携带应力、温度场信号光波通过反射进入接收通道而被探测器接受解调并输出。通过改变 FBG 传感器的制作参数,可以形成不同中心波长的光纤光栅,将不同中心波长的 FBG 传感器连在一起,可以组成分布式测量网络,如图 3-39 所示;FBG 传感器可以很方便在一根光纤上串联多个传感器,根据不同的反射中心波长可以确定测量位置,从而实现单线多点测量。传感器之间或传感器和测量仪器之间可以相距很远,可达几十千米甚至上百千米。

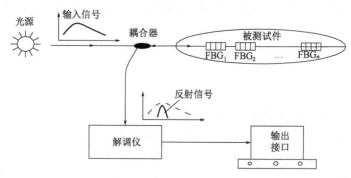

图 3-39　FBG 传感器测试方案工作原理

FBG 传感器的安装方式基本可分为内部埋入式和外表粘贴式,两种方式适用于不同情况,如图 3-40 所示。对于那些在建或将要兴建的桥梁工程,用于监测施工过程中材料内部的变化过程或者建成后结构使用期间的状态,采用内部埋入式较好。而对于既有桥梁工程,常采用外表粘贴式,将光纤光栅传感器采用焊接、螺栓、胶粘等方法固定于结构待测部位。

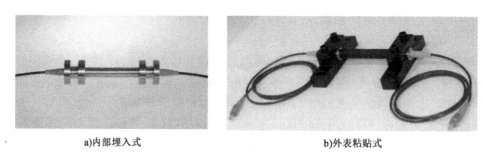

a)内部埋入式　　　　　　　　b)外表粘贴式

图 3-40　不同安装方式的光纤光栅(FBG)传感器

光纤光栅传感器抗电磁干扰能力强、分布性好、精度高、性能稳定、耐腐蚀、测量结果具有良好的重复性,可以实时地对桥梁结构进行动静态监测。相对于普通传感器具有显著优势,尤其适合长期监测。但光纤光栅十分脆弱,在粗放的施工过程及恶劣的工作环境下容易遭受损坏。

3.3.6　磁通量荷载传感器

磁通量荷载传感器是基于铁磁性材料的磁弹效应原理制成,即当铁磁性材料承受的外界机械荷载发生变化时,其内部的磁化强度(磁导率)会发生变化,通过测量铁磁性材料制成的构件的磁导率变化,来确定构件的内力。磁通量荷载传感器与常规传感器的主要不同点在于构件是传感器的一部分,它通过直接感应待测结构构件的磁特性变化来测量应力。

磁通量荷载传感器(图3-41)可应用于斜拉桥斜拉索的索力测试,系杆拱桥的吊杆和系杆的索力测试,悬索桥的缆索体系的索力测试,预应力混凝土结构中的体外索和预应力筋的张拉力测试,以及锚杆索力测试等。其安装要求传感器内径比构件的外径大 3~7mm,以方便穿心安装。

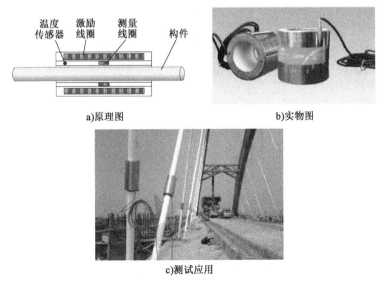

图 3-41 磁通量荷载传感器

3.4 基于应变测试的衍生传感器

在众多桥梁测试的传感器中,有很多传感器是由基本应变测试传感器衍生而来的,它们具有相似的原理,如电阻应变式传感器、振弦式传感器、光纤光栅式传感器等,基于基本应变传感器可衍生出位移、荷载、裂缝等传感器。

3.4.1 电阻应变式传感器

电阻应变式传感器是以电阻应变计为敏感元件,将被测物理量(如位移、荷载等)转换为电信号的器件。电阻应变式传感器一般由敏感元件、传感元件和测量电路三部分组成,具体为弹性元件、粘贴于其上的电阻应变片、输出电信号的电桥电路及补偿电路。其中感受被测物理量的弹性元件是关键,结构形式有多样,旨在提高感受被测物理量的灵敏性和稳定性。它的工作原理是当被测物理量在弹性元件上产生弹性变形(应变)时,粘贴在弹性元件表面的电阻应变计可以将感受到的弹性变形转变成电阻值的变化,这样电阻式传感器就将被测物理量(应变)的变化量转变为电信号的变化量,再通过电桥电路及补偿电路输出电信号,达到通过测量电量值达到测量非电量值的目的。

电阻应变式传感器的特点是精度高,测量范围广,寿命长,结构简单,频响特性好,能在恶劣条件下工作,易于实现小型化、整体化和品种多样化,但对于大应变有较大的非线性,输出信号较弱。典型电阻应变式表面传感器如图3-42所示。

电阻应变式荷载传感器(图3-43)通过测量弹性体的应变,从而换算荷载的大小。为减少荷载偏心可能带来的误差,一般在弹性体上布置8片应变片,并配合全桥互补接法测量桥路。电阻应变式荷载传感器的结构形式有圆柱式、环式、悬臂梁式及轮辐式等,其核心部件是一个厚壁筒(弹性体),壁筒的横截面大小取决于荷载的量程及材料的允许应力,当荷载作用于传感器时,弹性体发生变形,弹性体上的应变片产生电阻应变效应,根据应变与荷载关系换算力值,即 $P=A\sigma=AE\varepsilon$(A 为截面面积,σ 为截面应力,E 为弹性模量,ε 为应变值)。此类传感器可以根据实际需要自行设计与制作,在使用前,应在压力试验机上标定出传感器的 $P\text{-}\varepsilon$ 关系曲线,以便换算荷载量值,并应定期标定以检查其荷载应变的线性性能和标定系数。为便于设备或试件连接,在筒壁两端可加工设置螺纹。

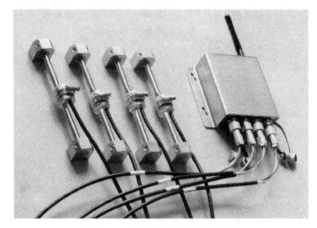

图 3-42 电阻应变式表面传感器

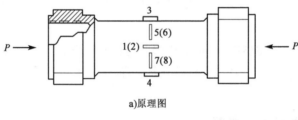

a)原理图

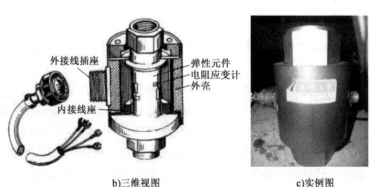

b)三维视图　　　　　c)实例图

图 3-43 电阻应变式荷载传感器

3.4.2 振弦式传感器

振弦式传感器(图 3-44)是以振弦式应变计为敏感元件,将被测物理量(如位移、荷载等)转换为敏感元件频率的器件。如振弦式裂缝传感器,通过两端支座固定于结构表面,当被测结构物发生变形(位移/开合)时将会带动裂缝传感器变化,通过两端支座传递给振弦使其产生应力变化,进而改变振弦的振动频率,从而测出被测结构物裂缝的变形量,同时可同步测量埋设点的温度值。振弦式裂缝传感器可长期测量结构物裂缝(开合度/位移)变形,并可回收重复使用。

a)裂缝传感器

b)荷载传感器

图3-44 振弦式传感器

振弦式荷载传感器以被拉紧的钢弦作为敏感元件,元件的固有频率与拉紧力的大小有关,当弦的长度确定后,钢弦的振动频率的变化量即可表征拉力的大小,即输入是力信号,输出是频率信号。振弦式荷载传感器本身为高强度的合金钢圆筒,常应用于桥梁拉索、吊杆、锚杆等荷载测量。振弦式荷载传感器具有较强的抗干扰能力及零漂小、温度特性好、结构简单、分辨率高、性能稳定等特点。

3.4.3 光纤光栅式传感器

由于光纤光栅波长对温度与应变敏感,光纤光栅式传感器可以实现对温度、应变等物理量的直接测量。与电阻应变式传感器、振弦式传感器相似,利用光纤光栅式传感器同样可以实现对位移、荷载、裂缝、加速度等的间接测量(图3-45)。如光纤光栅式荷载传感器是在金属弹性体轴向对称固定封装的光纤光栅式传感器,并将传感器的尾纤首尾串接,以测量弹性体承受的荷载;同时,安装一个封装好的光纤光栅式温度传感器用作温度补偿。

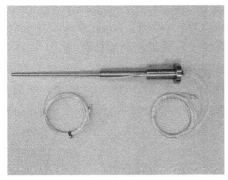
a)位移传感器

b)荷载传感器

图3-45 光纤光栅式传感器

3.5 测振传感器

测振传感器又称换能器或拾振器(图3-46)。测振传感器固定在振动体上(即传感器的外壳固定在振动体上)与其一起振动;通过测量惯性质量相对于传感器外壳的运动,就可测得振

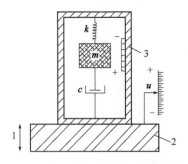

图 3-46 测振传感器原理示意图
1—测振方向；2—振动体；3—测振传感器；k—劲度系数；m—质量；c—阻尼系数；u—电压

动体的振动。感受的信号通过各种转换方式转换为电信号，转换方式有磁电式、压电式和电阻应变式等。所测的振动量通常有加速度和速度等。测量振动的传感器有两个作用：一是敏感作用，对被测对象某种物理量（如位移、速度、加速度或力）敏感，并完成对该被测量信号的拾取；二是变换作用，将被测非电量变换成电量输出，将这些描述机械振动量的物理量转换成电量（电流、电压、电荷）或电参数（电阻、电容、电感）的变化，然后输至"二次"仪表进行放大及记录、显示或分析。

按照被测物理量来分类测振传感器，可分为加速度传感器及速度传感器等。若按其在工作时与被测对象是否接触可分为接触式与非接触式传感器；若按信号转换形式来分类，也可将测振传感器分为结构型和物性型。前者在测振过程中内部结构参数的变化导致有信号输出，如涡流传感器将金属位置的变化引起阻抗的变化输出；后者则结构参数不变，而是在测振过程中传感元件的物理性质的变化导致信号输出，例如压电式加速度传感器的晶体或陶瓷元件在测振过程中由于受力产生压电效应而有电荷输出。

选用测振传感器时，注意传感器的质量小于被测系统有效质量的 1/10，还要预先估计测试频率范围，使其处于所选测振传感器频率范围内，并确定最大振动加速度数值。

3.5.1 加速度传感器

常见的加速度传感器有压电式加速度传感器、电阻应变式加速度传感器和电容式加速度传感器。

1）压电式加速度传感器

压电式加速度传感器利用晶体的压电效应制成。压电效应是指一些晶体材料当受到压力并产生机械变形时，在其相应的两个表面上出现异号信号，当外力去掉后，晶体又重新回到不带电的状态，因此可以通过测量压电晶体的电荷量来得到所测振动的加速度，如图 3-47 所示。质量块相对于外壳的位移反映加速度，位移乘以晶体刚度即是动压力，动压力与压电晶体两个表面产生的电荷量（或电压）成正比。使用时，传感器固定在被测物体上，感受该物体的振动，惯性质量块产生惯性力，使压电元件产生变形。压电元件产生的变形和由此产生的电荷与加速度成正比。

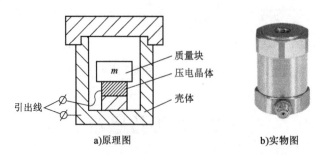

图 3-47 压电式加速度传感器结构原理及实物图

压电式加速度传感器可以做得很小，质量很轻，对被测结构的影响很小。压电加速度传感器的频率范围广、动态范围宽、灵敏度高、稳定性与抗干扰性能比较好，应用较为广泛。

2) 电阻应变式加速度传感器

电阻应变式加速度传感器由质量块、悬臂梁、应变片和阻尼液体等构成，如图3-48所示。应变片粘贴在悬臂梁固定端附近的上下表面上，当有加速度时，质量块受力，悬臂梁弯曲，应变片感受应变，按悬臂梁上的应变片便可测出力的大小，在已知质量的情况下即可计算出加速度。应变片加速度计也适用于单方向（静态）测量。用于振动测量时，最高测量频率取决于固有振动频率和阻尼比，测量频率可达3500Hz。

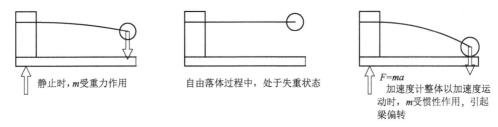

图3-48 电阻应变式加速度传感器结构原理图

电阻应变式加速度传感器的主要优点是灵敏度高（灵敏度误差一般小于1%，横向灵敏度比小于2%），低频效应好，还可以测量直流信号（如测量匀加速度），但体积较大，在实际的工程应用中需要硅油提供大的阻尼力。

3) 电容式加速度传感器

电容式加速度传感器是基于电容原理的极距变化型的电容传感器，其中一个电极是固定的，另一个变化电极是弹性膜片，如图3-49所示，它的原理是利用惯性质量块在外加速度的作用下与被检测电极间的空隙发生改变，从而引起等效电容的变化来测定加速度的。弹性膜片在外力（气压、液压等）作用下发生位移，使电容量发生变化。这种传感器可以测量气流（或液流）的振动速度，还可以进一步测出压力。电容式加速度传感器具有测量精度高，输出稳定，温度漂移小，测量误差小，稳态响应等特点。

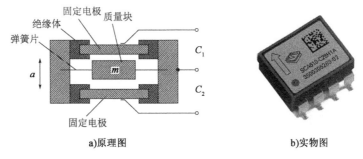

图3-49 电容式加速度传感器原理及实物图

3.5.2 速度传感器

单位时间内位移的增量就是速度，速度包括线速度和角速度，与之相对应的就有线速度传感器和角速度传感器，一般统称速度传感器。速度传感器以磁电式速度传感器应用最为广泛。

磁电式速度传感器根据电磁感应原理制成。磁电式速度传感器中磁钢和壳体固连，并通过壳体安装在振动体上，与振动体一起振动；芯轴和线圈组成传感器的系统质量，通过弹簧片（系统弹簧）与壳体连动。振动体振动时，系统质量与传感器壳体之间发生相对位移，因此线圈与磁钢之间也发生相对运动,如图3-50所示。根据电磁感应定律,传感器的电压输出(感应电动势 E)与相对运动速度 v 成正比。它的特点是灵敏度高(可测非常微弱的振动)、性能稳定、输出阻抗低,频率响应范围有一定的宽度。磁电式速度传感器可以用来测量梁体挠度。

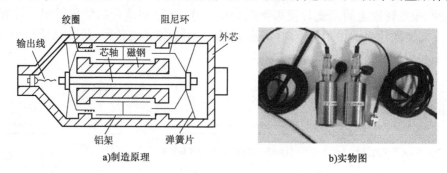

图3-50 磁电式速度传感器原理及实物图

3.6 数据采集分析仪

3.6.1 电阻应变仪

电阻应变片的金属电阻丝灵敏系数 K_0 值为 1.7~3.6,制成电阻应变片后,灵敏系数 K 值在 2.0 左右,被测量的机械应变一般为 $10^{-6} \sim 10^{-3}$,则电阻变化率为 $\Delta R/R = K\varepsilon = 2 \times 10^{-6} \sim 2 \times 10^{-3}$。用仪器直接测量这样微弱的电信号是很困难的,必须借助放大器进行放大。电阻应变仪就是电阻应变计的专用放大仪器,电阻应变仪由放大器和测量电路组成。应变片可将结构的应变转换成电阻变化,电阻应变仪将此电阻变化转换为电压或电流变化,并进行放大,通过测量电压或电流变化间接测量应变数值。电阻应变仪按频率响应范围可分为静态电阻应变仪、静动态电阻应变仪、动态电阻应变仪和超动态电阻应变仪。各类应变仪的测量频率范围如表3-2所示。

各类应变仪的测量频率范围　　表3-2

类别	测量应变信号	测量频率范围(Hz)
静态电阻应变仪	静态应变	0~15
静动态电阻应变仪	单点动态应变测量	<200
动态电阻应变仪	周期或非周期动态应变,多通道	<5000
超动态电阻应变仪	爆炸、高速冲击	<100

电阻应变仪(图3-51)根据不同厂家配置,常常具有不同的测量通道数,如 8 个、16 个或 24 个及 30 个等,每个测量通道一般可独立测量温度、位移或应变等,且可独立适用于不同类型的桥路测试。电阻应变仪具有体积小、质量轻的特点,便于携带,因而适合于室内、现场或野外使用。在使用时要注意其工作频率应大于被测量物理量的频率,以保证不产生幅频失真和相频失真;应变仪的最大量程应大于被测应变的最大值,并使其输出不超过最大线性输出量,以保证不产生非线性失真;应变仪的输出形式应与记录仪相适应,并注意它们之间的阻抗匹

配;对于静态测量,应根据测试精度要求和测试量来选择仪器的分辨率和测量点数。

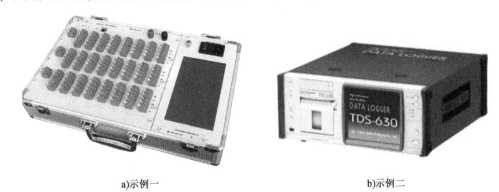

a)示例一　　　　　　　　　　　b)示例二

图 3-51　静态电阻应变仪

3.6.2　振弦式传感器采集仪

振弦式传感器采集仪就是要将传感器的共振频率精确测量,以便精确计算被测工程的应变。振弦式传感器数据采集仪有多种形式,有手持振弦式传感器读数仪、低耗能无线振弦信号采集仪、多通道振弦式传感器采集仪等。

振弦式传感器采集仪(图 3-52)主要由两大部分组成:主控模块和测量模块。主控模块的作用是设置传感器的采集参数,并向测量模块发出传感器的采集命令。测量模块的作用是测量传感器的输出信号,并将测量数据发送给主控模块。振弦式传感器采集仪一般可显示频率、模数、温度值等,可存储测量数据,并与电脑实现数据通信。

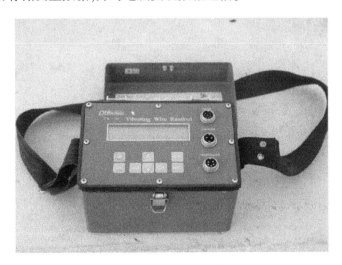

图 3-52　振弦式传感器采集仪

3.6.3　光纤光栅解调仪

光纤光栅解调仪是光纤传感器应用的核心技术之一。对光纤光栅波长进行解调的方法有光谱仪检测法、匹配光栅法、边缘滤波法、可调谐光纤 F-P 滤波法。常用的是可调谐光纤 F-P 滤波法(图 3-53),采用宽带光源和可调谐 F-P 滤波器对传感光纤光栅的反射谱进行扫描,可调 F-P 滤波器的作用在于当一束宽带光入射 F-P 腔,有且只有一窄带光出射(谱宽小于 0.3nm),出射光谱的中心波长与 F-P 腔的腔长相对应。由于腔长随压电体的驱动电压的变化而变化,不同的驱动电压也就对应了不同中心波长的窄带光射出 F-P 滤波器。

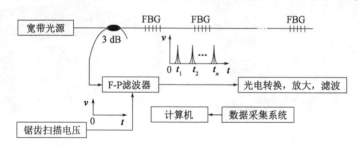

图 3-53 基于 F-P 滤波器的解调原理

在桥梁的实际应用中,光纤光栅解调仪(图 3-54)通过解调技术可测量应力、温度和压力等不同参数;根据具体配置不同,可设置 1 个、4 个、8 个、16 个等不同数量光学通道,每个通道可允许在一根光纤上同时连接大于数十个 FBG 传感器,每个通道内不能出现同一波长的传感器,并需考虑波长变化的可能重叠;根据仪器性能,可具有 1Hz、2Hz、5Hz、10Hz、100Hz、1000Hz 等不同的扫描频率。

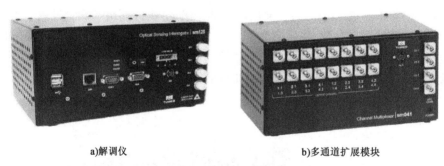

a)解调仪　　　　　　　　　　b)多通道扩展模块

图 3-54 光纤光栅解调仪及扩展模块

在解调仪通道数不足时,可采用多通道扩展模块,其由光开关进行通道切换,通道切换控制命令由数据采集系统处理器执行。在这种方式下,很容易从 4 通道扩展到 8 通道、16 通道、32 通道,带来的不足在于遍历所有通道需要的时间也成倍增长,而且光开关的使用寿命要求很高,适合于低频扫描测量场合。

3.6.4 动态测试数据采集分析仪

动态信号主要指随时间变化的信号,其幅值大小甚至方向都随时间不断变化(静态信号一般指稳定状态下的信号,其幅值大小和方向一般不随时间变化)。动态信号的正确分析需要高性能的硬件和数据处理算法的支持。动态测试数据采集分析仪又称动态数据测试系统、动态信号测试分析仪,主要用于动态信号的采集、分析、处理甚至控制反馈的集成化信号处理系统。

动态测试数据采集分析仪(图 3-55)需通过结合相应的软件,方能完成数据采集、分析与存储等全部测试任务,其通过与电压、电阻、电荷输出型传感器进行配套使用,实现对应力、应变、振动(加速度、速度、位移)、冲击、声学、温度(各种类型热电偶)、力、扭矩、电压、电流等各种物理量的测试和分析。

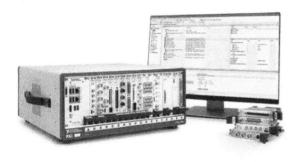
a)示例一

b)示例二

图 3-55 动态测试数据采集分析仪

动态测试数据采集分析仪应具有较高的测试精度和极强的抗干扰能力,保证测试结果相对的可靠性,通过配合专用的振动分析软件,分析得到数据表格、波形图、振型图、频谱图和振动趋势图等。随着桥梁健康监测等长期振动测试形成的大数据的价值被越来越多地认可,动态数据测试系统正朝着采集任务分布化、数据存储云端化、信息处理智能化等方向快速发展。

【思考题】

1. 桥梁检测车有哪几种类型?简述各自的适用范围。
2. 简述钢筋位置探测仪的原理。
3. 简述钢筋锈蚀仪的测试原理。
4. 简述非金属超声波检测仪的原理。
5. 绘图并说明如何采用位移计量测结构表面的应变。
6. 绘图说明手持式应变计的原理,并简述使用手持式应变计进行应变测量的特点。
7. 简述张线式位移测量的原理及用途。
8. 简述磁致伸缩位移计的原理及特点。
9. 简述声呐探测仪的原理及其主要可用于哪些桥梁项目内容的检测。
10. 简述连通管测试位移的原理及其主要用途。
11. 水准仪、全站仪、倾角仪、连通管和 GNSS 分别可用于测量桥梁的哪些项目内容?测试同一参数的应用有何区别?
12. 电阻应变片如何选用?简述其粘贴步骤。
13. 简述电阻应变计测量的原理。电阻应变计测量的桥路组合有哪些常用形式?
14. 简述振弦式应变计的原理及应用范围。使用其测量结构应变时需要注意的事项有哪些?
15. 简述光纤光栅传感器的原理及特点。
16. 简述磁通量荷载传感器的原理及测试项目内容。

17. 基于应变测试的衍生传感器有哪些类型？它们的检测原理分别是什么？
18. 绘图说明电阻应变式加速度传感器的原理。
19. 对比分析常用加速度传感器与速度传感器的原理及作用。
20. 桥梁结构各类常见参数测试传感器分别需要哪些采集分析仪？

第4章
桥梁结构的材料性能检测

4.1 概 述

工程材料是构筑桥梁结构的基础。桥梁结构在温度、湿度、大气腐蚀等自然环境以及荷载、疲劳等综合作用下,不可避免地会出现病害缺陷及性能退化等。桥梁结构材料性能检测就是利用各种技术手段,检测评估桥梁结构材料的力学性能、耐久性能、病害缺陷等,这对桥梁结构的承载能力、安全性和长期寿命等具有重要影响。

本章主要对桥梁结构的材料性能检测进行详细介绍,包括混凝土材料的缺陷检测、强度测定,以及桥梁结构内部钢筋位置分布、锈蚀状态、钢材裂纹等的检测。

4.2 超声法检测混凝土结构内部缺陷

混凝土是桥梁结构中最常用的构筑材料,其由水泥、碎石、砂、水等材料混合并经由搅拌、浇注、成型和养护等工艺凝结固化形成,由于其组成材料复杂,施工工序繁多,在混凝土的施工、使用等过程中会造成混凝土产生一些内部缺陷,进而导致混凝土强度不足及结构耐久性问题。对混凝土桥梁结构内部缺陷进行检测与评估,合理、科学修复与加固,对延长桥梁结构寿命,促进节约型、可持续经济发展具有重要意义。

根据混凝土结构内部缺陷的特征及大小可将混凝土结构内部缺陷分为宏观缺陷、细观缺陷和微观缺陷3种。

(1)宏观缺陷。宏观缺陷主要是指混凝土由于设计、施工、材料本身特性等方面原因引起的较大缺陷,或是因为长期在腐蚀介质或冻融作用下由表及里的层状疏松缺陷,主要包括蜂窝、孔洞、缝隙、不密实区和化学腐蚀等。

(2)细观缺陷。细观缺陷主要是指混凝土材料由于泌水、干缩导致集料和水泥浆基体之间产生的裂纹、孔隙等细小缺陷。

(3)微观缺陷。微观缺陷主要是指混凝土在凝结过程中由于水泥浆硬化干缩和水分蒸发形成的微观裂缝,以及混凝土材料本身的微观缺陷。

超声法是无损检测混凝土结构内部缺陷的一种方式,即采用带波形显示功能的超声波检测仪,测量超声脉冲波在混凝土中的传播速度(简称声速)、接收信号主频率(简称频率)和首波幅度(简称波幅)等声学参数,并根据这些参数及其相对变化,判定混凝土中内部缺陷的情况。

4.2.1 混凝土主要声学参数

目前混凝土超声检测中所常用的声学参数为声速、频率、波幅及波形,常用这些参数来判别混凝土结构的缺陷。

(1)声速。声速即超声波在混凝土中单位时间内传播的距离,它是混凝土超声检测中一个主要参数。混凝土的声速与混凝土的性质有关,同时还与混凝土内部结构(材料组成和孔隙等)有关。一般来说,混凝土的密实度越好,弹性模量越高,声速就越大;当混凝土内部有孔洞、蜂窝等缺陷时,混凝土的声速值将比正常部位低。因此,在混凝土的超声检测中,可利用声速的变化判别混凝土结构的缺陷。

(2)频率。超声波是由电脉冲激发出的声脉冲信号,它是包含了一系列不同成分余弦波的复频超声脉冲波。由于混凝土是非均质弹黏塑性材料,其对超声脉冲波的吸收、散射衰减较大,其中高频成分更容易衰减。因此,超声波在混凝土中越向前传播,其所包含的高频分量越少,主频率也逐渐下降。主频率下降的值除了与传播距离有关,还取决于混凝土内部是否存在缺陷。因此,超声脉冲波在遇到混凝土内部缺陷时,不同频率成分的衰减程度不同,可以观察到接收频率的显著降低或接收波的频谱出现差异。据此可以有效地用来识别混凝土内部的缺陷。

(3)波幅。波幅是指超声脉冲波通过混凝土后由接收换能器接收并由超声波检测仪显示的首波信号幅度,即第一个波前半周的幅值,它反映了接收到的声波的强弱。对于有内部缺陷的混凝土,缺陷使超声波的传播路径发生改变,出现反射或绕射现象,从而未导致波幅明显减小。因此,波幅也是判别混凝土缺陷的重要指标之一。

(4)波形。波形是指在超声波检测仪示波屏上显示的接收波波形。当超声波在传播过程中碰到混凝土内部缺陷时,会出现绕射、反射等传播路径改变的现象,导致最终到达接收换能器的超声波的频率和相位有所不同。除此之外,这些直达波、绕射波和反射波的叠加有时还会导致波形的畸变。一般通过观察接收信号的波形是否畸形或观察包络线的形状来判断混凝土是否存在缺陷。

4.2.2 检测方法

超声波检测混凝土缺陷技术根据被测结构的形状、尺寸以及所处环境等因素,分别有不同的测试方法。常用的测试方法一般分成平面测试法和测试孔测试法两大类。

1)平面测试法(采用厚度振动式换能器)

平面测试法按照换能器的布置方式,可分成如图 4-1 所示的 3 种类型。

(1)直测法。一对发射(T)和接收(R)换能器,分别放置于被测混凝土结构的两个相互平行的表面,且两个换能器的轴线位于同一直线上,使超声脉冲波直接传播的测试方法。

(2)斜测法。一对发射(T)和接收(R)换能器,分别置于被测混凝土结构的两个面上,但两个换能器的轴线不在同一直线上,使超声脉冲波半直接传播的测试方法。

(3)平测法。一对发射(T)和接收(R)换能器,置于被测混凝土结构的同一表面进行测试,使超声脉冲波间接或表面传播的测试方法。

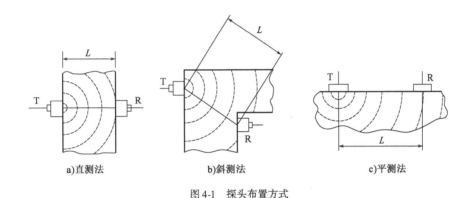

图 4-1 探头布置方式

2)测试孔测试法(采用径向振动式换能器)

(1)孔中对测。一对换能器分别置于两个对应的测试孔中,并使其位于同一高度进行测试。

(2)孔中斜测。一对换能器分别置于两个对应的测试孔中,但不在同一高度而是在保持一定的高程差的条件下进行测试。

(3)孔中平测。一对换能器分别置于同一测试孔中,并以一定的高度差同步移动进行测试。

4.2.3 超声法检测混凝土内部缺陷的应用

利用超声法可检测混凝土结构的多种内部缺陷,包括混凝土裂缝深度、不密实区和空洞等。

1)混凝土裂缝深度的检测

(1)单面平测法

当混凝土结构的裂缝部位只有一个可测表面且估计裂缝深度不大于 500mm 时,可采用单面平测法进行检测。使用平测法进行裂缝深度检测时,以不同的测距按跨缝和不跨缝布置测点进行检测。

不跨缝布置检测,即将发射(T)和接收(R)换能器放置于被测裂缝的同一侧,保持发射(T)换能器耦合不动,以两个换能器内边缘间距 l' 为 100mm,150mm,200mm,250mm,…移动接收(R)换能器,分别读取相应声时值(t_i),并绘制"时-距"坐标图,如图 4-2 所示。亦可以利用回归分析法求出声时和测距之间的回归直线方程 $l' = a + bt$,式中 a、b 为待求的回归系数。

每一测点超声波实际传播距离为:

$$l_i = l' + |a| \tag{4-1}$$

式中:l_i——第 i 点的超声波实际传播距离,mm;

l'——第 i 点的 T、R 换能器内边缘间距,mm;

a——"时-距"图 l' 轴的截距或回归方程的常数项,mm。

不跨缝平测的超声波声速值为:

$$v = \frac{l'_n - l'_1}{t_n - t_1} \tag{4-2}$$

或

$$v = b \tag{4-3}$$

式中:l'_n, l'_1——第 n 点和第 1 点的测距,mm;

t_n, t_1——第 n 点和第 1 点读取的声时值,μs;

b——回归系数。

跨缝布置检测,即将发射(T)和接收(R)换能器分别放置于被测裂缝两侧,对称布置如图 4-3 所示,并以 l' 为 100mm,150mm,200mm,…,分别读取声时值 t_i^0。

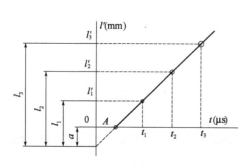

图 4-2 平测"时-距"图

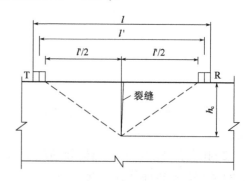

图 4-3 超声波绕过裂缝示意图

各测距下裂缝深度的计算式为:

$$h_{ci} = \frac{l_i}{2}\sqrt{\left(\frac{t_i^0 v}{l_i}\right)^2 - 1} \tag{4-4}$$

式中:h_{ci}——第 i 点计算的裂缝深度值,mm;

l_i——不跨缝平测时第 i 点的超声波实际传播距离,mm;

t_i^0——第 i 点跨缝平测的声时值,μs。

裂缝深度的最终确定方法:

①跨缝测量中,当在某测距发现首波反相时,可用该测距及两个相邻测距的测量值按式(4-4)计算 h_{ci} 值,取此三点 h_{ci} 的平均值作为该裂缝的深度值 h_c;

②跨缝测量中,当难以发现首波反相时,则以不同测距按式(4-4)计算 h_{ci} 值,取此点 h_{ci} 及

其平均值(m_{hc})。将各测距l_i与m_{hc}相比较,凡测距l_i小于m_{hc}和大于$3m_{hc}$,应剔除该组数据,然后再取余下h_{ci}的平均值,作为该裂缝的深度值h_c。

(2) 双面斜测法

当结构的裂缝位于两个相互平行的测试表面之间时,可采用双面斜测法检测。测点布置如图4-4所示,将T、R换能器分别置于两个测试表面,并使其一同按一定的测试距离、倾斜角度移动,读取相应的声时值、波幅值和频率值。当T、R换能器的连线通过裂缝时,由于混凝土的不连续性,超声波在裂缝界面会产生很大的衰减,接收到的首波信号很微弱,其波幅和频率与不经过裂缝的测点值比较有很大的差异。据此便可判断裂缝的深度及是否在水平方向贯通。斜测法检测裂缝深度具有直观、可靠的特点,若条件允许宜优先选用。

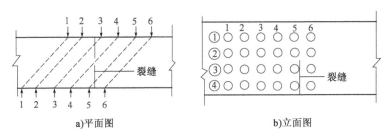

图4-4 双面斜测法测点布置示意图

(3) 钻孔对测法

对大体积混凝土结构,若裂缝深度超过500mm,用平测法难以测量,又不具备斜测法所需要的一对相互平行的测试面,此时可用钻孔对测法检测。其方法是在裂缝两侧钻测试孔,将换能器置于测试孔中进行测试,如图4-5所示。在裂缝两侧分别钻测试孔A、B,同时在裂缝的一侧多钻一个较浅的孔C来测试无缝混凝土的声学参数,供对比判别用。此外,测试孔应满足以下要求:孔径比所用换能器的直径大5~10mm;孔深应至少比裂缝的预计深度深700mm,经试测如其深度浅于裂缝深度,则应加深测试孔;对应的两个测试孔A、B必须始终位于裂缝两侧,其轴线应保持平行;两个对应的测试孔的间距l宜为2000mm,同一检测对象各对测孔间距应保持相同;孔中粉末碎屑应清理干净。

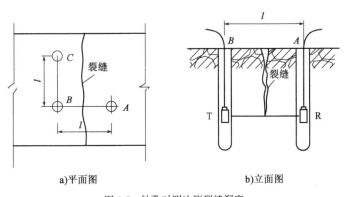

图4-5 钻孔对测法测裂缝深度

裂缝深度检测时,应选用频率为20~60kHz的径向振动式换能器。检测前应先向测试孔内注满清水,然后将T、R换能器分别置于裂缝两侧的对应孔中,以相同高程等间距从上至下同步移动,逐点读取声时、波幅和换能器所处的深度。

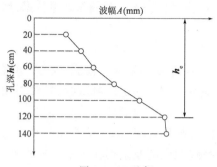

图 4-6   h-A 坐标

以换能器所处深度 h 与对应的波幅值 A 绘制 h-A 坐标图，如图 4-6 所示。随着换能器位置的下移，波幅逐渐增大，当换能器下移至某一位置后，波幅达到最大并基本稳定，该位置所对应的深度便是裂缝深度 h_c。

2）混凝土不密实区和空洞检测

混凝土和钢筋混凝土结构在施工过程中，有时会因漏振、漏浆或因碎石架空在钢筋骨架上，导致混凝土内部形成蜂窝状不密实区或空洞。这种结构物内部的隐蔽缺陷，应及时检查出并进行技术处理，超声法即可用于这类混凝土缺陷的检测。

混凝土内部的隐蔽缺陷情况无法直接判断，因此，这类缺陷的测试区域一般总要大于所怀疑的缺陷区域，或者先做大范围的粗测，根据粗测情况再着重对可疑区域进行细测。其检测方法主要分成平面对测法、平面斜测法以及钻孔检测法几种。

(1) 平面对测法

当构件具有两对相互平行的测试面时，可采用平面对测法进行检测。如图 4-7 所示，在构件两对相互平行的测试面上分别画出等间距的网格，网格间距一般为 100～300mm，也可适当放宽。用网格编号确定对应的测点位置，然后将 T、R 换能器分别置于对应测点上，逐点读取相应的声时、波幅和频率，并量取测距。

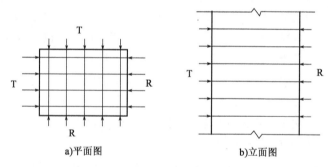

a) 平面图   b) 立面图

图 4-7   平面对测法示意图

(2) 平面斜测法

当构件只有一对相互平行的测试面时，可采用平面对测法和平面斜测法相结合的方法，如图 4-8 所示，在构件两个相互平行的测试面上分别画出网格线，并在对测的基础上进行交叉斜测。

(3) 钻孔检测法

当测距较大时可采用钻孔或预埋管测法，如图 4-9 所示。在测位预埋声测管或钻出竖向测试孔，预埋管内径或钻孔直径宜比换能器直径大 5～10mm。预埋管或钻孔间距宜为 2～3m，其深度可根据测试需要确定。检测时用 2 个径向振动式换能器分别置于两测孔中进行测试，或用 1 个径向振动式换能器与 1 个厚度振动式换能器，分别置于测孔中和平行于测孔的侧面进行测试。

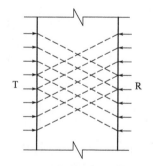

图 4-8   平面斜测法立面图

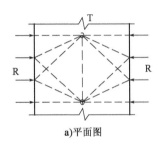 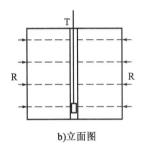

a) 平面图　　　　　　　　b) 立面图

图 4-9　钻孔法示意图

由于混凝土本身的不均匀性,即使是没有缺陷的混凝土,测得的声时、波幅等声学参数也在一定范围内波动,因此一般利用统计方法进行判别。当一个测区的混凝土不存在裂缝、空洞等缺陷时,则认为这个测区的混凝土质量基本符合正态分布;但若混凝土结构内部存在缺陷,则该区域混凝土与无缺陷混凝土的声学参数必然存在着一定差异。

(4) 数据处理及缺陷判别

① 混凝土声学参数的统计计算

测区混凝土声速、波幅、频率测量值的平均值(m_x)和标准差(S_x)应按下式计算:

$$m_x = \frac{1}{n}\sum_{i=1}^{n}X_i \tag{4-5}$$

$$S_x = \sqrt{\frac{\left(\sum_{i=1}^{n}X_i^2 - nm_x^2\right)}{(n-1)}} \tag{4-6}$$

式中:X_i——第 i 点的声速、波幅、频率的测量值;

n——测区参与统计的测点数。

② 测区中异常数据的判断

将一测区各测点的声速、波幅、由大到小按顺序排列,即 $X_1 \geq X_2 \geq \cdots \geq X_n \geq X_{n+1} \geq \cdots$,将排在后面明显小的数据视为可疑,再将这些可疑数据中最大的一个(假定 X_n)连同其前面的数据代入式(4-5)和式(4-6)计算出 m_x 及 S_x,并代入下面的公式计算出异常情况的判断值 X_0。

$$X_0 = m_x - \lambda_1 \cdot S_x \tag{4-7}$$

式中:λ_1——异常值判定系数,应按表 4-1 取值。

将判断值 X_0 与可疑数据的最大值 X_n 比较:当 $X_n \leq X_0$ 时,X_n 及排列于其后的各数据均为异常值,去掉异常值,再用 $X_1 \sim X_{n-1}$ 进行计算和判别,直到判不出异常值为止;当 $X_n > X_0$ 时,应再将 X_{n+1} 放进去重新进行统计计算和判别。

当测位中判别出异常测点时,可根据异常测点的分布情况,按下式进一步判别其相邻测点是否异常:

$$X_0 = m_x - \lambda_2 \cdot S_x \text{ 或 } X_0 = m_x - \lambda_3 \cdot S_x \tag{4-8}$$

式中:λ_2、λ_3——异常值判定系数,应按表 4-1 取值;当测点布置为网格状时取 λ_2;当单排布置测点时(如在声孔中检测)取 λ_3。

需要注意的是,若耦合条件无法保证测幅稳定,则波幅值不能作为统计法的判据。

统计数的个数 n 与对应的 λ_1、λ_2、λ_3 值   表 4-1

n	20	22	24	26	28	30	32	34	36	38
λ_1	1.65	1.69	1.73	1.77	1.80	1.83	1.86	1.89	1.92	1.94
λ_2	1.25	1.27	1.29	1.31	1.33	1.34	1.36	1.37	1.38	1.39
λ_3	1.05	1.07	1.09	1.11	1.12	1.14	1.16	1.17	1.18	1.19
n	40	42	44	46	48	50	52	54	56	58
λ_1	1.96	1.98	2.00	2.02	2.04	2.05	2.07	2.09	2.10	2.12
λ_2	1.41	1.42	1.43	1.44	1.45	1.46	1.47	1.48	1.49	1.49
λ_3	1.20	1.22	1.23	1.25	1.26	1.27	1.28	1.29	1.30	1.31
n	60	62	64	66	68	70	72	74	76	78
λ_1	2.13	2.14	2.15	2.17	2.18	2.19	2.20	2.21	2.22	2.23
λ_2	1.50	1.51	1.52	1.53	1.53	1.54	1.55	1.56	1.56	1.57
λ_3	1.31	1.32	1.33	1.34	1.35	1.36	1.36	1.37	1.38	1.39
n	80	82	84	86	88	90	92	94	96	98
λ_1	2.24	2.25	2.26	2.27	2.28	2.29	2.30	2.30	2.31	2.31
λ_2	1.58	1.58	1.59	1.60	1.61	1.62	1.62	1.62	1.63	1.63
λ_3	1.39	1.40	1.41	1.42	1.42	1.43	1.44	1.45	1.45	1.45
n	100	105	110	115	120	125	130	140	150	160
λ_1	2.32	2.35	2.36	2.38	2.40	2.41	2.43	2.45	2.48	2.50
λ_2	1.64	1.65	1.66	1.67	1.68	1.69	1.71	1.73	1.75	1.77
λ_3	1.46	1.47	1.48	1.49	1.51	1.53	1.54	1.56	1.58	1.59

③不密实区和空洞范围的判别

测区中某些测点的声速值、波幅值、频率值被判为异常值时,可结合异常测点的分布及波形状况确定混凝土内部存在不密实区和空洞的范围。当判定混凝土缺陷是空洞时,其尺寸可按以下平面斜测法进行估算。

如图 4-10 所示,设测距为 l,空洞中心(在另一对测试面上,声时最长的测点位置)距一个测试面的垂直距离为 l_h,声波在空洞附近无缺陷混凝土中传播的时间平均值为 m_{ta},绕空洞传播的时间(空洞处的最大声时)为 t_h,空洞半径为 r。

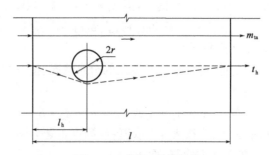

图 4-10 空洞尺寸估算原理

根据 l_h/l 值和 $(t_h - m_{ta})/m_{ta} \times 100\%$ 值,查得空洞半径 r 与测距 l 的比值,再计算空洞大致尺寸 r。

如被测部位只有一对可供测试的表面,只能按空洞位于测距中心考虑,空洞尺寸可用式(4-9)计算:

$$r = \frac{l}{2}\sqrt{\left(\frac{t_h}{m_{ta}}\right)^2 - 1} \tag{4-9}$$

式中:r——空洞半径,mm;
l——T、R 换能器之间的距离,mm;
t_h——缺陷处的最大声时值,μs;
m_{ta}——无缺陷区的平均声时值,μs。

4.3 回弹法检测混凝土强度

回弹法检测混凝土强度是混凝土无损检测技术的典型方式之一,自其应用于土木工程领域,已有半个多世纪的历史。1948 年瑞士人施米特(Schmidt)研究开发了第一个回弹仪,并在后继研究与应用中不断发展与完善。由于操作简单、使用方便、测试精准等独特优势,回弹仪检测混凝土强度的方法在混凝土无损检测领域应用十分普遍。

4.3.1 回弹法基本原理

回弹法是以回弹仪(图 4-11)的弹击拉簧驱动弹击锤,使其以一定的冲击动能撞击顶在混凝土表面的弹击杆后,测出弹击锤被反弹回来的距离,以回弹值(反弹距离与弹击拉簧初始长度的比值)作为强度相关指标来推算混凝土强度的一种方法。

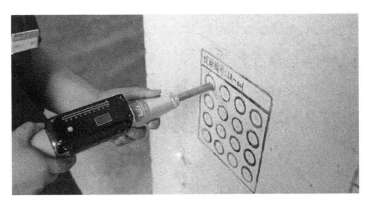

图 4-11 回弹法检测混凝土强度

回弹值的大小取决于与冲击能量相关的回弹能量,而回弹能量主要取决于被测混凝土的弹塑性性能。其能量的传递和变化概述如下:

设回弹仪的动能为 E,则有:

$$E = \sum A_i = A_1 + A_2 + A_3 + A_4 + A_5 + A_6 \tag{4-10}$$

式中：A_1——使混凝土产生塑性变形的功；

　　　A_2——使弹击杆及弹击锤产生弹性变形的功；

　　　A_3——弹击锤在冲击过程中和指针在移动过程中因摩擦损耗的功；

　　　A_4——弹击锤在冲击过程中和指针在移动过程中克服空气阻力的功；

　　　A_5——混凝土产生塑性变形时增加自由表面所损耗的功；

　　　A_6——仪器冲击时由于混凝土构件的颤动和弹击杆于混凝土表面移动损耗的功。

由于A_3、A_4、A_5、A_6一般很小，当混凝土构件具有足够的刚度且在冲击过程中仪器始终紧贴混凝土表面时，均可忽略不计。在一定的冲击能量作用下，A_2的弹性变形接近为常数。因此，回弹距离主要取决于混凝土的塑性变形。混凝土的强度越低，则塑性变形越大，消耗于产生塑性变形的功越大，弹击锤所获得的回弹功能越小，回弹距离相应越小，从而回弹值越小，反之则越大，即混凝土强度大小与回弹值大小在一定基础上呈正相关。

因此，只要测得混凝土结构的回弹值，就可由已建立的公式或曲线换算出构件混凝土的强度。

4.3.2 回弹法使用原则

回弹法检测混凝土强度的方法是对常规检验的一种补充。当对构件混凝土质量有所怀疑时，如对试件的检验结果有怀疑或供检验用的试件数量不足等情况下，可采用回弹法检测混凝土，并将检测结果作为处理混凝土质量问题的一个主要依据。除此之外，在施工阶段，如构件拆模、预应力张拉或吊装时，回弹法亦可作为评估混凝土强度的依据。

回弹法检测混凝土强度，是通过回弹仪测定混凝土表面硬度，进而推定其抗压强度的方法。因此，该方法使用的前提是被测结构或构件混凝土的内外质量基本一致。当混凝土表层与内部质量有明显差异，如遭受化学腐蚀或火灾、硬化期间遭受冻伤等表面或内部存在缺陷时，不允许采用回弹法检测混凝土的强度，否则检测结果误差可能偏大。因此，遇到混凝土结构表面受害时，应采用超声法或钻芯法等检测方式。如果条件不具备，必须对混凝土表面进行处理，达到内外质量一致后，才能进行回弹检测。

4.3.3 回弹法测强曲线

回弹法测定混凝土结构强度的基本依据，就是回弹值与混凝土抗压强度之间的相关性。这种相关性可以用基准曲线"f_{cu}-R"（或经验公式）的形式予以确定，通常称为测强曲线。

测强曲线是在试验的基础上制定的，即通过制作一定数量的，考虑不同原料、不同龄期、不同强度等因素的混凝土立方体试块，测定其回弹值、碳化深度及抗压强度等参数，然后进行回归分析，求得拟合程度最好、相关系数最大的回归方程，以此作为经验公式或画出基准曲线（即测强曲线）。测强曲线是回弹法检测混凝土强度的基础，在实际工程使用过程中，利用回弹值与碳化深度值等一系列相关检测数据，对照测强曲线，即可进行查询或计算混凝土强度的推定值。因此，提高回弹法检测精度通常从测强曲线的角度着手。

为了方便测试，提高回弹法测强的精度，充分考虑各地区的材料差异，目前我国常用的测强曲线可分为三类。三类曲线的技术条件和适用范围如表4-2所示。

回弹法测强曲线类型 表4-2

名称	统一曲线	地区曲线	专用曲线
定义	由全国有代表性的材料、成型与养护工艺配制的混凝土试块,通过大量破损与非破损试验所建立的曲线	由本地区有代表的材料、成型与养护工艺配制的混凝土试块,通过较多的破损与非破损试验所建立的曲线	由与构件混凝土相同的材料、成型与养护工艺配制的混凝土试块,通过一定数量的破损与非破损试验所建立的曲线
适用范围	适用于无地区曲线或专用曲线时检测符合规定条件的构件或结构混凝土强度	适用于无专用曲线时检测符合规定条件的构件或结构混凝土强度	适用于检测与该构件相同条件的混凝土强度
误差	$\delta \leq \pm 15\%$, $e_r \leq 18\%$	$\delta \leq \pm 14\%$, $e_r \leq 17\%$	$\delta \leq \pm 12\%$, $e_r \leq 14\%$

注:δ 表示测强曲线的平均相对误差,e_r 表示测强曲线的相对标准差。

测强曲线一般可用回归方程来表示。对于未碳化混凝土或在一定条件下成型养护的混凝土,可用式(4-11)所示的回归方程表示:

$$f_{cu}^c = f(R) \tag{4-11}$$

式中:f_{cu}^c——回弹法测区混凝土强度值;
R——混凝土的回弹值。

对于已经碳化的混凝土或龄期较长的混凝土,可用式(4-12)或式(4-13)的函数表示:

$$f_{cu}^c = f(R,d) \tag{4-12}$$
$$f_{cu}^c = f(R,d,t) \tag{4-13}$$

式中:d——混凝土的碳化深度;
t——混凝土的龄期。

对于已测得含水率的硬化混凝土,可用式(4-14)的函数表示:

$$f_{cu}^c = f(R,d,t,w) \tag{4-14}$$

式中:w——混凝土的含水率。

目前,我国混凝土强度回弹法推定应用最为广泛的是式(4-12),即采用回弹值和碳化深度两个指标来推定混凝土强度。

然而,对于泵送混凝土,其在原材料、配合比、搅拌、运输、浇注、振捣、养护等环节与传统非泵送混凝土都有很大的区别。为了适应混凝土技术发展,提高回弹法检测精度,现行《回弹法检测混凝土抗压强度技术规程》(JGJ/T 23)将泵送混凝土进行单独回归。将共取得的泵送混凝土试验数据9843个,按照最小二乘法的原理,通过回归而得到的幂函数曲线方程为:

$$f_{cu}^c = 0.034488 R^{1.9400} 10^{(-0.0173 d_m)} \tag{4-15}$$

式中:d_m——混凝土的平均碳化深度,mm。

4.3.4 检测流程

回弹法检测混凝土缺陷的流程有选取试样、布置测区、测量回弹值和测量碳化深度等。

检测结构或构件混凝土强度的方法一般可根据试样选取方式的不同分为两种。一是单个检测法,此法主要适用于单独的结构或构件的检测;二是批样检测法,主要适用于在相同的生产工艺条件下,混凝土强度等级相同,原材料、配合比、成型工艺、养护条件基本一致且龄期相近的一批同类构件。按批样检测时,应随机抽取试件,所选构件应具有一定的代表性,且保证抽检数量不得少于同批构件总数的30%且不少于10件,还要求测区数量不得少于100个。

当选择好检测试件并了解被测混凝土构件的情况后,就需要在构件上选择及布置测区。测区是指每一试样的测试区域,每一个测区的测试结果代表了与试样同条件混凝土的一组试块的强度。根据现行行业标准《回弹法检测混凝土抗压强度技术规程》(JGJ/T 23)规定,单个构件的测区选择与布置应符合以下规定:

对于一般构件,其测区数不少于10个;当受检构件数量大于30个且不需要提供单个构件推定强度或受检构件的某一方向的尺寸不大于4.5m且另一方向尺寸不大于3m时,其测区数量可适当减少,但不应少于5个;测区的大小以能容纳16个回弹测点为宜,一般控制在$0.04m^2$;测区宜均匀布置在构件或结构的检测面上,相邻测区间距不宜过大,一般控制在2m以内,测区离构件端部或施工缝边缘的距离不宜大于0.5m,且不宜小于0.2m;测区宜选在能使回弹仪处于水平方向的混凝土浇筑侧面,当不能满足这一要求时,可选在使回弹仪处于非水平方向的混凝土浇筑表面或底面;测区宜选在构件的两个对称的可测面上,当不能布置在对称的可测面上时,也可布置在一个可测面上,且均匀分布。在构件的受力部位及薄弱部位必须布置测区,并应避开预埋件;测区表面应为混凝土原浆面,并应清洁、平整、干燥,不应有疏松层、浮浆、油垢、涂层以及蜂窝麻面等情况,必要时可采用砂轮清除表面杂物和不平整处。

按上述方法选取试样和布置测区后,便可进行回弹值的测量。一般来说,每一测区应读取16个回弹值。测试时,回弹仪的轴线应始终垂直于混凝土检测面,并保证测点不在气孔和外露石子上,否则该数不能计入每一测区的16个点中。每一测区的两个测面用回弹仪各弹击8个点,如一个测区只有一个测面,则需要测16个点。同一测点只允许弹击一次,测点宜在测区范围内均匀布置,相邻两测点的净距离不宜小于20mm,测点距外露钢筋、预埋件的距离不宜小于30mm。

回弹值测量完毕后,即可测量构件的碳化深度。一般应在有代表性的测区上测量碳化深度,测点数不应小于构件测区数的30%,并取其平均值作为该构件每测区的碳化深度值。其操作步骤是:用冲击钻在测区表面钻成直径约为15mm的孔洞(其深度应大于混凝土的碳化深度),清除孔洞中的粉末和碎屑(注意不能用水擦洗),用1%~2%的酚酞酒精溶液滴在孔洞内壁的边缘处,一般碳化部分的混凝土不变色,而未碳化部分的混凝土会变成紫红色。当已碳化与未碳化界限清楚时,应采用碳化深度测量仪测量已碳化和未碳化混凝土交界面到混凝土表面的垂直距离,测量3次(每次读数应精确至0.25mm),取3次测量的平均值作为该测区的碳化深度值并精确至0.5mm。

4.3.5 数据处理

1)回弹值的计算

计算测区平均回弹值时,应从该测区的16个回弹值中剔除3个最大值和3个最小值,然后将余下的10个回弹值按式(4-16)计算,求得该测区的平均回弹值。

$$R_m = \frac{1}{10}\sum_{i=1}^{10} R_i \tag{4-16}$$

式中:R_m——测区平均回弹值,精确至0.1;

R_i——第i个测点的回弹值。

由于回弹法测强曲线是根据回弹仪水平方向测试混凝土试件侧面的试验数据计算出的,

当回弹仪于非水平方向检测混凝土浇筑侧面时,应按下列公式修正:

$$R_{\mathrm{m}} = R_{\mathrm{m}\alpha} + R_{\mathrm{a}\alpha} \tag{4-17}$$

式中:$R_{\mathrm{m}\alpha}$——非水平方向检测时测区的平均回弹值,精确至 0.1;

$R_{\mathrm{a}\alpha}$——非水平方向检测时回弹值的修正值。

当回弹仪于水平方向检测混凝土浇筑表面或浇筑底面时,测区的平均回弹值应按下列公式修正:

$$R_{\mathrm{m}} = R_{\mathrm{m}}^{\mathrm{t}} + R_{\mathrm{a}}^{\mathrm{t}} \tag{4-18}$$

$$R_{\mathrm{m}} = R_{\mathrm{m}}^{\mathrm{b}} + R_{\mathrm{a}}^{\mathrm{b}} \tag{4-19}$$

式中:$R_{\mathrm{m}}^{\mathrm{t}}, R_{\mathrm{m}}^{\mathrm{b}}$——水平方向检测混凝土浇筑表面、底面时,测区的平均回弹值;

$R_{\mathrm{a}}^{\mathrm{t}}, R_{\mathrm{a}}^{\mathrm{b}}$——混凝土浇筑表面、底面回弹值的修正值。

回弹法检测混凝土强度时,当回弹仪为非水平方向且测试面为混凝土的非浇筑侧面时,应先对回弹值进行角度修正,然后再对修正后的回弹值进行浇筑面修正。

2)混凝土强度的推算

测区混凝土强度换算是指将测得的回弹值和碳化深度值换算成被测构件测区的混凝土抗压强度值。根据每个测区的平均回弹值(R_{m})以及平均碳化深度值(d_{m}),查阅由专用曲线、地区曲线或统一曲线编制的测区混凝土强度换算表,得出结构或构件第 i 个测区混凝土强度换算值 $f_{\mathrm{cu},i}^{\mathrm{c}}$。

一般来说,结构或构件混凝土的强度平均值应根据各测区的混凝土强度换算值计算。除此之外,当测区数不少于 10 个时,还应计算强度标准差。测区混凝土的轻度平均值和强度标准差可按下列公式计算:

$$m_{f_{\mathrm{cu}}^{\mathrm{c}}} = \frac{\sum_{i=1}^{n} f_{\mathrm{cu},i}^{\mathrm{c}}}{n} \tag{4-20}$$

$$S_{f_{\mathrm{cu}}^{\mathrm{c}}} = \sqrt{\frac{\sum_{i=1}^{n} (f_{\mathrm{cu},i}^{\mathrm{c}})^2 - n \, (m_{f_{\mathrm{cu}}^{\mathrm{c}}})^2}{n-1}} \tag{4-21}$$

式中:$m_{f_{\mathrm{cu}}^{\mathrm{c}}}$——各测区强度换算值的平均值,MPa,精确至 0.1MPa;

n——测区数;对于单个检测的构件,取该构件的测区数;对于批量检测的构件,取被抽检构件的测区数之和;

$S_{f_{\mathrm{cu}}^{\mathrm{c}}}$——各测区强度换算值的标准差,MPa,精确至 0.01MPa;

$f_{\mathrm{cu},i}^{\mathrm{c}}$——构件第 i 个测区强度换算值,MPa。

构件的混凝土强度推定值($f_{\mathrm{cu,e}}$)是指相应于强度换算值总体分布中保证率不低于 95% 的结构或构件混凝土的抗压强度值,其值可根据下列公式进行计算。

(1)单个检测法测量混凝土强度

①当构件测区数小于 10 个时,以测区混凝土强度换算值的最小值作为构件混凝土的强度推定值,即:

$$f_{\mathrm{cu,e}} = f_{\mathrm{cu,min}}^{\mathrm{c}} \tag{4-22}$$

式中:$f_{\mathrm{cu,e}}$——构件的混凝土强度推定值,MPa,精确至 0.1MPa;

$f^c_{cu,min}$——构件中最小的测区混凝土强度换算值,MPa。

②当构件测区中混凝土强度出现小于 10.0MPa 时,应按下式确定:

$$f_{cu,e} < 10.0\text{MPa} \tag{4-23}$$

③当构件测区数不小于 10 个时,应按下列公式计算:

$$f_{cu,e} = m_{f^c_{cu}} - 1.645 S_{f^c_{cu}} \tag{4-24}$$

(2)抽样检测法测量混凝土强度

当批量检测时,应按下列公式计算:

$$f_{cu,e} = m_{f^c_{cu}} - k S_{f^c_{cu}} \tag{4-25}$$

式中:k——推定系数,宜取 1.645。

特殊的,对于按批量检测的构件,当该批构件混凝土强度标准差出现下列情况之一时,则该批构件应全部按单个构件检测。

①当该批构件混凝土强度平均值小于 25MPa,$S_{f^c_{cu}}$ 大于 4.5MPa 时;

②当该批构件混凝土强度平均值不小于 25MPa 且不大于 60MPa,$S_{f^c_{cu}}$ 大于 5.5MPa 时。

4.4 超声回弹综合法检测混凝土强度

超声回弹综合法是一种广泛应用于我国混凝土结构强度检测的非破坏性检测技术。这种方法先通过使用超声仪和回弹仪,在混凝土构件的同一测区内分别测量超声波的传播速度和混凝土表面的回弹值,然后结合这两个测量值,依据预先建立的测强公式,推算出该测区混凝土的强度。

4.4.1 超声回弹综合法的特点

超声回弹综合法是一种综合了超声法和回弹法的非破坏性检测技术。与传统的单一超声检测或回弹检测方法相比,超声回弹综合法具有以下显著优势:

(1)可减少混凝土龄期和含水率的影响。混凝土的龄期和含水率对超声波波速和回弹值的影响有着本质的不同:混凝土的含水率越大,超声声速偏高而回弹值偏低;混凝土龄期长,超声声速的增长率下降,而回弹值则因混凝土碳化程度增大而提高。因此,用将两者结合起来的超声回弹综合法测定混凝土的强度可以部分减少混凝土龄期和含水率的影响。

(2)互相弥补。一般来说,一个物理参数只能从一个方面、在一定范围内反映混凝土的力学性能,超过一定范围,它可能不很敏感或不起作用。如回弹值 R 主要是以表层混凝土的弹性性能来反映混凝土强度,当构件截面尺寸较大或内外质量有较大差异时,就很难反映混凝土的实际强度;又如超声声速主要反映材料的弹性性质,由于超声波穿过材料,也反映材料内部的信息,但对于强度较高的混凝土(一般认为大于 35MPa),其"声速-抗压强度"的相关性则较差。因此,利用超声回弹综合法测定混凝土的强度,既可以内外结合,又能在较高或较低的强度区间互相弥补各自的不足,能够较准确地反映混凝土强度。

(3)提高测试精度。超声回弹综合法能够减少一些因素的影响程度,较全面地反映整体混凝土的质量,故对提高无损检测混凝土强度的精度,具有明显的效果。

4.4.2 测区回弹值及声速值的测量原则

检测构件时,测区布置应符合以下规定:当按单个构件检测时,应在构件上均匀布置测区,每个构件上的测区数不应少于 10 个;对于同批构件按批抽样检测,构件抽样数应不少于同批构件的 30%,且不少于 10 件,每个构件测区数不应少于 10 个;对于长度小于或等于 2m 的构件,其测区数可适当减少,但不应少于 3 个。

当按批抽样检测时,符合下列条件的构件才可作为同批构件:混凝土强度等级相同;混凝土原材料、配合比、成型工艺、养护条件及龄期基本相同;构件种类相同;在施工阶段所处状态相同。

每一构件的测区,应满足下列要求:测区布置在构件混凝土浇筑方向的侧面;测区均匀分布,相邻两测区的间距不宜大于 2m;测区避开钢筋密集区和预埋件;测区尺寸为 200mm × 200mm;测试面应清洁、平整、干燥,不应有接缝、饰面层、浮浆和油垢,并避开蜂窝、麻面部位,必要时可用砂轮片清除杂物和磨平不平整处,并擦净残留粉尘。

超声回弹综合法检测构件强度时,每一测区宜先进行回弹测试,再进行超声测试。对于非同一测区内的回弹值及超声声速值,在计算混凝土强度换算值时不得混用。

4.4.3 回弹值计算

超声回弹综合法中回弹值的测试和计算与本章 4.3 节回弹法检测混凝土强度相同,这里不再重复介绍。

4.4.4 超声声速值的测量与计算

1)超声声速测量的注意事项

超声声速测点应布置在回弹测试的同一测区内。测量超声声速值前,需检测换能器与混凝土耦合状况是否良好,测试的声时值应精确至 0.1μs,声速值应精确至 0.01km/s。超声测距的误差应不大于 ±1%。在每个测区内的相对测试面上,应各布置 3 个测点,且发射和接收换能器的轴线应在同一轴线上,如图 4-12 所示。

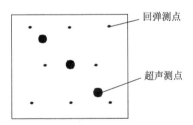

图 4-12 超声与回弹测点布置

2)声速值的计算

测区声速值应按下列公式计算:

$$v = \frac{l}{t_m} \tag{4-26}$$

$$t_m = \frac{t_1 + t_2 + t_3}{3} \tag{4-27}$$

式中:v——测区声速值,km/s;

l——超声测距,mm;

t_m——测区平均声时值,μs;

t_1, t_2, t_3——测区中 3 个测点的声时值,μs。

特殊的,当在混凝土浇筑的顶面与底面测试时,测区声速值应按下列公式修正:

$$v_a = \beta v \tag{4-28}$$

式中:v_a——修正后的测区混凝土中声速代表值,km/s;

β——超声测试面的声速修正系数;当在混凝土浇筑面的顶面及底面测试时,$\beta = 1.034$;在混凝土侧面测试时,$\beta = 1$。

4.4.5 混凝土强度推定

超声回弹综合法检测混凝土强度时,构件第 i 个测区的混凝土强度换算值 $f^c_{cu,i}$,应根据修正后的测区回弹值 R_{ai} 及修正后的测区声速值 v_{ai},优先采用专用测强曲线或地区测强曲线推定。当无专用和地区测强曲线,可按规范查阅混凝土强度或按下列全国统一测区混凝土抗压强度换算公式计算:

当集料为卵石时:

$$f^c_{cu,i} = 0.0056 v_{ai}^{1.439} R_{ai}^{1.769} \tag{4-29}$$

当集料为碎石时:

$$f^c_{cu,i} = 0.0162 v_{ai}^{1.656} R_{ai}^{1.410} \tag{4-30}$$

式中:$f^c_{cu,i}$——第 i 个测区混凝土抗压强度换算值,MPa,精确至 0.1MPa。

当结构或构件所采用的材料及其龄期与制定测强曲线所采用的材料及其龄期有较大差异时,应采用同条件立方体试件或从结构或构件测区中钻取的混凝土芯样试件的抗压强度进行修正,且试件数量不应少于 4 个。此时,测区混凝土强度换算值应乘以修正系数。修正系数 η 可按下列公式计算。

采用同条件立方体试件修正时:

$$\eta = \frac{1}{n} \sum_{i=1}^{n} \frac{f^0_{cu,i}}{f^c_{cu,i}} \tag{4-31}$$

采用混凝土芯样试件修正时:

$$\eta = \frac{1}{n} \sum_{i=1}^{n} \frac{f^c_{cor,i}}{f^c_{cu,i}} \tag{4-32}$$

式中:η——修正系数,精确至小数点后两位;

$f^c_{cu,i}$——对应于第 i 个立方体试件或芯样试件的混凝土抗压强度换算值,MPa,精确至 0.1MPa;

$f^0_{cu,i}$——第 i 个混凝土立方体(边长 150mm)试件的抗压强度实测值,MPa,精确至 0.1MPa;

$f^c_{cor,i}$——第 i 个混凝土芯样(ϕ100mm × 100mm)试件的抗压强度实测值,MPa,精确至 0.1MPa;

n——试件数。

4.5 钻芯法检测混凝土强度

混凝土强度的检测方法可分为非破损法和半破损法。前面述及的超声法、回弹法、超声回弹综合检测法等都属于非破损检测方法,钻芯法、拔出法、射击法则是典型的半破损检测方法。半破损检测方法是以局部破坏性试验获得结构混凝土的实际抵抗破坏的能力,因此较为直观可靠。其中,钻芯法(图4-13)由于具有不受混凝土龄期限制、测试结果误差范围小、直观、能真实地反映混凝土强度等诸多优点,已在实际工程中得到广泛应用。

图4-13 钻芯取样

4.5.1 钻芯法特点

钻芯法是利用专用钻机从结构混凝土中钻取芯样以检测混凝土强度或观察混凝土内部质量的方法。钻芯法可直观检测裂缝、接缝、分层、孔洞或离析等缺陷,且采用此法检测混凝土的强度较非破损法精度更高,因此广泛适用于工业与民用建筑、大坝、桥梁、公路、机场跑道等混凝土结构的质量检测。但是,钻芯法必须对混凝土结构进行钻孔取芯,对构件的损害较大,检测成本较高,因此只有在下列情况下才能进行钻芯取样测量混凝土强度:

(1)对立方体试块的抗压强度产生怀疑。可能是试块强度很高,而结构混凝土的外观质量很差;或是试块强度较低,而结构外观质量较好,或者是因为试块的形状、尺寸、养护等不符合要求,从而影响试验结果的准确性。

(2)结构中混凝土因水泥、砂石等质量较差,或因施工、养护不良发生质量问题。

(3)结构检测部位的表层和内部质量有明显差异,或者在使用期间遭受化学腐蚀、火灾,硬化期间遭受冻害的混凝土,均可采用钻芯法检测强度。

(4)使用多年的桥梁、建筑物中的混凝土结构,如需加固改造或因工艺流程的改变,荷载发生变化,需要了解某些部位的混凝土强度。

(5)对施工有特殊要求的结构和构件。

另外,钻芯会对混凝土结构造成局部损伤,这对于钻芯位置的选择及钻芯数量等均有一定限制,而且它所代表的区域是有限的;钻芯机及芯样加工配套机具与非破损测试仪器相比较为笨重,移动不够方便,测试成本也较高;钻芯后的孔洞需要修补,尤其当钻断钢筋时,更增加了修补工作的困难;混凝土的龄期过短或强度没有达到 10MPa 时,在钻取过程中容易破坏砂浆和粗集料之间的黏结力,钻出的芯样表面较粗糙,甚至很难取出完整芯样,无法保证检测结果的准确性。

4.5.2 芯样钻取与加工

1)钻芯位置的选择

钻芯时会对结构混凝土造成局部损伤,因此钻芯位置的选择显得尤为重要。在实际操作中,钻芯位置的选择应贯彻如下原则:为减少对结构的损害,钻芯位置应尽量选在构件受力较小的部位;在一个混凝土构件中,由于多种因素的影响,混凝土各部分强度并不是均匀一致的,因此应选择混凝土强度质量具有代表性的部位;在构件上钻取多个芯样时芯样宜取自不同部位;此外,还应选择便于钻芯机安装与操作的部位。在钻芯过程中,应设法避开主筋、预埋件和管线的位置,以免损坏钻头或给钻孔修复工作带来困难。若采用超声、回弹或综合法等非破损方法与钻芯法共同检测结构中混凝土的强度时,取芯位置应选在具有代表性的非破损测区内,这样才能建立非破损测试强度与芯样抗压强度之间的良好对应关系。

2)芯样尺寸的确定

一般根据检测目的选取合适尺寸的钻头,从而确定芯样的尺寸。当钻取的芯样是为了进行抗压试验时,则芯样的直径为混凝土粗集料粒径的 3 倍;在混凝土内钢筋过密或因取芯位置不允许钻取较大芯样的特殊情况下,芯样直径可为粗集料直径的 2 倍。为了减少结构构件的损伤程度,确保结构的安全,在粗集料最大粒径范围限制内,应尽量选取小直径钻头。若取芯是为了检测混凝土内部缺陷或受冻害、腐蚀的深度时,则钻头直径的选取可不受粗集料最大粒径的限制。

3)钻芯数量的确定

取芯的数量一般根据检测的目的而定。若按单个构件进行强度检测时,每个构件上的取芯数量一般不少于 3 个,取芯位置应尽量分散以减少对构件强度的影响。当单个构件的体积或截面较小,取芯过多会影响结构承载力时,钻芯数量可取 2 个。

对于检验批的混凝土,其芯样试件的数量应根据检验批的容量确定。标准芯样试件的最小样本量不宜少于 15 个,小直径芯样试件的最小样本量应适当增加。

4)芯样的加工

锯切后的芯样试件需进行编号。为减少混凝土强度检测的偏差,应保证芯样试件的端面平整度以及端面和轴线的垂直度,宜采用数控全自动切割磨平一体机进行芯样加工。

抗压芯样试件的端面处理,可采取在磨平机磨平端面的处理方法,也可采用硫黄胶泥或环氧胶泥补平的方法,补平层厚度不宜大于 2mm。抗压强度低于 30MPa 的芯样试件,不宜采用磨平端面的处理方法;抗压强度高于 60MPa 的芯样试件,不宜采用硫黄胶泥或环氧胶泥补平的处理方法。劈裂抗拉芯样试件和抗折芯样试件的端面处理,宜采取在磨平机上磨平端面的处理方法。

所得芯样试件应检测平均直径、高度、垂直度和平整度等几何尺寸,只有在这些尺寸符合规范要求时方能进行抗压试验。当芯样试件尺寸偏差及外观质量超过下列数值时,相应的测试数据无效。

芯样试件的实际高径比 H/d 小于要求高径比的 0.95 或大于 1.05[抗压芯样试件的高径比(H/d)宜为 1;劈裂抗拉芯样试件的高径比(H/d)宜为 2,且任何情况下不应小于 1;抗折芯样试件的高径比(H/d)宜为 3.5];沿芯样试件高度的任一直径与平均直径相差大于 2mm;抗压芯样试件端面的不平整度在 100mm 长度内大于 0.1mm;芯样试件端面与轴线的不垂直度大于 1°;芯样有裂缝或有其他较大缺陷。

典型芯样加工设备及试验芯样如图 4-14 所示。

a) 芯样加工设备

b) 试验芯样

图 4-14 芯样加工设备及试验芯样

此外,抗压芯样试件内不宜含有钢筋,也可有一根直径不大于 10mm 的钢筋,且钢筋应与芯样试件的轴线垂直并离开端面 10mm 以上;劈裂抗拉芯样试件在劈裂破坏面内不应含有钢筋;抗折芯样试件内不应有纵向钢筋。

4.5.3 抗压强度计算与混凝土强度推算

由于芯样的含水率对抗压强度有一定影响,结合国外的经验,我国规范《钻芯法检测混凝土强度技术规程》(JGJ/T 384—2016)规定,芯样试件应在自然干燥状态下进行抗压试验。当结构工作条件比较潮湿,需要确定潮湿状态下混凝土的强度时,芯样试件宜在 20℃ ±5℃的清水中浸泡 40 ~48h,从水中取出后立即进行试验。一般建筑物的梁、板、柱是在干燥状态下工作的,地基基础、桩等是在潮湿状态下工作的。

芯样试件的抗压强度等于试件破坏时的最大压力除以截面积,截面积用平均直径进行计算。试验研究表明,高径比 H/d 为 1∶1 时,公称直径为 70 ~75mm 芯样试件的抗压强度与标准芯样试件(边长为 150mm 的立方体试块)的抗压强度基本相当。

因此,芯样试件的混凝土抗压强度可按下式计算:

$$F_{\text{cu,cor}} = \frac{F_c}{A} \tag{4-33}$$

式中:$F_{\text{cu,cor}}$——芯样试件的混凝土抗压强度,MPa;

F_c——芯样试件的抗压强度试验测得的最大压力,N;

A——芯样试件抗压截面面积，mm^2。

在外力作用下，结构中混凝土的破坏一般都是首先出现在最薄弱的区域。为了结构安全，对于单个构件或单个构件的局部区域，应按有效芯样试件混凝土抗压强度值中的最小值确定该构件的强度代表值。

钻芯法确定检测批的混凝土强度推定值时，应按以下方法进行。

检测批的混凝土强度推定值应计算推定区间，推定区间上限值和下限值按下列公式计算：

上限值：

$$f_{cu,e1} = f_{cu,cor,m} - k_1 S_{cor} \quad (4\text{-}34)$$

下限值：

$$f_{cu,e2} = f_{cu,cor,m} - k_2 S_{cor} \quad (4\text{-}35)$$

平均值：

$$f_{cu,cor,m} = \frac{\sum_{i=1}^{n} f_{cu,cor,i}}{n} \quad (4\text{-}36)$$

标准差：

$$S_{cor} = \sqrt{\frac{\sum_{i=1}^{n} \left(f_{cu,cor,i} - f_{cu,cor,m}\right)^2}{n-1}} \quad (4\text{-}37)$$

式中：$f_{cu,cor,m}$——芯样试件的混凝土抗压强度平均值，MPa，精确至 0.1MPa；

$f_{cu,cor,i}$——单个芯样试件的混凝土抗压强度值，MPa，精确至 0.1MPa；

$f_{cu,e1}$——混凝土抗压强度上限值，MPa，精确至 0.1MPa；

$f_{cu,e2}$——混凝土抗压强度下限值，MPa，精确至 0.1MPa；

k_1, k_2——推定区间上限值系数和下限值系数；

S_{cor}——芯样试件强度样本的标准差，MPa，精确至 0.1MPa。

$f_{cu,e1}$ 和 $f_{cu,e2}$ 所构成推定区间的置信度宜为 0.85，$f_{cu,e1}$ 和 $f_{cu,e2}$ 之间的差值不宜大于 5.0MPa 和 $0.10 f_{cu,cor,m}$ 两者的较大值。一般宜以 $f_{cu,e1}$ 作为检验批混凝土强度的推定值。

值得注意的是，钻芯法确定检测批混凝土抗压强度推定值时，可剔除芯样试件抗压强度样本中的异常值。剔除规则应按现行国家标准《数据的统计处理和解释 正态样本离群值的判断和处理》(GB/T 4883)规定执行。当确有试验依据时，可对芯样试件抗压强度样本的标准差 S_{cor} 进行符合实际情况的修正或调整。

4.5.4 钻芯修正法

对间接测强方法进行钻芯修正时，主要有修正系数和修正量两种方法，实践应用中宜采用修正量的方法。当采用修正量的方法时，芯样试件的数量和取芯位置应符合：直径 100mm 芯样试件的数量不应少于 6 个，小直径芯样试件的数量不应少于 9 个；检测法为无损检测方法时，钻芯位置应与无损检测方法相应的测区重合；当采用的间接检测方法对结构构件有损伤时，钻芯位置应布置在相应测区的附近。

钻芯修正可按式(4-38)计算，修正量 Δf 可按式(4-39)计算。

$$f_{cu,t0}^c = f_{cu,t}^c + \Delta f \quad (4\text{-}38)$$

$$\Delta f = f_{cu,cor,m} - f^{c}_{cu,mj} \tag{4-39}$$

式中：Δf——修正量，MPa，精确至 0.1MPa；

$f^{c}_{cu,t0}$——修正后的换算强度，MPa，精确至 0.1MPa；

$f^{c}_{cu,t}$——修正前的换算强度，MPa，精确至 0.1MPa；

$f_{cu,cor,m}$——芯样试件抗压强度平均值，MPa，精确至 0.1MPa；

$f^{c}_{cu,mj}$——所用间接检测方法对应芯样测区的换算强度的算术平均值，MPa，精确至 0.1MPa。

4.5.5 劈裂抗拉强度检测

钻芯法也可用于确定检测批或单个构件的混凝土劈裂抗拉强度推定值。劈裂抗拉芯样试件宜使用直径为 100mm 的芯样，且其直径不宜小于集料最大粒径的 3 倍。

芯样试件试验和劈裂抗拉强度值按式(4-40)计算，加载设备如图 4-15 所示。

$$f_{t,cor} = 0.637 \beta_t F_t / A_t \tag{4-40}$$

式中：$f_{t,cor}$——芯样试件劈裂抗拉强度值，MPa，精确至 0.01MPa；

F_t——芯样试件劈裂抗拉试验的破坏荷载，N；

A_t——芯样试件劈裂面面积，mm²；

β_t——芯样试件强度换算系数，取 0.95。

当有可靠试验依据时，芯样试件强度换算系数 β_t 也可根据混凝土原材料和施工工艺情况通过试验确定。

钻芯法确定检测批的混凝土劈裂抗拉强度推定值时，取样数量应据检测批的容量确定，但芯样试件的最小样本量不应小于 10 个。

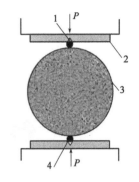

图 4-15 芯样劈裂抗拉强度测试
1,4-劈裂加载夹具；2-加载设备；3-芯样

检测批混凝土劈裂抗拉强度的推定值应按下列方法确定。

(1) 检测批的混凝土劈裂抗拉强度推定值应计算推定区间，推定区间的上限值和下限值应按式(4-41)和式(4-42)计算：

$$f_{t,e1} = f_{t,cor,m} - k_1 s_t \tag{4-41}$$

$$f_{t,e2} = f_{t,cor,m} - k_2 s_t \tag{4-42}$$

$$f_{t,cor,m} = \frac{1}{n} \sum_{i=1}^{n} f_{t,cor,i} \tag{4-43}$$

$$s_t = \sqrt{\frac{\sum_{i=1}^{n}(f_{t,cor,i} - f_{t,cor,m})^2}{n-1}} \tag{4-44}$$

式中：$f_{t,cor,m}$——芯样试件劈裂抗拉强度平均值，MPa，精确至 0.01MPa；

$f_{t,cor,i}$——单个芯样试件劈裂抗拉强度值，MPa，精确至 0.01MPa；

$f_{t,e1}$——混凝土劈裂抗拉强度推定上限值，MPa，精确至 0.01MPa；

$f_{t,e2}$——混凝土劈裂抗拉强度推定下限值，MPa，精确至 0.01MPa；

k_1, k_2——推定区间上限值系数和下限值系数；

s_t——芯样试件劈裂抗拉强度样本的标准差，MPa，精确至 0.01MPa。

(2) $f_{t,e1}$ 和 $f_{t,e2}$ 所构成推定区间的置信度宜为 0.90；当采用小直径芯样试件时，推定区间的置信度可为 0.85。当 $f_{t,e1}$ 与 $f_{t,e2}$ 之间的差值不大于 $0.15f_{t,cor,m}$ 时，宜以 $f_{t,e1}$ 作为检测批混凝土劈裂抗拉强度的推定值。

钻芯法确定单个构件的混凝土劈裂抗拉强度推定值时，芯样试件的数量不应少于 3 个。单个构件的混凝土劈裂抗拉强度推定值不再进行数据的舍弃，而应按芯样试件混凝土劈裂抗拉强度值中的最小值确定。

钻芯法确定构件混凝土劈裂抗拉强度代表值时，芯样试件的数量宜为 3 个，应取芯样试件劈裂抗拉强度值的算术平均值作为构件混凝土劈裂抗拉强度代表值。

4.5.6 抗折强度检测

钻芯法可用于确定构件的混凝土抗折强度推定值。

抗折芯样试件宜使用直径为 100mm、长度为 400mm 的芯样，且其直径不宜小于集料最大粒径的 3 倍。

芯样试件应在自然干燥状态下进行抗折试验。当结构工作条件比较潮湿，需要确定潮湿状态下混凝土的抗折强度时，芯样试件宜在 20℃ ±5℃ 的清水中浸泡 40～48h，从水中取出后应去除表面水渍，并立即进行试验。

钻芯法确定单个构件混凝土抗折强度推定值时，芯样试件的数量不应少于 3 个。单个构件的混凝土抗折强度推定值不再进行数据的舍弃，而应按芯样试件混凝土抗折强度值中的最小值确定。

钻芯法确定构件混凝土抗折强度代表值时，芯样试件的数量宜为 3 个，应取芯样试件抗折强度值的算术平均值作为构件混凝土抗折强度代表值。

4.6 钢筋锈蚀检测

混凝土桥梁结构中钢筋锈蚀是影响结构耐久性的一个重要因素，也是桥梁安全鉴定过程中必不可少的环节。钢筋锈蚀对钢筋混凝土结构性能的影响显著，主要体现在以下几点：①钢筋锈蚀直接使钢筋有效截面积减小，从而使钢筋的承载力下降；②钢筋锈蚀后体积比锈蚀前的体积大 2～3 倍，混凝土会顺筋开裂，使结构物耐久性降低；③钢筋锈蚀使钢筋与混凝土之间的黏结力下降，降低结构整体性；④钢筋锈蚀导致内部产生应力集中，造成疲劳破坏。钢筋锈蚀对结构的承载力和耐久性都会造成严重影响，因此桥梁结构检测过程中对钢筋锈蚀情况的准确检测十分重要。

4.6.1 钢筋锈蚀原因

一般来说，钢筋锈蚀的主要原因有两大类：一是盐害；二是混凝土的中性化。

盐害是指当混凝土中钢筋表面的氯离子超过一定浓度时，钢筋表面的保护性钝化膜开始破坏，接着钢筋开始腐蚀膨胀造成混凝土的龟裂或崩落。

所谓混凝土的中性化，即混凝土的碳化。混凝土中的水泥水化物呈强碱性，当混凝土包裹在钢筋表面时，将在钢筋表面形成一层具有保护作用的"钝化膜"，保护钢筋免受侵蚀，即通常所说的混凝土对钢筋的"碱性保护"。随着时间的流逝,空气中的二氧化碳和水分子与混凝土的碱性成分缓慢发生化学反应,致使混凝土逐渐失去碱性成分,作为保护层的混凝土由外到内逐渐碳化。一旦碳化深度达到或超过保护层厚度,钢筋表面的"钝化膜"就会被破坏,混凝土就将失去对钢筋的保护作用,这时外界水分和腐蚀性物质通过混凝土毛细孔侵入钢筋表面,钢筋就将开始锈蚀。

4.6.2 钢筋锈蚀的直接检测方法

钢筋锈蚀的直接检测法是指人工去除混凝土保护层后露出锈蚀的钢筋,观察钢筋的锈蚀情况,再测定钢筋因锈蚀造成的横截面积损失率和质量损失率的方法。测定横截面积损失率的方法称为失重法,测定质量损失率的方法称为截面法。

试验前称重(用酸清洗并用纱布打磨钢筋至光亮并将其放在干燥器里烘干后称量)并计算钢筋的表面积,将试验钢筋放在模拟混凝土孔隙液中一定时间后,取出钢筋测量锈积率和失重率。

锈积率的标定方法为:用玻璃纸绘出钢筋表面的锈蚀面积,然后将其复印在方格纸上,计算锈蚀面积。计算公式为:

$$P = \frac{S_n}{S_0} \times 100\% \tag{4-45}$$

式中:P——钢筋的锈积率,%;

S_n——钢筋的锈蚀面积,mm^2;

S_0——钢筋的表面积,mm^2。

失重率的标定方法为:将钢筋通过酸洗把锈蚀产物洗掉,并用两根光亮钢筋作为空白对照试验,在干燥器中烘干、称重,然后计算钢筋的失重率,计算公式如下:

$$M = \frac{W_0 - W - \frac{(W_{01} - W_1) + (W_{02} - W_2)}{2}}{W_0} \times 100\% \tag{4-46}$$

式中:M——钢筋失重率,%;

W_{01}, W_{02}——空白试验用的两根钢筋的初始质量,g;

W_1, W_2——空白试验用的两根钢筋经过酸洗后的质量,g;

W_0——试验钢筋的初始质量,g;

W——试验后钢筋的质量,g。

失重法和截面法简单、直观、容易操作,是一种测量钢筋腐蚀的基本方法,但是只适用于全面腐蚀,对于局部腐蚀不适用。而且,这种测量方法受环境、样品制备以及操作过程等影响很大,在计算锈蚀面积和失重质量时,由于锈蚀点的深度不同,结果存在较大误差;测量试验数据时还需要对构件进行破坏,对既有结构的损伤大,不适用于大面积、快速检测。

4.6.3 钢筋锈蚀的无损检测方法

由于直接检测方法会对结构造成不可修复的损伤,越来越多的无损检测方法被运用于桥梁钢筋锈蚀检测之中。钢筋锈蚀的无损检测方法主要有综合分析法、物理法和电化学法。综合分析法是根据现场实测钢筋的直径、保护层厚度、混凝土强度、碳化深度、氯离子含量等数据,综合考虑构件所处环境来推定钢筋的锈蚀情况;物理法是通过测量电阻、电磁、热传导、声传播等物理特性的变化分析钢筋的锈蚀情况;电化学法是通过测定钢筋混凝土腐蚀体系的电化学特性来确定混凝土中钢筋锈蚀程度或速度,是反映钢筋锈蚀本质的检测技术。

1)综合分析法

当混凝土材料暴露于空气中,尤其是工业污染的环境下,空气中的二氧化碳或二氧化硫等酸性气体会渗透到混凝土中,与混凝土中的碱性物质发生反应产生碳酸钙和水使混凝土的 pH 值降低。这一过程使混凝土由强碱性向弱酸性发展,由外到内逐渐碳化,这不利于钢筋的正常工作。因此,对于长期处于潮湿环境的桥梁结构,通过检测其混凝土的碳化深度,并结合钢筋的混凝土保护层厚度状况,可以评判混凝土碳化对钢筋锈蚀的影响,并准确把握受力钢筋的锈蚀现状。

混凝土构件碳化深度可采用在混凝土新鲜面观察酸碱指示剂反应厚度的方法测定,测量流程与回弹法检测混凝土强度中的碳化深度检测相同,这里不再重复介绍。

碳化深度对钢筋锈蚀的影响,应根据测区混凝土碳化深度平均值与实测保护层厚度平均值之比 K_c,按表4-3进行评价。

混凝土碳化深度对钢筋锈蚀的影响评价　　　　表4-3

K_c	<0.5	[0.5,1.0)	[1.0,1.5)	[1.5,2.0)	≥2.0
影响程度	无影响	较小	有影响	较大	保护层失效

2)物理法

物理法主要是通过测定钢筋锈蚀引起物理特性的变化来反映钢筋的锈蚀情况。其优点是操作简便,受环境的影响小。其缺点是只能用于定性分析,比较难以进行定量分析,目前基本停留在试验室阶段。物理法主要包括:电阻棒法、射线法、声发射探测法、红外热像法以及基于磁场的检测方法等。

电阻棒法是测量因钢筋锈蚀引起的钢筋电阻值变化,再运用导电原理推断钢筋的剩余截面积,从而判断钢筋锈蚀的检测方法。由于这种方法是对电阻的测量,故容易受温度、湿度等的影响。该法通常是在浇筑混凝土结构时预先埋设电阻探头,适用于均匀腐蚀的场合;对于以局部腐蚀为特征的钢筋,则无法定量检测其腐蚀速度。

射线法是用 X 射线或 γ 射线拍摄混凝土中钢筋的照片,从而观察钢筋的锈蚀状况的检测方法。其优点是直观;缺点是只能定性判断,不能定量测量。

声发射探测法是采用仪器接收钢筋锈蚀产物产生体积膨胀导致周围混凝土开裂时的应力波,从而确定钢筋发生锈蚀膨胀的确切位置的方法。其缺点是容易受到非检测声波的干扰,因此可能出现判断误差。

红外热像法是通过测量混凝土表面的温度分布图的变化来分析钢筋锈蚀的位置和程度的。其原理是钢筋锈蚀会引起锈蚀部位的结构和成分发生变化,这些变化会导致钢筋辐射出来的红外线不同。红外热像法分为两步进行操作:先利用电磁感应的方法加热钢筋,再用红外热像仪进行成像。采用红外热像法的优点是可以避免混凝土其他损伤的干扰。

基于磁场的检测方法是利用钢筋的铁磁属性和钢筋的缺陷会引起外加磁场扰动的特性,通过外加磁场扰动状况判断钢筋的损伤程度。使用该方法检测时,需给钢筋施加足够强度的外磁场,使钢筋完全磁化,这时磁场顺着钢筋的方向移动;此时钢筋横截面积的任何变化都会引起磁通量的变化,通过磁通量的变化可以得知钢筋横截面积的变化。这种方法的优点是通过一次测量可以知道整个构件钢筋锈蚀的情况。

3)电化学法

电化学法是通过测定钢筋混凝土腐蚀体系的电化学特性来确定混凝土中钢筋锈蚀程度或速度。因此,电化学方法能反映钢筋腐蚀的本质。它具有灵敏度高、原位测量、可连续跟踪和测试速度快等优点。一般常见的电化学检测法主要有半电池电位法和混凝土电阻率法两种,两种检测方法可见于《混凝土中钢筋检测技术标准》(JGJ/T 152—2019)。

(1)半电池电位法

①检测原理

半电池电位法是将"铜+硫酸铜饱和溶液"半电池,与"钢筋+混凝土"半电池构成一个全电池系统,通过测定"钢筋+混凝土"组成的电极和混凝土表面的"铜+硫酸铜饱和溶液"参考电极的电位差评定混凝土中钢筋的锈蚀程度的检测方法。

在全电池系统中,参考电极"铜+硫酸铜饱和溶液"的电位值相对恒定,而混凝土中的钢筋因锈蚀产生的电化学反应会引起全电池电位的变化。一般混凝土中的钢筋的活化区(阳极区)和钝化区(阴极区)显示不同的腐蚀电位:钢筋在钝化区时,腐蚀电位升高,电位偏正;由钝态转入活化态(锈蚀)时,腐蚀电位降低,电位偏负。最终检测人员可根据混凝土中钢筋表面各点的电位评定钢筋的锈蚀状态。

简单来说,钢筋锈蚀的检测就是给钢筋-混凝土体系施加微弱的扰动电流,如图 4-16 所示,根据钢筋处的电压推断出钢筋表面锈蚀状况。

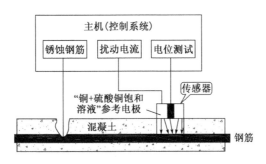

图 4-16 钢筋锈蚀电位检测原理图

②检测流程

半电池电位法检测钢筋锈蚀通常按照以下步骤进行:测区的选择与测点的布置、被测区域的表面处理以及电位的测量。

a. 测区的选择与测点的布置

当主要构件或主要受力部位有锈迹时,应在这些区域布置测区检测钢筋半电池电位;测区数量一般根据锈蚀面积确定,每 3~5m² 可设 1 个测区;1 个测区的测点数一般不宜少于 20 个,通常是在测区上布置测试网格(间距可选 20cm×20cm、30cm×30cm、20cm×10cm),以网格节点为测点。需要注意的是,测点位置距构件边缘应大于 5cm。

b. 被测区域的表面处理

半电池电位法的原理要求混凝土成为电解质,因此测量前必须对钢筋混凝土表面进行处理,预先润湿其表面。一般用钢丝刷、砂纸打磨测区混凝土表面,去除涂料、浮浆、污迹、尘土等,并采用适量家用液体清洁剂(或洗衣粉)加上饮用水充分混合构成的液体,充分润湿钢筋锈蚀测定仪测试端海绵和混凝土结构表面,同时保证检测时混凝土表面湿润但无自由水。此外,检测前还需对钢筋表面进行处理,除去锈斑或钝化层。

c.电位的测量

将钢筋锈蚀测定仪的湿润海绵端与混凝土表面接触,另一端与钢筋相连。当测区附近有钢筋露出结构以外时(确认该钢筋与测区钢筋是连接的),可以方便地直接连接;否则,需要在测区附近凿除钢筋保护层部分的混凝土,使钢筋外露,再进行连接(最好选在钢筋网的节点处)。检测时,根据钢筋分布确定测线及测点位置,测线和测点间距一般为钢筋间距,用钢筋锈蚀检测仪读取每条测线上各测点的电位值,读数保持稳定后,记录保存电位值。

③钢筋锈蚀电位判定标准

在对已处理的数据(已进行温度修正)进行判读之前,按惯例将这些数据加以负号,绘制等电位图,按照表4-4的规定判断混凝土中钢筋发生锈蚀的概率或钢筋正在发生锈蚀的锈蚀活动程度。

混凝土结构中钢筋锈蚀电位的判定标准　　　　表4-4

评定标度	电位水平(mV)	钢筋状态
1	≥ -200	无锈蚀活动性或锈蚀活动性不确定
2	(-200, -300]	有锈蚀活动性,但锈蚀状态不确定,可能坑蚀
3	(-300, -400]	锈蚀活动性较强,发和锈蚀概率大于90%
4	(-400, -500]	锈蚀活动性强,严重锈蚀可能性极大
5	< -500	构件存在锈蚀开裂区域

注:1.表中电位水平为采用铜/硫酸铜电极时的量测值。
　　2.混凝土湿度对量测值有明显影响,量测时构件应为自然状态,否则误差较大。

(2)混凝土电阻率法

①检测原理

混凝土电阻率法是目前现场钢筋锈蚀无损检测中较为先进的一种方法。混凝土的导电性本质是水泥浆体孔隙液中离子流动时发生的电解过程,电阻率法则是通过测定钢筋锈蚀电流和混凝土的电阻率,反映混凝土的导电性。若钢筋发生锈蚀,钢筋的锈蚀速度状态由混凝土电阻率的高低来判断:混凝土电阻率测试值越高,则发展速度越慢,扩散能力弱;电阻率测试值越低,发展速度越快,扩散能力强。

测量混凝土的电阻率即通过混凝土电阻率检测仪的两个外侧探头对混凝土施加外部电流,电流通过混凝土孔液中的离子承载,进而测量两个内侧探头之间潜在的电位差推算混凝土的电阻率(图4-17),其4个探头等间距,间距可调节(一般采用间距50mm),探头与混凝土表面应接触良好,混凝土表面应清洁、无尘、无油脂。

②混凝土电阻率评定标准

参考美国国家公路与运输协会AASHTO标准,钢筋锈蚀速率的评定标准如表4-5所示。评定中应按照测区电阻率最小值确定混凝土电阻率评定标度,混凝土的湿度对测量有显著影响,测量时混凝土应为自然状态,否则不能采用此判断标准。

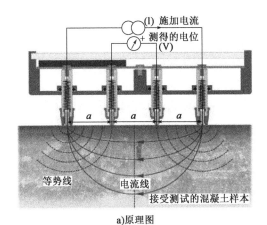
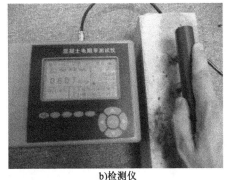

a)原理图 b)检测仪

图4-17 混凝土电阻率测试原理及检测仪示意图

混凝土电阻率的判定标准 表4-5

评定标度	混凝土电阻率(Ω·cm)	可能的锈蚀速率	钢筋混凝土结构状态
1	>20000	很慢	完好
2	[15000,20000)	慢	承重构件有轻微锈蚀现象
3	[10000,15000)	一般	承重构件钢筋发生锈蚀,混凝土表面有沿钢筋的裂缝或混凝土表面有锈迹
4	[5000,10000)	快	承重构件钢筋锈蚀引起混凝土剥落,钢筋裸露,表面膨胀性锈层显著
5	<5000	很快	承重构件大量钢筋锈蚀引起混凝土剥落,部分钢筋屈服或锈断,混凝土表面严重,影响结构安全

4.7 混凝土氯离子浓度检测

冬季为保障雪天高速公路畅通会大量使用融雪剂,但融雪剂中的氯离子可诱发并加速钢筋锈蚀,因氯离子侵蚀导致的钢筋锈蚀最为普遍。钢筋的锈蚀是影响混凝土结构耐久性的主要因素,因此,对混凝土氯离子浓度的检测对控制氯盐侵蚀,加强混凝土结构的耐久性具有重要意义。

4.7.1 氯离子侵蚀问题

氯离子是诱发混凝土内部钢筋锈蚀的主要成分之一,其来源主要分成两类:第一类是氯离子作为混凝土拌合料的组分进入混凝土,包括水泥中含的氯化物、某些工程使用的海砂中的氯化物、拌合水中氯化物、化学外加剂中的氯化物等;第二类是环境中的氯离子通过混凝土宏观或微观缺陷侵入混凝土中,影响混凝土的结构和使用寿命,如我国沿海地区的混凝土结构中氯离子含量较内陆地区高。

沿海和近海地区由海水海砂引起的氯离子腐蚀问题逐步显露，并引起从业人员的广泛关注（图4-18）。根据实际的工程经验，对于已经掺入氯离子的混凝土结构，通过对混凝土中氯离子含量的测定，可实现对早期结构物进行排查，从而及早发现问题，及早处理。

a）示例一　　　　　　　　　　　　　b）示例二

图4-18　氯离子腐蚀桥梁结构

4.7.2　氯离子腐蚀机理

钢筋混凝土是多相、不均质的特殊复杂体系。钢筋表面具有电化学不均匀性，存在电位较负的阳极区和电位较正的阴极区。由于混凝土的多孔性，以其为主要材料构件总是透气和透水的，即通常氧可以通过毛细孔到达钢筋表面作为氧化剂接受钢筋发生腐蚀产生的自由电子，钢筋就会发生电化学腐蚀。但在正常情况下，钢筋在混凝土中不会发生腐蚀。这是因为钢筋表面在碱性混凝土孔隙液中生成钝化膜可以阻止钢筋的腐蚀。因此，长期保持混凝土固有的高碱性是保护钢筋不受腐蚀、保证钢筋混凝土构筑物耐久性的有效途径。但是，在氯离子侵蚀严重的情况下钢筋的腐蚀还是时有发生的。由于腐蚀产生的多种氢氧化物和氧化物的体积相比原体积显著增加，这会造成混凝土结构的膨胀开裂，进而加剧钢筋的腐蚀。

钢筋腐蚀的先决条件是表面去钝化，而氯离子是很强的去钝化剂。氯离子半径小、活性大，具有很强的穿透能力，因此氯离子能够很容易进入混凝土内部并到达钢筋表面。当氯离子吸附于钢筋表面的钝化膜上时，可使该处酸性增加，破坏钢筋表面的钝化膜，进而使钢筋发生局部腐蚀，又称点蚀或坑腐蚀。点蚀对断面小、应力高又比较脆的预应力筋危害较大。如果混凝土中含有大量均布的氯离子，而且混凝土保护层比较薄，有足够的氧可以到达钢筋的表面，则钢筋表面就会发生大量的氯离子去钝化作用，导致许多点蚀坑扩大与合并，形成大面积的钢筋锈蚀。

在上述钢筋锈蚀过程中，氯离子不仅促成了钢筋表面的腐蚀电池，而且加速了电池作用的过程。Cl^- 与 Fe^{2+} 相遇生成 $FeCl_2$，Cl^- 使 Fe^{2+} 消失，从而加速阳极反应。而生成的 $FeCl_2$ 是可溶性的，在向混凝土内部扩散时遇到 OH^-，生成 $Fe(OH)_2$（沉淀），遇孔隙液中的水和氧很快又转化成其他形式的锈。$FeCl_2$ 与 OH^- 反应生成 $Fe(OH)_2$ 后，同时释放出 Cl^-，新的 Cl^- 又向阳极区迁移，带出更多的 Fe^{2+}。由此可见，氯离子只起搬运作用，不会被消耗，即凡是进入混凝土中的氯离子，会周而复始地起破坏作用，这是氯离子侵蚀的特征之一。另外，混凝土中氯离子的存在强化了离子通路，降低了阴、阳极之间的电阻，提高了腐蚀电池的效率，从而加速了电化学腐蚀的过程。

4.7.3 氯离子含量检测流程

对于已经硬化固结的混凝土中氯离子含量的检测主要包括取样规划、取样以及氯离子含量的检测若干步骤。根据《公路桥梁承载能力检测评定规程》(JTG/T J21—2011),以下步骤为针对桥梁混凝土氯离子含量检测及评判的主要过程:

1)测区设置

对钢筋锈蚀电位评定标度值为3、4、5的主要构件或主要受力部位,布置测区测定混凝土中氯离子含量及其分布,每一被测构件测区数量不宜少于3个,每一测区取粉的钻孔数量不宜少于3个。

2)取样方式

混凝土中的氯离子含量可采用在结构构件上钻取不同深度的混凝土粉末样品的方法通过化学分析进行测定。氯离子含量检测的取样深度应不小于钢筋保护层厚度,取样方法分为钻孔取样(粉末状)和钻芯取样(圆柱状)两种。

(1)钻孔取粉

使用直径20mm以上的冲击钻在混凝土表面钻孔(注意钻孔前先确定钢筋位置)。钻孔取粉应分层收集,一般每间隔10mm深度取粉直至钢筋保护层厚度。若需取样测定指定深度处的钢筋周围氯离子含量,取粉间隔可进行调整。钻孔深度使用附在钻头侧面的标尺杆控制。用硬塑料管和塑料袋收集粉末,如图4-19所示。对每一深度应使用新的塑料袋收集粉末,每次采集后,钻头、硬塑料管及钻孔内都应用毛刷将残留粉末清理干净,以免不同深度粉末混杂。同一测区不同孔相同深度的粉末可收集在一个塑料袋内,质量不应少于25g,若不够可增加同一测区测孔数量。不同测区测孔相同深度的粉末不应混合在一起;采集粉末后,塑料袋应立即封口保存,注明测区、测孔编号及深度;取样结束后,应对取样孔及时进行修复。

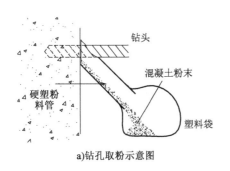

a)钻孔取粉示意图　　b)取粉现场

图4-19　钻孔取粉示意图及取粉现场

(2)钻芯取样

钻芯取样基本流程如图4-20所示。现场采用内径24mm的钻芯机进行取芯:钻芯机就位并安放平稳后,应将钻芯机固定或手持固定;钻芯机在未安放钻头前,检查钻芯机是否正常运转,钻芯机轴线应调整到与被钻取芯样的混凝土表面垂直;钻芯机通电后,转动操作手柄使钻头慢慢接触混凝土表面,待钻头入槽稳定后方可施压。钻头钻到预定深度后,反向转动操作手柄,将钻头提升到混凝土表面,然后停电停水。从钻孔中取出芯样并稍微晾干后,应标上清晰的标记,送至试验室进行破碎、磨粉、过筛,芯样在运送时应避免污染。钻芯后所留下的孔洞应及时进行修补,以保证其后续的正常工作。

(3)取样方式对比

表4-6给出了钻孔取粉和钻芯取样两种方式的对比:在取样深度方面,钻孔取粉受冲击振动的干扰不易控制,而钻芯取样可以通过切割机加工严格控制分层深度。在取样效率方面,钻孔取粉的收集容易受到现场诸多因素(如风、冲击钻振动等)干扰,效率相对较低;钻芯取样的样品可通过后期试验室离心磨机研磨,取样效率高。在破坏程度方面,受取样效率的影响,取相同质量的样品,取粉造成的混凝土破坏大于取芯造成的破坏。在设备要求方面,钻孔取粉仅需常规冲击钻,对设备的要求低;钻芯取样需采用混凝土专用取芯机、离心磨机,对设备的要求相对较高。

混凝土氯离子含量检测取样方式对比　　　　　　　　表4-6

取样方案	取样深度	取样效率	破坏程度	修补效率	设备要求
钻孔取粉	不易控制(冲击振动干扰取样深度)	较低(钻取过程中粉尘易流失)	取相同质量样品破坏较大	易修补	低(常规锂电池冲击钻即可)
钻芯取样	易控制(芯样取出后切割加工)	高(离心磨机处理芯样,样品损耗较小)	取相同质量样品破坏较小	易修补	较高(采用混凝土取芯机取样、离心磨机研磨)

a)钢筋位置定位

b)测区电位测试

c)取芯机取芯

d)离心磨机研磨

e)芯样分层切割

f)芯样编号

图4-20　钻芯取样流程

3)检测方法

混凝土中氯离子含量采用试验室检测法检测,包括电位滴定法和直接滴定法。

(1)电位滴定法

根据《混凝土中氯离子含量检测技术规程》(JGJ/T 322—2013)附录D电位滴定法检测硬化混凝土中酸溶性氯离子含量规定,试验应按下列步骤进行:

①应称取20.00g磨细的砂浆粉末(精确至0.01g),置于250mL的三角烧瓶中,并加入100mL硝酸溶液,盖上瓶塞,剧烈振摇1~2min,浸泡24h后,以快速定量滤纸过滤,获取滤液;期间应摇动三角烧瓶。

②应移取滤液20mL于300mL烧杯中加100mL蒸馏水,再加入20mL淀粉溶液,烧杯内放入电磁搅拌器。

③将烧杯放在电磁搅拌器上后,应开动搅拌器并插入指示电极及参比电极,两电极应与电位测量仪器连接,用硝酸银标准溶液缓慢滴定,同时应记录电势和对应的滴定管读数。

④由于接近等当量点时,电势增加很快,此时应缓慢滴加硝酸银溶液,每次定量加入0.1mL,当电势发生突变时,表示等当量点已过,此时应继续滴入硝酸银溶液,直至电势趋向变化平缓;用二阶导数法计算出达到等当量点时硝酸银溶液消耗的体积V_{11}。

⑤同条件下,空白试验的步骤应为:在干净的烧杯中加入100mL蒸馏水和20mL硝酸溶液,再加入20mL淀粉溶液,在电磁搅拌下,应使用微量移液器缓慢滴加硝酸银溶液,同时记录电势和对应的硝酸银溶液的用量,应按二阶导数法计算出达到等当量点时硝酸银标准溶液消耗的体积V_{12}。

混凝土中酸溶性氯离子含量应按下式计算:

$$W_{Cl^-}^A = \frac{C_{AgNO_3} \times (V_{11} - V_{12}) \times 0.03545}{G \times V_2/V_1} \times 100 \quad (4\text{-}47)$$

式中:$W_{Cl^-}^A$——硬化混凝土中酸溶性氯离子占砂浆质量的百分比,%,精确至0.001%;

C_{AgNO_3}——硝酸银标准溶液的浓度,mol/mL;

V_{11}——20mL滤液达到等当量点所消耗硝酸银标准溶液的体积,mL;

V_{12}——空白试验达到等当量点所消耗硝酸银标准溶液的体积,mL;

G——砂浆样品质量,g;

V_1——浸样品的硝酸溶液用量,mL;

V_2——电位滴定时提取的滤液量,mL。

在已知混凝土配合比时,混凝土中酸溶性氢离子含量占胶凝材料质量的百分比应按下式计算:

$$W_{Cl^-}^B = \frac{W_{Cl^-}^A \times (m_B + m_s + m_w)}{m_B} \times 100 \quad (4\text{-}48)$$

式中:$W_{Cl^-}^B$——硬化混凝土中酸溶性氯离子占胶凝材料质量的百分比,%,精确至0.001%;

m_B——混凝土配合比中每立方米混凝土中胶凝材料的用量,kg;

m_s——混凝土配合比中每立方米混凝土中砂的用量,kg;

m_w——混凝土配合比中每立方米混凝土中的用水量,kg。

电位滴定法现场试验照片如图4-21所示。

(2)直接滴定法

根据《水运工程混凝土试验检测技术规范》(JTS/T 236—2019)规定,检测混凝土中砂浆的氯离子总含量试验步骤如下:

①用小锤仔细除去混凝土试样中石子部分,保存砂浆,将砂浆研碎成粉状,置于(105±5)℃烘箱中烘2h,取出放入干燥器内冷却至室温;

②称取10~20g砂浆试样,精确至0.01g,倒入三角烧瓶,加入100mL稀硝酸,盖上瓶塞浸泡一昼夜左右,以水泥全部溶解为度,期间摇动三角烧瓶,然后过滤;

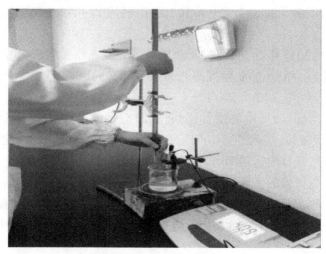

图 4-21　电位滴定法试验照片

③用移液管准确量取滤液 20mL 两份,置于三角锥瓶,每份由滴定管加入硝酸银溶液约 20mL,根据估算的氯离子含量酌量增减;然后分别用硫氰酸钾溶液滴定,滴定时激烈摇动溶液,当滴至红色能维持 5~10s 不褪色时为终点;

④必要时加入 3~5 滴 10% 铁矾溶液以增加水泥含有的 Fe^{3+}。氯离子总含量应按下式计算,精确至 0.01%,试验结果取两次测定结果的算术平均值。

$$P = \frac{0.03545(C_{AgNO_3}V - C_{KSCN}V_1)}{GV_2/V_3} \times 100\% \tag{4-49}$$

式中：P——砂浆样品中氯离子总含量;

　　C_{AgNO_3}——硝酸银标准溶液的浓度,mol/L;

　　V——加入滤液试样中的硝酸银标准溶液量,mL;

　　C_{KSCN}——硫氰酸钾标准溶液的浓度,mol/L;

　　V_1——滴定时消耗的硫氰酸钾标准溶液量,mL;

　　G——砂浆样品质量,g;

　　V_2——每次滴定时提取的滤液量,mL;

　　V_3——浸样品的水量,mL。

4)评定标准

氯离子含量的检测结果依据《公路桥梁承载能力检测评定规程》(JTG/T J21—2011)中规定,按表 4-7 评判其诱发钢筋锈蚀的可能性。并应按照测区最高氯离子含量值,确定混凝土氯离子含量评定标度。

氯离子含量对钢筋锈蚀影响程度的评定标准　　　　　　　　　　　　　表 4-7

氯离子含量(占水泥含量的百分比)	诱发钢筋锈蚀的可能性	评定标度
<0.15	很小	1
[0.15,0.40)	不确定	2
[0.40,0.70)	有可能诱发钢筋锈蚀	3
[0.70,1.0)	会诱发钢筋锈蚀	4
≥1.0	钢筋锈蚀活化	5

4.8 混凝土内钢筋分布及保护层厚度检测

混凝土结构的钢筋保护层厚度是指最外层钢筋外边缘至混凝土表面的距离。实际工程中,钢筋保护层厚度的质量与混凝土结构及其构件的承载力和耐久性有着直接的关系。钢筋保护层厚度不足或偏厚会影响钢筋与混凝土的黏结力或构件承载力,使钢筋与混凝土不能很好地协同工作。因此,对钢筋保护层厚度进行检测是保证工程质量的重要措施。

4.8.1 检测原理

《混凝土中钢筋检测技术标准》(JGJ/T 152—2019)规定,钢筋混凝土保护层厚度的检测有非破损方法和局部破损法两类。电磁感应法和雷达法是最为典型的两种非破损方法,但其原理是完全不同的。

电磁感应法是利用电磁感应原理,使用仪器在构件混凝土表面向内部发射电磁波,形成电磁场,混凝土内部的钢筋切割磁力线产生感应电磁场,由于感应电磁场的强度和空间梯度变化受钢筋位置、直径、保护层厚度的制约,通过测量感应电磁场的梯度变化,并通过技术分析就能确定钢筋的位置、保护层厚度和钢筋直径等参数;雷达法则是通过发射和接收到的毫微秒级电磁波来检测混凝土结构及构件中钢筋间距、混凝土保护层厚度。

采用破损方法检测时,先用合适的工具凿开钢筋表面的混凝土,然后用游标卡尺测量钢筋表面至构件混凝土表面的垂直距离,即为此钢筋的保护层厚度。虽然破损法检测的测量精度比较高,但容易造成对构件的损害,而且花费的人力与物力较多。为了提高工作效率,又能保证检测结果的准确性,一般情况下我们可优先采用非破损法检测钢筋保护层厚度。但当出现下列情况时应采用局部破损法进行验证:钢筋的直径不能确定;相邻钢筋对当前检测有影响;对检测结果有怀疑;构件饰面层未清除;钢筋以及混凝土材质与校准试件有显著差异。

4.8.2 保护层厚度检测前期准备

钢筋探测仪是根据电磁感应原理检测混凝土结构、构件中钢筋间距和保护层厚度的一种仪器。

为了保证数据的准确性,每次检测前都需要对钢筋探测仪预热、调零并进行标定校准。钢筋探测仪使用期间的标定校准,需要在无外界磁场干扰的情况下,使用专用的标定块进行。标定块由一根 $\phi 16mm$ 的普通碳素钢筋垂直浇铸于长方体无磁性塑料块内,如图4-22所示。钢筋距4个侧面分别为15mm、30mm、60mm、90mm。当测量标定块所给定的保护层厚度时,测读值应在仪器说明书所给定的准确度范围之内,若达不到应有准确度,应送专门机构维修检验。

除了仪器的标定外,进行检测前还需要结合设计资料了解结构钢筋的布置状况,钢筋间距应满足钢筋探测仪的检测要求。检测时,应避开钢筋接头和绑丝,让探头在检测面上移动,直到钢筋探测仪保护层厚度示值最小,此时探头中心线与钢筋轴线应重合,需在相应位置做好标记。找到钢筋位置后,将探测仪在原处左右转移一定角度,仪器显示最小值时探测仪长轴线的方向即为钢筋走向;按上述步骤将相邻的其他钢筋位置与走向逐一标出。

图 4-22 混凝土保护层厚度检测标定块(尺寸单位:mm)

4.8.3 钢筋分布及保护层厚度检测的流程

检测前应查阅有关图纸资料,以确定钢筋的种类和直径,并确定测区和测点的位置。

测区的布置遵循以下原则:按单个构件检测时,应根据尺寸大小,在构件上均匀布置测区,每个构件上的测区数不应少于3个,对于最大尺寸大于5m的构件,应适当增加测区数量;测区应均匀分布,相邻两测区的间距不宜小于2m;测区表面应清洁、平整,避开接缝、蜂窝、预埋件等部位。对于抽样检测的被测试件,其抽样试件数应不少于同类构件的30%,且不少于3件,每个构件测区的布置原则与单个构件的布置原则一致。

测点的布置应遵循以下原则:对构件上每一测区应检测不少于10个测点,且测点间距应小于保护层测试仪传感器长度。

检测时需要先确定测区内钢筋的位置与走向,可将保护层测试仪传感器在构件表面平行移动,当仪器显示值最小时,传感器正下方即是所测钢筋的位置。找到钢筋位置后,将传感器在原处左右转移一定角度,仪器显示最小值时传感器长轴线的方向即为钢筋的走向。最终进行钢筋保护层厚度的测读,即将传感器置于钢筋所在位置正上方(避免在钢筋交叉位置进行测量),并左右稍微移动,读取仪器显示最小值即为该处保护层厚度。每一测点宜读取2~3次稳定读数,取其平均值,精确至1mm。对于缺少资料,无法确定钢筋直径的构件,应首先测量钢筋直径。对钢筋直径的测量宜采用5~10次测读,剔除异常数据,求其平均值的测量方法。

钢筋保护层厚度现场检测如图4-23所示。

图 4-23 钢筋保护层厚度现场检测操作

在实际操作中,常有很多因素对保护层厚度的测量精度造成影响,因此在检测中需要考虑这些影响因素并对其加以修正。例如,外界磁场的存在会对仪器的准确性造成影响,应予以避免;混凝土若具有磁性,测量值需加以修正;钢筋品种对测量值有一定影响,主要是高强钢筋需加以修正;不同的布筋状况,钢筋间距影响测量值,当钢筋净间距与保护层厚度之比小于3时需修正测量值。

4.8.4 检测数据处理

1) 钢筋保护层厚度平均值

检测构件或部位的钢筋保护层厚度平均值 $\overline{D}_n$ 应根据实际测量部位各测点混凝土厚度实测值,按下式进行计算:

$$\overline{D}_n = \frac{\sum_{i=1}^{n} D_{ni}}{n} \tag{4-50}$$

式中:D_{ni}——结构或构件测量部位测点混凝土保护层厚度,mm,精确至0.1mm;

n——检测构件或部位的测点数。

2) 钢筋保护层厚度特征值

检测构件或部位的混凝土保护层厚度特征值 D_{ne} 应按下式进行计算:

$$D_{ne} = \overline{D}_n - k_p S_D \tag{4-51}$$

式中:S_D——测量部位测点保护层厚度的标准差,mm,精确至0.1mm,按下式计算:

$$S_D = \sqrt{\frac{\sum_{i=1}^{n}(D_{ni})^2 - n(\overline{D}_n)^2}{n-1}} \tag{4-52}$$

k_p——判定系数值,按表4-8取用。

钢筋保护层厚度判定系数　　　　表4-8

n	10~15	16~14	≥25
k_p	1.695	1.645	1.595

4.8.5 钢筋混凝土保护层厚度评定标准

根据检测构件或部位的钢筋保护层厚度特征值 D_{ne} 与设计值 D_{nd} 的比值,按表4-9的规定确定钢筋保护层厚度评定标度。

钢筋保护层厚度的评定标准　　　　表4-9

评定标准	D_{ne}/D_{nd}	对结构钢筋耐久性的影响
1	>0.95	影响不显著
2	(0.85,0.95]	有轻度影响
3	(0.70,0.85]	有影响
4	(0.55,0.70]	有较大影响
5	≤0.55	钢筋易失去碱性保护,发生锈蚀

4.9 钢结构超声波探伤检测

钢结构凭借其自重轻、跨度大、可重复利用等优点,已被越来越广泛地应用于各类桥梁工程建设中。然而在各类荷载及桥位环境因素的耦合作用下,钢结构部件的损伤难以避免,迫切需要实现精准检测以指导养护工作开展。超声波探伤技术作为一种现代化技术,以其操作方便、检验准确等优点被广泛应用于钢结构无损检测中。本节主要介绍钢结构超声波探伤的原理、典型方法以及超声探伤技术在焊缝裂纹检测中的应用。

4.9.1 探伤原理

超声波探伤是一种利用超声波在材料内部传播的特性进行无损检测的方法。当超声波脉冲由探头发射进入钢部件时,如果部件内部存在缺陷,超声波会在缺陷界面处发生反射或折射。这一现象可以用于检测和识别内部缺陷。具体来说,超声波探伤主要有两种检测方式:

(1)反射法:当超声波遇到内部缺陷时,一部分能量会在缺陷界面处反射回来。通过接收这些反射波,可以确定缺陷的位置。

(2)穿透法:如果超声波穿过材料并在另一端界面处被接收,由于缺陷的存在,接收到的超声波能量会小于正常无缺陷时的值。能量的减少表明了缺陷的存在。

超声波探伤技术的优势在于它能够深入材料内部,检测出不易观察到的缺陷,如裂纹、孔洞、夹杂等。这种方法对于确保金属部件的质量和安全性至关重要,广泛应用于钢铁、航空航天、汽车制造等行业的质量控制和维护检测中。通过精确的超声波探伤,可以有效地预防材料失效,提高产品的可靠性和安全性。

4.9.2 反射法

反射法是指根据射入被检测钢部件内部超声脉冲波的反射波的情况来检测试件缺陷的方法,具体有缺陷回波法、底波高度法和多次底波法。

缺陷回波法是反射法的基本方法,其主要依据仪器示波屏上显示的缺陷波形进行判断。当被测钢部件中无缺陷时,超声波可顺利传播到达底面,检测图形中只有发射脉冲(T)及底面回波(B)两个信号,如图4-24a)所示;若试件中存在缺陷,在检测图形中,底面回波前有表示缺陷的回波(F),如图4-24b)所示。

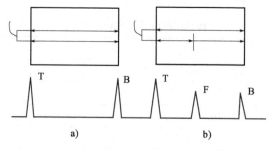

图4-24 缺陷回波法

底波高度法是依据底面回波(B)的高度变化判断试件缺陷情况的检测方法。当钢部件的材质和厚度不变时,底面回波高度基本不变。如果钢部件内部存在缺陷,则底面回波高度会下降甚至消失,如图4-25所示。底波高度法的特点在于同样投影大小的缺陷可以得到同样的指示,且不出现盲区,但要求探测面与底面平行,耦合条件一致。由于该方法检测缺陷定位定量不便,灵敏度较低,因此实用中很少作为一种独立的检测方法,而是经常作为一种辅助手段,配合缺陷回波法应用于锻件探伤中,用以检测某些倾斜、小而密集的缺陷。

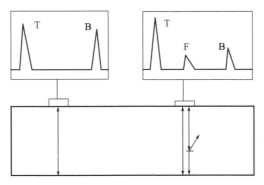

图4-25 底波高度法

多次底波法则依据底面回波次数来判断钢部件内有无缺陷。当超声波能量较大,而钢部件厚度较小时,超声波可在探测面与底面之间往复传播多次,示波屏上出现多次底面回波(即B_1、B_2、B_3、B_4),如图4-26a)所示;若钢部件内存在小缺陷,则由于缺陷的反射和散射而增加了超声能量的损耗,底面回波次数减少,同时也打乱了各次底面回波高度依次衰减的规律,并显示缺陷回波(即F_1、F_2、F_3、F_4),如图4-26b)所示;若钢部件内存在大缺陷,可能无法检测到底面回波,而在示波屏上出现多次缺陷回波(即F_1、F_2、F_3、F_4、F_5、F_6),且缺陷回波的高度逐渐递减,如图4-26c)所示。多次底波法主要用于检测厚度不大、形状简单、探测面与底面平行的钢部件,其检测灵敏度低于缺陷回波法。

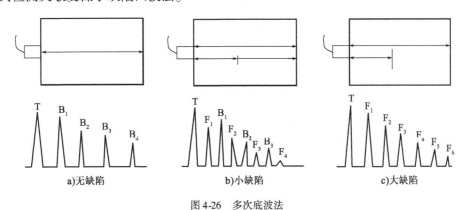

图4-26 多次底波法

4.9.3 穿透法

穿透法是根据脉冲波或连续波穿透钢部件之后的能量变化来判断内部缺陷的一种方法。穿透法一般采用两个探头(分别为发射探头和接收探头),将其分别置于待检测钢部件的两个相对表面。检测时,发射探头发射的超声波能量是一定的,当不存在缺陷时,超声波穿透一定厚度后,在接收探头上所接收到的能量也是一定的;而当存在缺陷时,缺陷的反射、散射使接收到的能量减小,从而可判定钢部件内部存在缺陷。图4-27a)为无缺陷时的波形,图4-27b)为有小缺陷时的波形,图4-27c)为有大缺陷时的波形。穿透法探伤的灵敏度不如反射法高,且受工件形状的影响较大,但较适宜检查成批生产的工件。

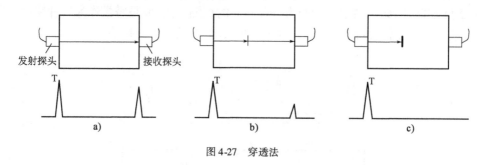

图4-27 穿透法

4.9.4 超声探伤技术在焊缝裂纹识别中的应用

英国、德国、荷兰、日本等国家建造的部分钢桥,在服役一段年限后,其钢桥面板均出现了不同程度的疲劳开裂。与此同时,虽然我国钢桥建设起步较晚,但大跨及中小跨径桥梁已建数量及在建规模均居世界前列,然而,随着服役年限的不断增加,大跨斜拉桥、悬索桥的钢桥面板亦出现了不同程度的疲劳开裂问题,如广东虎门大桥、江阴长江大桥、厦门海沧大桥等。疲劳裂纹的萌生受到多种因素的影响,比如随机分布的焊接缺陷、局部应力集中、焊接残余应力等。疲劳裂纹为结构性损伤,危害性大,一旦萌生将迅速扩展。在桥梁运营养护过程中需尽早发现疲劳裂纹,以及时采取有效的维修加固措施。无损检测技术是发现钢桥疲劳裂纹的重要手段,其中,超声波探伤技术(图4-28)是最常用的无损检测方法之一。

图4-28 钢桥焊缝超声波检测

1)超声波检测要求与步骤

焊缝缺陷超声波检测中,最常用的是A型显示的超声波脉冲反射法,即A型脉冲反射法,规范《钢结构现场检测技术标准》(GB/T 50621—2010)便推荐采用此方法。脉冲振荡器发出的电压加在探头(用压电陶瓷或石英晶片制成的探测元件)上,探头发出的超声波脉冲通过声耦合介质(如机油或水等)进入材料并在其中传播,遇到缺陷后,部分反射能量沿原途径返回探头,探头又将其转变为电脉冲,经仪器放大而显示在示波管的荧光屏上。根据缺陷反射波在荧光屏上的位置和幅度(与参考试块中人工缺陷的反射波幅度作比较),即可测定缺陷的位置和大致尺寸。

探伤检测前,应首先了解钢部件的结构特征、焊接方法、焊缝种类、坡口形式及背面衬垫、沟槽等实际情况。根据不同质量要求,检验等级划分为 A、B、C 三级,检测工作的难度系数按 A、B、C 顺序逐渐增高。钢结构焊缝质量的超声波探伤检验等级应根据工件的材质、结构、焊接方法、受力状态选择,当结构设计和施工上无特别规定时,检验等级宜选用 B 级。

(1) A 级检验:采用一种角度探头在焊缝的单面单侧进行检验(如仅在位置 1 或位置 2 进行检验,见图 4-29),只对允许扫查到的焊缝截面进行探测,一般不需要作横向缺陷的检验。当母材厚度大于 50mm 时,不得采用 A 级检验。

(2) B 级检验:宜采用一种角度探头在焊缝的单面双侧进行检验(如在位置 1、2 或位置 3、4 进行检

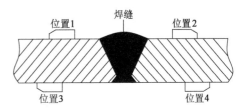

图 4-29 探头检验位置示意图

验),对整个焊缝截面进行探测。母材厚度大于 100mm 时,应采用双面双侧检验(即同时在位置 1、2、3、4 进行检验);当受构件的几何条件限制时,可在焊缝的双面单侧(即在位置 1、3 或位置 2、4)采用两种角度的探头进行探伤,且条件允许时需作横向缺陷的检验。

(3) C 级检验:至少应采用两种角度探头在焊缝的单面双侧进行检验,且应同时作两个扫查方向和两种探头角度的横向缺陷检验。母材厚度大于 100mm 时,宜采用双面双侧检验。

钢结构中 T 形接头、角接接头的超声波检测,除用平板焊缝中提供的各种方法外,尚应考虑到各种缺陷的可能性,在选择探伤面和探头时,宜使声束垂直于该焊缝中的主要缺陷。

检测前,应对超声仪的主要技术指标[如斜探头入射点、斜率 K 值($K = \tan\beta$,β 为斜探头的折射角)]进行检查确认,同时应根据所测工件的尺寸调整仪器时基线,并绘制距离-波幅(DAC)曲线。距离-波幅(DAC)曲线应由选用的仪器、探头系统在对比试块上的实测数据绘制而成。当探伤面曲率半径 R 小于等于 $W^2/4$(W 为探头接触面宽度)时,距离-波幅(DAC)曲线的绘制应在曲面对比试块上进行。绘制成的距离-波幅(DAC)曲线应由评定线(EL)、定量线(SL)和判废线(RL)组成,如图 4-30 所示。评定线与定量线之间(包括评定线)的区域规定为 Ⅰ 区,定量线与判废线之间(包括定量线)的区域规定为 Ⅱ 区,判废线及其以上区域规定为 Ⅲ 区。

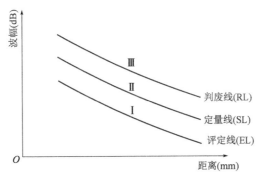

图 4-30 距离-波幅(DAC)曲线示意图

超声波检测应包括探测面的修整、涂抹耦合剂、探伤作业、缺陷的评定等步骤。检测前应对探测面进行修整或打磨,清除焊接飞溅、油垢及其他杂质,表面粗糙度不应超过 6.3 μm。当采用一次反射或串列式扫查检测时,一侧修整或打磨区域宽度应大于 $2.5K\delta$(δ 为板厚);当采用直射检测时,一侧修整或打磨区域宽度应大于 $1.5K\delta$。同时,应根据待检测钢部件的不同厚度调整仪器时基线水平、深度或声程。当探伤面为平面或曲率半径 R 大于 $W^2/4$ 时,可在对比试块上进行时基线的调节;当探伤面曲率半径 R 小于等于 $W^2/4$ 时,探头楔块应磨成与待检测钢部件曲面相吻合的形状,反射体的布置可参照对比试块确定。试块宽度应按下式进行计算:

$$b \geqslant 2\lambda S/D_e \tag{4-53}$$

式中:b——试块宽度,mm;
  λ——波长,mm;
  S——声程,mm;
  D_e——声源有效直径,mm。

超声探伤检测时通常需在待检测构件表面涂抹耦合剂。耦合剂应具有良好透声性和适宜流动性,不应对材料和人体有损伤作用,同时应便于检测后清理。当探测面为平面时,宜选用液体类耦合剂;当探测面为竖立面时,宜选用糊状类耦合剂。

探伤灵敏度不应低于评定线灵敏度,扫查速度不应大于 150mm/s,相邻两次探头移动区域应保持有探头宽度 10% 的重叠。在查找缺陷时,扫查方式可选用锯齿形扫查[图 4-31a)]、斜平行扫查[图 4-31b)]和平行扫查[图 4-31c)]。为确定缺陷的位置、方向、形状以及观察缺陷动态波形,可采用前后、左右、转角、环绕四种探头扫查方式。

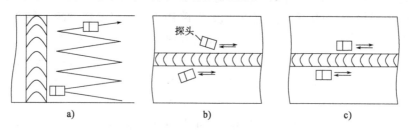

图 4-31 探头扫查方式示意图

对所有反射波幅超过定量线的缺陷,均应确定其位置、最大反射波幅所在区域和缺陷指示长度。缺陷指示长度可由两种方法测定:

(1)当缺陷反射波只有一个高点时,宜用降低 6dB 相对灵敏度法测定其长度,如图 4-32 所示;

(2)当缺陷反射波有多个高点时,则宜以缺陷两端反射波极大值之处的波高降低 6dB 之间探头的移动距离作为缺陷的指示长度,如图 4-33 所示。当缺陷反射波在Ⅰ区未达到定量线时,如探伤者认为有必要记录时,可将探头左右移动,使缺陷反射波幅降低到评定线,以此测定缺陷的指示长度。

2)超声波检测结果评价

最大反射波幅位于 DAC 曲线Ⅱ区的非危险性缺陷,其指示长度小于 10mm 时,可按 5mm 计。在检测范围内,相邻两个缺陷间距不大于 8mm 时,两个缺陷指示长度之和作为单个缺陷的指示长度;相邻两个缺陷间距大于 8mm 时,两个缺陷分别计算各自指示长度。最大反射波幅位于Ⅱ区的非危险性缺陷,可根据缺陷指示长度进行评级。不同检验等级、不同焊缝质量评定等级的缺陷指示长度限值应符合表4-10中的相关规定。

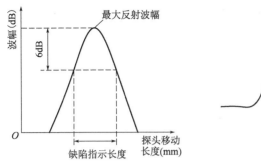

图4-32 相对灵敏度测长法

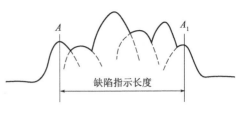

图4-33 端点峰值测长法

最大反射波幅不超过评定线(未达到Ⅰ区)的缺陷应评为Ⅰ级。最大反射波幅超过评定线,但低于定量线的非裂纹类缺陷应评为Ⅰ级。最大反射波幅超过评定线的缺陷,检测人员判定为裂纹等危害性缺陷时,无论其波幅和尺寸如何,均应评定为Ⅳ级。除了非危险性的点状缺陷外,最大反射波幅位于Ⅲ区的缺陷,无论其指示长度如何,均应评定为Ⅳ级。不合格的缺陷应进行返修,返修部位及热影响区应重新进行检测与评定。

焊缝质量评定等级的缺陷指示长度限制(mm) 表4-10

检验等级		A级	B级	C级
板厚δ(mm)		8~50	8~300	8~300
评定等级及缺陷指示长度限值(mm)	Ⅰ	2δ/3,最小12	δ/3,最小10,最大30	δ/3,最小10,最大20
	Ⅱ	3δ/4,最小12	2δ/3,最小12,最大50	δ/2,最小10,最大30
	Ⅲ	δ,最小20	3δ/4,最小16,最大75	2δ/3,最小12,最大50
	Ⅳ	超过Ⅲ级者		

【思考题】

1. 根据混凝土结构缺陷的特征及特征大小可将混凝土结构缺陷分为哪几类?
2. 目前混凝土超声检测中所常用的声学参数有哪些?如何利用这些参数来判别混凝土结构的缺陷?
3. 超声法检测混凝土缺陷有哪些具体应用?
4. 回弹法检测混凝土强度的基本原理和使用原则是什么?
5. 回弹法的测强曲线有哪些类型?请阐述其异同点。
6. 简述用回弹法检测混凝土强度的步骤。检测得到的数据该如何处理?
7. 采用超声回弹综合法检测混凝土强度时,测区回弹值及声速值的测量原则有哪些?
8. 如何利用超声回弹综合法得到的数据推定混凝土强度?
9. 对于集料为卵石和碎石的情况,利用超声回弹综合法检测混凝土强度有何区别?

10. 较之单一的超声或回弹非破损检验方法,超声回弹综合法的优势体现在哪些方面?
11. 何谓钻芯法?使用其检测混凝土强度具有什么优缺点?
12. 采用钻芯法检测混凝土强度时,如何选择钻芯位置?
13. 如何通过钻芯法检测混凝土的抗压强度、劈裂抗拉强度和抗折强度?
14. 请简述氯离子对混凝土的腐蚀机理,并详细介绍氯离子含量的检测流程。
15. 混凝土内钢筋的分布情况和保护层厚度如何检测?检测数据又该如何处理?
16. 请简述钢结构超声波探伤的基本原理。
17. 采用超声波探伤时,反射法和穿透法有哪些异同点?

第5章
桥梁荷载试验

5.1 概述

桥梁荷载试验是指通过施加荷载方式对桥梁结构或构件的静动力特性进行的现场试验测试。包括静载试验和动载试验。桥梁荷载试验是对桥梁结构物进行直接加载测试的一项科学试验工作，是对服役桥梁结构进行承载能力评定最有效、最直接的方法。其目的是通过荷载试验了解桥梁结构在试验荷载作用下的实际工作状态，从而判断桥梁结构的安全承载能力；验证桥梁结构的设计理论与计算方法，充实与完善桥梁结构的计算理论与施工技术，积累科学技术资料；掌握桥梁结构的工作性能，评价桥梁的运营质量。桥梁荷载试验是新型桥梁结构性能研究、各类桥梁施工质量与结构承载能力评定工作的重要手段。

桥梁荷载试验主要分为静载试验和动载试验。静载试验是指通过在桥梁结构上施加与设计荷载或使用荷载等效的静态外加荷载，利用检测仪器设备测试桥梁结构控制部位与控制截面的力学效应，从而评定桥梁承载能力。动载试验是指通过测试桥梁结构或构件在动荷载激振和环境荷载作用下的受迫振动特性和自振特性，以分析判断桥梁结构的力学特性。一般试验项目包括跑车试验、跳车试验、刹车试验以及脉动法频率测试。

桥梁荷载试验的任务是根据试验目的和要求来确定的。一般来说，桥梁荷载试验的主要任务包括以下内容：

(1)确定桥梁结构的承载能力及运营条件

①对于重要的桥梁结构，除了在设计阶段即进行必要项目的试验研究外，通常在桥梁建成竣工后，通过荷载试验来鉴定桥梁结构的质量和营运条件，分析判断桥梁的实际承载能力。

②对于需改建或加固的桥梁，通过荷载试验可进一步提供桥梁改造技术依据，尤其对于缺少技术资料的旧桥更为重要。

③对于新型桥梁及运用新材料、新工艺等的复杂桥梁结构，通过系统的荷载试验，可以了解和掌握结构在荷载作用下的实际受力状态，验证结构计算图式的准确性，并探索具有普遍意义的规律，为充实和发展桥梁结构的计算理论和施工工艺积累科学资料。

(2)分析桥梁病害原因及其变化规律

对于遭受到洪水、冰冻、地震、撞击、河床挖坑或冲刷而损伤的桥梁结构，或在桥梁建造、使用期间发现有严重缺陷，如过大的变形或裂缝等，常通过桥梁荷载试验进行综合分析研究，分析桥梁病害原因及其变化规律，提出合理的整治方案和养护措施。

(3)检验桥梁结构的内在质量

对新型桥梁或加固、改建桥梁进行竣工验收鉴定，以对桥梁结构整体受力性能是否达到设计文件和规范标准的要求做出评价，检验是否达到预期的设计效果。

桥梁荷载试验的主要工作包括试验准备、加载方案设计、测点设置与测试、加载控制与安全措施、试验结果分析以及试验报告编写等内容。参考的依据主要是《公路桥梁荷载试验规程》(JTG/T J21—01)、《公路桥梁承载能力检测评定规程》(JTG/T J21)、《公路工程质量检验评定标准　第一册　土建工程》(JTG F80/1)等相关技术规程。

一般情况下，桥梁荷载试验应按 3 个阶段进行，即计划与准备阶段、加载与测试阶段、分析总结阶段。

5.2　荷载试验预备工作

计划与预备阶段工作的充分准备是顺利地进行桥梁荷载试验的必备条件。计划与预备阶段的工作内容主要有：收集、研究试验桥梁的有关技术文件，考察试验桥梁的现状和试验的环境条件，确定桥梁结构的基本参数，拟定试验方案及试验程序，确定试验组织及人员组成，测试系统的运行，组配及标定仪器，准备必要的器材等工作。具体分析如下：

(1)资料收集

①设计资料。设计资料包括设计图纸、变更设计图纸和作为设计依据的其他原始资料。

②施工和监理资料。施工和监理资料包括材料性能试验报告、各分项或分部工程验收报告等。

③施工监控资料。施工监控资料包括施工监控报告、成桥线形、内力(应力)、索力(杆力)等。

④竣工资料。竣工资料包括竣工图纸和工程验收报告等。

(2)桥梁现场考察

在试验准备时，应考察桥址情况，包括桥上和两端线路技术状况、线路容许车速、桥下净空、水深和通航情况、线路交通量、桥址供电情况等，并了解可供试验车辆及其称重地点等。

确定荷载试验方案时应综合考虑桥梁受力特点、施工情况与试验方便性,有针对性地选择试验桥联及桥跨。

(3)桥梁结构基本参数确定

荷载试验前,应对桥梁结构的总体尺寸,主要构件截面尺寸,主要部位的高程,桥面平整度,支座位置及功能,材料的物理力学性能,结构物的裂缝、缺陷、损坏和钢筋锈蚀状况等进行详细检查。如发现结构尺寸误差超过规定,或材料质量未达到设计要求,应按结构的实际状况重新进行结构分析,确定是否需要调整加载试验方案。

(4)试验方案制订

根据试验目的,制订完善试验方案。

5.3 静载试验

5.3.1 基本概念

桥梁静载试验是指将静止的荷载作用于桥梁上的指定位置,测试结构的静应变、静位移以及裂缝等,从而推断桥梁结构在荷载作用下的工作状态和承载能力。一般桥梁静载试验主要解决以下问题:

(1)检测桥梁结构的设计与施工质量,验证结构的安全性与可靠性。对于大、中跨径桥梁,都要求在竣工之后,通过试验来具体、综合地鉴定其工程质量的可靠性,并将试验报告作为评估工程质量优劣的主要依据之一。

(2)验证桥梁结构的设计理论与计算方法,完善桥梁的计算理论与施工技术,积累科学资料。随着交通事业的发展,采用新结构、新材料、新工艺的桥梁结构日益增多,这些桥梁在设计、施工中必会遇到一些新的问题,其设计理论与计算方法需要通过桥梁静载试验予以验证,在大量试验检测数据积累的基础上,能够逐步建立或完善这类桥梁的设计理论和计算方法。

(3)掌握桥梁的工作性能,判断结构的实际承载力。目前,我国已建成上百万座各种形式的桥梁,但随着时间的推移,这些桥梁在服役过程中逐渐不能满足承载力的要求。对于这些桥梁,经常采用静载试验的方法来确定其承载能力和使用性能。

5.3.2 加载工况确定

桥梁静载试验时的荷载工况,选择应反映桥梁设计的最不利受力状态,简单结构可选 1~2 个工况,复杂结构可适当多选几个工况,但不宜过多。表 5-1 列举的是常规桥梁的静载试验荷载工况及其测试控制截面,主要工况为必做工况,附加工况可视具体情况由试验检测者确定是否进行。跨径小于 10m 的简支结构可只进行跨中截面试验工况。

常规桥梁静载试验工况及测试截面 表 5-1

桥梁结构形式		试验工况	测试截面
简支梁桥	主要工况	跨中截面主梁最大正弯矩	跨中截面
	附加工况	(1)$L/4$ 截面主梁最大正弯矩; (2)支点附近主梁最大剪力	(1)$L/4$ 截面; (2)梁底距支点 $h/2$ 截面内侧向上 45°斜线与截面形心线相交位置

续上表

桥梁结构形式		试验工况	测试截面
连续梁桥	主要工况	(1)主跨支点位置最大负弯矩； (2)主跨跨中截面最大正弯矩； (3)边跨主梁最大正弯矩	(1)主跨(中)支点截面； (2)主跨最大弯矩截面； (3)边跨最大弯矩截面
	附加工况	主跨(中)支点附近主梁最大剪力	计算确定具体截面位置
悬臂梁桥	主要工况	(1)墩顶支点截面最大负弯矩； (2)锚固孔跨中最大正弯矩	(1)墩顶支点截面； (2)锚固孔最大正弯矩截面
	附加工况	(1)墩顶支点截面最大剪力； (2)挂孔跨中最大正弯矩； (3)挂孔支点截面最大剪力； (4)悬臂端最大挠度	(1)计算确定具体截面位置； (2)挂孔跨中截面； (3)挂孔梁底距支点 $h/2$ 截面向上 $45°$ 斜线与挂孔截面形心线相交位置； (4)悬臂端截面
三铰拱桥	主要工况	(1)拱顶最大剪力； (2)拱脚最大水平推力	(1)拱顶两侧 $1/2$ 梁高截面； (2)拱脚截面
	附加工况	(1) $L/4$ 截面最大正弯矩和最大负弯矩； (2) $L/4$ 截面正负挠度绝对值之和最大	(1)主拱 $L/4$ 截面； (2)主拱 $L/4$ 截面及 $3L/4$ 截面
两铰拱桥	主要工况	(1)拱顶最大正弯矩； (2)拱脚最大水平推力	(1)拱顶截面； (2)拱脚截面
	附加工况	(1) $L/4$ 截面最大正弯矩和最大负弯矩； (2) $L/4$ 截面正负挠度绝对值之和最大	(1)主拱 $L/4$ 截面； (2)主拱 $L/4$ 截面及 $3L/4$ 截面
无铰拱桥	主要工况	(1)拱顶最大正弯矩及挠度； (2)拱脚最大负弯矩； (3)系杆拱桥跨中附近吊杆(索)最大拉力	(1)拱顶截面； (2)拱脚截面； (3)典型吊杆(索)
	附加工况	(1)拱脚最大水平推力； (2) $L/4$ 截面最大正弯矩和最大负弯矩； (3) $L/4$ 截面正负挠度绝对值之和最大	(1)拱脚截面； (2)主拱 $L/4$ 截面； (3)主拱 $L/4$ 截面及 $3L/4$ 截面
门式刚架桥	主要工况	(1)跨中截面主梁最大正弯矩； (2)锚固端最大或最小弯矩	(1)跨中截面； (2)锚固端或立墙截面
	附加工况	锚固端截面最大剪力	锚固端梁截面
斜腿刚架桥	主要工况	(1)跨中截面主梁最大正弯矩； (2)斜腿顶主梁截面最大负弯矩	(1)中跨最大正弯矩截面； (2)斜腿顶中主梁截面或边主梁截面
	附加工况	(1)边跨主梁最大正弯矩； (2)斜腿顶最大剪力； (3)斜腿脚最大或最小弯矩	(1)边跨最大正弯矩截面； (2)斜腿顶中或边主梁截面或斜腿顶截面； (3)斜腿脚截面
T形刚构桥	主要工况	(1)墩顶截面主梁最大负弯矩； (2)锚固孔主梁最大正弯矩	(1)墩顶截面； (2)锚固孔主梁最大正弯矩截面
	附加工况	(1)墩顶支点附近主梁最大剪力； (2)挂孔支点截面最大剪力	(1)计算确定具体截面位置； (2)挂孔梁底距支点 $h/2$ 截面向上 $45°$ 斜线与挂孔截面形心线相交位置

续上表

桥梁结构形式		试验工况	测试截面
连续刚构桥	主要工况	(1)主跨墩顶截面主梁最大负弯矩； (2)主跨跨中截面主梁最大正弯矩及挠度； (3)边跨主梁最大正弯矩及挠度	(1)主跨墩顶截面； (2)主跨最大正弯矩截面； (3)边跨最大正弯矩截面
	附加工况	(1)墩顶截面最大剪力； (2)墩顶纵桥向最大水平变形	(1)计算确定具体截面位置； (2)墩顶截面
斜拉桥	主要工况	(1)主梁中孔跨中最大正弯矩及挠度工况； (2)主梁墩顶最大负弯矩工况； (3)主塔塔顶纵桥向最大水平变形与塔脚截面最大弯矩	(1)中跨最大正弯矩截面； (2)墩顶截面； (3)塔顶截面(变形)及塔脚最大弯矩截面
	附加工况	(1)中孔跨中附近拉索最大拉力； (2)主梁最大纵向飘移	(1)典型拉索； (2)加劲梁两端(水平变形)
悬索桥	主要工况	(1)加劲梁跨中最大正弯矩及挠度； (2)加劲梁 3L/8 截面最大正弯矩； (3)主塔塔顶纵桥向最大水平变形与塔脚截面最大弯矩	(1)中跨最大弯矩截面； (2)中跨 3L/8 截面； (3)塔顶截面(变形)及塔脚最大弯矩截面
	附加工况	(1)主缆锚跨索股最大张力； (2)加劲梁梁端最大纵向漂移； (3)吊杆(索)活载张力最大增量； (4)吊杆(索)张力最不利	(1)主缆锚固区典型索股； (2)加劲梁两端(水平变形)； (3)典型吊杆(索)； (4)最不利吊杆(索)

注：L-桥梁计算跨径；h-主梁梁高。

组合体系桥梁进行荷载试验时，主要试验荷载工况，可根据组合体系所呈现的主要力学特征，结合上述各类桥梁主要工况综合确定。附加工况可根据组合体系所呈现的主要力学特征，结合上述各类桥梁附加工况综合确定。

此外，对于桥梁施工中的薄弱截面或缺陷修补后的截面，或者旧桥结构损坏部位、比较薄弱的桥面结构，可以专门进行荷载工况设计，以检验该部位或截面对结构整体性能的影响。对于梁式结构(如简支梁、连续梁、T构、连续刚构等)的最大挠度工况，一般与最大正弯矩工况相同。

使用车辆加载而又未安排动载试验项目时，可在静载试验项目结束后，将加载车辆(多辆车则相应地进行排列)沿桥长慢速行驶一趟，以全面了解荷载作用于桥面不同部位时桥跨结构的承载状况。

5.3.3 测试内容

静载试验的测试内容应反映桥梁结构内力、应力及变位最不利控制截面的力学特征，试验过程中应关注可能出现的异常现象。应变(应力)观测主要是针对测试截面的受拉和受压区，可沿截面高度或横向位置分布测点，以测试结构的应力分布特征。变形测试包括主梁控制截面的挠度、水平或横向变形、主塔三维坐标等的测试，反映的是桥梁结构整体或局部的刚度特性。倾角既可以用来计算难以直接测试的变形，也可反映桥塔等结构的竖直度。试验荷载下的索(杆)力增量及其分布反映结构的受力特点。结构的裂缝变化、异常振动及响声等试验现象观测，可以帮助了解结构或构件在试验过程中的表观状况。除此之外还应对试验所处的环境进行观测，如环境温度等。

为全面反映桥梁的受力特性,根据结构形式可增加以下观测内容:桥跨结构挠度沿桥长或沿控制截面桥宽的分布,结构控制截面应变分布,行车道板或结构上翼缘板控制截面挠度或应变,组合构件控制截面的结合面上、下缘应变,支点附近构件斜截面的主应力等。常规桥梁荷载试验测试内容可按表 5-2 确定。

荷载试验的测试内容   表 5-2

结构形式		测试内容
简支梁桥	主要内容	(1) 跨中截面挠度和应力(应变); (2) 支点沉降; (3) 混凝土梁体裂缝观测
	附加内容	(1) $L/4$ 截面挠度; (2) 支点斜截面应力(应变)
连续梁桥	主要内容	(1) 主跨支点截面应力(应变); (2) 主跨最大正弯矩截面应力(应变)及挠度; (3) 边跨最大正弯矩截面应力(应变)及挠度; (4) 支点沉降; (5) 混凝土梁体裂缝观测
	附加内容	主跨(中)支点附近斜截面应力(应变)
悬臂梁桥	主要内容	(1) 墩顶支点截面应力(应变); (2) 锚固孔最大正弯矩截面应力(应变)及挠度; (3) 墩顶沉降; (4) 混凝土梁体裂缝观测
	附加内容	(1) 墩顶附近斜截面应力(应变); (2) 悬臂跨最大挠度; (3) 挂孔跨中截面应力(应变)及挠度; (4) 挂孔支点附近斜截面应力(应变); (5) 牛腿部分局部应力(应变)
三铰拱桥	主要内容	(1) $L/4$ 截面挠度和应力(应变); (2) 拱顶两侧 1/2 梁高处斜截面应力(应变); (3) 墩台顶的水平变形; (4) 混凝土梁体裂缝观测
	附加内容	(1) $L/4$ 截面挠度和应力(应变); (2) 拱上建筑控制截面的变形和应力(应变)
两铰拱桥	主要内容	(1) 拱顶截面应力(应变)和挠度; (2) $L/4$ 截面挠度和应力(应变); (3) 墩台顶水平变形; (4) 混凝土梁体裂缝观测
	附加内容	(1) $L/4$ 截面挠度和应力(应变); (2) 拱上建筑控制截面的变形和应力(应变)
无铰拱桥	主要内容	(1) 拱顶截面应力(应变)和挠度; (2) $L/4$ 截面挠度和应力(应变); (3) 墩台顶水平变形; (4) 拱脚截面应力(应变); (5) 混凝土梁体裂缝观测
	附加内容	(1) $L/8$ 截面挠度和应力(应变); (2) 拱上建筑控制截面的变形和应力(应变)

续上表

结构形式		测试内容
门式刚架桥	主要内容	(1)主梁最大正弯矩截面应力(应变)及挠度； (2)锚固端最大或最小弯矩截面应力(应变)； (3)支点沉降； (4)混凝土梁体裂缝观测
	附加内容	锚固端附近斜截面应力(应变)
斜腿刚架桥	主要内容	(1)中跨主梁最大正弯矩截面应力(应变)及挠度； (2)主梁最大负弯矩截面应力(应变)； (3)支点沉降； (4)混凝土梁体裂缝观测
	附加内容	(1)边跨主梁最大正弯矩截面应力(应变)及挠度； (2)斜腿顶附近主梁或斜腿斜截面应力(应变)； (3)斜腿脚最大或最小弯矩截面应力(应变)
T形刚构桥	主要内容	(1)墩顶支点截面应力(应变)； (2)挂孔跨中截面应力(应变)； (3)T构悬臂端的挠度； (4)T构墩身控制截面的应力(应变)； (5)混凝土梁体裂缝观测
	附加内容	(1)挂梁支点截面附近或悬臂端附近斜截面应力(应变)； (2)墩顶支点截面应力(应变)
连续刚构桥	主要内容	(1)主跨墩顶截面主梁应力(应变)； (2)主跨最大正弯矩截面应力(应变)及挠度； (3)边跨最大正弯矩截面应力(应变)及挠度； (4)混凝土梁体裂缝观测
	附加内容	(1)墩顶支点截面附近斜截面应力(应变)； (2)墩身控制截面应力(应变)； (3)墩顶纵桥向水平变形
斜拉桥	主要内容	(1)主梁中孔最大正弯矩截面应力(应变)及挠度； (2)主梁墩顶支点截面应力(应变)； (3)主塔塔顶纵桥向水平变形与塔脚截面应力(应变)； (4)塔柱底截面应力(应变)； (5)混凝土梁体裂缝观测； (6)典型拉索索力测试
	附加内容	(1)边跨最大正弯矩截面应力(应变)及挠度； (2)加劲梁纵桥向漂移
悬索桥	主要内容	(1)加劲梁最大正弯矩截面应力(应变)及挠度； (2)主塔塔顶纵桥向最大水平变形与塔脚截面应力(应变)； (3)塔、梁体混凝土裂缝观测； (4)最不利吊杆(索)力增量
	附加内容	(1)主缆锚跨索股最大张力增量； (2)加劲梁梁端最大纵向漂移； (3)吊杆(索)活载张力最大增量

注：L-桥梁计算跨径。

5.3.4 加载方式

为了保证静载试验效果,应根据试验目的确定试验控制荷载,一般控制桥梁设计的可变作用包括汽车和人群荷载以及需通行的特殊重型车辆荷载。试验前需要分别计算设计时所采用的控制荷载或由试验目的所决定的荷载对结构控制截面产生的内力(或变形)的最不利值,并进行比较,取其中最不利者对应的荷载作为控制荷载。荷载试验应尽量采用与控制荷载相同的荷载,而组成控制荷载的车辆是由运管车辆统计而得的概率模型。当客观条件所限,采用的试验荷载与控制荷载有差别时,为保证试验效果,在选择试验荷载的大小和加载位置时应采用静载试验荷载效率进行控制。

静载试验荷载效率是指试验荷载作用下被检测部位的内力(或变形)的计算值与包括动力扩大效应在内的标准设计荷载作用下,同一部位的内力(或变形)计算值的比值。静载试验荷载效率按式(5-1)进行计算。

$$\eta_q = \frac{S_s}{S(1+\mu)} \tag{5-1}$$

式中:S_s——静载试验荷载作用下,某一加载试验项目对应的加载控制截面内力或位移的最大效应计算值;

S——控制荷载产生的同一加载控制截面内力或位移的最不利效应计算值;

μ——按规范取用的冲击系数值;

η_q——静载试验荷载效率,对于交(竣)工验收荷载试验,η_q宜介于0.85~1.05之间;否则,η_q宜介于0.95~1.05之间。

静载试验加载设备可根据加载要求及具体条件选用,一般有可行式车辆加载和重物直接加载两种方式。

(1)可行式车辆加载

可行式车辆加载可选用装载重物的汽车或平板车,也可就近利用施工机械车辆。选择装载的重物时,要考虑车厢体积,装载是否方便。装载的重物应置放稳妥,以避免车辆行驶时因摇晃而改变重物的位置。采用车辆加载优点很多,如便于调运和加载布置,加卸载迅速等。采用汽车荷载既能进行静载试验又能进行动载试验,这是目前较常采用的一种方法。

(2)重物直接加载

重物直接加载一般按控制荷载的着地轮迹先搭设承载架,再在承载架上堆放重物或设置水箱进行加载。如加载仅为满足控制截面内力要求,也可采取直接在桥面堆放重物或设置水箱的方法加载。承载架的设置和加载物的堆放应安全、合理,能按要求分布加载量,并不使加载设备与桥梁结构共同承载而形成"卸载"现象。重物直接加载准备工作量大,加卸载所需周期一般较长,交通中断时间亦较长,且试验时温度变化对测点的影响较大,因此宜安排在夜间进行试验。加载需要对加载物进行称量,可根据不同的加载方法和具体条件选用以下方法对所加重物进行称量。

①称重法

当采用重物直接在桥上加载时,可将重物化整为零称重后按逐级加载要求分堆置放,以便加载取用。当采用车辆加载时,可将车辆逐轴驶上称重台进行称重。如没有现成可供利用的称重台,可自制专用称重台进行称重。

②体积法

如采用水箱加载,可通过量测储水体积来换算储水的重力。

③综合计算法

根据车辆出厂规格确定空车轴重,再根据装载重物的重力及其重心将其分配至各轴。装载物最好采用外形规则的物体整齐码放,或采用松散均匀材料(如砂子等)在车厢内摊铺平整,以便准确确定其重心位置。

无论采用何种方法确定加载物重力,均应做到准确可靠,其称量误差最大不得超过5%。最好能采用两种称量方法互相校核。

加载时,为了加载安全,了解结构应变和变位随试验荷载增加的变化关系,各主要工况的加载应分级进行,一般安排在开始的几个加载程序中。当加载分级较为方便时,可按最大控制截面内力荷载工况均分为4~5级。若使用载重车加载,车辆称重有困难时,也可分成3级加载。当桥梁的调查和验算工作不充分,或桥况较差,应尽量增多加载分级。如限于条件分级较少,应注意每级加载时,车辆荷载应逐辆缓慢驶入预定加载位置,必要时可在加载车辆未到达预定加载位置前分次对控制测点进行读数监控,以确保试验安全。应注意加载过程中防止其他截面最大内力超过控制荷载作用下的最不利内力。若条件允许,最好每级加载后卸载,也可逐级加载达到最大荷载后逐级卸载。分级加载时应逐渐增加加载车数量,先上轻车后上重车,加载车应位于内力影响线的不同部位。

为减少温度变化对试验造成的影响,加载试验时间以深夜22:00至早晨6:00为宜,尤其是采用重物直接加载、加卸载周期比较长的情况下只能在夜间进行试验。对于采用车辆等加卸载迅速的试验方式,如夜间试验照明等有困难时亦可安排在白天进行试验,但在晴天或多云的天气下进行加载试验时,每一加卸载周期所花费的时间不宜超过20min。

附加工况一般不分级加载,只进行最大内力加载程序。

5.3.5 测点布置

静载试验布设的测点不宜过多,但要保证观测质量。有条件时,同一测点可用不同的测试方法进行校对。一般情况下,对主要测点的布设应能控制结构的最大应力(应变)和最大挠度(或位移)。一般采用单向应变计(片)测试正应变(应力),采用应变花测试主应变(应力),为保证观测质量,有条件时同一测点可用不同测试方法进行校核。一般情况下,应在结构纵向的所有控制截面的横向、竖向均布置能反映结构最大应变(应力)及其变化规律的测点。几种常用桥梁结构体系的主要测点布设位置如表5-3所示。

常用桥梁体系的主要测点布设位置　　　表5-3

桥梁结构体系	测点布设位置
简支梁桥	跨中挠度,支点沉降,跨中截面应变
连续梁桥	跨中挠度,支点沉降,跨中和支点截面应变
悬臂梁桥/T形刚构桥	悬臂端部挠度,支点沉降,支点截面应变
拱桥	跨中与$L/4$处挠度,拱顶、$L/4$和拱脚截面应变,墩台顶水平变形
斜拉桥	主梁中孔跨中挠度,支点沉降,跨中截面应变;塔顶纵桥向最大水平位移,塔脚截面应变
悬索桥	加劲梁跨中与$L/8$和$3L/8$处挠度,支点沉降,跨中与$L/8$和$3L/8$处截面应变;塔顶纵桥向最大水平位移,塔脚截面应变

组合体系桥梁可根据组合体系所呈现的主要力学特征,结合上述各类桥梁的主要测点布设情况综合确定测点位置。

对于挠度(变位)观测点,整体式梁桥一般对称于桥中轴线布设。截面设单点时,布置在桥中轴线上;截面设双点时,布置在梁底或梁顶面两侧,其横向间距尽可能大一些。多梁式桥可在每梁底布置一个或两个测点;索塔测点一般布置在索塔纵桥向对称面相应位置。

截面抗弯应变测点应设置在截面横桥向应力可能分布较大的部位,沿截面上、下缘布设,横桥向测点设置一般不少于 3 处,以控制最大应力的分布。当采用测定混凝土表面应变的方法来确定钢筋混凝土结构中钢筋承受的拉力时,考虑到混凝土表面可能已经产生的裂缝对观测的影响,测点的位置应合理进行选择。如凿开混凝土保护层直接在钢筋上设置拉应力测点,则在试验完后必须修复保护层。

试验时,除布置主要测点外,可根据桥梁调查和检算工作的深度,综合考虑结构特点和桥梁目前状况等可适当加设附加测点,主要包括挠度沿桥长或沿控制截面桥宽方向分布;应变沿控制截面桥宽方向分布;应变沿截面高度分布;组合构件的结合面上、下缘应变;墩台的沉降、水平位移与转角,连拱桥多个墩台的水平位移;剪切应变;其他结构薄弱部位的应变裂缝的监测等。

常见截面单向应变测点布置应体现左右对称、上下兼顾、重点突出的原则,并能充分反映截面的高度方向的应变分布特征。单点应变花测点的布置不宜少于两组。测点布置完毕,应准确测量其位置。测试单向应变时,根据测试构件形状特点,沿宽度及高度方向布置的应变测点可以反映应变沿构件截面的横向和高度方向的变化特征;腹(肋)板应变测点应能够反映截面高度方向应变分布规律,顶缘应变测点布置于腹(肋)板最上缘。

常见截面的单向应变测点布置如表 5-4 所示。对称时一个 1/2 横截面的应变测点可减少一半,但不宜少于 2 个。

截面应变测点布置示意 表 5-4

构件名称	主要截面类型	应变测点布置示意图	备注
混凝土主梁	板式截面 整体式实心板		(1)板底面测点不少于 5 个,对称布置; (2)侧面测点不少于 2 个
	整体式空心板		(1)板底面测点不少于 5 个,对称布置; (2)侧面测点不少于 2 个; (3)腹板对应位置宜置测点
	装配式空心板		(1)每片板底面测点不少于 2 个; (2)侧面测点不少于 2 个

续上表

构件名称	主要截面类型		应变测点布置示意图	备注
混凝土主梁	梁式截面	钢筋混凝土T梁	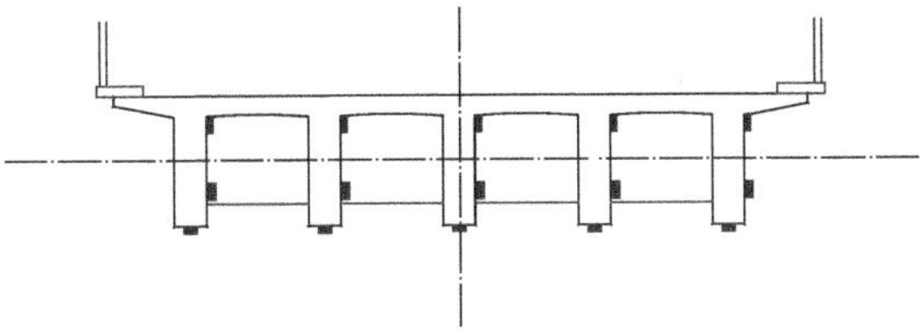	(1)每片梁底面测点为1~2个； (2)每片梁侧面测点不少于2个
		预应力混凝土T梁	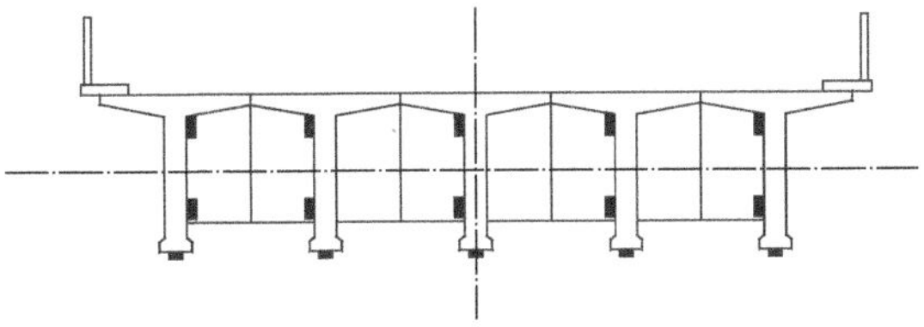	(1)每片梁底面测点为1~2个； (2)每片梁侧面测点不少于2个
		I形梁	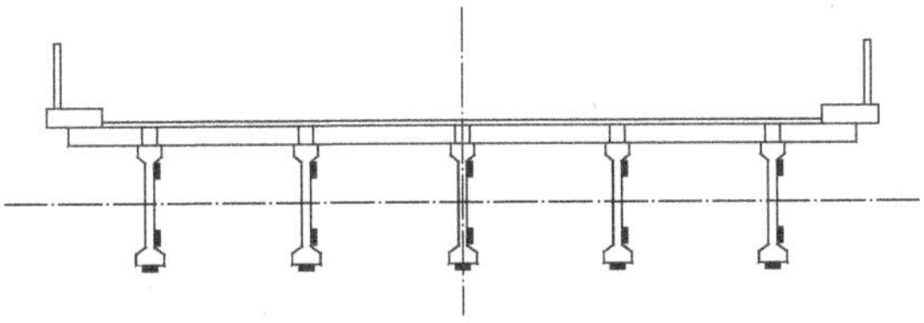	(1)每片梁底面测点为1~2个； (2)每片梁侧面测点不少于2个
		π形梁	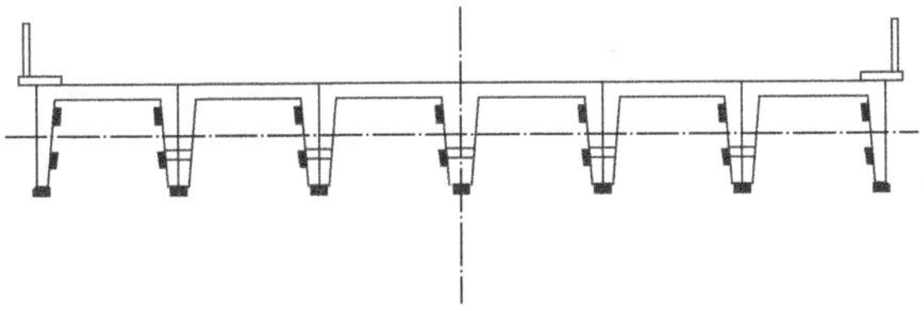	(1)每片梁底面测点为1~2个； (2)每片梁侧面测点不少于2个
		分离式箱梁	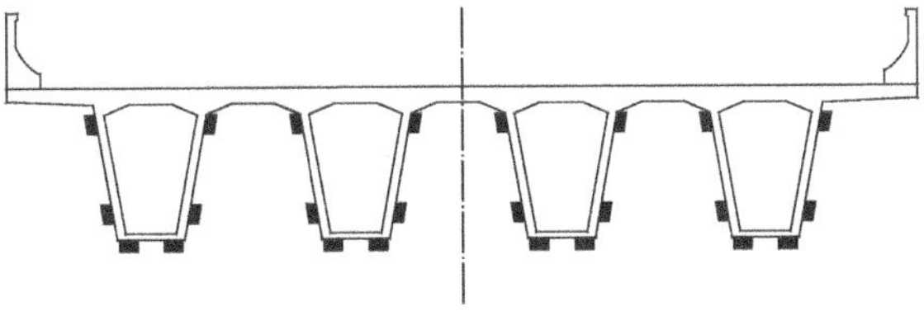	(1)每片梁底面测点不少于2个； (2)单腹板侧面测点不少于2个
		整体式箱梁	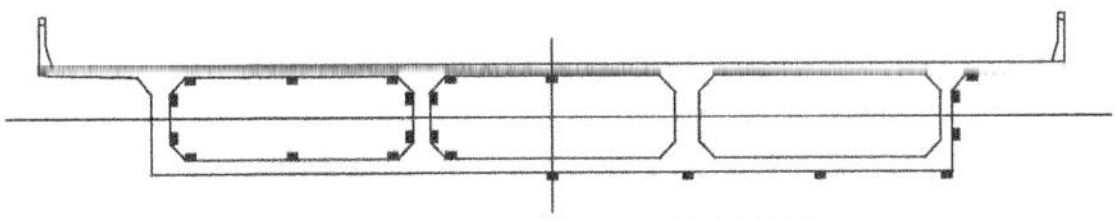 内侧布置　外侧布置	(1)在箱室内布置测点时，每箱室顶、底板不少于3个； (2)单肋侧面测点不少于2个；当箱梁未预留检修孔时，测点布置于箱梁外侧
		钢箱梁	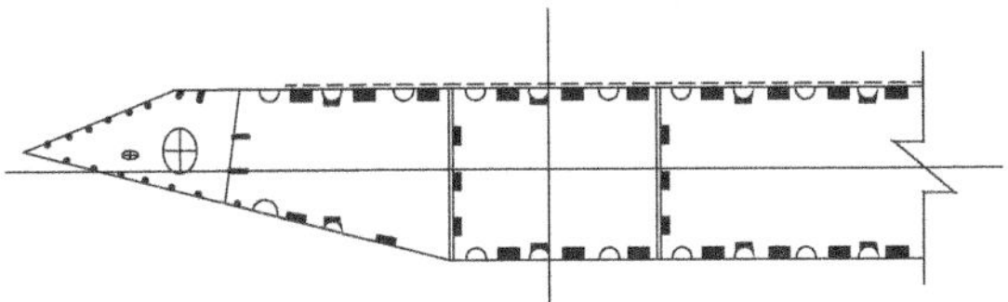	(1)每箱室顶、底板测点不少于3个，边测点应贴近腹板布置； (2)每腹板测点不少于3个； (3)加劲肋有选择进行测点布置

163

续上表

构件名称	主要截面类型	应变测点布置示意图	备注
钢箱梁及钢混组合梁	钢箱梁 钢-混组合梁	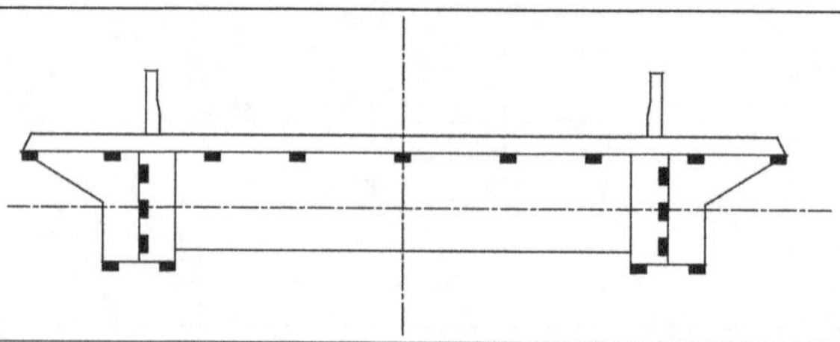	(1)单纵梁顶、底板测点不少于2个； (2)单纵梁侧面测点不少于3个； (3)混凝土下缘测点不少于5个，对称布置
	钢混组合梁 I形	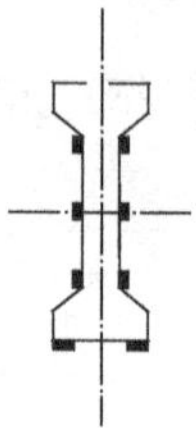	(1)顶、底面测点不少于2个； (2)单侧面测点不少于3个
拱肋	钢筋混凝土 矩形	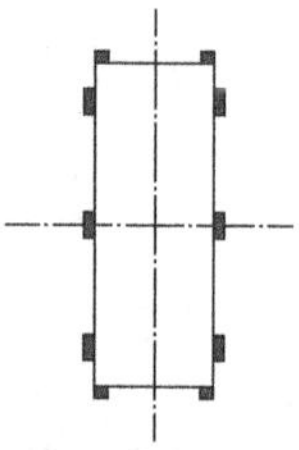	(1)顶、底面测点不少于2个； (2)单侧面测点不少于3个
	钢筋混凝土 箱形	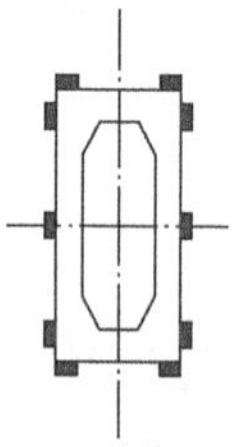	(1)顶、底面测点不少于2个； (2)单侧面测点不少于3个
	钢管混凝土 单肢	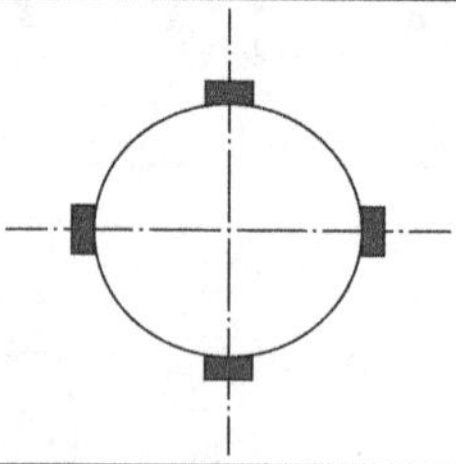	不少于4个，对称布置
	钢管混凝土 双肢	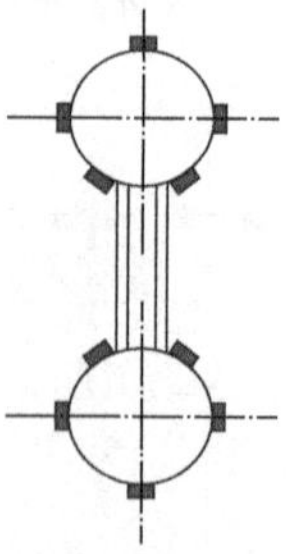	单肢不少于5个，钢管与缀板连接处宜布置测点，并准确测量其几何中心

续上表

构件名称	主要截面类型		应变测点布置示意图	备注
拱肋	钢管混凝土	四肢	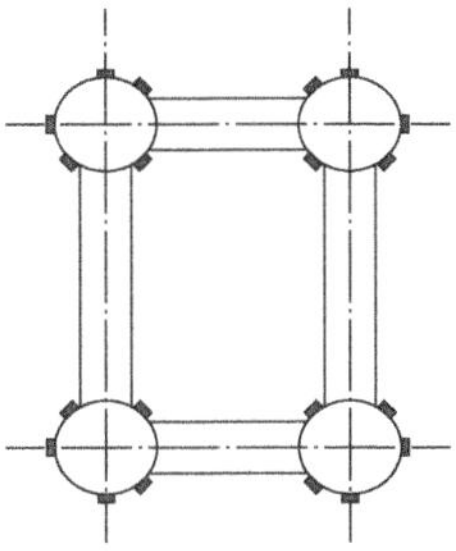	单肢不少于5个,钢管与缀板连接处宜布置测点,并准确测量其几何中心
	整体式板(箱)	整体式板	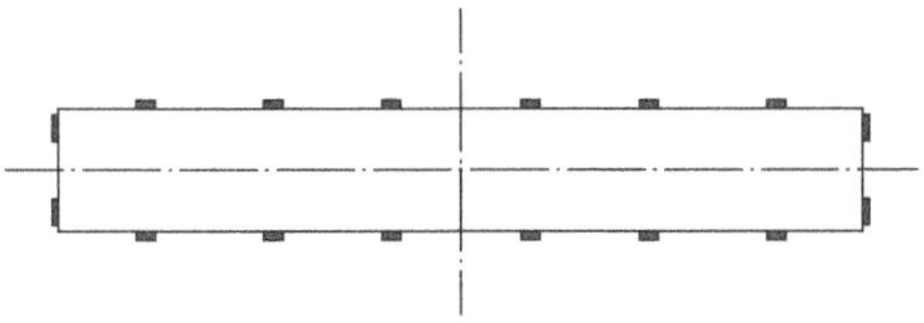	(1)顶、底面测点不少于个5个对称布置; (2)单侧面测点不少于2个
		整体式箱	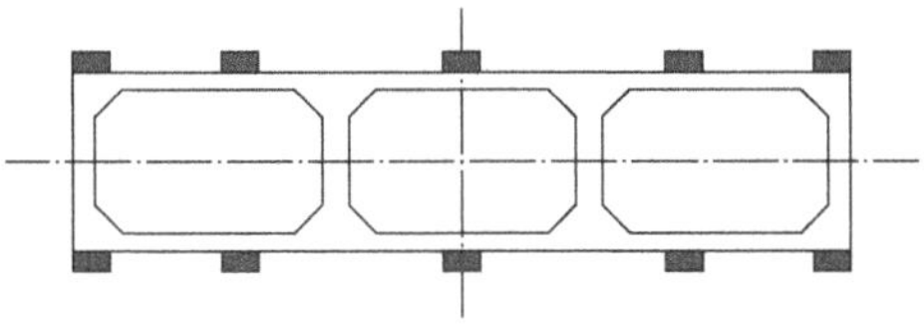	(1)顶、底面测点不少于5个,对称布置; (2)侧面测点不少于2个; (3)腹板对应位置须布置测点; (4)当箱内布置测点时,同整体式箱梁
桥墩	圆形		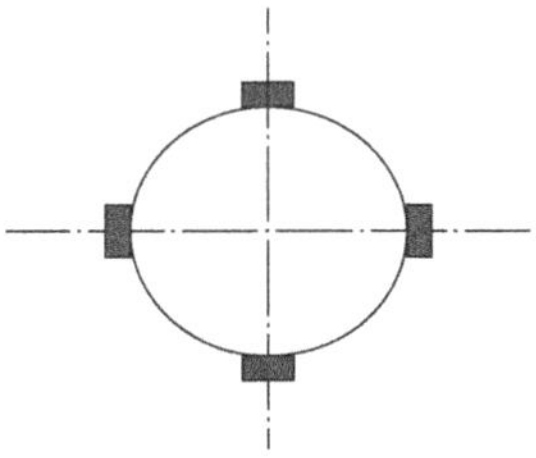	不少于4个,对称布置
	矩形		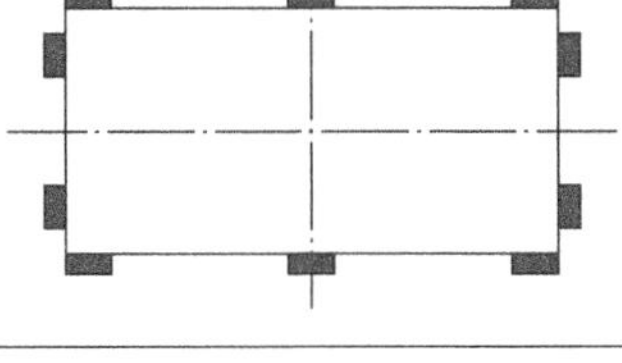	(1)横桥向每侧不少于3个; (2)纵桥向每侧不少于2个
	箱形		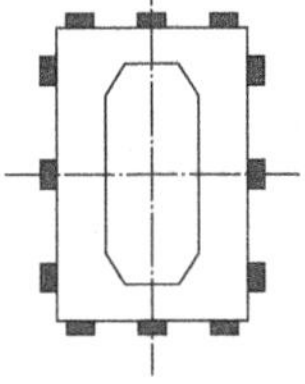	(1)横桥向每侧不少于3个; (2)纵桥向每侧不少于3个

续上表

构件名称	主要截面类型	应变测点布置示意图	备注
盖梁	矩形		(1)底板测点不少于3个； (2)单侧面测点不少于3个

对于裂缝观测,部分预应力混凝土或钢筋混凝土结构中,如在混凝土表面不会出现裂缝,则可任意测定位置和标距,但标距 l 不小于4倍混凝土粗集料最大粒径,若加载后可能出现裂缝,可分别选用20cm、30cm或20cm+30cm标距进行裂缝读数,标距应适应裂缝间距(图5-1)。对于已产生裂缝的情况,应根据裂缝间距合理选择测点位置与标距。

对于剪切应变测点,可从梁底支座中心起向跨中作与水平线呈45°斜线,此斜线与截面中性轴高度线相交的交点作为梁最大剪应力位置,此时,距支座最近的加载点应设置在45°斜线与桥面的交点上(图5-2)。

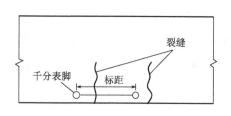

图5-1 可能出现裂缝选择测点与标距

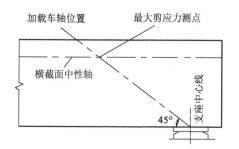

图5-2 梁最大剪应力位置

5.3.6 现场静载试验过程

静载试验应在现场指挥人员统一指挥下按荷载试验方案中的计划有秩序地进行。首先检查不同分工的测试人员是否各司其职;交通管理、加载(或驾驶人)和联络人员是否到位;加载设备、通信设备和电源(包括备用电源)是否准备妥当;加载位置、测点放样和测试仪器安装是否正确;然后调试仪器(自动记录时对测试仪表数据采集和记录设备进行连接),利用过往车辆(或初试荷载)检查各测点观测值的规律性,使整个测试系统进入正常工作状态。记录天气情况和试验开始时间,进行正式试验。

1)观测与记录

对测试系统进行不少于15min的测试数据稳定性观测。当测试周期较长时,温度变化引起的结构内力和变形会对测试结果产生影响。因此,需选择温度变化相对较小的时间段进行试验,或对观测成果进行温度影响修正。测试数据记录宜采用自动记录系统,应做好时间、环境温度、工况等记录。试验现象主要观测以下内容:

(1)裂缝

当裂缝数量较少时,可根据试验前后观测情况用裂缝观测表对裂缝状况进行描述。当裂缝发展较多时,应选择有代表性的结构部位描绘主要受力裂缝的开展图,图上应注明各加载工况的裂缝长度、宽度的发展及其卸载后的恢复情况。裂缝标注后,宜采用影像进行记录。

(2)其他现象

记录试验过程中结构出现的其他异常现象,如异常响动、失稳、扭曲、晃动等。

2)加载实施与控制

(1)加载程序

加载应在试验指挥人员指挥下严格按试验方案中拟定的加载程序进行。采用重物加载时,按荷载分级逐级施加,每级荷载堆放位置准确、整齐稳定。荷载施加完毕后,逐级卸载。采用车辆加载时,先由零载加至第1级荷载,卸载至零载;再由零载加至第2级荷载,卸至零载,直至所有荷载施加完毕(有时为了确保试验结果准确无误,每一级荷载重复施加1~2次)。每一级荷载施加次序为纵向先施加重车,后施加前后标准车;横向先施加桥中心的车辆,后施加外侧的车辆,如图5-3所示。

a)第1级荷载加载　　　　　　　b)第2级荷载加载

图5-3　车辆分级加载

(2)加载稳定时间控制

为控制加卸载稳定时间,应选择一个控制观测点(如简支梁的跨中挠度或应变测点),在每级加载(或卸载)后立即测读一次,计算其与加载前(或卸载前)测读值之差值 S_g,然后每隔2min 测读一次,计算2min 前后读数的差值 ΔS。当差值小于1%或小于量测仪器的最小分辨值时,即认为结构基本稳定,可进行各观测点读数。但当进行主要控制截面最大内力荷载工况加载程序时,荷载在桥上稳定时间应不少于5min;对尚未投入运营的新桥应适当延长加载稳定时间。某些桥梁如拱桥,有时当拱上建筑或桥面系参与主要承重构件的受力时,因连接较弱或变形缓慢,测点观测值稳定时间较长,如结构的实测变位(或应变)值远小于计算值,可将加载稳定时间定为20~30min。

(3)加载过程的观察

加载试验过程中应对结构控制点位移(或应变)、结构整体行为和薄弱部位破损实行监控,并将结果随时汇报给指挥人员作为控制加载的依据。随时将控制点实测位移与计算结果比较,如实测值超过计算值较多,应暂停加载,待查原因再决定是否继续加载。试验人员如发现其他测点的测值有较大的反常变化也应查找原因,并及时向试验指挥人员报告。加载过程中应指定人员随时观察结构各部位可能产生的新裂缝,注意观察构件薄弱部位是否有开裂、破损,组合构件的结合面是否有开裂错位,支座附近混凝土是否开裂,横隔板的接头是否拉裂,结构是否产生不正常的响声,加载时墩台是否发生摇晃现象等。如发生这些情况,应报告试验指挥人员,以便采取相应的措施。

(4)试验过程中应中途终止加载的情况

①控制测点应力值已达到或超过用弹性理论按规范安全条件反算的控制应力值时;

②控制测点变位(或挠度)超过规范允许值时;

③由于加载使结构裂缝的长度、宽度急剧增加,新裂缝大量出现,裂缝宽度超过允许值的裂缝大量增多,对结构使用寿命造成较大的影响时;

④拱桥加载时,沿跨长方向的实测挠度曲线分布规律与计算值相差过大或实测挠度超过计算值过多时;

⑤发生其他损坏,影响桥梁承载能力或正常使用时。

试验荷载加载控制分析是一项相当严肃的重要工作,试验人员务必认真对待,仔细观测并对比分析,严格按照加载控制条件实施静载试验控制流程,如图 5-4 所示。每座桥的试验跨度设置多个确定工况,每个工况下重复试验 3 次,最终试验结果为 3 次试验的平均值,每次试验前做好充分准备。

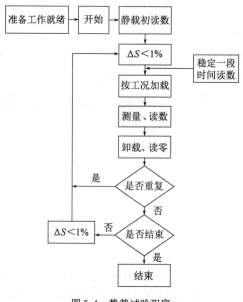

图 5-4 静载试验程序

5.3.7 静载试验结果分析

通过静载试验得到的原始数据、文字和图像描述材料是荷载试验最重要的资料,但这些原始资料数量庞大,不能直接用于评定桥梁承载能力,故进行承载能力评定之前必须对它们进行处理、分析,得出直接进行桥梁结构承载能力评定的指标,以满足承载力评定的需要。

1)试验资料的修正

(1)测值修正

根据各类仪表的标定结果进行测试数据的修正,如考虑机械式仪表校正系数、电测仪表的率定系数与灵敏系数,电阻应变观测的导线电阻影响等。当这类因素对测值的影响小于 1% 时,可不予修正。

（2）温度影响修正

温度对测试的影响比较复杂。结构构件的各部位不同的温度变化、结构的受力特性、测试仪表或元件的温度变化、电测元件的温度敏感性与自补性等均对试件精度造成一定的影响。逐项分析这些影响是困难的，一般可采用综合分析的方法来进行温度影响修正，即利用加载试验前进行的温度稳定观测数据，建立温度变化（测点处构件表面温度或空气温度）和测点测值（应变和挠度）变化的线性关系，然后按式（5-2）进行温度修正计算。

$$\Delta S_t = \Delta S - \Delta t \cdot K_t \tag{5-2}$$

式中：ΔS_t——温度修正后测点加载测值的变化量；

ΔS——温度修正前测点加载测值的变化量；

Δt——相应于 ΔS 观测时间段内的温度变化量（℃），对应变宜采用构件表面温度，对挠度宜采用气温；

K_t——空载时温度上升 1℃ 时测点测值变化量，如测值变化与温度变化关系较明显时，可采用多次观测的平均值，$K_t = \Delta S_1/\Delta t_1$，其中 ΔS_1 为空载时某一时间区段内测点测值变化量，Δt_1 为相应于 ΔS_1 同一时间区段内温度变化量。

应注意，被测构件表面温度与内部温度的差异、贴片位置与非贴片位置的温差、局部贴片与整体贴片间的温差、贴片与补偿片间的温差等构成了温度影响的复杂性。通常采取缩短加载时间，选择温度变化较稳定的时间段进行试验等办法，尽量减小温度对测试精度的影响。必要时，可在加载试验前进行温度稳定数据的观测，建立温度变化和测点测值变化的关系曲线进行温度修正。

（3）支点沉降的影响修正

当支点有沉降发生时，应修正其对变位值的影响，修正量 C 可按式（5-3）计算。

$$C = \frac{l-x}{l} \cdot a + \frac{x}{l} \cdot b \tag{5-3}$$

式中：C——测点的支点沉降影响修正量；

l——A 支点到 B 支点的距离；

x——挠度测点到 A 支点的距离；

a——A 支点沉降量；

b——B 支点沉降量。

（4）测点变位或应变计算

测点变位或应变可按式（5-4）计算。

$$\begin{aligned} S_t &= S_l - S_i \\ S_e &= S_l - S_u \\ S_p &= S_t - S_e = S_u - S_i \end{aligned} \tag{5-4}$$

式中：S_t——试验荷载作用下量测的结构总变位（或总应变）值；

S_e——试验荷载作用下量测的结构弹性变位（或应变）值；

S_p——试验荷载作用下量测的结构残余变位（或残余应变）值；

S_i——加载前的测值；

S_l——加载达到稳定时的测值；

S_u——卸载后达到稳定时的测值。

(5)测点的相对残余变位(或应变)

测点的相对残余变位(或应变)可按式(5-5)计算。

$$\Delta S_p = \frac{S_p}{S_t} \times 100\% \tag{5-5}$$

式中：ΔS_p——相对残余变形(或应变)；

S_p、S_t 含义同前。

(6)测点校验系数

测点校验系数可按式(5-6)计算。

$$\eta = \frac{S_e}{S_s} \tag{5-6}$$

式中：η——校验系数；

其余符号含义同前。

2)试验曲线的绘制

试验曲线能直观地反映试验结果。可通过试验曲线来表示实测应变和理论计算值的比较情况、主要控制点的变形(应变)与荷载的历程曲线、挠度及应变分布情况。通过这些曲线可对试验结果进行评价,判断异常点、结构工作状态、应变(变形)分布是否符合一般规律等。试验曲线应绘制各加载工况下主要测点实测变形(或应变)与相应的理论计算值的对照表及其关系曲线,各加载工况下主要控制点的变形(或应变等)与荷载的关系曲线,以及各加载工况下控制截面变形(或应变)分布图、沿纵(横)桥向挠度图、截面应变沿高度(宽度)分布图等。

3)试验结果与理论分析的比较

为了评定桥梁结构整体受力性能,需对桥梁荷载试验结果与理论分析值进行比较,以检验新建桥梁是否达到设计荷载标准,或判断旧桥的承载能力。可以将结构位移、应变等实测值与理论计算值列表进行比较,对结构在最不利荷载工况作用下主要控制截面测点的位移、应变的实测值与理论计算值,要分别绘出荷载-位移(P-w)曲线、荷载-应变(P-ε)曲线,并绘出最不利荷载工况作用下位移沿结构纵、横向分布曲线和控制截面应变沿高度分布图,以及绘制结构裂缝分布图。绘制时应按裂缝编号注明长度、宽度、初裂荷载及裂缝发展情况。

4)试验结果评定

(1)校验系数

校验系数 η 包括应变(应力)校验系数及挠度校验系数。常见桥梁结构试验的应变(应力)和挠度校验系数的常值范围见表5-5。

常见桥梁结构试验校验系数　　表5-5

桥梁类型	应变(或应力)校验系数	挠度校验系数
钢筋混凝土板桥	0.20～0.40	0.20～0.50
钢筋混凝土梁桥	0.40～0.80	0.50～0.90
预应力混凝土桥	0.60～0.90	0.70～1.00
圬工拱桥	0.70～1.00	0.80～1.00
钢筋混凝土拱桥	0.50～0.90	0.50～1.00
钢桥	0.75～1.00	0.75～1.00

校验系数越小,结构的安全储备越大,但当校验系数过大或过小时,应从多个方面分析原因。过大,可能因为组成结构的材料强度或弹性模量较低,结构各部分连接性能较差,刚度较小等;过小,可能因为材料的强度或弹性模量较高,桥面铺装及人行道等与主梁(肋)共同受力,拱上建筑与拱圈共同作用,计算理论或简化图式的影响等。试验时加载物的称量误差,仪表的观测误差等也对校验系数有一定影响。一般来说,新建桥梁的校验系数较小,旧桥的校验系数较大。校验系数超出常值范围时,应结合动载试验成果进行综合判断。

对于钢结构桥梁,试验及研究表明,由于其结构变异性较小,理论计算值与试验值常有较好地吻合,校验系数的区间较小。实际试验中,可能会出现大于1的情况,通常是理论分析中未考虑剪力滞效应等附加应力的影响所致。

(2)实测值与理论值的关系曲线

测点实测变形(或应变)与其理论值呈线性关系,则说明结构处于线弹性工作状况。

(3)截面应变分布状况

对于常规结构,实测的结构或构件主要控制截面应变沿梁高分布图符合平截面假定,实测的控制点变形或应变与荷载的关系曲线接近于直线,说明桥梁结构或构件处于弹性工作状况。

(4)相对残余变位(或应变)

测点在控制荷载工况作用下的相对残余变位(或应变)ΔS_p越小,说明结构越接近弹性工作状况。一般要求值ΔS_p不大于20%。当ΔS_p大于20%时,表明桥梁结构的弹性状态不佳,应分析原因,必要时再次进行荷载试验以确定。如确定桥梁强度不足,应在结构评定时酌情降低桥梁的承载能力。

5.4 动载试验

桥梁结构在移动的车辆、人群、风力和地震等动力荷载作用下会产生振动。桥梁结构的振动分析是桥梁结构分析的又一项重要内容。桥梁结构的振动问题影响因素复杂,仅靠理论分析还不能满足工程应用需要,一般需采用理论分析与试验测试相结合的方法解决,桥梁动载试验就成为解决该问题必不可少的手段。动载试验是指测试桥梁结构或构件在动荷载激励和环境荷载作用下的受迫振动特性和自振特性的现场试验。桥梁结构的动力特性(如振型、频率和阻尼比等)是桥梁承载力评定的重要参数,同时也是识别桥梁结构工作性能和桥梁抗震分析的重要参数。随着我国公路桥梁检验评定制度的推行,桥梁动载试验将会越来越受到重视。

5.4.1 基本概念

桥梁动载试验是利用某种激振方法激起桥梁结构的振动,测定桥梁结构的固有频率、阻尼比、动力冲击系数、动力响应(加速度、动挠度)等动态参量的试验项目,从而宏观地判断桥梁结构的整体刚度与运营性能。

桥梁的动载试验可以划分为3类基本问题:首先是测定动荷载的动力特性,即引起桥梁结构产生振动的作用力数值、方向、频率和作用规律;其次是测定桥梁结构的动力特性,即桥梁结构或构件的自振频率、阻尼比、振型等桥梁结构模态参数等;最后测定桥梁结构在动荷载作用下的强迫振动响应,即桥梁结构动位移、动应力和冲击系数。

桥梁承受动载时,引起结构振动的动荷载是随时间而改变的,同时结构在动荷载作用下的反应与结构本身动力特性有密切关系。动荷载所产生的动力效应,有时远大于其相应的静力效应,可能使结构遭受严重破坏。

桥梁动载试验时的荷载效率为:

$$\eta_d = \frac{S_d}{S_{lmax}} \tag{5-7}$$

式中:S_d——动载试验荷载作用下控制截面最大计算内力值;

S_{lmax}——控制荷载作用下控制截面的最大内力或变形(不计冲击)。

动载试验荷载效率 η_d 一般取高值,但不应超过 1.0。η_d 不仅取决于试验车型及车重,而且取决于实际跑车时的车间距。因此,在动载试验跑车时应注意保持试验车辆之间的车间距,并应实际测定跑车时的车间距以作为修正动载试验效率的 η_d 的计算依据。

5.4.2 动载试验的激振方法

桥梁动载试验常见的激振方法包括环境随机激励法(脉动法)、跑车余振法、跳车激振法以及起振机激振法,除此之外还有其他激振法。

1)环境随机激励法(脉动法)

环境随机激振法(脉动法),是指在桥面无任何交通荷载以及桥址附近无规则振源的情况下,通过测定桥梁由风荷载、地脉动等随机激励引起的微幅振动来识别结构自振特性参数的方法。对于大跨度悬吊结构,如悬索桥、斜拉桥、具有分离式拱肋的大跨度下承式或中承式拱桥以及桥塔和高墩,可利用脉动测量结构的固有频率。该方法需对采集的长样本信号进行能量平均以便消除随机因素影响。对于悬索桥、斜拉桥等自振频率较低的桥型,为保证频率分辨率和提高信噪比,采集时间不宜小于 20min。环境激振法更适合大跨柔性桥梁,也是其他桥型经常采用的激振方法之一。对于小跨径桥梁,采集时间可酌情减少。

特定的桥梁结构有属于自己的振动频率,通过外界环境的振动可以激励桥梁结构振动,增大桥梁结构在外界振动激励下的频率。与外界频率差别大的激励能量很难被桥梁结构吸收,甚至会相互抵消,用传感器可以对桥梁结构在环境激励下的振动频率进行记录和分析,然后得出桥梁的自振特点。因为结构的脉动是由外界不规则的干扰所引起,所以它具有各种频率成分,而结构固有频率的谐量是脉动的主要成分,在脉动曲线图上可直接量出,振幅呈现有规律的增减现象,凡振幅大、波形光滑之处的频率都相同,而且多次重复出现,此频率即为结构的基频。

脉动法能较容易地得到被测桥梁的基频,而高阶频率很难出现。对于高耸或跨度大的柔性结构,有可能出现二、三阶频率,但相对于基频出现的可能性还是要小些。通常在用脉动法实测结构自振特性时,其记录的时间需长些,直至出现"拍振"波形。此外,记录的时间长,测得高阶频率的概率也就会大些。出现"拍振"表明出现了与被测结构物相同或相接近的脉动频率。因此,"拍振"是脉动实测波形中一个重要的标志。结构的脉动曲线示例如图 5-5 所示。

脉动法充分利用了周围环境振动的特性来测量桥梁的振动特征,无需大型的激振设备,只需在桥梁的振动位置上安装传感器、信号收集器和放大器,以及谱分析的软件,就可以对振动数据进行收集,测量桥梁结构的自振特点。

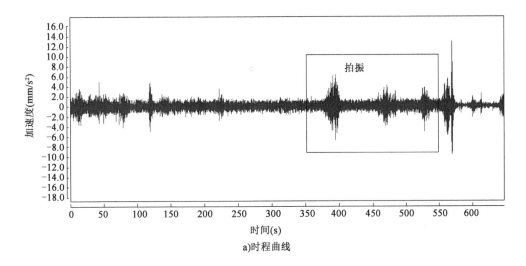

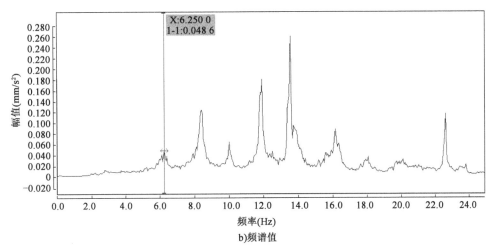

图 5-5　结构的脉动曲线示例

对称性的桥梁结构采用脉动法,可以布置出半桥测点,在各个特征测点处记录振动情况,并通过谱分析软件分析频率波动图。根据相关要求,试验测量的桥梁频率必须大于理论模型的振动频率,因为在模型中忽视了桥梁的桥面铺装和桥梁的横隔梁。一般来讲,桥梁新建之时,阻尼比非常小,建成时间较长阻尼比较大。如果桥梁的阻尼比比较大,则说明桥梁结构存在裂缝等病害损伤。

2) 跑车余振法

跑车余振法是利用车辆驶离桥面后引起的桥梁结构余振信号来识别结构自振特性参数的方法,该方法对于小阻尼桥梁效果较好。试验时,为提高信噪比,获取尽可能大的余振信号,可采用不同的车速进行多次试验,或在桥跨的特征截面设置弓形障碍物进行激振(有障碍行车激振)。一般情况下,可结合行车动力响应试验统筹考虑如何获取余振信号。

在桥梁动载试验中,载重车队采用由低到高的不同速度驶过桥梁,使结构产生不同程度的强迫振动。在若干次运行车辆荷载试验中,当某一行驶速度产生的激振力的频率与结构的固有频率相近时,结构便产生共振现象,此时结构各部位的振动响应达最大值。

在车辆离桥后,结构作自由衰减振动的波形记录,从中可分析计算出结构的固有频率和阻尼特性,自由衰减振动的波形如图5-6所示。

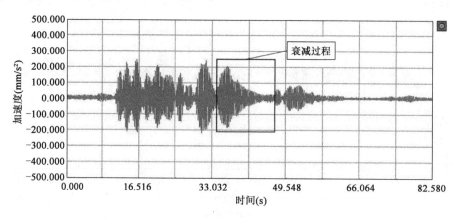

图5-6 自由衰减振动的波形

3)跳车激振法

跳车激振法是通过让单辆载重汽车的后轮在指定位置从三角形垫块突然下落对桥梁产生冲击作用,激起桥梁的振动。此法更适用于其他方法不易激振的、刚度较大的桥梁,如石拱桥、小跨径梁式桥等。梁式桥采用跳车激振法时,应进行车辆自重附加质量影响的修正。研究表明,对于跨径小于20m的简支梁桥,车辆自重的影响是不可忽略的。

4)起振机激振法

起振机激振法是利用激振设备,对被测结构施加一简谐荷载使结构产生一恒定的强迫简谐振动,借助共振原理来得到结构自振特性的方法。实施时由激振器对结构物施加简谐荷载,并作由低到高的频率扫描,使被测结构物发生周期性强迫振动。当激振器的频率由低到高(扫频)时,即可得到一组振幅与频率的关系曲线,如图5-7所示。

激振设备有机械式激振器、电磁式激振器和电气液压式振动台。激振器在结构上的安装位置和激振方向要根据试验的要求和目的而定。使用时,激振器应牢固地固定于结构上,由底座将激振器产生的交变激振力传给结构。如果将两台激振器安放于结构的适当位置上,反向激振,则可进行扭转振动试验。

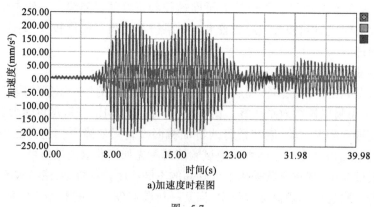

a)加速度时程图

图 5-7

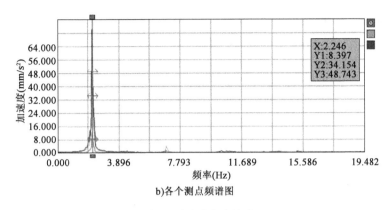

b)各个测点频谱图

图 5-7　振幅与频率关系

　　试验时,可连续改变激振器的频率。当激振力的频率与结构的固有频率相等时,结构出现共振现象,此时所记录到的频率即结构的固有频率。对于较复杂的结构,可以连续改变激振力的频率,进行"频率扫描",使结构连续出现第 1 次共振,第 2 次共振,……,同时记录结构的振动图形。由此可得到结构的第一频率(基频),第二频率,……,在此基础上,再在共振频率附近进行稳定的激振试验,则可准确地测定结构的固有频率与振型。频率扫描时结构的振动图如图 5-8 所示。

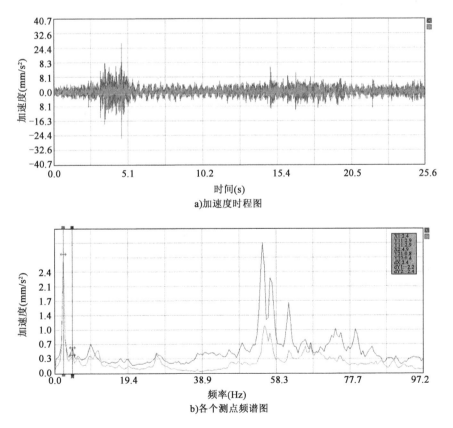

图 5-8　频率扫描时结构的振动频率

在上述频率扫描试验时,同时记录结构的振幅变化情况,则可作出共振曲线,即频率-振幅关系曲线,从而确定结构的阻尼特性。

起振机激振法的优点是测试精度高,其缺点是需要较为庞大的起振机设备,运输不方便,同时安装起振机对桥面将产生一定的损伤。在需要高精度识别桥梁结构动力特性时,可采用此方法。

5) 其他方法

(1) 突加荷载法(冲击法)

突加荷载法又称初速度法,此种方法可分为垂直加载和水平加载两种。它是对被测结构作用一个冲击力,使得结构获得一定初速度而自由振动起来。垂直加载法通过将重物提升到一定的高度,再用脱钩或剪断绳索的方法使重物自由落体到结构上(图5-9),也可通过打桩设备施加一定冲击荷载使结构产生一定初速度而自由振动。采用重物自由落体加载方法时,一般要求重物的质量 m 不大于试验跨度内结构自重的 0.1%。此外,为防止重物在结构上弹跳或砸损结构,须在结构上铺垫 $10\sim20cm$ 砂垫层,并规定落物高度 h 在 $2.5m$ 以下。

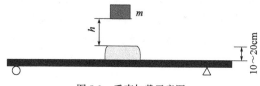

图 5-9 垂直加载示意图

对于中、小型桥梁结构,可用落锤激振器(或枕木)垂直地冲击桥梁,激起桥梁竖直方向的自由振动。跳车法也是突加荷载法的一种,其通过试验车辆在桥面上驶越三角垫木,利用车轮的突然下落对桥梁产生冲击作用,激起桥梁的竖向振动。但此时所测得的结构固有频率包括了试验车辆这一附加质量的影响。近年来,在桥梁的动载试验中,还有采用爆炸和发射小型火箭产生脉冲荷载等办法来进行激振,但还不普及。

如果要激起结构的整体振动,冲击荷载的位置可按所测结构的振型来确定,如为了获得简支梁桥的第一振型,则冲击荷载作用于跨中部位,测试第二振型时冲击荷载应加于跨度的四分之一处。

(2) 突然卸载法(位移激振法)

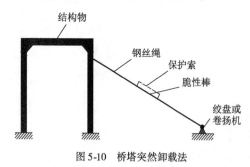

图 5-10 桥塔突然卸载法

突然卸载法又称初位移法。它是先使结构产生一初始位移,然后突然卸载,利用结构的弹性使其自由振动起来的方法。部分桥梁动载试验会在桥塔上应用突然卸载法。实施时采用如图 5-10 所示的张拉释放装置开动绞盘,通过钢丝绳牵拉被测结构物使其产生初始位移,当拉力足够大时,脆性棒突然拉断,使其突然卸载,结构由于弹性而自由振动。通过调整脆性棒的截面积即可获得不同的初始位移。

5.4.3 动载试验的测试截面及测点布置

桥梁动载试验的测试截面应根据桥梁结构振型特征和行车动力响应最大的原则确定。一般可根据桥梁结构的规模按跨径 8 等分或 16 等分简化布置。如遇桥塔或高墩,尽可能按高度

3~4 等分布置。

对于常见的简支梁桥及连续梁桥,根据具体情况可参照表 5-6 选择测试截面。大型桥梁振型测试可将结构分成几个单元分别测试,整个试验布置一个固定参考点(应避开振型节点),每次测试都应包含这个固定参考点,即可将几个单元的测试数据通过参考点关联,拟合得到全桥结构振型图。

在测试桥梁结构行车响应时,应选择桥梁结构振动响应幅值最大部位为测试截面。简单结构宜选择跨中一个测试截面,复杂结构应适当增加测试截面,但不宜过多。用于冲击效应分析的动挠度测点每个截面至少 1 个,采用动应变评价冲击效应时,每个截面在结构最大活载效应部位的测点数不宜少于 2 个。见表 5-7 和表 5-8。

简支梁桥前 5 阶模态的传感器布置方案 表 5-6

前 n 阶模态阶数	最少需要传感器数	测点布设位置
1	1	$L/2$
2	2	$L/4, 3L/4$
3	3	$L/6, L/2, 5L/6$
4	4	$L/8, 3L/8, 5L/8, 7L/8$
5	5	$L/10, 3L/10, L/2, 7L/10, 9L/10$

注:L 为简支梁桥的计算跨径。

两等跨连续梁桥前 4 阶模态的传感器布置方案 表 5-7

前 n 阶模态阶数	最少需要传感器数	测点布设位置
1	2	$L/4, 3L/4$
2	4	$L/8, 3L/8, 5L/8, 7L/8$
3	6	$L/12, L/4, 5L/12, 7L/12, 3L/4, 11L/12$
4	8	$L/16, 3L/16, 5L/16, 7L/16, 9L/16, 11L/16, 13L/16, 15L/16$

注:L 为桥梁跨径总长。

三等跨连续梁桥前 3 阶模态的传感器布置方案 表 5-8

前 n 阶模态阶数	最少需要传感器数	测点布设位置
1	3	$L/6, L/2, 5L/6$
2	6	$L/12, L/4, 5L/12, 7L/12, 3L/4, 11L/12$
3	9	$L/18, L/6, 5L/18, 7L/18, L/2, 11L/18, 13L/18, 5L/6, 17L/18$

注:L 为桥梁跨径总长。

拾振器的布置应按照结构振型形状,在变位较大的部位布置测点,尽可能避开各阶振型的节点,以免丢失模态。动载试验应变测点的布置与静载试验静应变测点的布置原则相同。常见桥梁的前几阶振型如下图所示。

(1)简支梁

简支梁的前几阶振型如图 5-11 所示。

(2)固端梁

固端梁的前几阶振型如图 5-12 所示。

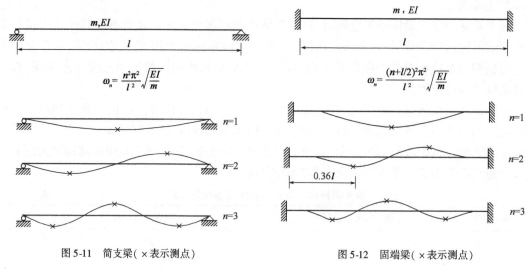

图 5-11 简支梁（×表示测点）　　　　图 5-12 固端梁（×表示测点）

（3）悬臂梁

悬臂梁的前几阶振型如图 5-13 所示。

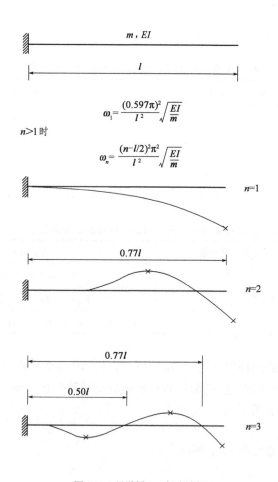

图 5-13 悬臂梁（×表示测点）

(4) 三跨连续梁

三跨连续梁的前几阶振型如图 5-14 所示。

(5) 双铰拱桥

双铰拱桥的前几阶振型如图 5-15 所示。

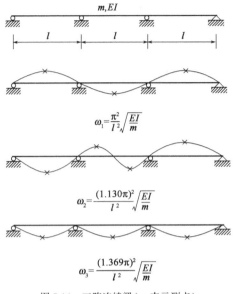

图 5-14　三跨连续梁（×表示测点）

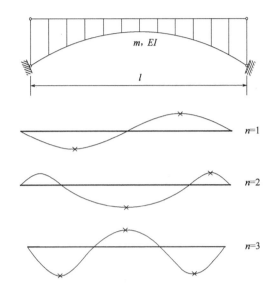

图 5-15　双铰拱桥（×表示测点）

5.4.4　动载试验测试内容

桥梁的动力响应测试应包括动挠度、动应变、振动加速度或速度等。动载试验一般主要通过跑车、跳车、制动和脉动试验来进行，具体测试方式如下：

10.桥梁动载跳车试验视频　　11.桥梁动载跑车试验视频　　12.桥梁动载刹车试验视频

1）跑车试验（无障碍行车试验）

一般安排标准汽车车列（对小跨径桥也可用单排车）在不同车速时的跑车试验（图 5-16），跑车速度一般定为在最高设计车速下的若干等级，如 5km/h、10km/h、20km/h、30km/h、40km/h、50km/h、60km/h 等，车速在桥梁（孔）上宜保持恒定。

图 5-16　跑车试验

2)跳车试验(有障碍行车试验)

在预定激振位置放置一块弓形障碍物或三角木等,试验车辆以不同的速度行驶,车速宜取 5~20km/h,障碍物宜布置在结构冲击效应显著部位,后轮越过弓形障碍物或三角木后立即紧急制动(图5-17、图5-18)。

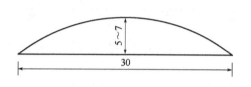

图5-17　跳车试验　　　　　　　　图5-18　弓形障碍物(尺寸单位:cm)

3)制动试验

通过行进车辆突然制动作为激振源,以不同车速停在预定位置,制动试验车速宜取30~50km/h,制动停止部位应为动态效应较大的位置用以了解桥梁承受活载水平力的性能。对于漂浮体系桥梁,应测试主梁纵向变形等项目。

4)脉动试验

使用高灵敏度的传感器和放大器测量结构在环境振动作用下的振动,然后对其进行谱分析,求出结构自振特性。

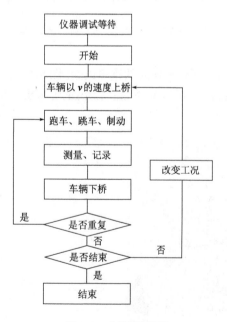

图5-19　动载试验流程

跑车试验的车速应根据设计车速、路幅宽度、桥面线形、路况等因素综合考虑,可采用测速仪或由实测时程信号在特征部位的起讫时间确定实际车速;在保证安全的情况下,应尽量取较宽的车速范围。鉴于冲击系数是与桥面平整度、车—桥耦合振动等相关的随机变量,单次试验的随机性较大,影响评价的客观性,因此每个车速工况宜进行2~3次重复试验。

跳车试验是采用人工模拟的方法测试桥面不平整时的结构冲击效应,制动试验是模拟桥面车辆制动力对结构的冲击效应,而这些模拟带有较大的不确定性。因此此类试验属于辅助性项目,可有选择地采用。

一般情况下宜首选跑车试验,跳车试验和制动试验可根据实际情况选择。典型动载试验过程流程如图5-19所示。

5.4.5 试验过程的控制与记录

动载试验测试系统的性能应满足试验对量程、精度、分辨率、稳定性、幅频特性、相频特性的要求。传感器安装须与主体结构保持良好接触,确保无相对振动。桥梁动态测试仪器属弱电设备,应远离电磁干扰源,必要时可采取屏蔽措施。在仪器附近使用对讲机、手机等通信设备可能会产生意想不到的干扰,试验前应进行必要验证,以控制此类干扰对试验结果产生的影响。

正式试验前应对测试系统进行稳定性检查。桥梁空载状态下,动应变、动挠度信号在预定采集时间内的零点漂移不宜超过预计最大值的5%。根据预加载试验具体情况对试验方案或测试仪器参数设置做必要的调整,按照调整确定后试验方案与试验程序进行加载试验,观测并记录各测试参数。

正式试验过程中,应根据观测和测试结果,实时判断结构状态是否正常,测试数据是否异常,是否需要终止试验,确保试验过程安全。各工况试验完成后,应对测试数据进行检查和确认。如发现幅值异常或突变、零点严重偏离、异常电磁干扰、噪声过大等问题,应在排除故障后重新进行试验。全部试验完成后,应在现场对主要的测试数据进行检查和分析,确保测试数据的准确性和完整性。同时,及时记录试验荷载参数(规格、数量、纵横向布置、车速、行进方向)、传感器规格、灵敏度、编号、连接通道号、采集器采样频率、滤波频率、换算系数等信息。

用于冲击系数计算分析的动挠度、动应变信号的幅值分辨率应不大于最大实测幅值的1%。对行车试验的动挠度、动应变信号进行采集和处理时,若幅值分辨率太低,结构动态增量的冲击系数分析结果就会产生较大误差。当幅值分辨率为实测时程曲线最大幅值的1%时,并假定冲击系数为0.10,则幅值分辨率这一因素产生的冲击系数测试误差不超过5%。数据采集和频谱分析时,应合理设置采样、分析参数,频率分辨率不宜大于实测自振频率的1%。

5.4.6 动载试验结果分析

1)自振频率的分析

结构自振频率可采用波形分析法、频谱分析法或模态分析法得到。自振频率宜取用多次试验、不同分析方法的结果相互验证。单次试验的实测值与均值的偏差不应大于±3%。

(1)波形分析法适用于单一频率自振信号。取若干周期自振波形,通过时间坐标计算自振频率均值。当测试信号包含多阶自振信号叠加时,可利用带通滤波进行信号分离,如图5-20所示,得到单一频率的自振信号,再进行频率计算。

(2)频谱分析法可用于确定自振信号的各阶频率。用于分析的数据块中不得包含强迫振动成分。

(3)采用跳车激振法时,对于跨径小于20m的桥梁,应按式(5-8)对实测结构自振频率进行修正:

$$f_0 = f\sqrt{\frac{M_0 + M}{M_0}} \tag{5-8}$$

式中:f_0——结构的自振频率;

f——有附加质量影响的实测自振频率;

M_0——桥梁结构在激振处的换算质量;

M——附加质量。

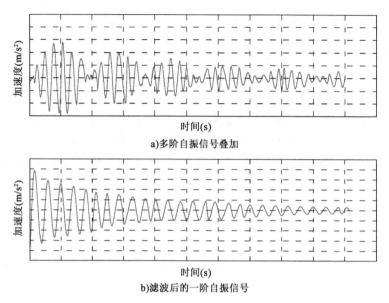

图 5-20 某桥多阶叠加自振信号的分离

桥梁结构的换算质量可用两个不同重量的突加荷载依次激振,分别测定自振频率 f_1 和 f_2,其附加质量为 M_1 和 M_2,可用式(5-8)求得换算质量 M_0。

(4)采用跑车余振法激励时,要确定车辆驶离桥梁的准确时刻,以免将强迫振动当作自由振动进行处理,导致自振频率误判。

具体方法是根据同时采集的动挠度、动应变实测信号中静态分量的起始位置判定余振起点(图 5-21),再利用分析仪中数据截断功能将强迫振动响应舍弃。截断后的数据块长度应满足频率分辨率的要求。

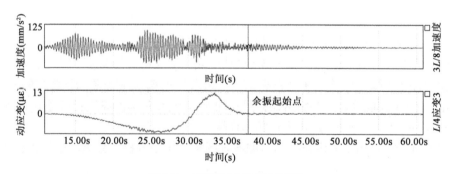

图 5-21 跑车激励余振起始点确定

2)阻尼参数的分析

桥梁结构阻尼参数可采用波形分析法、半功率带宽法或模态分析法得到。结构阻尼参数宜取用多次试验、不同分析方法所得结果的均值,单次试验的实测结果与均值的偏差应不超过 ±20%。

(1)波形分析法

多阶自振信号叠加的波形应首先分离为单一频率的自振信号(图 5-22),再按式(5-9)计算阻尼比:

$$D = \frac{1}{2\pi n} \ln \frac{A_i - A_i'}{A_{i+n} - A_{i+n}'} \qquad (5-9)$$

式中：D——阻尼比；

n——参与计算的波的个数，应不小于 3；

A_i——参与计算的首波峰值；

A_i'——参与计算的首波波谷值；

A_{i+n}——参与计算的尾波峰值；

A_{i+n}'——参与计算的尾波波谷值。

(2) 半功率带宽法

在自振频谱图上对每一阶自振频率采用半功

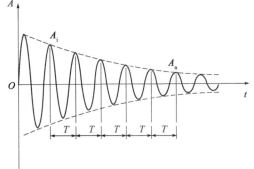

图 5-22　波形法阻尼计算图例

率点带宽求取阻尼参数的方法。采用此方法时频率分辨率 Δf 宜不大于 1% 的自振频率值，以保证插值计算的精度，计算方法见图 5-23 和式(5-10)。阻尼比为：

$$D = \frac{n}{\omega_0} = \frac{\omega_2 - \omega_1}{2\omega_0} = \frac{f_2 - f_1}{2f_0} \qquad (5-10)$$

式中：f_0——自振频率；

f_1、f_2——半功率点频率，即 0.707 倍功率谱峰值所对应的频率。

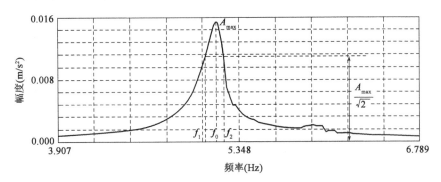

图 5-23　半功率点法阻尼识别

(3) 模态分析法

采用环境激振等方法进行模态参数识别时，可采用专用软件计算各阶模态阻尼。

振型参数识别可采用的计算方法较多，也较复杂。研究表明，对采用环境激振法进行模态参数识别时，随机子空间法精度和效果较好，因此可优先采用。

3) 冲击系数的分析

计算冲击系数时应优先采用桥面无障碍行车下的动挠度时程曲线计算。受现场条件限制无法测定动挠度时，可采用动应变时程曲线计算冲击系数，计算方法参照图 5-24 和式(5-11)。冲击系数为：

$$\mu = \frac{f_{d\max}}{f_{j\max}} - 1 = \frac{f_{d\max}}{\frac{f_{d\max} + f_{d\min}}{2}} - 1 \qquad (5-11)$$

式中：$f_{d\max}$——最大动挠度（动应变）幅值；

$f_{j\max}$——取波形振幅中心轨迹的顶点值，或通过低通滤波求取；

$f_{d\min}$——与 $f_{d\max}$ 对应的波谷值。

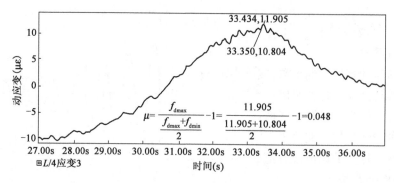

图 5-24 冲击系数计算图例

(1) 对于特大跨桥梁,目前尚缺乏实用性、可靠性、分辨率均能较好满足要求的动挠度测试设备。因此在现场条件受限无法测定动挠度时,可采用动应变来计算冲击系数。尽管动应变是一项局部指标,但相关统计资料表明,在绝大多数情况下,应变增大系数与冲击系数存在较好的一致性。试验时宜采用多点平均,以保证结果的可靠性。

(2) 在动挠度或动应变时程曲线中直接求取最大静挠度,其计算结果受人为因素影响较大,这种影响在小跨径桥梁高速行车试验中尤为明显。当判断直接求取法误差较大时,宜根据实际情况采用数字低通滤波法求取最大静挠度或应变,采用低通滤波法求取的冲击系数通常比直接求取法略小。

(3) 对于石拱桥和部分混凝土桥梁实测动力响应通常较小,如动应变幅值经常会处于 $5 \times 10^{-6} \sim 20 \times 10^{-6}$,仪器的噪声影响不可忽视。假定冲击系数为 0.10,最大动应变幅值为 10×10^{-6},动应变噪声为 0.3×10^{-6},则噪声这一因素产生的冲击系数测试误差会达到 30% 左右。因此,噪声大于信号最大幅值 3% 的样本不宜用于冲击系数的计算。

此方法在计算冲击系数时,考虑时程曲线上最大峰值处动效应与相应的静效应之比或者用最大峰值与相应的等效"静"效应之比,原理清晰,但通过滤波求荷载的静效应值的计算较为复杂,且仅考虑了车辆行驶至某一位置处时对关键截面的冲击作用,无法考虑车辆行驶至不同位置处对该截面的综合冲击效应。若对所有局部"波谷"动响应值与相应"静"载作用下该点响应值之比计算得到的冲击系数进行加权处理,可得到冲击系数计算公式,即:

$$\begin{cases} 1 + \mu_i = \dfrac{Y_{\mathrm{max}i}}{Y_{\mathrm{mean}i}} \\ Y_{\mathrm{mean}i} = \dfrac{1}{2}(Y_{\mathrm{max}i} + Y_{\mathrm{min}i}) \\ \alpha_i = \dfrac{Y_{\mathrm{max}i}}{\sum\limits_{i=1}^{n} Y_{\mathrm{max}i}} \\ \mu = \sum\limits_{i=1}^{n} \mu_i \alpha_i \end{cases} \quad (5-12)$$

式中:$Y_{\mathrm{max}i}$——车辆荷载过桥时动挠度或动应变时程曲线上的一个"波谷"值;

$Y_{\mathrm{min}i}$——与 $Y_{\mathrm{max}i}$ 相应的"波峰"动响应值;

$Y_{\mathrm{mean}i}$——相应"静"载作用下该点响应值;

μ_i——"波谷"处所对应的局部冲击系数;

α_i——权重。

该方法虽然计算较为复杂,但可真实反映车辆的全程冲击作用,在条件允许时建议使用。

5.4.7 桥梁结构动力性能评价

动载试验完成后,对桥梁结构动力性能评价时主要考虑以下3个方面:

(1)比较实测自振频率与计算频率,当实测频率大于计算频率,可认为结构实际刚度大于理论刚度,反之则实际刚度偏小。自振频率与结构刚度有着明确的关系。自振频率也容易精确测量,利用自振频率评价桥梁的刚度也具有较高的可靠性。结构部件出现缺损时,一般自振频率会降低,振型出现变异。

(2)比较振型及阻尼比的实测值与计算数据或历史数据,可根据其变化规律初步判断桥梁技术状况是否发生变化。桥梁结构存在或出现缺损时,一般会造成振型的变异,一般来讲变异区段即缺损所在区段。阻尼比参数,可以通过和同一座桥的历史数据对比,或同类桥梁历史经验数据对比,粗略判断桥梁结构的技术状况或是否出现劣化,如阻尼比明显偏大,则桥梁结构技术状况可能存在缺损或出现劣化。

(3)比较实测冲击系数与设计所用的冲击系数,实测值大于设计值时应分析原因。

5.5 试验报告编写

在全部试验资料整理与分析的基础上编写桥梁结构静载和动载试验报告,其主要内容应该包括以下十个方面。

1)桥梁概况

桥梁概况即简要介绍被试验桥梁的结构形式、构造特点、施工概况,如为在役桥梁,则说明桥梁的外观状况等。对于鉴定性试验,要说明在设计与施工中存在的技术问题,及其对桥梁使用的影响等。对于科研性试验,还要说明设计中需要解决的计算理论问题等。桥梁概况需附上必要的结构简图。

2)试验目的

试验目的是指根据试验对象的特点,要有针对性地说明结构动、静载试验所要达到的目的和要求。

3)试验方案

根据荷载试验目的,在试验方案设计中要说明以下主要内容:

(1)确定测试项目和测试方法、测点布置和仪器配备情况,并附以简图;

(2)试验荷载的形成情况(是标准车列或汽车荷载,还是等效荷载);

(3)根据有限元软件计算桥梁结构控制截面内力(或挠度、变形)影响线,相应布置标准设计荷载和试验荷载,从而确定试验荷载效率,并通过调整试验荷载的布置(如载质量、车辆间距等),满足 η_q 在 0.85~1.05 的要求;

(4)确定试验的荷载工况,并分别以简图示出。

4)试验过程

试验过程是说明具体组织桥梁静载试验的起讫日期、试验准备阶段的情况、整个试验阶段的特殊问题及其解决办法,以及试验加载控制情况等。

5)仪器设备及精度

将试验中使用的各种仪器、设备的类型、精度(最小读数)列表说明。

6)试验成果与分析

依据桥梁结构动、静载试验项目,将理论计算值、实测值以及有关的参考限值进行对比,说明理论与实践两者的符合程度,从中得出试验桥梁所具有的实际承载能力、抗裂性及使用的安全度,以及从试验中所发现的问题。从现场检查的综合情况判断说明试验桥梁的施工质量;对于一些科研性试验,还要从综合分析中说明设计计算理论的正确性和实用性,以及存在尚未解决的问题。

7)试验记录摘录

将试验获得的主要实测数据以列表或曲线的形式表达出来。

8)技术结论

根据综合分析的结果得出最后的技术结论,对试验桥梁做出科学的评价,同时根据存在的问题,对新建桥提出改进设计或加强养护方面的建议;对旧桥提出加固方案或维修养护方面的建议。

9)经验教训

从桥梁荷载试验的角度,对本次试验的计划、程序、测试方法指出存在的不足并提出改进意见。

10)图表信息

在报告的最后一般要附上有关具有代表性的试验结果的图表、试验过程照片等。

【思考题】

1. 桥梁荷载试验有哪些类型？桥梁荷载试验的任务包括哪些内容？
2. 在什么情况下可考虑进行桥梁荷载试验？
3. 桥梁静载试验的目的是什么？
4. 请简述桥梁荷载试验的准备工作。
5. 桥梁静载试验时,加载工况确定原则是什么？
6. 简支梁桥和连续梁桥的桥梁静载试验控制截面分别有哪些？
7. 桥梁静载试验时,其测试内容如何考虑？
8. 静载试验荷载效率 η_q 的定义是什么？如何计算确定,并给出表达式及符号的意义？
9. 静载试验有哪几种加载方式？它们有什么异同点？
10. 如何确定静载试验主要测点的布设位置？请以简支梁桥、连续梁桥为例分别说明。
11. 何谓相对残余变位？简述具体含义。
12. 桥梁静载试验数据分析时,校验系数 η 是重要的评定参数,简述其含义及其数值大小如何反映桥梁工作状况。
13. 简述桥梁动载试验的目的。

14. 简述何谓脉动试验及原理。
15. 请简述桥梁动载试验的激励方式。
16. 简述动载试验控制截面的选取原则。
17. 简支梁以及连续梁前三阶振型如何？拾振器如何布置？
18. 简述桥梁阻尼参数的分析与确定需要注意的问题。
19. 桥梁动载试验的测试工况和内容？
20. 何谓刹车试验，其试验的目的是什么？
21. 桥梁荷载试验报告中包含哪些内容？

第 6 章
桥梁检查与评定

13. 便捷桥梁检查系统实例(达陕高速)

6.1 公路桥梁检查

6.1.1 公路桥梁养护一般规定

(1)单孔跨径大于150m的特大桥、特别重要桥梁的养护检查等级为Ⅰ级;单孔跨径小于或等于150m的特大桥、大桥,以及高速公路或一、二级公路上的中桥、小桥的养护检查等级为Ⅱ级;三、四级公路上的中桥、小桥的养护检查等级为Ⅲ级。

(2)技术状况评定为3类的大、中、小桥应提高一级进行检查;技术状况评定为4类的桥梁在加固维修前应按Ⅰ级进行检查。

(3)建立健全公路桥涵的检查、评定制度。对公路桥涵构造物进行周期检查,系统地掌握其技术状况,及时发现缺损和相关环境的变化情况。同时按桥梁检查结果对桥梁技术状况进行分类评定,制定相应的养护对策。

(4)建立公路桥梁管理系统和公路桥梁数据库,实施桥涵病害监控,进行科学决策。逐步建立特大型桥梁荷载报警系统,地震、洪水和流冰等预警系统。

(5)公路桥涵养护应做到桥涵外观整洁,桥面铺装坚实平整、横坡适度,桥头连接顺适,排水通畅,结构完好无损,标志、标线等附属设施齐全完好。

(6)桥涵构造物的养护,首先应使原结构保持设计荷载等级的承载要求及设计交通量的通行要求。也可根据交通发展的需要,通过改造和改建来提高承载能力和通行能力。

(7)在确定改造或改建工程方案时,应注意新旧结构之间的关系,充分发挥原有结构的作用。

(8)养护作业和工程实施应注意保障车辆、行人的通行安全及对环境的保护。

(9)针对桥涵构造物的养护,应有应对洪水、流冰、泥石流和地震等灾害的防护措施,同时备有应急交通方案。

(10)新建或改建桥梁交工接养,应有完备的交接手续和成套技术资料。特大桥、大桥应配置养护设施、机具,设置养护工作通道、扶梯、吊杆、平台,设计单位应提供养护技术要点及要求。未配置或配置不能完全满足养护工作需要的,可根据实际需要予以增添。

(11)桥涵构造物的检查及技术状况评定、养护对策,维修、加固、改建的竣工验收等有关技术文件,均应按统一格式完整地归入桥梁养护技术档案及数据库。

(12)为利于分析判断桥梁可能发生的病害的原因,应在结构正常状况时设置永久观测点,控制检测项目见表6-1。新建大中桥和特大桥交付使用前,公路管理机构应事先要求在竣工测量时设置便于校验复测的永久观测点;没有设置永久观测点的既有大中桥和特大桥,应在定期检查时按规定补设。

桥梁检测项目与永久观测点 表6-1

	检测项目	永久观测点
1	桥面高程	每孔不宜少于10个点,沿行车道两边(靠缘石处)布设,跨中、$L/4$、支点等控制截面必须布设
2	墩、台身、锚碇变位	布置于墩、台身底部(距地面或常水位0.5~2m)、桥台侧墙尾部顶面和锚碇的上下游两侧各1~2点
3	墩、台身、索塔倾斜度	墩、台身底部(距地面或常水位0.5~2m)的上下游两侧各1~2点
4	索塔变位	每个索塔不宜少于2个点,索塔顶面、塔梁交接处各1~2个点
5	主缆线形	每孔不宜少于10个点,沿索夹位置布设,主缆最低点和最高点必布设
6	拱轴线	每孔不宜少于18个点,沿拱圈上下游两侧拱肋中心处在拱顶、$L/8$、$L/4$、$3L/8$、拱脚等控制截面布设
7	拱座变形	不宜少于2个点,布设于拱座上下游两侧
8	悬索桥索夹滑移	桥塔侧第一对吊杆索夹处各设1点
9	索鞍与主塔相对变位	索鞍处各设1点

注:L为计算跨径。

6.1.2 公路桥梁检查分类

公路桥梁的检查按照检查的范围、深度、方式和检查结果的用途等的不同,大致可归纳为初始检查、日常检查、经常检查、定期检查和特殊检查。

1)初始检查

新建或改建桥梁应进行初始检查。初始检查宜与交工竣工验收同时进行,最迟不得超过交付使用后1年。

初始检查包括但不限于桥梁的基本尺寸、桥梁材质的强度混凝土结构的钢筋保护层厚度,养护检查等级为Ⅰ级的桥梁,通过静载试验测试桥梁结构控制截面的应力、应变、挠度等静力参数,计算结构校验系数;通过动载试验测定桥梁结构的自振频率、冲击系数、振型、阻尼比等动力参数。有水中基础,养护检查等级为Ⅰ、Ⅱ级的桥梁,应进行水下检测。量测缆索结构的拉索索力及吊杆索力,测试索夹螺栓紧固力等。检测钢管混凝土拱桥钢管内混凝土密实度。

2) 日常巡查

养护检查等级为Ⅰ、Ⅱ级的桥梁,日常巡查每天不应少于1次;对有特殊照明需求(功能性及装饰性照明、航空航道指示灯等)的桥梁,应适当开展夜间巡查。养护检查等级为Ⅲ级的桥梁,日常巡查每周不应少于1次。遇地震、地质灾害或极端气象时应增加检查频率。

日常巡查可以乘车目测为主,并应做巡检记录,发现明显缺损和异常情况应及时上报。日常巡查应包括桥路连接处是否异常,桥面铺装、伸缩缝是否有明显破损;伸缩缝位置的桥面系是否存在异常。栏杆或护栏等有无明显缺损。标志标牌是否完好。桥梁线形是否存在明显异常。桥梁是否存在异常的振动、摆动和声响桥梁安全保护区是否存在侵害桥梁安全的情况。

3) 经常检查

经常检查主要是指采用目测方法对桥面设施、上部结构、下部结构及附属构造物(外观、铺装、排水设施、伸缩缝、人行道、栏杆、支座、基础、墩台、护坡等)的技术状况进行的日常巡视检查。

规范规定经常检查每季度不少于一次。养护检查等级为Ⅰ级的桥梁,经常检查每月不应少于1次。养护检查等级为Ⅱ级的桥梁,经常检查每两个月不应少于1次。养护检查等级为Ⅲ级的桥梁,经常检查每季度不应少于1次。在汛期、台风、冰冻等自然灾害频发期,应提高经常检查频率。养护检查等级为Ⅱ、Ⅲ级的桥梁,在定期检查中发现存在4类构件时,加固处治前应提高经常检查频率。对支座的经常检查每季度不应少于1次。

经常检查中发现桥梁重要部件存在明显缺损时应及时向上级提交专项报告,安排一次定期检查。经常检查的目的是确保结构功能正常,使结构能得到及时的养护和小修保养或紧急处理,对需要检修和一些重大问题做出报告。

4) 定期检查

定期检查是指为评定桥梁使用功能,对桥梁结构主体结构及附属物的技术状况进行的全面检查。主要采用目测结合仪器的手段进行(包括使用回弹仪对混凝土强度进行测试,使用钢筋位置探测仪测试保护层厚度,使用裂缝观测仪测试裂缝宽度等)。

养护检查等级为Ⅰ级的桥梁,定期检查周期不得超过1年;养护检查等级为Ⅱ、Ⅲ级的桥梁,定期检查周期不得超过3年。定期检查的内容包括经常检查内容,但更全面、深入、详细。实地判断缺损原因,确定维修范围及方式,对于难以判断的部件,提出特殊检查的要求。对于损坏严重、危及安全运行的危桥,提出限制交通和改建的建议,需提交定期检查报告。定期检查通过对结构物进行彻底、全视觉和系统的检查,建立结构管理和养护档案,对结构的缺损状况做出评估,评定结构构件和整体结构的技术状况,确定改进工作和特别检查之需求,并确定结构维修、加固或更换的优先排序。

5) 特殊检查

特殊检查是为查清桥梁的病害原因、破损程度、承载能力,确定桥梁技术状况的工作。依据检查目的可划分为专门检查和应急检查两种。专门检查即根据经常检查和定期检查的结果,针对需要进一步判明损坏原因、缺损程度或使用能力的桥梁,针对病害进行专门的现场试验检测、验算与分析等鉴定工作。当桥梁受到灾害损伤后,为查明破损状况,采取应急措施,组织恢复交通,需对结构进行的详细检查和鉴定,称为应急检查。

当遇到以下情况应做专门检查:

定期检查中难以判明损坏原因和程度的桥梁;桥梁技术状况为四、五类者;拟通过加固手段提高荷载等级的桥梁;特殊重要的桥梁(可周期性地进行荷载试验)。在发生特别事件之后,如洪水灾害、流冰、漂流物和船舶撞击事故、滑坡、地震、风灾及超重车过桥等,应安排应急检查,委托有相应资质和能力的单位承担。

特殊检查需要鉴定以下3个方面:

①桥梁结构材料缺损状况。桥梁结构材料缺损状况包括对材料物理、化学性能退化程度及原因的测试鉴定以及结构或构件开裂状态的检测及评定。

②桥梁结构承载能力。桥梁结构承载能力包括对结构强度、稳定性和刚度的计算、试验和鉴定。

③桥梁防灾能力。桥梁防灾能力包括对桥梁抵抗洪水、流冰、风、地震等能力的检测鉴定。

最终需要提交特殊检查报告,描述目前桥梁技术状况,详述检查部位的损坏程度及原因,并提出结构部件总体的维修加固改建建议方案。

6.1.3 公路桥梁检查的重点部位

1)上部结构

检查上部结构时,应检查圬工有无风化、剥落、破损及裂缝,注意变截面处、加固修复处及防水层的情况。对于钢筋混凝土梁应重点检查宽度超过 0.25mm 的竖向裂缝,并注意检查有无斜向裂缝及顺主筋方向的纵向裂缝。对于预应力混凝土梁应观测梁的上拱度变化,并注意检查有无不容许出现的垂直于主筋的竖向裂缝。对于拱桥应测量主拱圈实际拱轴线和拱圈(或拱肋)尺寸,检查拱圈(或拱肋)有无横向(垂直路线方向)的裂缝,若上部结构有严重裂缝,应测量具体位置及尺寸,并绘制裂缝图。桥梁上部结构需检查的重点部位见表6-2,对于不同的桥梁结构形式,重点检查部位也不同,一般来说,跨中截面、支点截面和一些角隅处都是上部结构检查的重点部位。

上部结构检查的重点部位　　　　表 6-2

序号	结构形式	示意简图	重点检查部位
1	简支梁		1-跨中处; 2-1/4 跨径处; 3-支座处
2	连续梁		1-跨中处; 2-反弯点处; 3-桥墩处梁顶; 4-支座处

续上表

序号	结构形式	示意简图	重点检查部位
3	悬臂梁	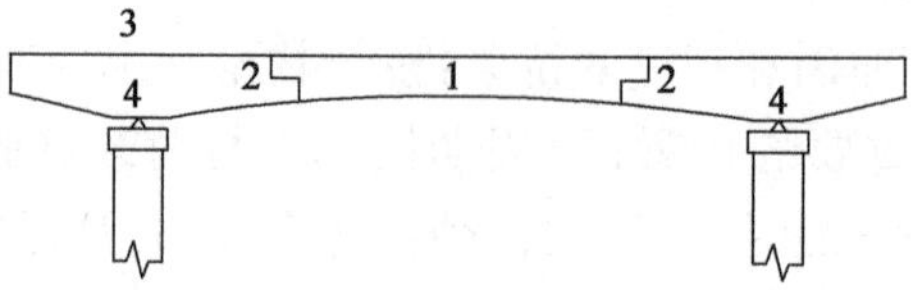	1-跨中处； 2-牛腿处； 3-桥墩处梁顶； 4-支座处
4	刚构	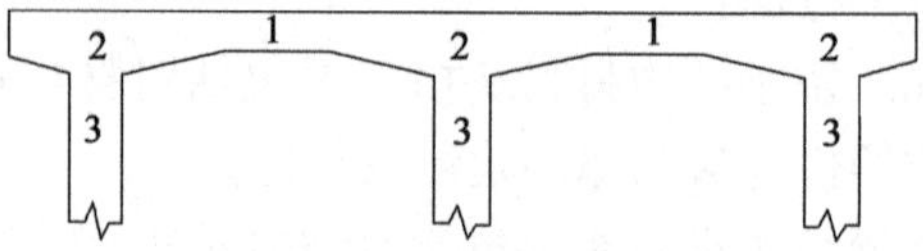	1-跨中处； 2-角隅处； 3-立柱处
5	斜腿刚构	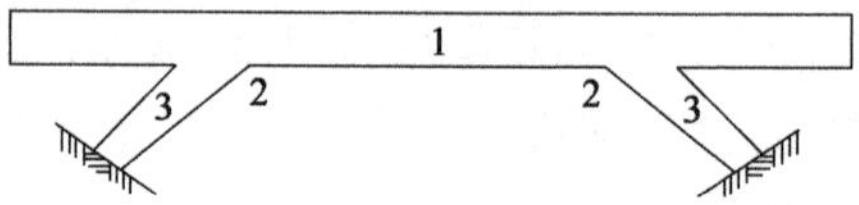	1-跨中处； 2-角隅处； 3-斜腿处
6	拱式	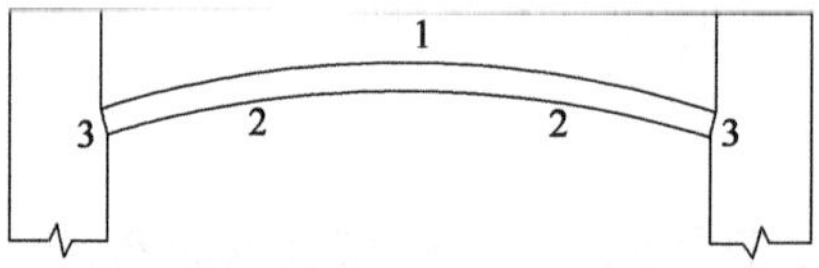	1-跨中处； 2-拱肋连接处； 3-拱脚处

2）下部结构

检查下部结构时，应检查墩台结构有无风化剥落、破损及裂缝；对于严重的裂缝应测量其具体位置及尺寸，并绘制裂缝图；对于有下沉、位移、倾侧变位等情况的墩台，应查清地基情况，并检查梁端部、支座及墩台的相对位置关系。桥梁下部结构检查的重点部位见表 6-3 和表 6-4。一般来说，支座底面、变化交接处、角隅处都为检查的重点部位。

下部结构桥墩检查的重点部位　　表 6-3

序号	构造形式	示意简图	重点检查部位
1	重力式桥墩	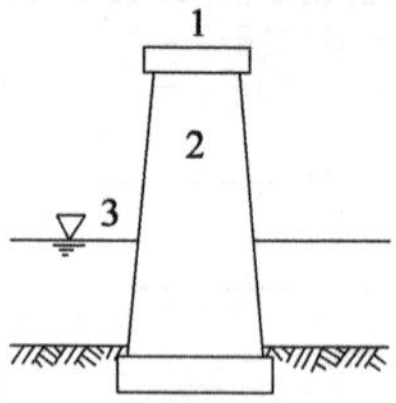	1-支座底面； 2-墩身； 3-水面处
2	单柱式桥墩	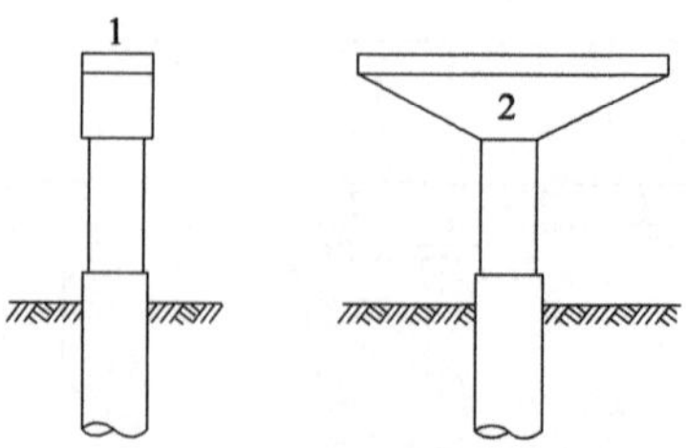	1-支座底面； 2-盖梁顶面

续上表

序号	构造形式	示意简图	重点检查部位
3	钻孔桩桩式桥墩	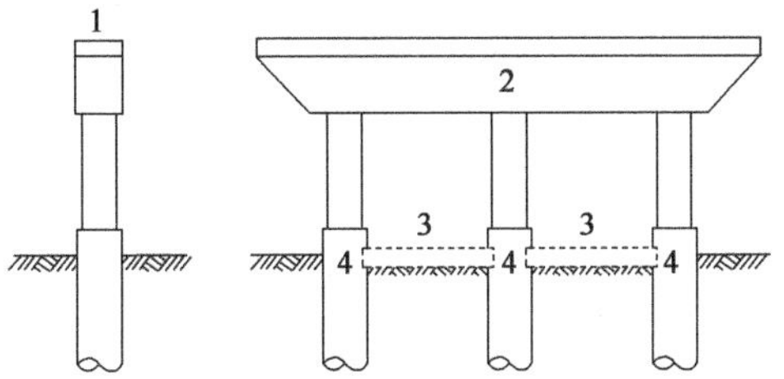	1-支座底面； 2-盖梁； 3-横系梁； 4-横系梁与桩连接处
4	T形桥墩 Π形桥墩	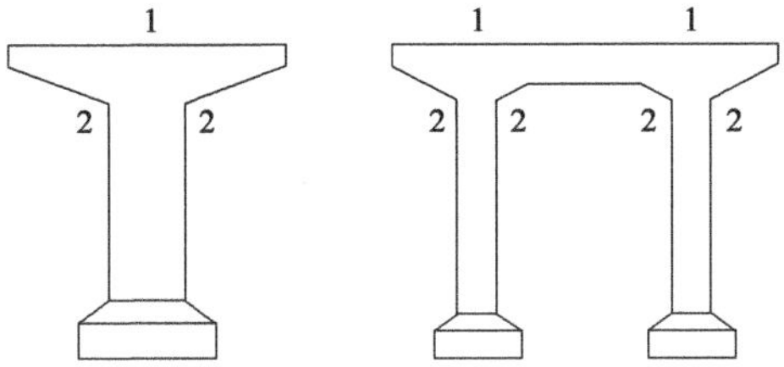	1-支座底面； 2-悬臂根部
5	Y形桥墩	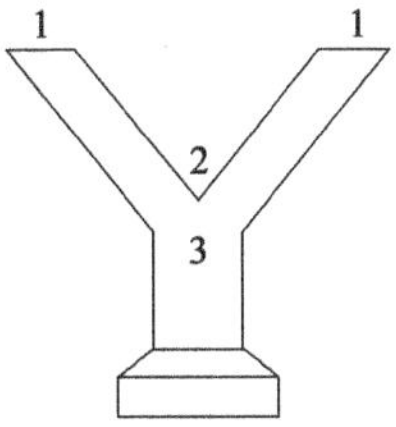	1-支座底面； 2-Y形交接处； 3-混凝土接缝处

下部结构桥台检查的重点部位　　　　表6-4

序号	构造形式	示意简图	重点检查部位
1	轻型桥台	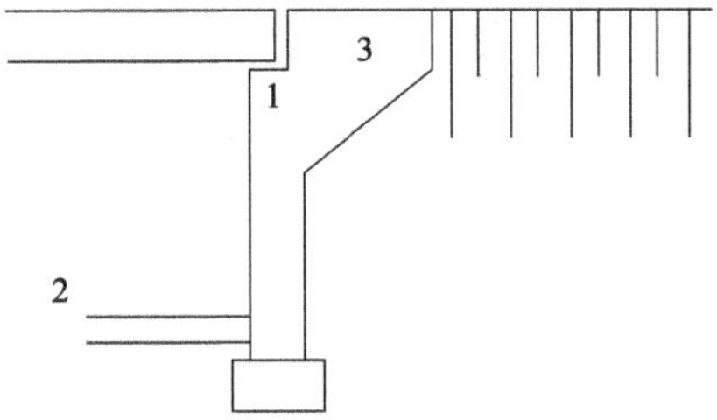	1-支座底面； 2-支撑梁； 3-耳墙
2	扶壁式桥台	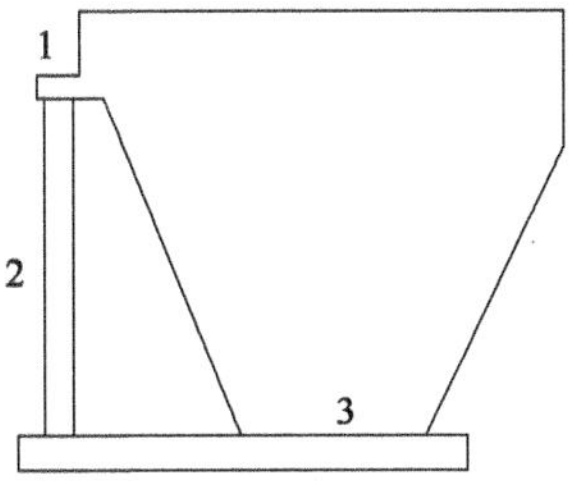	1-支座底面； 2-台身； 3-基顶

续上表

序号	构造形式	示意简图	重点检查部位
3	重力式桥台	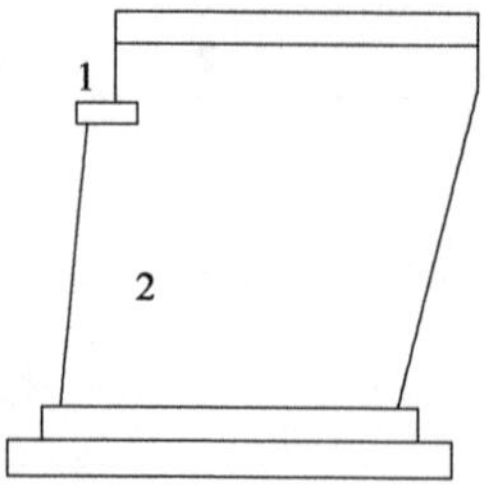	1-支座底面； 2-台身
4	框架式桥台	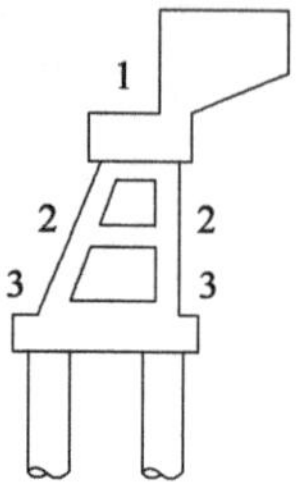	1-支座底面； 2-混凝土浇筑界面； 3-角隅处

除此之外，还应进行材质及地基检验。对于钢材应切取标准试件进行强度试验，评定其极限强度、屈服点、延伸率、冲击韧性等。混凝土的实际强度宜采用非破损检验法测定，必要时，亦可从构件上钻取试样，然后在试验室内测定混凝土相关力学性能。基底地质情况根据工程复杂程度和实际要求，可查考原设计时的工程地质资料或采用钻孔取原状土样检验、钻探或触探等方法确定。

6.2 公路桥梁技术状况的分层综合评定法

6.2.1 评定方法

按照现行《公路桥梁技术状况评定标准》(JTG/T H21)相关规定，公路桥梁技术状况评定包括桥梁构件、部件、桥面系、上部结构、下部结构和全桥评定。公路桥梁技术状况评定应采用分层综合评定与五类桥梁单项控制指标相结合的方法，先对桥梁各构件进行评定，然后对桥梁各部件进行评定，再对桥面系、上部结构、下部结构分别进行评定，最后进行桥梁总体技术状况的评定。评定指标如图6-1所示。

由于实际中，桥梁可能由两种或者多种不同结构形式组成，例如单个桥梁存在既有梁桥又有拱桥或其他桥型，或者主桥和引桥结构形式不同等情况时，可根据结构形式的分布情况采用划分评定单元的方式，逐一对各评定单元进行桥梁技术状况的等级评定，然后以技术状况等级评定结果最差的一个评定单元作为全桥的评定结果。

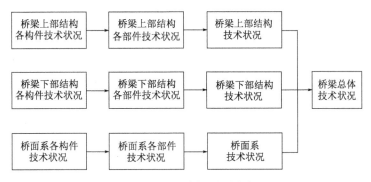

图6-1 桥梁技术状况评定指标

6.2.2 桥梁技术状况等级分类

桥梁技术状况评定等级应分为1类、2类、3类、4类、5类。桥梁技术状况等级及状态描述见表6-5。

桥梁技术状况评定等级及状态描述　　　　表6-5

技术状况等级	状态	技术状况描述
1类	完好、良好	1. 主要部件功能与材料均良好； 2. 次要部件功能良好，材料有少量(3%以内)轻度缺损； 3. 承载能力和桥面行车条件符合设计标准
2类	较好	1. 主要部件功能良好，材料有少量(3%以内)轻度缺损，结构受力裂缝宽度小于设计限值； 2. 次要部件有较多(10%以内)中等缺损； 3. 承载能力和桥面行车条件达到设计指标
3类	较差	1. 主要部件材料有较多(10%以内)中等缺损，结构受力裂缝宽度超过设计限值，或出现轻度功能性病害，发展缓慢，尚能维持正常使用功能； 2. 次要部件有大量(10%~20%)严重缺损，功能降低，进一步恶化将不利于主要部件和影响正常交通； 3. 承载能力比设计降低10%以内，桥面行车不舒适
4类	差	1. 主要部件材料有大量(10%~20%)严重缺损，结构受力裂缝宽度超过设计限值，锈蚀严重，或出现轻度功能性病害，且发展较快。结构变形小于或等于设计限值，功能明显降低； 2. 次要部件有20%以上的严重缺损，失去应有功能，严重影响正常交通； 3. 承载能力比设计降低10%~25%
5类	危险	1. 主要部件出现严重的功能性病害，且有继续扩张现象，关键部位的部分材料强度达到极限，出现部分钢丝或钢筋断裂、混凝土压碎或杆件失稳变形、破损现象，变形大于设计限值，结构的强度、刚度、稳定性和动力响应不能达到交通安全通行的要求； 2. 承载能力比设计降低25%以上

应根据桥梁技术状况评定结果，对各类桥梁按表6-6采取相应的养护对策。

桥梁技术状况等级与养护对策　　　　表6-6

技术状况等级	养护对策
1类	正常保养或预防养护
2类	修复养护、预防养护
3类	修复养护、加固或更换较大缺陷构件；必要时可进行交通管制

续上表

技术状况等级	养护对策
4类	修复养护、加固或改造；及时进行交通管制，必要时封闭交通
5类	及时封闭交通，改建或重建

6.2.3 桥梁技术评定工作流程

桥梁技术状况评定的工作流程如图6-2所示，依次对桥梁构件、桥梁部件、桥梁总体技术状况进行评定。

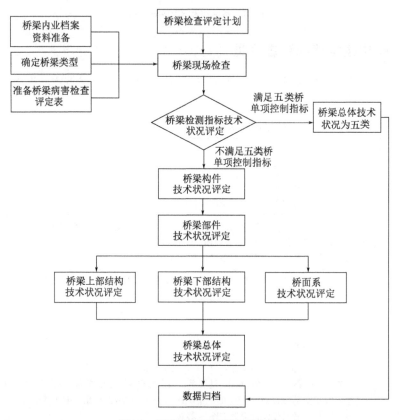

图6-2 桥梁技术状况评定工作流程

6.2.4 桥梁技术状况评定计算

本节公路桥梁技术状况评定计算主要依据《公路桥梁技术状况评定标准》（JTG/T H21—2011）中规定的方法进行计算。根据不同桥型的部件类型制定评定细则，将评定指标进行细分并提出量化标准，提出了五类桥梁技术状况单项控制指标。

1）桥梁构件的技术状况评分计算

桥梁构件的技术状况评分计算公式为：

$$PMCI_l(BMCI_l \text{ 或 } DMCI_l) = 100 - \sum_{x=1}^{k} U_x \tag{6-1}$$

当 $x = 1$ 时：

$$U_1 = DP_{i1} \quad (6\text{-}2)$$

当 $x \geq 2$ 时：

$$U_x = \frac{DP_{ij}}{100 \times \sqrt{x}} \times (100 - \sum_{y=1}^{x-1} U_y) \quad (\text{其中} j = x) \quad (6\text{-}3)$$

当 $DP_{ij} = 100$ 时：

$$PMCI_l(BMCI_l \text{ 或 } DMCI_l) = 0 \quad (6\text{-}4)$$

式中：$PMCI_l$——上部结构第 i 类部件 l 构件的得分，值域为 $0 \sim 100$ 分；

$BMCI_l$——下部结构第 i 类部件 l 构件的得分，值域为 $0 \sim 100$ 分；

$DMCI_l$——桥面系第 i 类部件 l 构件的得分，值域为 $0 \sim 100$ 分；

k——第 i 类部件 l 构件出现扣分的指标的种类数；

U_x、U_y——引入的变量；

i——部件类别，例如 i 表示上部承重构件、支座、桥墩等；

j——第 i 类部件 l 构件的第 j 类检测指标；

DP_{ij}——第 i 类部件 l 构件的第 j 类检测指标的扣分值；根据构件各种检测指标扣分值进行计算，扣分值按表6-7规定取值。

各种构件检测指标扣分值 表6-7

检测指标所能达到的最高等级类别	指标类别				
	一类	二类	三类	四类	五类
三类	0	20	35	—	—
四类	0	25	40	50	—
五类	0	35	45	60	100

2）桥梁部件的技术状况评分计算

桥梁部件的技术状况评分计算公式为：

$$PCCI_i = \overline{PMCI} - (100 - PMCI_{\min})/t \quad (6\text{-}5)$$

或

$$BCCI_i = \overline{BMCI} - (100 - BMCI_{\min})/t \quad (6\text{-}6)$$

或

$$DCCI_i = \overline{DMCI} - (100 - DMCI_{\min})/t \quad (6\text{-}7)$$

式中：$PCCI_i$——上部结构第 i 类部件的得分，值域为 $0 \sim 100$ 分；当上部结构中主要部件某一构件评分值 $PMCI_l$ 在 $[0,60)$ 区间时，其相应部件评分值 $PCCI_i = PMCI_l$；

$\overline{PMCI}$——上部结构第 i 类部件各构件的得分平均值，值域为 $0 \sim 100$ 分；

$BCCI_i$——下部结构第 i 类部件的得分，值域为 $0 \sim 100$ 分；当上部结构中主要部件某一构件评分值 $BMCI_l$ 在 $[0,60)$ 区间时，其相应部件评分值 $BCCI_i = BMCI_l$；

$\overline{BMCI}$——下部结构第 i 类部件各构件的得分平均值，值域为 $0 \sim 100$ 分；

$DCCI_i$——桥面系第 i 类部件的得分，值域为 $0 \sim 100$ 分；

$\overline{DMCI}$——桥面系第 i 类部件各构件的得分平均值，值域为 $0 \sim 100$ 分；

$PMCI_{\min}$——上部结构第 i 类部件中分值最低的构件得分值；

$BMCI_{\min}$——下部结构第 i 类部件中分值最低的构件得分值；

$DMCI_{\min}$——桥面系第 i 类部件分值最低的构件得分值；

t——随构件数量而变的系数，见表6-8。

系数 t 值 表6-8

n(构件数)	t	n(构件数)	t	n(构件数)	t
1	∞	14	7.3	27	5.76
2	10	15	7.2	28	5.64
3	9.7	16	7.08	29	5.52
4	9.5	17	6.96	30	5.4
5	9.2	18	6.84	40	4.9
6	8.9	19	6.72	50	4.4
7	8.7	20	6.6	60	4.0
8	8.5	21	6.48	70	3.6
9	8.3	22	6.36	80	3.2
10	8.1	23	6.24	90	2.8
11	7.9	24	6.12	90	2.8
12	7.7	25	6.00	100	2.5
13	7.5	26	5.88	≥200	2.3

3)桥梁上部结构、下部结构、桥面系的技术状况评分计算

桥梁上部结构、下部结构、桥面系的技术状况评分计算公式为:

$$\text{SPCI}(\text{SBCI 或 BDCI}) = \sum_{i=1}^{m} \text{PCCI}_i (\text{BCCI}_i \text{ 或 } \text{DCCI}_i) \times W_i \tag{6-8}$$

式中:SPCI——桥梁上部结构技术状况评分,值域为 0~100 分;

SBCI——桥梁下部结构技术状况评分,值域为 0~100 分;

BDCI——桥面系技术状况评分,值域为 0~100 分;

m——上部结构(下部结构或桥面系)的部件种类数;

W_i——第 i 类部件的权重,按表 6-9~表 6-14 规定取值;对于桥梁中未设置的部件,应根据此部件的隶属关系,将其权重值分配给各既有部件,分配原则即按照各既有部件权重在全部既有部件权重中所占比例进行分配。

梁式桥各部件权重值 表6-9

部位	类别 i	评价部件	权重
上部结构	1	上部承重构件(主梁、挂梁)	0.70
	2	上部一般构件(湿接缝、横隔板等)	0.18
	3	支座	0.12
下部结构	4	翼墙、耳墙	0.02
	5	锥坡、护坡	0.01
	6	桥墩	0.30
	7	桥台	0.30
	8	墩台基础	0.28
	9	河床	0.07
	10	调治构造物	0.02

续上表

部位	类别 i	评价部件	权重
桥面系	11	桥面铺装	0.40
	12	伸缩缝装置	0.25
	13	人行道	0.10
	14	栏杆、护栏	0.10
	15	排水系统	0.10
	16	照明、标志	0.05

板拱桥、肋拱桥、箱形拱桥、双曲拱桥各部件权重值 表6-10

部位	类别 i	评价部件	权重
上部结构	1	主拱圈	0.70
	2	拱上结构	0.20
	3	桥面板	0.10
下部结构	4	翼墙、耳墙	0.02
	5	锥坡、护坡	0.01
	6	桥墩	0.30
	7	桥台	0.30
	8	墩台基础	0.28
	9	河床	0.07
	10	调治构造物	0.02
桥面系	11	桥面铺装	0.40
	12	伸缩缝装置	0.25
	13	人行道	0.10
	14	栏杆、护栏	0.10
	15	排水系统	0.10
	16	照明、标志	0.05

刚架拱桥、桁架拱桥各部件权重值 表6-11

部位	类别 i	评价部件	权重
上部结构	1	刚架拱片(桁架拱片)	0.50
	2	横向联结系	0.25
	3	桥面板	0.25
下部结构	4	翼墙、耳墙	0.02
	5	锥坡、护坡	0.01
	6	桥墩	0.30
	7	桥台	0.30
	8	墩台基础	0.28
	9	河床	0.07
	10	调治构造物	0.02

续上表

部位	类别 i	评价部件	权重
桥面系	11	桥面铺装	0.40
	12	伸缩缝装置	0.25
	13	人行道	0.10
	14	栏杆、护栏	0.10
	15	排水系统	0.10
	16	照明、标志	0.05

钢-混凝土组合拱桥各部件权重值　　　　表6-12

部位	类别 i	评价部件	权重
上部结构	1	拱肋	0.28
	2	横向联结系	0.05
	3	立柱	0.13
	4	吊杆	0.13
	5	系杆(含锚具)	0.28
	6	桥面板(梁)	0.08
	7	支座	0.05
下部结构	8	翼墙、耳墙	0.02
	9	锥坡、护坡	0.01
	10	桥墩	0.30
	11	桥台	0.30
	12	墩台基础	0.28
	13	河床	0.07
	14	调治构造物	0.02
桥面系	15	桥面铺装	0.40
	16	伸缩缝装置	0.25
	17	人行道	0.10
	18	栏杆、护栏	0.10
	19	排水系统	0.10
	20	照明、标志	0.05

悬索桥各部件权重值　　　　表6-13

部位	类别 i	评价部件	权重
上部结构	1	加劲梁	0.15
	2	索塔	0.20
	3	支座	0.05
	4	主鞍	0.04
	5	主缆	0.25

续上表

部位	类别 i	评价部件	权重
上部结构	6	索夹	0.04
	7	吊索及钢护筒	0.17
	8	锚杆	0.10
下部结构	9	锚碇	0.40
	10	索塔基础	0.30
	11	散索鞍	0.15
	12	河床	0.10
	13	调治构造物	0.05
桥面系	14	桥面铺装	0.40
	15	伸缩缝装置	0.25
	16	人行道	0.10
	17	栏杆、护栏	0.10
	18	排水系统	0.10
	19	照明、标志	0.05

斜拉桥各部件权重值　　　　　　　　　　　　　　表6-14

部位	类别 i	评价部件	权重
上部结构	1	斜拉索系统(斜拉索、锚具、拉索护套、减震装置等)	0.40
	2	主梁	0.25
	3	索塔	0.25
	4	支座	0.10
下部结构	5	翼墙、耳墙	0.02
	6	锥坡、护坡	0.01
	7	桥墩	0.30
	8	桥台	0.30
	9	墩台基础	0.28
	10	河床	0.07
	11	调治构造物	0.02
桥面系	12	桥面铺装	0.40
	13	伸缩缝装置	0.25
	14	人行道	0.10
	15	栏杆、护栏	0.10
	16	排水系统	0.10
	17	照明、标志	0.05

4)桥梁总体的技术状况评分计算

桥梁总体的技术状况评分计算公式为:

$$D_r = \mathrm{BDCI} \times W_D + \mathrm{SPCI} \times W_{SP} + \mathrm{SBCI} \times W_{SB} \tag{6-9}$$

式中：D_r——桥梁总体技术状况评分，值域为 0~100 分；
  W_D——桥面系在全桥中的权重，取 0.20；
  W_{SP}——上部结构在全桥中的权重，取 0.40；
  W_{SB}——下部结构在全桥中的权重，取 0.40。

6.2.5　五类桥梁技术状况单项控制指标

在桥梁技术状况评价中，有下列情况之一时，整座桥应评为五类桥。
(1) 上部结构有落梁，或有梁、板断裂现象。
(2) 梁式桥上部承重构件控制截面出现全截面开裂，或组合结构上部承重构件结合面开裂贯通，造成截面组合作用严重降低。
(3) 梁式桥上部承重构件有严重的异常位移，存在失稳现象。
(4) 结构出现明显的永久变形，变形量大于规范值。
(5) 关键部位混凝土出现压碎或杆件失稳倾向，或桥面板出现严重塌陷。
(6) 拱式桥拱脚严重错台、位移，造成拱顶挠度大于限值或拱圈严重变形。
(7) 圬工拱桥拱圈大范围砌体断裂、脱落现象严重。
(8) 腹拱、侧墙、立墙或立柱被破坏，造成桥面板严重塌落。
(9) 系杆或吊杆出现严重锈蚀或断裂现象。
(10) 悬索桥主缆或多根吊索出现严重锈蚀、断丝。
(11) 斜拉桥拉索钢丝出现严重锈蚀、断丝，主梁出现严重变形。
(12) 扩大基础冲刷深度大于设计值，冲空面积比例达 20% 以上。
(13) 桥墩（桥台或基础）不稳定，出现严重滑动、下沉、位移、倾斜等现象。
(14) 悬索桥、斜拉桥索塔基础出现严重沉降或位移，或悬索桥锚碇有水平位移或沉降。

6.3　公路桥梁承载能力分析与评定

现行《公路桥梁承载能力检测评定规程》(JTG/T J21)规定：对在役桥梁，应从结构或构件的强度、刚度、抗裂和稳定性 4 个方面进行承载能力检测评定。

6.3.1　圬工结构桥梁承载能力评定

对于圬工结构桥梁，在计算桥梁结构承载能力极限状态的抗力效应时，应根据桥梁试验检测结果，采用引入承载能力检算系数 Z_1 或 Z_2、截面折减系数 ξ_e 的方法进行修正计算。

$$\gamma_0 S \leqslant R(f_d, \xi_e a_d) Z_1 \tag{6-10}$$

式中：γ_0——结构的重要性系数；
  S——荷载效应函数；
  $R(\cdot)$——抗力效应函数；
  f_d——材料强度设计值；
  a_d——结构的几何尺寸。

抗力效应值应按现行设计规范进行计算，Z_1 应综合考虑桥梁结构或构件表观缺损状况、材质强度和桥梁结构自振频率等检测评定结果,根据表6-15确定承载能力检算系数 Z_1。

圬工及配筋混凝土桥梁的承载能力检算系数 Z_1 值　　　　　表6-15

承载能力检算系数评定标度 D	受弯	轴心受压	轴心受拉	偏心受压	偏心受拉	受扭	局部承压
1	1.15	1.20	1.05	1.15	1.15	1.10	1.15
2	1.10	1.15	1.00	1.10	1.10	1.05	1.10
3	1.00	1.05	0.95	1.00	1.00	0.95	1.00
4	0.90	0.95	0.85	0.90	0.90	0.85	0.90
5	0.80	0.85	0.75	0.80	0.80	0.75	0.80

注:承载能力检算系数评定标度 D 应考虑桥梁结构或构件表观缺损状况、材质强度和桥梁结构自振频率等检测评定结果。

截面折减系数 ξ_c 是依据结构或构件截面损伤的综合评定标度 R 确定的,$R = \sum_{j=1}^{n} R_j \alpha_j$。而截面损伤的综合评定标度又与材料风化、碳化、物理与化学损伤3项检测指标有关。

材料风化评定标准是在构件表面是否有砂粒滚动摩擦的感觉,手掌上附着物和构件表面状态分为微风化、弱风化、中度风化、较强风化和严重风化5种标度(1.0~5.0)。

碳化评定标准根据测区混凝土碳化深度平均值与实测保护层厚度平均值之比的大小分为5个标度(1.0~5.0),混凝土碳化不需要进行检测评定时,其评定标度值应取1.0。

物理与化学损伤评定标准根据构件表面剥落面积的大小、损伤最大深度与截面损伤发生部位及构件最小尺寸之比的大小分为5个标度(1.0~5.0)。

各项检测指标权重值见表6-16,截面折减系数 ξ_c 的值根据截面损伤综合评定标度 R 选取,见表6-17。

材料风化、碳化及物理与化学损伤权重值　　　　　表6-16

结构类别	检测指标名称	权重值 α_j
砖、石结构	材料风化	0.20
	物理与化学损伤	0.80
混凝土及配筋混凝土结构	材料风化	0.10
	混凝土碳化	0.35
	物理与化学损伤	0.55

圬工与配筋混凝土桥梁截面折减系数 ξ_c 值　　　　　表6-17

截面损伤综合评定标度 R	截面折减系数 ξ_c	截面损伤综合评定标度 R	截面折减系数 ξ_c
$1 \leq R < 2$	(0.98,1.00]	$3 \leq R < 4$	(0.85,0.93]
$2 \leq R < 3$	(0.93,0.98]	$4 \leq R < 5$	≤0.85

圬工桥梁正常使用极限状态一般按照现行公路桥涵设计和养护相关规范计算评定。

6.3.2 配筋混凝土桥梁承载能力评定

对于配筋混凝土桥梁,在计算桥梁结构承载能力极限状态的抗力效应时,应根据桥梁试验检测结果,采用引入承载能力检算系数 Z_1 或 Z_2、承载能力恶化系数 ξ_e、截面折减系数 ξ_c 和 ξ_s 的方法进行修正计算。

$$\gamma_0 S \leq R(f_d, \xi_c a_{dc}, \xi_s a_{ds}) Z_1 (1 - \xi_e) \tag{6-11}$$

式中：γ_0——结构的重要性系数；

S——荷载效应函数；

$R(\cdot)$——抗力效应函数；

f_d——材料强度设计值；

a_{dc}——构件混凝土几何参数值；

a_{ds}——构件钢筋几何参数值；

ξ_e——承载能力恶化系数；

ξ_c——配筋混凝土结构的截面折减系数；

ξ_s——钢筋的截面折减系数。

抗力效应值应按现行设计规范进行计算，配筋混凝土桥梁承载能力检算系数 Z_1 和截面折减系数 ξ_c 均与圬工桥梁相同，见表6-15和表6-17。配筋混凝土结构中，发生腐蚀的钢筋截面折减系数 ξ_s 见表6-18。

配筋混凝土钢筋截面折减系数 ξ_s 表6-18

评定标度	性状描述	截面折减系数 ξ_s
1	沿钢筋出现裂缝，宽度小于限值	(0.98,1.00]
2	沿钢筋出现裂缝，宽度大于限值，或钢筋锈蚀引起混凝土发生层离	(0.95,0.98]
3	钢筋锈蚀引起混凝土剥落，钢筋外露，表面有膨胀薄锈层或坑蚀	(0.90,0.95]
4	钢筋锈蚀引起混凝土剥落，钢筋外露，表面膨胀性锈层显著，钢筋断面损失在10%以内	(0.80,0.95]
5	钢筋锈蚀引起混凝土剥落，钢筋外露，出现锈蚀剥落，钢筋断面损失在10%以上	≤0.80

配筋混凝土桥梁承载能力恶化系数 ξ_e 需先根据缺损状况、钢筋锈蚀电位、混凝土电阻率、混凝土碳化状况、钢筋保护层厚度、氯离子含量和混凝土强度7项指标确定构件恶化状况评定标度 E，然后根据恶化状况评定标度 E 及桥梁所处的环境条件，按表6-19确定。

配筋混凝土桥梁的承载能力恶化系数值 ξ_e 表6-19

恶化状况评定标度 E	环境条件			
	干燥不冻 无侵蚀性介质	干、湿交替不冻 无侵蚀性介质	干、湿交替冻 无侵蚀性介质	干、湿交替冻 有侵蚀性介质
1	0.00	0.02	0.05	0.06
2	0.02	0.04	0.07	0.08
3	0.05	0.07	0.10	0.12
4	0.10	0.12	0.14	0.18
5	0.15	0.17	0.20	0.25

注：恶化系数 ξ_e 值可按结构或构件恶化状况评定标度值线性内插。

配筋混凝土桥梁正常使用极限状态，宜按照现行《公路桥梁承载能力检测评定规程》（JTG/T J21）及检测结果分以下3个方面计算评定。

（1）限制应力

限制应力需满足：

$$\sigma_d < Z_1 \sigma_1 \qquad (6-12)$$

式中：σ_d——计入活载影响修正系数的截面应力计算值；

σ_1——应力限值。

(2) 荷载作用下的变形

荷载作用下的变形需满足：

$$f_{d1} < Z_1 f_L \qquad (6-13)$$

式中：f_{d1}——计入活载影响修正系数的荷载变形计算值；

f_L——变形限值。

(3) 各类荷载组合作用下裂缝宽度

各类荷载组合作用下裂缝宽度应满足：

$$\delta_d < Z_1 \delta_L \qquad (6-14)$$

式中：δ_d——计入活载影响修正系数的短期荷载变形计算值；

δ_L——变位限值。

6.3.3 钢结构桥梁承载能力评定

对于钢结构桥梁，在计算桥梁结构承载能力极限状态的抗力效应时，应根据桥梁试验检测结果，采用引入承载能力检算系数 Z_1 或 Z_2 的方法进行修正计算。

钢结构桥梁结构构件强度、总体稳定性和疲劳强度验算应按现行《公路桥涵设计通用规范》(JTG D60)执行，其应力限值取值为 $Z_1[\sigma]$。钢结构荷载作用下的变形按下式计算评定：

$$f_{d1} < Z_1[f] \qquad (6-15)$$

式中：f_{d1}——计入活载影响修正系数的荷载变形计算值；

$[f]$——容许变形值；

Z_1——承载能力检算系数，见表6-20。

钢结构桥梁承载能力检算系数 Z_1 值 表6-20

评定标度	性状描述	Z_1 值
1	(1) 焊缝完好，各节点铆钉、螺栓无松动； (2) 构件表面完好，无明显损伤，防护涂层略有老化、污垢	(0.95, 1.05]
2	(1) 焊缝完好，少数节点有个别铆钉、螺栓松动变形； (2) 构件表面有少量锈迹，防护涂层油漆变色、起泡剥落，面积比例在10%以内	(0.90, 0.95]
3	(1) 少数焊缝开裂，部分节点有铆钉、螺栓松动变形； (2) 构件表面有少量锈迹，防护涂层油漆明显老化、变色，并伴有大量起泡剥落，面积比例在10%~20%以内； (3) 个别次要构件有异常变形，行车稍感振动或摇晃	(0.85, 0.90]
4	(1) 焊缝开裂，并造成截面削弱； (2) 联结部位铆钉、螺栓松动变形，10%~30%已损坏；构件表面锈迹严重，截面损失在3%~10%以内，防护涂层油漆明显老化、变色并普遍起泡剥落，面积比例在50%以上； (3) 个别主要构件有异常变形，行车有明显振动或摇晃并伴有异常声音	(0.80, 0.85]
5	(1) 焊缝开裂严重，并造成截面削弱在10%以上； (2) 联结部位30%以上铆钉、螺栓已损坏； (3) 构件表面锈迹严重，截面损失在10%以上，材质特性明显退化； (4) 防护涂层油漆完全失效； (5) 主要构件有异常变形，行车振动或摇晃显著并伴有不正常移动	≤0.80

6.3.4 斜拉索及吊索承载能力评定

斜拉索及吊索强度按下式计算评定：

$$\frac{T_1}{A} \leq Z_1[\sigma] \tag{6-16}$$

式中：T_1——计入活载影响修正系数的荷载变形计算值；

　　　A——索的计算面积；

　　　$[\sigma]$——容许应力限值；

　　　Z_1——承载能力检算系数，见表6-21。

斜拉索及吊索承载能力检算系数 Z_1 值　　　　　表6-21

评定标度	性状描述	Z_1值
1	表面防护完好，锚头无积水，锚下混凝土无裂缝	(1.00,1.10]
2	表面防护基本完好，有细微裂缝，锚头无锈蚀，锚固区无裂缝	(0.95,1.00]
3	表面防护有少量裂缝，伴有少量锈迹，锚头有轻微锈蚀，锚固区有细小裂缝	(0.90,0.95]
4	表面防护普遍开裂，并有部分脱落，锚头锈蚀，锚固区有明显的受力裂缝	(0.85,0.90]
5	表面防护普遍开裂，并有大量脱落，钢索裸露，钢索锈蚀严重，锚头积水锈蚀，锚固区有明显的受力裂缝，裂缝宽度大于0.2mm	≤0.85

6.4 城市桥梁养护管理

6.4.1 城市桥梁养护一般规定

城市桥梁的养护包括对城市桥梁及其附属设施的检测评估、养护工程及档案资料建立。对城市桥梁应根据类别、等级和技术级别进行养护。根据城市桥梁在道路系统中的地位，城市桥梁养护类别一般分为如下5类：

（1）Ⅰ类养护的城市桥梁，单孔跨径大于100m的桥梁及特殊结构的桥梁。

（2）Ⅱ类养护的城市桥梁，城市快速路上的桥梁。

（3）Ⅲ类养护的城市桥梁，城市主干路上的桥梁。

（4）Ⅳ类养护的城市桥梁，城市次干路上的桥梁。

（5）Ⅴ类养护的城市桥梁，城市支路和街坊路上的桥梁。

根据各类桥梁在城市中的重要性，本着"保证重点，养好一般"的原则，城市桥梁养护等级又分为Ⅰ等、Ⅱ等、Ⅲ等。养护等级及养护要求应符合表6-22所述的要求。

城市桥梁养护等级及养护要求　　　　　表6-22

城市桥梁养护等级	范围	养护	巡检周期
Ⅰ等	Ⅰ~Ⅲ类养护的城市桥梁及Ⅳ、Ⅴ类养护的城市桥梁中位于集会中心、繁华地区、重要生产科研区及游览地区附近的桥梁	重点养护	不应超过1d
Ⅱ等	Ⅳ、Ⅴ类养护的城市桥梁中位于集会点、商业区及旅游路线或市区之间的联络线、主要地区或重点企业所在地附近的桥梁	有计划地进行养护	不宜超过3d
Ⅲ等	除Ⅰ、Ⅱ等养护的城市桥梁以外的其他桥梁	一般养护	不宜超过7d

结构定期检测应按规定的时间间隔进行：Ⅰ类养护的城市桥梁宜为1~2年,关键部位可设一起监控测试；Ⅱ~Ⅴ类养护的城市桥梁宜为6~10年。

6.4.2 城市桥梁的检查

城市桥梁的检查评估应根据其内容、周期、评估要求分为经常性检查、定期检测、特殊检测。检测、评估与养护宜按图6-3所示的流程进行。相关规定与公路桥梁的检查规定相似。

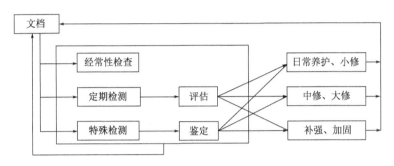

图6-3 城市桥梁养护流程

1）经常性检查

经常性检查是采用目测方法对结构变异、桥及桥区施工作业情况的检查和对桥面系、限载标志、交通标志及其他附属设施等状况进行日常巡检。经常性检查应由经过培训的专职桥梁管理人员或具有一定经验的工程技术人员负责。经常性检查的周期比较短,一般规定为1~7d巡检一次。根据现行《城市桥梁养护技术标准》(CJJ 99)的相关规定,城市桥梁的养护等级不同,经常性检查的周期也不同,详见表6-23。

经常性检查内容包括：桥面系及附属结构物的外观情况,即平整性、裂缝、局部坑槽、拥包、车辙、桥头跳车,桥面泄水孔的堵塞、缺损,人行道铺装、栏杆扶手、端柱等部位的污秽、破损、缺失、露筋、锈蚀等,墩台、锥坡、翼墙的局部开裂、破损、塌陷等；上下部结构异常变化、缺陷、变形、沉降、位移,伸缩装置的阻塞、破损、联结松动等情况；城市道路管理条例中规定的各类违章现象；在桥区内的施工作业情况；桥梁限载标志及交通标志设施等各类标志完好情况；其他较明显的损坏及不正常现象。

经常性检查可以确保结构功能正常,使结构能得到及时的养护和小修保养或紧急处理,对需要检修的问题和一些重大问题做出报告。经常性检查记录应定期整理归档,并提出评价意见。巡检过程中发现设施明显损坏,影响车辆和行人安全,应及时采取相应维护措施,并应立即向主管部门报告。

2）定期检测

定期检测分为常规定期检测和结构定期检测。

常规定期检测应每年进行1次,可根据城市桥梁实际运行状况和结构类型、周边环境等适当增加检测次数。常规定期检测应由专职桥梁养护工程技术人员或实践经验丰富的桥梁工程技术人员负责,并应对每座桥梁制定相应的定期检测计划和实施方案。

常规定期检测应包括：①桥面系,即桥面铺装、桥头搭板、伸缩装置、排水系统、人行道、栏杆或护栏等；②上部结构,即主梁、主桁架、主拱圈、横梁、横向联系、主节点、挂梁、连接件等；

③下部结构,即支座、盖梁、墩身、台帽、台身、基础、挡土墙、护坡及河床冲刷情况。

结构定期检测应由具有相应资质的专业单位承担,并应由具有城市桥梁养护、管理、设计、施工经验的人员参加。检测负责人应具有5年以上城市桥梁专业工作经验。结构定期检测应包括下列内容:①对照城市桥梁资料卡和设施量年报表校核城市桥梁的基本数据,并应符合《城市桥梁养护技术规范》(CJJ 99—2017)附录B和附录C的要求;②记录病害状况,实地判断损坏原因,估计维修范围和方案;③对难以判断其损害程度和原因的构件,提出做特殊检测的建议;④对损坏严重、危机安全的城市桥梁,提出限载以至暂时限制交通的建议;⑤根据城市桥梁技术状况,确定下次检测的时间。

结构定期检测应按规定的时间间隔进行,Ⅰ类养护的城市桥梁宜为3~5年,关键部位可设仪器监控测试;Ⅱ~Ⅴ类养护的城市桥梁间隔时间宜为6~10年。

3)特殊检测

特殊检测应由专业人员采用专门技术手段,并辅以现场和试验室测试等特殊手段进行详细检测和综合分析,检测结果应提交书面报告。城市桥梁在下列情况下应进行特殊检测:

(1)城市桥梁遭受洪水冲刷、流冰、漂流物、船舶或车辆撞击、滑坡、地震、风灾、火灾、化学剂腐蚀、车辆荷载超过桥梁限载的车辆通过等特殊灾害,结构受到损伤。

(2)城市桥梁定期检测中难以判明是否安全的桥梁。

(3)为提高或达到设计承载等级而需要进行修复加固、改建、扩建的城市桥梁。

(4)超过设计使用年限,需延长使用的城市桥梁。

(5)常规定期检测中桥梁技术状况评定时,Ⅰ类养护的城市桥梁被评定为不合格级的桥梁,Ⅱ~Ⅴ类养护的城市桥梁被评定为D级或E级的桥梁。

(6)常规定期检测发现加速退化的桥梁构件需要补充检测的城市桥梁。

特殊检测报告内容应包括:

(1)概述、桥梁基本情况、检测组织、时间背景和工作过程。

(2)描述目前桥梁技术状况、试验与检测项目及方法、检测数据与分析结果、桥梁技术状况评价。

(3)阐述检测部位的损坏原因及程度,评定桥梁继续使用的安全性。

(4)提出结构及局部构件的维修、加固或改造的建议方案,提出维护管理措施。

6.5 城市桥梁技术状况评定

Ⅱ~Ⅴ类养护的城市桥梁的完好程度,应以桥梁状况指数BCI确定桥梁技术状况,按分层加权法根据定期检查的桥梁技术状况记录,对桥面系、上部结构和下部结构分别进行评估,再综合得出对整座桥梁技术状况的评估结果。

6.5.1 桥面系技术状况指数

桥面系的技术状况应采用桥面系技术状况指数BCI_m表示,桥面系的结构状况应采用桥面系结构状况指数BSI_m表示,根据桥面铺装、桥头平顺、伸缩装置、排水系统、人行道、栏杆等要素的损坏扣分值,按式(6-17)计算 BCI_m 和数 BSI_m 值。

$$\begin{cases} BCI_m = \sum_{h=1}^{a}(100 - MDP_h)w_h \\ BSI_m = \min(100 - MDP_h) \\ MDP_h = \sum_i DP_{hi} \cdot w_{hi} \end{cases} \quad (6\text{-}17)$$

式中:h——桥面系评价要素,表示桥面铺装、桥头平顺、伸缩装置、排水系统、人行道和栏杆;

a——桥面系评价要素的总数;

MDP_h——桥面系第 h 类要素中损坏的综合扣分值。当 $MDP_h < \max(DP_{hi})$ 时,取值为 $\max(DP_{hi})$;当 $MDP_h > 100$ 时,取值为 100;

DP_{hi}——桥面系第 h 类要素中第 i 项损坏的扣分值,取值见《城市桥梁养护技术标准》(CJJ 99—2017)附录表 D-1;

w_{hi}——桥面系第 h 类要素中第 i 项损坏的权重,由式 $w_{hi} = 3.0\mu_{hi}^3 - 5.5\mu_{hi}^2 + 3.5\mu_{hi}$ 计算而得。其中,μ_{hi} 根据第 h 类要素中第 i 项损坏的扣分值 DP_{hi} 占桥面系第 h 类要素中所有损坏扣分值的比例 $\left(\mu_{hi} = \dfrac{DP_{hi}}{\sum DP_{hi}}\right)$ 计算而得;

w_h——桥面系第 h 类要素的权重,桥面铺装取 0.3,排水系统取 0.1,桥头平顺取 0.15,人行道取 0.1,伸缩装置取 0.25,栏杆或护栏取 0.1。

6.5.2 桥梁上部结构技术状况指数

桥梁上部结构技术状况的评估应逐跨进行,然后按式(6-19)计算整座桥梁上部结构的技术状况指数 BCI_s。桥梁上部结构的结构状况应采用上部结构结构状况指数 BSI_s 表示。BCI_s 和 BSI_s 应按下列公式计算:

$$\begin{cases} BCI_s = \dfrac{1}{b}\sum_{i=1}^{b} BCI_{si} \\ BSI_s = \min(BCI_{si}) \\ BCI_{si} = \sum_{j=1}^{c}(100 - SDP_{ij})w_{ij} \\ SDP_{ij} = \sum_k DP_{ijk} \cdot w_{ijk} \end{cases} \quad (6\text{-}18)$$

式中:BCI_{si}——第 i 跨上部结构技术状况指数;

b——桥梁跨数;

SDP_{ij}——第 i 跨上部结构中第 j 类构件损坏的综合扣分值。当 $SDP_{ij} < \max(DP_{ijk})$ 时,取值为 $\max(DP_{ijk})$。当 $SDP_{ij} > 100$ 时,取值为 100;

w_{ij}——第 i 跨上部结构中第 j 类构件的权重,按表 6-23 的规定取值;

c——第 i 跨上部结构的桥梁构件类型数;

DP_{ijk}——第 i 跨上部结构中第 j 类构件第 k 项损坏的扣分值,按《城市桥梁养护技术标准》(CJJ 99—2017)附录表 D-2 取值;

w_{ijk}——第 i 跨上部结构中第 j 类构件第 k 项损坏的权重,由 $w_{ijk} = 3.0\mu_{ijk}^3 - 5.5\mu_{ijk}^2 + 3.5\mu_{ijk}$ 计算而得,μ_{ijk} 根据第 i 跨上部结构中第 j 类构件第 k 项损坏的扣分值 DP_{ijk} 占第 j 类构件所有损坏扣分值的比例 $\left(\mu_{ijk} = \dfrac{DP_{ijk}}{\sum_k DP_{ijk}}\right)$ 计算而得。

桥梁上部结构各构件的权重 表6-23

桥梁结构形式	构件类型	权重	桥梁结构形式	构件类型	权重
梁桥	主梁	0.6	桁架桥	桁片	0.5
				主节点	0.1
				纵梁	0.2
	横向联系	0.4		横梁	0.1
				连接件	0.1
悬臂+挂梁	悬臂梁	0.6	拱桥	主拱圈(桁)	0.7
	挂梁	0.2		横向联系	0.3
	挂梁支座	0.1	刚构桥	主梁	0.8
	防落梁装置	0.1		横向联结	0.2
钢筋混凝土拱桥 圬工拱桥 (有拱上构造)	主拱圈	0.50	钢结构拱桥圬工拱桥(无拱上构造)	主拱圈(桁)	0.70
	拱上构造	0.20		横向联系	0.30
	横向联系	0.30	人行天桥 (钢桁架桥)	桁片	0.48
人行天桥 (梁桥)	主梁	0.55		主节点	0.08
	横向联系	0.35		纵梁	0.18
	外部装饰板	0.10		横梁	0.08
				连接件	0.08
				外部装饰板	0.10

6.5.3 桥梁下部结构技术状况指数

桥梁下部结构技术状况的评估应逐墩(台)进行,然后按(6-19)计算整座桥梁下部结构的技术状况指数 BCI_x。桥梁下部结构的结构状况应采用下部结构结构状况指数 BSI_x 表示。BCI_x 和 BSI_x 应按下列公式计算:

$$\begin{cases} BCI_x = \dfrac{1}{b+1} \sum_{j=0}^{b} BCI_{xj} \\ BSI_x = \min(BCI_{xj}) \\ BCI_{xj} = \sum_{k=1}^{d} (100 - SDP_{jk}) w_{jk} \\ SDP_{jk} = \sum_{l} DP_{jkl} \cdot w_{jkl} \end{cases} \quad (6\text{-}19)$$

式中:BCI_{xj}——第 j 号墩(台)下部结构技术状况指数;

b——桥梁跨数;

SDP_{jk}——第 j 号墩(台)下部结构中第 k 类构件的综合扣分值。当 $SDP_{jk} < \max(DP_{jkl})$ 时,取值为 $\max(DP_{jkl})$;当 $SDP_{jk} > 100$ 时,取值为 100;

w_{jk}——第 j 号墩（台）下部结构中第 k 类构件的权重，按表 6-24 的规定取值；

d——第 j 号墩（台）下部结构的构件类型数；

DP_{jkl}——第 j 号墩（台）下部结构中第 k 类构件第 l 项损坏的扣分值，按《城市桥梁养护技术标准》（CJJ 99—2017）附录表 D-3 取值；

w_{jkl}——第 j 号墩（台）下部结构中第 k 类构件第 l 项损坏的权重，由 $w_{jkl} = 3.0\mu_{jkl}^3 - 5.5\mu_{jkl}^2 + 3.5\mu_{jkl}$ 计算而得，μ_{ijk} 根据第 j 号墩（台）下部结构中第 k 类构件第 l 项损坏的扣分值 DP_{jkl} 占第 k 类构件所有损坏扣分值的比例 $\left(\mu_{jkl} = \dfrac{DP_{jkl}}{\sum_l DP_{jkl}}\right)$ 计算而得。

桥梁下部结构各构件的权重　　　　表 6-24

部位	构件类型	权重	部位	构件类型	权重
梁式桥 桁架桥 刚构桥 悬臂+挂梁					
桥墩	盖梁	0.15	桥台	台帽	0.15
	墩身	0.30		台身	0.20
	基础	0.40		基础	0.40
	支座	0.45		耳墙（翼墙）	0.30
				支座	0.15
拱桥					
桥墩	盖梁	0.10	桥台	台帽	0.10
	墩身	0.30		台身	0.30
	基础	0.45		基础	0.35
	拱脚	0.15		耳墙（翼墙）	0.10
				拱脚	0.15
人行天桥					
桥墩	盖梁	0.18	桥台	台帽	0.20
	墩身	0.34		台身	0.40
	基础	0.20		基础	0.20
	外部装饰板	0.10		支座	0.20
	支座	0.18			

6.5.4 桥梁整体技术状况指数

整个桥梁的技术状况指数 BCI 根据桥面系、上部结构和下部结构的技术状况指数，由下式计算：

$$BCI = BCI_m \cdot w_m + BCI_s \cdot w_s + BCI_x \cdot w_x \tag{6-20}$$

式中：w_m、w_s 和 w_x——桥面系、上部结构和下部结构的权重，"梁式桥、桁架桥、刚构桥、悬臂+挂梁"分别取 0.15、0.40 及 0.45，"拱桥"分别取 0.10、0.45 及 0.45，"人行天桥"分别取 0.15、0.45 及 0.40。

6.5.5 直接评定不合格级桥和 D 级桥

各种类型桥梁有下列情况之一时，即可直接评定为不合格级桥和 D 级桥。

(1)预应力梁产生受力裂缝且裂缝宽度超过《城市桥梁养护技术标准》(CJJ 99—2017)表5.3.2限值。

(2)拱桥的拱脚处产生水平位移或无铰拱拱脚产生较大的转动。

(3)钢结构节点板及连接铆钉、螺栓损坏在20%以上,钢箱梁开焊,钢结构主要构件有严重扭曲、变形、开焊,锈蚀削弱截面面积10%以上。

(4)墩、台、桩基出现结构性断裂缝,或裂缝有开合现象,倾斜、位移、沉降变形危及桥梁安全时。

(5)关键部位混凝土出现压碎或压杆失稳、变形现象。

(6)结构永久变形大于设计标准值。

(7)结构刚度达不到设计标准要求。

(8)支座错位、变形、破损严重,已失去正常支承功能。

(9)基底冲刷面积比例达20%以上。

(10)承载能力下降25%及以上(需通过桥梁验算检测得到)。

(11)人行道栏杆累计残缺长度比例大于20%或单处长度大于2m。

(12)上部结构有落梁和脱空趋势或梁、板断裂。

(13)预应力钢筋锚头严重锈蚀失效。

(14)钢-混凝土组合梁、桥面板发生纵向开裂,支座和梁端区域发生滑移或开裂,斜拉桥拉索、锚具损伤;悬索桥钢索、锚具损伤;系杆拱桥钢丝、吊杆和锚具损伤。

(15)其他各种对桥梁结构安全有较大影响的部件损坏。

6.5.6 评估标准及养护措施

根据城市桥梁技术状况、完好程度,对不同养护类别,要求Ⅰ类养护的城市桥梁完好状态宜分为合格及不合格两个等级。合格级对应于桥梁结构完好或结构构件有损伤,但不影响桥梁安全的状况,应进行保养、小修;不合格级对应于桥梁结构构件有损伤,影响结构安全的状况,应立即修复。

Ⅱ~Ⅴ类城市桥梁完好状态一般分为5个等级(表6-25);A级为完好状态,BCI达到90~100分,应进行日常保养;B级为良好状态,BCI达到80~89分,应进行日常保养和小修;C级为合格状态,BCI达到66~79分,应进行专项检测后保养、小修;D级为不合格状态,BCI达到50~65分,应提出处理措施,检测后进行中修或大修工程,需紧急抢修的桥梁应提出时间要求;E级为危险状态,BCI小于50分,应立即限制交通,检测评估后进行大修、加固或改扩建工程。

桥梁完好状况评估标准 表6-25

BCI	[90,100]	[80,90)	[66,80)	[50,66)	[0,50)
评估等级	A	B	C	D	E

城市桥梁的养护工程一般分为保养小修、中修工程、大修工程、加固工程及改扩建工程。其中,保养小修是指对管辖范围内的城市桥梁进行日常维护和小修作业;中修工程是指对城市桥梁的一般性损坏进行修理,恢复城市桥梁原有的技术水平和标准的工程;大修工程是指对城市桥梁较大的损坏进行综合治理,全面恢复到原有技术水平和标准的工程及对桥梁结构维修改造的工程。

【思考题】

1. 公路桥梁的永久性控制检测项目有哪些？简述其测试方法。
2. 按照检查的范围、深度、方式和检查结果的用途等的不同，公路桥梁的检查可以分为哪几类？它们的检测周期分别是多长时间？
3. 公路桥梁特殊检查有哪两个类别，分别在哪些情况下安排？
4. 公路桥梁特殊检查需要鉴定哪些方面内容？
5. 常见类型公路桥梁检查的重点部位有哪些？为什么不同桥型的重点部位有所不同？
6. 绘图说明简支梁桥桥梁上部结构检查的重点部位。
7. 绘图说明连续梁桥桥梁上部结构检查的重点部位。
8. 何谓公路桥梁技术状况评定方法中的分部件综合评定法？写出综合评定法计算公式，简述其评定过程及如何按其评定结果进行桥梁技术状况等级分类。
9. 《公路桥涵养护规范》(JTG 5120—2021)采用分部件综合评定法时，桥梁部件的缺损状况如何评定？有哪些评定标度？
10. 《公路桥梁技术状况评定标准》(JTG/T H21—2011)如何采用分层综合评定法对公路桥梁技术状况进行评定？
11. 简述《公路桥梁技术状况评定标准》(JTG/T H21—2011)中分层综合评定法的桥梁技术评定工作流程。
12. 采用分层综合评定法时，桥梁技术状况等级分为哪几类？如何划分？
13. 公路五类桥梁技术状况评价时，有哪些单项控制指标？请举5例说明。
14. 进行在役公路桥梁承载能力检测评定时，需考虑桥梁结构或构件哪些方面的检测评定结果？
15. 城市桥梁养护类别如何划分？城市桥梁养护等级如何规定？
16. 城市桥梁在哪些情况下应进行特殊检测？
17. 简要说明《城市桥梁养护技术标准》(CJJ 99—2017)如何对城市桥梁技术状况评定。
18. 请简述城市桥梁桥面系、上部结构和下部结构技术状况指数的计算方法。
19. 什么情况下可以直接判定城市桥梁为不合格级桥或D级桥？
20. 简述公路桥梁以及城市桥梁评定中的异同点。

第7章
桥梁缺陷与裂缝修复技术

14.混凝土材料性能
　劣化视频

7.1 桥梁缺陷修复技术

7.1.1 桥梁典型缺陷

设计、施工、养护、自然侵蚀以及地震、爆炸等多方面偶然因素都可能会造成桥梁的缺陷，如图7-1所示。桥梁的典型缺陷主要包括：

（1）蜂窝麻面。蜂窝主要是由于混凝土多砂少浆，粗集料间出现间隙，造成混凝土局部疏松而形成蜂窝样孔洞状的现象。麻面是混凝土局部表面出现缺浆和许多小凹坑、麻点，形成粗糙面，但无钢筋外露现象。

（2）混凝土裂缝。由于受力、收缩、温度等原因，混凝土表面产生裂缝。

（3）空洞露筋。由于在浇筑过程中缺少振捣或漏浆离析，混凝土表面或内部容易出现空洞。同样，由于浇筑过程中振捣不到位，未设置保护层垫块或者固定不牢，混凝土坍落度小，或拆模早，混凝土硬化前受外力而剥落，容易使构件成型后出现钢筋外露的现象。

（4）风化剥落。混凝土在外界物理、化学作用下表面材质分解或蚀变的现象。

（5）混凝土缺损。混凝土在外力作用下，集料和砂浆破损、脱落的一种缺损现象。其多由车辆、船舶撞击或爆炸冲击等引起。

(6) 钢材锈蚀。钢部件或者混凝土中钢筋表面与周围介质发生化学或电化学反应而引起锈蚀现象。

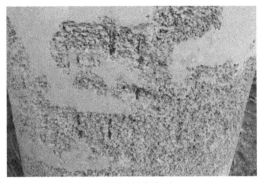
a)混凝土蜂窝麻面

b)混凝土剥落

图 7-1 桥梁典型缺陷

7.1.2 混凝土缺陷修复

修补缺陷前,应先将已损坏的混凝土去除,露出完好的混凝土,达到钢筋除锈所需要的范围。清除方法有人工凿除法、气动凿除法和高速射水法。其中,高速射水法与人工凿除法、气动凿除法相比,无振动、噪声和灰尘,在清除工作完成后,混凝土表面更加干净、湿润。同时,采用高速射水法,可以使混凝土或砂浆获得良好的黏结效果。

修补缺陷时,一般可采用以下几种方法:混凝土修补法、水泥砂浆修补法、聚合物水泥砂浆修补法和环氧树脂类黏结材料修补法。其中,环氧树脂类黏结材料包括环氧胶液、环氧砂浆和环氧混凝土等,一般用于修补质量要求较高或者其他材料无法满足修补要求的部位。

1)混凝土修补法

使用混凝土修补法修补混凝土缺陷,宜采用比原混凝土强度高一等级的细石混凝土,但是修补用混凝土的技术指标不能低于原混凝土的技术指标,水泥强度不能低于原混凝土的水泥强度,水灰比要选用较小值,也可加入适量的减水剂来提高修补混凝土的和易性。若修补的部位较深,可以掺入适量的砾料来增加砂浆的强度、减少砂浆的干缩。修补用混凝土组成材料要求如下:

(1)水泥应采用 42.5 以上强度等级;

(2)对于易浇筑密实的区域,可采用一般配合比,在较薄断面和不易浇筑处,粗集料粒径不应大于 10mm;

(3)对于不易浇筑密实的区域,应采用强塑性混凝土人工填充;

(4)浇筑施工时应注意振捣和养护。

修补施工方法可采用现浇、压浆、涂抹等。面积较大的修补工作,在浇筑前要支设模板,保证修补的外观质量。在新旧混凝土接缝表面一定宽度范围内,刷除掉所有软弱的浮浆、尘土,并涂抹封闭两层水泥浆液,第二层的涂抹方向应与第一层的方向垂直,在混凝土浇筑或涂抹完成后,应及时进行浇水保湿养护,并保证养护时间。混凝土修补露筋和蜂窝、麻面如图 7-2 所示。

a)混凝土修补露筋　　　　　　　　　b)混凝土修补蜂窝、麻面

图 7-2　混凝土修补法

2）水泥砂浆修补法

水泥砂浆修补法包括人工涂抹法和喷浆修补法。

人工涂抹法主要用于修补小面积的缺陷，特别是损坏较浅类缺陷的修补。该法工艺简单。在修补前，将构件中的缺陷部分凿除，并对需修补的部位进行凿毛处理，混凝土表面要保持湿润、清洁。然后在周围的混凝土上涂抹一层水泥浆液或者其他胶结剂，注意将浆液刷进混凝土内和钢筋上。在浆液未凝固时，将拌和好的砂浆抹到需修补的部位，并反复压实，最后按普通混凝土的养护要求进行养护（图 7-3）。

图 7-3　水泥砂浆修补法

喷浆修补法主要用于修补混凝土表面的大面积缺损或者重要混凝土结构物。喷浆修补法所采用的水泥砂浆应具有较小水灰比，并加入具有大剂量速凝剂的硅酸盐类水泥，也可采用具有快凝、早强、高强性能的专用喷射水泥。该法经高压将水泥、砂和水的混合料通过喷嘴喷射到需修补的部位。其主要特点是用较小的水灰比和较多的水泥，获得较高的密实度和强度，喷射砂浆与受喷面形成的喷浆面具有较高的强度和耐久性，而且施工工艺简单，效率较高；但是材料的消耗大，在喷浆层较薄或者不均匀时，干缩率较大，容易产生裂缝。喷浆修补法施工工艺要求如下：

（1）喷浆前应准备充足的砂子和水泥；

（2）喷射水泥砂浆前应对旧混凝土表面进行凿毛，并将表面清理干净，喷浆前 1h 应洒水以保持受喷面充分湿润；

（3）当修补要求设置钢筋网时，应对其有效固定；

(4) 如需安装模板,应安装牢固,避免喷射作业产生的冲击力使模板脱落;

(5) 分层喷射时,应在第一层没有完全凝固时开始第二层的喷射,每层的间歇时间以 2～3h 为宜,若上层已凝固,应采用铁刷子将层间松层刷除,然后再继续喷射施工;

(6) 喷射完工后应及时进行表面处理,采取遮阴和保湿等养护措施。

具体喷浆修补工艺流程如图 7-4 所示。

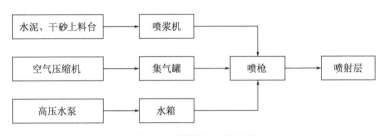

图 7-4 喷浆修补工艺流程

3) 聚合物水泥砂浆修补法

聚合物水泥砂浆是由水泥、集料和可以分散在水中的有机聚合物搅拌而成的。聚合物可以是由一种单体聚合而成的均聚物,也可以是由两种或更多的单聚体聚合而成的共聚物,聚合物水泥砂浆具有较高黏结力,同时具有极为优良的抗渗性、抗裂性和抗冲击性。

聚合物水泥砂浆法适用于对混凝土桥梁表面的风化、剥落、露筋及小面积破损等缺陷的修补。其具有良好的施工和易性、黏结性、抗渗性、抗剥落性、抗冻融性、抗碳化性、抗裂性、钢筋阻锈性能,并具有高强度等性能。该法操作简便,可在潮湿基层施工,健康环保(图 7-5)。聚合物水泥砂浆法施工工艺及养护措施如下:

a) 聚合物水泥砂浆　　　　　　　　b) 工程实例

图 7-5 聚合物水泥砂浆修补法

(1) 施工工艺:施工前首先应清除混凝土表面待修补部分的浮尘、油污及铁锈,将混凝土表面凿毛。在涂抹聚合物砂浆前,用水冲洗待修补部位的混凝土表面,使混凝土表面处于充分湿润状态,但表面不能有明水。人工修补时,首层应压紧、压实,同时,在修补施工过程中应避免振动。

(2) 养护措施:在修补部位聚合物水泥砂浆终凝前,应对其采取保护措施,避免其表面受雨水、风及阳光直射影响,并应及时养护。

4) 环氧树脂类黏结材料修补法

环氧树脂类黏结材料包括环氧胶液、环氧砂浆和环氧混凝土等,常可用于对桥梁缺陷的修

图7-6 环氧砂浆修补效果

补。环氧树脂类黏结材料具有较高的强度和抗渗能力,并可与混凝土材料牢固地黏结,使混凝土结构物形成整体,同时具有养护时间短等优点。采用环氧树脂类黏结材料的混凝土缺陷修补方案,应充分考虑新老混凝土的良好结合,有利于二者共同受力。以环氧砂浆修补为例(图7-6),其主要施工工艺及要求如下:

(1)混凝土表面处理。混凝土表面处理可用人工凿毛,然后用高压水或压缩空气吹净,要做到表面无水湿、无灰尘、无油渍及其他污物,保持平整、干燥、坚固、密实。

(2)涂抹环氧基液。在涂抹环氧砂浆时,应首先在表面涂一层环氧基液,使老混凝土表面能充分地被环氧树脂浆液所湿润,从而保持良好的黏结力。涂刷环氧基液时,从施工技术角度应尽力使涂刷层薄且均匀。

(3)涂抹环氧砂浆。涂抹环氧砂浆时应做到涂抹均匀,每层厚度不宜超过1.0~1.5cm,底层厚度应控制在0.5~1.0cm之间,并且在施工过程中应用铁抹反复地压抹,使表面翻出浆液。

(4)分层及填料。在斜、立面涂抹时,由于砂浆在自重作用下会产生流淌,此时可采用铁抹不断地压抹,同时适当增加砂浆内的填料,提高环氧砂浆的稠度。如涂层过厚应进行分层涂抹,厚度超过4cm时最好在涂抹前先立模。

(5)养护。环氧砂浆的养护与水泥砂浆的养护方式不同,环氧树脂的养护最重要的是要控制好温度,夏季施工时如果工作面向阳,应设凉棚,以防止阳光直接照射导致环氧树脂涂层的温度过高。在冬季施工气温太低的情况下,应采用加温设施来保暖。环氧树脂涂层的养护温度一般控制在15~25℃,在冬季施工时,养护时间须保证在7d以上。

7.1.3 钢筋缺陷修复

1)钢筋锈蚀的危害

钢筋锈蚀在桥梁的内部缺陷中较普遍,危害性较大。其危害性主要表现在钢筋锈蚀会引起很大的体积膨胀,使混凝土产生开裂和剥离,严重影响结构受力性能,降低材料耐久性,削弱钢筋的受力面积。受力危害更大、沿钢筋纵向的裂缝,将极大地削弱混凝土与钢筋共同作用的能力。

2)钢筋锈蚀的几种状态

钢筋的常见状态有:①钝化状态。钝态是钢筋在pH值高的强碱性的混凝土内被保护的正常状态。在强碱性环境中,钢筋表面被氧化,形成一层很薄的水化氧化膜,使钢筋处于钝化状态,钢筋不会发生锈蚀。②点锈蚀。由于氯离子存在或者侵入而引起的典型的局部锈蚀状态,氧化膜由于氯离子的侵入而遭受破坏。③全面锈蚀。由于混凝土内有大量氯盐或混凝

图7-7 桥梁钢筋锈蚀示例

土发生碳化,钢筋普遍失去钝化而锈蚀(图7-7)。

3)钢筋锈蚀的维修

钢筋锈蚀的维修工艺如下：将松脱、剥离等已经损坏的部分混凝土凿除,露出全部钢筋,然后用钢丝刷或喷砂枪对钢筋进行除锈处理,除锈后要及时清除钢筋及混凝土表面的铁锈与灰尘,必要时还要对钢筋进行防锈处理。

为提高新、老混凝土的黏结力,要涂上环氧胶液等黏结剂,用新混凝土或者砂浆进行填补,可用普通混凝土立模浇筑法、干(湿)式喷浆法,也可用环氧混凝土、环氧砂浆或其他防腐蚀材料来修补。对新喷涂浇筑的混凝土要进行表面处理,防止混凝土表面再次碳化。

7.1.4 圬工缺陷修复

圬工表层缺陷主要有抹灰层、砌缝脱落,砌体表面麻面、起皮、起鼓、粉化、剥落以及材料变质、风化和裂缝等(图7-8)。圬工缺陷修补的方法很多,可根据实际需要及适用、美观和耐久性的要求对圬工结构表层缺陷进行修补。

a)砌缝脱落

b)砌体裂缝

图7-8 圬工缺陷示例

1)勾缝修补

将松散、被破坏的砌缝凿去,彻底冲洗干净,用水泥砂浆重新勾缝。勾缝前把砂浆用抹子填入缝内,然后用勾缝器进行压紧,切去飞边,使其密实。

2)砌体表面修补

对于砌体表面的风化、剥落、蜂窝和麻面处,可抹喷一层 M10 砂浆进行防护。抹喷方法有手工抹浆法和压力喷浆法。手工抹浆法是先彻底凿除风化、剥落的表层,并将表面凿毛,冲洗干净,保持湿润,然后分层进行抹浆。面积较大的抹面工程一般用压力喷浆法。

当砌体表面仅存在局部损伤且脱落不严重时,可将破损部分去除,凿毛洗净,用 M10 水泥砂浆分层填补至需要厚度,并将表面抹平;当损坏部位较深时,可在新旧结构结合处设置牵钉,必要时可挂钢筋网,并立模浇筑混凝土。

3)镶面石修补

当镶面石仅松动而未破碎时,将其周围灰缝凿去,并取下镶面石,全部铲除内部失效灰浆后,用水冲洗干净,再用 M10 砂浆填实,然后安上镶面石,并在其周围捣垫半干硬性砂浆;当镶面石破损时,更换破损的镶面石或用预制混凝土块代替。

7.1.5 钢构件缺陷修复

钢杆件和钢板的锈蚀是钢桥表层最普遍的病害,往往在锈蚀之前,首先发生油漆剥落(图7-9),所以要重视钢桥的钢杆件和钢板表面的除锈及刷油漆工作。钢桥的除锈方法有化学法和物理法:化学法是在无机酸中加入面粉、树胶、煤焦油等缓蚀剂,然后将锈蚀清洗干净;物理法是用喷砂除锈,并进行激光除锈处理(图7-10)。

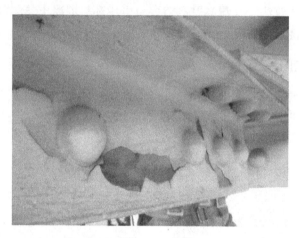

图7-9 钢桥表层油漆剥落

a)喷砂除锈

b)激光除锈

图7-10 钢构件除锈

要定期刷油漆以防桥梁钢杆件和钢板表面锈蚀。在涂刷油漆前,要仔细清除铁锈、旧漆、污垢、尘土和油水等。对所有节点杆件的易锈蚀部位,如凹处、缝隙、纵横梁及主桁架的弦杆处等,要仔细进行清理。油漆涂刷一般分为两层底漆和两层面漆,但是工作条件艰难或易遭受损坏的部位要多涂一层面漆。第一层底漆干燥后,需用油性腻子填塞裂缝、不平整和局部凹痕等部位,检查腻封质量,现场解决发现的问题。

钢桥的刷漆工作应在天气干燥和温暖季节进行。被刷漆钢构件表面温度应与刷油漆时的气温相近,不能在雾天、雨天或者风沙大的天气进行刷漆作业。也可将金属涂层用于钢桥的防腐,金属涂层分为阳极防腐蚀涂层和阴极防腐蚀涂层,阳极防腐蚀涂层的防腐效果较阴极防腐涂层更好。

7.2 桥梁裂缝修复技术

15.桥梁弯剪组合加固演示动画

混凝土桥梁在施工和使用过程中,常出现各种不同形式的裂缝,裂缝产生的外界原因包括荷载和变位、成桥内力、温度变化、材料时效(混凝土收缩、徐变)、化学作用(钢筋锈蚀、预应力筋锚头锈蚀、酸碱腐蚀)、物理作用等。常见的受力裂缝可分为弯曲裂缝、剪切裂缝、弯剪裂缝、局部承压裂缝等,其典型受力裂缝如图7-11所示。

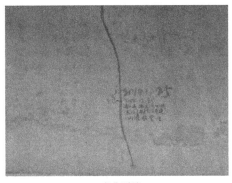
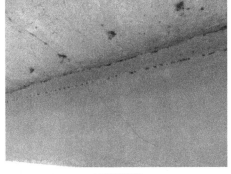

a)弯曲裂缝　　　　　　　　　　　b)剪切裂缝

图7-11　混凝土桥梁典型受力裂缝

裂缝修补的目的及相关技术主要分为两大类:第一类是为了保障结构耐久性而进行的修补,主要有表面粘贴修补法、表面封闭修补法;第二类是在保障耐久性的同时,考虑满足受力要求而进行的修补,主要有结构灌浆修补法等。

7.2.1　表面封闭修补法

混凝土桥梁裂缝表面封闭修补法是一种在微细裂缝(裂缝宽度≤0.2mm)的表面上涂抹低黏度且具有良好渗透性的裂缝封闭材料,进而封闭裂缝通道,以提高其防水性及耐久性的方法,主要有填缝、表面抹灰、钢箍加固、表面喷浆、凿槽嵌补法等。表面封闭修补法主要用于非受力裂缝和一些稳定的裂缝。填缝和表面抹灰用于裂缝细小、数量不多的情况;凿槽嵌补用于裂缝较宽、数量少、有振动、易脱落的情况。

1) 填缝法

填缝法是砖石砌体裂缝修理中最简便的一种方法。操作时,将缝隙清理干净,根据裂缝宽度选用勾缝刀、抹子、刮刀等工具进行操作,所用灰浆通常采用水灰比为1:2.5或1:3的水泥砂浆,强度一般不得低于砌筑砂浆的强度。填缝处理后可在美观、耐久性等方面起到一定的作用,但对砌体的整体性、强度等方面所起的作用甚微。

2) 表面抹灰法

表面抹灰法是指将水泥浆、水泥砂浆、环氧砂浆等材料涂在裂缝部位的砖石砌体或混凝土表面上的一种修补方法。操作时,先将裂缝附近的混凝土凿开,并尽可能使糙面平整。经洗刷干净后洒水,使之保持湿润,然后用水泥砂浆涂抹,再将水泥砂浆一次或分次抹完,一次涂抹过厚则容易在侧面和顶部引起流淌或因自重下坠脱壳;太薄则容易在收缩时引起开裂。涂抹的总厚度一般在1.0~2.0cm之间,待收水后压实、抹光。温度高时,涂抹3~4h后即需洒水养护,并防止阳光直射;冬季应注意保温,切不可受冻,一旦所抹水泥砂浆受冻,轻则强度降低,重则报废。

3)钢箍加固法

当钢筋混凝土梁件产生主应力裂缝时,可采用在裂缝处加设U形钢箍使裂缝封闭的方法进行修补。U形钢箍可用扁钢焊成或圆钢制成,可以直箍,也可以斜箍,其方向应和裂缝方向垂直。钢箍与梁的上、下面接触处可垫以角钢或钢板。角钢或钢板面积及加箍的横截面面积,根据修补加固部位主应力的大小、钢箍的安全性及混凝土的抗压强度通过计算而定。

4)表面喷浆法

表面喷浆法是在经凿毛处理的裂缝表面喷射一层密实且强度高的水泥砂浆保护层来封闭裂缝的一种修补方法。根据裂缝的部位、性质和修理要求与条件,可分别采用无筋素喷浆、挂网喷浆或挂网喷浆结合凿槽嵌补等修补方法。进行喷浆之前,必须完成各项准备工作。对需要喷浆的结构表层应仔细敲击。在敲击中若发现剥离的部分,应当敲碎并除去,有缺陷的地方应填塞起来。如为钢筋混凝土,还须清除露筋部分钢筋上的铁锈。

5)凿槽嵌补法

凿槽嵌补法是沿混凝土裂缝走向骑缝凿出槽深和槽宽分别不小于20mm和15mm的U形沟槽,当裂缝较细时,也可凿成V形沟槽,然后在槽内嵌补填补材料的一种修补方法。填补材料可以为环氧砂浆、沥青、甲基丙烯酸酯类化学补强剂等,并粘贴纤维材料以封闭表面。

7.2.2 结构灌浆修补法

结构灌浆修补法是通过施加一定的压力,在结构内部的裂缝中灌入浆液,用来封闭裂缝,恢复并提高其强度、刚度、耐久性和抗震性的方法。该方法依据灌入材质的不同,可分为水泥灌浆法和化学灌浆法。水泥灌浆法的灌浆材料有水泥砂浆、纯水泥、水泥黏土、石灰、石灰水泥、石灰黏土等。裂缝修补用由水泥、集料和可以分散在水中的有机聚合物搅拌而成的聚合物水泥灌浆材料,其性能指标见表7-1。

裂缝修补用聚合物水泥灌浆材料主要性能指标 表7-1

项目	性能指标
劈裂抗拉强度(MPa)	≥5
抗压强度(MPa)	≥40
抗折强度(MPa)	≥10
注浆材料与混凝土的正拉黏结强度(MPa)	≥2.5,且为混凝土破坏

化学灌浆法的灌浆材料有改性环氧树脂类、改性丙烯酸酯类、改性聚氨酯类等浆液,该方法一般用于裂缝宽度大于0.25mm、裂缝多并且深入结构内部或者结构有空隙的部位。

1)水泥灌浆法

水泥灌浆法的主要施工流程如下(图7-12):

(1)裂缝清理。仔细检查修补部位裂缝,确定裂缝修补数量、范围、钻孔孔眼位置及浆液数量,对裂缝两侧进行清理。

(2)钻孔清孔。骑着裂缝进行钻孔,孔眼开好后,必须进行清孔,即用水由上向下冲洗孔眼,孔眼冲洗干净之后,使用压缩空气吹干。

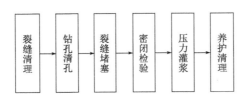

图 7-12　水泥灌浆法工艺流程图

(3) 裂缝堵塞。灌浆前应将裂缝和孔隙堵塞,进行止浆与堵漏处理,止浆或堵漏可用水泥砂浆或环氧砂浆涂抹,也可用棉絮或麻布条嵌塞,或用环氧胶泥粘贴。

(4) 密闭检验。进行压水或压风试验,检查孔眼畅通情况及止浆效果。

(5) 压力灌浆。调整灌浆施工过程中的灌浆压力和浆体稠度,可分为两种情况:一种是灌浆自始至终使用同一稠度的浆体,这种灌浆方式依次成型,施工方便,适用于可灌性能良好且灌浆量不大的情况;另一种是采用的压力和浆液的稠度有所变化,这种灌浆方式先用低压、后用高压,先用稀浆、后用稠浆,以适应裂缝粗细不均、灌浆体渗漏较大的情况。

(6) 养护清理。对灌浆材料进行养生,养生完成后,对裂缝表面进行清理。

2) 化学灌浆法

化学灌浆法修补桥梁结构裂缝的工艺流程及施工要求与前述水泥灌浆法基本相同(图 7-13)。化学灌浆法可采用高压灌浆机、注射器灌浆等,主要施工工艺如下:

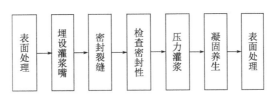

图 7-13　化学灌浆法工艺流程图

(1) 表面处理。修补前先检查、记录修补部位的裂缝情况,据此进行有关化学灌浆材料配量、埋嘴、灌浆注射等方面具体的计算和安排。同时清除裂缝周围的油污,使用砂轮、钢丝刷或类似工具除去混凝土表面裂缝两边宽约 5cm 范围内的污物、灰尘等,清洗时应注意不要将裂缝堵塞。

(2) 埋设灌浆嘴。沿裂缝走向埋设灌浆嘴,间距视缝宽度确定,一般为 200~400mm。埋贴前,先把灌浆嘴底盘用丙酮擦洗干净,然后用灰刀将环氧胶泥抹在底盘周围,骑缝埋贴到结构裂缝处。灌浆嘴是化学灌浆材料的喷入口,也是裂缝的排气口。

(3) 密封裂缝。当灌浆嘴埋贴后,使用密封胶将灌浆嘴周围的区域沿裂缝走向按 5cm 宽、3mm 厚进行密封或堵漏处理,其目的是防止浆液流失,确保浆液在灌浆压力下能将裂缝填充密实。

(4) 检查密封性。上述封闭工作完成后相隔 1d,即可进行压水或压气试验,以便检查裂缝的封闭及灌浆嘴的畅通情况。

(5) 压力灌浆。根据裂缝状况及施工条件的不同,分别采用灌浆机灌注和注射器灌注两种方法。按照灌注材料要求的混合比,将主剂和硬化剂混合搅拌后倒入灌浆机或注射器,向裂缝里灌注化学浆液。当裂缝较大时可采用灌浆机;当裂缝细微、灌浆量不大时,多采用注射器灌注的方法,此时需将注射器的连接端牢固地安装在灌浆嘴底座。

（6）凝固养生。灌注材料后进行养生直至凝固硬化。

（7）表面处理。养生固化完成后，清除表面，用砂轮将作业面打磨光洁平整，完成施工。

图 7-14 所示为典型化学灌浆高压灌浆机。注射器灌浆采用的注射器有针形注射器和气球注射器等形式，图 7-15 给出了针形注射器及气球注射器的灌浆原理。针形注射器和气球注射器分别利用弹簧及橡胶管膨胀收缩产生的内部压力将化学浆液缓慢地注入混凝土裂缝中并达到裂缝的微细末端，从而达到对混凝土结构裂缝修补的要求，其具有低压、低速的理想注浆条件。注射器灌浆能自动保持低压匀速的持续注入工作状态，既节省了人力，又弥补了人工注入时的压力各异的缺陷，同时避免了机器注入时压力过大，注入材料无法深入裂缝的弊端。图 7-16、图 7-17 所示分别为针形注射器和气球注射器化学灌浆法的实施过程。

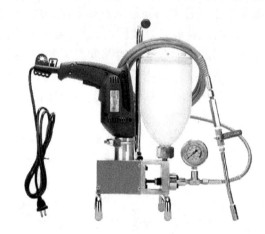

图 7-14　化学灌浆高压灌浆机

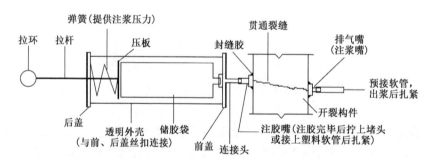

a）针形注射器

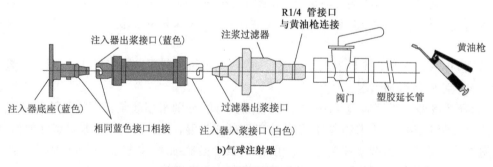

b）气球注射器

图 7-15　注射器灌浆原理

a)埋设灌浆嘴

b)注射压浆

图7-16 针形注射器化学灌浆法实施过程

a)埋设注入座

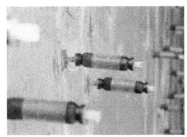
b)注射压浆

c)表面处理

图7-17 气球注射器化学灌浆法实施过程

裂缝化学灌浆材料应符合下列要求:浆液的黏度小,可灌性好;浆液固化后的收缩量小,抗渗性好;浆液固化后的抗压、抗拉强度高,有较高的黏结强度;浆液固化时间可以调节,灌浆工艺简便;浆液应为无毒或低毒。

化学灌浆材料的主要性能指标见表7-2。

裂缝修补用化学灌浆材料(注射剂)主要性能指标　　表7-2

项目	性能指标
抗拉强度(MPa)	≥20
抗拉弹性模量(MPa)	≥1500
抗压强度(MPa)	≥50
抗弯强度(MPa)	≥30,且不得呈脆性破坏
钢-钢拉伸抗剪强度标准值(MPa)	≥10
不挥发物含量(固体含量)(%)	≥99
可灌注性	在规定的压力下,能注入的宽度为0.1mm

化学灌浆施工时,其材料使用、保存应注意:

(1)目前使用的化学灌注材料一般都具有不同程度的毒性(包括刺激性、腐蚀性、致敏性)及易燃易爆性等,应采用有效的通风设施。

(2)采用的化学灌浆材料如具有毒性或刺激性臭味,施工人员一般应戴防护口罩,必要时应戴防护眼镜,以防有毒气体刺激眼膜。应尽量避免在浆液的下风位置操作,以降低吸入有毒气体的可能性。

(3)有毒性和刺激性臭味的挥发性化学灌浆材料应密封储存,防止气体逸出,污染周围环境。

(4)对易燃易爆材料,如丙酮、甲苯等,储存处必须远离施工现场,隔绝火源。

7.2.3 裂缝修复质量验收

对于裂缝修复,除了基本的施工要求外,还应符合以下几点质量要求:
(1)表面封缝材料固化后应均匀、平整,不出现裂缝,无脱落。
(2)灌浆裂缝表面不应遗留注浆器、注浆嘴、胶泥等施工垃圾。
(3)裂缝封闭胶表面颜色与原结构混凝土颜色基本一致。

对混凝土有补强要求的裂缝,其修补效果的检验以取芯法最为有效。若能在钻芯前辅以超声探测,了解混凝土内部情况,则取芯成功率将会大大提高。

若采用取芯法,芯样的检验以采用劈裂抗拉强度试验方法为宜,因为该法能查出裂缝修补液的黏结强度是否合格。当劈裂抗拉强度测定检验结果符合下列条件之一时应判为符合设计要求:

(1)沿裂缝方向施加的劈力,芯样的破坏应发生在混凝土内部,即发生内聚破坏;
(2)破坏虽有部分发生在裂缝界面上,但这部分破坏面积不大于总破坏面积的15%。

【思考题】

1. 常见混凝土缺陷修复的材料有哪些?各自有什么特点?
2. 简述混凝土缺陷喷浆修补法的施工工艺。
3. 钢筋锈蚀有哪几种状态?
4. 如何进行钢筋锈蚀的维修?
5. 如何进行圬工表层缺陷的修复?
6. 混凝土桥梁裂缝表面封闭修补法有哪些具体做法?
7. 简述裂缝修补化学灌浆法的基本原理。
8. 简述裂缝修补化学灌浆法的主要施工工艺。
9. 绘图说明化学灌浆法采用针形注射器灌浆的原理。
10. 简述采用化学灌浆法修复裂缝时,埋设灌浆嘴和密封裂缝的作用。
11. 裂缝修复质量验收的具体要求有哪些?

第8章
桥梁上部结构改造与加固技术

桥梁上部结构作为直接承受汽车荷载的桥梁结构,更加容易出现各类病害,对加固维修的需求也显得更加迫切。桥梁上部结构现有的加固技术主要有:增大截面加固法、粘贴钢板加固法、粘贴纤维复合材料(FRP)加固技术、体外预应力加固法、钢绞线网-聚合物砂浆加固技术、预应力钢丝绳-聚合物砂浆加固技术、改变结构体系加固技术等。

8.1 增大截面加固法

8.1.1 技术原理与特点

增大截面加固法(图8-1)是指在混凝土构件表面增大截面尺寸,增加受力钢筋,使它与原结构形成整体,从而达到增大构件有效高度和受力钢筋面积、增加构件刚度及提高构件承载力的目的。

增大截面加固法一般有增加主筋截面、加大混凝土截面、加厚桥面板、喷锚混凝土等。增大截面加固法广泛应用于梁(板)桥及拱桥拱肋的加固。该加固方法具有以下显著优点:

(1)工艺简单。加固工艺与新建钢筋混凝土构件浇筑相同,施工简便。

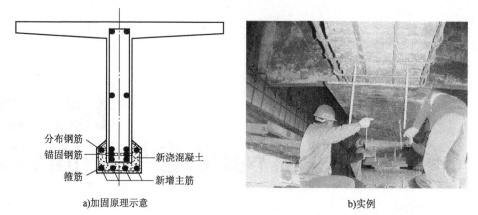

图 8-1 增大截面加固法原理与实例

（2）受力可靠。通过有效的构造措施能够保证新增截面部分与原结构间的结合面可靠传力、协同工作。

（3）适用广。该加固方法广泛运用于各种截面形式的梁、板等混凝土结构的加固，包括抗弯加固、抗剪加固等。

（4）布置灵活。根据构件的受力特点，可采用不同的加固方式，例如：对于抗弯不足的混凝土梁，可采用增大梁高或梁宽，新增加截面可在梁底也可以在梁顶实施。

（5）费用低廉。加固过程不需要复杂的施工设备。

增大截面加固法也有其缺点：

（1）加大构件截面，会使上部结构恒载增加，对原桥梁的下部结构有一定影响。

（2）现场混凝土浇筑湿作业工作量大，养护周期长，部分情况下须中断交通。

（3）增大梁底截面高度，可能会影响结构的外观和净空，从而影响桥下通航。

8.1.2 主要途径与施工工艺

增大截面加固法的主要施工流程如图 8-2 所示。

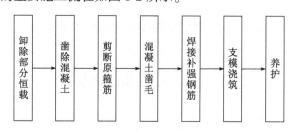

图 8-2 增大截面加固法施工流程

采用增大截面加固法解决梁抗弯承载力不足的问题，需在受拉区增设补强主筋（图 8-1），并使补强主筋与原主筋能够连接牢固，共同工作。详细的施工步骤如下：

（1）卸除部分恒载

加固时，为了减小原结构的截面应力，使新增加截面更有效地发挥作用，在条件允许时，尽可能卸除荷载，如采取封闭交通，多点顶起措施顶起梁，凿除部分桥面铺装，卸除铺装恒载等方式。

(2)凿除混凝土

凿除待增大截面处混凝土保护层,沿着原构件主筋部位外侧凿槽,槽不宜过宽过深,以不影响补强钢筋的放置及焊接为度,并尽量减少原主筋周围混凝土的握裹力损失。

(3)剪断原箍筋

凿好槽口后,剪断增大截面处的原有箍筋,并对原有箍筋进行弯折处理,为新增纵筋与箍筋预留空间。

(4)混凝土凿毛

为保证新旧混凝土的可靠结合,对板、梁增大截面处的混凝土表面进行凿毛、洗净,凿毛应符合相关规范要求。

(5)焊接补强钢筋

安放补强钢筋,包括纵筋与箍筋,在腹板(T梁、箱梁等)侧面需要增加箍筋的,通过计算确定箍筋的直径与间距,将补强纵筋与原主筋焊接连接,焊接时一般可采用焊一段空一段的间断焊接方式(焊缝长6~8cm),以免温度过高损伤原混凝土。剪断的箍筋可焊接在补强钢筋上,使其形成较为牢固的钢筋骨架。

(6)支模浇筑

先支模板,然后再喷涂砂浆或浇筑混凝土。喷涂或浇筑前,先采用压力水冲除结合部位的余灰、使其湿润,并在原混凝土表面涂抹界面剂,之后再喷涂砂浆或浇筑混凝土,砂浆或混凝土覆盖层不宜太薄,覆盖层厚度应符合钢筋混凝土保护层厚度的要求。

(7)养护

加强新浇砂浆或混凝土覆盖层的养生工作,并要避免过早通车。

为解决桥下高空施工难题,一般采用悬挂式脚手架进行施工(图8-3)。施工时,采用φ20mm左右的钢丝绳吊索从空心横向钢管的内部连续穿过,吊索穿过横向钢管之后转向并伸至桥梁护栏,两端与桥梁护栏固定连接。吊索及横向钢管垂直于桥梁纵向,沿着桥梁纵向间隔布置,布置间距为0.5~2.0m,编织网满设并绑扎固定于吊索及横向钢管内侧。横向钢管在紧邻桥梁墩台处距离桥梁底面的净距不大于0.5m,在其他位置处,横向钢管距离桥梁底面的净距为1.8~2.3m。横向钢管上也可满铺5cm木板作为脚手板,编织网、吊索及横向钢管共同形成密闭的高空作业平台。

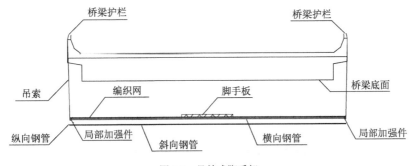

图8-3 悬挂式脚手架

下面以空心板梁/箱梁、T梁、拱桥主拱圈为例,介绍典型桥梁增大截面加固法,然后介绍加厚桥面板加固法和喷射混凝土加固法的施工流程。

1)空心板梁、箱梁增大截面加固法

目前增大截面加固法在空心板梁、箱梁桥加固方面得到了较为广泛的应用。通过在梁底增加截面厚度,增设受拉钢筋及锚固箍筋(图8-4),并使它与原主筋牢固连接,共同工作以实现抗弯加固;通过在腹板侧面增加截面宽度,增设钢筋(图8-5)以实现抗剪加固。

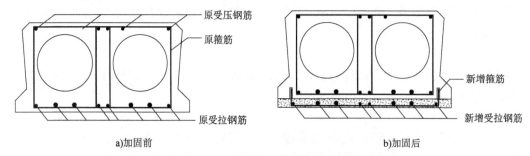

图8-4 空心板梁底面增大截面加固法

图8-5 箱梁增大腹板加固法

2)T梁增大截面加固法

增大截面加固法是针对简支T梁桥结构承载力、刚度和稳定性不足时常采用的加固方法,该方法主要通过在梁底增设受拉钢筋以加强抗弯能力(图8-6),腹板加设竖向钢筋以加强抗剪能力,然后喷涂或浇筑一层砂浆或混凝土以增大梁截面,具有施工简便、成本低、无须中断交通等特点。

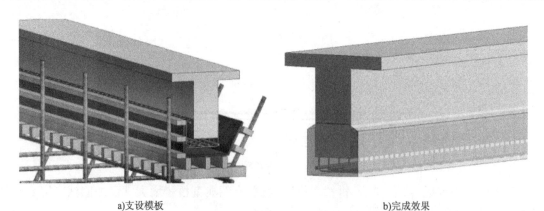

图8-6 T梁增大截面加固法 BIM 模型示意图

3）拱桥主拱圈增大截面加固法

当桥下净空容许或根据水文资料，桥下泄水面积允许减小时，可采用在拱背下方固定钢丝网，并浇筑钢筋混凝土新拱圈的措施，对原拱圈进行加固，如图8-7a）所示。该方法不用开挖拱上填料，具有不中断交通的优点，但应特别注意新旧拱圈的紧密结合，为了使新旧拱圈能有效地共同作用，需要采取在拱腹设置锚固钢筋等措施。

当桥下净空无法满足增设拱圈的要求时，对于一些空腹式拱桥，为了简化施工，可利用原拱圈作为施工平台，不拆除拱上立柱等，仅仅在立柱之间的原拱圈上部新增拱圈，绑扎钢筋、浇筑混凝土。该方法较为方便快速。对于一些实腹式拱桥，当原拱圈上部无空间可用于新增拱圈时，须拆除原拱圈上部建筑。在拆除后，须将原拱圈背表面清洗干净并修补完整，再进行凿毛，最后浇筑新的拱圈，如图8-7b）所示。在拆除原拱圈时须特别注意拆除顺序，确保两侧对称且同时进行。这种方法施工周期长，且加固成本高。拱桥拱圈增大截面加固法的典型实例如图8-8所示。

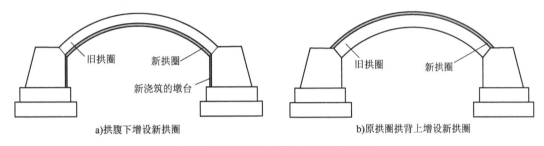

图8-7 拱桥拱圈增大截面加固法的不同形式

a）双曲拱桥增设新拱圈

b）拱背上增设新拱圈（赵州桥）

图8-8 拱桥拱圈增大截面加固法实例

4）加厚桥面板增大截面加固法

当既有桥梁承载能力、刚度不足时，可结合桥面大修，将原桥面铺装层剔除。随后，在桥面板上浇筑一层钢筋混凝土补强层（图8-9）。为达到更好的加固效果优先采用更高等级、更高强度的混凝土［如选用超高性能混凝土（UHPC）等］。这样做可以实现加厚梁体高度、增大抗压截面目的，进而提高承载力、抗变形能力；为了增强桥面板的整体性和抗压能力，防止新浇筑的混凝土补强层开裂，须在桥面板上铺设钢筋网，常用钢筋网的钢筋直径为10mm，间距为100mm，具体根据设计确定；为了使新旧混凝土结合紧密，应将原桥面混凝土表面凿毛洗净，且每间隔一定距离设置齿形剪力槽或埋设钢筋剪力键。加固后重新铺设桥面铺装层。图8-10所示为加厚桥面板增大截面加固法实例。

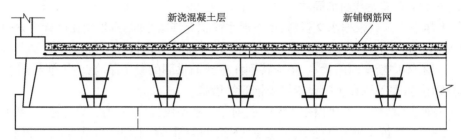

图 8-9　加厚桥面板增大截面加固结构布置

a)绑扎钢筋网

b)浇筑混凝土

图 8-10　加厚桥面板增大截面加固法实例

5)喷射混凝土增大截面加固法

当桥下净空允许时,可采用喷射混凝土增大截面加固法进行加固,该法尤其适用于空心板桥的加固。该加固法无须搭设混凝土浇筑模板,主要依靠高速喷射时集料的反复连续撞击来压密混凝土。喷射混凝土与原有混凝土、砖石、钢材有很高的黏结强度,当与钢筋网联合使用时可以有效地传递结合面上的拉应力与剪应力,能大幅提高既有结构的承载能力和整体性。

喷射混凝土加固主要施工过程如下:首先将锚杆锚入待加固混凝土结构的底部,挂设补强钢筋网;再喷射一定厚度的混凝土,形成与原结构共同承受外荷载作用的组合结构,喷射混凝土的厚度根据设计需要确定,每次喷射厚度不宜超过 5~8cm,若需加厚,应待前次喷射混凝土凝结硬化后方可再次喷射,以免在重力作用下导致新旧混凝土之间发生剥离。复喷混凝土的时间应视水泥品种、施工时的气温和速凝剂掺量等因素而定。

8.1.3　设计构造

(1)对于桥面板因空心板顶板厚度不足引起的破损和开裂问题,应采取以下措施进行修复:首先,需将顶板厚度不足部分凿除;其次,在箱内立模,并依据设计厚度重新浇筑顶板混凝土;最后,新浇筑顶板混凝土的强度等级不应低于原空心板混凝土强度等级。

(2)对 T 形梁采用增大截面加固时,可采用底部单侧矩形加大、底部马蹄形加大、底部与腹板两侧同时加大等形式。

(3)增大混凝土截面加固的支架、模板应满足强度、刚度和稳定性的要求。当新增混凝土体积较大时,应首先对支架进行预压,并浇筑过程中逐步卸载。

(4)新浇混凝土应符合下列规定：

①新浇混凝土层的最小厚度：对板不宜小于100mm，对梁和受压构件不宜小于150mm。

②当新浇混凝土层采用最小厚度时，可使用小石子混凝土。在结构尺寸复杂和新浇混凝土施工条件差的情况下，可采用微膨胀或自密实混凝土。

③在构件结合面，应凿除原构件混凝土缺陷部分，构件结合面凿毛凹凸差不宜小于6mm，并露出粗集料。

(5)加固用受力钢筋直径不宜小于12mm，且不宜大于25mm；构造钢筋直径不宜小于10mm；箍筋直径不宜小于8mm。

(6)新增钢筋应满足现行行业标准《公路钢筋混凝土及预应力混凝土桥涵设计规范》关于混凝土保护层、钢筋锚固、钢筋连接、纵向受力钢筋最小配筋率等要求，并应符合下列要求：

①梁肋增设主筋时，对原有钢筋除锈，当受力钢筋需焊接时，施焊前应采取措施保护混凝土。

②新增受力钢筋与原受力钢筋可采用短筋焊接的方式连接；当分离布置时，新增受力钢筋与原构件受力钢筋的净距不应小于30mm，且不应小于钢筋直径。

③新增箍筋应与原构件牢固连接。当新增箍筋与原箍筋采用焊接式连接时，焊缝长度应满足钢筋焊接长度的要求；当新增箍筋与原结构采用植筋式连接时，锚固结构胶及锚固长度应满足现行相关标准要求。

(7)在受拉区增设混凝土加固的受弯构件，新增纵向钢筋需截断时，应从计算截断点外至少增加一个锚固长度。受压构件新增纵向受力钢筋应伸入原结构中并满足锚固要求。原构件混凝土中植抗剪钢筋数量应根据受力计算及构造要求确定。

(8)钢筋混凝土梁内纵向受拉钢筋不宜在受拉区截断；如需截断时，应确保截断位置至少延伸(l_a+h_0)的长度以充分利用钢筋强度，此处l_a为受拉钢筋最小锚固长度，h_0为梁截面有效高度。

(9)当用单侧或双侧加固时，应设置U形箍筋或封闭式箍筋并与原构件牢固连接；U形箍筋应焊在原有箍筋上，单面焊缝长度为$10d$，双面焊缝长为$5d$（d为U形箍筋直径）；U形箍筋还可焊在增设的锚钉上，或直接伸入锚孔内锚固，锚钉直径不应小于10mm，锚钉距构件边缘的距离不小于3倍锚钉直径，且不小于40mm，锚钉锚固深度不小于10倍锚钉直径，并采用环氧砂浆或高强度等级水泥砂浆将锚钉锚固于原构件内，钻孔直径应比锚钉直径大4mm。

(10)当受构造条件限制而采用植筋方式埋设U形箍筋时，应采用锚固型结构胶种植，不得采用未改性的环氧类胶黏剂和不饱和聚酯类胶黏剂，也不得采用无机锚固剂(包括水泥基灌浆料)。

T梁增大截面加固配置新增箍筋的典型连接构造如图8-11所示。

8.1.4 计算原理

增大截面加固桥梁构件的作用(或荷载)效应，按下列两个阶段进行计算：

(1)第一阶段，新浇混凝土层达到强度标准值之前，构件按原构件截面计算，荷载应考虑加固时包括原构件自重在内的恒载、现浇混凝土层自重及施工荷载。

(2)第二阶段，新浇混凝土层达到强度标准值后，构件按加固后整体截面计算，作用(或荷载)应考虑包括加固后构件自重在内的恒载、二期作用的恒载及使用阶段的可变作用。作用效应组合系数取值:恒载的荷载效应分项系数取 1.2;使用阶段的可变作用效应分项系数按《公路桥涵设计通用规范》(JTG D60—2015)取用。

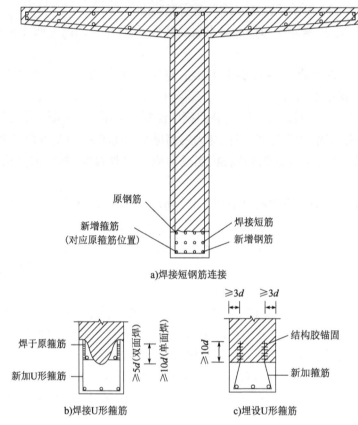

图 8-11　T 梁增大截面加固配置新增箍筋的连接构造
注:d 为钢筋直径。

受弯构件截面增大后的相对界限受压区高度 ξ_b 可根据原构件混凝土强度等级和截面受拉区钢筋种类,按照《公路钢筋混凝土及预应力混凝土桥涵设计规范》(JTG 3362—2018)规定取用。

计算现浇混凝土加厚层与原构件之间混凝土收缩差效应时,应考虑混凝土徐变的影响。无可靠技术资料作依据时,对于整体浇筑的混凝土加厚层,可按相应温度降低 15～20℃ 考虑;对于分段浇筑的混凝土加厚层,可按相应温度降低 10～15℃ 考虑。若计算结果表明增设现浇混凝土加厚层可满足要求,也应按构造要求配置加厚层内的钢筋。

在矩形截面或翼缘位于受拉边的 T 形截面钢筋混凝土受弯构件的受拉区进行抗弯加固时(图 8-12),其正截面受弯承载力应按下列公式计算:

$$\gamma_0 M_d \leq f_{cd} bx \left(h_0 - \frac{x}{2} \right) + f'_{sd} A'_s (h_0 - a'_s) + (f'_{pd} - \sigma'_p) A'_p (h_0 - a'_p) \tag{8-1}$$

混凝土受压区高度 x 应按下式确定:

$$f_{sd} A_s + f_{pd} A_p = f_{cd} bx + f'_{sd} A'_s + (f'_{pd} - \sigma'_{p0}) A'_p \tag{8-2}$$

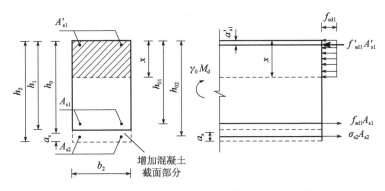

图 8-12 增大截面加固混凝土受弯构件的抗弯承载力计算

截面受压区高度应符合下列要求：

$$x \leqslant \xi_b h_0 \tag{8-3}$$

当受压区配有纵向普通钢筋和预应力钢筋，且预应力钢筋受压即 $(f'_{pd} - \sigma'_{p0})$ 为正时：

$$x \geqslant 2a' \tag{8-4}$$

当受压区仅配有纵向普通钢筋，或配有普通钢筋和预应力钢筋，且预应力钢筋受拉，即 $(f'_{pd} - \sigma'_{p0})$ 为负时：

$$x \geqslant 2a'_s \tag{8-5}$$

式中：γ_0——桥涵结构的重要性系数；

M_d——弯矩设计值；

f_{cd}——混凝土轴心抗压强度设计值；

f_{sd}——纵向普通钢筋的抗拉强度设计值；

A_s、A'_s——受拉区、受压区纵向普通钢筋的截面面积；

A_p、A'_p——受拉区、受压区纵向预应力钢筋的截面面积；

b——矩形截面宽度或 T 形截面腹板宽度；

h_0——截面有效高度，$h_0 = h_2 - a_s$，此处 h_2 为截面全高；

a_s、a_p——受拉区普通钢筋和预应力钢筋的合力点至受拉区边缘的距离；

a'_s、a'_p——受压区普通钢筋和预应力钢筋合力点至受压区边缘的距离；

σ'_{p0}——受压区预应力钢筋合力点处混凝土法向应力等于零时预应力钢筋的应力。

当 $x < 2a'_{s1}$ 时，正截面抗弯承载力按下列公式计算：

$$\gamma_0 M_d \leqslant f_{sd1} A_{s1} (h_{01} - a'_{s1}) + \sigma_{s2} A_{s2} (h_{02} - a'_{s1}) \tag{8-6}$$

式中：h_{02}——新增纵向普通钢筋的合力点至截面受压区边缘的距离。

在受拉区采用增大截面加固的钢筋混凝土受弯构件达到受弯承载能力极限状态时，新增纵向普通钢筋的拉应变 ε_{s2}（图 8-13）按下列公式计算：

$$\varepsilon_{s2} = \frac{\varepsilon_{cu}(\beta h_{02} - x)}{x} - \frac{\varepsilon_{c1}(h_{02} - x_1)}{x_1} \tag{8-7}$$

$$\varepsilon_{c1} = \frac{M_{d1}}{E_c I_{cr}} x_1 \tag{8-8}$$

式中：M_{d1}——第一阶段弯矩组合设计值；

ε_{cu}——混凝土极限压应变，当混凝土强度等级为 C50 及 C50 以下时，取 $\varepsilon_{cu} = 0.0033$；

β——截面受压区矩形应力图高度与实际受压区高度的比值，当混凝土强度等级为 C50 及 C50 以下时，取 $\beta = 0.8$；

h_{02}——受拉区新增纵向普通钢筋合力点至截面受压区边缘距离；

ε_{c1}——在 M_{d1} 作用下，原构件截面上边缘的混凝土压应变；

x_1——加固前原构件开裂截面换算截面的混凝土受压区高度；

I_{cr}——加固前原构件开裂截面换算截面的惯性矩；

E_c——原构件混凝土的弹性模量。

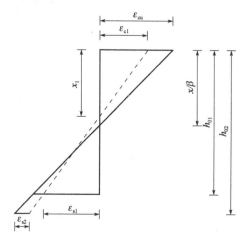

图 8-13　新增纵向普通钢筋的拉应变 ε_{s2} 计算简图

钢筋混凝土受弯构件在截面受拉区加固后，斜截面抗剪承载力按下列公式计算：

$$\gamma_0 V_d \leqslant \alpha_1 \alpha_3 (0.43 \times 10^{-3}) b_2 h_0 \psi_{cs} \sqrt{(2 + 0.6p) \sqrt{f_{cu,k}} \rho_{sv} f_{sv}} + (0.75 \times 10^{-3}) f_{sd} \sum A_{sb} \sin\theta_s + \psi_{vb} V_{d2} \tag{8-9}$$

式中：V_d——加固后构件验算截面处第二阶段剪力组合设计值，kN；

V_{d2}——加固后由后期恒载、车辆荷载及其他可变荷载作用的剪力组合设计值，kN；

γ_0——桥梁结构的重要性系数；

α_1——异号弯矩影响系数；计算简支梁和连续梁近边支点梁段的抗剪承载力时，$\alpha_1 = 1.0$；计算连续梁和悬臂梁近中间支点梁段的抗剪承载力时，$\alpha_1 = 0.9$；

α_3——受压翼缘的影响系数；对于具有受压翼缘的截面，取 $\alpha_3 = 1.1$；

b_2——加固后梁斜截面顶端正截面处腹板宽度，mm；

h_0——加固后梁斜截面受压端正截面的有效高度，mm；

p——斜截面内纵向受拉钢筋的配筋率，$p = 100\rho, \rho = A_s/bh_0$，当 $p > 2.5$ 时，取 $p = 2.5$；

$f_{cu,k}$——混凝土立方体抗压强度标准值，MPa；

ρ_{sv}——原梁斜截面内箍筋配筋率，$\rho_{sv} = A_{sv1}/(s_v b_2)$，其中，$s_v$ 为原梁斜截面内箍筋的间距，mm；

f_{sv}——原梁箍筋抗拉强度设计值,MPa;

f_{sd}——普通弯起钢筋的抗拉强度设计值,MPa;

A_{sb}——与斜裂缝相交的普通弯起钢筋的总截面面积,mm²;

θ_s——弯起钢筋的切线与构件水平纵向轴线的夹角,(°);

ψ_{vb}——修正系数,ψ_{vb}计算公式为:$\psi_{vb} = \dfrac{0.8A_{sv2}}{A_{sv1} + 0.707A_{sb}A_{sv2}}$;

A_{sv2}——与斜裂缝相交的同一截面后增箍筋各肢总截面面积,mm²。

8.1.5 应用实例

1)箱梁增大截面加固实例

某大桥是一座特大型的双线分离式公路大桥,其中主航道桥为70m + 2 × 125m + 70m 的连续刚构桥,大桥于1993年建成通车。2010年起对大桥进行外观检测、荷载试验及专项检测。检测结果显示,大桥已出现不同程度的病害,综合评定该大桥的总体技术状况后,确定其为三类桥梁。为了确保桥梁结构与运营安全,对主航道桥进行增大截面加固处理。为恢复桥梁承载力和结构刚度、抑制跨中下挠进一步恶化的趋势、保证桥梁的使用安全,针对主航道桥病害类型及现状形态,采用增大箱梁腹板截面并设置体内预应力的加固处理方案。在腹板内侧增加18cm厚C50自密实聚丙烯纤维混凝土,腹板每侧新增混凝土范围内,布置5孔纵向预应力钢束。原腹板变厚度区域根据部位不同,新增厚度为44~70cm,腹板增厚结构示意如图8-14所示。

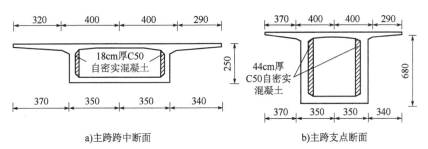

图8-14 箱梁腹板增大截面加固示意图(尺寸单位:cm)

2)拱桥主拱圈加固实例

某大桥是宜昌市下牢溪河道上的一座双曲拱桥,建造于20世纪70年代,桥梁单跨30m,全长50m,全宽7m,净宽6.5m,矢高6m,矢跨比为1/5。桥梁上部结构为双曲拱,下部结构为浆砌片石桥台,桥面铺装为沥青混凝土。设计荷载为:汽车-15级,挂车-100级。

经现场勘察,该桥年久失修已出现很多病害现象,包括:多处腹拱间上、下游侧墙竖向开裂,最大裂缝长度为1.3m,宽度为9mm;腹拱拱顶跨中横向贯穿裂缝,宽度达5mm;多处腹拱顶部铰缝开裂、渗水严重,局部混凝土出现破损;多处主拱圈拱肋拱顶出现混凝土破损、钢筋锈蚀及露筋现象。

采用增大全主拱圈截面面积的加固措施来提高其承载力和耐久性,具体措施为:主拱底面植筋、挂网、现浇C40混凝土,厚度为20cm;拱肋底部布置两层纵向受力钢筋,上层钢筋直径为12mm,底层钢筋直径为20mm,强度等级为HRB355。主拱圈增大截面加固示意如图8-15所示。加固后,主拱圈拱顶的位移较原结构减小了19.9%,承载能力也得到了大大增强。

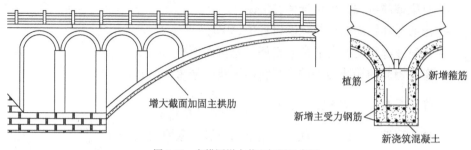

图 8-15 主拱圈增大截面加固示意图

16. 粘贴钢板加固法演示动画

17. 粘贴钢板加固工程实例照片

8.2 粘贴钢板加固法

8.2.1 技术原理与特点

粘贴钢板加固法是采用环氧树脂系列黏结剂将钢板粘贴在钢筋混凝土结构的受拉边缘或薄弱部位(图 8-16),使之与原结构形成整体共同受力,以提高其刚度,改善原结构的钢筋及混凝土的应力状态,限制裂缝的进一步发展,从而达到加固补强、提高桥梁承载力的目的。

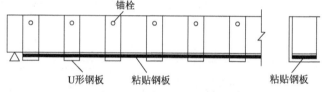

图 8-16 粘贴钢板加固法原理

粘贴钢板加固可以根据设计需要实现抗弯、抗剪、抗压等不同的加固目的。对于抗弯加固,粘贴钢板加固适用于主梁承载力不足,或纵向主筋出现严重的锈蚀、主梁出现严重横向裂缝等桥梁承载能力需要提高的情况,适用的环境温度在 -20~60℃ 范围内,相对湿度不大于70% 及无化学腐蚀地区。它具有如下优点:不需要破坏原结构物,几乎不增大原结构的尺寸,不影响被加固结构外观和使用空间,施工快捷方便,对环境的干扰少。

其主要缺点表现在:①钢板易遭受环境侵蚀、化学腐蚀,故后期的养护问题变得异常突出;②由于钢板刚度较大、施工误差等原因,结构在使用过程中容易在黏结面上发生剥离脱空,特别是钢板端部更容易发生剥离破坏,因而加固设计时一般需附加螺栓加以辅助锚固;③在超过 60℃ 的高温条件下,因环氧树脂胶容易软化而丧失承载力,因此在超高温条件下不宜采用此加固技术。

8.2.2 主要途径与施工工艺

18. 灌注法修补裂缝实例照片

粘贴钢板加固法有涂胶法和灌注法两种(图 8-17),当钢板厚度小于 5mm 时,可采用涂胶法施工,使用膏状黏结剂;当钢板厚度大于 5mm 时,宜采用灌注法,使用液状黏结剂。此两种施工方法仅在黏结剂的施工方面不同,其他工艺基本相同。

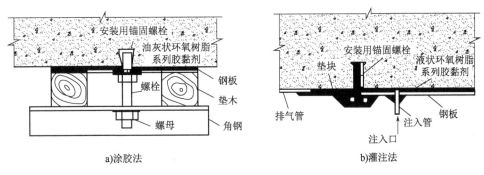

图 8-17　粘贴钢板加固法的不同施工方法

以涂胶法为例,粘贴钢板加固法的主要施工流程如图 8-18 所示,其施工工艺要点如下:

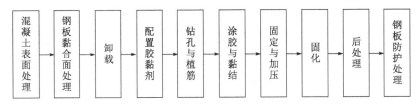

图 8-18　粘贴钢板加固法施工流程

1) 混凝土表面处理

(1) 对混凝土表面严重凹凸不平的缺陷,可用环氧树脂砂浆修补[图 8-19a)];对脏旧的混凝土黏合面,先用硬毛刷蘸高效洗涤剂刷除表面油垢污物后用冷水冲洗;黏合面应经打磨凿毛处理,并基本达到能见到混凝土粗集料[图 8-19b)],用压缩空气除去粉尘。

a) 修补破损

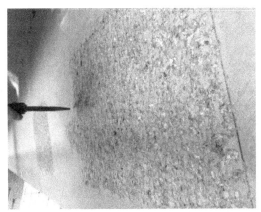
b) 混凝土表面凿毛

图 8-19　混凝土表面处理

(2) 对于不是很脏旧的混凝土表面,可直接对黏合面进行打磨,去掉 1~2mm 厚表层,用压缩空气除去粉尘,再用棉花蘸丙酮擦拭表面。

(3) 对于新混凝土黏合面,先用角磨机将黏合面磨平,再用钢丝刷将表面松散浮渣刷去,最后用棉花蘸丙酮擦拭表面。

（4）对于龄期在3个月以内，或湿度较大的构件，粘贴钢板前须进行人工干燥处理。

2）钢板黏合面处理

（1）如钢板未生锈或轻微锈蚀，可用喷砂、砂布或平砂轮打磨，直至出现金属光泽［图8-20a）］。打磨粗糙度越大越好，打磨纹路尽量与钢板受力方向垂直，然后再用脱脂棉花蘸丙酮擦拭干净。

（2）如钢板锈蚀严重，须先用适度盐酸喷涂或浸泡20min［图8-20b）］，使锈层脱落，再用石灰水冲洗中和酸离子，随后用平砂轮打磨出纹道，再用丙酮擦拭干净。

 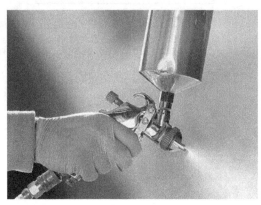

a）钢板打磨　　　　　　　　　　　b）喷涂盐酸除锈

图8-20　钢板黏合面处理

3）卸载

为了减小粘贴钢板的应力、应变滞后现象，粘贴钢板后的环氧树脂胶固化期间宜封闭交通，尽量卸除桥梁原有活载及部分恒载。

4）配置胶黏剂

胶黏剂采用膏状环氧类胶黏剂，由甲、乙两个组分合成，使用前应现场进行质量检验，确保产品合格后方能使用（图8-21）。将甲、乙两个组分按配比混合，用机械充分搅拌均匀，每次搅拌量不宜过多。搅拌机具及容器不得有油污，应避免任何杂物进入容器。

a）称重　　　　　　　　　　　b）混合调配

图8-21　配置胶黏剂

5）钻孔与植筋

（1）根据设计图纸，确定锚栓位置，并使用钢筋探测仪确定钢筋位置。为了避开内部钢筋,可适当移动孔眼位置。在确定孔位后,进行钻孔。如设计无说明,孔洞按梅花形布置。钻孔完成后应进行清孔,清孔时用毛刷从里向外刷孔或用空压吹孔设备机嘴深入孔底向外吹。

(2)用注胶枪从孔底向外缓缓注浆[图8-22a)],注胶量为孔体积2/3左右,然后将锚栓缓慢旋入孔洞内[图8-22b)]。

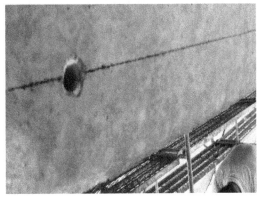

a)钻孔注胶　　　　　　　　　　　　　　b)植筋

图8-22　钻孔与植筋

6)涂胶与黏结

采用涂胶法时,胶黏剂配制好后,用抹刀将胶黏剂同时涂抹混凝土表面和钢板表面,厚度为1~3mm,中间厚边缘薄,立面涂胶应自上而下进行;将钢板贴于预定位置,若是立面粘贴,为防止流淌,可加一层脱蜡玻璃丝布。粘贴好钢板后,用手锤沿粘贴面轻轻敲击钢板,如无空洞声,表示已粘贴密实,否则应剥下钢板补胶,重新粘贴(图8-17、图8-23)。

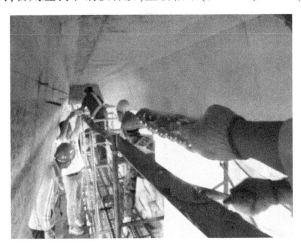

图8-23　压贴法钢板表面涂胶

7)固定与加压

钢板粘贴好后立即用特制U型夹具夹紧或用木杆顶撑[图8-24a)],压力保持为0.05~0.1MPa,以使胶液刚从钢板边缝挤出为宜;若用锚栓固定,膨胀螺栓一般是钢板的永久附加锚固,其埋设孔洞应与钢板同时于涂胶前形成,钢板加压的顺序应由中间向两边对称进行,锚栓固定加压后胶从四边被挤出[图8-24b)]。

a)夹具加压

b)锚栓固定加压

图 8-24　固定与加压

8)固化

宜在常温下固化钢板,固化期间不得对钢板有任何扰动,气温在 20℃左右时,24h 后可拆除夹具或支撑,3d 后可加载使用。若气温≤10℃,应采取人工加温、保温措施,或采用特殊的胶黏剂。

9)后处理

钢板与混凝土表面之间缝隙用稠度较高的环氧树脂水泥砂浆来填塞、勾缝,膨胀螺栓帽用环氧树脂水泥砂浆封住。

10)钢板防护处理

钢板应按设计要求进行防护处理(图 8-25)。当外抹砂浆保护层防护时,为利于砂浆黏结,可在钢板表面粘一层粒石或粗砂;若不抹砂浆保护层时,可在钢板表面涂刷防锈漆。一般底漆用红丹油性防锈或红丹酚醛防锈漆涂刷两遍,面漆用防锈漆涂刷两遍。

a)钢板涂刷粒石或粗砂

b)钢板表面涂刷防锈漆

图 8-25　钢板防护处理

当钢板厚度大于 5mm 时,采用灌注法施工(图 8-17):先固定钢板,将钢板固定在锚栓上,并保证钢板与混凝土表面的间隙在 5mm(可用小铁丝或垫圈)左右,以确保灌注胶层的厚度;再封边,将注入座黏结在钢板的注入孔上,在钢板边缘插入排气管,排气管出口应高于该灌注段的钢板位置,在锚栓端头的周边涂抹封闭胶,用钢板封边胶封闭钢板边缘,完成封边;最后灌注胶黏剂,灌浆之前先通气试压,以不小于 0.1MPa 的压力将胶黏剂从注浆嘴压入,当排气管出现浆液后停止加压,以钢板封边胶堵孔,再以较低压力维持10分钟以上,直至浆液从最上方注胶孔或排气管流出。

8.2.3 材料与构造设计要求

1)设计要点

(1)在进行构造设计时,加固用的钢板可按实际需要采用不同的形状,但钢板的厚度必须大于计算厚度。

(2)用于抗弯能力补强的钢板尺寸应尽可能薄而宽,厚度一般为4~6mm,较薄的钢板有足够的弹性来适应构件表面形状。

(3)用于提高抗剪能力的钢板尺寸应加厚,其设计依实际情况而定,一般宜采用10~15mm;应将钢板的两端延伸到低应力区,以减少钢板锚固端的黏结应力集中,防止黏结部位构件出现裂缝或粘贴钢板被拉脱。

(4)充分考虑整体受力问题,粘钢法加固桥梁,如何确保钢板和被加固构件形成整体受力是加固成功与否的关键。在补强设计时,除应考虑钢板具有足够的锚固长度、黏结剂的黏结强度和耐久性外,为避免钢板在自由端脱胶拉开,端部可用夹紧螺栓固定,或设置U形钢板、水平锚固板等,在钢板上按一定的距离用螺栓固定,确保钢板与混凝土之间的黏结力满足强度的需要。

(5)钢板条采用Q345扁钢带,锚固螺栓采用全螺纹非焊接螺杆,钢材等级应为Q345或Q235,钢板条的防护材料应对钢板和胶黏剂无害,胶黏剂应满足设计和《公路桥梁加固设计规范》(JTJ/T J22—2008)中相关规定的要求。

2)材料和构造要求

(1)采用直接涂胶粘贴的钢板厚度不应大于5mm,为钢板厚度大于5mm时,应采用压力注胶法进行固结。

(2)对钢筋混凝土受弯构件进行正截面加固时,钢板宜采用条带粘贴,钢板的宽度不应大于50mm。

(3)当加固的受弯构件需粘贴一层以上钢板时,相邻两层的截断位置应错开一定距离,且不应小于300mm,并应在截断处加设U形箍(对梁)或横向压条(对板)进行锚固。

(4)对受弯构件正弯矩区的正截面加固,受拉钢板的截断位置距其充分利用截面的距离应不小于按下式确定的粘贴延伸长度:

$$l_p = \frac{f_{sp}A_{sp}}{\tau_p b_p} + 300 \qquad (8\text{-}10)$$

式中:l_p——受拉钢板粘贴延伸长度,mm;

b_p——对梁为受拉面粘贴钢板的总宽度,mm,对板为1m板宽范围内粘贴钢板的总宽度,mm;

f_{sp}——加固钢板的抗拉强度设计值;

A_{sp}——加固钢板的截面面积;

τ_p——钢板与混凝土之间的黏结强度设计值,MPa。

(5)不满足规范延伸长度的要求时,应采取U形箍、压条锚固措施。对于梁,应在延伸长度范围内均匀设置U形箍,且应在延伸长度的端部设置一道加强箍。U形箍应伸至梁翼缘板底面。U形箍的宽度,对于端箍不应小于200mm;对于中间箍不应小于受弯加固钢板宽度的

1/2,且不应小于100mm。U形箍的厚度不应小于受弯加固钢板厚度的1/2。U形箍的上端应设置纵向钢压条;压条下面的空隙应加胶粘钢垫块填平,如图8-26所示。

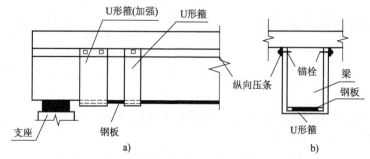

图8-26 梁粘贴钢板端部锚固措施

(6)负弯矩区的加固构造。

当采用钢板对受弯构件负弯矩区进行正截面承载力加固(图8-27)时,应采取下列构造措施:

①对负弯矩区进行加固时,钢板应在负弯矩包络图范围内连续粘贴,其延伸长度的截断点应按本规范延伸长度确定。

②对无法延伸一侧,应粘贴钢板压条进行锚固。钢压条的空隙应加胶粘钢垫块填平。

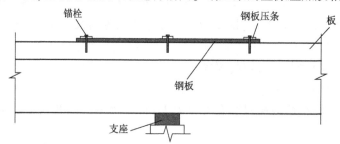

图8-27 负弯矩区粘贴钢板端部锚固措施

(7)当采用钢板进行斜截面承载力加固时,应粘贴成斜向钢板U形箍或L形箍,上端应粘贴纵向钢压条予以锚固(图8-28)。

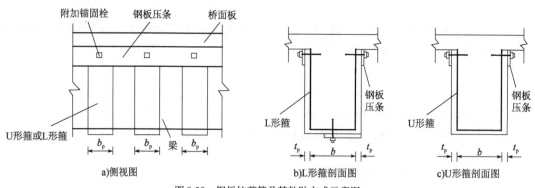

图8-28 钢板抗剪箍及其粘贴方式示意图

(8)锚固螺栓。直接涂胶粘贴钢板宜使用锚固螺栓,锚固深度不应小于6.5倍螺栓直径。螺栓布置的间距应满足下列要求:

①螺栓中心最大间距为$24t$(t为钢板厚度);最小间距为$3d$(d为螺栓直径)孔径;

②螺栓中心距钢板边缘最大距离为$8t$或120mm中的较小者;最小距离为$2d$孔径。

8.2.4 计算原理

作用效应组合系数取值:恒载的荷载效应分项系数取 1.2;使用阶段的可变作用效应分项系数按现行《公路桥涵设计通用规范》(JTG D60—2015)取用。粘贴钢板加固桥梁构件的作用效应宜分别按下列两个阶段进行计算:

(1)第一阶段:粘贴钢板加固施工前,作用(或荷载)应考虑加固时包括原构件自重在内的实际恒载及施工时的其他荷载。

(2)第二阶段:粘贴钢板加固施工后,作用(或荷载)应考虑包括构件自重在内的恒载、二期恒载作用及使用阶段的可变作用。

采用粘贴钢板对钢筋混凝土受弯构件进行抗弯加固时,除应遵守《公路钢筋混凝土及预应力混凝土桥涵设计规范》(JTG 3362—2018)第 5.1.4 条"正截面承载力计算的基本假定"外,尚应符合下列规定:

①构件达到受弯承载能力极限状态时,应按平截面假定确定钢板的拉应变 σ_{sp}。钢板应力 σ_{sp} 等于拉应变 ε_{sp} 与弹性模量 E_{sp} 的乘积,且小于钢板抗拉强度设计值。

②在达到受弯承载能力极限状态前,必须采取可靠的锚固措施,避免发生钢板与混凝土之间的黏结剥离破坏。

在矩形截面或翼缘位于受拉区的钢筋混凝土 T 形截面受弯构件的受拉面粘贴钢板进行加固时,其正截面承载力(图 8-29)应按下列公式计算:

$$\gamma_0 M_d \leq f_{cd1} bx \left(h_0 - \frac{x}{2} \right) + f'_{sd} A'_s (h_0 - a'_s) + E_{sp} \varepsilon_{sp} A_{sp} a_s \tag{8-11}$$

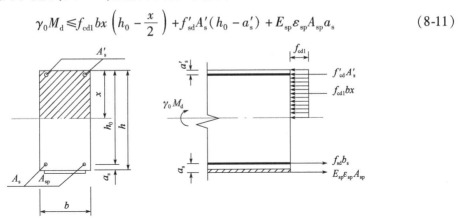

图 8-29 粘贴钢板抗弯加固正截面承载力计算简图

混凝土受压区高度应按下式确定:

$$f_{cd1} bx = f_{sd} A_s + E_{sp} \varepsilon_{sp} A_{sp} - f'_{sd} A'_s \tag{8-12}$$

混凝土受压区高度尚应符合下列条件:

$$2a'_s \leq x \leq \xi_b h_0 \tag{8-13}$$

式中:γ_0——桥梁结构的重要性系数,按照《公路钢筋混凝土及预应力混凝土桥涵设计规范》(JTG 3362—2018)规定采用;

M_d——第二阶段弯矩组合设计值;

f_{cd1}——原构件混凝土抗压强度设计值;

x——等效矩形应力图形的混凝土受压区高度,简称混凝土受压区高度;

b——原构件截面宽度;

f_{sd}、f'_{sd}——原构件纵向普通钢筋的抗拉强度设计值和抗压强度设计值;

E_{sp}——加固钢板的弹性模量;

ε_{sp}——构件达到承载能力极限状态时,加固钢板的拉应变;

A_{sp}——加固钢板的截面面积;

A_s、A'_s——原构件受拉区、受压区纵向普通钢筋的截面面积;

a_s、a'_s——受拉区、受压区普通的钢筋合力点至受拉区边缘、受压区边缘的距离;

h_0——原构件截面有效高度,$h_0 = h - a_s$,h 为原构件截面高度;

ξ_b——相对界限受压区高度,按原构件混凝土和受拉普通钢筋强度级别,应按照《公路钢筋混凝土及预应力混凝土桥涵设计规范》(JTG 3362—2018)表 5.2.1 规定选用。

当 $x < 2a'_s$ 时,正截面抗弯承载力按下式计算:

$$\gamma_0 M_d \leqslant f_{sd} A_s (h_0 - a'_s) + E_{sp} \varepsilon_{sp} A_{sp} (h_0 - a'_s) \tag{8-14}$$

加固钢板的拉应变 ε_{sp} 按下列公式计算:

$$\varepsilon_{sp} = \frac{\varepsilon_{cu}(\beta h - x)}{x} - \frac{\varepsilon_{c1}(h - x_1)}{x_1} \tag{8-15}$$

$$\varepsilon_{c1} = \frac{M_{d1} x_1}{E_c I_{cr}} \tag{8-16}$$

式中:M_{d1}——第一阶段弯矩组合设计值;

f_{sp}——加固钢板抗拉强度设计值;

ε_{cu}——混凝土极限压应变;

β——混凝土受压区矩形应力图高度与实际受压区高度的比值,取 0.8;

x_1——加固前原构件开裂截面换算截面的混凝土受压区高度;

ε_{c1}——在 M_{d1} 作用下,原混凝土截面上边缘的混凝土压应变;

I_{cr}——加固前原构件开裂截面换算截面的惯性矩。

对受弯构件正弯矩区的正截面加固,受拉钢板的截断位置距其充分利用截面的距离应不小于按下式确定的粘贴延伸长度:

$$l_p = \frac{f_{sp} A_{sp}}{\tau_p b_p} + 300 \tag{8-17}$$

式中:l_p——受拉钢板粘贴延伸长度,mm;

b_p——对梁为受拉面粘贴钢板的总宽度,mm,对板为 1m 板宽范围内粘贴钢板的总宽度,mm;

f_{sp}——加固钢板的抗拉强度设计值;

A_{sp}——加固钢板的截面面积;

τ_p——钢板与混凝土之间的黏结强度设计值,MPa,设计时可参照表 8-1 的设计值采用。

钢板与混凝土之间的黏结强度设计值(MPa) 表 8-1

混凝土强度等级	C15	C20	C25	C30	C35	C40	C45	C50	≥C60
黏结强度设计值 τ_p	0.61	0.80	0.94	1.05	1.14	1.21	1.26	1.31	1.35

受弯构件加固后的斜截面应满足下列条件:

$$\gamma_0 V_d \leqslant 0.51 \times 10^{-3} \sqrt{f_{cu,k}} b h_0 \tag{8-18}$$

式中：V_d——加固后构件验算截面处的第二阶段剪力设计组合值，kN；

γ_0——桥梁结构的重要系数，按照《公路钢筋混凝土及预应力混凝土桥涵设计规范》（JTG 3362—2018）规定采用；

$f_{cu,k}$——原构件混凝土强度等级；

b——原构件截面宽度，mm；

h_0——原构件截面有效高度，mm。

8.2.5 应用实例

1）粘贴钢板加固法加固钢筋混凝土 T 梁桥

某钢筋混凝土 T 梁桥建成至今已 40 多年，原设计荷载较低。随着交通量增大，超载车辆增多，桥梁长期处于超负荷运营状态，出现诸多病害。桥梁检测显示：①T 梁混凝土原设计强度等级 C30，实测 32MPa。混凝土表面有腐蚀现象，主梁混凝土未剥落和漏筋；②T 梁腹板在跨中 $L/4 \sim 3L/4$ 范围出现多条竖向裂缝，最大缝宽 0.23mm，超过规范规定值 0.2mm；③桥面铺装出现多条纵向通缝，T 梁单板受力严重；④桥墩盖梁斜向裂缝。

对该桥梁的加固提载方案如下：在 T 梁底部粘贴厚度 8mm 的钢板，提高其抗弯能力；在 T 梁梁端粘贴厚度 4mm 的 U 形钢板箍，增加底部钢板的锚固和梁端的抗剪能力；在 U 形钢板箍的上端设置厚度 4mm 的纵向钢压条，压条下面的空隙应加胶粘钢垫块填平。T 梁加固用钢板采用 Q345-C 和 Q235 钢板，设计方案如图 8-30 所示。

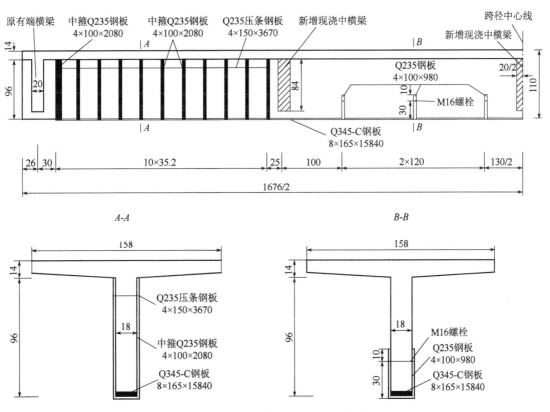

图 8-30 粘贴钢板加固钢筋混凝土 T 梁(尺寸单位：cm)

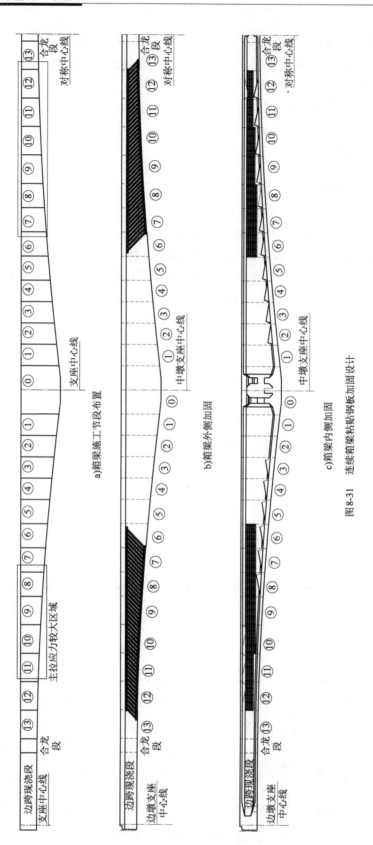

图8-31 连续箱梁粘贴钢板加固设计

2)粘贴钢板加固连续箱梁

某国道京杭运河大桥的主桥全长592.2m,桥面宽26m,设计荷载为公路—Ⅰ级。主桥为(62m+100m+62m)变高度预应力连续箱梁,在长期服役过程中,箱梁的腹板出现多条斜向裂缝,严重影响桥梁的使用安全。经检测、评定与专家会议研究决定,采用粘贴钢板法加固箱梁腹板(图8-31)。腹板粘钢的主要部位是在边跨8号-11号节段、中跨7号-12号节段腹板的区域,在此范围内腹板内侧与外侧粘贴一层钢板,腹板外侧为斜向钢板,腹板内侧由于高度原因,钢板为纵向钢板。

其主要施工工艺流程为:基面处理→放线植锚固螺杆→钢板贴合面处理→钢板钻孔及预挂→配置胶黏剂→粘贴钢板→胶黏剂固化→表面防护等,给出了该桥梁粘贴钢板加固典型施工过程(图8-32)。

a)植筋

b)涂胶黏剂

c)粘贴完成

图8-32 连续箱梁粘贴钢板加固施工过程

8.3 粘贴纤维复合材料(FRP)加固技术

8.3.1 技术原理与特点

从20世纪90年代起,纤维增强复合材料(Fiber Reinforced Plastics或Fiber Reinforced Polymer,简称FRP)在土木工程中的应用一直是国内外研究的热点。粘贴FRP加固技术的应用原理与

19.预应力FRP板加固桥梁实例(连霍高速)

20.粘贴FRP加固技术演示动画

钢筋混凝土结构的工作原理相似,变内部钢筋为外部粘贴的FRP,通过将纤维布用树脂类黏结胶浸渍粘贴在待加固混凝土结构的表面(图8-33),使纤维布、树脂胶、钢筋混凝土有机地组合成一个完整结构,在荷载作用下变形协调、共同受力、共同工作,充分发挥FRP的高强度抗拉作用,从而有效地提高被加固构件的承载力,包括抗弯承载力、抗剪承载力及抗震能力等。

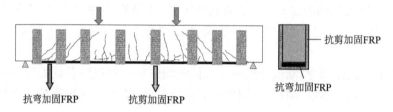

图8-33 粘贴纤维复合材料(FRP)加固技术原理图

图8-34给出了碳纤维布、树脂黏结胶及纤维布粘贴过程,FRP加固对提高受弯构件的抗弯能力特别有效,具体提高幅度与粘贴FRP的用量相关。由于FRP的截面面积较小,常用的名义厚度为0.111mm和0.167mm的两种规格,对提高加固截面的惯性矩贡献不大,因此FRP加固技术对于减小加固构件的裂缝宽度及挠度作用不是十分明显。

a)碳纤维布

b)树脂黏结胶

c)纤维布粘贴过程

图8-34 碳纤维布、树脂黏结胶及纤维布粘贴过程

通过合理的设计,在基本不改变梁体的截面尺寸和质量情况下,FRP加固技术能较大地提高原结构的承载能力。但是,FRP加固存在多种脆性黏结破坏模式,如混凝土-胶界面破坏、胶-FRP界面破坏等,此类破坏模式影响FRP材料性能的发挥,影响其在抗弯加固中的应用效果。实际工程中,必须通过一定的构造措施来避免此类破坏模式的发生。

利用FRP加固技术对桥墩等竖向构件进行约束包裹以提高其抗震能力是十分有效的,FRP沿着桥墩环向粘贴,一方面可以提高其抗剪能力,另一方面可以通过约束提高内部混凝土强度及变形能力,从而转变桥墩的破坏模式,提高其耗能能力,使得桥墩具有良好的抗震能力。

与传统的桥梁加固方法相比,粘贴FRP加固技术具有以下显著优势:

(1)轻质、高强、施工便捷、不受构件形状限制、不改变截面尺寸

FRP具有高强度、高弹模、质量轻等特点,FRP抗拉强度为普通钢材的10倍以上,弹性模量与钢相近,不增加荷载,施工无须大型施工机械,施工空间要求小、速度快,不影响交通,能适应各种结构外形的抗弯加固而不改变构件外形尺寸。

(2)对原结构不产生损伤

粘贴FRP加固技术是通过黏结材料将FRP粘贴在混凝土表面,不需要对原结构打孔和埋设锚固螺栓,不会对既有结构产生新的破坏。

(3)优异的耐久性能

FRP及其黏结材料可以抵抗各种外部酸、碱、盐介质的腐蚀,特别在受弯构件底部存在裂

缝的情况下,可以阻止水的进入,对内部的混凝土结构也起到保护作用,解决了其他加固方法所遇到的化学腐蚀问题,提高了既有结构的耐久性,大大减少了防腐和维修费用。

(4) 不增加自重、不减少净空

纤维布质量轻且厚度薄,单位体积质量仅为钢材的1/4左右。这种材料在构件时,不会增加构件的自重及断面尺寸。经加固修补后的构件,原结构的自重、尺寸和截面外形基本不变,因此不会减少桥下的净空高度。

(5) 具有良好的适应性

由于纤维布是一种柔性材料,它可以被任意裁剪,能够适应各种结构的外形,便于粘贴和裹缠。其成型方便,可广泛地应用于各种结构类型、各种形状和结构中的不同部位。

粘贴FRP加固技术在具有优点的同时,也存在一定的局限性,如裂缝修复或刚度提高效果不明显、防火性能差,采用该种方法加固的混凝土梁经常发生早期的剥离破坏现象。混凝土强度越低,剥离破坏的风险越高。在低强度混凝土结构的加固中使用此加固法受到了限制,不适合在温度过高环境(60℃)中长期使用。FRP由于其加固材料截面较小的抗弯惯性矩,它对旧桥既有裂缝无闭合效果,对减小挠度、限制裂缝开展没有显著作用。粘贴FRP加固技术适用于各种桥梁结构的抗弯加固、抗剪加固、约束加固及耐久性加固等不同加固需求,但在应用时应注意其局限性。

预应力纤维复合材料(FRP)加固技术是将纤维布、纤维板或纤维筋张拉锚固布置于结构受拉区,并预先施加预应力,通过胶黏剂将FRP固定于结构受拉区,结成一体,以加固混凝土结构的方法(图8-35)。预应力FRP加固技术的锚固体系主要由预应力锚具,纤维布、纤维板或纤维筋,环氧胶和张拉装置等组成。

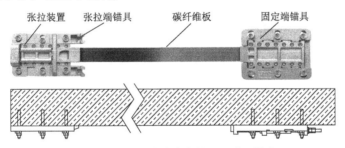

图8-35 预应力纤维复合材料(FRP)加固技术

预应力FRP加固技术相较于其他方法,具有以下优势,例如:与普通粘贴FRP加固技术相比,可以大大提高结构的开裂荷载、屈服荷载,增强构件的刚度,减小变形,有效抑制裂缝的形成与开展,明显改善结构的工作性能,进一步发挥FRP的高强性能。近年来,预应力FRP加固技术得到了一定范围的应用。预应力FRP加固技术作为一种新兴的结构加固技术,应用于桥梁工程加固有如下优势:

(1) 可有效提高结构承载能力与抗裂性能,减小结构变形,抑制裂缝发展,提高使用阶段桥梁的工作性能,并能有效抑制纤维复合材料与混凝土间的剥离。

(2) 对纤维复合材料(FRP)的材料强度利用程度远远高于非预应力纤维复合材料加固,有效解决了非预应力纤维复合材料加固无法发挥材料高强性能的缺陷。

对于预应力FRP加固技术,为了预应力的张拉与锚固,必须配套使用机械锚固类专用锚具来夹持预应力FRP材料,由于FRP材料的抗剪强度低,容易在夹持部位破坏,FRP材料的锚具是关键。常用机械锚固类专用锚具大体分为平板锚具、夹片式锚具、波形夹板式锚具(图8-36),其中,波形夹板式锚具只适用于锚固布材。

a)平板锚具　　　　b)弧形夹片式锚具　　　　c)波形夹片式锚具

图 8-36　预应力纤维复合板锚具

(1)平板锚具:利用上、下两层平行夹板和一系列法向紧固螺栓夹紧 FRP 板,利用夹板与 FRP 板之间的机械摩擦力以及填充胶黏剂的黏合力提供锚固力,通过调整夹板的几何尺寸以及螺栓数量、预紧力等参数来获得最大的锚固效率。

(2)夹片式锚具:利用上、下两片弧形夹片夹紧 FRP 板或多片弧形夹片夹紧 FRP 筋,利用夹片与 FRP 板或 FRP 筋之间的机械摩擦力以及咬合力提供锚固力,通过调整夹片的几何尺寸(如倾角)、预紧力等参数来调整界面摩擦力和整体刚度,从而获得最大的锚固效率。

(3)波形夹板式锚具:利用上、下两片波浪形夹板和一系列法向紧固螺栓夹紧纤维布,利用夹板与纤维布之间的机械咬合力以及填充胶黏剂的黏合力提供锚固力,通过调整夹板的几何形状(如波浪形状)以及螺栓数量、预紧力等参数来获得最大的锚固效率。

8.3.2　材料性能

纤维复合材料(FRP)根据划分依据的不同有着不同的分类。按材料组成原丝划分,常用的 FRP 原丝有玻璃(Glass)纤维、碳(Carbon)纤维、芳纶(Aramid)纤维、玄武岩(Basalt)纤维等,相应的增强复合材料分别称为 GFRP、CFRP、AFRP、BFRP,其中以 CFRP 在加固工程中应用最为广泛;国外土木工程领域也少量应用了聚对苯撑苯并二噁唑纤维(Poly-p-phenylene Benzobisoxazole 纤维,称为 PBO 纤维)、聚乙烯纤维(Dyneema 纤维,称为 DFRP)等,PBO 具有与 CFRP 相近的弹性模量和更高的延性,DFRP 具有较好的能量吸收能力。

按结构形式划分,FRP 应用形式有预制复合管材(Tubes)、预制复合壳材(Shells)、板材(Plates)、筋材(Bars 或 Rods)、索材(Strands)、纤维布材、织物、条带(Sheets、Fabric、Strips)、网格(Grids)以及连续纤维丝束(Tows、Bundles)等(图8-37),各种纤维复合材料能够满足不同应用目的的需要。

 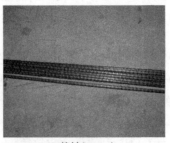 

a)管材(Tubes)　　　　b)筋材(Cables)　　　　c)索材(Strands)

图　8-37

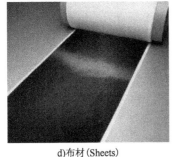
d)布材(Sheets)

e)网格(Grids)

f)丝束(Tows)

图 8-37 纤维复合材料根据材料组成原丝不同分类

根据需要,可将纤维单丝织成不同几何形状的纤维织物,纤维方向可以是单向的,也可以是双向的,它决定了纤维织物的不同方向特性。几种常见纤维布的外观如图 8-38 所示。

a)芳纶纤维(黄色)

b)碳纤维(黑色)

c)玻璃纤维(白色)

图 8-38 典型纤维布外观

用于粘贴 FRP 加固的常见纤维复合材料(片材和板材)的抗拉强度标准值及弹性模量见表 8-2。其抗拉强度标准值应根据置信水平为 0.99、保证率为 95% 的要求确定。弹性模量和伸长率应取平均值。纤维复合材料的抗拉力学性能通过拉伸试验测得(图 8-39)。纤维复合材料具有以下受力特点(图 8-40):抗拉强度高,属于线弹性材料;受拉直至断裂时,弹性模量保持不变,且其弹性模量较小,除了部分碳纤维材料的弹性模量与普通钢筋相近外,其余大多数纤维复合材料的弹性模量仅有普通钢筋的 25% ~70%;横向抗剪强度较低,通常不超过其抗拉强度的 10%,很容易被剪断。

纤维复合材料抗拉强度标准值及弹性模量 表 8-2

品种	等级或代号	抗拉强度标准值(MPa)		弹性模量(MPa)	
		单向织物(布)	单向织物	单向织物	条形板
碳纤维复合材料	高强度Ⅰ级	3400	2.3×10^5	2.3×10^5	2400
	高强度Ⅱ级	3000	2.0×10^5	2.0×10^5	2000
	高强度Ⅲ级	1800	1.8×10^5	1.8×10^5	
芳纶纤维复合材料	高强度Ⅰ级	2100	1.1×10^5	1.1×10^5	1200
	高强度Ⅱ级	1800	0.8×10^5	0.8×10^5	800
玻璃纤维复合材料	高强玻璃纤维	2200	0.7×10^5	0.7×10^5	
	无碱玻璃纤维、耐碱玻璃纤维	1500	0.5×10^5	0.5×10^5	

 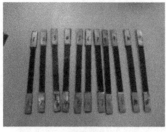 

a)试样裁剪　　　　　　　b)试样制备　　　　　　　c)拉伸测试

图 8-39　FRP 片材拉伸性能试验

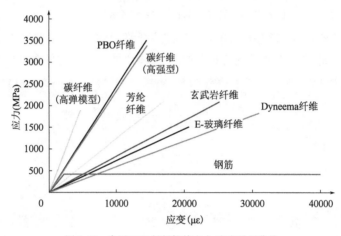

图 8-40　常用 FRP 材料拉伸应力-应变关系曲线

黏结材料的性能是保证粘贴 FRP 与混凝土共同工作的关键,也是两者之间传力途径中的薄弱环节。黏结材料应有足够的刚度,以保证 FRP 与混凝土之间剪力的传递,同时应有足够的韧性,以避免因混凝土开裂导致脆性黏结破坏。黏结材料还应在一般气候条件下固化,且固化时间应满足要求(一般保证 3h 左右),对组分含量不敏感,具有适宜的流动性和黏度,固化收缩率小。黏结材料主要包括底涂胶、找平胶、浸渍树脂和罩面胶等。

(1)底涂胶。在处理好的混凝土表面,涂一层较薄的底涂胶,既可以浸入混凝土表面,强化混凝土表面强度,又可以改进胶结性能,使混凝土与纤维布能够很好地黏结。底涂胶必须具有很低的黏度和良好的黏结性能,以便涂刷后胶黏剂能够渗入混凝土结构中。为保证黏结性能,应尽量避免使用溶剂型胶。

(2)找平胶。加固补强处的混凝土表面有锐利突起物、错位和转角部位等都可能降低纤维布补强效果。若经过基底处理仍未彻底清除,应在涂敷底层涂胶指触干燥后,用找平胶进行找平。找平胶应具有优良的力学性能、良好的施工性能与触变性能、易于施工操作且不随时间的延长出现明显的变形。

(3)浸渍树脂(粘贴主胶)。浸渍树脂是连接底胶与纤维布,在黏结材料中起着至关重要作用的关键材料。浸渍树脂应满足下列要求:①具有一定的黏度,防止粘贴的纤维布塌落而形成空洞或空隙;②具有良好的触变性,易于施工且不会发生明显的流淌现象;③具有良好的渗透性与相容性,以利于浸透纤维布,形成复合性整体,共同抵抗外力的作用。纤维复合材料浸渍/黏结用胶黏剂的安全性能指标见表 8-3,胶体抗拉强度与抗压性能测试试件如图 8-41 所示。

纤维复合材料浸渍/黏结用胶黏剂的安全性能指标　　　　表 8-3

性能项目		性能要求	
		A 级胶	B 级胶
胶体性能	劈裂抗拉强度(MPa)	≥40	≥30
	受拉弹性模量(MPa)	≥2500	≥1500
	伸长率(%)	≥1.5	
	抗弯强度(MPa)	≥50	≥40
		且不得呈脆性(碎裂状)破坏	
	抗压强度(MPa)	≥70	
黏结能力	钢-钢拉伸抗剪强度标准值(MPa)	≥16	≥13
	钢-钢不均匀扯离强度(kN/m)	≥20	≥15(-)
	与混凝土的正拉黏结强度(MPa)	≥max{2.5,f_{tk}},且为混凝土内聚破坏	
不挥发物含量(固体含量)(%)		≥99	

注:1. 表中的胶黏剂性能指标,应根据置信水平 $C=0.99$,保证率为 95% 的要求确定。
　2. 表中的性能指标除标有标准值外,其余均为平均值。
　3. 用于粘贴碳纤维板的胶黏剂,当涂抹厚度小于 3mm 时,材料的流挂应小于 1mm。

 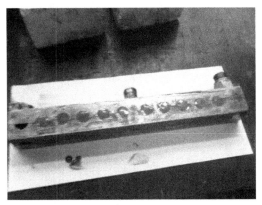

a)抗拉试件　　　　　　　　　　　　　　b)抗压试件

图 8-41　胶体抗拉与抗压性能测试试件

(4)防护涂装(罩面胶)。防护涂装可保证施工表面的美观和纤维布的完好。所选材料应能涂敷在纤维布表面,不脱层,不掉落,能长期在冷热干湿的空气中保持稳定,防止复合材料被紫外线直接照射。罩面材料的选择范围较大,有丙烯酸体系、聚氨酯体系、不饱和聚酯体系、有机硅和有机氟体系等。

8.3.3　主要途径与施工工艺

粘贴 FRP 加固钢筋混凝土结构构件时,应将纤维受力方式设计成主要承受拉应力作用,FRP 应粘贴于结构截面的受拉位置,如受弯构件的受拉面及靠近受拉面的侧面(图 8-42)。采用 FRP 对受弯构件的斜截面受剪承载力进行加固时,应粘贴成垂直于构件轴线方向的环形、U 形、双 L 形、I 形等(图 8-43),当不能粘贴为封闭的环形时,应在条带自由端粘贴压条锚固(图 8-44);仅在侧面粘贴时,也可沿着斜截面主拉应力方向斜向粘贴(图 8-45)。

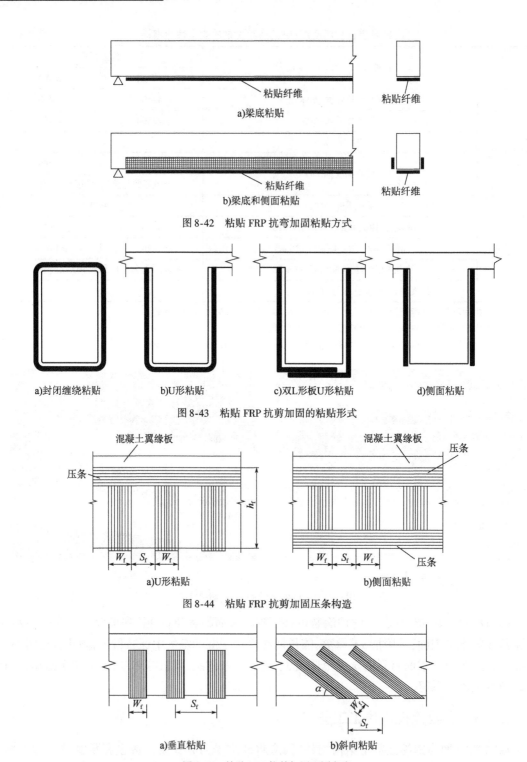

图 8-42 粘贴 FRP 抗弯加固粘贴方式

图 8-43 粘贴 FRP 抗剪加固的粘贴形式

图 8-44 粘贴 FRP 抗剪加固压条构造

图 8-45 粘贴 FRP 抗剪加固不同角度

典型的粘贴 FRP 加固技术的主要工艺流程如下(图 8-46):

(1)搭设施工支架。根据桥位地形、水流条件和桥梁结构形式、维修加固工程内容和施工部位,选择搭设固定式或活动式施工支架。

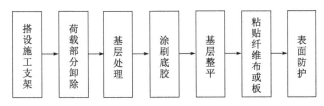

图 8-46　粘贴 FRP 加固工艺流程

（2）荷载部分卸除。主要通过交通组织来限制车辆的数量、质量、速度等，以减少活载。对于允许减少恒载的结构进行加固时应先卸载，后加固，这样结构加固效果更好。

（3）基层处理。通过修补混凝土裂缝和剔除破碎混凝土、修补孔洞等手段，提供可粘贴纤维布或纤维板的坚实基面。具体步骤如下：

画线标示粘贴部位，明确加固范围；对加固范围的混凝土表面打磨去除污染表层和外凸部分，用压缩空气、清水冲净或抹布去除浮尘，采用洗涤剂擦抹去除油污；对加固范围内裂缝宽度不小于 0.15mm 的混凝土裂缝，先行修复；对存在破碎、孔洞、蜂窝麻面等缺陷的混凝土，应剔除酥松部分至坚实层，并采用比原结构高一等级的混凝土、环氧砂浆或环氧细石混凝土修复基层混凝土缺陷至原结构表面，对裸露的锈蚀钢筋应提前除锈至露出金属光泽；对结构的棱角，应打磨成圆弧状，圆弧半径对于梁不小于 20mm，对于柱不小于 25mm。对于结构渗水处，应先堵水和防水，再进行表层处理；对于潮湿的构件表面粘贴 FRP 加固时，应先烘干构件表面或使用潮湿型黏结胶。

（4）涂刷底胶。通过底胶的低黏度和混凝土表层的毛细作用，使底胶经涂刷渗进混凝土表层内一定深度，以改善被加固结构的表层性能，提高其可黏性和抗剥离性。要点如下：

按产品要求比例配兑底胶，经精确计量、充分搅拌均匀后，排出气泡；用毛刷或特制滚筒将底胶均匀、无遗漏地涂刷或涂抹于被加固结构处理好的基层表面，要求纵横向、正反向反复涂刷，以使胶更好地渗入混凝土表层；在底胶表面指触干燥后，尽快进行下一工序的施工。

（5）基层整平。通过基层整平，使被加固结构能与粘贴的 FRP 更密贴，杜绝空鼓等缺陷。要点如下：

底胶凝胶后即可进行表层整平，表层整平材料采用修补胶或用底胶配兑的胶泥，用灰刀或刮板刮涂在被加固结构处理好的基层表面凹陷部位，待凝胶后再次打磨平顺，并采用吹风方式清洁干净；整平后的基层表面，应大面平顺，局部无明显凸凹不平部分。

（6）粘贴纤维布或板。以粘贴纤维布为例，配制粘贴浸渍树脂胶，均匀涂抹于需要粘贴的混凝土表面；按需求的尺寸裁剪好纤维布，粘贴于指定部位后，用特制的滚筒沿纤维方向反复滚压，挤除气泡，并使树脂胶充分浸渍纤维布，滚压时不得损伤纤维布；纤维布粘贴完成后在其表面涂刷浸渍树脂胶。

（7）表面防护。通过表面喷砂或表面涂装等防护措施，使粘贴 FRP 加固的结构表面与周围色彩相近，并提高防火、防腐、耐湿、耐久性能。表面防护处理的方式有涂装浸渍胶防护面层、防火涂料面层、特种防护面层及喷砂防护面层。

预应力 FRP 加固技术，可通过对纤维布或纤维板施加预应力并锚固于待加固桥梁结构表面来实现。在实际桥梁加固工程中，预应力 FRP 板加固应用最为广泛。以预应力 FRP 板加固为例，典型的工艺流程如图 8-47 所示。

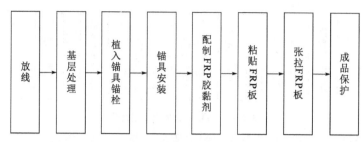

图 8-47　预应力 FRP 加固工艺流程

(1)放线。施工放样,放出 FRP 板的粘贴位置及锚具位置线,需经复核后确认无误。

(2)基层处理。根据放样确定的固定端锚具和张拉端锚具位置,凿除相应区域梁体表面混凝土,以保证粘贴锚具表面与梁体表面水平;对 FRP 板粘贴区域的混凝土表层进行打磨、除尘、清洁,提供洁净、坚实的粘贴基面。

(3)植入锚具锚栓。根据固定锚具所需的锚栓位置,采用钢筋探测仪确定混凝土内部钢筋的实际位置,当钻孔与钢筋位置发生冲突时适当调整孔位,钻孔应垂直梁体;植螺栓前应用丙酮擦拭孔壁、孔底和螺栓;植筋胶采用注射器灌注方式,灌注量宜为孔深的 2/3,并保证在植入螺栓后有少许胶体溢出,注入胶体后应立即单向旋转插入螺栓,直至达到设计深度,确保螺杆顶端在同一平面之上,并校正螺栓的垂直度;胶体完全固化前,不得触动或振动已植螺栓,以免影响其黏结性能(图 8-48)。

图 8-48　锚具固定锚栓植入

(4)锚具安装。固定端和张拉端锚具通过胶黏剂、锚栓实现与混凝土梁底固定,将配置的胶黏剂正面涂抹在洁净的混凝土和锚具黏结面上,黏结面抹胶应中间厚两边薄,中间涂胶厚度为 5mm 左右,将锚具预留孔平稳对准已植螺栓并迅速拧紧螺母,使锚具与混凝土紧密黏合,清理挤出的多余胶体(图 8-49)。

(5)配制 FRP 胶黏剂。严格按比例准确称量 FRP 胶黏剂的主剂、固化剂并将其装入容器,用搅拌器搅拌均匀,一次调和量不应过多,以在可使用时间内用完为准。

(6)粘贴 FRP 板。将胶黏剂均匀地涂抹于混凝土表面和 FRP 板表面,不得混入气泡;一般胶层厚 1~3mm,中间厚,两边薄;然后进行粘贴并加压,使胶黏剂从四周溢出;粘贴后用手捶沿表面轻轻敲击,如无空洞声则表明粘贴密实,否则应取下 FRP 板重新补胶粘贴。

(7)张拉 FRP 板。在张拉端安装千斤顶,确保千斤顶中线与 FRP 板中线重合;对 FRP 板预张拉 10% 应力,使 FRP 板张紧绷直,然后再将力回零,记录此时张拉端夹具的位置,并再次检查各部件的位置;再以20%和60%应力对FRP板施加预应力,每一级张拉结束后用扳手拧紧螺母固定,每一级之间持荷5min,并记录张拉端夹具位置,并比较实测值与计算值之间偏差;当预应力施加到100%时,计算最终FRP板张拉伸长值,并持荷5min;张拉结束后用双螺母固定张拉螺杆,卸除千斤顶;切除过长的张拉螺杆,螺母后端留长约3cm(图8-50)。

a)锚具安装

b)FRP板安装

图8-49 预应力锚具与FRP板安装

a)张拉FRP板

b)完成效果

图8-50 张拉FRP板及完成效果

(8)成品保护。预应力FRP板张拉施工完成后,应及时对两端的预应力锚具进行封锚,并对FRP板进行必要的防护处理。如用胶黏剂填补锚具四周缝隙,并在胶黏剂表面涂抹约5mm厚、150mm宽的保护层。

根据相关规范要求,碳纤维预应力FRP板组装件应进行下列专项试验并满足相应技术要求:

(1)静力性能。匀速、连续加载直至试件破坏,试件抗拉强度$f_u^a \geqslant 2400$MPa。静力破坏模式应为FRP板的断裂破坏,锚具不应出现滑移失效、塑性变形和开裂。

(2)疲劳性能。以$0.6f_u^a$为应力下限,经历200万次拉伸疲劳加载循环后,组装件外观应保持完好,不应出现滑移和损伤。

(3)松弛性能。在$0.6f_u^a$初始张拉应力状态下和20℃±2℃环境温度下,FRP板组装件120h松弛率$r \leqslant 1.5\%$。

8.3.4 设计构造

粘贴纤维复合材料(FRP)加固的设计构造应符合下列有关规定:

(1)纤维复合材料宜粘贴成条带状,非围束时板材不宜超过2层,布材不宜超过3层。

(2)加固受拉构件时,纤维方向应与构件受拉方向一致。梁的受拉区两侧粘贴FRP进行抗弯加固时,粘贴高度不宜高于1/4梁高。

(3)采用封闭式粘贴或U形粘贴对梁、柱构件进行斜截面加固,纤维方向宜与构件轴线垂直或与其主拉应力方向平行。

(4)FRP沿纤维受力方向的搭接长度不应小于100mm(图8-51);当采用多条或多层FRP加固时,其搭接位置应相互错开。

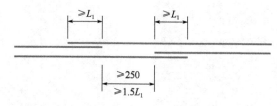

图8-51 纤维布搭接长度和搭接间距的要求(尺寸单位:mm)

(5)当FRP绕过构件(截面)的外倒角时,构件的截面棱角应在粘贴前打磨成圆弧面(图8-52)。圆弧化半径,对于梁不应小于20mm,对于柱不应小于25mm。

(6)主要受力FRP,不宜绕过内倒角。粘贴多层FRP加固时,宜将FRP逐层截断,并在每层截断处最外侧加压条,其粘贴形式应采用内短外长形式,如图8-53所示。

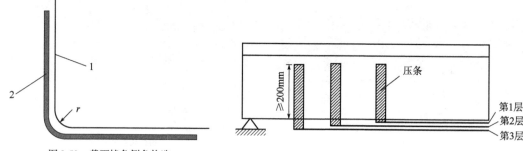

图8-52 截面棱角倒角构造
1-构件;2-纤维复合材料(FRP)

图8-53 多层纤维复合材料(FRP)粘贴构造

(7)采用FRP对钢筋混凝土梁或柱的斜截面承载力进行加固时,宜选用环形箍或加锚固的U形箍,一般情况下,在梁的中部应增设一道纵向中压带。

(8)对梁、板进行抗弯加固时,可在FRP两端设置U形箍或横向压条。其切断位置距其充分利用截面的距离不应小于按下式计算得出的黏结长度l_d(图8-54):

$$l_d = \frac{E_f \varepsilon_f A_f}{\tau_f b_f} + 200 \tag{8-19}$$

式中:l_d——FRP从强度充分利用截面向外延伸所需的黏结长度,mm;

ε_f——充分利用截面处FRP的拉应变;

τ_f——FRP与混凝土间的黏结强度设计值,MPa,一般取0.5MPa;

b_f——受拉面上粘贴的FRP的宽度,mm;

A_f——受拉面上粘贴的FRP的截面面积,mm^2;

E_f——受拉面上粘贴的FRP的弹性模量,MPa。

当FRP延伸至支座边缘仍不满足黏结长度l_d的规定时,应采取以下锚固措施:

①对于梁,在 FRP 延伸长度范围内至少应设置两道纤维复合材料(FRP)U 形箍锚固,如图 8-55a)所示。U 形箍宜在延伸长度范围内均匀布置,且在延伸长度端部必须设置一道。U 形箍的粘贴高度宜伸至顶板底面。每道 U 形箍的宽度不宜小于受弯加固 FRP 宽度的 1/2,U 形箍的厚度不宜小于受弯加固 FRP 厚度的 1/2。

②对于板,在 FRP 延伸长度范围内至少设置两道垂直于受力纤维方向的压条图,如图 8-55b)所示。压条宜在延伸锚固长度范围内均匀布置,且在延伸长度端部必须设置一道。每道压条的宽度不宜小于受弯加固 FRP 条带宽度的 1/2,压条的厚度不宜小于受弯加固 FRP 厚度的 1/2。当 FRP 的黏结长度小于按公式(8-19)计算所得长度的 1/2 时,应采取可靠的附加机械锚固措施。

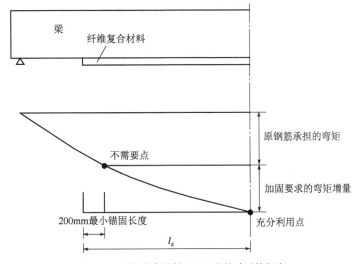

图 8-54 纤维复合材料(FRP)的粘贴延伸长度

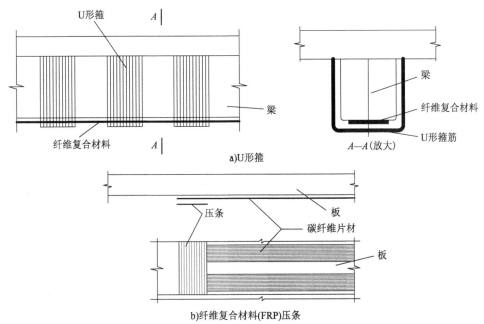

图 8-55 抗弯加固时 FRP 端部附加锚固措施

(9)对混凝土柱进行粘贴 FRP 加固时,条带应粘贴成环形箍,且纤维方向应与柱的纵轴线垂直。沿柱轴向粘贴 FRP 加固时,应有足够的锚固长度。必要时可在 FRP 两端增设锚固措施。采用 FRP 的环向围束对钢筋混凝土柱进行延性加固时,其构造应符合下列规定:

①环向围束的 FRP 层数,对圆形截面不应少于 2 层,对矩形截面不应少于 3 层。

②环向围束上下层之间的搭接宽度不应小于 50mm,纤维织物环向截断点的延伸长度不应小于 200mm,且各条带搭接位置应相互错开。

(10)加固大偏心受压构件,可将 FRP 粘贴于构件受拉区边缘混凝土表面,纤维方向应与柱的纵轴线方向一致。

此外,当加固梁的承载力提升量需求较大时,由于混凝土与 FRP 的界面黏结强度有限,如果仅仅采用单一的粘贴 FRP 加固技术,二者之间易产生黏结滑移破坏,导致 FRP 的强度无法充分发挥。考虑其具有的良好适应性,可协同其他加固方式(如外包角钢、体外预应力等)以满足钢筋混凝土梁的重载加固需求,形成多种技术联合的综合加固方法(图 8-56)。

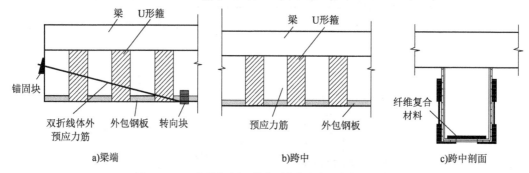

图 8-56 FRP 与外包角钢、体外预应力联合的综合加固技术

加固时依次布置 FRP、外包角钢、U 形箍(钢板)和体外预应力筋。外包角钢、U 形箍对粘贴 FRP 提供可靠锚固,U 形箍同时提供抗剪的功能,体外预应力达到主动加固的目的,多种技术联合实现多种材料协同工作,优势互补;体外预应力宜选取双折线布置形式,在加固梁端设置锚固块,U 形箍加密区与非加密区间设置预应力筋转向块。

8.3.5 计算原理

对钢筋混凝土受弯构件进行抗弯加固时,除应遵守《公路钢筋混凝土及预应力混凝土桥涵设计规范》(JTG 3362—2018)相关假定外,尚应遵守下列规定:

(1)受弯构件的作用荷载效应应按两个阶段受力进行计算。

①第一阶段:加固前,作用(或荷载)应包括原构件自重在内的实际荷载及施工荷载。

②第二阶段:加固后,作用(或荷载)应考虑包括构件自重在内的恒载、二期作用的恒载及使用阶段的可变作用。作用效应组合系数取值:恒载的荷载效应分项系数取 1.2;使用阶段的可变作用效应分项系数按现行《公路桥涵设计通用规范》(JTG D60—2015)取用。

(2)达到受弯承载能力极限状态时,按平截面假定确定纤维复合材料的拉应变 ε_f,且纤维复合材料的拉应变 ε_f 不应超过纤维复合材料的允许拉应变 $[\varepsilon_f]$。

纤维复合材料应力 δ_f 取拉应变 ε_f 与弹性模量 E_f 的乘积,即 $\delta_f = E_f \varepsilon_f$。

(3)构件达到正截面承载能力极限状态时,纤维复合材料与混凝土之间不应发生黏结剥离破坏。

对矩形截面或翼缘位于受拉边的钢筋混凝土 T 形截面受弯构件在受拉面粘贴加固时,正截面承载力按下列公式计算:

①当混凝土受压区高度 x 大于 ξ_{fb},且小于 $\xi_b h_0$ 时:

$$\gamma_0 M_d \leq f_{cd} bx \left(h_0 - \frac{1}{2}x \right) + f'_{sd} A'_s (h_0 - a'_s) + E_f \varepsilon_f A_f a_s \tag{8-20}$$

混凝土受压区高度 x 和受拉面纤维复合材料拉应变 ε_f 按下列公式联立求解:

$$f'_{sd} A'_s + f_{cd} bx = f_{sd} A_s + E_f \varepsilon_f A_f (\varepsilon_{cu} + \varepsilon_f + \varepsilon_1) = 0.8 \varepsilon_{cu} h \tag{8-21}$$

②当混凝土受压区高度 $x \leq \xi_{fb} h$ 时,

$$\gamma_0 M_d \leq f_{sd} A_s (h_0 - 0.5\xi_{fb} h) + E_f \varepsilon_f A_f h (1 - 0.5\xi_{fb}) \tag{8-22}$$

③当混凝土受压区高度 $x < 2a'_s$ 时,

$$\gamma_0 M_d \leq f_{sd} A_s (h_0 - a'_s) + E_f \varepsilon_f A_f (h - a'_s) \tag{8-23}$$

式中:A_f——受拉面粘贴的纤维复合材料的截面面积;

f_{cd}——原构件混凝土抗压强度设计值,可根据现场检测强度推算值按照现行《公路钢筋混凝土及预应力混凝土桥涵设计规范》(JTG 3362—2018)确定;

E_f——纤维复合材料的弹性模量;

ε_f——纤维复合材料的拉应变;

ξ_{fb}——纤维复合材料达到其允许拉应变与混凝土压坏同时发生时的界限相对受压区高度,即:

$$\xi_{fb} = \frac{0.8 \varepsilon_{cu}}{\varepsilon_{cu} + [\varepsilon_f] + \varepsilon_1} h \tag{8-24}$$

ε_1——考虑二次受力影响时,加固前构件在初始弯矩作用下,截面受拉边缘混凝土的初始应变,按式(8-26)计算;当不考虑二次受力时,取 0;

$[\varepsilon_f]$——纤维复合材料的允许拉应变,取 $[\varepsilon_f] = K_m \varepsilon_{fu}$,且不应大于纤维复合材料极限拉应变的 2/3 和 0.007 两者中的较小值,其中 ε_{fu} 为纤维复合材料的极限拉应变,K_m 为纤维复合材料强度折减因子,取 K_{m1} 与 K_{m2} 中的较小值,K_{m1} 由式(8-25)计算,K_{m2} 取值见表 8-4;

$$K_{m1} = \begin{cases} 1 - \dfrac{n_f E_f t_f}{428000} & (n_f E_f t_f \leq 214000) \\ \dfrac{107000}{n_f E_f t_f} & (n_f E_f t_f > 214000) \end{cases} \tag{8-25}$$

当 $K_m > 0.9$ 时,取 $K_m = 0.9$;

n_f——纤维复合材料的层数;

t_f——每层纤维复合材料的厚度。

纤维复合材料(FRP)环境影响折减系数 K_{m2}　　　　表 8-4

环境分类	片材类型	折减系数
Ⅰ类	碳纤维	0.85
	芳纶纤维	0.75
	玻璃纤维	0.65

续上表

环境分类	片材类型	折减系数
Ⅱ、Ⅲ、Ⅳ类	碳纤维	0.85
	芳纶纤维	0.70
	玻璃纤维	0.50

加固前在第一阶段弯矩 M_{d1} 作用下,截面受拉边缘混凝土的初始应变 ε_1(纤维复合材料的滞后应变)按下式计算:

$$\varepsilon_1 = \frac{M_{d1} x_1}{E_c I_{cr}} \tag{8-26}$$

式中,符号含义同前面所述。

当弯矩 M_{d1} 小于未加固截面受弯承载力的 20% 时,可忽略二次受力的影响。粘贴纤维复合材料的矩形截面正截面受弯承载力计算如图 8-57 所示。

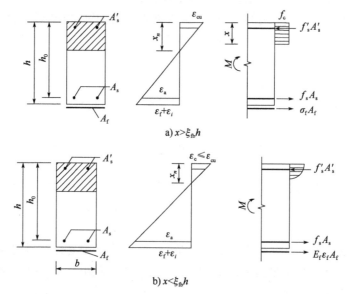

图 8-57 粘贴 FRP 加固矩形受弯构件的正截面受弯承载力计算
x_n-混凝土实际受压区高度

采用纤维复合材料对梁、板构件进行斜截面加固时,其斜截面承载能力计算(图 8-58)应满足下列要求:

$$\gamma_0 V_d \leq 0.43 \times 10^{-3} \alpha_1 \alpha_3 b h_0 \psi_{cs} \sqrt{(2+0.6P)\rho_{sv} f_{sv} \sqrt{f_{cu,k}}} + 0.75 \times 10^{-3} f_{sd} \sum A_{sb} \sin\theta_b + V_f \tag{8-27}$$

$$\begin{cases} V_f = D_{sh} k_m f_f n_f b_f \dfrac{C - C_1}{S} \sin\alpha \\ C_1 = \dfrac{C(h_1 + h_2)}{h - h_f'} \end{cases} \tag{8-28}$$

式中:V_f——粘贴纤维复合材料加固后抗剪承载力的提高值;

C——斜裂缝水平投影长度,$C = 0.6 m h_0$;

h_1——纤维上侧锚固区压条宽度；

h_2——纤维下侧锚固区压条宽度，对于 U 形粘贴取 0；

h'_f——梁顶面至上侧锚固区上边缘的距离；

m——原构件的剪跨比；

D_{sh}——纤维应力分布系数，$D_{sh} = 1 - \dfrac{L_e}{h - h'_f - h_1}\sin\theta$；

α——纤维受力方向与梁轴线的夹角（≤90°）；

L_e——有效粘贴长度，$L_e = \sqrt{\dfrac{E_f n_f t_f}{\sqrt{1.18 f_{ck}}}}$；

b_f——纤维条带宽度，mm；

f_f——复合纤维材料的抗拉强度设计值；

S——斜截面加固纤维条带间距，应满足：

$$S \leq S_{max} = \dfrac{h - h'_f - h_1}{2\tan\alpha} \tag{8-29}$$

其他符号意义同本书增大截面加固技术部分。

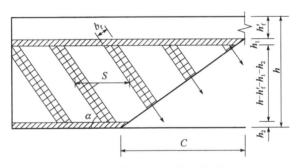

图 8-58 粘贴 FRP 抗剪加固计算

当采用预应力 FRP 板对梁、板等受弯构件进行加固时，其预应力损失应按下列规定计算[《混凝土结构加固设计规范》(GB 50367—2013)]：

(1) 锚具变形和 FRP 板内缩引起的预应力损失值 σ_{l1}：

$$\sigma_{l1} = \dfrac{a}{l} E_f \tag{8-30}$$

式中：a——张拉锚具变形和 FRP 板内缩值，mm，应按表 8-5 取值；

l——张拉端至锚固端之间的净距离，mm；

E_f——FRP 板的弹性模量，MPa。

锚具类型和预应力 FRP 板内缩值 a(mm) 表 8-5

锚具类型	预应力 FRP 板内缩值 a
平板锚具	2
波形锚具	1

(2) 预应力 FRP 板的松弛损失 σ_{l2}：

$$\sigma_{l2} = r\sigma_{con} \tag{8-31}$$

式中：r——松弛损失率，可近似取 2.2%。

(3) 混凝土收缩和徐变引起的预应力损失值 σ_{l3}：

$$\sigma_{l3} = \frac{55 + 300\sigma_{pc}/f'_{cu}}{1 + 15\rho} \tag{8-32}$$

式中：σ_{pc}——预应力 FRP 板处的混凝土法向压应力；

ρ——预应力 FRP 板和钢筋的配筋率，其计算公式为：$\rho = (A_f E_f/E_{s0} + A_{s0})/bh_0$；

f'_{cu}——施加预应力时的混凝土立方体抗压强度。

(4) 由季节温差造成的温差损失 σ_{l4}：

$$\sigma_{l4} = \Delta T |\alpha_f - \alpha_c| E_f \tag{8-33}$$

式中：ΔT——年平均最高（或最低）温度与预应力碳纤维复合材张拉锚固时的温差；

α_f、α_c——FRP 板、混凝土的轴向温度膨胀系数。α_f 可取为 1×10^{-6} ℃$^{-1}$；α_c 可取为 1×10^{-5} ℃$^{-1}$。

采用预应力 FRP 板对梁、板等受弯构件进行加固时，除应符合国家标准《混凝土结构设计规范（2015 版）》（GB 50010—2010）正截面承载力计算的基本假定外，尚应符合下列补充规定：

(1) 构件达到承载能力极限状态时，粘贴预应力 FRP 板的拉应变 ε_f 应按截面应变保持平面的假设；

(2) FRP 板应力 σ_f 取等于拉应变 ε_f 与弹性模量 E_f 的乘积；

(3) 在达到受弯承载力极限状态前，预应力 FRP 板与混凝土之间的黏结不致出现剥离破坏。

在矩形截面受弯构件的受拉边混凝土表面上粘贴预应力 FRP 板进行加固时，其锚具设计所采取的预应力 FRP 板与混凝土相黏结的措施，仅作为安全储备，不考虑其在结构计算中的黏结作用。粘贴 FRP 的矩形截面正截面受弯承载力计算如图 8-59 所示，其正截面承载力应符合下列规定：

$$M = \alpha_1 f_{c0} bx \left(h - \frac{x}{2}\right) + f'_{y0} A'_{s0}(h - a') - f_{y0} A_{s0}(h - h_0) \tag{8-34}$$

$$\alpha_1 f_{c0} bx = f_f A_f + f_{y0} A_{s0} - f'_{y0} A'_{s0} \tag{8-35}$$

$$2a' \leqslant x \leqslant \xi_{b,f} h_0 \tag{8-36}$$

式中：α_1——计算系数：当混凝土强度等级不超过 C50 时，取 $\alpha_1 = 1.0$，当混凝土强度等级为 C80 时，取 $\alpha_1 = 0.94$，其间按线性内插法确定；

f_{c0}——混凝土轴心抗压强度设计值，N/mm^2；

x——混凝土受压区高度，mm；

b、h——矩形截面的宽度和高度，mm；

f_{y0}、f'_{y0}——受拉钢筋和受压钢筋的抗拉、抗压强度设计值，N/mm^2；

A_{s0}、A'_{s0}——受拉钢筋和受压钢筋的截面面积，mm^2；

a'——纵向受压钢筋合力点至混凝土受压区边缘的距离，mm；

h_0——构件加固前的截面有效高度，mm；

f_f——FRP 的抗拉强度设计值，N/mm^2；

A_f——预应力 FRP 的截面面积，mm^2。

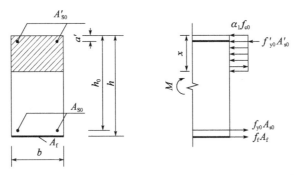

图 8-59 预应力纤维复合材料的矩形截面正截面受弯承载力计算

受弯构件加固后的相对界限受压区高度 $\xi_{b,f}$ 可采用下式计算,即取加固前控制值的 0.85 倍。

$$\xi_{b,f} = 0.85\xi_b \qquad (8-37)$$

式中:ξ_b——构件加固前的相对界限受压区高度,按现行国家标准《混凝土结构设计规范(2015版)》(GB 50010—2010)的规定计算。

加固设计时,可根据公式(8-33)计算出混凝土受压区的高度 x,然后代入公式(8-34),即可求出受拉面应粘贴的预应力 FRP 板的截面面积 A_f。

8.3.6 应用实例

1)粘贴纤维复合材料加固箱梁

某连续刚构连续梁结构,主桥形式为全长 660m 的 5 跨(65m + 160m + 210m + 160m + 65m)预应力连续刚构连续梁结构,引桥为 35m 预应力 T 梁结构。桥梁单幅全宽为 17.75m,单幅桥面净宽为 15.75m。双向 6 车道,设计速度 120km/h,大桥于 1999 年 7 月 6 日竣工通车。主桥箱梁分左右两幅,为三向预应力混凝土结构,采用单箱单室断面,顶面宽度为 17.15m,底面宽度为 8.35m,箱梁顶面设置 2% 的横坡,主跨刚构墩墩顶梁高 10.5m,跨中截面梁高 3.5m,边跨连续墩墩顶梁高 5.8m,跨中梁高 3.5m,共用墩墩顶梁高 3.5m,其间箱梁下缘按二次抛物线变化。底板厚度在刚构墩和连续墩的 0 号块相接处分别为 120cm 和 60cm,跨中 32cm,并按二次抛物线变化;腹板厚度分别为 40cm、50cm、60cm、80cm 和 120cm,在渐变梁段梁肋厚度沿腹板内侧按直线过渡。

该桥建成通车后,交通量增长迅速。通过对该桥的检查发现主桥的预应力箱梁出现较多裂缝,箱内裂缝存在于顶板、腹板及齿板处,箱外裂缝则主要分布于翼缘、腹板、底板处。从结构安全性考虑,对梁腹板、顶板及底板裂缝病害比较严重的区域,采用粘贴 FRP(碳纤维布)加固技术,对箱梁外腹板、顶板及底板加固,方案如图 8-60 所示。

2)预应力纤维复合材料(FRP)加固箱梁

某桥梁上部结构由预应力混凝土连续箱梁和钢筋混凝土连续箱梁组成,桥梁跨径左幅为 2 × (4 × 20m) + (21m + 30m + 28m + 28m) + 2 × (4 × 20m),右幅为 2 × (4 × 20m) + (30m + 30m + 28m + 29m) + 2 × (4 × 20m);下部结构为桩柱式墩台,钻孔灌注桩基础。该桥梁于 2010 年 10 月建成通车。设计荷载:公路-I 级。2018 年在对高速公路桥梁进行定期检查中,发现互通式立交 C 匝道上跨主线桥出现腹板竖向裂缝和底板横向裂缝等病害。全桥钢筋混凝土箱梁梁体底板共有 1078 条横向裂缝,总长 2685.5m,普遍缝宽小于 0.15mm,个别缝宽达 0.2mm;梁体腹板共有 719 条竖向裂缝,总长 770.7m,缝宽普遍在 0.1~0.2mm 之间,个别缝宽达 0.4mm。

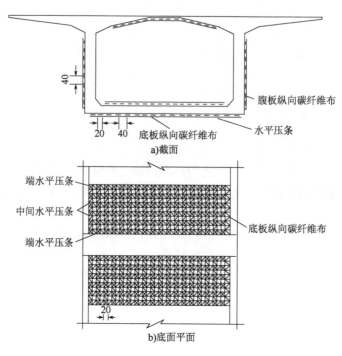

图 8-60　粘贴纤维复合材料(FRP)加固箱梁示意图(尺寸单位:cm)

针对左右幅第二联、第四联钢筋混凝土箱梁梁体底板裂缝和腹板裂缝较多较宽等病害,采用预应力 FRP 板(碳纤维板)对梁体主动加固(图 8-61)。加固梁体粘贴预应力 FRP 板(规格 3.0mm×50mm),张拉控制应力为 1304MPa。采取预应力 FRP 板加固后,梁体跨中截面抗弯承载能力提高约 31.7%,裂缝有效闭合,钢筋应力有效降低,结构抗弯承载能力与最大裂缝宽度均满足规范要求。

图 8-61

b)现场效果

图 8-61　粘贴预应力 FRP 板(碳纤维板)抗弯加固箱梁底板

8.4　体外预应力加固法

8.4.1　技术原理与特点

体外预应力加固法是通过增设体外预应力筋(包括钢绞线、高强钢丝束和精轧螺纹钢筋)对既有混凝土梁体主动施加预应力,以改善原结构受力状况的加固方法。该方法是在桥梁结构构件的受拉区施加体外预应力,使它产生与原桥梁所受不利弯矩方向相反的弯矩和应力,以抵消部分自重及外荷载产生的应力,从而提高桥梁的承载能力,如图 8-62 所示。

21.体外预应力加固技术演示动画　22.体外预应力加固工程实例照片 1　23.体外预应力加固工程实例照片 2

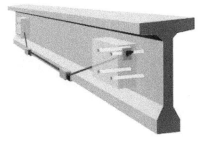 

a)结构原理　　　　　　　　　　　　　b)工程应用

图 8-62　体外预应力加固原理

体外预应力加固法有如下优点:

(1)对交通影响小

可在不中断交通的条件下进行加固,对桥梁的运营影响小,预应力筋布置在加固构件截面以外,施工过程对结构主体无影响,原结构仍可正常使用,不影响交通。

(2)主动性强

由于该加固法对结构施加了体外预应力,它能够有效地控制原结构的裂缝,使裂缝部分全部闭合,增加截面的刚度,同时施加预应力产生的反拱可以减小结构的跨中挠度。

(3) 对桥下净空影响小

体外预应力可以根据需要布置于结构的侧面,可不影响桥下净空,即使布置于桥梁底面,对桥下净空影响也很小。

(4) 承载力提高显著

体外预应力筋的布置,增加了受力筋的面积,可大幅提高结构的承载能力。

同时,体外预应力加固也有如下缺点:

(1) 由于体外预应力筋无混凝土保护,易在火灾下失效。

(2) 转向和锚固装置因承受较大的局部受力,局部应力复杂,易产生局部裂缝等损伤。

(3) 体外预应力无黏结,完全依靠端部锚固,锚固的失效则意味着预应力的丧失,对锚具的锚固性能及耐久性要求高。

(4) 体外预应力结构在极限状态下可能因延性不足而产生没有预兆的失效。

体外预应力加固法的关键在于合理选择体外预应力筋的布置和张拉方案以及体外预应力筋的锚固和转向装置的构造设计,此外要注意体外预应力的防腐处理。

体外预应力加固适用于以下情况:

正截面受弯承载能力不足或正截面受拉区钢筋锈蚀的结构;由于正截面承载力不足,跨中裂缝开展比较严重的结构;梁抗弯刚度不足导致的梁挠度超过规范允许值或由于刚度太小导致梁的受拉区裂缝宽度超过规范规定的结构;梁斜截面受剪承载能力不足的结构。

8.4.2 主要途径与施工工艺

桥梁体外预应力加固的施工流程如图 8-63 所示。

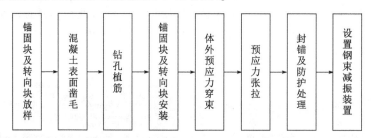

图 8-63 桥梁体外预应力加固施工流程

1) 锚固块及转向块放样

①按照设计图对转向块和锚固块等新增结构、凿孔、植筋等位置进行放样。②探测钻孔、凿孔区域原结构预应力筋或普通钢筋的位置。

2) 混凝土表面凿毛

凿除原结构的混凝土表层,要求混凝土全表面露出混凝土集料,采用压力水将凿毛的混凝土表层粉尘清除干净。

3) 钻孔植筋

(1) 钻孔:按照设计图纸,确定锚栓或钢筋位置,用钢筋探测仪确定钢筋位置。为了避开内部钢筋,可适当移动钻孔位置。确定孔位后钻孔,设计无说明时孔洞按梅花形布置。钻孔完成后应进行清孔,清孔时应用毛刷从里向外刷孔或用吹孔设备机嘴深入孔底向外吹。

(2) 植筋:用注胶枪自孔底向外缓缓注浆,注胶量为孔体积 2/3 左右。植筋时应将锚栓或钢筋缓慢旋入洞内。

4）锚固块及转向块安装

混凝土锚固块、转向块的安装：①按设计图纸布置锚固块、转向块钢筋骨架与预埋钢管，并将预埋钢管与附近的钢筋焊接，以保证定位的准确和牢固；②安装锚固块、转向块模板；③浇筑及养护锚固块、转向块混凝土时，应采用和易性良好的混凝土或自密实混凝土，或抗裂性能好的纤维混凝土（图8-64）。

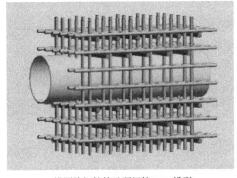
a)锚固块钢筋笼及预埋管(BIM模型)

b)混凝土锚固块浇筑

图 8-64　混凝土锚固块及转向块安装

钢锚固块、转向块的安装：①完成锚固块、转向块的制作、组拼和涂装；②利用打磨机和砂纸，把钢锚固块、转向块与原结构混凝土的结合面打磨平整，并清扫干净；③将钢锚固块、转向块与预先植入的锚栓连接固定；④钢结构安装后，在混凝土和钢锚固块、转向块锚固钢板之间灌注结构胶（图8-65）。

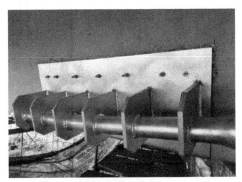
a)钢转向块

b)转向钢桁架

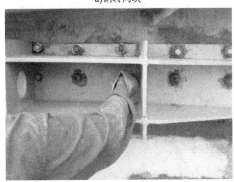
c)钢锚固块锚固螺栓安装

d)钢锚固块涂装

图 8-65　钢锚固块及转向块安装

5) 体外预应力穿束

(1) 体外预应力索下料：采用砂轮锯或切断机切断体外预应力索，确保在张拉后体外预应力索 PE（聚乙烯）护层进入预埋管的最小长度不小于 300mm，不得采用加热、焊接或电焊切割，施工过程中应避免电火花和电流损伤预应力筋。

(2) 剥除端部 PE 护层：剥除体外预应力索两端的 PE 护层，并将裸露钢绞线的油脂清除干净。

(3) 体外预应力索穿束：按设计图纸进行穿束，穿束过程中应采取保护措施，以减小体外预应力索护套的损伤，并使穿入预应力管道和转向器的各股钢绞线顺直、无交叉。

6) 预应力张拉

混凝土强度达到设计强度的 90% 后，张拉体外预应力索（图 8-66）的具体过程如下：

(1) 预紧：0→15%（张拉控制应力），待确认体外预应力索绷紧后顺直不缠绕、锚具定位准确后，方可正式张拉。

(2) 正式张拉：30%→50%→80%→100%，张拉过程中应遵循同步、对称、两端同时张拉的原则。在张拉过程中，对原结构和新增结构进行同步监测，若有异常，应立即中断张拉工作；若无异常情况，继续张拉至设计值。张拉时以张拉力控制为主，张拉伸长值校核的双控法，实测伸长值与理论计算伸长值的偏差控制在 ±6% 之内。

a) 千斤顶安装

b) 千斤顶张拉

c) 转向块部位

d) 应变监测

图 8-66 体外预应力张拉过程

(3) 施工监控：a. 施工及运营过程中体外预应力索索力监测：通过安装压力传感器或磁通量

传感器,对体外预应力索进行全过程监测;b.主梁应力和变形的监测:监测体外预应力张拉前、后及张拉过程中的主梁挠度和关键截面应力变化情况;c.桥梁既有裂缝的观测:监测体外预应力张拉前、后及张拉过程中既有主要裂缝的宽度和长度发展情况;d.关注新旧混凝土结合面的情况以及新增结构的局部裂缝和变形情况;如有异常,应立即停止施工,待查明原因,确认后方可继续施工。

7)封锚及防护处理

(1)张拉工作全部完成后,使用水泥砂浆或环氧水泥砂浆填平锚固板和各种垫板的凹槽,防止钢垫板锈蚀及锚固螺栓松动。

(2)用机械切割方法切除锚具外伸多余的钢绞线。

(3)按设计要求在锚具喇叭管内和外套筒内灌注防腐材料(防腐油脂、油性蜡、发泡剂、阻蚀密封胶等)。

(4)对体外预应力索外护套破损处,采用外包防水聚乙烯胶带进行修补,每圈胶带搭接宽度不应小于胶带宽度的1/2,缠绕层数不应少于2层,缠绕长度应超过破损长度3cm,严重破损的体外预应力索应予以更换。

(5)安装防松脱装置及保护罩,对不可更换的体外预应力体系,在防护罩内灌注水泥浆;对可更换的体外预应力体系,在防护罩内灌注油脂或其他可清洗的防腐材料。

8)设置钢束减振装置

按设计位置安装体外预应力索减振装置(图8-67),保证减振装置与主体结构可靠固定。焊接减振装置时要采取防火隔热处理,以免烧伤索体。

图8-67 体外预应力索减震装置

8.4.3 设计构造

1)T形梁及I形梁加固体系构造

(1)水平滑块

水平滑块由连接斜筋和水平筋(束)的活动滑块、支撑座或固定在梁底的支撑钢板组成。水平滑块通常用钢板制作,其构造形式如图8-68所示。

(2)楔形滑块

楔形滑块一般用钢件焊接,亦可用混凝土结构,可在滑块的斜面(滑动面)上加一层四氟乙烯板或不锈钢板。楔形滑块的构造形式如图8-69所示。

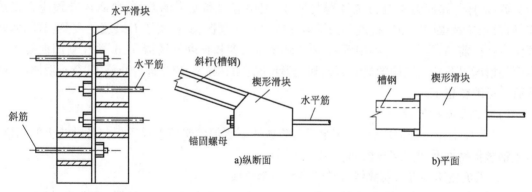

图 8-68 水平滑块构造平面　　　　图 8-69 楔形滑块的构造

(3) U 形承托

U 形承托可用钢板弯制而成,套在横隔梁(板)的底部,并用环氧砂浆和锚固螺栓固定在横隔板上,其构造形式如图 8-70 所示。

(4) 定位器

当体外索自由长度超过 10m 时,应设置定位器(或减振器),其构造如图 8-71 所示。

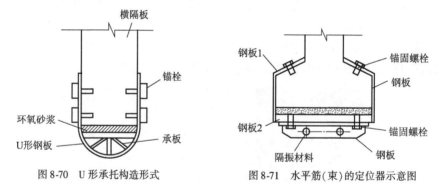

图 8-70 U 形承托构造形式　　　　图 8-71 水平筋(束)的定位器示意图

(5) 黏结-摩擦锚固

黏结-摩擦锚固的构造如图 8-72 所示。

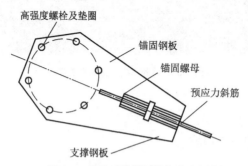

图 8-72 黏结-摩擦锚固的构造示意图

2) 箱梁体外预应力加固构造

(1) 纵横向布置

当对箱梁加固时,体外预应力筋(束)沿桥梁纵向布置,宜将体外预应力筋(束)布置在箱(室)的内侧,可以长线布置为曲线形或折线形,根据平衡外荷载受力的需要,在跨中区域,箱梁下缘抵抗正弯矩；在支点区域，箱梁上缘抵抗负弯矩（图8-73）。体外预应力筋（束）在横向应对称布置，避免对梁体产生横向不对称荷载（图8-74）。

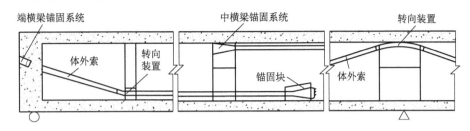

图8-73　箱梁内体外预应力筋（束）纵向布置

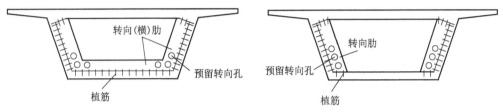

图8-74　箱梁内体外预应力筋（束）横向布置

(2) 转向构造

箱梁内体外预应力筋（束）加固体系的转向、定位及锚固装置设置在箱梁内部时，转向装置为符合预应力束弯转角度的弧形转向钢管，其管口应适当扩大。转向装置可以是整束式，也可以是分束式。整束式转向为预应力束整束在转向钢管中转向，如图8-75a)所示。分束式转向为钢绞线按一定次序、间距分散在转向器的截面上，如图8-75b)所示。转向管径应比钢绞线束或钢丝束外径大20mm，其壁厚不宜小于6mm。

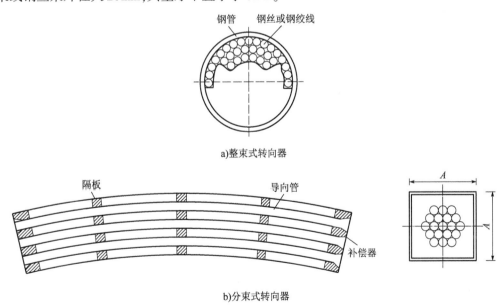

图8-75　体外预应力筋（束）转向器构造示意图

(3) 转向块及锚固块

体外预应力筋（束）转向装置包括转向块或转向肋，它有混凝土制和钢制两种形式。转向装置的平面尺寸与体外索的断面尺寸、束数、间距及转向力大小等因素有关。

对于混凝土转向块或转向肋,新浇筑混凝土转向装置的厚度不宜小于800mm。根据其受力要求选择如下:

①块式转向构造[图8-76a)],简称转向块,用于转向钢束较少的情况,或用于两个转向构造之间的钢束定位,以减小钢束的振动及其引起的二次效应。转向块通常用混凝土或钢板制作。

②底横肋式转向构造[图8-76b)],简称横向转向肋,用于横桥向转向较大的情况,或用于两个转向构造之间的刚束定位。

③带竖肋式转向构造[图8-76c)],简称竖向转向肋,用于体外索竖向转向力较大情况。

④竖横肋式转向构造[图8-76d)],简称转向横隔板,用于体外索竖、横向力均较大情况。

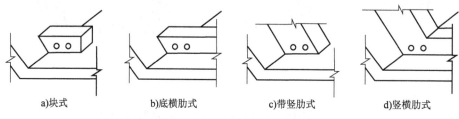

a)块式　　b)底横肋式　　c)带竖肋式　　d)竖横肋式

图8-76　混凝土转向构造示意图

块式转向块主要特征为仅在顶板、底板根部设置很小的混凝土块;横隔板式转向块主要特征为横隔板转向块与结构的顶板、底板紧密相连,造成自重较块式与肋板式相比类型要大一些;肋式转向块与横隔板式相比体积小,自重轻一些。

混凝土转向块中应设置封闭箍筋如图8-77所示。箍筋宜采用植筋技术与混凝土箱体锚固。箍筋距离转向器上缘的最小距离为25mm,直径不宜大于20mm;设置多层封闭箍筋时,层间距不宜小于50mm;箍筋的纵向间距不小于150mm。混凝土集料粒径不宜超过15mm。设置在箱内的转向块受力较小时,亦可采用钢结构。

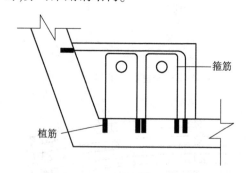

图8-77　混凝土转向块的配筋形式

钢制转向块的典型形式如图8-78所示,可通过植筋、锚栓及胶黏剂将其锚固,不同位置的锚固形式如图8-79所示。锚栓设计要求参见《公路桥梁加固设计规范》(JTG/T J22—2008)附录B。

锚固块的形式及构造与锚固块相类似,其平面尺寸按锚具布置要求确定。锚固块内钢束不转向时,锚固块长度可按锚固力传递至箱梁腹板和顶底板所需长度取值。

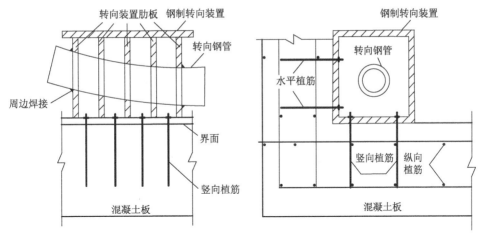

a) 结构示意图

b) 工程示例

图 8-78 钢制转向块结构示意图及工程示例

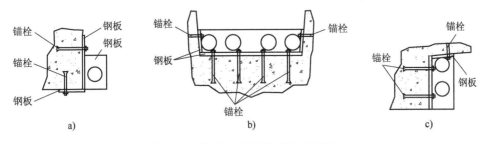

图 8-79 钢制转向块不同位置的锚固形式

(4) 新增设横(隔)梁或加劲肋

对新增设的横(隔)梁或加劲肋,按整体受力要求的配筋,如图 8-80 所示,其锚固钢筋可采用植筋或锚栓锚固于梁原混凝土中,并应验算其锚固强度。

(5) 定位装置

体外预应力筋(束)的定位及减振装置的构造如图 8-81 所示。在定位装置中,钢束与护套之间应用隔振材料填实。后浇筑的混凝土定位(或减振)装置厚度不宜小于 400mm。

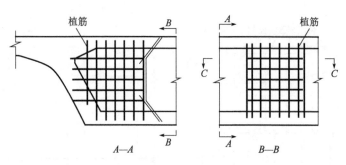

图 8-80 锚固横隔板受力钢筋布置示意图

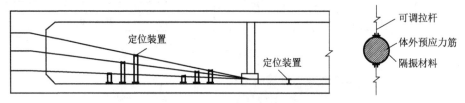

图 8-81 体外预应力的定位及减振装置构造示意图

8.4.4 体外预应力加固设计计算步骤

体外预应力加固设计计算步骤如下：

(1)求出被加固构件提高荷载标准前所受荷载及由它引起的内力,包括恒载和活载内力。计算方法与常规桥梁设计时内力计算相同。

(2)计算提高荷载标准后的活载内力,并由恒载与活载的组合来验算加固的必要性。

(3)由上面两项之差求出内力的提高值(即需加固补强的抵抗弯矩及剪力等),估算出补强预应力筋(束)应有的截面面积。

(4)计算和确定预应力筋(束)所需的张拉力与伸长量。在由预应力筋(束)和被加固梁组成的超静定结构体系中,预应力筋(束)产生的作用效应增量可按结构力学的方法进行分析,几种荷载的综合效应等于各种荷载分别作用时的效应叠加。

(5)承载力验算。其体外预应力筋(束)加固整体计算应包括持久状况承载能力极限状态计算、持久状况正常使用极限状态计算以及持久状况和短暂状况应力计算。

体外预应力加固局部计算内容包括:转向构造的承载力和抗裂性计算、锚固区的承载力和抗裂性计算、持久状况下其他局部构件的承载力计算。

(1)正截面抗弯承载力计算

体外预应力加固梁的正截面抗弯承载力计算图式如图 8-82 所示。加固结构抗弯承载力计算时应根据截面形状和中性轴的位置分如下两种情况考虑。

①矩形截面或中性轴位于 T 形或 I 形截面翼缘内($x \leqslant h'_f$):

$$f_{cd} b'_f x + f'_{sd} A'_s = \sigma_{pu,e} A_{p,e} + f_{pd,i} A_{p,i} + f_{sd} A_s \tag{8-38}$$

$$\gamma_0 M_d \leqslant f_{cd} b'_f x \left(h_0 - \frac{x}{2} \right) \tag{8-39}$$

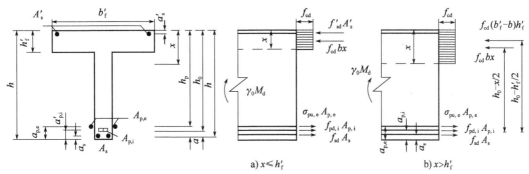

图 8-82 矩形、T 形截面梁正截面抗弯承载力计算图式

②T 形或 I 形截面且中性轴位于截面腹板内 ($x > h'_f$):

$$f_{cd}bx + f_{cd}(b'_f - b)h'_f + f'_{sd}A'_s = \sigma_{pu,e}A_{p,e} + f_{pd,i}A_{p,i} + f_{sd}A_s \tag{8-40}$$

$$\gamma_0 M_d \leq f_{cd}bx\left(h_0 - \frac{x}{2}\right) + f_{cd}(b'_f - b)h'_f\left(h_0 - \frac{h'_f}{2}\right) + f'_{sd}A'_s(h_0 - a'_s) \tag{8-41}$$

为确保加固后的混凝土梁仍为塑性破坏,上述公式中的截面受压区高度 x 应满足下列条件:

$$x \leq \xi_b h_s \text{ 或 } x \leq \xi_b h_p \tag{8-42}$$

$$x \geq 2a'_s \tag{8-43}$$

式中:γ_0——桥梁结构重要性系数;

M_d——计算截面弯矩组合设计值;

$A_{p,e}$——体外预应力水平钢筋(束)的截面面积;

$\sigma_{pu,e}$——当构件达到极限抗弯承载能力时,体外预应力筋(束)的极限应力计算值;

$A_{p,i}$——原梁体内预应力筋的截面面积;

$f_{pd,i}$——原梁体内预应力筋的抗拉强度设计值;

A_s——原梁体内纵向受拉普通钢筋的截面面积;

A'_s——原梁体内纵向受压普通钢筋的截面面积;

f_{sd}——原梁体内纵向受拉普通钢筋的抗拉强度设计值;

f_{cd}——混凝土的抗压强度设计值;

b'_f——受压翼缘的有效宽度,按《公路钢筋混凝土及预应力混凝土桥涵设计规范》(JTG 3362—2018)的规定取用;

b——矩形截面宽度或 T 形截面的腹板宽度;

h'_f——受压翼缘的厚度;

h_p——原梁中普通钢筋和预应力钢筋的合力作用点至梁顶面的距离;

h_0——体(内)外预应力筋和原梁普通钢筋的合力点到梁顶面的距离,$h_0 = h - a$;

a——受拉区体内(外)预应力筋(束)和普通钢筋的合力作用点至受拉区边缘的距离;

a'_s——受压区普通钢筋的合力作用点至受压区边缘的距离;

ξ_b——原钢筋混凝土梁或原预应力混凝土梁的相对界限受压区高度。

相对界限受压区高度 ξ_b 可根据原梁中受拉钢筋的种类由《公路钢筋混凝土及预应力混凝土桥涵设计规范》(JTG 3362—2018)相关规定查取。正截面抗弯承载力计算中,体外索的水平筋(束)极限应力 $\sigma_{pu,e}$ 按《公路桥梁加固设计规范》(JTG/T J22—2008)规定计算。

(2)斜截面抗剪承载力计算

体外预应力加固梁的斜截面的抗剪承载力可按钢筋混凝土或预应力混凝土梁计算,如

图 8-83 所示,但必须考虑穿过验算斜截面的体外预应力斜筋的竖向分力的影响,即:

$$\gamma_0 V_d \leq \alpha_1 \alpha_2 \alpha_3 \times 0.45 \times 10^{-3} bh_0 \sqrt{(2+0.6P)\sqrt{f_{cu,k}}\rho_{sv} f_{sd,v}} + \\ 0.75 \times 10^{-3} f_{sd,b} \sum A_{sb} \sin\theta_s + 0.75 \times 10^{-3} f_{pb,i} \sum A_{pb,i} \sin\theta_i + \\ 0.8 \times 10^{-3} \sigma_{pub,e} \sum A_{pb,e} \sin\theta_e \quad (8-44)$$

式中:γ_0——桥梁结构的重要性系数;
$f_{pb,i}$——体内预应力筋的抗拉强度设计值,MPa;
$A_{pb,i}$——斜裂缝范围内体内弯起预应力筋的截面面积,mm^2;
A_{sb}——原钢筋混凝土梁中,一排普通弯起钢筋(或斜筋)的截面面积,mm^2;
$A_{pb,e}$——体外预应力弯起筋(束)的截面面积,mm^2;
θ_i——体内预应力筋(束)的在斜截面受压端正截面处与梁轴线的夹角,(°);
θ_e——体外预应力筋(束)在竖直平面内的弯起角度(竖弯角),(°),$\theta_e \leq 45°$;
θ_s——普通弯起钢筋的弯起角度,(°);
其他符号意义见增大截面加固技术部分。

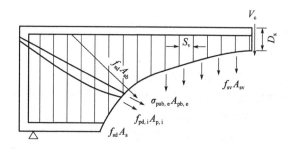

图 8-83 体外预应力加固梁斜截面抗剪承载力计算图式

体外索的斜筋极限应力 $\sigma_{pub,e}$,与转向块处的摩阻情况有关,可由水平筋(束)的极限应力 $\sigma_{pu,e}$ 求得:

$$\sigma_{pub,e} = \lambda \sigma_{pu,e} \quad (8-45)$$

式中:λ——体外索斜筋(束)拉力与水平筋(束)拉力的比例系数,按如下方法确定:
采用有水平向移动的滑块或有转向块时:

$$\lambda = \frac{1}{\cos\theta_e + f_0 \sin\theta_e} \quad (8-46)$$

采用楔形滑块时:

$$\lambda = \cos\theta_e - f_0 \sin\theta_e \quad (8-47)$$

式中:f_0——摩擦系数,在缺少可靠试验数据的情况下,钢材间的摩擦取 $f_0 = 0.16$;采用四氟乙烯滑板时取 $f_0 = 0.06$;混凝土与钢材间的摩擦取 $f_0 = 0.25$。

8.4.5 应用实例

1)体外预应力加固 T 梁

某 T 梁桥建于 1992 年 10 月 8 日,桥面宽度:$2 \times 9m + 1.0m$(中央分隔带)$+ 2 \times 1.5$(人行道)m,双向四车道。主桥共 3 跨,边跨采用钢筋混凝土单悬臂梁,中跨采用预应力混凝土吊梁,设计荷载为汽-20,挂-100(图 8-84)。桥下净空高度为最高通航水位以上 7m。

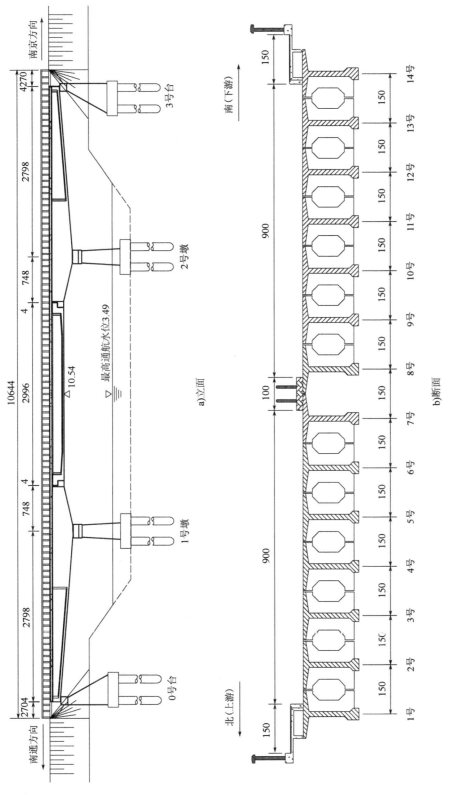

图8-84 船撞受损T梁桥结构(尺寸单位：cm，高程单位：m)

该桥梁于2007年6月遭受一次船撞,1号挂梁损伤严重。挂梁跨度30m,受撞位置5m左右范围内梁体混凝土破碎,预应力丢失严重,形成梁体卸载,卸下的桥面荷载由邻近的挂梁承担,增加了这些梁的负载,影响了桥梁的安全。采取了如下加固措施:对直接撞损的局部采用粘钢加固(注浆法施工),通过注胶恢复受损部分混凝土的整体性。整体采用体外预应力加固,以弥补损失的预应力,大桥受损外观及加固效果如图8-85所示。

a)受损外观　　　　　　　　　　　　b)加固效果

图8-85　船撞受损T梁桥受损外观及加固效果

2)体外预应力加固箱梁

某大桥于1999年9月建成通车,主桥为预应力混凝土连续箱梁,桥面全宽33.8m,双向六车道,分上下行两幅,大桥荷载等级为汽-超20,挂-120设计。截面中心高3m,翼缘悬臂长4.275m,底板厚度自根部120cm渐变至跨中20cm,腹板厚度自根部60cm渐变至跨中40cm;梁体混凝土强度等级为C50。

纵向预应力采用19-7ϕ^s5钢绞线;横向预应力采用4-7ϕ^s5钢绞线,间距75cm,扁锚;竖向预应力采用单根75/100级冷拉精轧螺纹粗钢筋,直径32mm,间距45~50cm。在对桥梁的定期检查中发现,底板存在大量横向裂缝,腹板存在斜向裂缝,顶板存在大量纵向裂缝。最大裂缝宽度达到0.4mm,桥梁病害情况严重。加固方案如下:纵向采用体外预应力加固,顶板横向采用粘贴碳纤维加固,体外预应力加固箱梁效果如图8-86所示,体外预应力筋采用环氧钢绞线。

a)体外索　　　　　　　　　　　　b)锚固支座

图　8-86

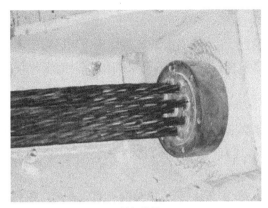

c)端部锚具　　　　　　　　　　　　d)减震装置

图 8-86　体外预应力加固连续箱梁加固效果

8.5　钢绞线网-聚合物砂浆加固技术

24. 钢绞线网-聚合物砂浆加固工程实例照片

8.5.1　技术原理与特点

钢绞线网-聚合物砂浆加固技术采用高强钢绞线网(不锈钢或镀锌)代替传统钢筋,通过固定销装置将钢绞线网固定于待加固结构底面或侧面,并分层压抹聚合物砂浆,聚合物砂浆与原结构黏结为一体而共同工作,从而实现对结构受拉区或截面侧面的加固,发挥显著的加固效果(图 8-87)。高强度钢绞线网由高强度钢绞线编织而成,具有高强度、耐腐蚀,且运输及施工方便等特点,聚合物砂浆为无机材料,不含有机材料,无有害挥发性气体,属"绿色"材料。它与混凝土材料具有良好的黏结性能,且耐久、耐高温。

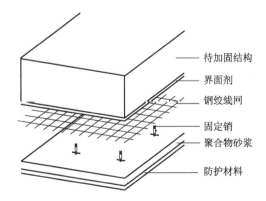

图 8-87　高强钢绞线网-聚合物砂浆加固技术原理

采用高强度钢绞线网和渗透性聚合物砂浆对混凝土结构进行抗弯及抗剪加固均可取得很好的加固效果。不仅抗弯承载力和抗剪承载力可以得到显著的提高,而且抗弯刚度也能够得到显著提升。

与传统的桥梁加固方法相比,钢绞线网-聚合物砂浆加固技术具有以下特点:

(1)良好的耐久性能

钢绞线网由于采用不锈钢或镀锌钢绞线,耐腐蚀性好;同时由于渗透性聚合物砂浆为无机材料,不存在如碳纤维加固、粘贴钢板加固需要使用结构胶这样的有机加固材料的老化等问题,加固结构具有良好的耐久性能。

(2)黏结性能好

渗透性聚合物砂浆为无机材料,具有良好的黏结性能;钢绞线为传统材料,该技术是对传统材料在加固领域的开发应用,加固性能可靠,保证了加固材料的强度利用。

(3)耐火和耐高温

与粘贴钢板加固技术和粘贴FRP加固技术相比,由于不涉及胶黏剂材料,该技术具有良好的耐火性能及耐高温性能。

(4)适合大面积结构加固

施工便捷,适合机械化施工,在结构加固的过程中不影响结构的使用,对被加固的母体表面没有平整要求,节点处理方便,能够加固有缺陷或强度低的混凝土结构,非常适合空心板、箱梁、承台等大体积混凝土结构的加固。

(5)性价比高

高强钢绞线强度高,其标准强度约为普通钢材的5倍,其抗弯加固不仅可以显著地提高承载力,而且可以显著地提高刚度。这是粘贴FRP加固技术无法比拟的,高强钢绞线网和聚合物砂浆的成本低,加固技术不涉及大型机械设备,整体造价低。

8.5.2 材料性能

1)钢绞线

钢绞线网典型规格如图8-88所示,其通常的规格纵向钢绞线间距为30mm,横向钢绞线间距为150mm,网片采用小直径、不松散的高强度钢绞线制作。常用钢绞线的直径有2.4~4.8mm,其性能指标如表8-6和表8-7所示,钢绞线的结构形式有$6 \times 7 + IWS$(金属股芯右交互捻)钢丝绳和1×19单股左捻钢丝绳,如图8-89所示。同时图中还给出了钢绞线网固定销示意图,固定销主要用于固定钢绞线网。

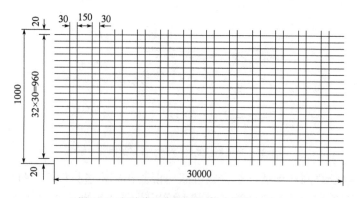

图8-88 钢绞线网典型规格(尺寸单位:mm)

高强钢绞线抗拉强度设计值　　　　表8-6

种类	高强不锈钢丝绳			高强镀锌钢丝绳		
	钢丝绳公称直径(mm)	抗拉强度标准值(MPa)	抗拉强度设计值(MPa)	钢丝绳公称直径(mm)	抗拉强度标准值(MPa)	抗拉强度设计值(MPa)
6×7+IWS	2.4~4.0	1600	1200	2.5~4.5	1650	1100
1×19	2.5	1470	1100	2.5	1580	1050

高强钢绞线弹性模量及拉应变设计值　　　　表8-7

类别		弹性模量设计值 E_{rw}	拉应变设计值 ε_{rw}
不锈钢丝绳	6×7+IWS	1.2×10^5	0.01
	1×19	1.1×10^5	0.01
镀锌钢丝绳	6×7+IWS	1.4×10^5	0.008
	1×19	1.3×10^5	0.008

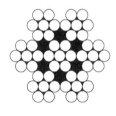
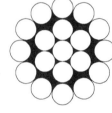

a) 6×7+IWS钢丝绳　　　b) 1×19钢绞线　　　c) 固定销示意图

图8-89　钢绞线的结构形式及固定销示意图

2）聚合物砂浆

聚合物砂浆在工厂生产封装之后，在工地现场按照一定的比例进行调和并不断搅拌至均匀。它具有较好的力学性能，如黏结强度、抗压强度、抗弯强度等。聚合物砂浆具有下列特点：

(1) 强度比一般混凝土要高，并且早期强度增长快。

(2) 具有较强的渗透性，即使不使用底漆，与原混凝土结构的黏结性能也很好，如使用界面剂，黏结强度还会提高。

(3) 收缩性小，因此基本不会产生收缩裂缝。

(4) 材料无毒，对人体无害。

3）界面剂

乳状灰浆界面剂可以增强原混凝土和聚合物砂浆的黏结力，作为无机材料，是与混凝土结构物的物性相同的优秀补修材料。

8.5.3　主要途径与施工工艺

钢绞线网-聚合物砂浆可以设置在受弯构件的受拉侧对其抗弯性能进行加固，也可设置于受弯构件的侧面对其抗剪承载力进行加固，如图8-90所示。抗弯加固时，当梁底布置空间不足时，可布置于梁侧面靠近梁底的一定高度范围内。根据侧面网片的高度范围不同，通过提高承载力系数来考虑其对加固效果的贡献；抗剪加固时，宜采用三面或四面围套的面层构造，或采用双面的外夹层构造；当采用单面的面层构造时，应加强面层与原构件之间的锚固与拉结。

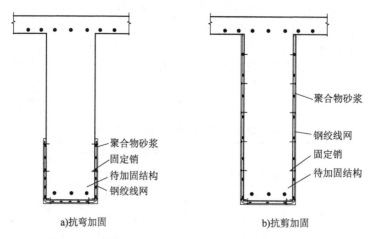

图 8-90　高强不锈钢绞线网-渗透性聚合砂浆加固构造示意图

以抗弯加固为例,高强不锈钢绞线网-聚合砂浆加固技术的典型施工工艺如图 8-91 所示,主要包括定位放线、基面处理、钢绞线网下料、钢绞线网固定、张紧与锚固、涂刷界面剂、聚合物砂浆施工、养护,钢绞线网-聚合物砂浆加固技术关键工艺如图 8-92 所示。

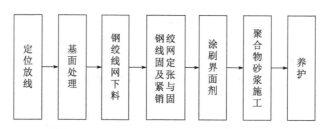

图 8-91　钢绞线网-聚合物砂浆外加层加固技术工艺流程

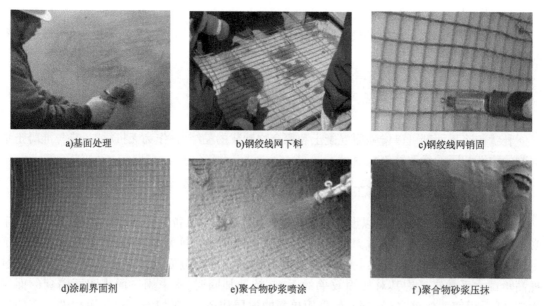

图 8-92　钢绞线网-聚合物砂浆加固技术关键工艺

(1) 定位放线。通过现场勘查确定加固的分布范围及具体位置,严格按照设计图纸要求的尺寸并结合实际部位尺寸,核对无误后进行定位放线。

(2) 基面处理。对于加固构件表面的油垢、污物等杂质,用打磨机打磨除去 1~2mm 厚表层,打磨完毕用压缩空气吹净浮尘,并用高压水枪清洗干净;结构表面松散碳化的混凝土应剔除,直至露出新的结构面,用聚合物砂浆对凹陷部位进行修补;对于有裂缝的混凝土构件要先进行修补,当原构件钢筋有锈蚀现象时,应对外露钢筋进行除锈及阻锈处理;若原构件钢筋经检测内部钢筋有锈蚀,宜采用喷涂型阻锈剂进行处理。

(3) 钢绞线网下料。应按照设计尺寸进行钢绞线网下料,平行于主受力方向钢绞线在加固面的外侧,垂直于主受力方向钢绞线在加固面的内侧。采用钢绞线网切割机切割钢绞线,在钢绞线网片的端头套上专用紧固环,并使紧固环扎紧钢绞线线头,钢绞线的端部应从拉环包裹处露出 20mm 左右。

(4) 钢绞线网固定及张紧与锚固。钢绞线网在施工时采用一端固定、一端张拉的方式,并采用绳卡进行固定。

(5) 涂刷界面剂。界面剂施工前,待加固构件表面清理干净并洒水 3~4 次,充分湿润,晾至表面无明水,然后均匀涂刷 1~2mm 厚界面剂。界面剂按照产品说明书进行配制,随用随搅拌,涂刷分布均匀,尤其是被钢绞线遮挡的基层。

(6) 聚合物砂浆施工。①渗透性聚合物砂浆施工前,应用高压水冲洗待加固构件并保持潮湿状态,以减少聚合物砂浆在固化过程中水分的损失,有利于聚合物砂浆的充分固化;②采用砂浆搅拌机进行搅拌,搅拌 3~5min 至均匀无结块,一次搅拌的聚合物砂浆不宜过多,并应确保在 0.5h 内用完;③在界面剂凝固前抹第一层聚合物砂浆,抹灰厚度以基本覆盖钢绞线网片为宜,采用铁抹子压实、拉毛,使聚合物砂浆透过钢绞线网与被加固构件基层结合紧密;④第一层抹灰初凝后开始第二遍抹灰,厚度控制在 10~15mm,抹灰应挤压密实、压光,使前后抹灰层结合紧密;⑤聚合物砂浆抹灰范围应比设计抹灰范围外边缘宽 15mm 以上。

(7) 养护:待聚合物砂浆层终凝后,应及时进行喷水养护,养护时间不得少于 7d,养护期间应保持表面湿润。聚合物砂浆层未达到硬化状态时,不得浇水养护或直接受雨水冲刷。

8.5.4 设计构造

(1) 原结构按现场检测结果推定的混凝土强度等级不应低于 C15,且混凝土表面的正拉黏结强度不应低于 1.5MPa。

(2) 钢绞线网应在工厂使用专门的机械和工艺制作。

(3) 钢绞线网的主筋(即纵向受力钢绞线)与横向筋(横向钢绞线,也称箍筋)的交点处,应采用同品种钢材制作的绳扣束紧;主筋的端部应采用固定结固定在固定板上;固定板以胶粘型锚栓锚于原结构上,胶粘型锚栓的材质和型号的选用应经计算确定。

(4) 钢绞线网中受拉主筋的间距应经计算确定,但不应小于 20mm,也不应大于 40mm。网中横向筋的间距:当用作梁、柱承受剪力的箍筋时,应经计算确定,但不应大于 50mm;当用作构造箍筋时,梁、柱不应大于 150mm;板和墙,可按实际情况取为 150~200mm。

(5) 钢绞线网与基材混凝土的固定,应在钢绞线网就位并张拉绷紧的情况下进行。一般情况下,应采用尼龙锚栓或胶粘螺杆植入混凝土作为支点,以开口销作为绳卡与钢绞线网连接。锚栓或螺杆的长度不应小于 55mm;其直径不应小于 4mm;净埋深不应小于 40mm;间距不应大于150mm。构件端部固定套环用的锚栓,其净埋深不应小于60mm。

(6)锚固销的节点锚固点应在钢绞线网横竖线之间的结合部。

(7)界面剂的喷涂每次应在2mm以下,须保证喷涂均匀,防止龟裂发生。

(8)聚合物砂浆面层的厚度,不应小于25mm,也不宜大于35mm;当采用镀锌钢绞线时,其保护层厚度尚不应小于15mm。

(9)聚合物砂浆面层的表面应喷涂一层与该品种砂浆相适配的防护材料,提高面层耐环境因素作用的能力。

8.5.5 计算原理

采用钢绞线网-聚合物砂浆加固技术时,除应符合国家标准《混凝土结构设计规范》(GB 50010—2010)正截面承载力计算的基本假定外,尚应符合下列规定:

(1)构件达到受弯承载能力极限状态时,钢绞线网的拉应变ε_{rw}可按截面应变保持平面的假设确定;

(2)钢绞线网应力σ_{rw}可近似取等于拉应变ε_{rw}与弹性模量E_{rw}的乘积;

(3)当考虑二次受力影响时,应按构件加固前的初始受力情况,确定钢绞线网片的滞后应变;

(4)在达到受弯承载能力极限状态前,钢绞线网与混凝土之间不出现黏结剥离破坏;

(5)对梁的不同面层构造,统一采用仅按梁的受拉区底面有面层的计算简图,但在验算梁的正截面承载力时,应引入修正系数η_{rl},以考虑梁侧面围套内钢丝绳网对承载力提高的作用。

采用钢绞线网-聚合物砂浆加固技术时,其正截面承载力计算的计算简图如图8-93所示,正截面承载力应按下列公式确定:

$$f_{cd}bx = f_{sd}A_{s0} + \eta_{rl}\psi_{rw}f_{rw}A_{rw} - f'_{sd}A'_{s0} \tag{8-48}$$

$$\gamma_0 M_d \leqslant f_{cd}bx\left(h - \frac{x}{2}\right) + f'_{sd}A'_{s0}(h - a') - f_{sd}A_{s0}(h - h_0) \tag{8-49}$$

$$\psi_{rw} = \frac{(0.8\varepsilon_{cu}h/x) - \varepsilon_{cu} - \varepsilon_{rw,0}}{f_{rw}/E_{rw}} \tag{8-50}$$

$$2a' \leqslant x \leqslant \xi_{b,rw}h_0 \tag{8-51}$$

式中:M_d——弯矩组合设计值,按《公路钢筋混凝土及预应力混凝土桥涵设计规范》(JTG 3362—2018)的规定计算;

γ_0——结构重要性系数;

x——等效矩形应力图形的混凝土受压区高度;

b、h——矩形截面的宽度和高度;

f_{rw}——钢绞线网片抗拉强度设计值;

f_{cd}——原混凝土梁的抗压强度设计值;

f_{sd}——原梁纵向受拉钢筋的抗拉强度设计值;

A_{rw}——钢丝绳网片受拉截面面积;

a'——纵向受压钢筋合力点至混凝土受压区边缘的距离;

h_0——构件加固前的截面有效高度;

η_{rl}——考虑梁侧面围套 h_{rl} 高度范围内配有与梁底部相同的受拉钢丝绳网片时,该部分网片对承载力提高的系数;对梁侧面高度范围配置网片按表8-8的规定值采用;对单面面层,取 $\eta_{rl}=1.0$;

ψ_{rw}——考虑受拉钢丝绳网片的实际拉应变可能达不到设计值而引入的强度利用系数;当 ψ_{rw} 大于1.0时,$\psi_{rw}=1.0$;

ε_{cu}——混凝土极限压应变,取 $\varepsilon_{cu}=0.0033$;

$\varepsilon_{rw,0}$——考虑二次受力影响时,钢丝绳网片的滞后应变。若不考虑二次受力影响,取 $\varepsilon_{rw,0}=0$。

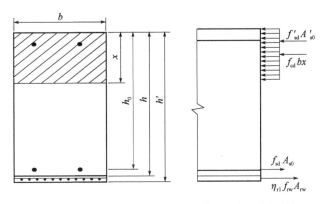

图8-93 钢绞线网-聚合物砂浆加固正截面受弯承载力计算

梁侧面 h_{rl} 高度范围配置网片的承载力提高系数 η_{rl} 表8-8

h_{rl}/b	h/b							
	1.0	1.5	2.0	2.5	3.0	3.5	4.0	4.5
0.05	1.09	1.14	1.18	1.23	1.28	1.32	1.37	1.41
0.10	1.17	1.25	1.34	1.42	1.50	1.59	1.67	1.76
0.15	1.23	1.34	1.46	1.57	1.69	1.80	1.92	2.03
0.20	1.28	1.42	1.56	1.70	1.83	1.97	2.11	2.25
0.25	1.32	1.47	1.63	1.79	1.95	2.10	2.26	2.42

注:h_{rl}-自梁侧面受拉区边缘算起,配有与梁底部相同的受拉钢丝绳网片的高度;设计时应取 h_{rl} 小于等于 $0.25h$;

受弯构件加固后的相对界限受压区高度 $\xi_{b,rw}$ 应按下式计算,即加固前控制值的0.85倍:

$$\xi_{b,rw}=0.85\xi_b \quad (8-52)$$

式中:ξ_b——构件加固前的相对界限受压区高度,按现行国家标准《混凝土结构设计规范》(GB 50010—2010)的规定计算。

当考虑二次受力影响时,钢丝绳网片的滞后应变 $\varepsilon_{rw,0}$ 应按下式计算:

$$\varepsilon_{rw,0}=\frac{\alpha_{rw}M_{ok}}{E_{s0}A_{s0}h_0} \quad (8-53)$$

式中:M_{ok}——加固前受弯构件验算截面上原作用的弯矩标准值;

E_{s0}——原钢筋的弹性模量;

α_{rw}——综合考虑受弯构件裂缝截面内力臂变化、钢筋拉应变不均匀以及钢筋排列影响的计算系数,按表8-9的规定采用。

计算系数 α_{rw} 值   表8-9

ρ_{te}	≤0.007	0.010	0.020	0.030	0.040	≥0.060
单排钢筋	0.70	0.90	1.15	1.20	1.25	1.30
双排钢筋	0.75	1.00	1.25	1.30	1.35	1.40

注：1. ρ_{te} 为混凝土有效受拉截面的纵向受拉钢筋配筋率，即 $\rho_{te}=A_{s0}/A_{te}$，其中 A_{te} 为有效受拉混凝土截面面积，按现行国家标准《混凝土结构设计规范》(GB 50010—2010)的规定进行计算。

2. 当原构件钢筋应力 $\sigma_{s0} \leq 150\text{MPa}$，且 $\rho_{te} \leq 0.05$ 时，表中 α_{rw} 值可乘以调整系数0.9。

8.5.6 应用实例

某简支T梁桥建设于20世纪80年代（图8-94），设计荷载为汽车-20级，挂车-100，该桥孔跨为 $7 \times 20\text{m}$，桥面净宽 $(9+2 \times 1.2)\text{m}$，上部为装配式混凝土T梁结构，下部为双柱式墩，钻孔灌注桩基础，桥台为双柱式桥台。根据需要，该桥需要升级改造，将原二级公路改建为一级公路。经过对多种加固方案的技术和经济性比较，最终采用高强不锈钢绞线网-聚合物砂浆加固技术，以提高其承载力，使它达到一级公路荷载要求。加固方案（图8-95）在T梁底面设置6根，侧面设置各5根高强不锈钢绞线网。

图8-94 某简支T梁桥结构现场实景

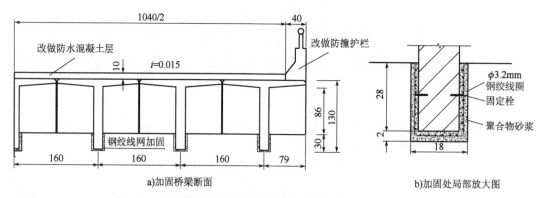

图8-95 钢绞线网-聚合物砂浆加固简支T梁桥方案图（尺寸单位：cm）

该桥梁加固前后的车辆静载试验表明，加固后桥梁的刚度和承载力达到设计要求。与加固前的状态相比，加固使桥梁最大挠度减小14.97%，一阶频率提高6.94%。桥梁整体刚度和承载力获得较大幅度的提高，加固效果明显，实际运营荷载作用下，加固后的桥梁能够达到一级公路汽车荷载的要求。加固施工现场如图8-96所示。

图 8-96　钢绞线网-聚合物砂浆加固简支 T 梁桥施工现场

8.6　预应力钢丝绳-聚合物砂浆加固技术

25. 预应力钢丝绳-聚合物砂浆加固技术演示动画

8.6.1　技术原理与特点

预应力钢丝绳-聚合物砂浆加固技术通过对小直径的高强度钢丝绳施加预应力,并将预应力钢丝绳的两端与结构内部已有纵筋(或预埋的化学螺栓)锚固于一体,从而实现受弯构件底部受拉纤维的加强(图 8-97)。整个加固系统包括预应力钢丝绳、挤压锚头、端部锚具和反力支点,加固系统设置在待加固混凝土构件的底部,预应力钢丝绳通过两端安装的挤压锚头嵌置于两端的端部锚具内,反力支点设置于待加固混凝土构件底面与预应力钢丝绳之间,端部锚具采用纵筋焊接法或化学螺栓法实现与既有结构固定,聚合物砂浆设置在预应力钢丝绳的外部,并覆盖整个加固系统。

26. 桥梁抗弯组合加固技术演示动画

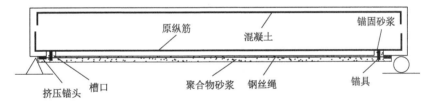

图 8-97　预应力钢丝绳-聚合物砂浆加固技术原理

预应力钢丝绳-聚合物砂浆加固技术对结构的刚度和承载力提高都非常明显,承载力甚至可以提高到超筋破坏的极限状态。与传统的桥梁加固方法相比,它具有以下特点:

(1)不受待加固结构混凝土强度的限制

由于加固的预应力钢丝绳通过纵筋焊接法或化学螺栓法实现力的传递,因此,其对低强度混凝土也能加固,不受待加固结构混凝土强度的限制。

(2)耐腐蚀、防火性能好

预应力钢丝绳采用不锈钢或镀锌钢丝绳,耐腐蚀性和防火性能好,对环境条件无特别要求,可应用于高温等特殊环境。

(3)具有理想的破坏模式

能够避免黏结破坏等脆性破坏或无法估计承载力的破坏,它可能会发生受压区混凝土压坏和钢筋屈服、加固材料拉伸断裂的延性破坏等经典破坏模式,对其承载力能够精准估计。

(4)基本不影响结构净空与外观

加固增加厚度小,基本不影响原结构的净空,如果预应力钢丝绳布置于结构侧面,则完全不影响净空,对结构外观改变也较小。

(5)降低了传统体外预应力加固的应力集中

锚具小巧,端部应力分散,相对于传统体外预应力加固,降低了端部锚固区的应力集中。

(6)施工便利

化整为零,单根钢丝绳张拉荷载小,所需要的张拉空间小,不涉及复杂的施工工艺,无须大型机械,施工速度快。

(7)主动性强

由于施加了预应力,和体外预应力效果相近,是一种主动加固技术,该技术适用于由于施工缺陷、材料老化、荷载增加、开裂下挠、预应力损失等原因导致的原有结构的承载力或刚度不足的桥梁加固,施工成本低,尤其适用于已有损伤、无法卸载的结构加固。

8.6.2 材料性能

1)高强度钢丝绳

采用的钢丝绳包括高强度不锈钢钢丝绳和高强度镀锌钢丝绳。加固酸碱、潮湿、露天等腐蚀环境下的结构、构件,宜采用高强不锈钢钢丝绳。一般环境下,可选用高强度镀锌钢丝绳,但应采取有效的防锈措施。采用高强钢丝绳加固混凝土结构时,应按《混凝土结构设计规范》(GB 50010—2010)的规定进行承载力极限状态计算和正常使用极限状态验算。钢筋和混凝土材料强度应采用实测值。

高强度钢丝绳抗拉强度设计值由抗拉强度标准值除以材料分项系数 γ_r 确定(表8-10)。高强度钢丝绳的弹性模量和伸长率应不低于表8-11所示数值。高强度钢丝绳表面不得沾有油脂。当高强度钢丝绳绕过梁棱角时,棱角处应倒角处理,且倒角半径应不小于25mm。

高强钢丝绳抗拉强度标准值及材料分项系数　　表8-10

种类	符号	公称直径(mm)	不锈钢钢丝绳		镀锌钢丝绳	
			抗拉强度标准值(MPa)	材料分项系数 γ_r	抗拉强度标准值(MPa)	材料分项系数 γ_r
1×19	ϕ^S	3.0~7.0	1650	1.47	1560	1.47
			1770	1.47	1650	1.47

高强度钢丝绳的弹性模量和伸长率　　表8-11

类别	弹性模量 E_{rw}(MPa)	伸长率(%)
不锈钢钢丝绳	1.10×10^5	1.6
镀锌钢丝绳	1.40×10^5	2.1

2)砂浆

砂浆的基本性能指标见表8-12。端部锚固区及反力支撑范围的砂浆应选用Ⅰ级砂浆,端部锚固区为自锚具中心两边各不小于250mm的范围,反力支撑范围为圆钢棒中心两侧各不小于200mm的范围。其余范围可选用Ⅱ级砂浆。

砂浆的基本性能指标(MPa) 表 8-12

砂浆等级	劈裂抗拉强度	正拉黏结强度	抗折强度	抗压强度	钢套筒黏结抗剪强度标准值
Ⅰ	≥7.0	≥2.5,且为混凝土内聚破坏	≥12.0	≥50.0	≥12.0
Ⅱ	≥5.5		≥10.0	≥40.0	≥9.0

注：以上指标值为 28d 龄期指标。

砂浆保护层厚度根据《混凝土结构设计规范》(GB 50010—2010)规定的结构所处的环境类别,满足下列要求：一类环境,不应小于 20mm；二类以上环境,不应小于 30mm；三类以上环境,应优先选用不锈钢丝绳。

砂浆黏结剪切性能需经湿热老化检验,在严寒和寒冷地区使用时,应具有耐冻融性能,砂浆现场配制时,应按预先确定的配合比进行。

8.6.3 主要途径与施工工艺

预应力钢丝绳-聚合物砂浆加固技术,根据其端部锚具固定的方式不同,可采用纵筋焊接法或化学螺栓法,以下主要以纵筋焊接法加固梁说明该技术的实现工艺,如图 8-98 所示。

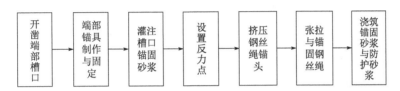

图 8-98 预应力钢丝绳-聚合物砂浆加固技术工艺流程

1)开凿端部槽口

根据设计,对待加固梁进行量测、放线确定两端设置端部锚具的中心线位置,在中心线处沿跨度方向凿出宽度约 10cm 的端部槽口,深度约为底部混凝土保护层厚度,以暴露梁内部纵筋且能焊牢端部锚具为准。

对于化学螺栓法,预应力钢丝绳的锚固系统由锚头、锚具和锚板组成(图 8-99),锚具与锚板应通过焊接连接,锚板通过胶黏剂、锚栓、锚固胶与待加固梁连接成整体。

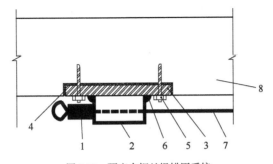

图 8-99 预应力钢丝绳锚固系统
1-锚头；2-锚具；3-锚板；4-胶黏剂；5-锚栓；6-焊接点；7-钢丝绳；8-混凝土构件

2)制作与固定端部锚具

端部锚具由钢丝绳所承担的拉力荷载为设计指标进行专门设计。为确保预应力钢丝绳张拉与锚固的方便,端部锚具外侧为开口形式。锚具(图 8-100)及槽道的宽度和间距应由高强度钢丝绳直径、锚头直径及高强度钢丝绳数量确定,且尺寸应符合表 8-13 的规定。端部锚具的具体结构需根据对钢丝绳所承担的拉力荷载进行设定,厚度不宜过大,为 20~30mm,宽度为 30~50mm,开槽深度不小于锚头挤压后的半径。以直径为 3mm 预应力钢丝绳为例,开口上宽 4mm,下宽 5mm,深度 10mm,整个端部锚具厚度充分考虑了焊接厚度的需要,锚具长度根据加固梁截面宽度确定。

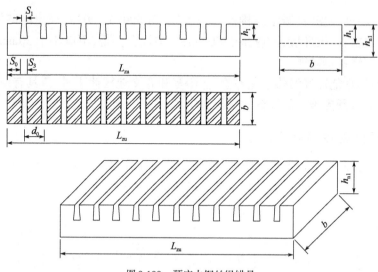

图 8-100 预应力钢丝绳锚具

锚具及槽道尺寸(mm) 表 8-13

项目	槽道上口宽度 S_1	槽道下口宽度 S_2	开槽边距 S_0	开槽深度 h_1	锚具高度 h_m	锚具宽度 b
尺寸要求	$\geq d+1$	$\geq d+2$	$\geq D/2$	$\geq (d+D)/2$	$\geq 1.5D+10$	≥ 30
公差	±0.5	±0.5	+0.5	-0.5	-0.5	-0.5

锚具和锚板宜采用 Q235 或 Q345 钢;对于重要结构的构件,应采用可焊性好的钢材,且不应低于 Q235B。

3)灌注槽口锚固砂浆

端部槽口灌注强度高、固化时间短、微膨胀、黏结性能好的高性能砂浆。灌注前将周围混凝土表面凿毛、清除浮渣、冲洗干净,涂刷混凝土界面剂,灌注后保持砂浆面与加固构件底面齐平。

4)设置反力点

为保证钢丝绳张拉后与加固梁完全密实接触,同时在梁受力过程中钢丝绳能产生向上的反力,应在梁底合适位置设置反力点。

5)挤压钢丝绳锚头

钢丝绳下料长度根据两端端部锚具的间距及预应力钢丝绳的工作应力计算确定,下料时需要保证钢丝绳在拉紧状态。挤压锚头为铝合金双孔套筒式,钢丝绳穿入挤压锚头内孔,由专门设计的挤压模具、挤压机械对挤压锚头进行强力挤压,使挤压锚头与钢丝绳挤压成一体(图 8-101)。

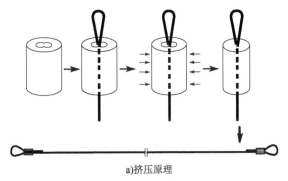

a)挤压原理

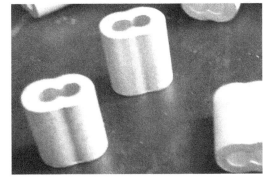

b)锚头

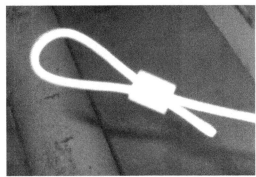

c)锚固效果

图 8-101　钢丝绳挤压锚头原理及锚固效果

6）张拉与锚固钢丝绳

根据端部锚具间距及预应力钢丝绳的工作应力要求，对预应力钢丝绳两端的挤压锚头进行挤压安装以后，预应力钢丝绳的一端可直接穿入端部锚具的开口，另一端通过张拉器进行张拉，张拉长度满足两端的端部锚具间距时，将预应力钢丝绳从端部锚具的开口嵌入，对挤压锚头进行锚固。

7）浇筑锚固砂浆与防护砂浆

为保护钢丝绳，可在其外侧采用喷射、涂刷砂浆等方法进行防护，同时砂浆也能共同参与锚固钢丝绳，减轻锚具压力，减少预应力钢丝绳的松弛等。端部锚固砂浆宜采用强度高、硬化快、性能好的Ⅰ级砂浆；底部防护砂浆宜采用延展性较好的Ⅱ级砂浆，不易出现横向裂缝；在砂浆完成以后，涂刷一层涂料，以达到美观效果。

采用化学螺栓固定端部锚具时，通过在待加固混凝土受弯构件的底部两端埋置化学螺栓，分别锚固一块钢板，继而将端部锚具焊接于锚固钢板底部，实现预应力钢丝绳中拉力的传递，其他工艺同焊接纵筋法。

8.6.4　设计构造

1）保护层厚度

预应力钢丝绳的保护层厚度应从钢丝绳外表面算起，并应根据现行国家标准《混凝土结构设计规范》（GB 50010—2010）规定的环境类别，分别满足下列规定。

（1）一类环境，保护层厚度不应小于20mm；

（2）二类以上环境，保护层厚度不应小于30mm。

2）抗弯加固层数布置

预应力钢丝绳抗弯加固混凝土梁，当加固量较大时，可在梁底布置两层高强钢丝绳，两层钢丝绳锚具应交叉设置，且内层锚具宜比外层锚具低10mm及以上，如图8-102所示。

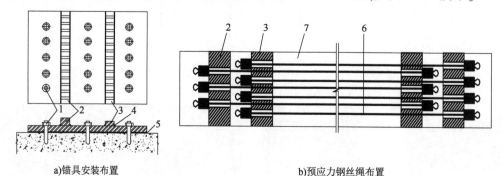

a）锚具安装布置　　　　　　　　b）预应力钢丝绳布置

图8-102　预应力钢丝绳双层布置构造

1-锚栓；2-外层锚具；3-内层锚具；4-焊缝；5-胶黏剂；6-钢丝绳；7-加固梁

3）抗剪加固布置

预应力钢丝绳受剪加固混凝土梁，可根据工程情况选择布置方式，并应符合下列规定（图8-103）。

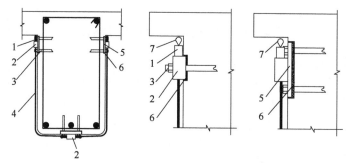

图8-103　预应力钢丝绳受剪加固锚具布置构造

1-锚头；2-锚具；3-锚栓；4-钢丝绳；5-锚板；6-Ⅰ级砂浆；7-端头

（1）宜选用封闭箍形式；当采用其他布置形式时，高强度钢丝绳的布置高度不应小于梁高的3/4。

（2）锚具上边缘至混凝土上翼缘下表面的距离不应小于锚头与钢丝绳端头尺寸之和。

（3）当高强度钢丝绳绕过构件的棱角时，棱角处应倒角处理，且倒角半径不应小于25mm。

（4）高强度钢丝绳的布置间距不应大于200mm。

4）开槽要求

锚固系统安装前，原结构混凝土应开槽，混凝土开槽深度不宜小于锚板厚度，并不得破坏原构件受力钢筋。

5）植筋构造

原混凝土结构表面应植筋［图8-104a）］。植筋宜为直径为6mm的钢筋，植筋深度不应小于50mm。端部外露部分应设置90°或180°弯头，植筋间距不应大于500mm，如图8-104b）所示。

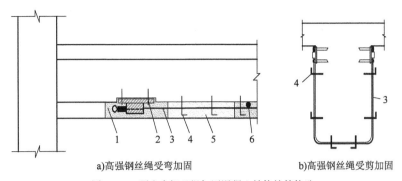

图 8-104　预应力钢丝绳加固混凝土结构植筋构造
1-Ⅰ级砂浆；2-锚栓；3-钢丝绳；4-弯头钢筋；5-Ⅱ级砂浆；6-反力点

6) 分布钢丝绳

预应力钢丝绳加固混凝土构件时，应垂直于受力钢丝绳的方向均匀设置分布钢丝绳，分布钢丝绳的直径不应小于加固用钢丝绳直径，且间距不应大于 200mm。

7) 钢丝绳下料、锚固及张拉

预应力钢丝绳受弯加固混凝土梁施工时，应按下列规定进行预应力钢丝绳下料及张拉：钢丝绳下料前，应先通过试验实测张拉控制应力下拉应变(ε)、锚具外缘尺寸(L_i)，并应按下式计算预应力钢丝绳的下料长度(L_0，图 8-105)：

$$L_0 = \frac{L_i}{1+\varepsilon} + 2L_e \tag{8-54}$$

式中：L_e——钢丝绳锚固端预留长度(mm)。

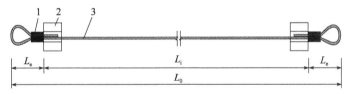

图 8-105　预应力钢丝绳的下料长度
1-锚头；2-锚具；3-钢丝绳

每根预应力钢丝绳应在其设置的槽道内预紧，并应按照编号与锚具槽道一一对应。预应力钢丝绳端部应折成双股穿入套管内孔，采用挤压模具对套管强力挤压，使预应力钢丝绳与挤压套管形成整体。套管挤压前，模具接合面及膜腔应预先清洁；挤压时，套管截面长轴应与加压方向一致，且套管应与模腔槽口完全对齐后再实施挤压；挤压锚头应一次压制完成，且在挤压过程中不得损伤钢丝绳。

锚头外观及尺寸应逐一检验，表面应光滑，无裂纹、飞边和毛刺。预应力钢丝绳张拉时应横向对称，对称轴两边张拉完成的高强钢丝绳的数量之差不应多于 3 根。

8) 砂浆涂抹要求

砂浆应分层涂抹，每层的压抹厚度不应超过 25mm，两层砂浆之间的涂抹时间间隔应以前一层砂浆初凝为准，第 1 层应采用Ⅰ级砂浆涂抹于原结构表面，涂抹厚度不小于高强钢丝绳直径。第 2 层可采用Ⅱ级砂浆或细石混凝土涂抹，两层砂浆的厚度之和不应大于 40mm。

砂浆涂抹厚度，可采用埋设混凝土预制块的方法控制，达到设计厚度要求时，应做好压抹收光。压抹收光后的30min~4h内,应进行养护,并应防止砂浆涂抹部位受到冲击。

9)其他要求

采用焊接纵筋法固定端部锚具时,灌注锚固砂浆宜采用一级环氧砂浆,强度至少比待加固桥梁混凝土等级提高一级。

受弯加固和受剪加固时,被加固混凝土构件的实际混凝土强度等级不应低于C15。

预应力钢丝绳的自由长度超过10m时,应设置定(限)位装置;预应力钢丝绳张拉时,应采用应力和伸长量双重控制。拉力偏差应在±100N范围内,伸长量偏差应在±0.5mm范围内;预应力钢丝绳曲线布置时,曲率半径不应小于4m。

8.6.5 计算原理

受弯构件加固后相对极限受压区高度($\xi_{b,r}$)应符合下列规定:

(1)对于重要构件,$\xi_{b,r}$应采用加固前控制值(ξ_b)的0.90倍。

(2)对于一般构件,$\xi_{b,r}$应采用加固前控制值(ξ_b)的0.95倍。

预应力钢丝绳-聚合物砂浆对矩形、T形或I形截面构件抗弯加固时,其正截面受弯承载力计算应符合下列规定(图8-106)。

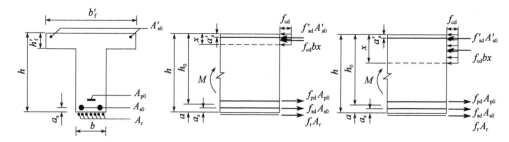

图8-106 预应力钢丝绳-聚合物砂浆抗弯加固矩形及T形截面承载力计算

矩形截面或中性轴位于T形或I形截面翼缘内($x \leq h'_f$)时,正截面承载力应按下列公式确定:

$$f_{cd}b'_f x + f'_{sd}A'_{s0} = f_{sd}A_{s0} + f_{pd}A_{p0} + f_r A_r \tag{8-55}$$

$$\gamma_0 M_d \leq f_{cd}b'_f x \left(h_0 - \frac{x}{2}\right) + f'_{sd}A'_{s0}(h_0 - a'_s) \tag{8-56}$$

T形或I形截面且中性轴位于截面腹板内($x > h'_f$)时,正截面承载力应按下列公式确定:

$$f_{cd}(b'_f - b)h'_f + f_{cd}bx + f'_{sd}A'_{s0} = f_{sd}A_{s0} + f_{pd}A_{p0} + f_r A_r \tag{8-57}$$

$$\gamma_0 M_d \leq f_{cd}b\left(h_0 - \frac{x}{2}\right) + f_{cd}(b_f - b)\left(h_0 - \frac{h'_f}{2}\right) + f'_{sd}A'_{s0}(h_0 - a'_s) \tag{8-58}$$

$$h_0 = h - a \tag{8-59}$$

$$a = \frac{f_{sd}A_{s0}a_s + f_{pd}A_{p0}a_p + f_r A_r a_r}{f_{sd}A_{s0} + f_{pd}A_{p0} + f_r A_r} \tag{8-60}$$

式中:M_d——弯矩组合设计值,按《公路钢筋混凝土及预应力混凝土桥涵设计规范》(JTG 3362—2018)计算;

γ_0——结构重要性系数;

x——等效矩形应力图形的混凝土受压区高度;

b——矩形截面宽度或T形截面的腹板宽度；

b'_f——受压翼缘的有效宽度；

h'_f——受压翼缘的厚度；

h_0——截面有效高度；

a_p、a_r——受拉区原预应力筋合力点、预应力钢丝绳合力点至截面受拉边缘的距离；当钢丝绳布置于梁底时，$a_r=0$；当钢丝绳布置于梁侧面时，按实际取值；

a_s、a'_s——受拉区、受压区原普通钢筋的合力作用点至受拉区、受压区边缘的距离；

a——受拉区原普通钢筋、原预应力筋及预应力钢丝绳合力作用点至受拉区边缘的距离；

A_r——预应力钢丝绳截面面积；

f_{cd}——原混凝土梁的抗压强度设计值；

f_{sd}——原梁纵向受拉钢筋的抗拉强度设计值；

f_{pd}——原梁体内预应力筋的抗拉强度设计值；

f_r——预应力钢丝绳抗拉强度设计值。

8.6.6 应用实例

1）预应力钢丝绳-聚合物砂浆加固技术加固空心板梁

某高速公路某正交8m分离式立交桥，上部结构为$1\times8m$的简支空心板梁，全桥共1跨。下部结构采用扩大桥台基础，橡胶支座。设计荷载：汽车-超20级，挂车-120；桥面净空：净-9.74m+2×0.5m（图8-107）。由于超重车辆的长期作用，造成桥面铺装层的大面积破损和梁体底板的裂缝，使钢筋发生锈蚀，从而引起混凝土的进一步开裂、剥落。箱梁梁体由于开裂等损伤，空心板梁的结构竖向抗弯刚度偏弱，承载能力不足。根据检测报告，大桥主要病害如下：①空心板梁底板多处开裂，钢筋有部分锈蚀现象，部分破损；②空心板板间纵向湿接缝破损；③空心板板间纵向湿接缝的破坏现象比较普遍，出现大面积的钢筋锈蚀和混凝土剥落。

图8-107 某高速公路空心板梁结构外观

根据检测报告，该桥由于受重车的长期作用而产生桥面破损，主梁承载能力下降，横向联系减弱等问题。加固思路主要根据桥梁现有病害，结合已有的加固设计经验，提出加固方案：底板采用预应力钢丝绳-聚合物砂浆加固技术进行加固。在每片空心板梁梁底增设1层49根$\phi3$高强度预应力钢丝绳，种类为1×19的不锈钢钢丝绳，端部锚固区采用环氧砂浆，中部区域采用Ⅰ级聚合物砂浆覆盖，砂浆厚度3cm，如图8-108、图8-109所示。

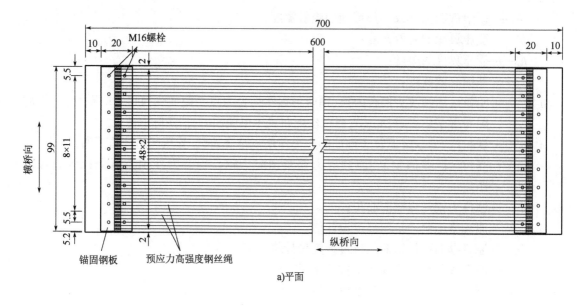

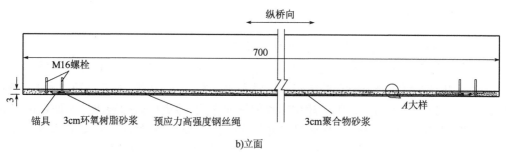

图 8-108 预应力钢丝绳-聚合物砂浆加固空心板梁方案(尺寸单位:cm)

2)预应力钢丝绳-聚合物砂浆加固技术加固 T 梁

某 T 梁桥位于北京通州区九德路上,桥梁总长 16.4m,为 1 孔 12m 普通钢筋混凝土宽腹 T 梁结构(图 8-110),下部结构为钻孔灌注桩。该桥横断面共有 11 片 T 梁,其中 7 片为 1989 年建造的老旧 T 梁,汽车荷载等级为汽-15 级;4 片为 2003 年新建 T 梁,荷载等级为汽-20 级。根据检测报告及现场观测结果显示,该桥主梁跨中受弯部分裂缝较多,尤其以旧梁情况更为严重,裂缝已经由底板向腹板贯通,呈 U 形裂缝,缝宽大部分大于 0.2mm;主梁支点受剪区出现斜裂缝,裂缝宽度大于 0.2mm。另外,受混凝土老化、支座变形等因素影响,该桥梁的承载能力已有所降低。

由于旧梁荷载等级已经不能满足交通需求,并且在检测中发现受力裂缝,需对主梁进行结构加固设计,以提高其荷载等级。主梁腹板靠近支座两端弯剪区域采用粘贴 U 形钢板加固,主梁腹板板底采用预应力钢丝绳-聚合物砂浆加固方法,形成部分预应力混凝土桥梁。加固所用钢丝绳公称直径为 4.0mm,公称面积为 9.55mm²,抗拉强度标准值 $f_{pk}=1670$MPa,张拉控制应力 $\sigma_k=0.5f_{pk}=835$MPa。对于 4 片 2003 年新建 T 梁,腹板底张拉一层共 23 根预应力钢丝绳;对于 7 片 1989 年老旧 T 梁,腹板底张拉双层共 45 根预应力钢丝绳;种类为 1×19 的不锈钢钢丝绳,端部锚固区采用 I 级砂浆,中部区域采用 II 级聚合物砂浆覆盖,砂浆厚度为 3cm,如图 8-111、图 8-112 所示。

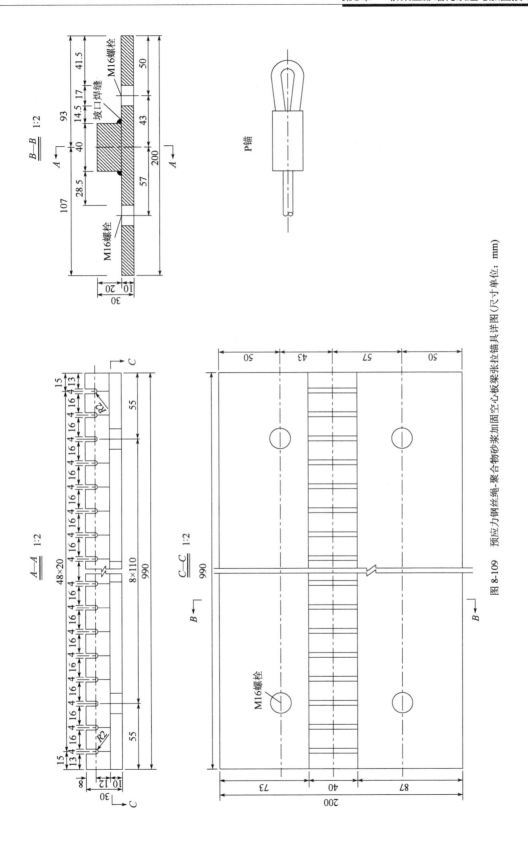

图 8-109 预应力钢丝绳-聚合物砂浆加固空心板梁张拉锚具详图 (尺寸单位: mm)

a) 结构外观

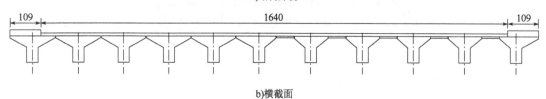

b) 横截面

图 8-110 北京通州区九德路某 T 梁桥结构外观及横截面(尺寸单位:cm)

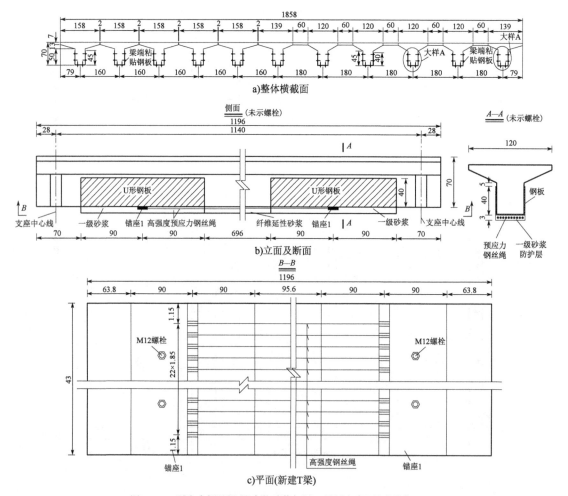

图 8-111 预应力钢丝绳-聚合物砂浆加固 T 梁桥方案(尺寸单位:cm)

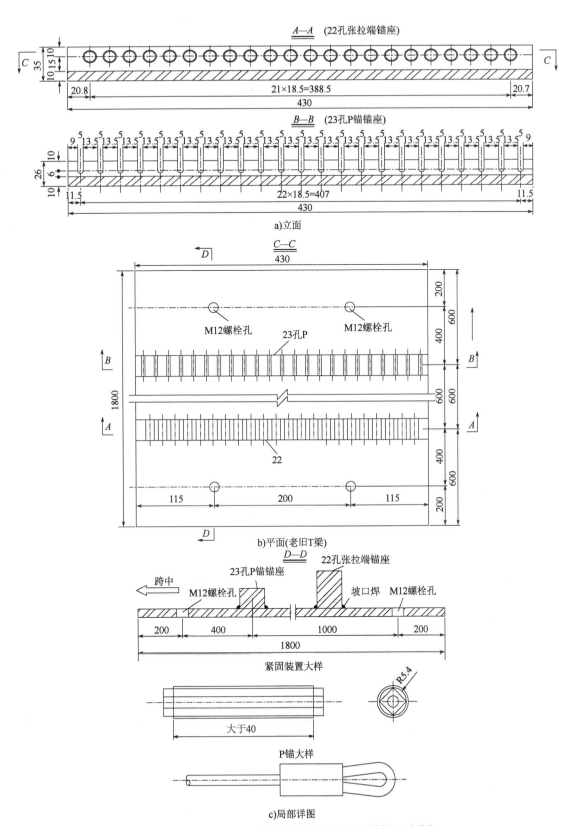

图8-112 预应力钢丝绳-聚合物砂浆加固T梁张拉锚具详图(尺寸单位:mm)

8.7 改变结构体系加固技术

8.7.1 技术原理与特点

改变结构体系加固技术是采用改变结构受力图式,使外荷载在结构内的传递和分布发生改变,达到原结构的截面内力发生改变或转移,使受力控制截面得到缓解,从而提高结构的承载能力、稳定性及结构刚度,达到结构加固的目的。

如在简支梁下增设支架或临时墩;将简支梁与简支梁纵向加以连接,使它由简支梁转换成连续梁;将单孔简支梁改为支撑梁拱-斜拉组合体系;将连续梁、连续刚构改变为矮塔斜拉桥;将带挂梁T形刚构封闭铰支承改变为连续刚构钢桁(箱)梁桥;或在梁下增设钢桁架,以减小梁内应力,达到提高全桥承载力的目的;拱桥在条件允许的情况下,在拱脚增设拉杆,改善拱圈的受力状况;空腹式拱改变拱上建筑结构形式;在中承式、下承式拱桥增加系杆承受推力,成为无推力或少推力的系杆拱桥;其他增设结构(杆件)而使原结构受力体系发生改变的方法。

改变结构体系的方法有很多,但通常都需要在桥下操作,或设置永久设施,在施工时影响通航,所以必须保证桥下净空或泄洪能力。

改变结构体系加固技术具有以下特点:

(1)承载力提高大,结构内力通常有着根本性的变化;施工复杂,加固后体系改变大大减少了原结构所承受的内力,工程量较大,只有在较复杂的情况下考虑体系改变;故较适用于结构临时加固及承载力提高较大情况。

(2)通过改变结构体系、增加新的构件,使之形成材料各异、刚度不一的新老组合结构,需要重新确认其传力路径和承载能力。

(3)改变结构体系加固桥梁的结构分析较为复杂,材料变异、退化,结构弱化、损伤,边界条件的改变等为其结构分析带来复杂性。

8.7.2 简支梁变为连续梁的加固方法

此加固方法是将原两跨及两跨以上简支梁的梁端连续起来,使受力体系由原来的简支转换为连续,减小跨中正弯矩,提高结构的承载能力,同时减少伸缩缝数量,提高行车舒适性。图8-113给出简支梁变连续梁的加固原理,这种方法主要适用于多跨简支梁(板)因配筋不足、截面尺寸偏小,使桥梁跨中截面抗弯承载能力明显不足及下弯挠度较大的情况。

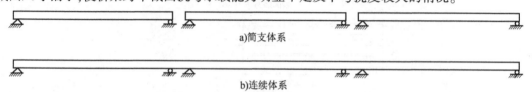

图8-113 简支梁变连续梁原理

将该方法应用在旧桥桥梁的加固过程中,通过对梁端进行结构改造,形成墩顶连续,实现结构体系的转换,从而充分利用原有结构,有效地发挥旧桥结构的潜在承载能力,提高结构的整体承载能力,改造之后桥梁跨中的弯矩显著减小(图8-114)。

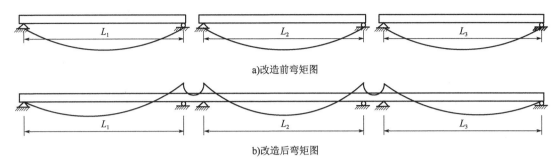

图 8-114 简支梁变为连续梁弯矩分布变化

1)结构构造

简支梁变为连续梁加固的关键结构构造如下:

(1)连续方式

简支变连续加固的结构,可采用在墩顶部位结构上缘加设普通钢筋或增设预应力束并现浇接头混凝土形成结构连续体系。原梁的截面尺寸不足时,需采用增大截面法等措施。

(2)伸缩缝与支座

由多跨简支梁改变为连续梁,必将拆除部分伸缩缝,而剩余伸缩缝将因伸缩量不足需要更换,伸缩量应重新计算。更换伸缩缝时,浇筑伸缩缝两侧的混凝土铺装必须保证养生时间,使其达到设计强度。改变后连续体系的墩顶可以为单支座或双支座,宜采用新设单支座,确需保留双排支座形式时,应对墩柱承载力进行计算,双支座支撑体系的连续梁相对于单支座支撑体系,减少中间支撑上的负弯矩,有消减负弯矩峰值的作用,但是会使受力更为复杂。

受伸缩缝与支座的影响,建议连续跨数不宜超过4跨,最好为2~3跨一联,具体要依据伸缩缝与支座的计算。改造时,应充分考虑原桥的地基条件,防止由于基础沉降等对新形成的连续体系上部结构产生不利影响。

对于T梁的中支点处,应新增横系梁,加强T梁在支点处的横向联系。

(3)桥面铺装

简支变连续加固需要凿除部分梁端桥面铺装,加固后要做好新旧铺装的连续。如果凿除面积已大于原桥面面积的1/2,或桥面铺装本身已破损,则建议全部凿除,重新铺装会使加固效果提高。梁端在变换体系后会产生负弯矩,梁端连接不好会直接影响加固效果。

(4)其他构造

墩顶采用设置普通钢筋形成连续构造时,纵向受力钢筋应为螺纹钢筋,直径不应小于12mm;布设长度应超出连续梁墩顶的负弯矩包络图范围,应不小于梁高的2倍,还应与原梁钢筋牢固连接;连接困难时,亦可用植筋技术或锚栓技术与原梁形成整体。

墩顶采用设置预应力钢束形成连续构造时,宜采用小吨位预应力扁锚分散错位锚固,纵向错位间距不宜小于1.5m,布设长度应超出连续梁墩顶负弯矩包络图范围,且不宜小于梁高的4倍。

墩顶连续构造处顶面应设置一定数量的防裂钢筋,新老混凝土结合面应设置一定数量抗剪钢筋。墩顶两端横隔板间宜现浇形成整体横梁,混凝土强度应高于原梁一个等级,并采取措施做好桥面防水。

2)计算原则与步骤

根据现有支座以及伸缩缝计算适宜的连续跨数,或先定出连续跨数,再验算伸缩缝以及支座是否满足要求;计算简支梁恒载,栏杆、人行道荷载,若栏杆、人行道加固时也拆除并在体系连续后新建,则二期内力应按实际情况考虑;计算桥面铺装在体系转变后的连续梁上的内力;计算活载在连续梁体系上的内力。根据内力组合计算沿梁顶增设的纵向受力钢筋数量,进行强度验算。

简支梁体系转换后的正截面承载力和斜截面承载力计算时,结构体系转换前的恒载仍由简支体系承担,转换后新增恒载及活载由连续体系承担。其计算方法按《公路钢筋混凝土及预应力混凝土桥涵设计规范》(JTG 3362—2018)执行。对于桥龄10年以上的桥梁,可不考虑原混凝土收缩、徐变的影响。

3) 施工工艺

凿除桥面铺装,拆除伸缩缝,梁顶凿毛;凿开简支梁要做连续的端部上缘混凝土保护层,使梁端顶层纵向钢筋及箍筋外露;将需要连接的相邻梁端间隙用膨胀混凝土填塞密实,梁(板)端头结构应无破损现象;焊接梁端顶层外露纵向钢筋,作为支点负弯矩配筋的一部分;配置剩余负弯矩钢筋;重新安装伸缩缝,浇筑桥面铺装。

为保证桥面铺装与原梁体共同参与结构作用,梁顶要凿毛,有条件还要设置抗剪栓钉,桥面铺装采用收缩较小的混凝土。梁端间隙截面也要凿毛,有利于膨胀混凝土的填塞密实。

对于焊接连续钢筋,焊缝应满足规范要求。

新增负弯矩钢筋可绑扎或焊接在外露的箍筋上,若无箍筋可用栓钉固定。

4) 技术特点

采用简支梁变为连续梁加固方法,加固改造后桥梁能够体现连续结构所具有的结构整体刚度好、伸缩缝少、行车平顺舒适、跨中弯矩小、抗震性能好等优点,改变以往简支梁桥由于长年运营所形成的桥面连续较差,变形较大,耐久性差等缺点,加固效果显著。适用于多跨空心板、T梁、小箱梁等简支梁桥结构加固。

8.7.3 减小跨径法

1) 增设支撑法

增设支撑法是在原桥主梁下加设八字形斜撑作支撑,斜撑用型钢或钢筋混凝土预制件制作,其下端支撑在桥墩上或承台顶面及河床上(此时,桥下净空应不影响通航、不受漂浮物撞击),其上端支承于梁底,中部有时加设托梁。各片主梁下斜撑及托梁均设置横系梁,以加强整体性,如图8-115所示。通过斜撑的设置使一跨简支梁变为弹性支承的3跨连续梁,利用结构体系的改变使结构的受力状况得到改善,达到提高原桥承载能力的目的。

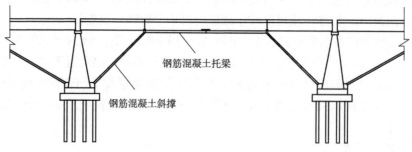

图8-115 增设支撑法

按支承结构与原结构的连接形式不同分为固结法和铰支法两种;按照支承结构的竖向刚度大小分为刚性支撑和弹性支撑。支承结构的竖向变形对主梁内力的影响可以忽略时,按刚性支撑计算,否则按弹性支撑考虑。

为充分发挥新增构件的作用,宜采用预顶措施。预顶力的大小及施力位置以保证结构恒载下的安全为原则。

这种方法由于加固效果较好,也是国内外用来解决临时通行超重车辆问题较好的方法。重车通过后,临时支撑可以拆除,对通航影响不大,不影响河道排洪能力。应该注意的是,用临时支架加固后,改变了既有桥梁结构的受力体系,支点处将产生负弯矩,故必须进行受力验算。在桥下净空和墩台基础受力许可的条件下,可采用在梁(板)底下加八字支撑的方法加固。

2)斜拉加固法

斜拉加固法是依靠原桥墩在桥墩两侧修筑矮塔,支柱顶面布置刚性或柔性拉索,拉吊起桥底已布置的钢梁或加强后的梁横隔板,为原桥上部结构提供一个或几个弹性支撑,使原简支梁变为连续梁(图8-116)。

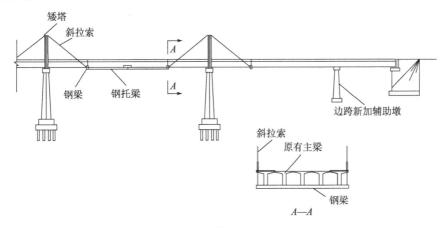

图8-116 斜拉加固法示意图

结构体系的这一改变使结构受力状况得到改善,从而提高结构的承载能力。此方法适用于梁挠度过大、承载能力不足的情况,特别适用于简支跨数多、桥墩高度低的梁桥,在墩侧重新修筑基础建造矮塔,或利用桥墩伸出的墩帽在墩帽上修筑矮塔。

为了提供矮塔的布置空间,需要凿除部分边梁梁端的翼缘及其上部的附属构造,拉索穿过翼缘的地方需要凿孔,对于柱式墩,要对墩帽适当的加固。加固所用索、塔布置在桥面系上部,桥塔需要对称布索,在原梁跨中区域相应地成对布置梁底支点,如靠近桥台边跨需要另外增设支点可新加辅助墩。

此方法的力学特点是:原结构的自重产生的恒载,由原梁自行承担;支点处预加拉力只是改善原梁非弹性变形,支撑与梁紧密结合,可不考虑其对主梁恒载的卸载作用,即拉索不承受原梁恒载作用;活载由斜拉索与原梁组成的组合体系共同承受,跨中弯矩减小,支点处出现负弯矩。

施工工序为:凿除墩顶处梁端翼缘板或墩顶处人行道板为矮塔留出空间;原桥墩帽作为矮塔基础,设置栓钉或嵌入钢筋,浇筑桥塔;采用如粘贴钢板或其他方式对支点梁上缘进行补强加固;布置斜拉索并施加预应力,锚固于已设置的钢横梁或加强后的梁横隔板。

斜拉索可用钢丝绳、钢绞线或粗钢筋,需防锈防腐处理;拉索贯穿过塔顶,在塔顶不固定,塔顶部用U形承托或滑轮,使拉索在塔顶无水平拉力;拉索两端可做成一端锚固一端可调;斜拉索应施加预应力,消除梁体部分塑性变形,并使钢梁与梁底结合密实;为消除钢梁跨中产生挠曲使其对中部主梁的承载贡献减少,钢梁宜做成鱼腹式或跨中与中部主梁相接处加厚支座;支座采用板式橡胶支座;托梁与钢梁或加强的横隔板应锚固或焊接。

8.7.4 连续梁(连续刚构、T构)变为矮塔斜拉桥

连续梁(连续刚构、T构)变为矮塔斜拉桥属于改变结构体系加固的一种方法,是将原有连续梁桥或连续刚构、T构改变为矮塔斜拉桥。

将斜拉桥结构用于桥梁改造加固,结构构思新颖,加固效果显著。由于斜拉索的作用,改变了结构体系和截面应力分布状态,减轻了原结构的负担,在保持原结构断面尺寸和配筋基本不变的前提下,可以大幅提高设计荷载标准。

图8-117为某黄河公路大桥的连续梁变为矮塔斜拉桥加固法方案,该桥在运营过程中,箱梁腹板开裂和跨中下挠,随着时间的推移,主桥箱梁腹板的开裂和跨中下挠进一步加剧,但下挠变形速度趋缓,且基本趋于稳定。采取连续梁变为矮塔斜拉桥加固法进行加固处理,通过在箱梁内增设底板体外束,增加箱梁跨中附近截面下缘压应力储备;同时,通过加厚腹板和粘贴钢条,提高箱梁抗剪强度,增加箱梁的整体性。

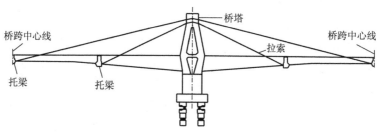

图8-117 连续梁变为矮塔斜拉桥加固法示意

图8-118为某T构变为矮塔斜拉桥加固法的设计构想图。该桥梁原为带挂孔T形刚构桥梁,后进行了加宽和荷载等级提高的加固,拟采用在箱梁两侧将悬臂板加厚并加宽、T构墩顶设一矮塔,两边张拉斜拉索加固的方法。

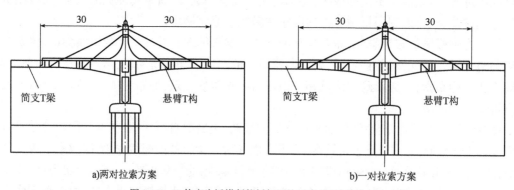

图8-118 T构变为矮塔斜拉桥加固法示意(尺寸单位:m)

连续梁(连续刚构、T构)变为矮塔斜拉桥的加固技术具有以下优点:
1)加固效果显著
能有效改善原结构不利的受力状态,提高结构整体承载能力,降低挠度,加固效果显著。

2)方法新颖独特

对于采用连续梁(连续刚构、T构)变为矮塔斜拉桥的方法,目前国内外的研究与实际工程应用还不太多,但是该方法思路新颖,可以作为对新技术的探索与尝试。

3)具有景观效应

斜拉桥相对于原来梁式具有鲜明的景观效应,更有可能成为城市标志性结构。

同时,连续梁(连续刚构、T构)变为矮塔斜拉桥的加固技术存在计算难度大、超静定次数增多、新建桥塔构造复杂、施工难度大、对施工过程监控要求高等问题。

8.7.5 其他结构体系变换法

除了上述一些改变结构体系方法外,还有梁拱组合结构、改桥梁为涵洞等方法。

(1)梁拱组合加固法

对于梁桥,当原桥承载能力严重不足,需要较大幅度地提高荷载等级,而原桥墩台地基应力及稳定性均满足要求时,可采用对梁式体系加入拱式体系而改变为梁拱组合的加固法对梁桥进行加固改造(图8-119)。新增拱肋与既有梁体共同承受荷载的作用,提高了承载能力。

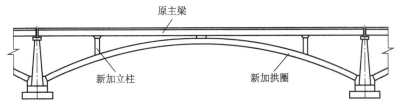

图8-119 梁拱组合加固法示意

其主要加固过程如下:根据加固改造设计需要在既有墩台处补砌墩台,设置拱座;采用外加预应力使梁体产生一定的上拱度,或用千斤顶将梁体在跨中部位适当顶起,对原桥部分卸载,以减小桥梁的恒载应力;按照设计所规定的工序,装配预制的拱肋或现浇拱肋;卸除千斤顶或部分拆除预应力索,使新老结构共同作用,由梁式桥转为拱梁组合体系。

(2)增设纵梁加固法

在墩台地基安全性能好,并具有足够承载能力的情况下,可采用增设承载力高和刚度大的新纵梁(图8-120),新梁与旧梁相连接,共同受力。由于荷载在新增主梁后的桥梁结构中重新分布,使原有梁中所受荷载得以减少,由此使加固后的桥梁承载能力和刚度得到提高。当增设的纵梁位于主梁的一侧或两侧时,则兼有加宽的作用。

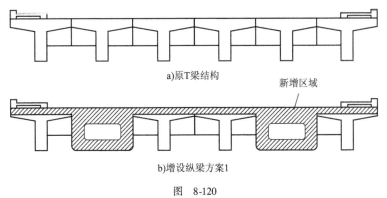

图 8-120

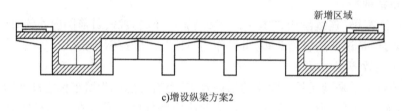

c)增设纵梁方案2

图 8-120 钢筋混凝土 T 梁桥增设纵梁加固示意

为保证新旧混凝土共同工作,必须注意做好新旧梁之间的横向连接。横向的连接方法有企口铰接、链槽连接、焊接及钢板铰接等。新增主梁与旧梁牢固连接,可提高主梁之间的横向连接刚度,有利于荷载的横向分布。

8.7.6 应用实例

1)简支变连续加固 T 梁

某桥位于国道305上。该桥竣工于1970年11月,全桥共计48孔,单孔跨径为22.2m,桥梁总长为1070.4m。桥面净宽7m+2×0.75m(人行道);上部结构为装配式钢筋混凝土T形梁,每孔5片T形梁,翼缘板宽1.6m,梁高1.3m,肋宽0.18m,T形梁间设有5道横隔板(图8-121)。下部结构为钢筋混凝土双柱式墩,钻孔灌注桩基础;桥面铺装为钢筋混凝土铺装。原桥设计荷载等级为汽车-13级、拖车-60级。加固设计荷载等级:汽车-20级,挂车-100级。综合考虑后采取加固措施如图8-122所示。

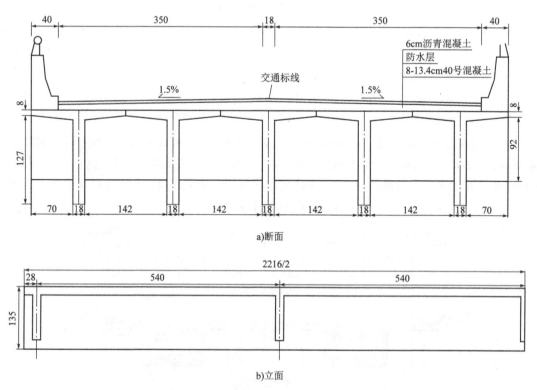

图 8-121 装配式钢筋混凝土 T 梁原结构(尺寸单位:cm)

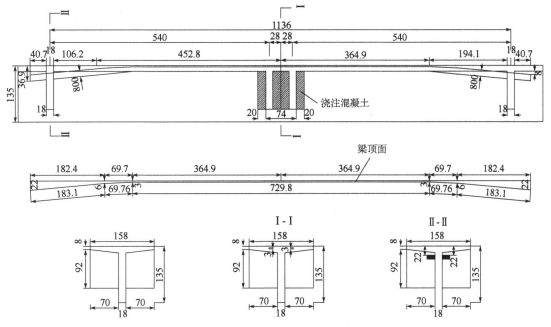

图 8-122 简支变连续加固装 T 梁方案(尺寸单位:cm)

(1)利用原桥墩台,在墩顶处将简支梁形成 6 孔一联的连续结构体系,墩顶采用预应力连续结构和单支座支撑形式。

(2)对主梁采用粘贴 FRP 加固,适当提高主梁截面的承载能力;横隔板局部浇筑形成刚结;对于宽度大于 0.25mm 的裂缝,进行封闭注胶处理。

(3)桥面铺装全部凿除,重新浇筑混凝土及摊铺沥青混凝土;对于损坏的 T 形梁翼缘,凿除其损坏部分,现浇翼缘混凝土。

(4)变换支座位置,并全部更换为普通橡胶支座;原钢板伸缩缝更换为 XF80 伸缩缝。

2)连续梁变矮塔斜拉桥加固

位于挪威首都奥斯陆(Oslo)以南约 100km 处的普特桑德(Puttesund)大桥建成于 1970 年,是一座采用悬臂施工法修建的预应力混凝土单室箱梁桥。该桥主跨 138m,跨中设铰,由两侧填充岩石、各长 28m 的桥台段来平衡主跨重量。

由于悬臂过量下挠,普特桑德大桥在设铰处,经受着严重的坡度不连续性问题,主跨中心处下挠约 450mm(图 8-123),此外该桥的某些部位抗剪能力也不足,尤其后者是决定该桥需要加固的主要原因。

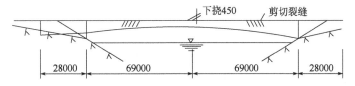

图 8-123 挪威普特桑德大桥结构及病害(尺寸单位:mm)

对普特桑德大桥悬臂的各种提升及加固方案进行研究后,决定将原来的整个结构改建成矮塔斜拉桥。为此选择了在原有结构主跨原支点处采用倒 Y 形钢桥塔及在每一部分悬臂上设置两对斜拉索的设计方案(图 8-124)。斜拉索支承体系对称地布置在铰附近,索间距 18m。"主跨"与"背跨"的斜拉索分别在上部结构箱梁底板外缘及填充岩石的锚碇段(桥台)处张拉。斜拉索所有的固定端锚具均设在公路路面以上高 33.5m 的桥塔上部。这一方案很好地解决了抗剪能力不足的问题,也几乎解决了悬臂下挠的大部分问题。大桥加固过程及完成效果如图 8-125 所示。

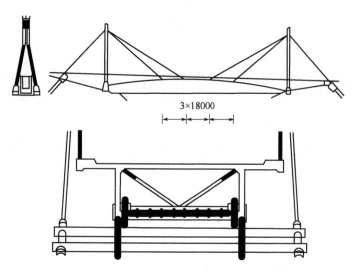

图 8-124 普特桑德大桥连续梁变矮塔斜拉桥加固方案(尺寸单位:mm)

a)钢桥塔设置　　　　　　　　　　　　　b)完成效果

图 8-125 普特桑德大桥连续梁变矮塔斜拉桥加固过程及效果

3)刚构-连续组合梁变矮塔斜拉桥加固

东明黄河公路大桥是我国首座长联大跨径预应力混凝土刚构-连续组合体系梁式桥,于 1993 年 10 月建成,全长 4142.14m。主桥为 9 孔一联,跨度为 (75 + 7 × 120 + 75)m,全长 990m。主梁采用单箱单室三向预应力箱梁结构,箱梁顶板宽 18.34m、底板宽 9m,墩顶梁高 6.5m、跨中梁高 2.6m。

2013 年对该桥进行检测发现主桥腹板出现与顶板呈 40°~60°夹角的斜向裂缝,多数分布

在跨长 $L/4$ 和 $3L/4$ 附近,另外,箱梁还存在如底板横向裂缝、顶板纵向裂缝及横隔板 U 形裂缝等其他形式的裂缝;各跨跨中均出现不同程度的下挠(最大值为 18.84 cm)。为了有效地改善主桥的受力状况和抬升跨中截面高度,于 2014 年提出采用斜拉体系加固方案对该桥进行加固。

东明黄河公路大桥主桥主梁加固施工流程为:桩基、承台及桥塔施工→托梁、托架工厂加工制作后运送至现场→临时吊装托架、托梁→混凝土箱梁底面打孔→安装托梁、托架及箱内钢支撑→挂索→斜拉索张拉→箱内体外预应力束调整→桥面系施工→成桥索力微调→新旧承台后浇带施工。东明黄河公路大桥刚构-连续组合梁变矮塔斜拉桥加固如图 8-126 及图 8-127 所示。

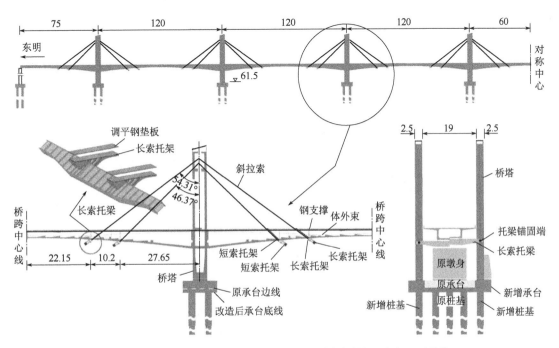

图 8-126 东明黄河公路大桥刚构-连续组合梁变矮塔斜拉桥加固方案(尺寸单位:m)

a)新增桩基础

b)托梁与托架

图 8-127

图8-127 东明黄河公路大桥刚构-连续组合梁变矮塔斜拉桥加固过程及效果

该斜拉体系主要由新增桩基础、桥塔、托梁、托架、箱内钢支撑及斜拉索等结构组成。

(1)新增桩基础共32根,以承担桥塔荷载。在原桩基两侧增设同直径、等长度的钻孔灌注桩基础。上部桩径为2.4m、下部桩径为2.0m,桩长为84m;桩基采用C30混凝土。新、旧钻孔灌注桩间中心距为5.75m,桩身净距为3.35m。

(2)桥塔为独柱式,桥塔与主梁无连接,以桥跨中心线对称布置(共16个,高44.53～46.78m)。边塔、次边塔采用预应力混凝土结构,中塔采用普通钢筋混凝土结构。边塔、次边塔采用多层滑动索鞍(包括索鞍鞍体、滚轮组件、索鞍底板、鞍座底板、钢箱笼等构件)形式,索鞍鞍体承担斜拉索竖向力,鞍体通过滚轮组件与鞍体底板连接,鞍体底板与索鞍底板通过高强螺栓连接,索鞍鞍体下部为标准钢箱笼(钢箱笼之间采用连接销定位,与混凝土塔柱采用剪力钉连接),中塔采用多层钢锚箱形式,锚箱设置于桥塔上部斜拉索锚固区,与混凝土塔柱通过剪力钉连接,锚箱最上层设置备用锚箱。

(3)托梁采用Q345D钢板加工制造,为全焊钢结构,采用变高箱形断面。托梁长23.5m、宽0.9m,中部梁高2m、端部梁高1.2m(采用直线过渡),质量约39t。

(4)托架为托梁与主梁间的过渡连接,采用Q345D钢板加工制造,为全焊钢结构。根据斜拉索倾角的不同,托架分为短索托架和长索托架2种。为方便托架安装和定位,在托架与主梁间设置调平钢垫板,托架与主梁采用M22高强度螺栓(长450mm,性能等级为10.9S,长索109根,短索99根)连接,并灌注粘钢结构胶;在托架与托梁间通过设置25mm厚的软钢衬垫来协调两者间的变形差异。托架与托梁采用M22的高强度螺栓(长80mm,性能等级为10.9S,长、短索均为40根)锚固。

(5)箱内钢支撑采用Q235B钢板加工制造,横撑截面为焊接H形,与箱梁间采用植埋螺杆锚固,并灌注粘钢结构胶。

(6)每半跨设置短索和长索各1对(共64根斜拉索),长索主梁锚固端距桥跨中心线22.15m,长、短索间距为10.2m,对称布置,长、短索桥塔锚固端设置在距桥面24m和22.5m处,通过托梁锚固端搭设的张拉平台进行斜拉索张拉施工。

加固改造后,该桥于2016年12月底进行载荷试验。载荷试验结果表明:桥梁受力得到改善,跨中截面高度得到抬升,结构自振频率得到极大改善,结构竖向位移响应也明显减少,加固效果明显。该桥斜拉体系加固主梁技术的成功应用,可为今后斜拉体系加固的设计和施工提供参考。

【思考题】

1. 增大截面加固技术的技术原理和主要特点有哪些?
2. 请简述增大截面加固技术的施工工艺。
3. 增大截面加固技术有哪些主要设计构造要求?
4. 增大截面加固技术与新建钢筋混凝土结构的计算原理有哪些不同?
5. 粘贴钢板加固技术的技术原理和主要特点有哪些?
6. 简述粘贴钢板加固技术的施工工艺。
7. 粘贴钢板加固技术有哪些主要设计构造要求?
8. 纤维复合材料(FRP)具有哪些力学性能特点?
9. 粘贴纤维复合材料(FRP)加固技术具有哪些优缺点?
10. 常用纤维复合材料(FRP)有哪些种类和形式?
11. 简述粘贴纤维复合材料(FRP)加固技术的施工工艺。
12. 粘贴纤维复合材料(FRP)抗剪加固的粘贴形式?
13. 粘贴纤维复合材料(FRP)抗弯加固技术有哪些主要设计构造要求?

14. 简述粘贴纤维复合材料(FRP)加固技术与粘贴钢板加固技术的技术原理和施工工艺的异同点。
15. 体外预应力加固技术的基本原理是什么？有哪些优缺点？
16. 简述体外预应力加固施工的一般工艺流程。
17. 体外预应力加固技术应注意哪些设计构造？
18. 体外预应力加固技术的转向块有哪些类型及具体形式？
19. 钢绞线网-聚合物砂浆加固技术的原理和特点？
20. 简述钢绞线网-聚合物砂浆加固技术的施工流程。
21. 简述预应力钢丝绳-聚合物砂浆加固技术的原理与特点。
22. 预应力钢丝绳-聚合物砂浆加固技术应注意哪些设计构造？
23. 简述预应力钢丝绳-聚合物砂浆加固技术的施工流程。
24. 比较钢绞线网-聚合物砂浆加固技术与预应力钢丝绳-聚合物砂浆加固技术的技术原理和施工工艺的异同点。
25. 改变结构体系加固技术的技术原理是什么？有哪些具体的方式？
26. 改变结构体系加固技术具有哪些特点？
27. 何谓简支梁变为连续梁加固方法？
28. 绘图说明连续梁变为矮塔斜拉桥加固方法的原理，并说明其应用场景。
29. 如何评价桥梁加固方案的？
30. 桥梁上部结构有哪些常用加固技术？试简要比较分析各自优缺点。

第 9 章
不同桥型上部结构的加固方法

9.1 加固原则

桥梁上部结构常用的加固方法有:增大截面加固法、粘贴钢板加固法、粘贴纤维复合材料(FRP)加固法、体外预应力加固法、更换主梁法、钢绞线网-聚合物砂浆加固技术、预应力钢丝绳-聚合物砂浆加固法、改变结构体系加固法等。虽然加固方法多种多样,但是对于一座特定待加固桥梁,应充分考虑桥梁实际状况、结构特点、病害特征及改造需求,采用可靠合理的、技术可行的、经济简便的加固方案。现针对不同桥梁结构形式、不同桥型上部结构,优先适用的加固方法简述如下:

1)简支梁桥

(1)抗弯能力不足或主梁挠度过大时,宜优先采用施加体外预应力、增大截面、改变结构体系(简支变连续)等加固方法。

(2)个别主梁(板)出现严重病害,而其他主梁良好,可采用更换主梁法加固。

(3)需提高的承载能力幅度不大时,可采用粘贴钢板或纤维复合材料法加固。

(4)梁(板)横向联系不足时,可采用增强横梁、增设横向预应力或加强桥面横向联系等方法加固。

(5)主梁斜截面抗剪能力不足时,可采用粘贴钢板或纤维复合材料法加固。

(6)预制预应力混凝土箱梁(板)的底面沿纵向预应力钢束位置开裂时,宜对裂缝进行处理,并进行耐久性加固。

2)连续梁桥、悬臂梁桥、连续刚构桥

(1)箱梁的刚度不足且产生严重下挠时,应施加体外预应力加固,也可采用改变体系法加固。

(2)箱梁的抗剪承载能力不足时,可采用增大截面、粘贴钢板、粘贴纤维复合材料或增设竖向预应力等方法加固。

(3)箱梁的抗弯承载能力不足时,可采用体外预应力、粘贴钢板、粘贴纤维复合材料或增大截面等方法加固。

(4)箱梁顶、底板因承载力不足纵向开裂时,可采用粘贴钢板、粘贴纤维复合材料或新增横肋等方法加固。

(5)箱梁齿板局部承压能力不足引起齿板破坏或锚固区箱梁局部开裂时,可采用增大截面或粘贴钢板等方法加固。

(6)悬臂端牛腿开裂时,宜采用粘贴钢板、粘贴纤维板材或施加体外预应力等方法加固。

3)拱桥

(1)圬工拱桥可采用增大主拱截面、调整拱上建筑恒载及增强横向整体性等方法加固。

(2)双曲拱桥可采用增大截面或改变截面形式、粘贴钢板和纤维复合材料以及增强横向整体性等方法加固。

(3)桁架(刚架)拱桥可采用增强横向整体性、粘贴钢板和纤维复合材料、施加体外预应力以及增大构件截面等方法加固。

(4)钢筋混凝土箱板(肋)拱桥可采用增大截面、调整拱上建筑恒载、增加拱肋、增强横向整体性以及粘贴纤维复合材料等方法加固。

(5)钢管混凝土拱桥可采用外套钢管混凝土增大截面、粘贴纤维复合材料、更换吊杆或系杆、改善桥面系结构以及增强横向整体性等方法加固。

4)悬索桥、斜拉桥

(1)悬索桥可采用更换吊索(杆)、增设斜拉索、设置中央扣及加强加劲梁等方法整体加固;也可采用更换加劲梁构件、增大截面、粘贴钢板或纤维复合材料等方法局部加固索塔和加劲梁。

(2)斜拉桥可采用更换拉索、增设辅助墩、增设纵横向主梁限位装置、增设斜拉索减震装置等方法整体加固;也可采用增大截面、粘贴钢板或纤维复合材料等方法局部加固桥塔和加劲梁。

9.2 空心板梁桥维修加固技术

9.2.1 铰缝破坏的加固

针对空心板梁桥铰缝破坏的加固应根据铰缝破坏的情况及桥梁实际使用条件制定相应的加固方案,常用的加固方法如下:

1)重新浇筑铰缝

该方法主要针对铰缝混凝土严重破碎、塌陷的情况,此时需要重新浇筑铰缝,且同时结合路面铺装维修需要更换铺装层。具体施工步骤为凿除、清理既有桥面铺装及铰缝损坏的混凝土,重新浇筑铰缝及铺装桥面,从而恢复铰缝的剪力传递,如图9-1所示。铰缝浇注材料可采用C50微膨胀细石混凝土、砂浆、无收缩性灌浆料,满足灌注材料要求的适宜的流动度、微膨胀性及早强特点。

a)拆除铺装层

b)浇筑铰缝

图9-1 重新浇筑铰缝

2)锚固连结钢板法

该方法通过胶黏剂和锚固螺栓把间隔分布的钢板垂直粘贴并锚固于相邻两块空心板梁梁底,代替铰缝起传力作用,恢复桥梁荷载横向传递能力,从而提高结构整体性能。具体实施时,首先将铰缝下口内的松散混凝土凿除并用砂浆勾缝,待砂浆达到一定强度后,将铰缝位置两侧底板打磨平整,清除混凝土表面浮浆、碳化层并清洗干净晾干,按照粘钢工艺骑缝对称粘贴锚固钢板,通过骑缝钢板实现剪力传递。例如,采用15cm宽、6mm厚的钢板加固空心板梁。钢板纵向距离一般为0.8~1.5m,但也可根据受力特点,在跨中部分布置得密些,两边支点处布置得稀疏些。钢板两端用螺栓锚固,粘贴钢板后用防锈材料进行涂装。如果结合桥面铺装层重新浇筑,可在铰缝顶部铺装层内增加局部钢筋网,增加桥梁的整体性及刚度。锚固连结钢板法原理及示例如图9-2所示。

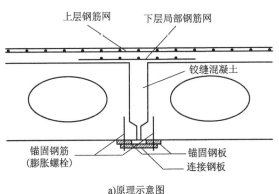
a)原理示意图

b)示例

图9-2 锚固连接钢板法

3)化学压浆法

化学压浆法是通过使铰缝形成密闭空腔,然后在铰缝底部均匀分布打眼,埋设灌浆嘴,将灌浆材料压入受损铰缝缝隙内,使其迅速扩散、固化,恢复破损缝隙之间的黏结力,进而有效恢复桥梁结构整体性的加固方法(图9-3)。打眼部分缝隙中空较大,压浆材料固化后会形成类似"剪力键"的结构,有利于横向传力。例如,首先沿铰缝设置PVC(聚氯乙烯)灌浆嘴,纵向间距30~60cm,直径0.8~2.5cm,深度约10cm。之后采用环氧腻子、聚氨酯泡沫或玻璃胶封闭铰缝底部,待封缝材料达到一定强度后,采用高压灌浆设备,压入环氧树脂等黏结材料,恢复铰缝的结构构造。化学压浆法修复铰缝,可以在不破坏原结构、不中断交通的情况下施工,操作简便,施工速度快,力学性能优异,密封及防水性能强。在施工完成后,根据黏结材料的固化时间要求,适当进行交通管制,能够取得更加理想的加固效果。

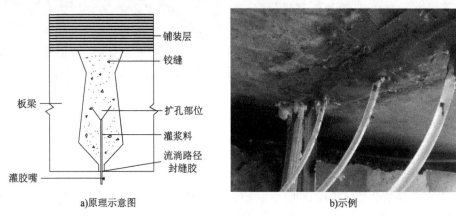

图9-3 化学压浆法

4)横向预应力法

横向预应力法主要是通过在空心板梁底横向张拉锚固预应力筋,对铰缝施加横向预压应力,以抑制、减小企口缝下缘混凝土横向拉应力,增大两侧板梁间的摩擦力,实现铰缝两侧剪力的传递(图9-4)。施加的横向预应力能够使空心板梁的横向下缘混凝土达到受压状态,平衡桥梁的横向弯矩,各空心板之间可以同时传递竖向剪力和弯矩,结构由铰接形式变为刚接形式,从而增强板梁上部结构的横向连接能力。同时,由于空心板的横向连接从铰接变为刚接,改善了荷载的横向分布,有利于各板的协同工作,共同分担车荷载,最终提高了整个桥梁的承载能力。预应力筋可采用钢绞线、粗钢筋及高强度钢丝绳等材料。例如,在桥跨跨中区域纵向按1~3m间距在空心板底面布置多根横向体外预应力筋(钢绞线),其锚具采用HVM型锚具,并采用植筋技术将钢绞线锚固于两侧边板侧壁的锚板,实现对空心板梁桥的加固。

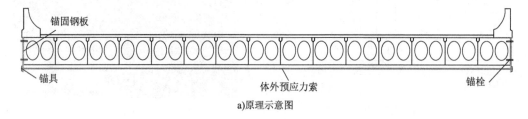

图 9-4

b)体外预应力及布置(高强度钢丝绳)

c)端部锚固(高强度钢丝绳)

图 9-4 横向预应力法

9.2.2 抗弯承载力不足的加固

针对空心板梁桥抗弯承载力不足的加固,可采用粘贴钢板加固法、粘贴纤维复合材料(FRP)加固法、体外预应力加固法、钢绞线网-聚合物砂浆加固技术、预应力钢丝绳-聚合物砂浆加固法等,具体应根据桥梁实际情况制订加固方案。由于空心板具有较大的底部平面,能够为预应力钢丝绳提供较好的布置空间,方便预应力张拉锚固,故预应力钢丝绳-聚合物砂浆加固法,具有许多其他加固方法不能达到的效果,特别是对于裂缝病害严重的空心板梁桥,荷载提高效果明显。如图 9-5 所示为空心板梁桥几种典型抗弯加固方法实施示例。

a)粘贴钢板加固法

b)粘贴纤维复合材料(FRP)加固法

c)体外预应力加固法

d)预应力钢丝绳-聚合物砂浆加固法

图 9-5 空心板梁桥几种典型抗弯加固方法示例

9.2.3 抗剪承载力不足的加固

27.空心板内腔灌注混凝土抗剪加固实例

空心板梁桥由于横向拼接紧密,相邻梁板之间无空隙,一旦出现抗剪承载力不足,常规抗剪加固方法缺少实施空间,加固常较为困难,如粘贴钢板加固法、粘贴纤维复合材料(FRP)加固法等都无法顺利实施。针对这一难题,一种空心板内腔灌注混凝土的抗剪加固方法得到了开发及应用(图9-6)。该方法主要通过对空心板梁的板底或板顶开孔及埋设管,设置封堵物(封堵待加固区域空腔的内端头),向空心梁抗剪加固区域的空腔内灌注填充物,并植入贯穿填充物及空心板梁的底板和顶板的抗剪钢筋,实现对空心板梁的抗剪加固。

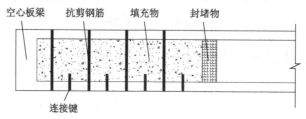

图9-6 空心板内腔灌注混凝土抗剪加固方法原理图

此方法能够在不中断交通的前提下实施,不改变空心板梁外形。连接键有效将填充物与既有梁体连为一体,抗剪钢筋与填充物共同作用,实现空心板梁抗剪承载力的提高,加固效果好,操作步骤简单,施工效率高。

空心板内腔灌注混凝土抗剪加固方法的典型工艺流程如图9-7 所示。

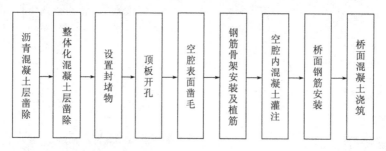

图9-7 空心板内腔灌注混凝土抗剪加固方法工艺流程

(1)沥青混凝土层凿除

按照设计图纸要求在沥青表面放线,后采用沥青切割机沿放线位置切割,切割深度应严格控制为沥青混凝土层厚度。

(2)整体化混凝土层凿除

采用高压水射流混凝土铣刨机(水刀)凿除整体化混凝土,避免空心板梁顶面受损;高压水射流混凝土铣刨机铣刨完成后,应采用风镐凿除未铣刨完全的混凝土,尤其是凿除区域四周边缘的混凝土。

(3)设置封堵物

开设局部封堵孔,通过封堵孔对空心板梁的特定空腔区域填塞或灌注封堵物。封堵物呈固态或后凝固固态(图9-8)(具体可采用砌筑砖体、混凝土、加气混凝土及聚氨酯泡沫等),封堵待抗剪加固区域的空腔内部端头,其沿纵向宽度为30~60cm,可为灌注混凝土提供侧向模板。

a)灌注过程

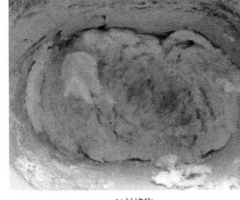
b)封堵物

图 9-8　设置封堵物

(4) 顶板开孔

采用高压水射流混凝土铣刨机在空心板梁顶板开孔(图 9-9),顶板开孔应严格按照设计图纸放样,孔中心位置偏差小于 10mm。若顶板开孔处钢筋存在弯曲情况,应截断弯曲部分并采用替换钢筋(如直径为 12mm 的 HRB400 钢筋)进行焊接替换,两端焊接长度不应小于 10 倍的钢筋直径。

a)铣刨机开孔

b)开孔效果

图 9-9　顶板开孔

(5) 空腔表面凿毛

对空心板梁的空腔内部进行清理,清理完成后对空腔表面凿毛;顶板孔对应的空腔表面必须完全凿毛,其余位置应尽量凿毛,凿毛点数不应少于 600 点/m^2,点深不应小于 3mm;凿毛后,应对空腔内部进行彻底清理。可使用铲子、夹子等工具清理混凝土碎块,采用背式吹风机或空压机清理混凝土碎渣及灰尘;空腔内不允许有混凝土碎渣残留。条件允许时,宜采用水流冲洗空腔,并在梁体底部开小孔排水。

(6) 钢筋骨架安装及植筋

空腔内绑扎钢筋,在腔内形成整体钢筋骨架;在顶板开孔处竖向植筋,植筋数量、直径及植筋孔深应按照设计要求布设(图 9-10);植筋孔成孔后,应使用专用吹风机清孔。

a)腔内植筋　　　　　　　　　　　　b)腔内钢筋骨架

图9-10　腔内植筋及钢筋骨架

(7)空腔内混凝土灌注

在对空心板梁的特定空腔区域填塞或灌注封堵物并对空腔完成清理的基础上,洒水将空腔内表面全部湿润(不得有积水),自顶板开孔处进行空腔内混凝土灌注(图9-11),边灌注边振捣,振捣棒应轻插慢提,振捣时间宜为20~30s,插入振捣前后间距应为30~50cm,不能过振、漏振,浇筑持续至顶板开孔处全部填满为止。

待顶板开孔位置混凝土终凝后及时洒水养生。养生过程应持续、不间断,确保混凝土表面湿润。

(8)桥面钢筋安装

布设安装桥面钢筋(图9-12),桥面横向、纵向钢筋交点需全部焊接或绑扎,新安装桥面纵向钢筋应与原桥面预留钢筋焊接,焊接长度不应小于20cm;新植入的桥面剪力构造钢筋顶端宜弯曲后与桥面钢筋平行紧靠,桥面钢筋与植筋必须焊接连接;严格控制钢筋顶面高程,保证保护层厚度满足设计要求;不得踩踏桥面钢筋,以免造成下沉。

图9-11　空心板梁空腔内灌注混凝土　　　　　图9-12　桥面钢筋安装

(9)桥面混凝土浇筑

桥面混凝土浇筑过程中应边浇筑边振捣,沿横断面连续振捣密实,并应注意板底、内部、边角处,振捣棒距离模板边缘不应大于20cm;表面整平后,用木抹子揉压,将混凝土表面挤紧压实,至压出水浆,一般需揉压3~5次。

当混凝土表面能支承人工作业时,立即用混凝土收面机在混凝土表面打磨压光,对收面存在瑕疵的位置应进行局部收面;收面完成后应采用土工布覆盖桥面,覆盖应全面;及时洒水养生,养生须连续不间断,确保土工布一直处于湿润状态。养生时间不小于7d。

空心板内腔灌注混凝土抗剪加固方法与传统空心板梁桥抗剪加固方法相比,具有如下优点:

(1)不改变空心板梁外形,不改变桥下净空,不改变桥梁结构受力体系。
(2)抗剪钢筋有效连接空腔内灌注混凝土与既有梁体为一体,共同工作。
(3)抗剪钢筋与填充物共同提高空心梁的抗剪承载力,加固效果好。

另外,顶板开孔可尝试改为底板开孔,在梁底完成相关施工,无须拆除桥面铺装。

9.2.4 铺装层修复

修复损坏的桥面铺装层,优先采用C40以上钢纤维、聚丙烯纤维混凝土,以提高桥面抗压强度和抗折强度,改善抗裂、抗渗性能,提高韧性,并增强桥面抗磨性和抵抗行车荷载的冲击性,进而延长桥面铺装层的使用寿命,减少塑性龟裂,防止雨水下渗锈蚀桥面混凝土内的钢筋;同时,减小桥面铺装的厚度,减轻桥面铺装的自重。

为了保证新浇筑铺装层与原有桥面之间的黏结,可植入抗剪构造钢筋,新浇筑混凝土铺装层可布置双向钢筋网(图9-13);同时,加强桥面铺装层结构的整体性刚度及承载力,可提高空心板梁的横向整体工作性能,提高桥梁整体的刚度与承载能力。

a)抗剪构造钢筋

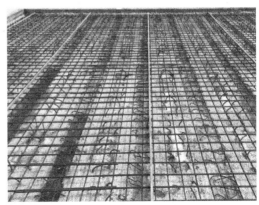
b)双向钢筋网

图9-13 铺装层修复

9.3 T梁桥维修加固技术

9.3.1 抗弯加固

1)增大截面加固法

T梁增大截面加固法常采用的方式是在梁底及侧面增大截面尺寸并增加配筋,从而增加受拉钢筋的面积,增加梁

28.桥面混凝土铺装改造及新增混凝土养护照片

29.九江长江公路桥梁加固改造工程演示动画

高或梁宽即增加梁的截面面积,达到抗弯加固目的(图9-14)。这种加固方法适用范围广,但施工时须搭临时支架,较为繁琐,且施工周期长。

T梁增大截面加固法的另一种方式是加铺桥面补强层。桥面铺装层既是桥面保护层,又是上部结构的共同受力层,同时对车辆荷载的横向分配也起着重要作用。针对桥面铺装破损严重及T梁混凝土强度减弱的情况,可结合桥面铺装维修改造,在T梁顶部加铺一层高强度的钢筋混凝土补强层(图9-15),使其与主梁形成整体,从而达到通过加厚主梁高度,即增大梁截面有效高度,提高抗弯承载力和抗弯刚度的目的。

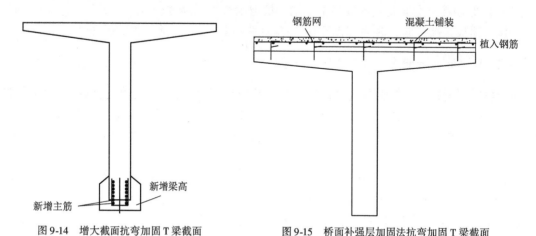

图9-14 增大截面抗弯加固T梁截面　　　　图9-15 桥面补强层加固法抗弯加固T梁截面

桥面补强层加固法的常规工艺为:凿除原T梁的沥青混凝土和普通混凝土,重新绑扎钢筋网浇筑钢筋混凝土补强层。为保证桥面铺装与T梁混凝土可靠结合,可同时垂直打孔植入抗剪构造钢筋(植入深度一般为5cm以上),抗剪钢筋顶部弯折后与桥面铺装钢筋网焊接。铺装层钢筋网应按一定间距布置纵向、横向双向钢筋,钢筋直径为10mm以上,铺装层与原有主梁形成整体。

2)粘贴钢板加固法

T梁的受力特点为梁底部受拉,顶部受压。利用混凝土受压性能好、钢材受拉性能好的特性,在T梁受拉区粘贴钢板可弥补受拉钢筋不足的情况。该方法使T梁恒载增加较小,而力学性能改善显著。在主梁跨中两侧范围内,在底板粘贴钢板进行抗弯加固;在梁端区加密粘贴外包U形箍钢板条,以确保抗弯加固钢板的可靠锚固,并提高主梁弯剪区域的抗剪能力;此外,对宽度大于0.15mm的裂缝还需进行化学注胶处理。钢板与混凝土的黏结可采用涂胶法和压力注胶法两种方式。粘贴钢板加固法的加固钢材需做防锈处理,U形箍、锚栓等锚固构造是确保其加固效果的必要措施(图9-16)。

3)体外预应力加固法及预应力钢丝绳加固法

当T梁结构性裂缝病害严重、挠度较大、预应力筋断裂锈蚀或预应力损失严重时,体外预应力加固法及预应力钢丝绳加固法是应优先选用的加固方法。

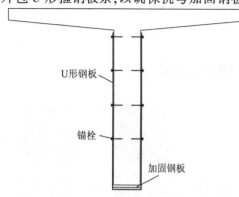

图9-16 粘贴钢板抗弯加固T梁截面

由于T梁腹板侧面具有足够且合适的体外预应力布置空间,体外预应力常采用折线布置的形式(图9-17)。其基本做法为:体外预应力筋在跨中区域水平布置,在1/4跨附近向上弯折,转向后斜向上锚固于靠近梁端的腹板侧面或凿除梁端桥面铺装后的梁端顶部。

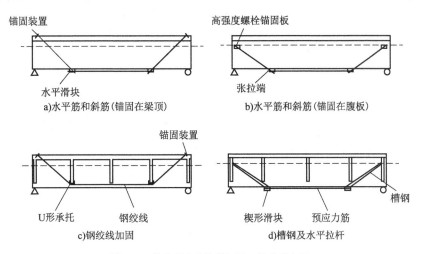

图9-17 体外预应力抗弯加固T梁典型布置

体外预应力加固法常见有四种加固体系,大致可分为三类。

(1)体外预应力筋(束)由水平和倾斜布置的钢筋、钢绞线或钢丝束组成,两者以滑块相连接。图9-17a)和b)分别为斜筋上端锚固在梁顶和腹板上。对于斜筋的上端锚固在梁顶的情况,可以在梁顶张拉斜筋,牵动水平筋受力。

(2)水平筋和斜筋由一根钢索组成[图9-17c)],钢索一般为钢丝绳、钢丝束或钢绞线,在其转折点应设置转向滑块,滑块应固定在主梁的横隔板或横隔梁底面,可用手动葫芦张拉水平筋,亦可用千斤顶张拉斜筋[图9-17c)]。

(3)斜向部分由带楔形滑块的槽钢组成[图9-17d)],水平筋可选用粗钢筋、钢丝绳、钢绞线或高强度钢丝束,采用张拉水平筋的方式对梁体施加预应力。T梁体外预应力加固通常可借助于横隔板作为转向块实现转向。

与普通体外预应力加固法相同的是预应力钢丝绳加固法,这也是一种体外预应力加固方法。特别之处在于,预应力钢丝绳加固法所用钢丝绳直径较小,锚具轻便,张拉更加便利。钢丝绳外侧涂抹黏结砂浆,适用于加固抗弯承载力提升需求幅度不大的T梁。预应力钢丝绳布置于梁体下缘或侧面靠近底部的位置(图9-18),且一般只能做直线布置,层数可设置为1~2层。布置时先在T梁底面布置,当底面布置空间不足时,可在T梁腹板两侧靠近下缘位置布置。

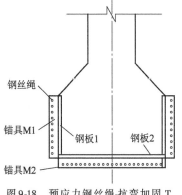

图9-18 预应力钢丝绳-抗弯加固T梁设计方案

4)钢板-混凝土组合抗弯加固T梁

钢板-混凝土组合法为增大截面法与粘贴钢板法的有效结合,通过在钢板上焊接栓钉、在原混凝土表面植筋、在原结构及加固钢板间浇筑混凝土等措施使加固部分与原混凝土结构形成整体,共同工作。新老混凝土通过植筋协同工作,钢板和后浇混凝土通过栓钉相连接,而新混凝土则作为钢板与原结构之间的连接层,这样原结构和新混凝土、钢板形成了共同工作的整体,这使加固后的结构具有承载力高、刚度大、自重增加较小、耐久性好等优点。其加固原理如图 9-19 所示。

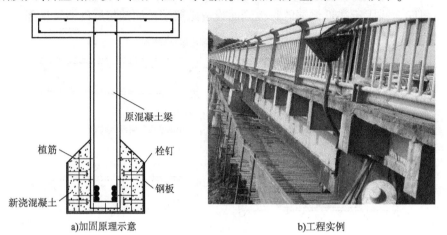

a)加固原理示意　　　　　　b)工程实例

图 9-19　钢板-混凝土组合抗弯加固 T 梁

5)其他加固法

除了以上方法,目前其他常用的 T 梁抗弯加固方法还有粘贴 FRP 加固法及钢绞线网-聚合物砂浆加固法等。粘贴 FRP 加固法对截面刚度提高不大;钢绞线网-聚合物砂浆加固法类似于预应力钢丝绳加固法,但未施加预应力,属于普通被动加固方法。此两类方法不适用于裂缝病害严重的 T 梁的抗弯加固。

9.3.2　腹板加固

T 梁腹板加固主要指为解决抗剪承载力不足问题的斜截面加固。对腹板回固时应针对斜截面病害情况和施工条件,选择适宜的加固方法。常用的腹板加固方法有增大截面加固法、粘贴钢板加固法、粘贴纤维复合材料(FRP)加固法(图 9-20)、钢绞线网-聚合物砂浆加固技术等。

图 9-20　粘贴 FRP 抗剪加固 T 梁实例

(1)对于 T 梁腹板(梁肋)宽度偏小,不满足规范规定最小截面尺寸要求(抗剪强度上限值)的情况,应采用增大截面加固法将腹板(梁肋)加厚,在此基础上再采用其他加固措施。

(2)对于原梁腹板(梁肋)出现较严重斜向裂缝,抗剪承载力不足的情况,宜优先采用有黏结预应力加固方案。有黏结预应力加固方案有利于降低斜截面主拉应力,减小裂缝宽度。采用横向拉紧变形法张拉的有黏结预应力斜截面加固方案,构造简单,施工方便,在经济上也有

(3)对于原梁腹板(梁肋)出现较严重斜向裂缝、抗剪承载力不足的情况,亦可考虑采用粘贴钢板或粘贴高强度纤维复合材料(布或薄板)及钢绞线网-聚合物砂浆的斜截面加固方案。

9.3.3 横隔板或横向联系不足加固

针对T梁桥横隔板损坏或横向联系不足的加固,目前的加固方法有增大截面法、粘贴锚固钢板或增焊连接钢板、粘锚V形钢板、增设横向预应力构件、增设横隔板或横向钢桁架等。增设横向预应力构件、增设横隔板或横向钢桁架适合于横隔板数量不足、横向联系很弱的桥梁,增设的横隔板分为钢结构混凝土、预制钢筋混凝土和现浇钢筋混凝土等,应根据实际情况合理选取。

30.桥梁新增横隔板工程实例照片

1)增大截面法加固横隔板

增大横隔板截面,可以有效提高横隔板的刚度。横隔板是T梁横向联系的关键构件,因此修复或提高横隔板的横向联系的效果关系整个桥梁的刚度及承载力。在加大横隔板截面的同时,可以加设横向预应力筋,提高桥梁整体的横向刚度。增大截面法工艺如下:首先,在横隔板侧面打孔,穿过T梁腹板设置横向通长钢筋、预埋波纹管,凿除横隔板破碎混凝土;其次,绑扎普通钢筋,浇筑新增马蹄形增大截面;最后,张拉预应力筋,如图9-21所示。

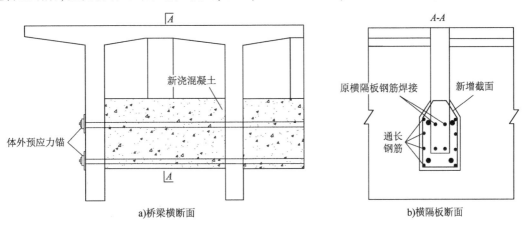

图9-21 T梁横隔板增大截面法加固

2)粘贴锚固钢板或增焊连接钢板加固横隔板

粘贴锚固钢板加固横隔板:对受损横隔板进行除锈处理,若原焊缝存在开裂现象,重新焊接牢固后,涂抹水泥砂浆防护,在横隔板对接部位的侧面使用环氧砂浆找平,两侧粘贴锚固钢板,并设置对穿螺栓锚固。图9-22所示设计示例粘贴锚固钢板的规格为500mm×150mm×8mm,图9-23给出另一粘贴锚固钢板加固T梁横隔板现场示例。

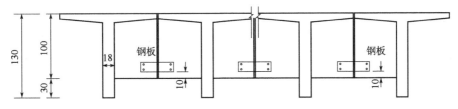

图9-22 粘贴锚固钢板加固T梁横隔板设计示例(尺寸单位:cm)

图 9-23 粘贴锚固钢板加固 T 梁横隔板工程实例

增焊连接钢板加固横隔板:当混凝土横隔板端部原连接钢板锚固可靠且可用时,凿除横隔板破损区域混凝土,将加固钢板两端及侧面焊接于原连接钢板,再用环氧砂浆等修补。

3)粘锚 V 形钢板加固横隔板

粘锚 V 形钢板加固横隔板适用于严重破损的 T 梁横隔梁加固,如横隔梁下缘连接钢板失效、横隔梁错位连接、整体性破坏等。粘锚 V 形钢板加固横降板的特点在于 V 形钢板为三角形单元构架,结构稳定,整体性好;加固施工时不破坏原有结构,不需要大量混凝土浇筑,因而维修时不要求封闭交通;以连续杆件取代原结构上、下缘的钢筋连接,以斜杆取代原设计的斜筋,未改变结构的计算模式。由于构件是整体式,受力明确,优于原钢筋连接,如图 9-24 所示。

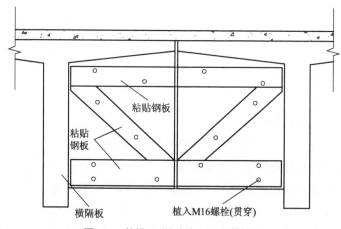

图 9-24 粘锚 V 形钢板加固 T 梁横隔板

4)增设横向预应力构件

在原相邻两块横隔板之间,以预应力钢管拉杆的形式增设横向预应力构件,通过预应力钢管拉杆加强其整体性。钢管两端顶撑于相邻两片 T 梁的侧面,钢管内穿设粗钢筋,沿着桥梁纵向可增设多道平行的预应力钢管拉杆。例如,某斜交 T 梁桥,增设预应力钢管拉杆增强横向联系,如图 9-25 所示。增设的预应力钢管拉杆采用 ϕ102 热轧普通钢管,厚 10mm,中间用 ϕ32mm 精轧螺纹钢筋施加预应力,每 3 个主梁(1~3 号、3~5 号、5~6 号、6~9 号主梁)增加一道正交预应力钢管拉杆,横桥向共增加 4 道阶梯形预应力钢管拉杆,一跨共增加 16 道。

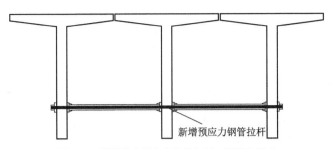

图 9-25　增设横向预应力构件加固 T 梁横向联系

5) 增设横隔板或横向钢桁架

对于原横隔板过少,间距过大,横向联系极其薄弱的 T 梁桥,可在原相邻两块横隔板之间增设横隔板或横向钢桁架来加强横向联系,增设的横隔板或横向钢桁架通过 T 梁侧面植筋实现与原 T 梁连接。

9.3.4　T 梁纵向接缝及翼缘截面加固

预制 T 梁翼缘之间一般通过横向接缝连接,在两片 T 梁连接处形成简单的铰接。由于其翼缘横向联系薄弱,常出现横向接缝破损、全桥刚度不足现象,因此 T 梁纵向接缝及翼缘经常面临修复与加固的需求。增大与加强后浇湿接缝是加强 T 梁横向刚度的有效措施。对于破损翼缘及已有裂缝的翼缘,应凿除原有混凝土,再用 C50 以上混凝土重新浇筑。具体施工时需将相邻 T 梁翼缘纵向接缝左右各 30cm 范围内的混凝土凿开(保留横向钢筋),然后将相邻梁片的横向钢筋通过短钢筋焊接,并沿纵缝设构造钢筋,最后浇筑翼缘搭接部分混凝土,如图 9-26 所示。

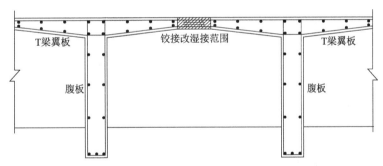

图 9-26　T 梁翼缘纵向接缝铰接改湿接加固示意图

对于 T 梁翼缘板的截面补强,可采用粘贴钢板法加固。在相邻两块横隔板之间及翼缘底面粘贴钢板,并用锚栓锚固;在翼缘纵向接缝处,如已凿除桥面系,可在 T 梁翼缘顶面与底面对应处粘贴钢板加固,顶面与底面钢板用对穿螺栓锚固。

9.4　组合箱梁桥维修加固技术

对于组合箱梁桥上部结构,一般抗弯、抗剪承载力不足时,常用的加固方法与 T 梁类似,如增大截面加固法、粘贴钢板加固法、粘贴纤维复合材料(FRP)加固法、体外预应力加固法、钢绞线网-聚合物砂浆加固技术、预应力钢丝绳-聚合物砂浆加固法等,图 9-27 所示为体外预应力加固组合箱梁工程示例。由于组合箱梁桥纵向多跨连续且横向多个箱梁并列共同承载,故而产生了一些针对性的加固方法。

a)箱梁底部

b)箱梁侧面

图 9-27　体外预应力加固组合箱梁工程示例

9.4.1　邻跨配重粘贴钢板加固法

1)技术原理及特点

传统粘贴钢板加固技术是一种被动加固方法,只能额外分担活载效应,不能降低桥梁结构本身承担的恒载效应。邻跨配重粘贴钢板加固法(图 9-28),结合了组合箱梁的连续多跨特点,通过邻跨配置实现在加载状态下粘贴钢板。先改变拟加固跨箱梁的应力状态,再粘贴钢板,待粘钢胶固化后,卸掉邻跨的配重,即相当于给粘贴的钢板施加了一定的预应力。这除了提高箱梁的承载力之外,也可以部分改善箱梁梁体的应力情况,有利于限制混凝土裂缝开展。

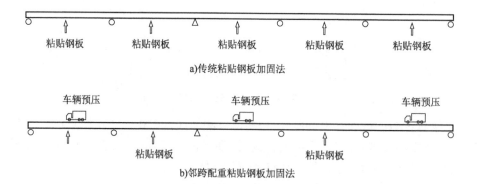

图 9-28　传统粘钢加固和邻跨配重粘贴钢板加固对比

邻跨配重粘贴钢板加固法属于半主动、半被动的加固方法:粘贴的钢板受邻跨配重卸载影响,分担了小部分的恒载内力,后续继续参与承担活载内力。此外,箱梁下缘混凝土得到了预压效应,梁体下缘应力一定程度上有所减小,这对防止箱梁裂缝的进一步开展非常有利。

2)关键施工工艺

邻跨配重粘贴钢板加固法与传统粘贴钢板加固法在施工工艺上的区别在于:传统粘贴钢板加固各跨时钢板可以一起施工,邻跨配重粘贴钢板加固在粘贴某一跨钢板时需要对临跨配载压重后方可进行。其主要施工工艺流程如图9-29所示。

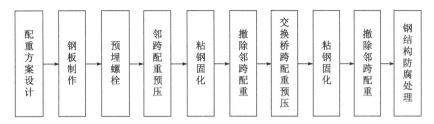

图9-29 邻跨配重粘钢加固法工艺流程

以5跨连续组合箱梁为例,具体工艺步骤包括:

(1)配重方案设计。采用邻跨配重粘贴钢板的方式进行加固,可以采用交叉跨配重方案。在粘贴第2、4跨钢板的时候,对第1、3、5跨跨中进行压载。每跨按车道布置满荷载车,如图9-30所示。

图9-30 邻跨配重车辆布置

(2)钢板制作。核查病害,熟悉加固图纸、搭设施工支架,工厂制作加固用钢板。

(3)预埋螺栓。对箱梁底板及腹板纵向钢板钻孔、植锚栓,做好粘贴准备,对裂缝宽度大于0.15mm的裂缝进行灌缝处理。

(4)邻跨配重预压。先对奇数跨跨中进行车辆配重预压,改变箱梁应力状态和变形。

(5)粘贴钢板固化。待箱梁变形稳定后,粘贴锚固偶数跨底板纵向钢板和腹板钢板。

(6)撤除邻跨配重。待偶数跨黏结剂固化后,撤除奇数跨汽车配重,使钢板产生预应力并改善箱梁应力状态。

(7)交换桥跨配重预压。对偶数跨进行车辆预压,待箱梁变形稳定后,粘贴奇数跨底板纵向钢板和腹板下缘钢板。

(8)撤除邻跨配重。待奇数跨黏结剂固化后,撤销偶数跨汽车配重。

(9)钢结构防腐处理。对钢结构外露部分进行防腐处理,同时对全桥再次检查,并对加固施工期间可能新出现的裂缝进行封缝、灌缝处理。

9.4.2 K形连续横向支撑法

1）技术原理及特点

K形连续横向支撑法主要用于组合箱梁横向加固,它采用化学锚栓将工厂预制的钢顶板、钢底板、钢腹板依次安装在湿接缝底板、箱梁底板、箱梁腹板,将钢横梁安装于钢底板,将K形斜撑安装在钢顶板与钢底板之间,之后对钢顶板与湿接缝底板之间、钢底板与箱梁底板之间及钢腹板与箱梁腹板之间进行压力注胶完成相应钢板粘贴,形成K形连续横向支撑加固体系。

该方法通过横向传力性能优异的K形连续支撑体系在各片箱梁之间建立了横向共同受力体系,增强了箱梁之间的横向联系,提高了箱梁的共同工作能力,加强了桥梁的整体刚度,使得局部承受的车辆荷载能够均匀的分摊给相邻箱梁,尤其可以缓解重载车辆靠右行驶造成的偏载问题。

K形连续横向支撑法具有以下特点:①主要材料可预制、易标准化,大大提高了施工效率;②连续支撑有效增加了桥梁横向联系,加强了桥梁的整体性,加固后整体结构美观。

2）关键施工工艺

K形连续横向支撑法的主要施工工艺流程如图9-31所示,具体工艺步骤包括:

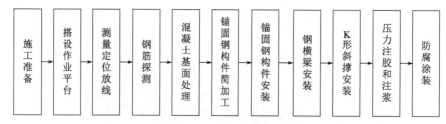

图9-31 K形连续横向支撑法施工流程

（1）施工准备。熟悉和分析施工现场的环境,熟悉桥梁原设计图纸、加固设计图纸、施工技术规范和质量要求等资料。典型K形连续横向支撑法加固组合箱梁的截面及建筑信息（Building Information Modeling,BIM）模型如图9-32所示。

（2）搭设作业平台。作业平台宜在桥台、桥墩柱两侧对称搭设,脚手架与桥台、桥墩柱及盖梁贴紧卡牢,施工前应核对构件尺寸、病害。

（3）测量定位放线。按照施工图纸,对K形连续横向支撑的钢构件（钢顶板、钢腹板、钢底板）安装位置进行测量定位放线（图9-33）,准确确定并标示钢构件的安装位置。

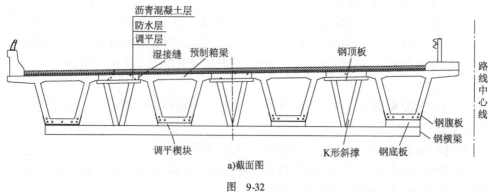

a)截面图

图 9-32

b)BIM模型图

图 9-32 典型 K 形连续横向支撑法加固组合箱梁截面图及 BIM 模型图

a)钢底板放线

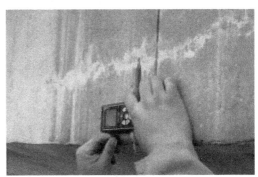
b)钢腹板放线

图 9-33 钢构件安装位置测量定位放线

(4)钢筋探测。对 K 形连续横向支撑的锚固钢构件(钢顶板、钢腹板、钢底板)的设计安装位置进行原构件混凝土配筋探测(图 9-34),掌握其钢筋的分布情况,精确确定并标示植筋的具体位置,植筋位置尽量与受力主筋及结构钢筋错开,确保钻孔不会损伤原结构主筋。钢筋探测时可参考原设计图纸和竣工图纸等工程资料。

图 9-34 锚固钢构件安装位置钢筋探测

(5)混凝土基面处理。对锚固钢构件设计安装位置混凝土进行凿毛处理(图 9-35)。其中,钢顶板位置需要凿至原湿接缝配置的钢筋完全外露;钢腹板、钢底板位置的混凝土表面需要凿除 1~2mm 的混凝土面层,并用空气压缩机进行除尘,若表面严重凹凸不平或存在空洞缺陷等,应采用结构胶进行批嵌至表面密实。

a)腹板混凝土凿毛

b)湿接缝底部混凝土凿除

图 9-35　锚固钢构件安装位置混凝土基面处理

(6)锚固钢构件简加工。为确保锚固钢构件(钢顶板、钢腹板、钢底板)安装位置与设计位置一致,同时保证安装时钻孔可避开原构件配筋,需在探测钢筋位置后,确定钢板的开孔位置,故需对钢顶板、钢腹板、钢底板进行现场钻孔(图 9-36)。

图 9-36　锚固钢构件现场简加工

(7)锚固钢构件安装。根据标示需植筋的具体位置,依次植入化学锚栓,对锚固钢构件(钢顶板、钢腹板、钢底板)安装固定(图 9-37),安装前应对混凝土表面进行清理,钢底板与钢腹板在交界处应焊接形成整体。

(8)钢横梁安装。安装手拉葫芦,起吊钢横梁至钢底板下方,采用电子水平尺复核水平度;调整水平后,通过电焊与钢底板焊接固定最低端(所有箱梁横向最低处箱梁),钢横梁与其余箱梁底的钢底板存有间隙时采用调平楔块连接固定,直至完成钢横梁安装(图 9-38)。

(9)K 形斜撑安装。根据设计角度,将 K 形斜撑安装在钢顶板与钢底板之间,斜撑上部插入钢顶板预留的矩形开孔中,斜撑上部周边增设加劲肋与钢顶板焊接,斜撑下部与钢横梁上表面焊接固定(图 9-39)。

a)植入锚栓

b)钢顶板安装

c)钢底板安装

d)钢底板与钢腹板焊接

图9-37　锚固钢构件安装

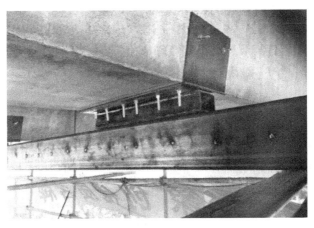

图9-38　钢横梁安装

（10）压力注胶和注浆。在钢底板与箱梁底板之间、钢腹板与箱梁腹板之间进行压力注胶（图9-40），以保证钢底板与箱梁底板之间、钢腹板与箱梁腹板之间连接牢固；在钢顶板与湿接缝底板之间进行压力注浆，注入无收缩自密实灌浆料，以保证钢顶板与湿接缝固定牢固；在所有矩形钢管构件（包括钢顶板、K形斜撑、钢横梁、调平楔块）内部进行压力注浆，注入无收缩自密实灌浆料，以提升钢管构件的刚度和承载力。

a)K形斜撑就位

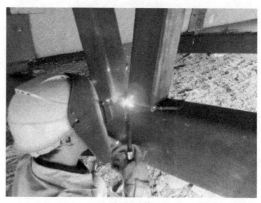
b)焊接K形斜撑

图9-39 安装K形支撑

a)压力注胶施工

b)压力注浆孔

图9-40 压力注胶和注浆

（11）防腐涂装。K形连续横向支撑安装完成后,待灌浆料和结构胶达到设计强度,对所有钢结构进行防腐涂装(图9-41)。涂料按要求配制,均匀刷涂在处理干净的基材表面,并按固化要求充分保证固化所需时间。

a)防腐涂装

b)完成效果

图9-41 防腐涂装及完成效果

9.4.3 预制钢横隔板加固法

1）技术原理及特点

预制钢横隔板加固法是通过在跨内增设工厂预制的钢横隔板（图9-42），加强各个组合箱梁之间的连接，以提升桥梁结构的整体性，降低各主梁荷载横向分布系数。横隔板与箱梁间采用化学锚栓连接，其对桥梁横向刚度的提高程度可以通过新增横隔板数量来确定。

31.组合箱梁跨中增设横隔板加固实例照片

图9-42 预制钢横隔板加固法BIM模型示意图

预制钢横隔板加固法具有以下特点：①混凝土箱梁间距离散性较大，钢横隔板加固精度要求较高；②新增横隔板的宽度直接影响横向刚度，若横隔板过宽会引起上部结构增加较大荷载。

2）关键施工工艺

预制钢横隔板加固法的主要施工工艺流程如图9-43所示，现场安装钢横隔板的主要工艺如图9-44所示。

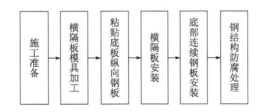

图9-43 预制钢横隔板加固法主要施工工艺流程

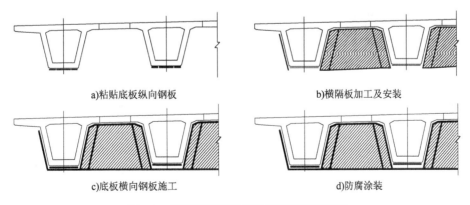

a) 粘贴底板纵向钢板　　　　　　b) 横隔板加工及安装

c) 底板横向钢板施工　　　　　　d) 防腐涂装

图9-44 预制钢横隔板加固法钢横隔板安装工艺

预制钢横隔板加固法的具体施工工艺流程如下：

(1) 施工准备。熟悉和分析施工现场的环境，熟悉桥梁原设计图纸、加固设计图纸、施工技术规范和质量要求等资料，施工前还应做好技术交底，提前搭设支架，进行混凝土表面处理等。

(2) 横隔板模具加工。针对两两组合箱梁之间的每一块横隔板，现场精确测量横隔板尺寸，制作相同尺寸薄板模具，工厂预制加工后现场复核尺寸（图9-45）。

 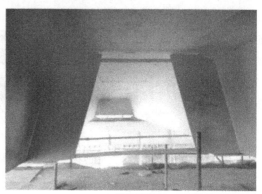

a) 模具制作　　　　　　　　　　　　　b) 模具复核

图9-45　横隔板模具制作及复核

(3) 粘贴底板纵向钢板。沿着组合箱梁底板纵向打孔预埋锚栓，注胶粘贴纵向钢板（图9-46）。

图9-46　粘贴底板纵向钢板

(4) 横隔板安装。根据设计图纸，标示需植筋的具体位置，现场钻孔，钻孔时应结合钢筋探测仪探测结果避开原构件配筋；吊装工厂预制的钢横隔板到指定位置后，依次植入化学锚栓，将钢横隔板安装到预设位置，对横隔板与箱梁腹板之间的间隙进行灌注填充（图9-47）。

(5) 底部连续钢板安装。安装手拉葫芦，起吊底部连续钢板至钢横隔板下方，调整位置确定后，通过电焊将其与钢横隔板底板分别焊接连接；连续钢板与钢横隔板底板存有间隙时，塞填连接板固定后再焊接，直至完成连续钢板安装。

(6) 钢结构防腐处理。钢横隔板安装完成后，对所有钢结构进行防腐涂装（图9-48）。涂料按要求配制，均匀刷涂在处理干净的基材表面，并按固化要求充分保证固化所需时间。

a)横隔板吊装

b)横隔板锚栓施工

图9-47 钢横隔板安装施工

a)表面打磨清理

b)防腐涂装

图9-48 钢横隔板防腐处理

9.5 连续梁(刚构)桥、悬臂梁桥维修加固技术

9.5.1 箱梁纵向抗弯加固

预应力钢筋混凝土连续箱梁桥纵向承载力不足,常表现为跨中下挠过大、弯曲裂缝过宽等病害,一般宜采用体外预应力加固技术对其进行加固,以弥补失效的预应力,同时可结合

32.连续箱梁体外预应力粘贴FRP综合加固工程实例

33.北京三元桥大修工程整体替换施工演示动画

34.梁体局部增加截面加固桥梁实例照片

粘贴钢板加固法、粘贴纤维复合材料(FRP)加固法等对其局部加固。采用体外预应力加固技术不仅可以提高箱梁正截面抗弯承载力,同时还可以改善腹板的抗剪能力,适当调整桥面高程,改善桥面线形,控制主跨跨中下挠的发展。

体外预应力加固技术是将预应力筋设置在混凝土结构截面的外部,以预加力产生的外弯矩抵消部分外荷载产生的内力,从而达到改善桥梁使用性能和提高结构承载力的目的。体外预应力体系由体外预应力束、孔道管[高密度聚乙烯(HDPE)管或钢管等]、浆体(防腐油脂或水泥浆体)、锚固体系和转向块等部件组成(图9-49),体外预应力束和混凝土间的荷载传递通过端部锚具和转向块来实现。锚固设计是体外预应力加固的关键,锚固块将体外预加力传递给原箱梁,要求传力可靠,典型示例如图9-50所示。转向块从材料上可以分为钢制和混凝土制两种,或者由两种材料组合构成。

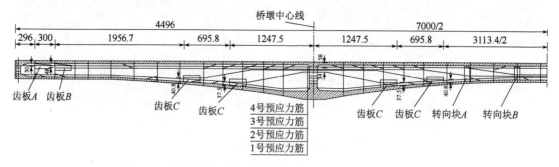

图9-49　连续箱梁跨中纵向体外预应力加固设计示例(尺寸单位:cm)

图9-50　连续箱梁跨中纵向体外预应力加固工程示例

另外,针对桥梁在采用体外预应力加固运营若干年后仍出现梁体开裂和跨中下挠的情况,可根据桥梁的病害特点及受力特性,从增加支承和提高预应力作用效率等理念出发,采用矮塔斜拉加固、增设波纹钢腹板加固等不同于常规的加固方法来控制主梁的开裂和跨中的下挠。

1)矮塔斜拉加固方法

矮塔斜拉加固方法属于改变结构体系加固的一种方法,源自矮塔斜拉桥体系,即将常规的体外预应力加固体系转变为部分斜拉加固体系,将梁桥的体内索转换到体外,增大预应力索的有效偏心距,从而提高预应力的作用效率。新增斜拉索相当于作用在主梁上的弹性支承,共同参与受力。新增索塔的位置取决于原桥面宽度、主墩高度及桥面布置等因素。斜拉索两端分别锚固于桥塔及托梁上,如图9-51所示。

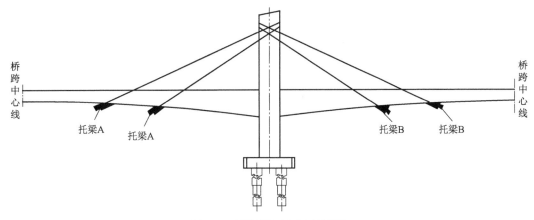

图9-51 矮塔斜拉法加固连续梁桥

2)新增波纹钢腹板加固方法

将波纹钢腹板作为箱梁的腹板具有自重轻、抗剪屈曲强度大等特点,而且不抵消轴向力,可使预应力有效地加载于混凝土翼缘板,提高预应力效率,已广泛应用于国内外预应力混凝土箱梁桥的建设中。若连续梁桥腹板间距较大且主拉应力较大,腹板开裂严重,可采用箱内新增波纹钢腹板和箱体外预应力进行加固。在箱梁中间增设波纹钢腹板,可提高主梁的抗剪能力及整体受力状况;调整并增设底板体外预应力束,可提高底板的压应力储备,降低底板正应力,如图9-52所示。

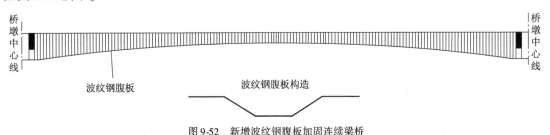

图9-52 新增波纹钢腹板加固连续梁桥

9.5.2 腹板抗剪加固

1)增大截面抗剪加固

当腹板抗剪承载力不足时,可在腹板内侧或外侧绑扎钢筋网,浇筑混凝土加厚腹板进行抗剪加固。植筋技术可使新旧混凝土得到有效结合。在腹板加厚同时增设预应力下弯束,可进一步提高斜截面的抗剪承载力。增大截面抗剪加固(图9-53)是增大腹板的截面和增加配筋,以提高箱梁的强度、刚度、稳定性和抗裂性,也可用来修补裂缝。增大截面抗剪加固箱梁施工实例如图9-54所示。

图9-53 增大截面抗剪加固箱梁

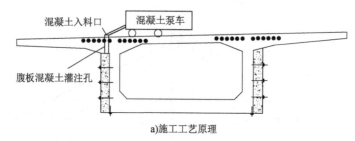

a)施工工艺原理

b)施工现场

图9-54 增大截面抗剪加固箱梁施工实例

2)粘贴钢板抗剪加固

粘贴钢板抗剪加固是腹板加固常用的一种方法,一般用于腹板开裂病害的治理和顶板梗腋处受力裂缝的治理。这种方法是采用胶黏剂将钢板条带粘贴于箱梁腹板使之与腹板可靠连接形成整体,之后做防锈处理。通过钢板与腹板的共同作用,可提高腹板处的刚度,限制裂缝开展,改善钢筋及混凝土的应力状态,从而提高箱梁的承载力,如图9-55所示。

a)腹板粘贴竖直钢板条带

b)腹板粘贴斜向钢板条带

图9-55 粘贴钢板加固箱梁腹板

3)粘贴纤维复合材料(FRP)抗剪加固

粘贴纤维复合材料(FRP)加固腹板,是将 FRP 粘贴在箱梁腹板侧面。这种方法不必在腹板上打孔,对结构本身不会带来损伤。但粘贴 FRP 加固对腹板刚度的提高不大,不能有效抑制裂缝的产生,只能限制裂缝宽度的继续开展。由于 FRP 所需的锚固长度较长,梗腋处的较宽裂缝离转角很近,故粘贴 FRP 对其抑制效果不明显。粘贴 FRP 注意避免形成阴角。

9.5.3 箱梁顶、底板横向加固

对于纵向开裂的箱梁顶、底板,可在顶板、底板粘贴钢板或 FRP。粘贴时钢板或 FRP 垂直于桥面布置,可有效防止纵向裂缝的进一步开展,避免预应力束崩离的发生。实施时,粘贴的钢板与 FRP 可延伸至梗腋与腹板一并加固,如图 9-56 所示。粘贴的钢板采用植筋锚栓锚固,锚栓按一定间距设置,同时钢板表面须进行防锈处理。粘贴 FRP 加固对于箱梁内部封闭的狭小空间具有非常好的适应性。

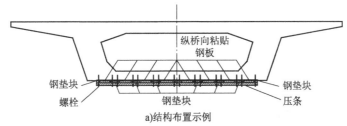

a)结构布置示例

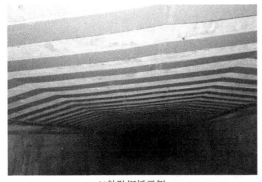

b)粘贴钢板示例　　　　　　c)粘贴FRP示例

图 9-56　顶板、底板横向粘贴钢板或 FRP 加固

9.6　上承式混凝土拱桥维修加固技术

9.6.1　调整拱上自重

当双曲拱桥、刚架拱桥、桁架拱桥等典型上承式混凝土拱桥由于自重或地基承载力不足,拱脚发生水平位移或转动,拱轴线发生变形时,在条件允许的情况下,可采取调整拱上自重的布置方法,来改善拱圈受力状况,以达到加固的目的。特别是在桥梁基础承载力受到限制,不能满足加固上部构造和提高活载所增加的承载力要求时,采取调整拱上自重,减轻桥梁恒载的

方法来提高承受活载的能力是一种经济有效的措施。如将实腹式拱桥改建为空腹式拱桥、更换拱上填料等,例如采用轻质的陶粒混凝土等轻质填料更换旧桥拱上填料,更换时注意保证陶粒混凝土的密实度使拱桥结构协同受力,在拆除原桥面及挖除原填料的过程中,一律由跨中对称地向拱脚方向进行。图 9-57 所示为南京长江大桥引桥(双曲拱桥)在加固改造时,将原石灰煤渣土填料(重度 $\gamma = 16.5 \text{kN/m}^3$)更换为轻质高强、耐久性好的泡沫混凝土,其干密度为 600kg/m^3。

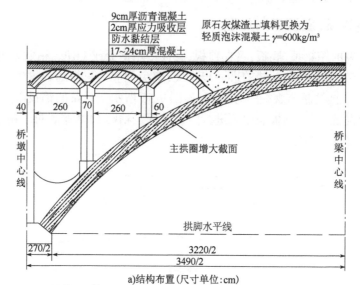

a)结构布置(尺寸单位:cm)

b)泡沫混凝土浇筑

图 9-57 调整拱上自重加固改造上承式混凝土拱桥(南京长江大桥引桥)

9.6.2 顶推法调整拱脚水平位移

拱轴线线形直接影响主拱圈的内力分布及承载力,影响拱圈病害的发展方向。如果拱肋病害是由墩台变位引起的,则应重点加固墩台,使墩台复位稳定,例如可采用顶推拱座的办法调整拱脚水平位移。

顶推法调整拱脚水平位移是在拱脚附近拱肋上设置一道横梁,在横梁与桥台之间放置几台液压千斤顶,并在水平及竖直方向设置相应的定位装置。在解除拱座对拱脚的约束后开通千斤顶油泵,千斤顶推动横梁与拱肋一起沿着预定的方向移动,使拱肋逐渐接近或恢复到原有的合理拱轴线,再分别加固拱脚、拱顶部分,最后完成拱肋的整体加固工作。

该技术能在顶推过程中,基本释放顶推端拱脚的负弯矩,减小拱顶的正弯矩,降低拱圈实际承受的荷载,并能很好地解决墩台的水平位移问题,且材料用量少。但是该方法对技术要求较高,存在一定的风险性。

9.6.3 主拱肋加固

1)增大截面加固主拱肋

增大截面加固主拱肋,是通过外包钢筋和混凝土增大原拱肋的截面面积和增加配筋,以达到提高构件的截面承载力、刚度、稳定性和抗裂性的目的,或用来修补裂缝等。考虑被加固构件的受力特点、加固目的和要求、构件部位与尺寸、施工方便性等因素,增大截面可设计为单侧、双侧[图9-58a)]或三侧[图9-58b)]加固以及四周外包加固[图9-58c)],图9-59所示为在拱肋顶部增大截面加固主拱肋立面布置图。对于拱桥主拱肋,增大截面加固法的优点是:能在桥下施工,不影响交通;加固工作量小,加固效果也较为显著;主拱肋的受力是以承受偏压为主,可以充分利用主拱肋截面的材料强度,充分发挥混凝土的抗压性能。其施工工艺可采用现浇混凝土、喷射混凝土、涂抹砂浆等方法。

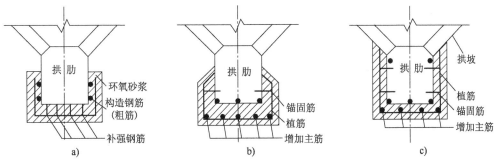

图 9-58　不同方式增大截面加固主拱肋

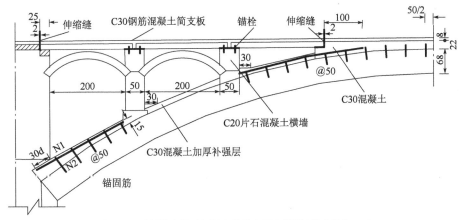

图 9-59　顶部增大截面加固主拱肋立面布置图(尺寸单位:cm)

2)粘贴钢板加固主拱肋

对于主拱肋,可以将其表面清理整洁后,粘贴钢板的方法来提高其承载能力(图9-60)。当拱圈产生裂缝或承载能力不足时,采用此项技术能够有效提高拱顶区段的承载能力,同时又不会增加太多的恒载负担。粘贴钢板的位置主要位于拱肋截面底面,钢板厚度宜选用4~10mm,否则施工比较困难。这种加固方法已在不少拱桥主拱肋加固工程中得到应用,并取得了较好的效果。粘贴钢板加固主拱肋具有增加恒载不大、施工快速方便的特点。

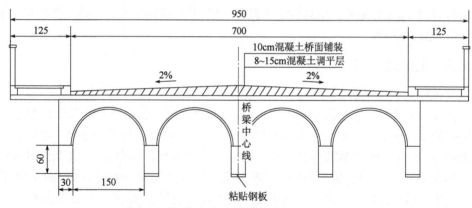

图9-60 粘贴钢板加固主拱肋示例(尺寸单位:cm)

3)粘贴纤维复合材料(FRP)加固主拱肋

对拱肋截面沿着拱肋轴线方向粘贴纤维复合材料(FRP)加固,粘贴部位一般位于拱顶实腹段长度范围内的拱肋下缘区域(图9-61)。拱肋底部空间不足时,可布置于拱肋侧面接近底部区域,后粘贴的FRP可以限制裂缝的开展,提高拱肋的抗弯承载力;对于拱肋靠近两端区域的U形FRP,可以提高其抗剪承载力;在提高抗弯和抗剪承载力的同时,可以提高混凝土的抗腐蚀和抗碳化能力,对延长结构耐久性具有一定的效果。

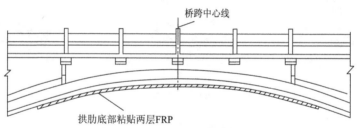

图9-61 粘贴FRP加固主拱肋示例

4)体外预应力加固主拱肋

对于拱桥拱脚存在的水平位移过大的病害,或因其他原因导致的主拱肋下挠及主拱肋裂缝过大等,可优先采用体外预应力加固法。该加固法产生的在拱脚附近或跨内两侧设置锚固点,顺桥向设置、张拉预应力筋,通过施加预应力的产生的反拱作用,减小跨中下挠。同时,该主动预应力技术有助于闭合与减小既有裂缝;形成的预应力自平衡体系,能够降低有效拱脚对墩台的水平推力。

根据体外预应力束的线形可设置为折线形和直线形两种形式(图9-62),预应力束的布置则需要考虑对桥下净空的影响。根据已有经验,体外预应力加固主拱肋技术难度远低于顶推法,且在位移复位及裂缝减小方面可以达到相似的加固效果。

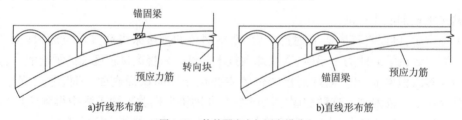

图9-62 体外预应力加固主拱肋

5）增加拱肋加固

增加拱肋的加固方式能从根本上提高结构的承载能力。对于一些特定拱桥,当墩台地基安全性能好,通过地质勘察和验算,旧桥下部结构及基础可以满足增加上部荷载的要求时,可考虑采用保留既有拱肋,增加承载力高、刚度大的新拱肋,提高结构的整体承载力,新拱肋与旧拱肋共同承担桥面荷载受力。此种加固方法可充分利用旧桥部分主体结构,承载力提高幅度大,最大限度地降低对交通的社会影响和综合造价。图 9-63 所示为采用增加拱肋加固提高结构承载力的一个示例,该示例通过在旧拱片之间横向等间距增加 3 条拱片,提高了结构承载力。

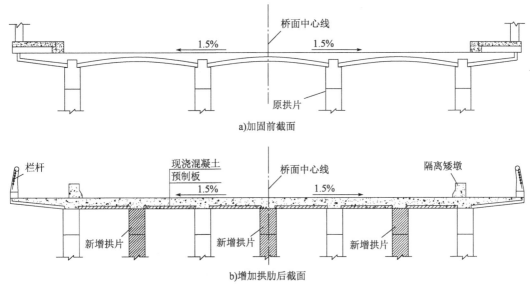

图 9-63 增加拱肋提高拱桥承载力示例

6）弦杆加固

刚架拱桥、桁架拱桥等存在弦杆强度不足及开裂的情况时,应对弦杆加强。弦杆的加固通常采用粘贴钢板加固法、粘贴纤维复合材料(FRP)加固法及增大截面加固法对弦杆受拉区增强。当弦杆位于上部节点负弯矩区的两侧时,可在截面上部粘贴钢板或 FRP,提升负弯矩承载力,增强节点处的抗裂性。图 9-64 所示为采用粘贴钢板和粘贴 U 形碳纤维片(FRP 的一种)加固刚架拱桥弦杆示例。当弦杆位于跨中实腹段时,加固主要针对抗弯与抗剪承载力不足的情况,前文相关方法已经叙述。

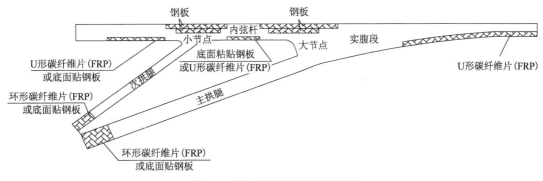

图 9-64 刚架拱桥弦杆加固结构布置

7）节点加固

针对刚架拱桥、桁架拱桥的各种节点由于应力复杂而开裂、出现斜裂缝的情况，可采用粘贴钢板加固法加固（图9-65）。节点钢板的大小根据节点局部区域的情况综合确定，考虑因素包括节点的形状、病害情况及传力的需求等。由于节点加固属于局部承载力不足的加固，面积小，应力大，因此节点加固采用的钢板常较厚，厚度一般在5mm以上。此外，相应施工工艺要求采用压力灌注法粘贴钢板，为确保钢板与被加固构件形成整体，粘贴钢板灌注胶须均匀密实地填充于钢板与混凝土构件之间。其主要工艺流程为：粘贴钢板区域混凝土表面处理→钻孔植埋螺栓、固定钢板→封缝、安装压浆嘴、出气嘴→压力灌胶→钢板表面防腐处理。

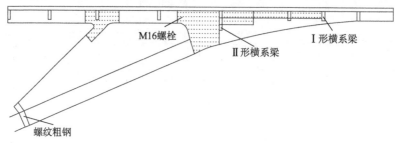

a）结构布置

b）工程示例

图9-65 节点粘贴钢板法加固刚架拱桥节点示例

9.6.4 拱脚加固

拱脚部分承受较大的负弯矩，针对拱脚开裂及承载力不足的加固，通常可采用以下几种方案。

（1）外包混凝土增大截面。用较高等级钢筋混凝土对拱脚与支座部分进行外包加固，可在顺桥向和横桥向同时加厚，也可仅在某一个方向加厚，新加厚部分通过植筋与原有拱肋相连，新增混凝土沿着拱肋轴线在拱脚处设置锚固钢筋锚固于墩台。其锚固长度按可偏心受压构件的拉力钢筋确定，锚入桥墩台的最小长度可为 $30d$（d 为钢筋直径）。

（2）外包钢板增强节点区域。通过在拱脚四周粘贴钢板，将加固钢板焊接于支座钢板，支座钢板通过锚栓植入墩台，可实现拱脚节点的加强（图9-66）。在加固前，混凝土结合面表面应打磨出坚实混凝土。一般来说，由于钢板厚度较大，应采用灌注法粘贴钢板；钢结构焊接应平整连续，焊缝厚度应达到设计要求。

图 9-66 外包钢板加固拱脚

(3) 环形包裹粘贴 FRP 加固。将纤维复合材料环形缠绕拱脚,并通过环氧树脂与拱脚粘贴。在加固过程中,纤维的方向应沿着截面的环向,拱腿的四角应做成半径不小于 25mm 的倒圆角,以防止棱角处的应力集中,FRP 在环向的搭接长度不小于相应规范规定值。

9.6.5 横向联系加固

横向联系刚度不足常导致拱肋受力不均匀等现象。因此,加强横向联系以增强整桥的横向整体性是双曲拱桥、刚架拱桥、桁架拱桥等加固补强的重要措施之一。加强横向联系的具体方法与 T 梁桥横向联系加固相似,一般有以下几种方式:

(1) 增设横系梁。沿拱圈增设横系梁,可采用预制或现浇混凝土横系梁或增设轻型钢桁架横系梁(图 9-67),以加强拱肋的抗扭刚度和横向的整体性。

a) 轻型钢桁架

b) 整体效果

图 9-67 增设轻型钢桁架横系梁

(2) 增大横系梁截面。用外包混凝土加厚、加宽横系梁截面,以提高横系梁的截面刚度;或将横系梁改造成横隔板,将原横系梁截面加高使之与拱波相连接,并增设横向通长钢筋或预应力筋将它们连成整体。

(3) 施加横向预应力。对横系梁施加横向预应力可以提高桥梁的整体横向刚度,可配合增设横隔板实施。

9.6.6 微弯板加固

桥面微弯板结构宜采用粘贴钢板法、粘贴纤维复合材料(FRP)法、改变受力模式法或叠合结构法,以及构件替换法,加固后的构件按受弯构件计算其承载能力。

当采用粘贴钢板加固法和粘贴 FRP 加固法,需注意钢板与 FRP 端部的锚固;当采用改变受力模式法加固时,关键是保证新加构件与原结构的连接可靠;当采用叠合结构法进行加固时,关键是保证新旧混凝土的黏结可靠,并控制抗滑移锚固钢筋或抗剪槽的施工质量。

有研究提出了曲面型钢加固法,即在原微弯板加劲肋中间设置曲面型钢加固微弯板,型钢上翼缘采用与微弯板曲面吻合的曲面形式,其与微弯板底部用结构胶黏结,并通过植筋锚固,腹板采用变高度形式保证下翼缘底面水平布置,下翼缘和普通型钢相同,横桥向各曲面型钢通过在拱肋之间对穿钢筋连接成整体。刚架拱桥微弯板曲面型钢加固构造示例如图 9-68 所示。

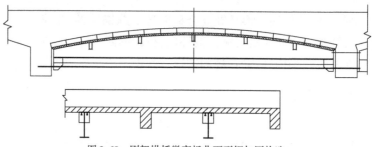

图 9-68　刚架拱桥微弯板曲面型钢加固构造

对于破坏严重的微弯板,可拆除后重新铺设预制板,加厚上部拱板。加固时先将拱上填料拆除,用混凝土将拱谷填平,再沿全桥宽浇筑混凝土拱板。拱板内设钢筋网和纵向主筋,在拱波和拱肋连接部位需植入连接钢筋,现浇接头连接微弯板与拱肋。

9.6.7 立柱与腹拱加固

对于立柱,一般其承载力及稳定性均不会有问题,如需加固,可采用增大截面法或环向粘贴 FRP 法处理。若立柱端头局部混凝土压碎,可采用环向包裹钢筋网增大立柱截面的方法处理。对于腹拱出现病害,可仿照拱肋增大截面加固法、粘贴钢板加固法、粘贴 FRP 加固法进行处理,处理前需要对出现的裂缝灌压封填。

9.7　中、下承式拱桥维修加固技术

中、下承式拱桥形式多样,其中,以钢筋混凝土拱桥、钢管混凝土拱桥居多,以下如无特别说明,主要以钢筋混凝土拱桥为例加以论述。

9.7.1 主拱肋加固

对于主拱肋裂缝破坏,宜采用化学灌浆法修复;对于混凝土剥落、露筋等病害,宜采用环氧树脂砂浆局部修复。当混凝土已经严重劣化时,则要凿除混凝土,露出粘贴结构层后加固。对于主拱肋承载力不足的,可采用以下加固措施:

1)增大截面加固主拱肋

依据拱肋的受力情况,对薄弱断面在拱背或拱腹浇筑普通混凝土或钢筋混凝土或环氧砂浆加大截面。一般情况下需先将原有拱肋结合面打磨凿毛并冲洗干净,为增强新旧结构的结合,一般还在原拱肋截面上植筋,外挂钢筋网,加固厚度常为10~30cm,宜采用小石子混凝土(图9-69)。

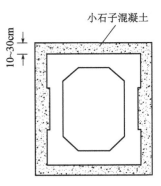

图9-69 增大截面加固钢筋混凝土拱桥主拱肋

2)粘贴钢板加固主拱肋

对于中、下承式钢筋混凝土拱桥主拱肋,粘贴钢板是常用的加固技术之一。作为加固用钢板,一般设在拱肋底面,所需数量可根据拱肋截面单独受拉开裂承载力计算确定。加固范围宜包括整个正弯矩区段并向外延伸。为满足拱肋底面曲线的需要,钢板不宜太厚。沿粘贴面设置一定数量的夹紧锚栓,以保证粘贴面的紧密和增加粘贴面的抗剪能力。钢板的长度也不宜过长,钢板接头处可再设置搭接盖板或错位搭接。

3)粘贴FRP加固主拱肋

在钢筋混凝土拱桥主拱肋弯曲受拉区粘贴FRP可提高拱肋受拉区的抗拉能力,根据受力情况可设置多层FRP进行加固,该法几乎不增加拱肋的重量,操作简便。

9.7.2 吊杆(索)更换

吊杆(索)损伤或承载力不足时应进行更换。对于常用的柔性吊杆结构可采用临时支架法、临时吊杆(索)法、临时兜吊法及钢桁架临近传递法进行吊杆更换,而刚性吊杆采用这四

35.南京栖霞大桥吊杆更换工程照片　36.连霍高速京杭运河特大桥吊杆更换实例　37.江苏盐城射阳河大桥吊杆更换工程照片

种方法更换则较困难,特别是对于锚具被密封在拱肋和系杆内的吊杆则更困难,此时可采用新增吊杆法加固系杆拱桥结构,即在原有吊杆间增加新吊杆使新增吊杆成为辅助原吊杆的受力构件,以提高原吊杆的安全性。

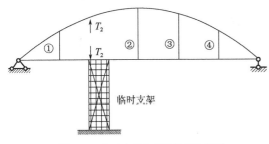

图9-70 临时支架法拆除吊杆示意图

1)临时支架法

临时支架法所采用的工艺相对于其他几种方法最为简单。吊杆更换施工前,在拟更换吊杆下端锚固处设置竖向临时支架,支架顶端与刚性系杆底面相接触,以防止由于吊杆拆除所引起的系杆过大下挠变形,并减小系杆的内力变化。采用临时支架法更换吊杆如图9-70所示。

2)临时吊杆(索)法

临时吊杆(索)法是目前最为普遍采用的一种吊杆(索)更换方法。相对于临时支架法,该方法属于主动替代法。采用临时吊杆(索)法施工,吊杆(索)更换过程主要分为:安装临时吊杆(索),旧吊杆(索)的卸载与卸除,新吊杆(索)就位、张拉、调试与临时吊杆(索)拆除等步骤。典型施工流程如下:解除桥面连续→安装临时吊杆(索)→卸载旧吊杆→调整桥面高程→拆除旧吊杆(索)→安装新导管→安装新吊杆(索)→新吊杆(索)张拉与调试→新吊杆(索)防

腐处理→安装锚头防护罩→安装防护钢管→恢复相应桥面连续。临时吊杆(索)法更换拱桥吊杆(索)结构布置与临时吊杆(索)构造如图9-71所示。图9-72所示为临时吊杆(索)法更换某钢管混凝土拱桥吊杆实例。

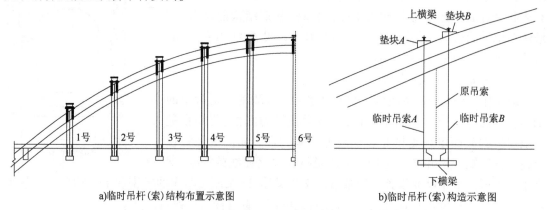

图9-71 临时吊杆(索)法更换拱桥吊杆结构布置与临时吊杆(索)构造示意图

图9-72 临时吊杆(索)法更换钢管混凝土拱桥吊杆施工过程实例

3)临时兜吊法

临时兜吊法更换吊杆是采用钢丝绳将拟更换吊杆所在处的横梁或系杆直接兜吊在拱肋上,然后分批割断钢丝;每次割断钢丝时需要对临时兜吊系统进行适当补拉,以平衡旧吊杆索力的减小。卸除旧吊杆后,安装新吊杆并进行张拉,直至张拉到目标值。与临时吊杆法类似,其也是一种可以主动改善结构受力的吊杆更换方法。如图 9-73 所示为临时兜吊原理示意。

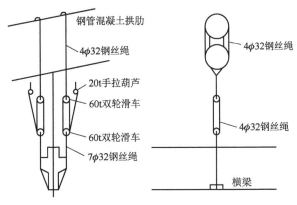

图 9-73 临时兜吊原理示意图

4) 钢桁架临近传递法

吊杆更换时,采用钢桁架将待更换吊杆承担的荷载传递给前后邻近吊杆,从而实现中间吊杆的更换,即为钢桁架临近传递法的基本原理(图 9-74)。其施工器械主要由简支钢桁架、临时吊杆、下分配梁和千斤顶等组成。更换吊杆时,张拉上、下分配梁间临时吊杆,转移原吊杆内力,被更换吊杆内力转移到两侧相邻吊杆。施工过程中重点监控两侧相邻吊杆的变形与内力,确保相邻吊杆安全可靠。

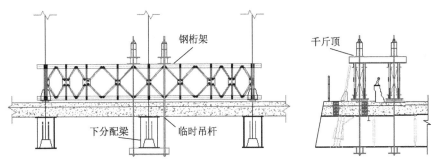

a) 荷载传递原理及结构组成

b) 钢桁架荷载传递实景

图 9-74 钢桁架临近传递法更换拱桥吊杆

9.7.3 横向联系加固

中、下承式拱桥横向联系加固与上承式拱桥横向联系加固相似,一般有以下几种方法:

(1)增设横系梁。可增加钢筋混凝土横系梁或钢桁架横系梁。图 9-75 为某钢筋混凝土拱桥增加钢筋混凝土横系梁施工。

a)植筋及钢筋骨架　　　　　　　　　　b)模板支护

图 9-75　钢筋混凝土拱桥增设横系梁

(2)加大横系梁。一为横系梁增大截面,用外包混凝土加大横系梁断面。对于实体截面的横系梁,如果截面偏小,刚度不足,可在原横系梁外侧外包混凝土,并可在新增的混凝土中沿全桥宽设置通长钢筋。二为横系梁改造为横隔板,将原横系梁截面加高形成横隔板,也可增设横向通长钢筋将其连成整体。

(3)增强横系梁。横梁承载力不足时,可在梁底采用粘贴钢板加固法、粘贴纤维复合材料(FRP)加固法、钢绞线网-聚合物砂浆加固技术进行增强。

(4)增加 K 形撑。对于大跨径的钢筋/钢管混凝土拱桥,特别是窄桥,其横向稳定性问题特别突出。考虑拱肋稳定系数较低,可采用对拱肋加斜撑与原横撑组成 K 形撑进行加固,即在原有"一"字形横撑的基础上增加斜撑,分别与原有拱肋的上、下弦钢管相连接。某钢管混凝土拱桥新增斜撑加固拱肋横向稳定性结构布置如图 9-76 所示。

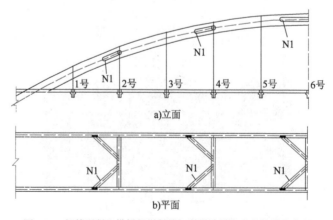

a)立面

b)平面

图 9-76　钢管混凝土拱桥新增斜撑加固拱肋横向稳定性结构布置

9.7.4 立柱修复与加固

对于钢筋混凝土立柱,出现混凝土剥落、露筋等病害,宜采用环氧树脂砂浆局部修复;对于原立柱承载能力严重不足的情况,宜增设立柱;对表面露筋破损严重的立柱,承载力提高需求较大时,可进行外包混凝土加固。一般情况下的立柱加固,可采用环向包裹粘贴纤维复合材料(FRP),利用约束混凝土的原理,提高立柱承载力(图9-77);对于矩形截面立柱,截面角部应做倒圆角处理。

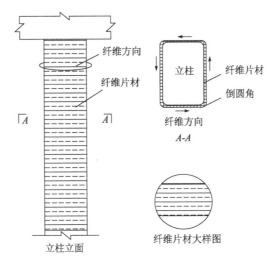

图 9-77 立柱环向包裹粘贴纤维复合材料(FRP)加固

9.8 斜拉桥和悬索桥维修加固技术

9.8.1 斜拉桥维修加固技术

1)主梁加固

斜拉桥的主梁大多采用钢主梁或钢混组合梁,此类主梁多为局部病害,可采用钢夹板法、粘贴纤维复合材料(FRP)、焊接钢板增大截面等方法加固。对于局部刚度不足、应力集中等问题,可采用增设构件(钢桁架)法加固;对于中小跨径斜拉桥,可能采用预应力混凝土箱梁作为主梁,其典型加固方法与连续梁箱梁加固方法相同。

38. 斜拉桥换索工程实例(壶西大桥)

钢夹板法是在主梁损伤部位采取钢夹板的方式进行加固(图 9-78),以恢复损伤部位的应力传递。如某斜拉桥钢箱梁横隔板开裂较多,裂缝主要出现在 U 形肋穿横隔板掏空弧段处及横隔板竖向加劲肋上端,此时可以采用钢夹板法进行加固,并以高强度螺栓栓接方式进行连接。钢夹板在加工厂内制作,打孔采用激光切割工艺以保证孔精准度。现场栓接时,先将钢夹板固定在设计的加固位置,再用磁力钻进行横隔梁打孔作业,最后进行高强螺栓的施拧。

增设或增强构件法是在主梁上增加"小纵梁"、增设钢桁架等构件与原主梁共同承担荷载,或增强钢桁架等构件,改善箱梁局部受力状况(图 9-79),新增构件应布置在适当的位置,以保证有效承载。某斜拉桥钢箱梁内横隔板由于局部应力集中,普遍开裂严重,采用了设置钢桁架的加固方案,设置钢桁架后车道荷载作用下应力有大幅度改善;另一座斜拉桥钢箱梁内原钢桁架横隔板腹杆受力开裂,更换为螺栓连接的双拼槽钢。

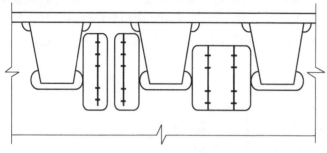
a)钢夹板法加固原理示意

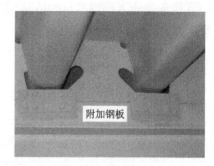
b)横隔板母材开裂加固实例

图 9-78　钢夹板法加固斜拉桥钢箱梁横隔板原理及示例

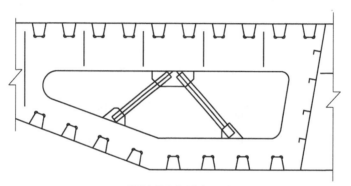
a)新增钢桁架加固原理示意

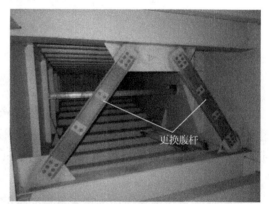
b)增强钢桁架加固斜拉桥钢箱梁实例(更换腹杆)

图 9-79　新增或增强钢桁架加固斜拉桥钢箱梁

粘贴钢板法和粘贴纤维复合材料(FRP)法是在主梁的顶板、底板或横隔板位置采用胶黏剂粘贴一定厚度的钢板或纤维复合材料(FRP),能够提高主梁的承载力、限制裂缝的开展,并改善主梁的应力状态,具有施工方便、加固效果好的特点。粘贴钢板法和粘贴纤维复合材料(FRP)法适用于钢主梁、钢混组合梁及预应力混凝土主梁加固。增大截面法是通过浇筑混凝土来增大主梁顶底板及腹板的厚度,主要应用于预应力混凝土主梁加固,对于大跨径斜拉桥不太适用,跨径大时,自重的增加对结构十分不利。

2) 斜拉索更换

斜拉索的损伤或者腐蚀严重影响斜拉桥的安全使用时,需要对斜拉桥的斜拉索进行更换。斜拉索更换工程中,一般要通过控制斜拉索的索力或主梁线形,或两者同时控制(双控)来促使主梁的内力和线形都接近设计状态。

斜拉索更换中先要进行换索优化设计,即对斜拉桥的结构建立模型并进行计算分析,选出合理的换索程序及其理论控制依据。斜拉索的索长(锚点间的有应力索长)通常由以下五部分组成(图9-80):①梁端预埋套筒长度;②防水罩长度;③索体自由段长度;④塔端预埋套筒长度;⑤锚垫板厚度。

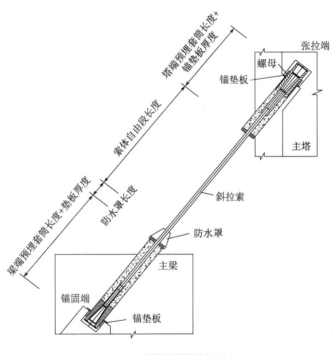

图9-80 斜拉桥换索索长组成

斜拉索更换顺序、张拉吨位应按照不损伤原结构的原则,根据施工过程结构分析确定。对拉索进行逐根更换时,以换索前实测的索力为依据,换索过程原则上保持原有线形与索力基本不变,但可根据现场实施及计算分析结果微量调整。新更换索体应与原斜拉索预埋套筒、锚固系统等相匹配;新更换斜拉索应与原斜拉索的强度、弹性模量、刚度等相匹配。换索的主要流程一般为:索力分级卸载;封锚混凝土凿除;梁端锚头拆卸;塔端锚头拆卸;索体吊装;塔端锚头安装;梁端锚头安装及索力张拉等(图9-81)。

换索过程中,主要通过索力和主梁线形加以控制,同时要对主梁和主塔受力加以监测,以保证在换索工程中斜拉索、主梁、主塔的内力变化都在容许的范围内。斜拉索更换过程中如发现主梁标高、索力偏差或变化较大,应暂停施工,查明原因,及时纠正。全部的斜拉索更换完,重新测定全桥索力和桥面高程,根据实测值再张拉拉索进行索力调整,使其整体线形、索力皆满足设计要求,达到最优状态。

图 9-81 典型斜拉桥换索施工流程实例

9.8.2 悬索桥维修加固技术

悬索桥通常可采用更换吊索(杆)、增设斜拉索、设置中央扣、加强加劲梁风构等方法进行整体加固,也可采用更换加劲梁构件、增大截面、粘贴钢板或粘贴纤维复合材料(FRP)等方法进行索塔和加劲梁的局部加固。

悬索桥主缆的加固方法有加强主缆索股、新增辅助主缆、更换主缆和新增斜拉索等。

1)加强主缆索股

在原桥主缆损伤情况下考虑新增索股,增加主缆有效受力面积,新增索股和旧主缆结合在一起共同受力,提高主桥刚度的同时又能减小主缆应力。新增索股锚固于锚碇之上,新增索股后主缆线形同原桥线形保持一致(图9-82)。

为了最大限度地利用悬索桥既有构件,考虑在主缆截面上进行补强加固。通过有限元分析对原桥受力状况进行计算,确定需要新增索股根数,新增索股同原来索股类型保持一致,施工时需去除原桥主缆外包缠带。在空缆状态下,新增索股与原主缆合并共同受力,然后缠丝防护,重新匹配吊索、安装加劲梁。

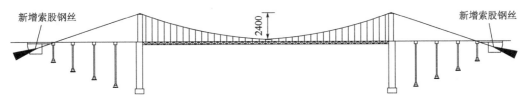

图9-82 悬索桥新增主缆索股方案(尺寸单位:cm)

具体典型施工步骤为:

(1)封闭交通,对全桥进行一次全面排查,确保主桥上没有任何杂物堆积。

(2)在既有主缆下方架设猫道,为新增主缆索股提供行走空间。

(3)拆除既有人行道板、桥面板,并移除加劲梁。

(4)拆除原吊索,在移除时避免划伤主缆。

(5)在架设猫道上,拆除主缆外包缠带,新增索股、紧缆、缠丝及防护。

(6)将新增索股锚固于锚碇之中。

(7)重新匹配吊索,原桥没有损伤的吊索可以继续使用,PE(Polyethylene,聚乙烯)护套损坏或者锈蚀严重的吊索需要重新更换。

(8)吊装加劲梁,重新安装桥面板,恢复人行道板。

通过加强主缆索股,可以减小主缆应力,提高加劲梁刚度,减小主梁变形,提高悬索桥全桥的承载能力。

2)新增辅助主缆

为加强既有悬索桥的利用,可新增辅助主缆加固悬索桥。在旧主缆上方新增辅助主缆,并通过连接拉杆使上下主缆共同受力,在既有桥塔上方新增支撑框架,通过地脚螺栓和主塔连在一起,然后在框架上新建一个主索鞍使新主缆平稳绕过,最后,将新增主缆锚固在既有锚碇后方的新建锚碇中(图9-83)。具体施工步骤与加强主缆索股施工相近。

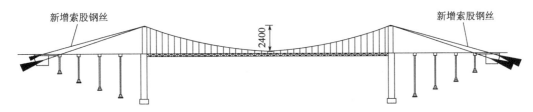

图9-83 悬索桥原主缆上方新增辅助主缆方案(尺寸单位:cm)

3)更换主缆

为充分利用悬索桥既有构件,在对原桥受力状况有明确了解的基础上,当对损伤程度较大的主缆,有效受力面积不能满足既有使用条件时,可以考虑更换主缆,新换主缆与原主缆在高度方向上线形保持平行,新主缆跨过旧索鞍,锚固于锚碇。

4)新增斜拉索

新增斜拉索可改变原桥受力体系(图9-84),使原桥从单一的悬索承重体系变为吊拉组合受力,从而减小主梁下挠,减轻主缆和吊索的负担,提高全桥承重能力。为平衡斜拉索张力在加劲梁上产生的水平力,需要在加劲梁设置体外预应力钢束平衡水平力,边跨还需安装预应力拉索来平衡中跨斜拉索在塔顶产生的水平力。

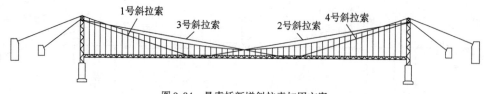

图 9-84 悬索桥新增斜拉索加固方案

主缆为悬索桥最重要的受力构件之一，与全桥各部件联系紧密，对其维修更换涉及面广、影响大、造价高，鲜有悬索桥实际工程实施加固案例，因此，加强对在役主缆的日常养护是重中之重。

【思考题】

1. 简述简支梁桥加固的基本原则。
2. 简述连续梁桥、悬臂梁桥、连续刚构桥加固的基本原则。
3. 简述拱桥加固的基本原则。
4. 空心板梁桥的铰缝加固方法有哪些？请分析它们的优缺点。
5. 空心板梁桥抗弯承载力不足时，采用哪些加固措施？
6. 绘图说明空心板内腔灌注混凝土抗剪加固方法原理。
7. 空心板内腔灌注混凝土抗剪加固的施工流程。
8. T 梁桥的抗弯加固方法有哪些？比较各自适用条件？
9. T 梁横隔板或横向联系不足的加固措施有哪些？
10. 简述组合箱梁邻跨配重粘贴钢板加固法的原理及主要施工流程。
11. 简述组合箱梁 K 形连续横向支撑主要施工流程。
12. 预制钢横隔板法的技术原理是什么？简述与 K 形连续横向支撑法的异同。
13. 连续梁（刚构）桥、悬臂梁桥纵向抗弯、腹板抗剪加固技术分别有哪些？
14. 双曲拱桥、刚架拱桥等主拱肋有哪些加固方法？
15. 中下承式拱桥的吊杆更换方法有哪些？
16. 简述拱桥的横向联系加固方法。
17. 斜拉桥的钢主梁、预应力混凝土主梁加固主要有哪些方法？
18. 斜拉桥的斜拉索更换需要重点监控哪些内容？
19. 简述斜拉桥的斜拉索更换的主要施工流程。

第 10 章

桥梁支座更换及下部结构加固技术

10.1 支座更换技术

在桥梁结构中,支座是桥梁上、下部结构的连接点,其作用是将上部结构的荷载顺利、安全地传递到桥梁墩(台)上去,同时保证上部结构在荷载、温度变化、混凝土收缩徐变等因素作用下可自由变形,以使结构的实际受力情况符合设计要求,并保证梁端、墩台帽梁不受损伤。但由于野外环境及反复荷载的影响,支座容易产生各种病害,而一旦受损,将严重影响桥梁的承载能力和使用寿命,因此必须进行更换处理,以保证桥梁处于正常的使用状态。

10.1.1 传统支座更换方法

支座更换方法有很多,下面介绍几种常用的支座更换方法。

1) 支架法

支架法整平压实硬化地面,在地面上设置枕木,以枕木为基础,布置满布式支架至桥梁梁体处,在支架上安置千斤

39. 桥梁支座更换过程演示（抱箍法）

40. 桥梁加固支架搭设照片

41. 桥梁更换支座工程实例照片

顶顶升梁体后可更换支座,如图 10-1 所示。

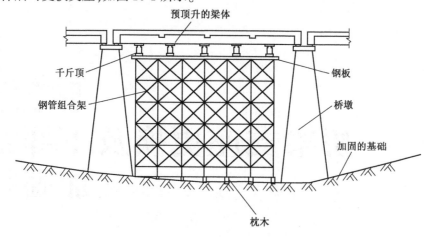

图 10-1 支架法更换支座示意图

支架法施工简单且架设设备易于操作。对于小跨径梁桥,用支架法更换支座具有一定的优势。但由于支架法施工工期长,支架和模板用钢材、木材量大、成本高,故其不适宜桥墩过高的场合。

2) 钢导梁法

钢导梁法以支撑于顶升梁相邻跨梁体桥面的钢导梁为起吊设备,将顶升梁吊升而实现支座更换,如图 10-2 所示。具体实施时,以相邻跨梁体为支撑基础,安置钢导梁,在顶升梁上绑扎钢带,配合顶升设备,抬升梁体。

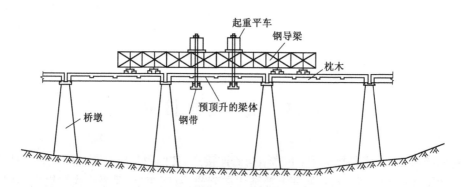

图 10-2 钢导梁法更换支座示意图

该方法对桥下场所无要求,在具备钢导梁的情况下容易实施,适用于多种桥梁类型,整个起梁过程都在桥上进行,不影响桥下通航、通车,但桥梁跨径不可过大。起吊荷载较大时,应充分考虑桥面局部压力的传递,避免损伤梁体。

3) 端部整体顶升法

端部整体顶升法以地面为支撑,在墩台两侧建立顶升基础,然后用贝雷梁、槽钢、工字钢、螺栓连接成顶升反力支撑体系(也可用钢管墩作为支撑构件),钢横梁在梁端沿着桥梁横向布置于反力支撑体系之上,钢横梁上架设千斤顶,在梁两端同步整体顶升,如图 10-3 所示。

该方法对桥下通车影响不大,可自由通行,能满足桥下不中断交通的要求。但需在墩台附近建立顶升基础,对桥跨下的地基基础要求较高,工序较繁琐、工期较长。

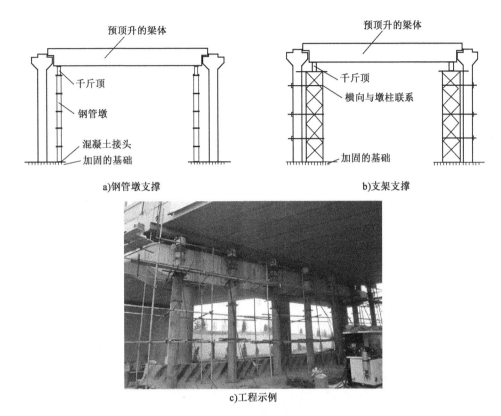

图 10-3 端部整体顶升法更换支座示意图

4) 钢套箍法

若立柱顶面的平面空间局促,无法直接放置千斤顶,宜通过在桥梁的立柱上部设置钢套箍为千斤顶顶升梁体提供额外的支撑面(图 10-4)。钢套箍应设置于立柱的上部,其高程以满足顶升千斤顶布设及顶升为准。钢套箍的套箍应由不少于 3 片圆弧钢板环向拼装组成,圆弧钢板之间通过高强度螺栓穿过对拉板连接,高强度螺栓的数量应按强度计算结果确定。钢套箍的环向拼装内径宜大于立柱的直径 1~2cm,立柱表面宜环向包裹缠绕 2~4 层碳纤维布进行局部约束增强,增强范围不小于钢套箍的包裹范围。钢套箍与立柱之间应设置 1 层 2~5mm 厚的橡胶板,以增加摩擦阻力。钢套箍宜设置顶板挂设于立柱顶面,顶板向立柱中心延伸不宜小于 30cm,其高程及平整度应满足设计要求。肋板、顶板、对拉板与钢套箍通过焊接连接,焊缝的强度应符合要求。同时,应对钢套箍的承载力、稳定性及高强度螺栓的抗剪承载力进行验算,验算结果应符合设计要求。

该方法充分利用桥梁本身的构件,并可以通过增加钢套箍的长度提高其承载能力,对环境的适应能力很强,不受河床地质、桥下水深和桥梁高度的限制。

5) 挂设牛腿法

若盖梁或桥台顶面空间局促,无法直接放置千斤顶,宜通过在盖梁或桥台侧面设置牛腿为千斤顶提供额外支撑面,如图 10-5 所示。牛腿有钢牛腿和混凝土牛腿两种(图 10-6)。设置钢牛腿时,应提前制定牛腿安装施工方案,安装前应放线确定牛腿安装位置及螺栓孔的位置。牛腿与盖梁接触面之间应设置 1 层 2~5mm 厚的橡胶板,以增加摩擦阻力。牛腿与盖梁之间通过高强度螺栓进行连接,高强度螺栓的数量应按强度计算结果确定。牛腿的各个组成部件应通过焊接连接,焊缝的强度应符合要求。应对牛腿的承载力、稳定性及高强度螺栓的抗剪承载力进行验算,验算结果应符合设计要求。盖梁同侧的牛腿及盖梁两侧的牛腿之间的顶面的高差应符合设计要求,且牛腿顶面的平整度应符合设计要求。设置混凝土牛腿时,通过盖梁或桥台植筋、绑扎钢筋、浇筑混凝土设置牛腿。

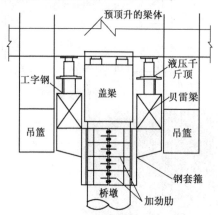
a) 钢套箍结构布置(有盖梁)

b) 典型钢套箍结构组成

c) 工程示例1

d) 工程示例2

图 10-4　钢套箍法更换支座

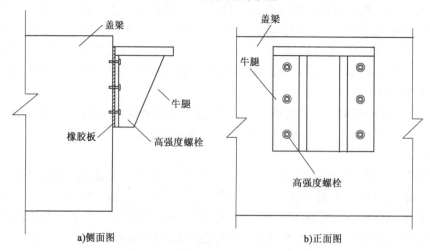

a) 侧面图　　　　b) 正面图

图 10-5　挂设牛腿法更换支座(钢牛腿)

a)钢牛腿

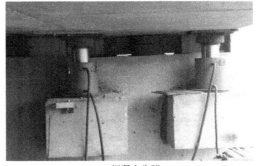
b)混凝土牛腿

图10-6 挂设牛腿法更换支座工程实例

该方法与钢套箍法类似,通过挂设牛腿,将顶升反力传递给盖梁或桥台,充分利用桥梁本身的构件,对环境的适应能力很强,不受河床地质、桥下水深和桥梁高度的限制。

6)扁形千斤顶法

将超薄的扁形千斤顶安放在主梁与盖梁或桥台的狭小空间内,直接顶升梁体,在梁体顶升后,更换支座,其千斤顶的高度最小可达3cm(图10-7)。

a)

b)

图10-7 扁形千斤顶法更换支座施工

该方法使用的机具设备很少,成本低廉、工序简单、施工快速、对交通影响小,对桥下场地无要求,适用于多种桥梁类型。但由于超薄扁形千斤顶的特殊构造,其行程较短,可能需要多次往复顶升才能到位;扁形千斤顶虽然高度小,但其安置及顶升操作仍需要一定的竖向和横向空间,故扁形千斤顶法适用于盖梁或桥台较为宽大的情况。

7)气囊顶升法

上述所有支座更换方法只要用气囊取代千斤顶都可以称为气囊顶升法,尤其适用于盖梁或桥台能够提供反力支撑、但其与梁底之间的空隙极小时的情况。

该方法顶升能力强,通过气动提升系统的扩展组合,能满足百吨级甚至千吨级桥梁构件的顶升。同时,其还存在其他优点:①对多个气囊同步控制,安全受控;②可操作性好,气动提升系统体积大,质量轻;③顶升过程平稳,无附加冲击荷载;④可形成对桥梁结构的分布支撑,对反力支撑的基础要求低,有利于保护桥梁结构构件,并能避免可能的集中荷载产生的不利影响。

10.1.2 小空间支座更换新技术

1)倒拆法更换支座

若梁底净高严重不足,可通过切割、凿除盖梁垫石、保护层增加梁底净高,再安放千斤顶。顶升起上部梁体后,取出待更换支座,安装新支座,再铺设垫石钢筋网,重新浇筑混凝土垫石,完成支座更换(图10-8)。

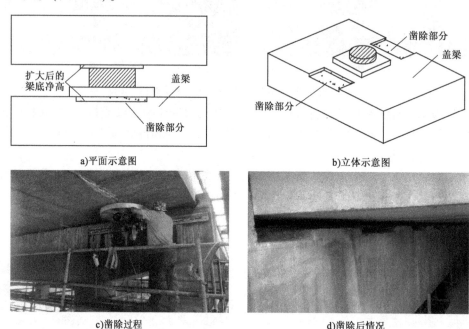

图10-8 盖梁保护层凿除示意图

切割、凿除前应定位放样,确定切割、凿除墩顶垫石或盖梁保护层的范围。应严格控制切割、凿除的厚度,避免伤及主体结构及其内部钢筋。切割时宜使用高精度线切割机作业,确保切割精度及平整度。凿除时宜使用电锤,严禁使用风镐,避免因过大振动导致墩、台帽损伤。切割及凿除工作完成后,应在墩、台帽顶部浇筑自流平砂浆、环氧砂浆或结构胶找平工作面。支座更换完成后,应采用自流平砂浆、环氧砂浆或结构胶修复墩、台帽顶面局部凿除的部位(图10-9),使其表面平整。

图10-9 倒拆法更换支座

该方法可最大程度利用桥梁现有构件,将顶升反力传递给盖梁或桥台,不受空间限制,扩展千斤顶顶升新空间,施工速度快、成本低、适用范围广。

2)预压自平衡更换支座

预压自平衡更换支座技术主要通过预压自平衡支座,实现在零顶升条件下对桥梁支座的更换。预压自平衡支座通过预先采用压力试验机标定建立支座核心体的压缩量与所受荷载的关系,然后在实际施工时预压至预估的预定荷载后通过螺栓对支座核心体的压缩量进行锁定,形成预压自平衡支座(图10-10)。预压自平衡支座包括预压自平衡装置及支座核心体。预压自平衡装置由上垫板、下垫板及拉杆组成;支座核心体位于预压自平衡装置的上垫板和下垫板之间,通过两个以上拉杆锚固。支座核心体上的预压力的施加与释放通过收紧或放松拉杆使上垫板和下垫板之间的距离减小或增大实现。

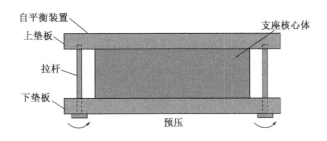

图 10-10 预压自平衡支座

结合倒拆法更换支座技术,预压自平衡更换支座典型施工过程如下:将临时支撑设于梁体与下部结构之间,拆除旧混凝土垫石和旧支座,安装预压自平衡支座,精确定位并固定新支座后,浇筑新混凝土垫石,卸去对支座核心体预加的压力,最后拆除临时支撑,完成对预压自平衡支座的更换。

该方法能够满足传统支座更换方式对梁下顶升空间的要求,可以做到零顶升更换,尤其解决了墩台单支座快速更换的难题。同时其预压方便快捷、工期短,适用于单点式、多点式的板式支座和盆式支座,适用范围广。

10.1.3 支座更换流程

1)施工准备

支座更换施工应提前准备所需的材料、设备、人员。施工作业适合在天气晴朗、温度在5℃以上的条件下进行,如需在夜间或不良天气条件下施工,应有相应的保障措施。同时,应采取必要的环境保护措施。施工前应对施工过程中可能出现的意外情况进行排查并制订应对措施,应对措施应包括重大危险源识别、应急备用材料准备等。

42. PLC 桥梁顶升支座更换实例

施工前要做好支座更换方案设计,具体包括以下内容:

(1)对桥梁主要构件进行验算;

(2)根据单个支座顶升力确定千斤顶的配置数量,并考虑墩台空间位置允许尺寸及千斤顶最大顶升力、活塞最大行程;

(3)确定千斤顶顶升位置、顶升顺序、支座顶升力、顶升高度等;

(4)对顶升千斤顶与梁体底面、墩台顶面的接触面进行局部承压验算,确定钢垫板尺寸;

(5)验算因顶升可能产生的位移差对桥体结构的不利影响,优化调整顶升高度;

(6)考虑顶升高度对梁体受力状态的影响,对梁体顶升高度进行验算;

(7)通过计算确定梁体顶升高度的允许值;

(8)当墩台顶升空间和顶升位置不满足顶升要求时,应另外设计顶升支架,并对顶升支架的承载力和稳定性进行验算;

(9)按桥梁结构形式、支座类型和桥墩结构形式选择相适应的顶升方法。对于T梁、空心板梁和小箱梁等中小跨径(≤20m)简支梁桥,宜采用简单直接顶升法;对于多联跨整浇或预制连续箱梁桥、连续刚构桥和预制梁、板拼装宽桥以及在不封闭交通情况下的桥梁顶升和支座更换,应采用整联跨同步顶升法。

施工前需同步进行顶升监测方案设计,制订完善的顶升监测方案,设计安全监控系统,保证梁体结构安全。顶升监测方案的内容应包括上部结构和下部结构的监测、施工临时设施及设备的监测。上部结构的监测包括桥梁的整体姿态监测、结构内力或应力监测、结构和环境温度监测、裂缝监测和位移监测等。当支撑体系作用于桥梁下部结构时,应根据下部结构空间分析结果确定下部的结构的监测内容和位置。设备的监测包括液压系统压力监测与顶升行程监测。安全监控系统的设计包括监控测点及传感器的选择,传感器安装位置的确定。应根据支座更换方案,对顶升过程中可能发生的状态变化确定必要的预警值和极限值。

2)施工过程

传统支座更换的主要流程如图10-11所示。

图10-11 支座更换主要流程

(1)清理修补

清理台帽或盖梁顶面沉积的土石块及混凝土块;清理伸缩缝内沉积的垃圾和杂物;修补梁体破损,对露出的钢筋进行除锈并修补覆盖;修补关键部位裂缝,尤其是梁底和墩台顶面受力区附近的裂缝;如墩顶的平面空间局促、顶升时可能出现劈裂现象,应对立柱进行加固补强,可采用碳纤维布加固或钢抱箍加固;清理修补作业完成后,应将千斤顶布设位置对应的立柱或盖梁顶面及梁底面处理平整。

(2)安装千斤顶

顶升千斤顶的布置应考虑梁体受力安全及支座更换的操作空间。在横桥向多片梁时,千斤顶应布置于中梁的铰接处或边梁的外侧腹板处;在纵桥向,千斤顶的中心线距台帽或盖梁边缘不小于10cm。盖梁两侧的顶升千斤顶应对称布置,定位偏差不应大于5mm,尽量减小梁体的不平衡偏心受力。千斤顶安装前应使用结构胶对千斤顶、临时支撑位置处的梁底及墩台顶面进行调平(图10-12)。

安装千斤顶时,千斤顶的顶部、底部与梁体接触面应根据局部承压承载力验算结果配置钢垫板,钢垫板厚度不应小于10mm,且应进行纵、横坡调平处理,控制整体平整度在±1mm以内。千斤顶的底部和顶部钢垫板的垂直度偏差应控制在1%以内,千斤顶安装应保证其轴向垂直,轴线的竖直偏差不应大于5°。千斤顶的布置方案应严格按照设计方案确定,同时需要考虑施工作业方便。

a)采用结构胶、钢垫板调平　　　　　　b)安装千斤顶

图 10-12　盖梁设置牛腿平面

千斤顶安装完成后,应检查所有千斤顶是否正常工作、控制阀及油管接头是否漏油、千斤顶顶升和回落是否平稳同步、顶升支架安装是否牢固、影响顶升的设施是否已全部拆除。对纵、横坡较大桥梁及弯桥、斜桥,应增设防止梁体横向偏位的装置,且对防止横向偏位的装置应进行强度、刚度、稳定性验算。

(3)预顶升

预顶升应在顶升设备、顶升监控系统等安装调试正常后进行。预顶升应分两步进行:第一步应控制顶升力至支座计算反力的50%左右,持荷5~10min以检查顶升设备的安全性,无任何异常后将梁体回落到原来位置;第二步应将梁体顶升至脱离原支座1~2mm,检查所有支座与梁体脱开情况,同时测定梁体总重及各支座反力,检测后应将梁体回落到原来位置,此阶段停放时间应不大于5min。

(4)正式顶升

正式顶升按支座更换方案中确定的作业程序进行分级顶升,顶升采用位移和压力双控的方式,以顶升位移控制为主、顶升力控制为辅。

顶升过程中要全程做好监控工作。应在梁体跨中等主要控制截面位置布置应力应变传感器和位移传感器等监测传感器,并对梁体中轴线位置设点观测,实时监测梁体轴线位移和变位状态。监测传感器的安装应稳固可靠,安装位置不应影响施工操作,且应独立安装,不应固定在脚手架上。应通过安全监控系统实时监控顶升速度和顶升高度,随时调整顶升速度和顶升力,使梁体顶升同步安全进行(图10-13)。应通过安全监控系统实时监控梁体的应力变化和可能出现新裂缝的位置或原有裂缝的变化,保证梁体不受损伤。在顶升过程中,变形及应力监控结果应符合设计要求。

 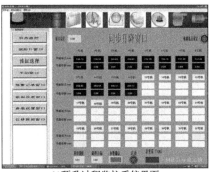

a)监控系统　　　　　　b)顶升过程监控系统界面

图 10-13　顶升监控系统及监控界面

对于存在病害的桥梁,应加强对已有病害的监控。桥梁顶升施工期间,应建立对桥梁主体结构及辅助设施的巡视检查制度。当监控结果出现结构应力、变形等异常时,应暂停施工,待问题解决后方可继续施工。

对于板式支座而言,顶升位移应在最大强迫位移内,应以脱开支座或满足更换操作空间为限,以设计要求为准,宜控制在 3~5mm 之间。对于盆式支座而言,更换或遇其他特殊情况需增加顶升位移时,宜控制最大位移在5mm之内,不得超过计算强迫位移允许值。顶升过程中,顶升力应以计算顶升力分级控制,不宜超过计算允许值。顶升速度应缓慢平稳,每1mm 行程时间应控制在 2~4min,全部高程测量数据从开始顶升至预定行程结束必须连续。

梁体顶升高度满足支座更换高度后,应在原支座周围选择合适位置架设临时支承,将梁体回落到临时支承上,临时支承的布置应保证梁体落点安全和支座更换的可操作空间。临时支承宜使用自锁式千斤顶(图 10-14),且应进行必要的强度、稳定性验算,保证足够的安全系数。

图 10-14 自锁式千斤顶

在顶升过程中,应派专人对梁端位置处的铰缝、桥面铺装进行观测,一旦发现开裂现象应立即停止,必要时可采用人工调节顶升量、降低加压速率、缓慢减压或缓慢松顶等应急措施,由设计人员现场查看后再决定后续处理措施。

(5)更换支座

原支座拆除前应提前放样以确定原支座位置,可在原支座的周围做标记,或在盖梁顶面标示若干固定点,测量其到支座边缘的距离,通过计算确定新支座的位置。若原支座出现明显偏位,应根据梁底预埋钢板位置重新确定新支座的安装位置,并采取有效措施取出支座,取出支座过程中应避免伤及梁体及接触千斤顶和监测设备。

若原支座在顶升高度范围内无法取出,应采取凿除原支座下垫石等措施进行处理,严禁擅自进行二次顶升。若梁底有预埋钢板,且无倾斜、不平整、变形等问题,应进行打磨、除锈、清洗、防腐处理,若预埋钢板有倾斜、不平整、变形等问题,应拆除并重新安装。

若无须更换垫石,应测量放样,确定垫石所需修复的尺寸及高度,然后使用结构胶修复缺陷,使结构完好,处理后的垫石顶面高程和平整度应符合实测项目的要求。如须更换垫石,应提前放样确定垫石位置,并使用风镐等凿除原垫石。若梁底净空不足、垫石强度过高,难以直接使用风镐凿除,宜使用水钻水平打孔配合风镐进行凿除。

(6) 落梁

新支座更换完成并检查无误后,将梁体按顶升时的方式同步回落,逐步撤除临时支承;落梁时应采取与顶升相同的监控保障措施,确保梁体均匀同步回落。落梁宜采用二次落梁法:第一次落梁时,回缩千斤顶使梁底下降至支座即将受力变形时为止,千斤顶进入自锁状态,以挤出上钢板与梁体间的多余结构胶;待结构胶强度达到设计强度后(不宜小于12h),进行第二次落梁,回缩千斤顶至千斤顶完全退出支承工作。

落梁作业完成后,应详细检查垫石及支座位置是否准确,确认各个部件之间压紧密贴。落梁后,复测各顶升处梁底高程,保证支座更换完成后梁底高程与顶升前的差值符合设计及实测项目中的要求。梁体复位后,检查支座和垫石无异常情况(连续观察不小于12h),方可拆除顶升设备及临时支承。

(7) 清理防护及异常情况处理

在清理梁底墩台的同时,对上下垫石应及时涂刷防护涂料及防护油漆,以提高更换支座的美观性及耐久性。在桥梁顶升过程中若出现涉及结构安全等的异常情况,应立即中止顶升作业并回缩千斤顶将梁体落回原位,待完全查明并排除异常原因后方可继续进行桥梁顶升工作。

10.2 桥梁整体顶升技术

无论是支座更换,还是桥梁整体高度提升,通常都面临桥梁顶升的需要,具体来说,需要进行桥梁顶升的原因主要有:①桥梁支座更换;②外部因素变化导致既有桥梁净空不能满足需要引起的桥梁顶升;③既有桥梁整体下落及平移或新建桥梁施工架设;④既有桥梁调坡顶升与新建高架线形衔接;⑤新建地道箱体下穿既有桥梁墩柱基础位置,需进行的桥墩顶升托换。为了尽可能避免顶升过程对桥梁产生损伤,要求桥梁顶升时,各个支座整体同步顶升,尤其是在桥梁横向必须尽可能做到同步,控制位移差值在限值之内。

10.2.1 PLC同步顶升系统介绍

可编程逻辑控制器(Programmable Logic Controller,PLC)同步顶升系统(图10-15)一般由5个部分组成,即液压泵站、PLC计算机控制系统、液压终端、位移压力检测与人机界面操作系统。该系统是将液压顶升系统、计算机PLC信号处理、位移监控与桥梁结构分析和施工技术进行集成,并在集成系统上进行的成套技术开发。其核心是根据桥梁结构顶升需求设计计算机PLC信号处理与液压系统,输入外部监控设施的位移信号,输出液压系统油量控制信息,利用终端多组千斤顶来达到平衡、安全与高效完成桥梁顶升的目的,其顶升和降落精度误差不超过±0.5mm,顶升荷载包括2000kN、4000kN、8000kN、12000kN、20000kN、50000kN和100000kN等,顶升高度一般为10~500mm。

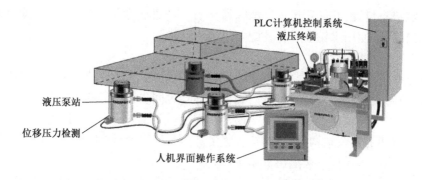

图 10-15 可编程逻辑控制器(PLC)同步顶升系统

10.2.2 桥梁顶升工艺流程

典型桥梁顶升工艺流程包括解除梁体约束、搭设施工操作平台、设置千斤顶、预顶升、正式顶升、同步监控、顶升后施工、落梁等。

1）解除梁体约束

为保证桥梁上部结构在竖向顶升过程中其结构处于自由状态,应先解除桥梁两端的伸缩缝,并将连续桥面断开。解除约束时应重点检查桥梁运营后的状况,除了伸缩缝的结构约束外,可能还存在因外界或结构自身变化而引起的梁端堵死的情况。

2）搭设施工操作平台

顶升施工操作平台的搭设关系施工人员、机械设备的安全,搭设时应根据现场情况随机调整。顶升桥梁净空较大时,采用简易挂架及爬梯,对搭设完毕后的操作平台必须进行加密处理,并设置安全护栏。

3）设置千斤顶

通过计算确定桥梁结构顶升的支座反力,根据支座反力选择千斤顶的种类和数量,千斤顶应在安装前进行调试。若需设置临时支承结构,应确定临时支承结构方式。

4）预顶升

在桥梁整体顶升作业中,应严格控制千斤顶的同步性。通常要求不同千斤顶顶升高度差在 2mm 以内,否则,易产生桥梁梁体额外不利受力,造成梁体损伤。一般通过位移和荷载双重控制方式保证顶升同步,确保顶升作业的精度和安全。

5）正式顶升

按照预设荷载顶升,以 PLC 系统精准同步控制全部千斤顶;顶升时辅以不同厚度钢垫块,实现对千斤顶行程不足的多次托垫。

顶升之后,梁体坡度有所变化,为防止桥梁在顶升过程中出现水平位移,应安装纵向和横向限位装置。限位装置可选用三角形牛腿以植筋法设置在墩台身正面和两边挡块处。需保证整座桥梁同时顶升到位;受千斤顶行程制约,通常需分若干次顶升才能顶升到位,顶升过程中的最大顶升速度不大于 10mm/min。

6）同步监控

每一轮顶升结束,需实时分析实测位移、荷载等,一旦发现异常应立即处理,待正常之后方可进入后续环节。应重视并做好顶升作业全程相关监控工作,包括荷载、位移和桥面高程监控。

7)顶升后施工

桥梁整体顶升到位后,一般应超顶升 5~10cm。根据实际顶升目的,进行后续相应施工作业,如桥墩接长、桥墩托换、支座更换等。

8)落梁

落梁在程序上和顶升相反,确认各项顶升参数正常后,拆除全部临时支承开始落梁,落梁至支点后,密切监测位移及荷载传感器数据,观察是否存在异常,并及时排查处理。

10.2.3 断柱顶升施工方法

通常在原桥梁通航净空不满足要求,或原路线改建抬升时,需要将桥梁整体顶升抬高,此时需用到断柱顶升施工方法。当整体抬升高度不高时,可采用在原柱上加盖梁的办法;当整体抬升高度较高时,通常需要将墩柱截断,再接长。根据其反力体系的不同,断柱顶升法具体有以下几种形式:承台-盖梁顶升;上、下抱柱梁顶升;承台-上抱柱梁顶升;下抱柱梁-盖梁顶升,如图 10-16 所示。

a)承台-盖梁顶升

b)上、下抱柱梁顶升

c)承台-上抱柱梁顶升

d)下抱柱梁-盖梁顶升

图 10-16 断柱顶升法受力体系

承台-盖梁顶升通过承台上支设立柱,在原有立柱切断之后,顶升原有盖梁实现桥梁整体顶升;上、下抱柱梁顶升通过新浇筑支承连接于立柱的上、下抱柱梁,在原有立柱切断之后,顶升原有盖梁,实现桥梁整体顶升;承台-上抱柱梁顶升通过承台上支设立柱,在切断原有立柱之后,顶升新浇筑支承连接于立柱的上抱柱梁,实现桥梁整体顶升;下抱柱梁-盖梁顶升通过新浇筑支承连接于立柱的下抱柱梁,在切断原有立柱之后,顶升原有盖梁,实现桥梁整体顶升。具体应视桥梁实际情况选择使用。

在施工准备完成,并完成支承体系、控制系统、液压系统的安装后,进行立柱切割处理。钢筋混凝土桥梁改造或局部拆除采用的传统方法一般是用人工锤凿、机械锤打、风镐、液压破碎和水钻钻孔等,这些方法除了会产生大量的粉尘、噪声污染外,还容易产生不整齐的分离截面,对设计保留部分的混凝土结构带来额外破损。最新的钢筋混凝土立柱切割一般采用绳锯静态拆除技术,利用液压马达带动镶有金刚石的绳锯对准立柱切割部位不断重复切割,利用金刚石的超高强度将钢筋混凝土切断;与此同时采用水冷却,既是切割设备降温需要又是防粉尘、降低噪声的有利措施。该方法的优点在于无粉尘,噪声低,切缝光滑、平整,速度快、效率高。

顶升施工完成后即可进行立柱连接工作。首先将立柱新老混凝土结合部分进行表面凿毛处理,以利于新老混凝土的连接;混凝土凿除后需用水清洗,不得留有灰尘和杂物。其次,立柱加高部分宜采用与原立柱同规格、等数量的竖向主筋和箍筋,竖向主筋与立柱两端露出部分的主筋连接。为保证连接处混凝土均匀密实,连接立柱的混凝土可采用微膨胀混凝土,在混凝土浇筑过程中应缓慢放料,并分层浇捣密实。新浇筑立柱在混凝土终凝后即可开始养护,养护时间至少延续7d,待新浇筑立柱混凝土强度达到设计强度的50%以上时即可拆除模板,脱模后立即采用塑料薄膜包裹。混凝土达到设计强度后,即可进行液压系统和支承体系的拆除。

10.3　地基冲刷处理与基础加固技术

10.3.1　地基冲刷处理

地基冲刷是造成桥梁破坏的主要原因之一。由于桥梁处于复杂的水环境中,局部泥沙冲刷可能导致桥墩基础的承载力不足,严重时会引发桥墩变形甚至失稳倾覆,导致桥梁毁坏。大多数水下墩台都会受到不同程度的冲刷且冲刷多发生于水下,没有明显的征兆,难以被发现,具有高隐蔽性,严重威胁着桥梁的结构安全。

针对水流冲刷的防护措施:一是增强河床的防冲能力,二是减小冲刷能量,三是提供冲刷保护。常用的桥墩局部冲刷防护工程措施包括抛石防护、扩大墩基础防护、混凝土膜袋和混凝土铰链排防护、墩前牺牲桩防护、护圈防护、环翼式桥墩防护、护壳防护和四面体透水框架群防护等。下面针对这些方法进行介绍。

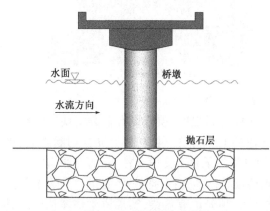

图 10-17　抛石防护示意图

1) 抛石防护

抛石防护是一种主要的桥墩防护工程措施,其工作原理为:一是抛石对床沙起保护作用,增加床沙起动或扬动所需的流速;二是抛石可以增大桥墩附近的局部糙率,对减小桥墩附近流速也起到一定的积极作用。抛石防护如图 10-17 所示。影响抛石防护效果的因素有抛石粒径、布设高度、抛石厚度、抛投范围和抛石级配等,实际工程中注意选取合适数值。

抛石防护具有取材方便、施工简单、能适应地形变化等优点。但抛石防护的整体性较差,运用过程中的维护费用和工作量较大,特别是当墩前水流速为临界摩阻流速的2.5倍以上时,抛石将被埋置到最大冲刷坑深处,导致抛石层彻底失去防护作用。此外,抛石层的布设厚度和范围对防护效果有重要影响。布设厚度至少应为 2 层,且抛石层越厚,整体性越好,防护效果也就越佳。抛石防护范围至少应从桥墩表面算起 2 倍的桥墩宽度。

2)扩大墩基础防护

扩大桥墩基础防护是指在施工阶段先将钢围堰埋入河床以下一定深度,再进行下部桩基础施工,基础施工完成后在床面以上预留一定高度封顶,然后在其顶面上设置桥墩的防护工程措施,如图 10-18 所示。该防护措施可解决下降水流带来的淘刷力,防止其直接冲刷泥沙以及减弱马蹄形水流的冲沙挟沙能力。

影响扩大桥墩基础防护效果的主要因素为基础顶面的设置高度和扩大桥墩基础头部向上游的伸出长度。按桥墩基础顶面所在的位置分成 3 类:①扩大桥墩基础顶面位于河床面之上时,出露部分实际并没有起到预期的效果,相当于仅增大了桥墩的直径,当

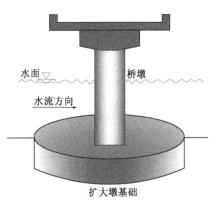

图 10-18 扩大墩基础防护示意图

有水冲刷时,更大面积的墩土接触面导致冲刷深度增大;②当扩大桥墩基础顶面位于冲刷坑内时,扩大桥墩基础的顶面消散了部分向下水流和马蹄形旋涡的冲刷力,削减了桥墩周围的冲刷坑深度,特别是当扩大桥墩基础的顶面恰好位于河床床面处时,减冲效果最为明显;③当扩大桥墩基础顶面位于桥墩周围最大冲刷坑深度之下时,其防护作用消失,相当于没有扩大桥墩基础。该方法在理论上能够起到防护作用,但是当河床变动时其防护作用会变化、消失,甚至起反作用,一般不建议采用。

3)混凝土膜袋和混凝土铰链排防护

混凝土膜袋是利用高强化纤材料编织成双层并能控制一定间距的袋体。混凝土膜袋防护是指在膜袋内部充填混凝土(或砂浆)使之形成一个刚性的板状防冲块体,并能适应地形变化而紧贴在岸坡或河床上,从而起到抗冲刷作用的混凝土类防护技术。混凝土铰链排是利用铰链将混凝土板块连接起来而形成的防护实体。混凝土膜袋和铰链排防护如图 10-19 所示。

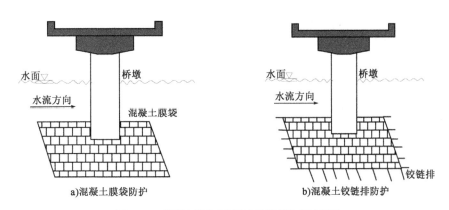

图 10-19 混凝土膜袋和混凝土铰链排防护示意图

4)墩前牺牲桩防护

墩前牺牲桩防护为在桥墩基础的上游布置一系列小直径的群桩作为牺牲桩,如图 10-20 所示。当上游水流冲来时,先遇到这些桩,使来流的速度减小,冲刷能量相应地降低,冲刷方向

被扰动,使其与桥墩基础的作用减弱,从而达到防护的目的。这一措施是从水流的消能着手,降低墩前下降水流和墩周马蹄形旋涡扰流,使来流的冲刷主要作用在墩前的群桩上,用这些桩作为牺牲桩来保护桥墩基础。

5) 护圈防护

护圈防护为在桥墩一定高度处设置各种形式的护圈,如图 10-21 所示。护圈的存在使桥墩周围的下降水流和马蹄形旋涡得到大幅削弱,也使前进水流经过桥墩时的能量被削弱,从而起到防护的作用。

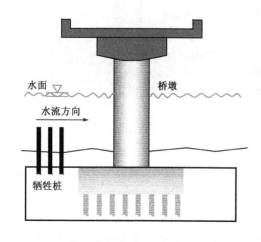

图 10-20　墩前牺牲桩防护示意图

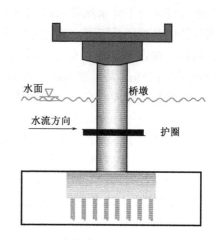

图 10-21　护圈防护示意图

6) 环翼式桥墩防护

环翼式桥墩是在桥墩上合适的位置加装一定数量的挡板,形似翼状,如图 10-22 所示。该方法是从削弱水流的能力着手,通过翼状挡板改变下降水流的方向和大小,从而削弱旋涡淘蚀与搬运河床颗粒的能力。

7) 护壳防护

护壳在迎水面设置带有方向的人造褶皱,会产生一系列倾斜旋涡,并由水流将这些旋涡冲走,避免其下降淘刷底部泥沙,有效地减小了水流下降带来的影响;其次,护壳外表面所设置的无方向粗糙面会给护壳带来一种类似"高尔夫球"的特性,与光滑桥墩相比,护壳可将层流变成紊流,从而改变水流分隔线,使下游尾流的冲刷能力大大降低,如图 10-23 所示。

图 10-22　环翼式桥墩示意图

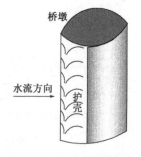

图 10-23　护壳防护示意图

8) 四面体透水框架群防护

四面体透水框架群防护是一种在桥墩周围的河床面均匀抛投四面体透水框架的方法,如

图 10-24 所示,四面体透水框架是由预制的 6 根长度相等的钢筋混凝土杆件相互连接组成,呈正三棱锥体。其工作原理是利用四面体框架实体材料的强度特性提高河床的抗冲刷能力,同时利用框架自身结构消减水流的动能,从而达到防护的目的,具有消能和防护双重功效。该方法最早运用于江河护岸和堤防等工程,后来逐渐引入冲刷防护领域。这种防护技术机理新颖,造价较低,适用面广。

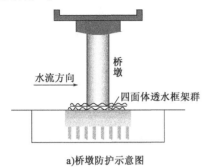
a)桥墩防护示意图

b)四面体透水框架

图 10-24 四面体透水框架群防护

10.3.2 基础加固技术

通常桥梁下部结构及基础具有足够的承载能力富余,足以满足上部结构补强加固所增加的重量以及活荷载对它的要求。如果墩台及基础的承载能力不足,或者上部结构的缺陷、承载能力的降低等是由墩台与基础的沉降、位移或缺陷等所引起的,则应对原桥梁墩台及基础进行必要的加固。桥梁墩台基础加固的常用方法有人工地基加固法、扩大基础加固法、增补桩基法、静压桩加固法及灌浆法等。

1)人工地基加固法

当基础下面的地基土松软,不能承受很大荷载,或上层土虽好,但深层土质不良引起基础沉陷时,可采用人工地基加固方法,以改善和提高基础的承载能力。人工地基加固方法很多,一般常用的有砂桩法、树根桩法和高压喷射注浆法等。

(1)砂桩法

当软弱地基层较厚时,可用砂桩法改善地基的承载能力。加固施工时,将钢管或木桩打入基础周围的软弱土层中,然后将桩拔出,灌入经过干燥的粗砂,进行捣实,做成砂桩,从而达到提高土密实度的目的。在饱和的砂土或粉土中,由于容易坍孔,灌砂困难,亦可采用砂袋套管法与振冲法加固地基。

(2)树根桩法

树根桩是一种小直径钻孔灌注桩,其直径通常为 100~250mm,有的也采用 300mm。该法先利用钻机钻孔,满足设计要求后,放入钢筋或钢筋笼,同时放入注浆管,通过压力注入水泥浆或水泥砂浆而成桩,亦可放入钢筋笼后再灌入碎石,然后注入水泥浆或水泥砂浆而成桩。小直径钻孔灌注桩也称微型桩。小直径钻孔灌注桩可以竖向、斜向、网状布置如树根状,故称树根桩。树根桩在桥梁加固工程中的应用示意如图 10-25 所示。

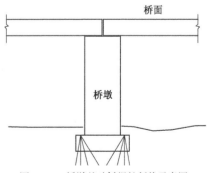

图 10-25 桥墩基础树根桩托换示意图

(3)高压喷射注浆法

高压喷射注浆法加固墩台基础是采用高压注浆方法使地基土通过渗透、填充、置换、挤密得到加固。在注浆过程中,浆液渗透到裂缝和孔隙中,形成水泥砂浆结石体,结石体与桥梁基础结合后形成复合基础,大大提高地基承载力,并减轻墩台不均匀沉降的问题。注浆孔必须采用冲击钻干钻成孔,一般严禁带水钻孔。其典型施工流程如下:成孔→安放浆管和封堵孔口→搅浆→注浆→待凝→封孔。为防止冒浆,注浆顺序宜先外后内,先垂直后倾斜。注浆时,将注浆管一次性打到设计深度,自下而上注浆,注浆时拔管间距为0.5m,相邻两排注浆孔的注浆点深度相差0.2m。注浆时可采用压力和压浆量双控的方式,直到孔口不再吸浆且浆液不外流,作为注浆终止条件。

压浆时应对墩台和墩台周围地面进行全程监测,如发现有冒浆、地面隆起或墩台顶起等异常情况,立即停止注浆,待浆液初凝后再进行补浆。使用注浆法加固墩台基础,在增加地基承载力的同时,可防止填土下沉、桥台外倾等病害。图10-26所示为注浆加固桥台基础工程实例。

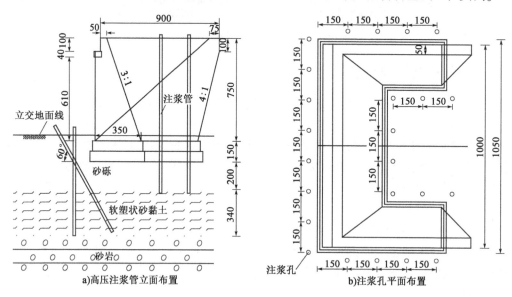

图10-26 注浆加固桥台基础示意图(尺寸单位:cm)

2)扩大基础加固法

扩大桥梁基础底面积进行基础加固的方法,称为扩大基础加固法。此法适用于基础承载力不足或埋置太浅,而墩台又是圬工或混凝土刚性实体式基础时的情况。扩大基础底面积应由地基强度验算确定。当地基强度满足要求而缺陷仅表现为不均匀沉降变形过大时,采用扩大基础加固的面积主要由地基变形计算来加以选定。具体做法为在圬工或混凝土刚性实体式基础周围增加石砌圬工或混凝土,以扩大基础的承载面积,如图10-27所示。

扩大基础加固法可按下列顺序进行:

(1)通常在必须加宽的范围内先打钢板桩围堰,如墩台基底地基土欠佳时,应做必要的处理。

(2)挖去围堰内土体至必要的深度(注意墩台的安全)。

(3)将围堰内水抽干后,浆砌圬工基础或浇筑混凝土基础。

(4)应保证新旧基础牢固结合,施工时可通过锚固钢筋或插以钢销等相连接,以使加固扩大基础和旧基础牢固地结合成一整体。

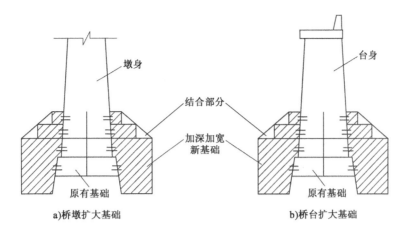

图 10-27　墩台扩大基础加固法示意图

3）增补桩基法

在桩式基础的周围补加钻孔桩或打入钢筋混凝土预制桩，并扩大原承台，以此提高基础承载力，增加基础稳定性，这种加固法称为增补桩基加固法，如图 10-28 所示。

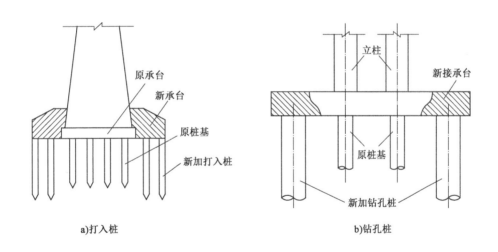

图 10-28　增补桩基加固墩台基础示意图

增补桩基法需要保证新加桩基与原有墩柱通过承台连接成一个整体，因此，一般将承台范围内原墩柱混凝土表面凿毛（要求打成网状沟槽，沟槽深度不小于 6mm，间距不大于 150mm）。原墩柱混凝土表面凿毛后应将其冲洗干净，并浇筑混凝土前，对原墩柱混凝土表面用水泥浆等界面剂进行处理，以加强新旧混凝土的结合。新加桩基顶部高出锥坡处在承台下面用浆砌片石围挡。

如图 10-29 所示为某桥增补桩基加固应用实例。该桥通过加桩，增设十字托梁，加强基础对承台的支承，从而改善承台的受力状况，减少承台的开裂及变形，保证结构安全。具体而言，在承台两对称轴上增加 4 根钻孔灌注桩，上设 2 片交叉的托梁支承承台，加桩桩径为 1.5m。由于淤泥层较厚，加桩按支承桩设计，托梁采用预应力混凝土结构。

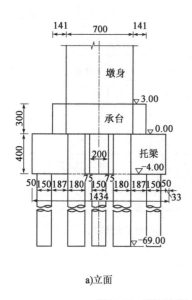
a)立面

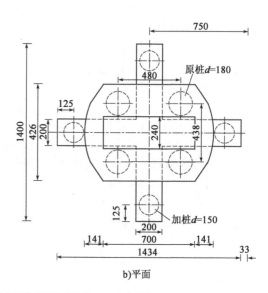
b)平面

图 10-29　增补桩基加固工程应用实例(尺寸单位:cm,高程单位:m)

增补桩基法加固墩台基础的优点是不需要抽水筑坝等水下施工作业,且加固效果显著。其缺点是需搭设打桩架甚至开凿桥面,对桥头原有架空线路及陆上、水上交通均有影响。

对单排架桩式桥墩采用打桩(或钻孔灌注桩)加固时,如原有桩距较大(达 4~5 倍桩径时),可在桩间插桩。如原有桩距较小且通航净跨允许缩小时,可在原排架两侧增加桩,成为三排式的墩桩。

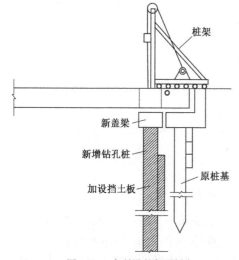

图 10-30　加钻孔桩加固桥台

如在桩间加桩,可凿除原有盖梁并浇筑新盖梁,将新旧桩顶连接起来。但同时应检查原有盖梁在加桩顶部能否承受与原来方向相反的弯矩,如不能承受则必须加固原有盖梁或重新浇筑盖梁。加固原有盖梁时,可在盖梁顶部增设钢筋。

当桥台垂直承载力不足时,一般可在台前增加一排桩并浇筑盖梁,以分担上部结构传来的压力。打桩(或钻孔桩)时,可利用原有桥面作脚手架,在桥台上开洞插桩。增浇的盖梁可单独受力,也可连接在一起,使旧盖梁、旧桩和新桩一起受力,如图 10-30 所示。

4)静压桩加固法

对旧桥下部结构加固时,通常受桥下净空影响,当其不能满足常规机械的进入时,采用千斤顶实现静压施工是一个很好的解决方案。通常确定补桩数量之后,上部恒载与单桩下沉的极限阻力之比控制在 1.5:1~2:1。压入桩的承台与施工反梁合二为一,既为静压施工传递上部恒载的反梁,又为加固的桥墩提供一个新老桩基共同受力的承台。小体积大吨位千斤顶的出现,使该工艺在实践上具有可操作性。静压桩加固的主要工艺流程为:承台或新盖梁(反梁)浇筑→基坑开挖→预制桩就位→静力压桩→接桩续压→桩台湿接。

静压桩加固法设计与施工要点如下：①合理划分方桩的节段长度，划分时要考虑千斤顶本身的高度与行程、河床与反梁的高差、节头构造对接桩空间的要求，同时尽可能降低规格；②施压前在反力梁顶面设置供观测用的千分表，第一节桩施压时要设置可靠的侧向限位措施，否则会偏斜；③压桩垫块的高度要比千斤顶行程略小2cm，因千斤顶回油，桩身会反弹；④尽可能缩短接桩的辅助时间，以免桩土固结而增大沉桩阻力；⑤所有桩基终压前，要在桩顶与反梁之间施加预压力，再将主筋与反力梁底的钢板相焊接，最大限度地使新桩与老桩一起共同承受上部荷载。

采用静压桩加固法，既能适应桥下的窄小空间，又能最大限度地保持原桥的设计风格与造型。静压施工无噪声、无振动，对老桥桩基无扰动、施工安全、承载力可靠。该工艺不仅适用于桩柱式桥墩实施加固（图10-31），对桥台也可以采用该工艺进行加固（图10-32），图10-33所示为静压桩加固桥台实例。

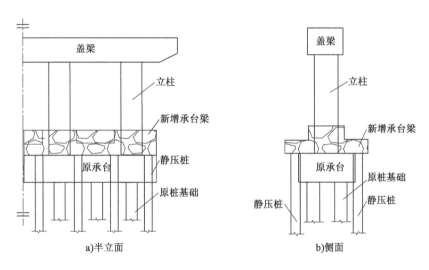

图10-31 静压桩加固桥墩示意图

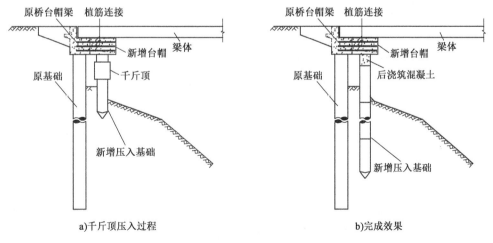

图10-32 静压桩加固桥台原理示意图

a)原桥台帽梁植筋　　　　　　　　b)新增台帽钢筋绑扎

c)千斤顶压入预制桩　　　　　　　　d)压入桩与反力梁

图 10-33　静压桩加固桥台实例

10.4　墩柱加固技术

桥梁是交通枢纽的"咽喉",桥梁墩柱破坏往往会导致生命线的中断,可能会造成不可估量的经济损失和人员伤亡。所以,无论是对于旧危桥的加固、抗震加固,还是对地震中已经损坏桥梁的加固修复,钢筋混凝土的墩柱加固与修复技术都具有重要的经济意义和实用价值。常用的墩柱加固技术主要包括增大截面加固技术、嵌入加固技术、体外预应力加固技术、钢套管加固技术、粘贴纤维增强复合材料(FRP)加固技术、绕丝加固技术及"狗骨式筋"修复纵筋技术等。

10.4.1　增大截面加固技术

43.墩柱增大截面加固实例

增大截面加固技术是增大桥墩截面面积和增加配筋的一种常规加固技术,其不仅可以提高被加固桥墩的承载能力,而且还可以加大其截面刚度,改变其自振频率,改善正常使用阶段的性能。根据加固材料和加固工艺的不同,增大截面加固技术可分为外包混凝土加固法和喷射砂浆加固法。

1)外包混凝土加固法

外包混凝土加固法是在原有墩柱的表面外包混凝土并增加纵向钢筋和箍筋,如图 10-34 所示。通过在原桥墩上植筋、绑扎钢筋以形成钢筋骨架,然后再浇筑混凝土,将新旧混凝土形成一个共同作用的整体,既可以对已存在的裂缝有所补救,同时又能防止旧裂缝的发展和新裂缝的产生,对加固因受剪产生裂缝的桥墩效果显著。在外包厚度较小时,可应用喷射混凝土技术。增加的箍筋可提高墩柱的剪切强度以及延性性能,而纵向钢筋能否提高墩柱的抗弯能力,则取决于纵筋是否锚固在原有墩柱盖梁及承台中。若纵筋在承台表面即被切断,则抗弯能力不会增加。由于外围混凝土和箍筋对核心混凝土有约束作用,故墩柱延性将有所提高。此外,混凝土具有较大的可塑性,可以对各种截面形式墩柱进行加固,且可根据实际情况选择采用全截面加固法和部分截面加固法。混凝土外包加固法在设计构造方面必须解决好新加部分与原有部分的整体工作共同受力问题。

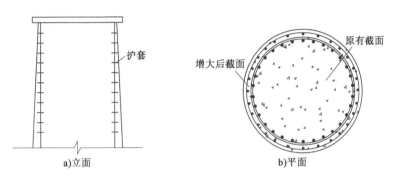

图10-34　圆截面桥墩外包混凝土加固示意图

外包混凝土加固法取材方便,施工技术简单,加固效果稳定可靠。但这种方法现场湿作业多,施工周期长,对原结构影响较大。截面增大会影响原有建筑效果,减小使用空间,增加结构自重,有时甚至会因结构自重的增加而致使必须对原结构的基础进行附加加固,从而大大增加加固成本,延长施工时间。另外,随着刚度的增大,地震力作用下对结构产生的损害也将增大。外包混凝土加固法在公路桥墩加固中的运用相对比较成熟。针对铁路重力式桥墩的特点,修复加固除了恢复承载力、增加延性、提高抗震能力外,还要考虑增加桥墩的刚度,减小桥墩的横向振幅,也应对墩底锚固效果进行研究。

图10-35给出某外包混凝土加固墩柱实例,该桥部分墩柱出现了混凝土剥落、蜂窝、露筋等现象,受力钢筋已开始锈蚀。墩柱根部与桩基结合部混凝土剥落厚度为1～10cm。根据混凝土剥落情况及墩柱的结构形式,对墩柱根部采用外包混凝土加固法进行加固。其主要步骤是在墩柱周圈植入连接钢筋,绑焊主筋及环形箍筋,形成钢筋笼,再在钢筋外立模板,浇筑混凝土。该方法操作简单,施工质量容易得到保证。原墩柱受力主筋被新增外包混凝土重新封闭,可以有效地防止锈蚀。

a)水下墩身声呐扫描结果

b)桩基冲蚀露筋

图　10-35

c)安装钢筋笼

d)加固效果

图10-35 水下墩柱增大截面加固实例

2)喷射砂浆加固法

喷射砂浆加固法即在原有墩柱表面设置致密的钢筋网,采用掺有纤维的高性能砂浆喷射覆盖,最后用涂料进行外表面保护,实现对墩柱的增大截面加固。将钢筋网与砂浆联合使用,可很好地在结合面上传递拉应力和剪应力,同时在高速喷射状态下能使砂浆进入待加固的孔隙和裂缝中,使原结构得到一定程度的恢复,能大幅度地提高原有桥墩的承载力,加强整体性,尤其适合对表面较宽大桥台的加固,这种加固技术在日本称为喷射纤维砂浆加固法。喷射砂浆技术的具体施工工艺流程如图10-36所示。

a)混凝土表面清洁处理

b)补强钢筋设置

c)喷射砂浆

d)粉刷涂料

e)施工完效果图

图10-36 喷射砂浆加固法施工工艺

喷射砂浆加固技术具有以下特点:①适合于对重型施工机械不便于操作及施工空间有限制的桥墩加固,加固技术简单;钢筋网的设置由人工完成,无需大型设备;将纤维砂浆在地面用搅拌机拌和后用高压气体通过软管来输送,无需繁琐的施工工艺和特殊的施工技术,施工易操作。②砂浆属于无机胶凝材料,与混凝土材性十分接近,故不会形成材质不相容的隔离层,它比有机加固材料抗老化能力更强、耐久性更好,它与基材的协调性、相互渗透性更好。③相比于混凝土外包加固法,该方法较大幅度地减小了加固后的截面面积,减轻了自重。④加固材料中的砂浆既是胶黏材料也是保护层材料,无需另做防火保护层。

10.4.2 嵌入加固技术

44. 桥墩纵向嵌入筋与 FRP 管组合加固技术演示动画

所谓嵌入加固技术(Near Surface Mounted,NSM),是将 FRP 筋、高强钢筋等嵌入混凝土等预先开好的槽中,并向槽中注入黏结材料使之成为整体,从而改善结构受力及抗震性能的方法。嵌入加固法与外贴式材料加固法相比,除具有高强、高效、耐腐蚀等优点外,还具有下列优点:①表面处理工作量小,节省工期;②加固的筋材由于放在结构内部,可避免受到火灾破坏,其抗冲击性能、耐久性能等得以提高;③开槽后有3个面参与筋材与树脂的黏结,界面接触面积增大,加固筋材的黏结性好,强度得到更有效的发挥。

国内现阶段对此加固技术的研究主要局限于混凝土梁的研究,对混凝土墩柱的研究较少。日本对墩柱的嵌入式加固的研究与应用较广泛,提出了采用聚合物水泥砂浆覆盖高强钢筋的嵌入式加固技术。该技术是通过在加固结构四周设置嵌入结构表面的纵向钢筋,用环氧树脂填充开槽,并用横向辅助钢筋环向焊接增强,最后进行砂浆保护层及涂料覆盖,适用于钢筋混凝土桥墩的加固补强。嵌入加固墩柱技术的具体工艺流程如图10-37所示。

a) 表面开槽　　　　　　b) 纵筋嵌入　　　　　　c) 横向钢筋设置

d) 涂抹防护层　　　　　　e) 完成效果

图 10-37　嵌入式加固墩柱施工工艺

该加固技术的显著工艺特点为:①加固后增加的截面厚度是常规钢筋混凝土加固厚度的 1/8,体积为传统聚合物水泥砂浆加固体积不到一半;②对处于河道中的桥墩,加固后承受的流水阻力基本不增加;③通过减少聚合物材料的使用显著减低了施工成本;④在既有结构表面直接嵌入加固钢筋,在不增加混凝土截面面积的情况下显著提高了承载力;⑤加固后质量的增加很少,与传统加固方法相比极大地减少了结构基础及地基的附加荷载。

采用嵌入加固技术，可以对墩柱整体进行加固，也可以对墩柱某一节段进行加固，具体选择可根据墩柱的现状来决定。

10.4.3 体外预应力加固技术

体外预应力加固技术中预应力的作用为可以抵消一部分产生裂缝的恒载效应，既可以对已存在的裂缝有所补救，同时又能防止裂缝的发展和新裂缝的产生，改善墩身受力状况。预应力的施加可使加固材料与原结构有效地结合，并在一定程度上减小新旧材料间应力水平的差异，充分发挥加固材料的优势。目前用于预应力加固的材料主要为钢丝束、钢绞线和FRP，预应力施加方式为纵向和横向两种。

1）桥墩横向裂缝的预应力加固技术

桥墩上由于车辆竖向及水平冲击荷载、温度荷载、墩柱桩基的不均匀下沉及施工缺陷等因素引起的横向裂缝，可采用竖向预应力加固技术处理。在桥墩上钻孔施加竖向预应力，可增加桥墩压应力储备，增大安全系数，间接增加结构耐久性和安全性。采用竖向预应力锚索加固已有桥墩关键工艺包括钻孔、安装锚索、锚固灌浆及张拉，这种通过施加竖向预应力锚索的加固方式可有效地抑制桥墩横向裂缝的发展，提高桥墩的承载力。

2）桥墩竖向裂缝的预应力加固技术

桥墩上由于顶部配筋不足、支座位置布置不当、混凝土收缩变形及使用荷载增加等因素引起的竖向裂缝，可采用横向张拉高强钢丝束或环向预应力加固技术来治理，利用体外导入预应力，对墩身形成压力和弯曲力矩，从而改善墩身的应力。

3）FRP横向预应力加固技术

有研究者根据Tetsuo等提出的夹钳式方法对FRP片材施加预应力，并进行了横向预应力FRP布加固混凝土桥墩的力学性能试验研究，研究者通过旋紧螺栓施加和控制预应力，如图10-38所示。预应力FRP布加固混凝土墩柱可以弥合既有裂缝，有效提高墩柱的耐久性，所以该技术适用于铁路与公路桥梁中大尺寸混凝土墩柱的加固。研究还表明，CFRP（碳纤维增强复合材料）片材最适于混凝土墩柱的预应力加固，将该预应力技术应用到钢筋混凝土墩柱的加固中，对减小与抑制裂缝的发展具有重要作用。

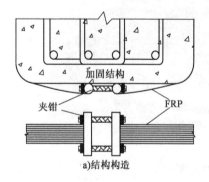 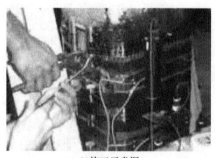

a) 结构构造　　b) 施工示意图

图10-38　FRP横向预应力加固墩柱

10.4.4 钢套管加固技术

钢套管加固技术是在桥墩周围外包钢套管，在钢套管内部与桥墩之间填充高性能砂浆或混凝土的一种加固方法（图10-39），钢套管仅承受横向力，对钢筋混凝土墩柱施以横向约束。

在钢套管与盖梁和承台之间分别预留缝隙,避免纵向应力直接传递到钢套管上和反复荷载作用下造成的局部应力集中,钢套管加固技术的端部处理如图 10-39a)所示。由于能够对核心混凝土进行有效约束,使用钢套管修复加固可以大大提高桥墩的抗剪强度、延性和轴向承载力。

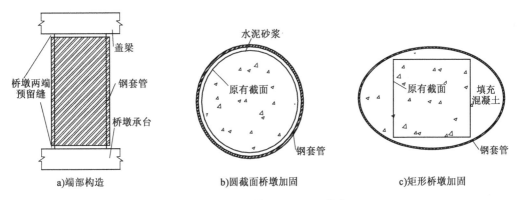

图 10-39　钢套管加固墩柱原理及构造

对于圆截面墩柱,可使用两个稍大于柱直径滚压成型的半圆薄壁钢壳,放置在需要加固的位置并现场焊接其竖向接口,用水泥砂浆或混凝土充填焊接钢管与原有墩柱之间的空隙,如图 10-39b)所示。对于矩形或方形墩柱的加固,如果采用同原截面形式相同的钢套管加固,柱墩产生较大的侧向位移时,钢套管塑性铰区域很容易屈服,建议最好采用椭圆形钢套管加固,以提供类似于圆柱套管的连续约束作用,加固结构之间的空隙可用同强度等级混凝土进行填充,如图 10-39c)所示。钢套管与原墩柱一般留设 10～30cm 空隙,填充用的水泥砂浆或混凝土宜加入微膨胀剂。此外,为实现新旧材料的共同工作,可采用在原柱周边植筋,与钢套内壁焊接的方法解决。

外包钢套管对于圆形截面的约束提高效果最好,图 10-40 所示为圆形钢套管加固墩柱工程实例。对于方形或矩形截面,宜对截面形状进行处理,使加固截面接近于圆形,或采用变矩形为椭圆形截面的方法,处理后加固可使原矩形桥墩的极限承载力提高较大,获得良好延性性能。利用外包钢套管修复震后破坏的空心矩形桥墩的试验结果表明,修复后墩柱的承载力能够达到原始墩柱承载力水平,延性、耗能等性能显著提高。

a)施工过程

b)完成效果

图 10-40　圆形钢套管加固墩柱工程实例

外包钢套管法的优点是施工简便,现场工作量较少,受力较为可靠。缺点是用钢量较大,维护费用较高,不宜用在具有腐蚀介质的环境中。如采用不锈钢作为钢套管,将具有更好的耐久性能。

10.4.5 粘贴纤维复合材料(FRP)加固技术

在钢筋混凝土墩柱的加固和修复中,粘贴纤维复合材料(FRP)的包裹方向分为两种,即沿墩柱横向和竖向。横向包裹的 FRP 材料可起到与箍筋相似的作用,可以对核心混凝土形成有效约束,提高墩柱的抗剪强度和延性,提高轴压承载力,显著提高结构的耗能能力,改善其抗震性能。而竖向包裹的 FRP 材料主要是提高墩柱的抗弯能力。

FRP 对圆形或矩形截面的约束作用有较大的差别。图 10-41 所示为 FRP 包裹不同截面形式构造的示意图。FRP 横向包裹约束圆形截面时,FRP 沿着圆周对混凝土提供了均布的侧向约束力,整个截面都能得到均匀有效的约束,约束效果较好,强度和延性都显著提高。FRP 约束矩形或方形截面时,由于其侧向刚度较小,FRP 在截面边长的中部会因为混凝土的膨胀向外弯曲,对应部分的混凝土将得不到有效的约束。而截面角部相当于支点,相邻角部的弧形区域形成拱的作用,由于这一作用,角部及截面中心部分尚能得到较好的约束。所以,在进行矩形或方形桥墩截面加固时,要尽量使倒角半径大些,以得到更好的加固效果。

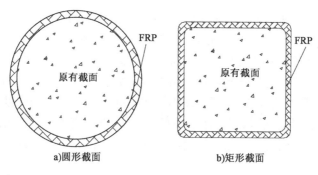

图 10-41　粘贴 FRP 加固墩柱

粘贴 FRP 加固技术尤其适合对墩柱由设计施工缺陷、材料老化、荷载等级提高等原因导致的耐久性缺陷、承载力不足、抗震能力不足以及地震灾害后结构损伤的修复。图 10-42 所示是利用粘贴 FRP 加固技术提高混凝土墩柱强度的实例。粘贴 FRP 加固技术施工工艺简便快捷,对原结构截面几乎没有任何改变,加固效果好、耐久性好。

图 10-42　粘贴 FRP 加固墩柱实例

10.4.6 绕丝加固技术

绕丝加固技术即利用高强钢丝绳缠绕钢筋混凝土墩柱,通过环箍约束的原理进行墩柱加固。绕丝加固能显著地提高墩柱轴压承载力和抗震性能,其与螺旋箍筋约束混凝土原理相同。高强钢丝绳加固混凝土轴心受压圆柱体试件的试验研究结果表明,绕丝加固技术可较大幅度地提高轴压墩桩的极限承载力,有效地约束混凝土侧向变形,显著提高墩柱的变形能力;绕丝加固钢筋混凝土柱的抗震性能试验结果表明,绕丝加固墩柱破坏模式的转变、由剪切破坏转变为弯曲破坏,强度退化减慢,耗能能力增强。

这一技术在日本已较多地应用到建筑物抗震加固中,如日本的 Magne 公司研究开发了阻燃复合材料(PPMG)水泥砂浆及钢筋缠绕加固建筑物混凝土柱抗震技术(PPMG-CR 工法)。该加固技术可对混凝土柱进行整体加固,也可部分加固。如图 10-43 所示为某车库混凝土柱绕丝加固的主要施工工艺,包括钢丝缠绕和水泥砂浆增厚等。

a)缠绕钢丝　　b)水泥砂浆增厚　　c)完成效果

图 10-43　绕丝加固墩柱主要施工工艺

图 10-44 给出了绕丝加固法的基本构造。对于矩形截面,尽量进行倒圆角处理,以提高加固效果。绕丝采用的钢丝绳宜为直径在 3~6mm 之间的冷拔钢丝,浇筑的细石混凝土应优先采用喷射混凝土,但也可采用现浇混凝土;混凝土的强度等级不应低于 C30。绕丝的局部难以绷紧时,应加钢锲绷紧。

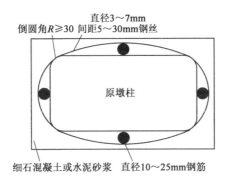

图 10-44　绕丝加固构造示意图

绕丝加固技术的主要特点包括:①加固后截面厚度增加较少,仅为 50~60mm;②施工过程中不需要模板,可以边施工边目测施工质量,减少了施工缺陷;③减少施工材料消耗,在狭小的空间也可以正常施工。绕丝加固技术的独特优势,使其在墩柱的抗震加固领域有着广阔的应用前景。

10.4.7 "狗骨式筋"修复纵筋技术

"狗骨式筋"修复纵筋技术是将高强钢材制成狗骨式钢筋拉杆,通过焊接等工艺手段将钢筋拉杆与墩柱中被拉断的纵向钢筋相连修复,增加墩柱的变形能力和恢复承载力。该技术是由台湾学者 Cheng 等于 1997 年提出的一种专门修复桥墩震后纵筋拉断或严重屈曲的修复技术,其原理如图 10-45 所示。有研究者采用"狗骨式筋"修复纵筋技术对空心截面桥墩修复加固的抗震性能进行了试验研究。研究结果表明,"狗骨式筋"可以对空心截面桥墩由于外层钢筋拉断而引起的弯曲破坏进行有效的修复,恢复其纵向抗弯承载力。

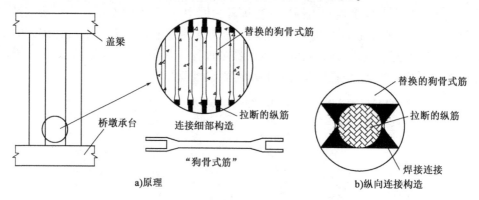

图 10-45 "狗骨式筋"修复墩柱纵筋技术

采用"狗骨式筋"修复纵筋技术需要考虑两个方面的关键技术:一是"狗骨式筋"的长度;二是"狗骨式筋"与原有结构纵筋的连接方式。对于"狗骨式筋"的中央长度,Cheng 等提出按塑性铰长度及抗震需要来考虑,目的是使加固后的墩柱获得合适的低周疲劳寿命。对于"狗骨式筋"与原有结构纵筋的连接方式,可考虑采用焊接的方式可靠连接。

"狗骨式筋"修复纵筋技术的具体工艺为:①清除破坏区域松散的混凝土;②对拉断和严重屈曲的纵向钢筋用"狗骨式筋"替换,并重新设置箍筋;③对重新连接替换后的压碎混凝土部分用早强无收缩混凝土进行填充;④根据不同的加固位置和加固目的,用不同层数的 FRP 材料缠绕约束桥墩。"狗骨式筋"修复纵筋技术对于桥墩的震后修复具有很好的加固效果。

10.4.8 各种墩柱加固与修复技术的特点与适用范围

钢筋混凝土墩柱不同的加固及修复技术具有各自的特点,因此在加固墩柱时应根据不同的场地状况、施工条件,选用经济合理的加固方法。

1) 增大截面加固

增大截面加固是一种传统而有效的加固方法,该方法施工工艺简单,使用面广,但是现场湿作业工作量大,施工周期较长,对结构的正常使用有一定的影响;另外,由于截面面积的增加而减少了结构的使用空间,增大了结构的自重。当墩柱的强度、刚度、稳定性和抗裂性能不足,并且空间允许的情况下,可采用增大截面加固方法。

2) 嵌入式加固

嵌入式加固方法施工便利,无需大型机械设备,施工工期短,可在不影响结构正常使用的情况下施工,防火性能好,采用三面黏结技术可较充分发挥加固材料的性能,可对墩柱整体进行加固,也可以对桥墩某一节段进行加固,适用于不同截面墩柱的加固,尤其是具有承台的墩柱,结合底部锚固,可实现底部截面的抗弯加固。

3）体外预应力加固

体外预应力加固施工工艺复杂,对原结构损伤小,在自重增加小,能够大幅度改善和调整结构的受力状况,提高其结构刚度和抗裂性,既可以对已存在的裂缝有所补救,同时又能防止旧裂缝的发展和新裂缝的产生,是一种主动的加固方法。此加固方法尤其适用于已经开裂或要求提高抗裂性桥墩的加固,不宜用于处在高湿度环境下的混凝土结构或混凝土收缩徐变较大的混凝土结构的加固。

4）钢套管加固

钢套管加固法可在基本不增大构件尺寸的情况下较多地提高其承载力,增大延性和刚度。这种修复法特别适用于圆形墩柱加固,以及使用上不允许增大原始构件截面尺寸,却又要求大幅度提高截面承载力、增加延性和刚度的构件。该方法的优点是施工简便,现场工作量较少,受力可靠;缺点是用钢量较大,维护费用较高,不宜用在具有腐蚀介质的环境中。

5）粘贴纤维复合材料（FRP）加固技术

粘贴纤维复合材料加固技术的优点是粘贴纤维复合材料具有轻质高强、耐腐蚀、适用面广、施工速度快、维护费用低等优点,施工过程中不需大型机具,用于补强加固时对原结构几乎没有影响,加固修补效果及耐久性好;缺点是材料价格较高,防火性较差,对结构表面平整度要求较高,对处于潮湿环境或水下混凝土结构加固效果不明显。这种方法广泛适用于曲面和任意形状混凝土墩柱的抗剪、抗震、耐腐蚀加固、耐冲击加固。对于墩柱约束加固,圆形截面具有最好的效果。

6）绕丝加固

绕丝加固施工方便、经济效果好、加固后自重增加较少、外形尺寸变化不大,变形能力增加明显,耗能能力提高较多,不引起结构刚度增加,适用于多种截面形式、无腐蚀介质的环境,但不适用于较大偏心受压柱。因此,该技术是一种比较先进的加固技术,所用材料皆为传统材料,具有较为广阔的推广应用前景。

7）"狗骨式筋"修复纵筋

"狗骨式筋"修复纵筋适用于钢筋混凝土桥墩在地震各种破坏形式下纵向钢筋的修复加固,可与FRP材料或钢套管配合使用形成双重加固作用,恢复和增强结构的延性变形能力及抗剪承载力。但对于不同直径的纵筋修复,需采用不同型号的"狗骨式筋",一定程度上限制了其通用性。

10.5　独柱墩加固

独柱墩桥梁具有结构轻巧、桥下净空大、通透性好、下部工程量小、工程造价低等优点,在高速公路匝道桥、城市高架桥、城市立交桥的建设中广泛采用,尤其在墩柱空间位置受限的情况下,可能成为优点特别突出的桥型方案。但是,随着独柱墩的应用推广,桥梁整体横向倾覆问题逐渐凸现。

虽然独柱墩桥梁的上下部结构受力性能通常能够满足桥梁设计规范要求,但其桥墩横向支承体系为单支点支承,在偏载作用下,结构的横向抗倾覆能力非常不稳定,导致极限状态下桥梁整体抗倾覆稳定能力的安全储备不足。近年来,我国发生过多起独柱墩桥梁侧翻事故,如2012年8月哈尔滨阳明滩一座高架桥坍塌,2019年10月无锡一座高架桥侧翻等,如图10-46所示。

a)哈尔滨某高架桥坍塌

b)无锡某高架桥侧翻

图10-46 独柱墩桥梁侧翻事故

吸取多起严重独柱墩桥梁倾覆事故经验,对于独柱墩桥梁,应及时采取有效措施加固,增大桥梁横向抗倾覆系数。目前常用的加固方法包括新增立柱加固、增设钢盖梁加固、增设抗拉拔装置加固等,其共同目的在于使独柱墩桥梁在受到一定偏心荷载时也能保持稳定。

10.5.1 新增立柱加固

如独柱墩两侧能够提供新增立柱的布置空间,可采用新增立柱的加固方法(图10-47),新增墩柱可根据可选用钢管混凝土柱或钢筋混凝土柱。当独柱墩偶然遭遇超载、偏载车辆作用时,两侧新增加的立柱支点能够提供约束上部梁体扭转的反力,保持上部梁体的平衡,防止梁体发生整体侧翻或倾覆。在独柱墩底部承台等支撑结构可用时,新增立柱基础可坐落于原承台;否则,也可采用增设钻孔灌注桩加固法[图10-47b)],但与新建桥梁钻孔灌注桩不同,此法受到施工条件、环境等因素限制,施工难度较大。

a)新增立柱

b)新增立柱钻孔灌注桩施工

图10-47 新增立柱加固独柱墩

基于新增立柱加固的基本原理,也可将独柱墩改为墙式墩(图10-48),即增大独柱墩墩身横向截面面积,横向加宽成墙式墩,墩顶两侧安装支座。

此外,也有桥梁为非独柱墩,但因为横向抗倾覆承载力不足,在原桥墩两侧新增立柱,提高其抗倾覆能力(图10-49)。

图 10-48 独柱墩改为墙式墩　　　图 10-49 抗倾覆承载力不足的新增立柱加固

10.5.2 增设钢盖梁加固

当桥面较宽、墩身较高时,为节省墩身及基础的混凝土体积,减小造价,可在墩顶利用挑出的悬臂盖梁提供横向额外支撑,增设钢盖梁加固法便属于此方案。增设钢盖梁通过钢抱箍与墩身相固结,钢抱箍与钢盖梁分两半,通过螺栓对称拼接,其与墩身之间通过锚栓和胶黏剂连接(图 10-50)。

a)钢盖梁及钢抱箍的BIM模型　　　b)钢盖梁加固结构的BIM模型

图 10-50 钢盖梁加固独柱墩原理

其施工工艺流程如图 10-51 所示,具体工艺如下。

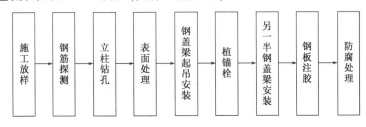

图 10-51 增设钢盖梁加固独柱墩施工工艺流程

1) 施工放样

应做到精确放样,位置偏差需控制在设计及规范要求范围内。

2) 钢筋探测

钻孔施工之前,需对钻孔区域墩柱钢筋进行探测,确保钻孔不伤及主要受力钢筋。

3) 立柱钻孔

加强对立柱钻孔直径、深度、垂直度的控制,适当采取定位导向措施防止钻孔过程中的钻杆摆动。

4) 表面处理

表面处理包括加固构件结合面处理及钢板贴合面处理。对于混凝土构件结合面,应根据构件表面的不同情况,分别按以下情况处理:

(1) 混凝土黏合面表面处理：

用斩斧在黏合面上依次轻斩混凝土表面，进行凿毛处理，并除去粉粒及油污，保持混凝土黏合面干燥清洁状态。

(2) 钢板表面处理：

钢板黏合面必须进行除锈和粗糙处理。可用喷砂或平砂轮打磨除锈，打磨纹路应与钢板受力方向垂直，直至出现金属光泽，并清除钢板黏合面的污垢。

5) 钢盖梁吊装

根据桥墩立柱顶部安装位置的实际开孔位置，在钢构件表面进行现场开孔；利用手拉葫芦等吊装工具，提升钢抱箍和钢盖梁。

6) 植锚栓

钢抱箍提升到安装位置后进行微调，确保安装位置准确；再沿抱箍一周插入数根植筋锚栓进行固定，防止抱箍下滑。

7) 依照步骤5)安装另外半个钢盖梁及半个钢抱箍

8) 钢板注胶

将灌浆嘴粘贴在钢抱箍底部，每1/4圆布置1个，在抱箍2道拼缝处的竖向各布置2个，用环氧胶泥封口胶封闭钢板边缘及螺栓头，完成封边；以钢抱箍底部为注浆口，上部为出浆口，用高压电动注浆泵将胶黏剂从灌浆嘴注到钢抱箍和结构的空隙中，当钢抱箍上口一周均有胶体流出时，停止加压，以环氧胶泥封口胶封堵上口，再以较低压力维持5min以上。灌注完成后采用橡胶锤敲击，检查注胶质量。

9) 防腐处理

对所有外露的钢板进行防腐处理。钢结构表面可涂装防腐材料，与混凝土的结合面可仅涂装一层环氧富锌底漆。

在钢盖梁完成后，增设支座，并浇筑支座垫石。

增设钢盖梁加固独柱墩工程示例如图10-52所示。

a) 立柱钻孔及凿毛

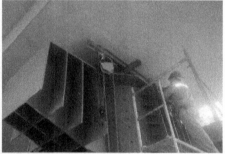
b) 钢盖梁吊装

c) 完成效果

图10-52 增设钢盖梁加固独柱墩工程示例

10.5.3 增设抗拉拔装置加固

增设抗拉拔装置加固法是通过设置拉杆将桥墩两侧区域的梁底锚固于墩顶,拉杆两端固定于梁底和墩顶设置的锚固支座处,在梁体遭受两侧不平衡荷载而产生侧翻或倾覆趋势时,拉杆及时提供抗倾覆反力。其施工工艺流程如图10-53所示。

46. 钢筋拉拔试验实例照片

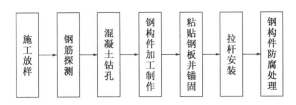

图10-53 增设抗拉拔装置加固独柱墩施工工艺流程

其施工放样、钢筋探测、混凝土钻孔、钢构件加工制作的步骤与增设钢盖梁加固独柱墩相近。后续步骤如下:

1) 粘贴钢板并锚固

粘贴梁底和墩顶锚板,通过锚栓紧固挤压胶体。将胶黏剂均匀地抹在混凝土表面和钢板上,中间厚、四周薄,种植锚栓、安装螺母,拧紧螺母进行锚固加压,检查钢板是否和混凝土面贴紧。

2) 拉杆安装

拉杆有刚性拉杆和柔性拉杆,需根据现场实际长度确定拉杆尺寸,拉杆在销轴位置的开孔应满足温度变化的需要。

3) 钢构件防腐处理

对所有外露的钢构件进行防腐处理。

增设抗拉拔装置加固独柱墩工程示例如图10-54所示。

a) 柔性拉杆　　　　　　b) 刚性拉杆

图10-54 增设抗拉拔装置加固独柱墩工程示例

10.6 桥台加固

桥台不仅要支承上部结构,将荷载传递给基础,还要衔接两岸路堤、抵御台后土压力,受力状态复杂,故其病害常有发生。桥台加固方法常用有预应力锚杆加固、钢筋混凝土套箍支撑法、新建辅助挡土墙加固、减轻荷载法等。下面对这些加固方法进行介绍。

10.6.1 预应力锚杆加固法

对于桥台开裂、外倾或裂缝开展比较严重的桥梁,宜采用主动加固法进行加固,以抑制病害的进一步发展,预应力锚杆加固法即为一种比较理想的主动加固法。图10-55所示为桥台侧墙外倾、前墙开裂的加固案例,该案例采用通过两侧墙的对拉锚杆施加预拉力进行加固,对拉锚杆锚固于桥台外侧现浇的钢筋混凝土框架上,在两侧墙上合理布置一定数量的孔位,垂直侧墙用钻孔机水平钻孔,并穿透两侧墙,在孔内安放锚杆(锚杆可采用精扎螺纹钢筋),随后在侧墙上浇筑钢筋混凝土框架,利用框架提供锚杆反力和增强侧墙的整体性,待框架达到设计强度要求后张拉锚杆,最后进行灌浆和外锚头的防护处理。锚杆采用JL25的精轧螺纹钢筋,根据实际尺寸以及相应的施工规范进行下料,框架采用C30以上混凝土浇筑。

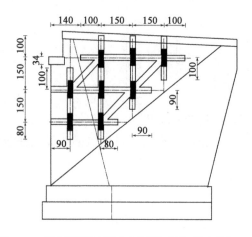

图10-55 桥台侧墙横向预应力锚杆加固法(尺寸单位:cm)

10.6.2 钢筋混凝土套箍加固法

如果桥梁墩台出现贯通裂缝,为防止裂缝的继续发展,可用钢筋混凝土套箍进行环向加固,如图10-56所示。加固时,一般在墩台身上、中、下做三道以上套箍,其间距应大致相当于墩台侧面的宽度。每个套箍的宽度,则根据裂缝情况和大小而定,通常为墩台高度的1/10左右,厚度采用为10~20cm。为加强套箍与墩台的连接,应在墩内埋置直径为10~25mm的钢筋销栓,埋入深度为销栓直径的20倍左右,销栓孔比销栓直径大15~20mm。钢筋混凝土套箍通过销栓与墩台连接为一体。

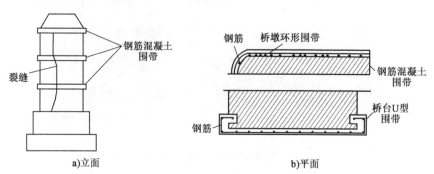

图10-56 钢筋混凝土围带加固桥梁墩台

10.6.3 支撑法

对于埋置式桥台,当墩台因尺寸不足,难以承受台后的土压力而向桥孔方向产生倾斜或滑移时,可采用支撑法进行加固。如图10-57所示,在桥台外设置撑臂阻止桥台外倾。

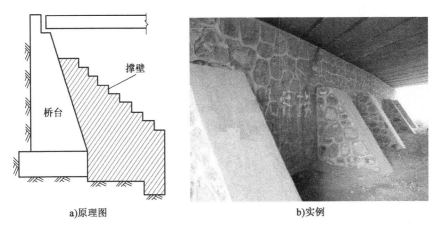

图 10-57　撑壁法加固桥台

对于单孔小跨径桥台,为防止桥台滑移,可在两桥台之间加建水平支撑,如用整跨浆砌片石撑板或钢筋混凝土支撑梁进行加固,如图 10-58 所示。

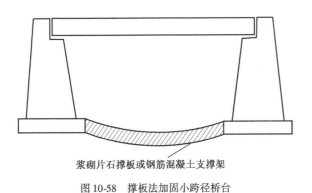

图 10-58　撑板法加固小跨径桥台

10.6.4　新建辅助挡土墙加固法

对于因桥台台背水平土压力太大而引起的桥台倾斜,应设法减少桥台后壁的土压力,例如可在台背加建一辅助挡墙,以增强挡土能力,如图 10-59 所示。

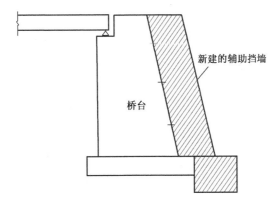

图 10-59　增建辅助挡墙加固法

10.6.5 减轻荷载法

筑于软土地基上的桥台,常由于填土较高而受到较大侧向土压力作用产生前移,甚至发生倾斜。此时,一般可更换台背填土,减少土压力,即采用减轻桥台基础所受荷载的方法进行加固,如图 10-60 所示。

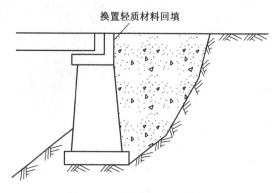

图 10-60　减轻荷载法加固桥台

10.7　桥梁水下结构加固技术

桥梁水下结构包括水下桥墩及水下桩基础等。由于水下结构常位于水下,在河水冲刷、淘刷、磨损、气蚀、冻融和侵蚀(化学腐蚀和电化学腐蚀)、船舶碰撞、浮冰及地震袭击、环境荷载(如生物附着)等各种因素的共同作用下,常发生各种损伤与缺陷。典型桥梁水下桩基础病害如图 10-61 所示。因此,对桥梁水下结构的加固修复显得尤为重要。然而,由于桥梁水下结构的工程特点,其加固变得十分困难。

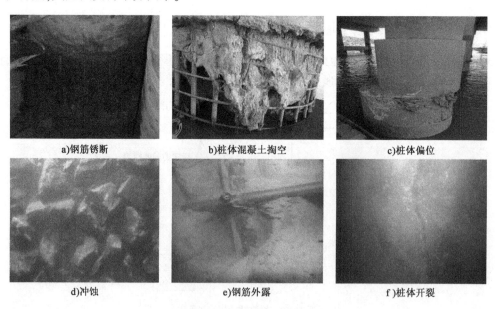

图 10-61　典型水下桩基础病害类型

传统桥梁水下结构加固修复常用的方法是围堰排水施工。作为施工的临时围堰、基础防渗和基坑排水是其关键技术难点。当采用围堰技术对水下桥墩进行维修加固时,可以获得类似于陆上的施工环境,并且可以沿用陆上结构加固中的相关设计计算方法。但是围堰技术常需要面临弃水、防水等难题,而且会影响航道交通,经济性较差,费时费料;因此,在可能的情况下,采用不排水加固方法,在施工工期、经济性能等方面具有一定的优势。

10.7.1 钢板桩或钢管桩围堰加固法

采用钢板桩围堰,首先需依地质资料及作业条件选用钢板桩长度,要求钢板桩入土深度达到桩长的0.5倍以上,通过吊机配合振动打桩锤将钢板桩插打在桩基础的四周形成钢板桩围堰,安装内支撑后抽水堵漏。随后,进行桩基础加固的无水施工,陆上的加固技术同样可以适用,包括钢套管加固法和粘贴FRP加固法等,待加固完成后,采用拔桩机拔除钢板桩。图10-62为钢板桩围堰结构布置示意图,图10-63为钢板桩围堰加固桥梁水下结构的现场施工照片。

47.钢管围堰水下桩基加固施工实例照片

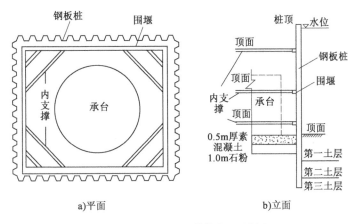

图10-62 钢板桩围堰结构布置示意图

图10-63 钢板桩围堰加固桥梁水下结构现场

钢板桩与钢管桩围堰都是以桩体作为基本受力单元,桩体需要以被动土压力平衡外部主动土压力及水压力作用,同时将内支撑作为约束构件以形成空间受力体系,因此钢板桩与钢管桩围堰的入土深度都需要计算确定。钢板桩可以反复使用,一般采取租赁方式取得。常用的钢板桩标准长度为12m和18m,钢板桩围堰内支撑设置间距一般为2~3m,且内支撑设置不宜超过4道,否则影响施工周期,因此钢板桩围堰的挡水高度一般不宜超过11m。

10.7.2 钢吊箱围堰加固法

钢吊箱围堰加固一般有单壁钢吊箱围堰和双壁钢吊箱围堰两种。双壁钢吊箱围堰结构布置如图10-64所示。双壁钢吊箱围堰将外壁板、内壁板、内支撑杆及内竖向隔仓板等形成空间受力体系,以结构体系自身能力承受外部被动土压力及水压力作用,因此不一定需要采用内支撑体系,同时对被动土压力的要求也不高,入土深度仅受到围堰体漂移稳定性的限制。单壁钢吊箱围堰的结构受力情况与双壁钢吊箱围堰类似,是由外壁板围成空间单壁壳体,抵抗外部主动土压力及水压力作用,但受到单壁壳体空间受力特性的限制,单壁钢吊箱围堰一般做成圆筒形状,且需布设多道内支撑体系。单壁钢吊箱围堰由于其结构受力特点,其挡水高度不宜超过6m,否则经济性会急剧下降。双壁钢吊箱围堰整体刚度大,一般采用分段隔仓式,压重下沉,当挡水高度较小时,由构造控制设计,反而经济性较差,因此双壁钢吊箱围堰适用于挡水高度大于8m的深水围堰。

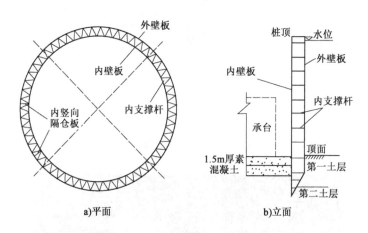

图10-64 双壁钢吊箱围堰结构布置示意图

采用钢吊箱围堰,首先需根据桩基础、桥墩及横系梁的尺寸设计钢围堰,在工厂进行预加工,搭设施工平台,由浮式起重机或其他起重设备将钢围堰起吊拼装,注水下沉至设计高程,保证一定的入土深度,浇筑封底混凝土。待封底混凝土达到设计要求后,在围堰内设置内支撑体系,抽水。抽水完成后对桩基础或桥墩结构的表面进行清理,对缺陷预处理,按设计间距、预定位置在桩基础结构四周按设计要求安装结构主筋后与预埋结构主筋连接锚固,并安装钢筋笼。待混凝土强度达到设计要求后拆除模板,注水,拆除相应内支撑,拆除钢围堰,完成桩基础加固施工。图10-65为某钢吊箱围堰法加固桥梁水下结构现场施工照片。

图10-65 某钢吊箱围堰法加固桥梁水下结构现场施工

10.7.3 植筋外包混凝土加固

植筋外包混凝土加固技术的原理为通过水下植筋连接原桩基础与新增大截面的钢筋笼，实现利用水下施工增大截面加固桩基础或桥墩，提高桩基础或桥墩混凝土耐久性，同时也将混凝土护筒下端桩基础或桥墩受损部位予以修复。

由潜水员在水中清理桩基础或桥墩表面水生物及劣化混凝土后，采用水下植筋工艺在原桩基础或桥墩表面打孔、植筋。植筋直径不小于10mm，钻孔深度不小于10cm，孔径大于植筋直径4~6mm。钢筋网宜在陆上预制为1/2环向，以方便在水下快速拼接为环向整体，通过植筋将钢筋网与原桩基础或桥墩连接锚固。

钢筋网施工完成后在水下进行钢模板的施工，模板采用钢套管模板，在加工厂制作成两个半圆形，采用法兰连接，在水下由潜水员进行连接锚固。钢模板安装完成后，在原桩基础或桥墩周围布置导管浇筑增大截面混凝土，其厚度需根据现场情况及承载力要求确定，一般不小于10cm。水下混凝土浇筑施工需不间断、连续进行，直至整根桩基础浇筑施工完成。

通过在水下对原桩基础或桥墩进行增大截面加固，实现对原桩基础或桥墩的修复，同时有效抑制桩基础或桥墩病害的产生。待水下桩基础加固混凝土达到强度要求后，回收钢模板进行重复利用。首节钢模板因嵌入河床中，如无法回收，可根据现场情况进行保留。加固施工完成后，可保留桩基础底首节钢模板作为防护套，同时对桩基础周围及桥位处进行抛填片石及铅丝笼防护，做好防冲刷措施。图10-66为水下植筋外包混凝土加固水下基础现场工程实例。

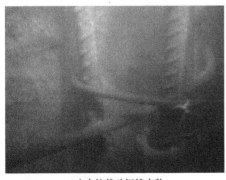
a)水中柱基础钢筋安装

b)植筋

图 10-66

c)钢模板安装

图 10-66 植筋外包混凝土加固桥梁水下结构工程示例

10.7.4 新型沉箱干作业法

日本五洋建设公司针对水下结构加固难题开发了新型沉箱干作业加固桥墩技术(Neo-Dry Repair Method,NDR 工法),该技术是为了获得干燥的作业环境以实施桥墩水中部分的加固而开发的施工方法。该方法利用拼装的钢沉箱,下沉环抱在桥墩四周,在钢沉箱与桥墩之间设置反力支撑抵抗深水压力,在钢沉箱底部设置止水装置,形成一个与水隔离的空间,通过将钢沉箱内的封闭水抽走为加固工程创建一个干燥的工作环境。该方法可用于河流和港口的水下结构检测、修复和加固。

新型沉箱干作业技术主要结构构造由钢沉箱、内部支撑及止水构造组成。钢沉箱由可利用浮力调整的双重钢板单元构成,沿待加固结构四周拼装成平面环状箱体,设于加固结构外侧,并设置了止水构造,提供防水隔断,通过内部排水实现内部干燥的作业空间,内部支撑间隔布置于钢沉箱与待加固结构之间,在抽水之后为钢沉箱提供侧向水压力平衡。由于两侧支撑之间互相平衡,整个临时设施是个自平衡体系。新型沉箱干作业法通过水上作业及钢沉箱的隔水工作完成加固施工。由于钢沉箱临时设置于桥墩外侧,隔离了四周的水,在钢沉箱内部获得干燥的作业空间,从而能够确保加固施工的可操作性和安全性。钢沉箱由于可以重复使用,具有较好的经济效益。

新型沉箱干作业加固技术具体构造需按照加固结构的形状及环境条件设计制造,典型的结构形式有以下几种(图 10-67):①着底型上部开口式,基础尺寸远大于桥墩截面尺寸,加固区域顶部超出水面,加固时钢箱底部可落底于基础顶面,钢箱顶部开口露出水面;②环抱型上部开口式,基础尺寸较小不足以支撑钢箱体,加固区域顶部超出水面,加固时钢箱底部环抱于基础并设置止水构造,钢箱顶部开口露出水面;③环抱型密闭式,加固区域为桥墩中部部分区域,加固时,钢沉箱顶底部都环抱于桥墩并设置止水构造,形成密闭箱体,创建一个干的工作环境;④附着型上部开口式,港口、码头等壁状部位也可使用该技术,需在钢沉箱与墙壁结合处设置止水装置。

新型沉箱干作业加固法技术的具体施工工艺如下所述,其关键工艺如图 10-68 所示。

(1)陆上拼装。为了运输方便,钢沉箱可根据需要分割成较小单元在工厂制作,然后运输至现场在陆上拼装成两个半体,并安设内部侧向支撑。为了使钢沉箱像船舶一样浮游,需在钢沉箱底部设置永久底板,其内部可根据需要通过注水、抽水实现下沉与上浮。

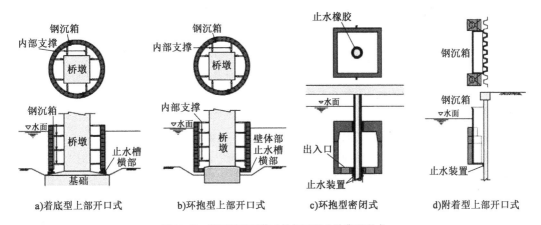

图 10-67 新型沉箱干作业法加固的几种典型形式

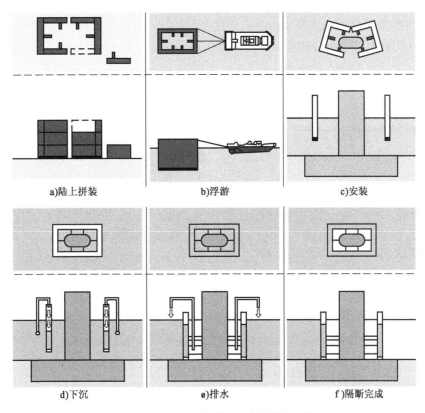

图 10-68 新型沉箱干作业法加固关键工艺

(2) 钢沉箱安装下沉。在待加固结构周围完成清理、底面整平之后,钢沉箱下水,采用船舶拖航至预定位置进行闭合组合,使用千斤顶进行位置微调,注水沉没安装后清扫底面,同时在钢沉箱底板尖端部和既有构造物的间隙处设置止水构造。

(3) 水中混凝土浇筑。为了填满钢沉箱底板和既有构造物之间的间隙,防止涌水,需进行水中不分散性混凝土浇筑。

(4) 钢沉箱内部排水。安装内部支撑对钢沉箱内部进行固定,随后抽去钢沉箱内部的水。

(5)结构加固。上述工作确保为加固结构提供干燥的作业空间后,继而需要对该结构进行加固。可采用普通的外包钢筋混凝土加固技术,通过凿毛、植筋等技术措施实现后加固结构与原有结构的可靠黏结,从而实现对水下结构的可靠加固。

(6)钢沉箱回收。加固工程完成之后,向钢沉箱内部注水,撤去内部支撑,将钢沉箱拆为两部分,排去钢沉箱夹层内的水,使之浮起并由垂直状态转向水平状态,实现对钢沉箱的回收与重复利用。

新型钢沉箱干作业法使位于河流和海洋中的水下桥墩完成低成本、干燥环境下的加固成为可能。新型钢沉箱干作业法加固技术具有以下显著优点:①由于调查、修复和加固工作可以在干燥的条件下进行,工作环境和安全性大大改善,施工质量显著提高;②运输和安装可以借助浮力进行,从而减小施工吊装的难度;③沉箱预先在工厂生产,使现场操作的时间大大减少;④水上工作的领域面积较小,从而最大限度地减少中断交通和其他经济的影响;⑤可适用于不同形状的结构,包括圆形、椭圆形及矩形的结构基础或结构墩柱,以及墙式结构(使用钢板桩);⑥沉箱可转换为加固或修复结构的组成构件,这种新方法也被证明是经济的。

图10-69为日本某高速公路桥墩采用新型沉箱干作业法加固的案例。钢沉箱的长、宽、高分别为9.2m、27.2m、4.0m,总体质量约140t,分为24个组成小件。在码头将组成小件拼装为两个半体下水,利用浮力拖运至桥墩位置。图10-69a)为钢沉箱拖运过程全景,图10-69b)为两个半体在墩位合并组装的情况。每个桥墩加固完成后,移到下一桥墩重复相同过程,实现钢沉箱的重复循环利用。

a)钢沉箱托运过程全景　　　　b)钢沉箱两个半体在墩位合并组装情况

图10-69　日本某高速公路桥墩采用新型沉箱干作业法抗震加固实例

10.7.5　压入钢管加固技术

普通加固方法一般仅能对结构基础以上部分进行加固。实际工程中经常存在桥墩与桩基础直接相连,不能像一般结构那样明确区分桥墩和基础,而且对于桥梁下部结构,尤其是桩基础等水下结构,其最大弯矩点理论上并不位于基础顶部,通常位于基础顶部以下数米,因此,对基础下部入土一定范围进行加固是十分必要的。然而由于受到现有技术的局限,一般无法实现这一目标。日本Raito公司开发了压入钢管法加固桥墩技术(SSP工法),其加固原理如图10-70所示。该方法利用静力压入技术,将节段焊接拼装的加固钢管沿既有结构四周压入基础中,高压喷射清洗钢管与加固结构间隙间的泥土,灌注无收缩高性能砂浆。这一技术可实现位于基础以下部分结构的加固,同样也适合于水下桥墩或桩基础的加固。压入钢管加固关键工艺如图 10-71 所示,主要施工流程如下。

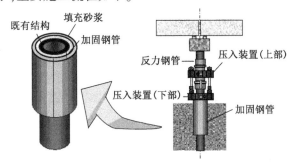

图 10-70 压入钢管加固技术原理

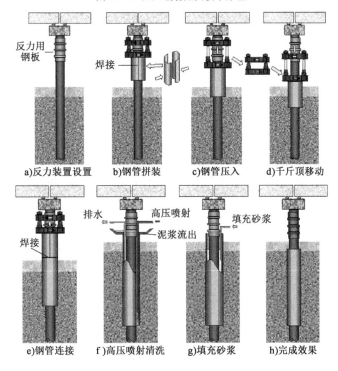

图 10-71 压入钢管加固技术施工工艺流程

(1)反力钢板的设置。为了实现静力压入钢管的目的,需在桥墩或桩基础靠近顶部设置反力钢板,反力钢板固定于待加固结构四周侧面,在静力压入时其反力通过自身实现平衡。

(2)压入装置和加固钢管的设置。沿加固结构四周布置千斤顶压入装置,千斤顶顶部反力作用于上部钢板,加固钢管按施工方便需要划分节段,沿环向由多片现场焊接而成。

(3)加固钢管的压入。通过压入装置施压,将加固钢管静力压入基础。

(4)千斤顶的移动。在加固钢管压入过程中,根据千斤顶行程调整千斤顶位置。

(5)次加固钢管的连接。第一节钢管压入之后,拼装焊接下一节钢管,依次循环压入,直至达到设计要求。

(6)高压喷射清洗。高压喷射清洗加固钢管与待加固结构之间的泥土。

(7)填充砂浆。待泥浆清洗完毕,灌注无收缩高性能砂浆,加固完成。

压入钢管加固技术适用于碎石土(碎石最大直径小于现有结构与加固钢管之间的间隙)、

淤泥质土、黏性土、有机质土等土质条件下直径300~1500mm的各种桥墩、桩基础构件的加固,梁下空间需不小于2.5m(如果空间过小,可从基础顶面向下挖掘)。压入钢管加固技术具有以下显著优点:①适用于水中结构的部分修复与加固;②焊接工作位于陆上,质量可靠;③对基础加固时无需重新构筑基础,加固的同时实现原结构的防腐施工;④工作面上部开放,施工作业条件较好;⑤作业过程低噪声、无污染;⑥作业条件受恶劣气候影响较小;⑦经济性较好,无需大型设备和大规模的临时隔水措施;⑧加固过程对路面交通无影响;⑨对结构尺寸及外观基本无改变,不影响通航净空。

图10-72所示为日本某高速公路桥墩采用压入钢管加固技术的实施实例。在压入钢管加固水下结构的过程中,钢管压入初期管壁外侧摩阻力随钢管的压入自上而下逐渐发挥作用,土塞与钢管管壁两者之间无相对位移,土塞的承载力未发挥作用;随着钢管压入荷载的增加,荷载传递到钢管端部并产生钢管端部下沉,土塞产生相对于钢管管壁的向上位移,内壁摩阻力由下而上逐渐发挥,土塞端阻逐渐调动。在实际工程中应尽量降低钢管表面摩擦系数,适当增大管径并减小钢管厚度,以便钢管顺利压入。目前,该技术已在日本得到了较为广泛的应用,取得了较好的经济效益。

a)压入装置设置

b)加固钢管拼装

c)加固完成效果

图10-72 日本某高速公路桥墩采用压入钢管加固技术的加固实例

10.7.6 纤维增强复合材料(FRP)网格法

纤维增强复合材料(FRP)网格法是在对水下桩基础或桥墩的表面缺陷进行预处理之后,沿桩基础或桥墩四周缠绕安装FRP网格,随后在FRP网格外侧按节段拼装下沉钢套管,对钢套管的底部进行封堵,并通过压浆机将配制好的黏结材料灌入钢套管内,从而完成对桩基础或桥墩的结构加固(图10-73)。FRP网格加固主要使用FRP网格、钢套管和黏结材料。其中,FRP网格环向包裹于待加固水下结构的四周,FRP网格由相互垂直的横向筋和纵向筋组成,两者的直径与间距可以相等也可不等。其横向筋提供抗剪、约束作用,纵向筋锚固于底部提供抗弯作用;钢套管包覆于FRP网格外侧,在环向沿四周拼装成各个节段,各个节段在纵向采用法兰连接,提供黏结材料灌注所需的外侧模板;黏结材料灌压于待加固水下结构与钢套管之间,将FRP网格埋入其中,提供FRP网格与待加固水下结构之间的黏结及耐久性保护。

FRP网格类型可以是碳纤维网格、玄武岩网格等,其具体的材料类型、直径与间距等参数根据耐久性加固、承载力加固、抗震加固、损伤修复等不同加固目的进行相应设计。

黏结材料可为水下不分散砂浆、水下环氧砂浆、水下不分散混凝土及水下环氧树脂等。采用水下不分散砂浆、水下环氧砂浆、水下不分散混凝土时,新增厚度可为50~200mm;采用水下环氧树脂时,厚度可为5~20mm。

FRP网格加固桥梁水下结构技术流程及工艺如图10-74所示。

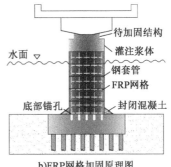

a)FRP网格　　　　　　　　b)FRP网格加固原理图

图 10-73　FRP 网格及其加固水下结构的原理

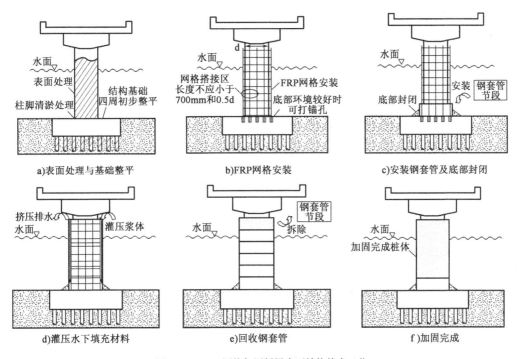

图 10-74　FRP 网格加固桥梁水下结构技术工艺

(1)表面处理与基础整平。对待加固构件表面剥落、疏松、蜂窝、腐蚀等劣化的混凝土及附生在混凝土表面的水生物进行清除,打磨结构表面混凝土砂浆浮层,露出混凝土结构层,清除柱脚沉淤。

(2)FRP 网格安装。对于具备 FRP 网格底部锚固条件及并满足锚固需求的工况,按设计间距、预定位置及网格纵筋直径在底部结构平台进行钻孔制作锚孔,以满足纵向 FRP 筋锚入底座的要求。按设计要求的尺寸进行 FRP 网格下料,按预定层数布设 FRP 网格,并将网格底部纵向 FRP 筋锚入预钻孔。

(3)安装钢套管及底部封闭。钢套管由两个半体组成,每节长度应满足安装方便的需要。多节套管通过法兰螺栓拼装连接,每节钢套管在水上拼装后沉入水下。所有钢套管沉入设计高程后,采用模袋(可用编织袋)混凝土在第一节钢套管外侧对钢套管底部进行封闭处理。

(4) 灌压水下黏结材料。通过位于施工平台上(或船)的高压灌浆机,将预先配制好的水下黏结材料灌入钢套管内,压浆导管应伸入钢套管底部,灌浆应自下而上连续稳定地进行。

(5) 回收钢套管。加固工程完成后,通过同条件养护试件检测钢套管内的浆体强度,待其强度达到一定要求后,对底部第一节以上钢套管自上向下依次进行回收。

FRP 网格加固水下结构技术利用了 FRP 网格的优良物理特性及钢套管水下快速拼装等施工技术,具有以下显著优点:①具有普通 FRP 加固的优点,如良好的耐久性、便利的加工性能;②不增加结构尺寸;③无需大型设备,施工工艺简单;④缩短工期、降低成本;⑤施工期间基本不影响通航和交通;⑥质量可靠,可充分发挥 FRP 网格的材料性能。图 10-75 为纤维增强复合材料(FRP)网格法加固桥梁水下结构工程的示例。

a) 水中FRP网格安装　　　　b) 水中钢套管安装

图 10-75　纤维复合材料(FRP)网格法加固桥梁水下结构工程示例

10.7.7　FRP 轻质膜壳法

48. 水下不分散砂浆加固水下桥墩工程实例
49. FRP 管加固水下桩基加固施工实例照片

FRP 轻质膜壳法与纤维增强复合材料(FRP)网格法相似,即在无排水条件下,以轻质耐腐蚀 FRP 模壳为模板,以水下不分散黏结材料为填充材料,视情况环向缠绕网格筋,实现对水下桥梁桥墩或桩基础等结构加固。FRP 轻质膜壳是由碳纤维、玄武岩纤维等复合材料预制而成,轻质高强,适宜水下快速拼装;网格筋宜采用轻质 FRP 网格;水下不分散黏结材料为水下不分散砂浆、水下环氧砂浆、水下不分散混凝土及水下环氧树脂等,填充在 FRP 膜壳和原结构混凝土之间,形成共同受力,从而达到加固的目的。

与纤维增强复合材料(FRP)网格法的区别在于以 FRP 轻质膜壳代替钢套管。FRP 轻质膜壳在纵向、环向分片搭接,以圆形截面为例:首先进行环向拼接,FRP 模壳由两个半圆体组成,两个半圆体对接成一圆形壳体;然后通过安装好的搭扣紧密连接;随后进行纵向拼接,利用环向拼接类似的方法,将两个环向拼接好的 FRP 膜壳纵向连接延长,同样通过安装在壳体上的不锈钢搭扣快速搭接。

在水面以上拼接模壳时,每拼装两环,向水中下沉一环。模壳下沉时通过在膜壳上安装四个吊点,用手拉葫芦起吊慢慢下沉到水中并固定。

其他工艺过程与纤维增强复合材料(FRP)网格法相似,FRP 轻质膜壳即作为水下不分散黏结材料浇筑的模板,也作为永久加固与防护材料。

图 10-76 所示为 FRP 轻质膜壳加固水下结构技术的工程应用实例,如图 10-76f) 所示,加固完成后水下桩身表面蜂窝、掏空及钢筋外露、空筋等病害均得到了有效处治。

FRP 轻质膜壳加固水下结构技术具有如下优点:①无需排水,预制装配快速拼接,减少水下作业时间,提升水下施工速度,降低作业人员施工风险;②FRP膜壳具有轻质性,无需大型设备,极大降低施工难度,降低水下加固费用;③FRP膜壳具有高耐久性,增强结构耐久性,延长结构寿命。

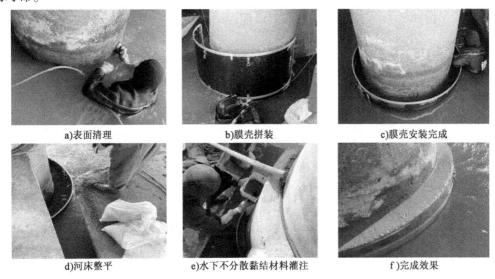

a)表面清理　　　　　　b)膜壳拼装　　　　　　c)膜壳安装完成

d)河床整平　　　e)水下不分散黏结材料灌注　　　f)完成效果

图 10-76　FRP 轻质膜壳法加固桥梁水下结构工程示例

10.7.8　预制混凝土面板加固法

预制混凝土面板加固法是以神户地震为契机发展起来的一种加固方法。预制混凝土面板加固法采用高耐久性的预制混凝土面板包裹既有桥墩,用特殊的钢扣件闭合连接之后,在预制混凝土面板与既有桥墩间灌注水下不分散砂浆,实现在不排水条件下对水中桥墩的加固,其原理及构造如图 10-77 所示。该技术避免传统加固方法中大规模临时设施的搭建,在抗震加固工程的施工工期与经济性方面表现出良好的优势,适用于码头、河流、运河、港口等水下结构的加固。其关键工艺如图 10-78 所示,基本流程如下:

50.预制混凝土板桥墩加固技术演示动画

(1)准备工作。为了防止对周围河流造成污染,在施工区域设置污染预防膜,清除柱脚的沉积淤泥。

(2)临时工程。搭设施工工作平台,依靠既有桥墩,设置起重设备。

(3)混凝土表面处理。采用高速喷水枪等除去桥墩表面的附着物。

(4)底部锚孔制作。钻削弯曲加强钢筋锚孔。

图 10-77　预制混凝土面板加固法原理

(5)抗弯钢筋设置。对锚孔注入钢筋固定用胶黏剂,植入弯曲加强钢筋。

(6)混凝土面板的预制与拼装。生产预制混凝土面板(预制厂生产)后,在现场沿桥墩四周水下拼装预制混凝土面板,并在底部固定锚栓安装。

(7)填充水中不分散砂浆。

(8)水上部分施工。水上部分施工包括水上加强钢筋的连接、水上预制混凝土面板组件拼装以及水上砂浆浇筑,其中,水上砂浆采用低收缩砂浆。

(9)临时设施拆除。加固完成,拆除起重设备等工作设施,去除污染预防膜等。

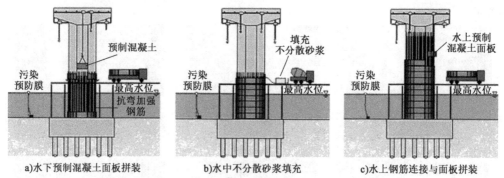

图 10-78 预制混凝土面板加固法主要工艺流程

预制混凝土面板加固法用的是预制混凝土面板作为其加固时的砂浆浇筑外侧模板,相对于一般的钢模板施工钢材用量低,且混凝土面板内置横向加强钢筋可实现对桥墩的抗震或抗剪加固,其装配式施工速度快,工艺简单。其工艺具有五大特点:①内含加强筋的预制混凝土面板可提供抗剪加固;②桥墩柱脚设置弯曲加固的加强钢筋,可获得弯曲加固效果;③中间贯通的横向钢筋提高桥墩的延性并实现约束加固;④采用高耐久性预制混凝土面板,使用寿命长;⑤使不排水加固成为可能,缩短施工期限,降低成本。

图 10-79 为预制混凝土面板加固法加固应用实例。该实例依靠既有桥墩的帽梁部分,设置起重设备,对预制混凝土面板在桥墩位置处水上拼装成节段后,下沉就位,随后浇筑水下不分散砂浆。图 10-79a)为吊装机具装置与混凝土面板拼装情况;图 10-79b)为预制混凝土面板下沉过程;图 10-79c)为加固完成效果。采用预制混凝土面板加固法,相对于水中工程的传统施工方法(围堰和钢模板施工方法)在工期和工程费用方面,具有很大程度的降低。

a)吊装与面板拼装

b)预制混凝土面板下沉

c)完成效果

图 10-79 预制混凝土面板加固法应用实例

为了提高预制混凝土面板加固法在我国桥梁水下结构加固中的适用性,在借鉴隧道管片连接技术的基础上,国内发展与完善了预制混凝土面板的生产工艺及其加固技术,对预制混凝土面板的结构构造进行了设计,对其连接方式进行了优化,提出了预制混凝土面板后张预应力加固技术工艺(图10-80)。其主要内容包括:①施工准备;②待加固水下结构表面处理;③设置筋材笼;④拼装预制混凝土面板;⑤浇筑封底混凝土;⑥灌压水下不分散混凝土;⑦施加环向预应力;⑧拆除临时设施。

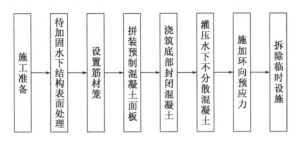

图10-80 预制混凝土面板后张预应力加固技术工艺流程

10.7.9 夹克法

51. 桥墩钢丝网与FRP管组合加固演示动画

夹克法也称水下纤维增强复合材料(FRP)壳体加固系统,施工步骤主要包括结构表面处理、安装FRP壳体、填充灌浆料等。夹克法大多应用于对各种受到腐蚀的结构基础、码头桩基和桥墩柱(包括混凝土桩、钢桩和木桩)等修复和加固防护,以及对新建结构的预先防护。实施时由潜水员将FRP壳体环向安装在待加固结构合适的位置,外侧环向缠绕紧固带加强,使用可压缩密封条封住壳体底部,最后灌注灌浆料。灌浆料通常采用水下环氧砂浆、水下环氧树脂等,FRP壳体通常为玻璃纤维复合材料制作。夹克法加固桥梁水下结构的工艺流程主要包括以下步骤:

1)表面处理

用气动工具(角磨机等)剔除松散混凝土进行表面处理。如果出现钢筋锈蚀情况,应对锈蚀钢筋用气动角磨机或钢丝刷进行除锈处理,处理之后的混凝土表面应无松散混凝土、油污、水泥浆等污损物,并用气动角磨机将混凝土表面磨毛,增加与灌浆料的黏结力。

2)FRP壳体安装

现场确定FRP壳体尺寸后由厂家预制生产,运到现场后检查尺寸,验收合格后方可使用。加固时先在FRP壳体的锁扣槽内注入水下环氧封口胶,将FRP壳体撑开并包裹墩柱,确定FRP壳体的高度(通常FRP壳体的高度可为损坏区域上下各延长50cm)。使用紧固带临时固定套筒,待所有安装完成后,每隔10~15cm处,使用不锈钢钉紧FRP壳体对接锁扣处。

3)灌注灌浆料

拌制灌浆料可采用水域保温措施进行搅拌,搅拌均匀后应当立即施工,避免温度过低导致拌制后灌浆料强度不满足规范要求。灌注灌浆料可采用高位漏斗重力灌浆法,灌注灌浆料15cm后封底暂停,至少固化36小时(即温度为-5~10℃时)。待封底的灌浆料固化后,将重新混合好的灌浆料注入套筒内,直至间隙内全部填满。

4)养护

待全部施工完成后,且低温下灌浆料至少固化72小时后,方可拆除紧固带。灌浆料固化完毕后,采用抛石对套筒的底部进行防护,防护范围为套筒及承台周边5m的范围,防护高度可为1m左右。

夹克法具有防腐性、水下施工、耐久性三大特性。可在水下进行施工,不需要围堰排水,节约工期与成本,具有一定的抗腐蚀性。图 10-81 为国外夹克法加固桥梁水下结构的应用实例,图 10-82 为江苏某桥梁采用夹克法加固水下桩基的应用实例。

a) 壳体预制

b) 水中壳体安装

c) 灌浆料配制

d) 灌浆料灌入

e) 完成效果

图 10-81 夹克法加固桥梁水下结构的应用实例(国外)

a) 桩基清理

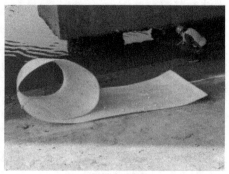
b) 预制玻纤套筒

图 10-82

c)玻纤套筒缠绕

d)玻纤套筒搭接锚固

e)紧固带安装

f)灌注完成取芯检测

图10-82　江苏某桥梁采用夹克法加固水下桩基的应用实例

【思考题】

1. 传统桥梁支座更换方法有哪些？请分别简述其适用性。
2. 当桥梁梁底操作空间局促，无法采用传统方式更换支座时，可采用哪些措施？简述其基本原理。
3. 简述倒拆法更换支座施工过程。
4. 预压自平衡支座更换技术具有哪些优势？
5. 简述传统桥梁支座更换的工艺流程。
6. 分析桥梁整体顶升的可能原因。
7. 简述桥梁顶升工艺的具体流程。
8. 简述断柱顶升的反力体系有哪些形式？
9. 常见的桥梁地基冲刷处理技术有哪些？简述影响其防护效果的因素。
10. 常见的桥梁基础加固方法有哪些？简述各方法的适用条件。
11. 简述常见的墩柱加固技术并分析其各自特点与适用范围。
12. 简述钢套管加固墩柱技术的原理及特点。
13. 简述粘贴纤维复合材料（FRP）加固墩柱技术的原理及特点。

14. 常用的独柱墩桥梁抗倾覆加固方法有哪些?
15. 简述增设钢盖梁抗倾覆加固独柱墩桥梁的施工工艺流程。
16. 简述常见桥台加固的基本方法及适用范围。
17. 简述常见桥梁水下结构加固的基本方法及适用范围。
18. 简述压入钢管加固桥梁水下结构的施工工艺流程。
19. 简述夹克法加固桥梁水下结构的原理。
20. 桥梁水下结构各类加固方法可能对生态环境造成哪些不利影响?如何避免?

第 11 章
工程应用实例

11.1 公路桥梁检测实例一(分层综合评定法)

11.1.1 工程概况

某大桥建成于 2011 年,桥梁全长 477.4m,跨径为:5×30m+(45+80+45)m+5×30m;桥面总宽 11.8m,行车道宽 10.8m。桥面采用沥青混凝土铺装。

上部结构:主桥采用(45+80+45)m 变截面连续箱梁,引桥采用 30m 预应力混凝土小箱梁,先简支后连续结构。

下部结构:肋板式桥台,柱式桥墩,桩基础。

设计荷载:公路—Ⅰ级。目前荷载:55t。

现对某大桥进行定期检查,通过对桥梁技术状况的全面检查和评定,评定桥梁的使用功能。

11.1.2 检查结果

大桥主要病害检查结果如表 11-1 和图 11-1 所示。

大桥主要病害检查　　　　　　　　　　表 11-1

编号	部件名称	病害
1	上部承重构件	主桥箱室顶板纵向裂缝
		引桥翼缘混凝土破损露筋
2	上部一般构件	主桥横隔墙产生横向裂缝和斜向裂缝
		引桥横隔板竖向裂缝
3	支座	主桥和引桥支座老化开裂
		引桥支座外鼓
		引桥支座局部脱空
4	桥墩	主桥桥墩竖向裂缝
		引桥盖梁混凝土破损
		引桥盖梁竖向裂缝
5	桥面铺装	引桥铺装层拥包
6	伸缩缝装置	止水带破损
		锚固混凝土开裂
		型钢缺失

a)主桥箱室顶板纵向裂缝

b)主桥箱室右侧腹板斜向裂缝

c)主桥墩顶横隔墙横向裂缝

d)主桥横隔墙斜向裂缝

图　11-1

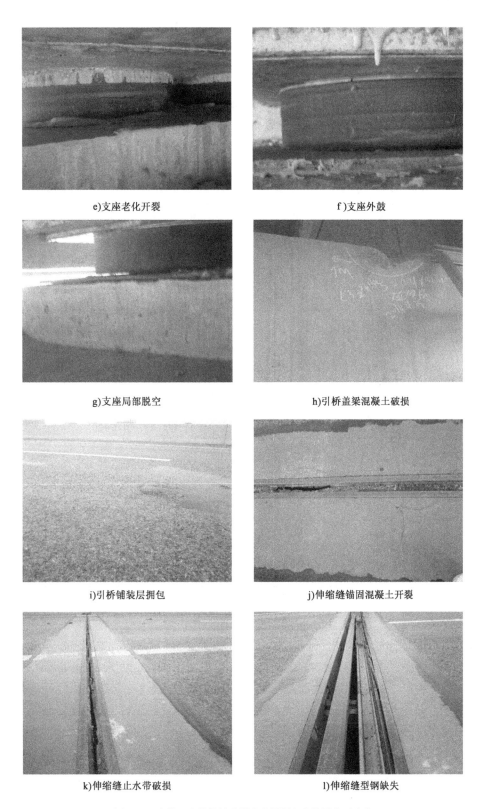

图 11-1 变截面连续箱梁及预应力混凝土小箱梁主要病害

11.1.3 桥梁技术状况评定

桥梁技术状况评定主要依据《公路桥梁技术状况评定标准》(JTG/T H22—2011)。

1)部件权重分配

桥梁部件重重分配采用将缺失部件权重值按照既有部件权重在全部既有部件权重中所占比例进行分配的方法,见表11-2。

桥梁部件重分配计算　　　　　　　　　　表11-2

桥梁结构	序号	部件名称	权重	重分配后权重	备注
引桥					
上部结构	1	上部承重构件	0.70	0.70	
	2	上部一般构件	0.18	0.18	
	3	支座	0.12	0.12	
下部结构	4	翼墙、耳墙	0.02	0.02	
	5	锥坡、护坡	0.01	0.00	
	6	桥墩	0.30	0.34	
	7	桥台	0.30	0.33	
	8	墩台基础	0.28	0.31	
	9	河床	0.07	0.00	
	10	调治构造物	0.02	0.00	
桥面系	11	桥面铺装	0.40	0.44	
	12	伸缩缝装置	0.25	0.28	
	13	人行道	0.10	0.00	
	14	栏杆、护栏	0.10	0.11	
	15	排水系统	0.10	0.11	
	16	照明、标志	0.05	0.06	
主桥					
上部结构	1	上部承重构件	0.70	0.70	
	2	上部一般构件	0.18	0.18	
	3	支座	0.12	0.12	
下部结构	4	翼墙、耳墙	0.02	0.00	
	5	锥坡、护坡	0.01	0.00	
	6	桥墩	0.30	0.46	
	7	桥台	0.30	0.00	
	8	墩台基础	0.28	0.43	
	9	河床	0.07	0.11	
	10	调治构造物	0.02	0.00	
桥面系	11	桥面铺装	0.40	0.44	
	12	伸缩缝装置	0.25	0.28	

续上表

桥梁结构	序号	部件名称	权重	重分配后权重	备注
桥面系	13	人行道	0.10	0.00	
	14	栏杆、护栏	0.10	0.11	
	15	排水系统	0.10	0.11	
	16	照明、标志	0.05	0.06	

2）上部结构技术状况评分

上部结构技术状况评分见表11-3。

桥梁上部结构评分 表11-3

桥梁部件	构件数量(个)	构件评分(分)	部件评分(分)	部件技术状况等级	上部结构评分(分)
引桥					
上部承重构件	1	75	94.27	2类	91.30
	39	100			
上部一般构件	8	75	88.70	2类	
	22	100			
支座	1	55	77.82	3类	
	6	65			
	9	75			
	80	100			
主桥					
上部承重构件	2	55	84.53	2类	85.43
	2	65			
	14	100			
上部一般构件	2	75	84.87	2类	
	2	100			
支座	1	65	91.51	2类	
	7	100			

引桥计算结果如下：

上部主要承重构件部件评分 $= (1 \times 75 + 39 \times 100)/40 - (100 - 75)/4.9 = 94.27(分)$

上部一般承重构件部件评分 $= (8 \times 75 + 22 \times 100)/30 - (100 - 75)/5.4 = 88.70(分)$

支座部件评分 $= (1 \times 55 + 6 \times 65 + 9 \times 75 + 80 \times 100)/96 - (100 - 55)/2.62 = 77.82(分)$

桥梁上部结构部件评分 $= 94.27 \times 0.70 + 88.70 \times 0.18 + 77.82 \times 0.12 = 91.30(分)$

主桥计算结果如下：

上部主要承重构件部件评分 $= (2 \times 55 + 2 \times 65 + 14 \times 100)/18 - (100 - 55)/6.84 = 84.53(分)$

上部一般承重构件部件评分 $= (2 \times 75 + 2 \times 100)/4 - (100 - 75)/9.5 = 84.87(分)$

支座部件评分 $= (1 \times 65 + 7 \times 100)/8 - (100 - 65)/8.5 = 91.51(分)$

桥梁上部结构部件评分 $= 84.53 \times 0.70 + 84.87 \times 0.18 + 91.51 \times 0.12 = 85.43(分)$

3) 下部结构技术状况评分

下部结构技术状况评分见表11-4。

桥梁下部结构评分表 表11-4

桥梁部件	构件数量(个)	构件评分(分)	部件评分(分)	部件技术状况等级	下部结构评分(分)
引桥					
翼墙、耳墙	2	100	100.00	1类	97.33
桥墩	1	61.74	92.15	2类	
	23	100			
桥台	6	100	100.00	1类	
墩台基础	24	100	100.00	1类	
主桥					
桥墩	1	65	91.51	2类	96.09
	7	100			
墩台基础	10	100	100.00	1类	
河床	1	100	100.00	1类	

引桥计算结果如下：

桥墩部件评分 = $(1 \times 61.74 + 23 \times 100)/24 - (100 - 61.74)/6.12 = 92.15$(分)

桥梁下部结构评分 = $100 \times 0.02 + 92.15 \times 0.34 + 100 \times 0.33 + 100 \times 0.31 = 97.33$(分)

主桥计算结果如下：

桥墩部件评分 = $(1 \times 65 + 7 \times 100)/8 - (100 - 65)/8.5 = 91.51$(分)

桥梁下部结构评分 = $91.51 \times 0.46 + 100 \times 0.43 + 100 \times 0.11 = 96.09$(分)

4) 桥面系技术状况评分

桥面系技术状况评分见表11-5。

桥面系评分表 表11-5

桥梁部件	构件数量(个)	构件评分(分)	部件评分(分)	部件技术状况等级	桥面系评分(分)
引桥					
桥面铺装	1	75	94.41	2类	87.61
	9	100			
伸缩缝装置	1	61.74	64.54	3类	
	1	75			
栏杆、护栏	2	100	100.00	1类	
排水系统	1	100	100.00	1类	
照明、标志	1	100	100.00	1类	
主桥					
桥面铺装	3	100	100.00	1类	86.02
伸缩缝装置	2	61.74	57.91	4类	
栏杆、护栏	2	100	100.00	1类	
排水系统	1	80	80.00	2类	
照明、标志	1	100	100.00	1类	

引桥计算结果如下：
桥面铺装部件评分 = $(1 \times 75 + 9 \times 100)/10 - (100 - 75)/8.1 = 94.41$(分)
伸缩缝装置部件评分 = $(1 \times 61.74 + 1 \times 75)/2 - (100 - 61.74)/10 = 64.54$(分)
桥面系评分 = $94.41 \times 0.44 + 64.54 \times 0.28 + 100 \times 0.11 + 100 \times 0.11 + 100 \times 0.06 = 87.61$(分)
主桥计算结果如下：
伸缩缝装置部件评分 = $(2 \times 61.74)/2 - (100 - 61.74)/10 = 57.91$(分)
桥面系评分 = $100 \times 0.44 + 57.91 \times 0.28 + 100 \times 0.11 + 80.00 \times 0.11 + 100 \times 0.06 = 86.02$(分)

5) 全桥技术状况评分及等级评定

全桥技术状况评分及等级评定见表 11-6。

桥梁技术状况评分表 表 11-6

桥梁部件	权重	技术状况评分（分）	部件技术状况等级	全桥技术状况评分(分)	备注
引桥					
上部结构	0.40	91.3	2 类		
下部结构	0.40	97.33	1 类	93.0	
桥面系	0.20	87.61	2 类		
主桥					
上部结构	0.40	85.43	2 类		
下部结构	0.40	96.09	1 类	89.8	
桥面系	0.20	86.02	2 类		

引桥全桥技术状况评分 = $91.30 \times 0.40 + 97.33 \times 0.40 + 87.61 \times 0.20 = 93.00$(分)
主桥全桥技术状况评分 = $85.43 \times 0.40 + 96.09 \times 0.40 + 86.02 \times 0.20 = 89.80$(分)

根据《公路桥梁技术状况评定标准》(JTG/T H21—2011) 4.1.5 的规定，该桥技术状况等级评为 2 类。

11.2 公路桥梁检测实例二（分部件综合评定法）

11.2.1 工程概况

大桥由 8 孔净跨径为 50m 的刚架拱桥和 1 孔跨径为 8m 的矩形板桥组成，桥梁全长为 444.5m，如图 11-2 所示。刚架拱矢跨比为 1/8，全桥共设 9 道 30 型板式橡胶伸缩缝，分别设置在弦杆两端与桥墩、桥台连接处，弦杆下设有支座，全桥共计 64 块橡胶支座。0 号桥台与 9 号桥台为 U 型实体式桥台，桥台背后填入透水性强的砂卵石。1 号墩即 8m 跨板桥与 50m 跨刚架拱的过渡墩，为等厚墙式墩身，基础为直径 2.3m×5 + 1.5m + 2.3m×2 的嵌岩桩，嵌岩深度 1.5m。2 号墩~8 号墩为片石混凝土实体墩，其中 5 号墩为单向推力墩，基础均为 6 根直径 1.5m 的冲孔桩，桩底均嵌入石灰岩 1.5m（不含风化层）。荷载标准：汽车—20 级，挂车—100，人群荷载 3.0kN/m²。桥面宽度为净 10m + 2×1.0m，全宽 12m。

图 11-2　8 孔刚架拱桥 + 1 孔矩形板桥远景

11.2.2　检查结果

大桥主要病害检查结果如表 11-7 和图 11-3 所示。

大桥主要病害检查　　　　　表 11-7

编号	部件名称	病害
1	上部承重构件	主拱腿混凝土表面粗糙,存在小面积混凝土胀裂、脱落、钢筋锈蚀现象
		斜撑混凝土表面粗糙,斜撑脚湿接头处混凝土浇筑不密实,存在钢筋外露锈蚀现象
		边拱肋弦杆大部分均存在竖向开裂现象
		刚架拱桥拱肋实腹段开裂严重
		全桥横系梁混凝土表观质量差,施工质量粗糙,部分开裂
		部分微弯板存在开裂、混凝土破碎、钢筋外露现象
2	支座	全桥板式橡胶支座均已出现橡胶老化现象
		部分支座有变形过大、错位、偏移和功能失效现象
3	桥墩	个别桥墩墩身混凝土有蜂窝现象
4	桥面	桥面下挠
		桥面铺装有纵、横向开裂,局部存在桥面铺装层破碎现象
		桥头与路堤连接处凹凸不平,且有严重的横向开裂裂缝
5	伸缩缝装置	伸缩缝处存在渗水现象
		板式橡胶伸缩缝大多已存在老化、破裂现象
		毛勒式伸缩缝存在橡胶条脱落现象
6	人行道和栏杆	人行道纵向裂缝
		栏杆断裂
7	排水设施	排水管下悬长度不足
		排水侵蚀边拱肋

a) 主拱腿混凝土胀裂及钢筋锈蚀   b) 斜撑脚混凝土空洞及钢筋锈蚀

c) 弦杆竖向裂缝   d) 拱肋开裂

e) 横系梁底面开裂   f) 微弯板钢筋外露

g) 支座橡胶老化   h) 支座错位

图 11-3

i) 桥面下挠

j) 桥面铺装局部破损

k) 板式橡胶伸缩缝破裂

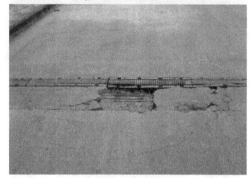
l) 伸缩缝与桥面板连接破裂

m) 栏杆断裂

n) 水侵蚀边拱肋

图 11-3　8 孔刚架拱桥 + 1 孔矩形板桥的主要病害

11.2.3　桥梁技术状况评定

根据本次质量检测结果,依照《公路养护技术规范》(JTG H11—2004)的要求对该桥总体技术状况等级进行评定,全桥结构技术状况综合评分 $D_r = 31.2$,评定该桥为五类桥。各构件评定分值详见表 11-8。

桥梁技术状况评定表　　　　　　　　　　　表 11-8

部件	部件名称	缺损程度	对使用功能影响程度	发展状况的修正	最终评定标度	权重	得分(分)
1	翼墙、耳墙	0	0	0	0	1	0
2	锥坡、护坡	1	1	0	2	1	2

续上表

部件	部件名称	缺损程度	对使用功能影响程度	发展状况的修正	最终评定标度	权重	得分（分）
3	桥台及基础	1	2	0	3	23	69
4	桥墩及基础	1	2	0	3	24	72
5	地基冲刷	2	1	1	4	8	32
6	支座	1	2	1	4	3	12
7	上部主要承重构件	2	2	1	5	20	100
8	上部一般承重构件	1	2	1	4	5	20
9	桥面铺装	2	2	1	5	1	5
10	桥头与路堤连接部	2	1	0	3	3	9
11	伸缩缝	2	1	1	4	3	12
12	人行道	2	1	0	3	1	3
13	栏杆、护栏	2	1	1	4	1	4
14	照明、标志	0	0	0	0	1	0
15	排水设施	2	2	0	4	1	4
16	调治构造物	0	0	0	0	3	0
17	其他	0	0	0	0	1	0

注：1. 综合评定采用下列算式：

$$D_r = 100 - \sum_{i=1}^{n} R_i W_i / 5$$

式中，R_i 为表中的最终评定标度，W_i 为各部件权重，D_r 为全桥结构技术状况评分。

2. 经计算该桥结构技术状况评分 $D_r = 31.2$。
3. 根据规范中的评定分类标准，该桥最终评定为五类桥。

11.3 城市桥梁检测实例

11.3.1 工程概况

某大桥采用椭圆形钢箱混凝土塔柱空间双索面斜拉桥，墩塔梁固结体系，跨径组合为85m + 100m = 185m。100m 跨索距采用5m，85m 跨索距采用4m，土桥土塔桥面以上高度为66m。主墩承台下设2m 的钻孔灌注桩，交接墩承台下设1.5m 的钻孔灌注桩。大桥总体布置如图11-4所示。

大桥上部梁体采用双边箱结构，边箱采用预应力混凝土单箱双室斜腹板连续箱梁。箱梁顶板设1.5%的横坡，底板保持水平，采用纵、横双向预应力体系。箱梁高度为变厚度，一般梁段梁高为2.6m（道路中心处梁高），采用单箱双室断面形式，单箱顶板宽18.5m，箱梁悬臂长4.0m，悬臂端部厚25cm，悬臂根部（虚交点）厚60cm；顶板厚25cm；跨中底板厚25cm。箱梁在主塔位置局部加厚梁高为3.6m（道路中心处梁高）。箱梁在拉索位置设置厚度为0.3m的中间横梁（局部加厚），端部设厚度为2m的端横梁，在墩塔梁固结处设置箱式横梁（总宽6.7m）。

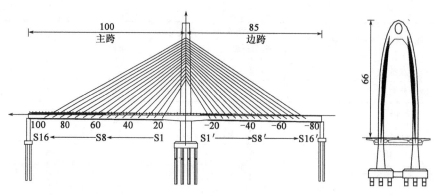

图 11-4 双索面斜拉桥总体布置(尺寸单位:m)

大桥路幅分配为:3.0m(人行道)+4.0m(非机动车道)+3.5m(拉索区侧分带)+16.0m(机动车道)+3.5m(拉索区侧分带)+4.0m(非机动车道)+3.0m(人行道)=37.0m。

11.3.2 检查结果

该桥现场检测发现的主要问题有:①绿化中分带伸缩缝杂物堵塞;②桥面铺装有坑洞;③人行道板侧面处理不到位等。桥梁主要病害状况如图11-5所示。

a)中分带伸缩缝堵塞

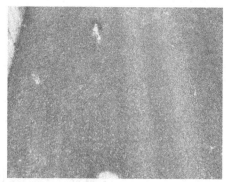
b)桥面铺装坑洞

c)人行道侧面错台

图 11-5 双索面斜拉桥主要病害状况

11.3.3 桥梁技术状况评定

1)桥面系打分

桥面系打分见表11-9。

桥面系评分　　　　　　　　　　　　　　　　　　　　　　　表 11-9

损坏类型	单项扣分值 DP_{hi}	比重 μ_{hi}	权重 w_{hi}	$DP_{hi} \cdot w_{hi}$
桥面铺装				
网裂或龟裂	0	0.00	0.00	0.00
波浪及车辙	5	1.00	1.00	5.00
坑槽	0	0.00	0.00	0.00
碎裂或破碎	0	0.00	0.00	0.00
洞穴	0	0.00	0.00	0.00
桥面贯通横缝	0	0.00	0.00	0.00
桥面贯通纵缝	0	0.00	0.00	0.00
合计	0			5.00
桥面铺装的评分（分）	BCI_{qmpz}		95.00	
桥头平顺				
桥头沉降	0	0.00	0.00	0.00
台背沉降	0	1.00	1.00	0.00
合计	0			0.00
桥头平顺的评分（分）	BCI_{qtps}		100.00	
伸缩缝				
螺帽松动	0	0.00	0.00	0.00
缝内沉积物堵塞	15	1.00	1.00	15.00
接缝处铺装碎边	0	0.00	0.00	0.00
接缝处高差	0	0.00	0.00	0.00
钢材料翘曲变形	0	0.00	0.00	0.00
结构缝宽	0	0.00	0.00	0.00
伸缩缝处异常声响	0	0.00	0.00	0.00
合计	15			15.00
伸缩缝的评分（分）	BCI_{ssf}		85.00	
排水系统				
泄水管堵塞	0	0.00	0.00	0.00
残缺脱落	0	0.00	0.00	0.00
桥面积水	0	0.00	0.00	0.00
防水层	0	1.00	1.00	0.00
合计	0			0.00
排水系统的评分（分）	BCI_{psxt}		100.00	

续上表

损坏类型	单项扣分值 DP_{hi}	比重 μ_{hi}	权重 w_{hi}	$DP_{hi} \cdot w_{hi}$
栏杆或护栏				
露筋锈	0	0.00	0.00	0.00
松动错位	0	0.00	0.00	0.00
丢失残缺	0	1.00	1.00	0.00
合计	0			0.00
栏杆或护栏的评分(分)	BCI_{lg}	100.00		
人行道块件				
网裂	0	0.00	0.00	0.00
塌陷	0	0.00	0.00	0.00
残缺	0	1.00	1.00	0.00
合计	0			0.00
人行道块件的评分(分)	BCI_{rxd}	100.00		
桥面系评分(分)	BCI_m	88.15		

2) 桥梁上部结构打分

桥梁上部结构打分见表 11-10。

上部结构评分　　　　　表 11-10

损坏类型	单项扣分值 DP_{ij}	比重 μ_{ij}	权重 w_{ij}	$DP_{ij}w_{ij}$
钢结构物				
变色起皮	0	0.00	0.00	0.00
剥落	0	0.00	0.00	0.00
一般锈蚀	0	0.00	0.00	0.00
锈蚀成洞	0	0.00	0.00	0.00
焊缝裂纹	0	0.00	0.00	0.00
焊缝开裂	0	0.00	0.00	0.00
铆钉损失	0	0.00	0.00	0.00
螺栓松动	0	1.00	1.00	0.00
合计	0			100.00
钢结构物的评分(分)	SDP_{gjew}	100.00		
PC 或 RC 梁式构件				
表面网状裂缝	0	0.00	0.00	0.00
混凝土剥离	0	0.00	0.00	0.00
露筋	0	0.00	0.00	0.00
梁体下绕	0	0.00	0.00	0.00
结构裂缝	0	0.00	0.00	0.00
裂缝处渗水	0	0.00	0.00	0.00
板面贯通横缝	0	1.00	1.00	0.00
合计	0			100.00
梁式构件的评分(分)	SDP_{lsgj}	100.00		

续上表

损坏类型	单项扣分值 DP_{ij}	比重 μ_{ij}	权重 w_{ij}	$DP_{ij}w_{ij}$
横向联系				
桥面贯通横缝	0	0.00	0.00	0.00
桥面贯通纵缝	0	0.00	0.00	0.00
连接件脱焊松动	0	0.00	0.00	0.00
连接件断裂	0	0.00	0.00	0.00
横隔板网裂面积	0	0.00	0.00	0.00
横隔板剥落露筋	0	0.00	0.00	0.00
梁体异常振动	0	1.00	1.00	0.00
合计	0			100.00
横向联系的评分(分)	SDP_{hxlx}	100.00		
上部结构综合评分(分)	BCI_s	100.00		

3) 桥梁下部结构打分

桥梁下部结构打分见表11-11。

下部结构评分　　　　　　　　表11-11

损坏类型	单项扣分值 DP_{jk}	比重 μ_{jk}	权重 w_{jk}	$DP_{jk}w_{jk}$
支座				
支座固定螺栓	0	0.00	0.00	0.00
橡胶支座	0	0.00	0.00	0.00
钢支座	0	0.00	0.00	0.00
支座底板混凝土	0	0.00	0.00	0.00
支承稳定性	0	1.00	1.00	0.00
合计	0			0.00
支座的评分(分)	BCI_{zz}	100.00		
下部结构综合评分(分)	BCI_x	100.00		

4) 全桥打分

整个桥梁的技术状况指数(BCI)根据桥面系、上部结构和下部结构的技术状况指数确定,计算公式为 $BCI = BCI_m \cdot w_m + BCI_s \cdot w_s + BCI_x \cdot w_x$。各部分权重及分值见表11-12。

全桥技术状况评定表　　　　　表11-12

计算项目	桥面系	上部结构	下部结构
权重	0.15	0.40	0.45
分值(分)	88.15	100.00	100.00
总分(分)	98.22		

根据现场检查情况,大桥的结构技术状况评分为98.22分,评定等级为A级。

11.4 桥梁荷载试验实例

11.4.1 工程概况

某高速公路分离式立交桥为上跨桥,桥梁全长 54.0m,全宽 7.86m,跨径组成 11m + 2×16m + 11m;上部结构形式采用普通钢筋混凝土连续刚构,下部结构为薄壁式桥墩,U型桥台。该桥设计图纸未能查到设计荷载等级,考虑主线桥梁设计荷载等级为汽车—超20、挂120,跨线桥梁荷载等级一般比主线桥梁低,因此本次荷载试验和结构承载力检算参照荷载等级为:汽车-20,挂-100。该桥已通车运营十多年,随着经济的发展周边建起了混凝土预制构件厂和沙石料堆放场等,过往重载车辆多,且部分车辆已严重超载,对桥梁结构产生较大的安全隐患。为了解该桥承载能力、保证通行安全,现对该桥进行荷载试验检测。

11.4.2 桥梁静载试验

静载试验采用同型号的 3 轴自卸式载重汽车,总体质量为 30t(图 11-6)。本次主要设置 6 个内力控制截面,其中 1-1、2-2、4-4 和 5-5 截面为主梁最大正弯矩控制截面,3-3 截面为主梁最大负弯矩控制截面,6-6 截面为主墩最大弯矩控制截面,具体位置如图 11-7 所示。工况 1:主梁 1-1 截面最大弯矩的加载试验;工况 2:主梁 2-2 和主墩 6-6 截面最大弯矩的加载试验;工况 3:主梁 3-3 截面最大弯矩的加载试验;主梁 4-4 截面最大弯矩的加载试验;工况 5:主梁 5-5 截面最大弯矩的加载试验。

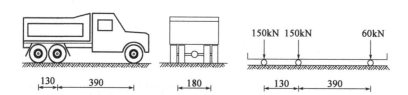

图 11-6 静载试验加载车辆图(尺寸单位:cm)

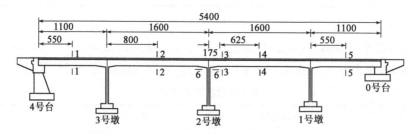

图 11-7 静载试验测试截面布置图(尺寸单位:cm)

1)挠度实测数据分析

表 11-13、表 11-14 和图 11-8、图 11-9 列出各个加载工况作用下控制截面挠度实测值与理论值的对比情况(表中正号"+"表示挠度向下,负号"-"表示挠度向上)。从中可以

看出：

(1)在试验荷载作用下,1-1 截面实测挠度平均值大于理论值,挠度校验系数为1.23,不满足检测评定规程的要求；

(2)在试验荷载作用下,2-2 截面、4-4 截面和5-5 截面实测挠度平均值均小于理论计算值,挠度校验系数最大值为0.98,最小值为0.86,均小于1.0,满足检测评定规程的要求；

(3)在试验荷载作用下,计算跨径 $L=11$ m 箱梁实测挠度最大值为1.90mm($L/5789$),16m 跨径实测挠度最大值为2.90mm($L/5517$),远小于$L/600$,表明结构刚度满足规范要求。

各工况测试截面挠度校验系数一览　　　表 11-13

工况	截面	实测值(mm)	理论值(mm)	检验系数
工况1	1-1	1.90	1.55	1.23
工况2	3-3	2.80	2.94	0.95
工况4	4-4	2.90	2.95	0.98
工况5	5-5	1.30	1.52	0.86

注：表中挠度实测值选取对称加载作用下左右侧挠度测点中最大者。

主梁各控制截面挠度实测值和理论值对比一览　　　表 11-14

测点		实测值(mm)	理论值(mm)
1-1 截面	左侧	1.90	1.55
	右侧	1.70	
3-3 截面	左侧	2.60	2.94
	右侧	2.80	
4-4 截面	左侧	2.80	2.95
	右侧	2.90	
5-5 截面	左侧	1.30	1.52
	右侧	1.20	

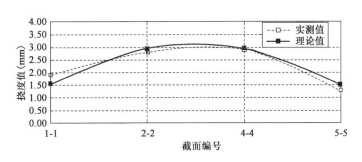

图 11-8　各控制截面挠度实测值和理论值对比

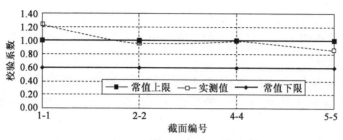

图 11-9　各控制截面挠度校验系数和常值上下限对比

由挠度分析结果可以看出:部分试验跨控制截面挠度校验系数大于1.0,说明其上部箱梁竖向抗弯刚度不满足设计要求,桥梁的实际工作状况要差于理论状况。

2)应力实测数据分析

表11-15~表11-21和图11-10~图11-14为各个加载工况作用下控制截面应力实测值和理论值的比较,同时表11-15也给出了各个工况测试截面应力的校验系数,表中的正号"+"表示拉应力,负号"-"表示压应力。由图表分析可以看出:

(1)在试验荷载作用下,主梁1-1截面箱梁底板实测应力平均值大于理论计算值,其应力校验系数为1.24,不满足检测评定规程的要求;

(2)在试验荷载作用下,主梁2-2截面、4-4截面、5-5截面箱梁底板实测应力平均值均小于理论计算值,其应力校验系数为0.83~0.97,满足检测评定规程的要求;

(3)在试验荷载作用下,主梁3-3截面实测应力平均值均小于理论计算值,其应力校验系数0.87,满足检测评定规程的要求;

(4)在试验荷载作用下,主墩6-6截面的实测应力值均大于理论计算值,校验系数在1.24~1.72,不满足检测评定规程的要求。

各加载工况控制截面应力校验系数一览　　表 11-15

加载工况	截面编号	实测值(MPa)	理论值(MPa)	检验系数
工况1	1-1	3.59	2.89	1.24
工况2	2-2	3.04	3.38	0.90
工况3	3-3	-2.38	-2.73	0.87
工况4	4-4	2.80	3.38	0.83
工况5	5-5	2.78	2.86	0.97

工况1作用下1-1截面应力实测值和理论值对比　　表 11-16

	测点位置及编号		实测值(MPa)	理论值(MPa)
1-1 截面	左侧翼缘	1-1	-0.14	-0.16
	左侧腹板	1-2	0.49	0.75
	底板纵向	1-3	3.06	2.89
		1-4	3.12	2.89
		1-5	4.58	2.89
	右侧腹板	1-6	0.42	0.75
	右侧翼缘	1-7	-0.14	-0.16

工况 2 作用下 2-2 截面应力实测值和理论值对比　　　　表 11-17

测点位置及编号			实测值(MPa)	理论值(MPa)
2-2 截面	左侧翼缘	2-1	-0.16	-0.22
	左侧腹板	2-2	0.75	0.84
	底板纵向	2-3	3.20	3.38
		2-4	2.98	3.38
		2-5	2.95	3.38
	右侧腹板	2-6	0.78	0.84
	右侧翼缘	2-7	-0.12	-0.22

工况 3 作用下 3-3 截面应力实测值和理论值对比　　　　表 11-18

测点位置及编号			实测值(MPa)	理论值(MPa)
3-3 截面	左侧翼缘	3-1	0.56	0.57
	左侧腹板	3-2	-0.71	-0.72
	底板纵向	3-3	-2.25	-2.73
		3-4	-2.36	-2.73
		3-5	-2.53	-2.73
	右侧腹板	3-6	-0.66	-0.72
	右侧翼缘	3-7	0.53	0.57

工况 4 作用下 4-4 截面应力实测值和理论值对比　　　　表 11-19

测点位置及编号			实测值(MPa)	理论值(MPa)
4-4 截面	左侧翼缘	4-1	-0.12	-0.22
	左侧腹板	4-2	0.79	0.84
	底板纵向	4-3	2.74	3.38
		4-4	2.80	3.38
		4-5	2.86	3.38
	右侧腹板	4-6	0.46	0.84
	右侧翼缘	4-7	-0.17	-0.22

工况 5 作用下 5-5 截面应力实测值和理论值对比　　　　表 11-20

测点位置及编号			实测值(MPa)	理论值(MPa)
5-5 截面	左侧翼缘	5-1	-0.13	-0.15
	左侧腹板	5-2	0.63	0.73
	底板纵向	5-3	2.75	2.86
		5-4	2.77	2.86
		5-5	2.83	2.86
	右侧腹板	5-6	0.41	0.73
	右侧翼缘	5-7	-0.14	-0.15

工况2作用下6-6截面应力实测值和理论值对比　　　　表11-21

测点位置及编号		实测值(MPa)	理论值(MPa)	校验系数
6-6截面	6-1	1.74	1.02	1.71
	6-2	1.26		1.24
	6-3	1.51		1.48
	6-4	-2.46	-1.43	1.72
	6-5	-1.95		1.36
	6-6	-1.83		1.28

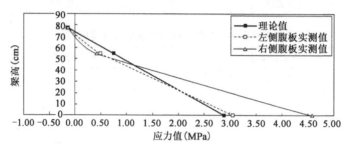

图11-10　工况1作用下箱梁1-1截面腹板应力实测值和理论值分布

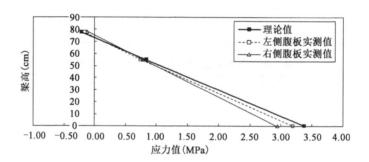

图11-11　工况2作用下箱梁2-2截面腹板应力实测值和理论值分布

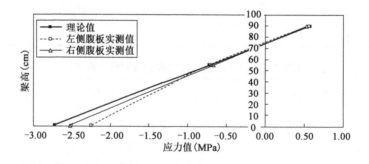

图11-12　工况3作用下箱梁3-3截面腹板应力实测值和理论值分布

综合应力实测数据分析可以看出：部分控制截面应力实测值比理论值偏大，应力校验系数大于1，不满足《公路桥梁承载能力检测评定规程》(JTG/T J21—2011)要求，说明结构强度有所下降，不满足设计要求。

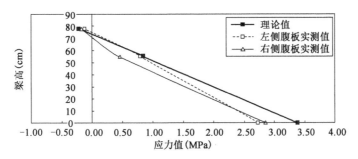

图 11-13 工况 4 作用下箱梁 4-4 截面腹板应力实测值和理论值分布图

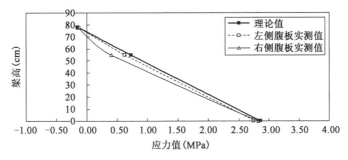

图 11-14 工况 5 作用下箱梁 5-5 截面腹板应力实测值和理论值分布图

3)相对残余变形分析

从表 11-22 中所计算的相对残余变形可以看出:在试验荷载作用下,该桥试验跨测试断面的相对残余变形均在现行《公路桥梁承载能力检测评定规程》(JTG/T J21)规定的 20% 以内,表明结构在卸载后的变形能恢复,处于弹性工作状态。

静载试验荷载作用下测试截面相对残余变形　　　　表 11-22

工况	测试截面	测点位置	实测值(%) 相对残余应变	允许值 (%)	是否满足
工况 1	1-1	左侧	12.2	20	满足
		右侧	14.4		满足
工况 2	2-2	左侧	15.8		满足
		右侧	15.1		满足
工况 4	4-4	左侧	14.9		满足
		右侧	14.8		满足
工况 5	5-5	左侧	15.1		满足
		右侧	12.9		满足

4)静载试验结果小结

(1)该桥主体结构部分控制截面挠度校验系数大于 1.0,说明其上部箱梁竖向抗弯刚度不满足设计要求;

(2)部分控制截面应力实测值比理论值偏大,应力校验系数大于 1.0,不满足现行《公路桥梁承载能力检测评定规程》(JTG/T J21)的要求,说明结构强度有所下降,不满足设计要求;

(3)该桥各测试断面的相对残余变形均在规程规定的 20% 以内,表明结构在卸载后的变形能及时恢复,基本处于弹性工作状态。

从静载试验测试结果分析可看出,在试验荷载下,结构部分控制截面的挠度和应力校验系数大于1.0,说明其刚度和强度有所下降,不满足设计荷载下的使用要求。

11.4.3 桥梁动载试验

1)模态数据分析

本次试验采用环境随机振动法。拾振仪采用国家地震局工程力学研究所研制生产941—B速度型传感器,数据采集系统为DHDAS—3817动态应变测试系统,脉动试验采用中速度挡,车辆激励试验采用小位移挡,数采系统使用东昊测试DHMA数据采集分析仪。

由于试验所能投入的传感器数量总是有限的,试验时在桥面上设置3个测点,每个测点布置1个竖向速度传感器,并以其中的1个振动测点为参考点,通过移动其余2个测点的传感器来分批采集天然脉动信号。测点布置如图11-15所示。对各测点进行传函分析和模态拟合得出该桥的低阶振动频率、模态和阻尼值。

图11-15 脉动试验传感器桥面测点布置示意图(自振特性,尺寸单位:m)

脉动测试测得时域波形图和平域波形图,由上述采集的各测点时域波形曲线,通过传函分析和模态拟合,可以得出结构的自振特性。频率实测与理论的对比见表11-23,表中自振频率的理论计算值采用Midas Civil软件进行计算。可以看出,结构实测自振频率略小于理论计算值,表明桥梁结构实际刚度偏小,不能满足设计要求。

试验跨自振特性实测值与理论计算值对比 表11-23

频率阶数	自振频率		阻尼比(%)	f_{mi}/f_{di}
	实测值f_{mi}	计算值f_{di}		
1	10.36	10.94	1.83	0.95

2)车辆激励试验结果

各工况下实测动力放大系数结果见表11-24。

车辆激励试验各工况实测动力放大系数 表11-24

工况序号	工况类型	车速(km/h)	动力放大系数($1+\eta$)
工况1	1辆车跑车试验	5	1.309
工况2		10	1.322
工况3		20	1.398
工况4		30	1.378

由上表可知,该桥试验跨实测最大冲击系数为1.398。

3)动载试验结果小结

(1)由模态试验竖向一阶实测主频和理论计算值对比可以看出,实测自振频率值小于计算值,表明结构的整体刚度较小,不能满足设计要求;

(2)竖向一阶自振频率实测值为10.36Hz,由于自振频率是结构的固有特性,反映结构的整体刚度,因此该特征参数可作为后期定期检查的一个参考指标;

(3)跑车作用下,实测最大动力放大系数为1.398,大于现行《公路桥涵设计通用规范》(JTG D60)中规定的计算冲击系数1.218。这说明实测冲击系数大于规范规定值,桥面线形、平整度较差,活载冲击影响较大。

11.5 桥梁上部结构加固实例

11.5.1 空心板梁桥加固(一)

1)工程概况

该桥梁为某高速公路多跨简支空心板梁桥,跨径组合为12×16m,桥宽为22.5m。主线桥梁分左、右双幅,双向四车道,桥梁设计荷载等级均为汽-超20级、挂-120,结构外观如图11-16所示。

图11-16 多跨简支空心板梁桥整体结构远景

该桥梁病害情况如下:

(1)上部结构病害

①全桥共264片空心板,其中,21片空心板板底存在众多纵向裂缝,裂缝长度介于2.0~13.5m,裂缝宽度均小于0.2mm。

②全桥共发现28处板间接缝局部位置存在渗水、泛白(图11-17),此外个别板间接缝还存在间隙过宽、填料脱落等病害。

③全桥共发现34处空心板间存在较为明显的错台(图11-17),错台高度介于2.0~4.0cm,其中4处错台是由板间预拱度不同而引起,其他均为吊装过程调整桥面横坡而引起。

④部分空心板板底混凝土保护层过薄,目视即可发现箍筋位置,全桥共发现74片空心板存在此类病害。

⑤部分边板外侧腹板或翼缘底面还存在多处箍筋锈胀。

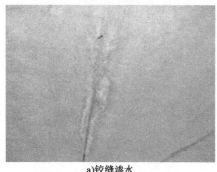

a)铰缝渗水　　　　　　　　　　b)铰缝错台

图 11-17　板间铰缝病害

(2)下部结构病害

①该桥桥台为砌石结构,检查中发现砌石桥台存在较为严重的开裂,一侧桥台裂缝如图 11-18 所示,最大开裂宽度达到 5mm,雨后砌石结构表面存在大量的水迹,并且桥台已经出现不均匀沉降,基础出现由于雨水冲刷引起的局部坍塌。

a)开裂　　　　　　　　　　b)漏水

图 11-18　桥台开裂与漏水

②在桥台台帽部位存在多处竖向裂缝和箍筋锈胀等病害(图 11-19)。全桥各墩台顶均存在支座脱空现象,经统计,共 88 个支座发生脱空,其中 45 个支座完全脱空,43 个支座局部脱空。

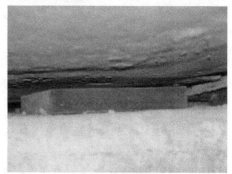

a)台帽箍筋锈胀　　　　　　　　　　b)支座完全脱空

图 11-19　桥台台帽箍筋锈胀及支座脱空

(3)桥面系病害

①一端伸缩缝后端与路面过渡处出现横向开裂,并有局部破碎,主要位于快车道和慢车

道,开裂长度约5m。

②一端伸缩缝钢板条在慢车道处缺失(图11-20),且所有伸缩缝紧急停车带处均存在不同程度的沙石堵塞。

图11-20 伸缩缝处钢板缺失

③两幅桥两侧护栏均存在不同程度的钢筋锈胀、局部混凝土剥落。

该桥整体评定等级为四类桥梁。

2)加固方案

加固设计主要针对桥台破损、开裂及梁板开裂和露筋进行。

(1)重新铺筑桥面铺装。拆除原有桥面混凝土及沥青铺装,在板梁顶面钻孔植筋,布置桥面钢筋网,浇筑混凝土铺装,养护,铺设防水层,最后重新铺筑沥青混凝土。在施工前,先检查板梁铰缝,若发现铰缝周围存在混凝土不密实、裂缝或空洞等病害,将铰缝凿除后重做,并更换全桥伸缩缝。

(2)粘贴碳纤维布加固部分空心板梁。部分空心板梁出现较长纵向裂缝,裂缝宽度约0.2mm,在板梁底面粘贴碳纤维进行加固,限制结构裂缝继续发展,对全桥板底混凝土保护层过薄的板梁先涂抹阻锈剂,再在板底粘贴碳纤维布加固。加固方案如图11-21所示。

(3)对石砌桥台出现裂缝用压浆加固法维修整治。从下向上进行压浆,压浆完成后,对灰缝进行勾缝处理。灰缝压浆施工工艺如下:①采用水灰比为1:2的无收缩水泥砂浆将裂缝表面封闭;②每隔40cm留设压浆孔,待表面封缝砂浆结硬后,采用水灰比为0.8:1的无收缩水泥砂浆压灌裂缝,压浆压力为0.4~0.6MPa;③压浆时,压浆孔的相邻孔为排气孔,待到排气孔回浆后,封堵压浆孔和排气孔;④以此类推,完成全部压浆;⑤压浆完成后,对灰缝进行勾缝处理。

(4)桥台局部缺陷整治。对于块石损坏或者风化等病害,采用环氧砂浆进行修补。施工时,先把破损部位打磨清理干净,然后在清理干净的表面上涂刷一层环氧树脂基液,最后用环氧砂浆修补复原缺陷部位。修补部位的表面用水泥浆进行装饰,使修补部位表面颜色与周围相近。对于桥台限制挡块的修复,将挡块部分混凝土凿除,与空心板梁之间保持5cm空隙,将挡块裂缝进行封闭、修补。

(5)桥台前墙浇筑混凝土。为了加强结构整体性,在前墙浇筑混凝土。砌块勾缝间注浆处理完成后,按要求植筋挂网,浇筑一层30cm厚的聚丙烯纤维混凝土。

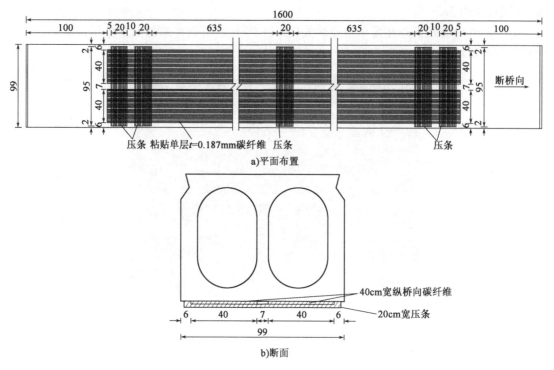

图 11-21 多跨简支空心板梁桥空心板抗弯加固方案(尺寸单位:cm)

3)加固实施与效果

加固实施主要为板梁底部粘贴碳纤维、重新浇筑桥梁铰缝、重做桥面铺装及桥台压浆等，主要工艺过程如图 11-22 所示。

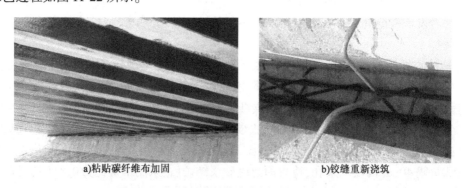

图 11-22 空心板底部粘贴碳纤维布及铰缝重新浇筑

11.5.2 空心板梁桥加固(二)

1)工程概况

杭甬高速公路某 8m 跨简支板梁桥，其设计荷载等级为汽-超 20 级，挂车-120 级，结构形式为简支预制混凝土空心板梁桥，板梁之间的联结采用混凝土企口缝构造。原桥单幅桥宽 12.5m，计 12 块板，后拓宽 3.60m，计 3 块板。扩宽以后，有 3 块板(6、7、8 号板)由原来的非重车道位置变化为重车道位置，导致铰缝损坏严重，重车通行情况下，铰缝两侧错动明显，各板之间的铰缝已不能满足传递剪力的设计要求。经观测，第 6、7、8 号板板底裂缝宽度、跨中挠度都超出规范限值(图 11-23)。最大裂缝宽度达 0.64mm,多条裂缝宽度超过 0.2mm。在正常行车荷载作用下,板梁挠度过大,测得 6 号板最大挠度为 9.0mm,8 号板最大挠度为 9.15mm,均超出规范限值。可见,桥梁已有严重损伤,计算分析也表明,现有结构承载力已不能满足要求,对行车安全造成较大的威胁,必须进行加固改造。经反复论证决定先采用预应力钢丝绳-聚合物砂浆加固技术对桥梁进行加固,并进行加固前后结构的动静态力学性能测试分析。

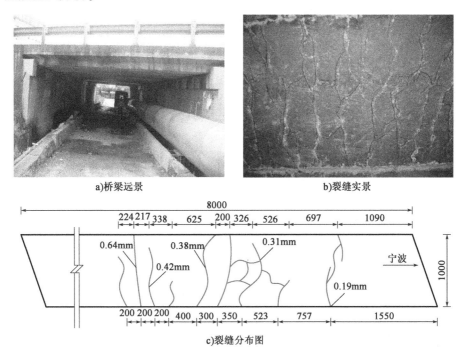

图 11-23 杭甬高速某 8m 跨简支空心板梁桥及裂缝情况(尺寸单位:mm)

2) 加固方案

6、7、8 号板的病害为挠度过大,抗弯承载力严重不足,需要提高其抗弯承载力和截面刚度。确定加固目标为承载能力极限状态按照各板梁最终恢复每块板的承载力达到铰缝完好和铰缝完全损害的中间状态,在正常使用极限状态下以每块板上钢丝绳所承担的力抵消梁板恒载来确定钢丝绳数量及张拉力。

经计算分析,确定加固方案为每块板加量 100 根直径 3mm 预应力高强钢丝绳,钢丝绳强度设计值为 876MPa,张拉控制应力为 755.3 MPa,相当于钢丝绳名义屈服强度设计值的 86%,为减少锚具集中应力,钢丝绳在梁底错开锚固,两层布置,总共设置 2 对 4 根锚具,如图 11-24 所示,A1 与 A2、B1 与 B2 分别组成一组锚具锚固钢丝绳,A1 和 B1、A2 和 B2 间隔开布置,A1 和 B2 距离梁端部 840mm,距离支座边缘 440mm,每组锚具上锚固 50 根预应力钢丝绳。

为保证锚固性能,将锚具焊接于板梁底部既有纵筋,由于焊接点处于板梁支座附近,原有纵筋应力低,故影响不大。板梁端板底有纵筋 8ϕ25,经验算确定焊缝长度,保证锚具可靠锚固。此外,还对荷载作用下最大裂缝宽度、跨中挠度、预应力作用下的反拱值以及预应力对既有纵筋的卸载作用、施工阶段性能等进行了验算,以确保各项性能均满足规范要求。

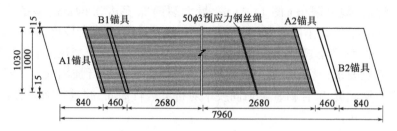

图 11-24　预应力钢丝绳-聚合物砂浆加固的钢丝绳及锚具布置(尺寸单位:mm)

3)加固实施及效果

加固实施过程见图 11-25。

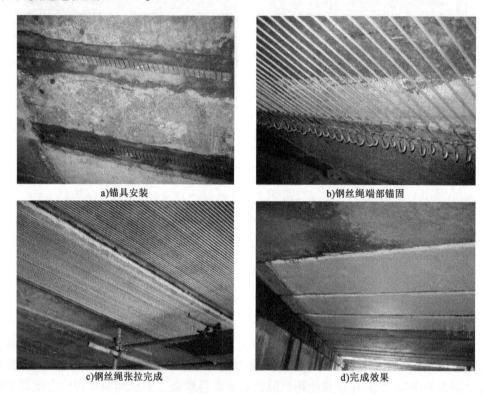

图 11-25　预应力钢丝绳-聚合物砂浆加固空心板梁桥施工过程

(1)裂缝处理

由于铰缝损坏严重,待加固的 3 块板板底已有大量裂缝,且最大裂缝宽度达到 0.64mm,故预先采用压力灌浆法对裂缝进行修补,以保证内部钢筋的耐久性。

(2)板端部开槽

根据设计确定两端锚具的位置,并沿与跨度垂直方向凿出约 10cm 宽的槽口,槽口的深度以暴露出梁内已有纵筋、并能牢固焊接锚具为准。

(3)端部锚具的制作与固定

锚具以保证能可靠锚固预应力钢丝绳及便于施工为原则进行设计。锚具宽 50mm,长度与板同宽为 1000mm,厚度 20mm;开的槽口上宽 3mm,下宽 4mm,深度 10mm。焊接前,先对板底已露出纵筋表面进行除锈等清洁处理;焊接完成后,将槽口周围混凝土表面凿毛、清除浮渣、冲洗干净,然后灌注锚固砂浆,砂浆底面与加固构件底面齐平。

(4)挤压锚头制作与钢丝绳下料

挤压锚头为铝合金双孔套筒式,钢丝绳在端部折成双股后穿入挤压锚头内孔,由挤压模具、挤压机械对挤压锚头进行强力挤压,使挤压锚头与钢丝绳挤压成一体。

(5)钢丝绳的张拉与锚固

钢丝绳及挤压锚头制作完成后,一端钢丝绳锚头直接穿入端部锚具的开口,即为固定端。在张拉端,为便于张拉,充分利用钢丝绳的柔软性,通过滑轮进行转向后在地面用葫芦进行张拉,张拉后将钢丝绳从锚具的开口处嵌入,锚头卡在锚具后即完成锚固。

(6)端部锚固砂浆及跨中防护砂浆的涂抹

钢丝绳张拉锚固后,在锚固端1m范围内使用锚固砂浆,在跨中区域采用掺有纤维的聚合物防护砂浆。在砂浆完成以后,涂刷一层涂料,以达到美观的效果。

为验证钢丝绳加固该桥梁的效果,对加固前后梁的动静态性能进行了系统的测试,包括:施工过程中钢丝绳应变、钢丝绳张拉后所加固梁的跨中反拱值,加固前后动态荷载(正常通车状态下的随机汽车荷载)作用下板梁跨中挠度、跨中截面处纵筋应变、跨中截面处板底混凝土应变以及钢丝绳的应变增量等,加固前后静态荷载(部分封闭交通状态下进行静载试验)作用下板梁跨中挠度、跨中截面处纵筋应变、钢丝绳的应变增量等。以6号板为例,分析加固前后梁的跨中挠度、纵筋应变及钢丝绳应变变化情况。

4)加固前后挠度变化

6号板加固前后跨中挠度时程动态测试结果如图11-26所示,加固后最大位移均较加固前小,加固前的最大位移为9.15mm,加固后的最大位移为7.6mm。另外,加固后位移值集中于较小值的位移区间内。加固后各板的跨中挠度明显减小,在跨中挠度大于1mm以上的区间内,加固后出现的频率均明显小于加固前出现的频率。

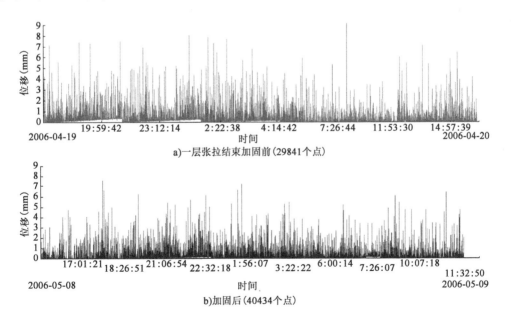

图11-26 6号板加固前后的挠度时程动态测试结果

5）加固后钢丝绳应变情况

为监测钢丝绳应变,在钢丝绳上粘贴了较多的应变片,图11-27列出有代表性的随机汽车荷载作用下预应力钢丝绳应变变化曲线,曲线表明在随机汽车荷载作用下,钢丝绳的应变增加值(在预拉应变的基础上)最大高达$390\mu\varepsilon$,通常能达到$100\mu\varepsilon$左右,证明了预应力钢丝绳承担了拉应力,对结构起到的有益作用。

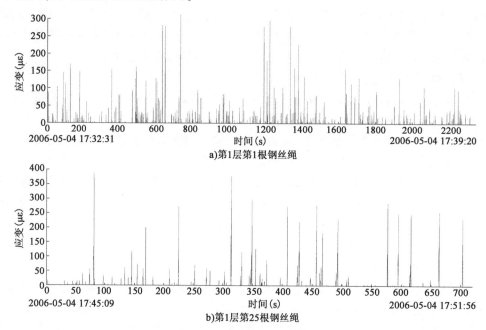

图11-27　6号板随机汽车荷载作用下预应力钢丝绳应变时程曲线

为定量地评价预应力钢丝绳加固效果,临时部分封闭高速公路进行静载试验,共采用了两种加载工况。工况1中,汽车荷载左侧车轮集中加于7号板中线,工况2中,汽车荷载左侧车轮集中加于6号板中线。

加固前后加载的位置及汽车的配重都相等,所有测点同动态测试。表11-25表示6、7、8号板加固前后跨中挠度值。由表可见,加固后在同样恒载作用下跨中挠度值明显减小。工况1下,6号板静载试验加固前的跨中挠度为2.72mm,加固后的挠度为0.93mm,加固后挠度仅为加固前的34.2%,7号板静载试验加固后挠度仅为加固前的28.6%,板8静载试验加固后挠度仅为加固前的6.9%。工况2下,各板加固前后挠度变化有类似规律。可见,预应力钢丝绳加固对于刚度的提高、挠度的减小效果是非常显著的。

静载试验板跨中挠度加固前后变化(mm)　　　　　表11-25

板号	工况1			工况2		
	加固前	加固后	加固后/加固前	加固前	加固后	加固后/加固前
6号	2.72	0.93	0.34	2.37	1.39	0.59
7号	3.36	0.96	0.29	1.73	0.72	0.42
8号	0.58	0.04	0.07	0.23	0.07	0.30

该桥于加固完成至今已经运行十余年,状况良好,证实了预应力钢丝绳-聚合物砂浆加固技术的有效性。

11.5.3 T梁桥加固

52.桥梁桥面铺装病害实例照片

1)工程概况

广东某简支T梁桥,跨径组合为 $4 \times 16m + 10 \times 30m + 3 \times 16m$,跨径30 m 为预应力混凝土T梁,跨径16m为普通钢筋混凝土T梁,桥面宽度为12.50m,下部结构为双柱式桥墩。设计荷载等级为汽车—20级、挂—100级,该桥于1993年7月竣工通车,其结构现状如图11-28所示。

图11-28 广东某简支T梁桥结构远景

根据桥梁检测报告,该大桥主要病害如下:

(1)主桥预应力T梁未发现有明显裂缝,表面有少许小孔洞及轻微的麻面现象。大部分16m跨径T梁梁体均出现较多裂缝,且各跨情况类似,其中以第4跨、17跨情况较为严重。第4跨各梁均有多条斜向、竖向裂缝出现,其中$L/4$、$3L/4$(L为跨径)区域各有4~6条斜裂缝,长度介于50~110cm,宽度介于0.15~0.35mm,$L/4$~$3L/4$范围内有近30条竖向裂缝,长度介于22~100cm,宽度介于0.15~0.42mm,腹板两侧裂缝位置均对称出现;第17跨$3L/4$处各梁均有2~6条斜裂缝,长度最长有100cm,裂缝宽度约0.2mm,其中5号梁$3L/4$至17号台侧梁端共有9条斜裂缝。部分梁体裂缝分布如图11-29所示。部分梁体有混凝土缺损露筋现象,外露钢筋锈蚀严重。部分梁体翼缘有出现裂缝或缺损露筋开裂现象,翼缘间接缝局部有出现混凝土剥落及渗白浆现象。

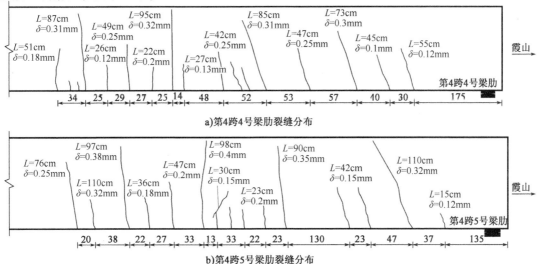

图11-29 广东某简支T梁桥典型裂缝分布(尺寸单位:cm)

(2) 全桥多处横隔板有出现接缝开裂、混凝土剥落及露筋现象，其中两侧引桥部分横隔板情况较为严重，如其中第 15 跨 3L/4 处横隔板 5 号梁、6 号梁间接缝处有两根搭接钢筋已断裂（图 11-30）；第 17 跨 3L/4 处横隔板各接缝处底部均有开裂破损现象，局部有露筋现象，最大破损面积为 $20 \times 8 cm^2$；主桥部分各跨横隔板部分湿接缝处均有出现砂浆开裂、混凝土剥落，搭接钢板外露且锈蚀。

图 11-30　横隔板接缝搭接钢筋断裂

(3) 桥面部分在 T 梁翼缘接缝处均有明显的纵向裂缝，裂缝基本连续贯通桥跨，缝宽达到 2mm；引桥的各墩顶均有横向裂缝，最大缝宽达到 3mm；全桥桥面磨耗较严重，主要分布在中间主车道，尤其是两侧引桥部分，由于纵坡较大，桥面基本磨光且有许多小坑槽；桥面有较为严重的网裂现象，局部形成小坑槽。全桥伸缩缝均有大量泥沙堵塞，且伸缩缝两侧角钢严重锈蚀，全桥两侧护栏，局部有混凝土胀裂、剥落及露筋且锈蚀现象。

(4) 跨径 16m T 梁部分，各弧形钢板支座均有严重锈蚀剥落现象，部分铰支座滚动面锈蚀、干涩，自由转动受限制[图 11-31a)]；主桥各墩顶各梁橡胶支座均有不同程度的剪切变形现象，个别支座还出现老化、开裂及轻微外鼓现象，橡胶支座钢垫板均有出现锈蚀现象，如 14 跨各梁 14 号墩顶支座均有剪切变形，其中 1 号梁及 5 号梁支座剪切变形较为严重，变形量为 10～20mm，如图 11-31b)所示。

a) 钢板支座锈蚀

b) 支座剪切变形

图 11-31　支座病害

(5) 部分盖梁出现混凝土胀裂、剥落及露筋锈蚀现象，3 号、15 号、16 号盖梁墩顶负弯矩区出现竖向裂缝，最大裂缝宽度 0.32mm，如图 11-32b)所示。

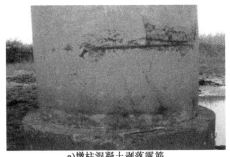

a)墩柱混凝土剥落露筋　　　　　　　b)盖梁混凝土剥落露筋

图 11-32　墩柱及盖梁混凝土剥落露筋

(6)全桥大部分墩柱柱身及墩柱间横系梁出现混凝土胀裂、剥落及露筋现象,大多数病害出现在墩柱下部,裂缝宽度较大,钢筋外露锈蚀,混凝土胀裂脱落,如图 11-32a)所示。

(7)0 号台背墙左侧有 1 条斜裂缝,从左侧侧墙往里延伸,裂缝长约 600cm,宽度为 0.5～1mm,裂缝部分有渗白浆现象;17 号台背墙 1 号梁对应处有 1 处露筋,外露钢筋严重锈蚀,长度为 60cm;全桥桥台两侧锥坡及台前护坡均有下沉现象。

(8)水下桩基础经探摸检查基本完好,未见冲刷掏空现象,混凝土结构良好。

2)加固方案

整体加固方案如图 11-33 所示,包括上部结构的抗弯加固、抗剪加固、横隔板补强,以及墩柱、盖梁、系梁外包混凝土加固等。

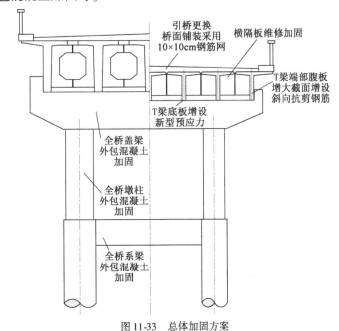

图 11-33　总体加固方案

(1)抗弯加固

对跨径 16m 的 T 梁采用预应力钢丝绳-聚合物砂浆加固技术进行抗弯加固(图 11-34),具体方法包括在 T 肋底部及两侧粘贴预应力锚具,安装、张拉两层 $\phi 6.2mm$ 预应力高强钢丝绳,同时提高主梁的开裂荷载、刚度、屈服荷载、最大承载力,最大承载力提高幅度明显,而且具有很好的延性。加固后的主梁通常不会发生黏结破坏,加固材料强度能够得到充分发挥。

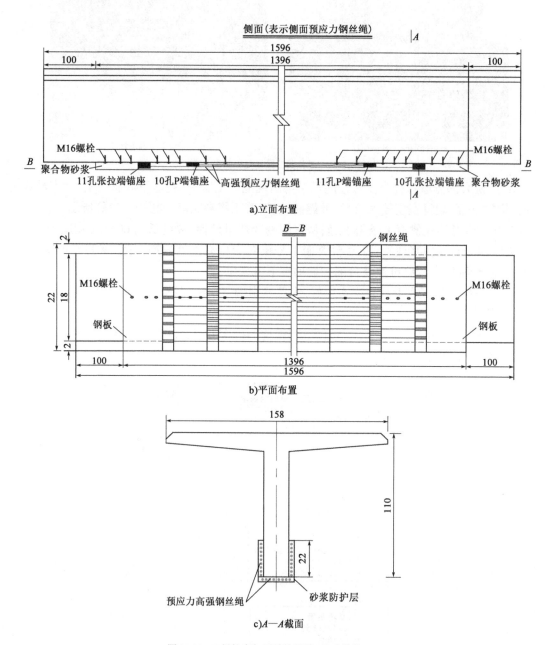

图 11-34　T 梁抗弯加固结构设计(尺寸单位:cm)

(2)抗剪加固

对跨径 16m 的 T 梁采用增大截面进行抗剪加固(图 11-35),在 T 梁端部腹板上植入连接筋,浇筑外包混凝土增大 T 梁腹板厚度,并增设结构钢筋,提高 T 梁截面抗剪能力。

(3)横隔板加固

对跨径 30m T 梁横隔板进行混凝土局部修补处理。对跨径 16m T 梁横隔板进行增大截面加固(图 11-36),对于不同程度的破损、露筋现象,在横隔板加固时,应先凿除原桥横隔板接缝段破损混凝土,在基底混凝土植入钢筋,然后重新浇筑隔板混凝土。

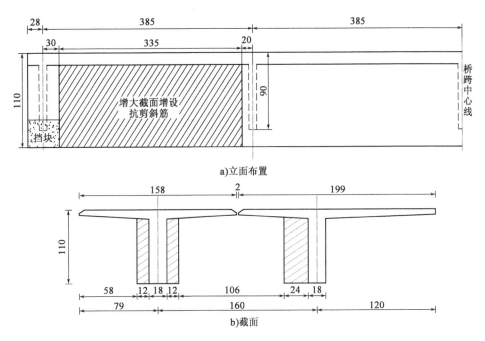

图11-35 T梁抗剪加固结构设计(尺寸单位:cm)

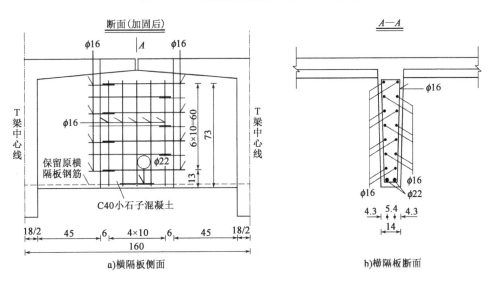

图11-36 T梁横隔板加固结构设计(尺寸单位:cm)

(4) 墩柱、盖梁、系梁外包混凝土加固

针对墩柱、盖梁、系梁受腐蚀环境影响产生的钢筋锈蚀开裂、混凝土脱落破损等病害情况,采取外包混凝土加固的方法,通过在原构件混凝土内植入连接钢筋,浇筑外包混凝土增大构件截面,在增大截面混凝土内补配受力钢筋,并掺入阻锈剂,达到加固补强的目的。在新增截面上加强受力钢筋,并将新增截面的连接钢筋植入原结构,以保证新增截面能与原结构共同受力,加大截面均采用C40小石子混凝土。墩柱的外包混凝土加固方案如图11-37所示。

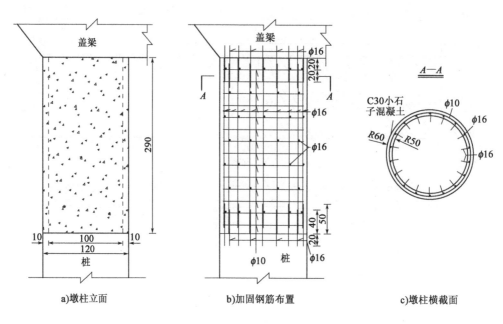

图 11-37　墩柱外包混凝土加固(尺寸单位:cm)

(5)桥面铺装

桥面铺装层磨损严重,出现比较严重的网裂,局部形成小坑槽;T梁翼缘湿接缝处均有明显的纵向裂缝,裂缝基本连续贯通桥跨,各墩顶均有横向裂缝;两侧混凝土护栏多处出现混凝土剥落、钢筋外露锈蚀现象,需立即进行维修。综合考虑桥面铺装病害现状,采取更换引桥桥面铺装层的措施。

施工时,人工拆除引桥旧桥面铺装层及湿接缝混凝土,拆除时注意保留湿接缝及桥面连续处的预埋钢筋,在桥面板上钻孔植筋,铺设单层钢筋网,重做桥面连续钢筋,重新浇筑水泥混凝土桥面补强层,湿接缝混凝土与桥面铺装混凝土浇筑成整体。此部分桥面铺装作为结构补强层与主梁一起参与受力,既提高了主梁的承载能力,也提高了桥面的整体性和防裂、抗渗能力。清理全桥泄水孔,恢复桥面排水系统功能。

(6)更换支座

考虑T梁结构的特点,将原引桥弧形钢支座统一更换为板式橡胶支座。具体更换方案为:将T梁同步顶起一定高度,拆除原弧形钢支座,保证更换支座与原弧形钢支座高度一致。应尽可能利用原有桥梁的桥墩、盖梁和桥台进行梁体顶升作业,测量梁底与盖梁顶面之间的竖向距离,如梁底竖向空间能够满足超薄千斤顶的放置需求,则可采用超薄千斤顶置于梁下顶升;若梁底空间太小,则可凿除盖梁顶面部分混凝土,以腾出梁底安放千斤顶所需的空间;也可采用搭设顶升支架或在盖梁设置牛腿的方法顶升梁体(图11-38)。

(7)其他病害处理

凿除全桥各混凝土构件上局部剥落、疏松、腐蚀等劣化的混凝土,对外露锈蚀钢筋除锈,然后用环氧砂浆进行修补。对所有宽度≥0.15mm的裂缝进行灌浆处理,灌浆胶采用优质A级环氧灌缝胶。对所有宽度<0.15mm的裂缝进行表面封闭处理。

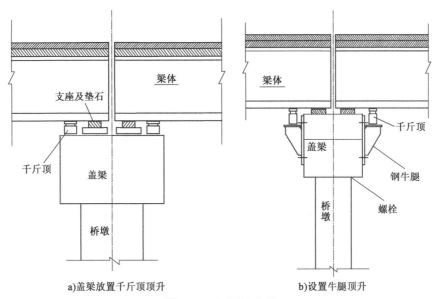

图 11-38 支座顶升方案

3)加固效果

通过对该桥梁上部结构的抗弯加固、抗剪加固、横隔板补强,以及下部结构的墩柱、盖梁、系梁外包混凝土加固等,桥梁的承载力及刚度都得以显著的提高,加固后桥梁结构工作性能良好,满足设计要求,通过荷载试验检测,证实了加固效果明显。预应力钢丝绳抗弯加固过程及支座更换过程分别如图 11-39 和图 11-40 所示。

图 11-39 预应力钢丝绳-聚合物砂浆加固施工过程

图 11-40　支座更换过程

11.5.4　连续梁桥加固（一）

1）工程概况

该桥梁为 55m+90m+55m 的三跨预应力钢筋混凝土连续箱梁桥梁（图 11-41），箱梁横截面采用单箱单室。截面主要尺寸如下：箱梁顶部全宽 11.4m，两侧悬臂板 2×2.7m，底板宽 6.0m；主墩墩顶处截面梁高 5m，跨中截面梁高 2.5m；底板厚 25~60cm（跨中~墩顶）；腹板厚 30~60cm；采用挂篮悬臂浇筑，纵向预应力采用 $7\phi^j15$ 低松弛钢绞线，XM15-7 型锚具，张拉控制力 1132.7kN。后因在箱梁内敷设了供水管道与高压电缆，对底板束进行了设计变更，变更后底板束均采用 $9\phi^j15$ 低松弛钢绞线，XM15-9 型锚具。竖向预应力采用 $24\phi^s5$ 钢束，一端为镦头锚，一端采用 F 式锚具，张拉控制力为 553.4kN。纵向成孔采用镀锌钢带加工的波纹管、竖向采用预埋铁皮管。

图 11-41　三跨预应力钢筋混凝土连续箱梁（55m+90m+55m）桥梁整体结构

下部结构交界墩采用悬臂式盖梁、薄壁空心墩身，$4\phi1.2m$ 的钻孔灌注桩基础。主墩采用薄壁空心墩身，$6\phi1.5m$ 钻孔灌注桩基础。由于主、交界墩覆盖层较薄，桩基础按刚性框架嵌岩桩设计，主墩桩基嵌入新鲜基岩深度不少于 6m，交界墩桩基嵌入新鲜基岩深度不少于 4m。

对该桥进行的检测结果表明，其主要病害如下：

（1）该桥桥面线形现状较差，主桥跨中下挠十分严重，已成为全桥的最低点，相对于主跨的主墩，下挠量值约为 94mm，为主跨跨径的 1/957。线形现状对行车性能及桥梁结构的使用性能产生了明显的影响[图 11-42a)]。

(2)主桥箱梁顶板上有较多不连续的纵向裂缝,缝宽 0.05~0.25mm,大多数裂缝在 0.2mm 以下,有少数裂缝宽度在 0.2mm 以上,主桥 90m 跨靠近合龙段的箱梁的底板上有一些不规则裂缝,裂缝宽度均在 0.2mm 以下,主桥箱梁腹板上未发现裂缝[图 11-42b)]。

a)跨中明显下挠

b)箱梁顶板纵向裂缝

图 11-42 预应力钢筋混凝土连续箱梁(55m+90m+55m)桥梁主要病害

(3)箱梁底板有几处混凝土剥落、露筋;跨中合龙段处较为严重,主桥箱梁内有多处不符合桥梁运营维护规定的行为,如多处模板未拆、箱梁内有高压电缆穿过、箱梁内有大的输水管穿过等,这些都增加了桥梁的负荷。

(4)支座、伸缩缝状况均良好,工作正常;混凝土钢筋保护层检测满足规范要求;回弹法检测主桥混凝土强度推定值为 31.57MPa,低于设计要求,施工质量较差。

2)加固方案

根据该桥梁的病害情况,经过计算分析,具体加固方案如下:

(1)箱梁体外预应力加固

由于该桥梁箱梁跨中明显下挠,需采用主动加固技术减小跨中挠度。故拟采用体外预应力加固箱梁,所设置的体外预应力为底板束,沿着箱梁底板布置,减小、限制跨中下挠和承担新增荷载,主跨设 10 束,每束采用 7φ^{j}15.24 的无黏结镀锌钢绞线,钢束的张拉控制应力采用标准强度的 50%,张拉力为 911kN。体外预应力束设置了 5 层防护,主要包括钢绞线镀锌、钢绞线表面油脂、钢绞线 PE 套、钢束 HDPE 套以及套内灌注的防腐油脂。体外预应力束通过在新增设的横隔板和齿板上锚固,用横隔板预留孔和限位装置固定钢束的位置及走向(图 11-43)。新增设的横隔板和齿板设置时,将箱梁腹板、底板与横隔板和齿板交界面凿毛,通过接触面植筋,提供锚固抗力。

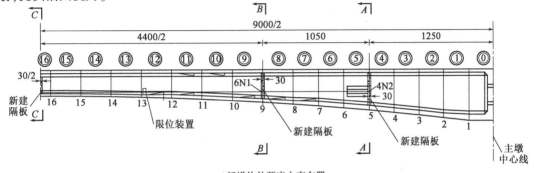

a)新增体外预应力束布置

图 11-43

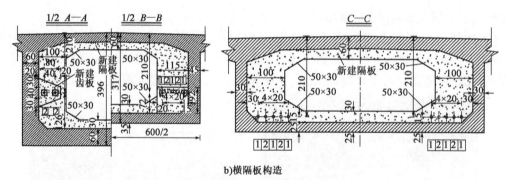

b) 横隔板构造

图 11-43 体外预应力束加固连续箱梁桥梁方案(尺寸单位:cm)

(2) 箱梁裂缝、局部缺陷修复

箱梁裂缝将使结构刚度降低,加速钢筋和预应力钢束的锈蚀,降低结构的耐久性,同时使截面应力发生重分布,导致箱梁较为薄弱的部位产生新的裂缝,并使原有裂缝的长度和宽度继续发展。因此,应封闭箱梁顶板、底板裂缝,修复混凝土缺陷,凿除疏松混凝土,提高现存结构的刚度和整体性。

混凝土裂缝采用黏度低、可灌性好、韧性好、固化后体积收缩小、固化时间可按施工工艺要求调节及耐久性好的树脂类材料进行灌缝。对于孔洞、蜂窝、麻面等缺陷,先将表面疏松混凝土凿除,采用丙乳砂浆修补。尤其在跨中合龙段的浇筑不密实和漏筋处,应先将表面封闭后,再压入环氧混凝土,应注意压浆孔和出浆孔的设置,具体设置位置以施工方便为宜,但应保证压浆充分。

(3) 箱梁顶板加固

在箱梁顶板内侧粘贴横桥向的碳纤维布(图 11-44),碳纤维布采用厚 0.167mm ($300g/m^2$)的 I 级纤维布,其规格和性能指标应符合桥梁加固设计规范的规定;同时,粘贴用胶黏剂的胶结面抗拉强度应大于 2.5MPa,避免发生混凝土黏聚破坏。

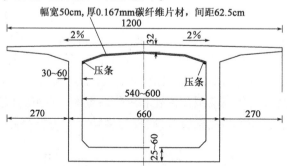

图 11-44 粘贴碳纤维横向加固箱梁桥梁方案(尺寸单位:cm)

(4) 新建桥面铺装层

由于该桥梁箱梁跨中明显下挠,为了顺平桥梁线形,需结合加固改造进行桥面的找平处理,改造方案为凿除原桥面混凝土,新建钢筋混凝土铺装层,路面双向横坡为 2%,平均厚度为 10cm。为保证新建混凝土铺装层与原桥面相连,在原桥面植入直径 12mm 的抗剪筋,间距为 500mm,呈梅花形布置,桥面布置双向直径 12mm 间距 100mm 的钢筋网,浇注混凝土前对原桥面凿毛,并清理桥面,喷洒适量水,保持工作面湿润而无积水。

3) 加固实施与效果

在张拉体外预应力钢束、粘贴碳纤维布工序时全幅封闭交通,其余施工期间要求半幅封闭施工。具体施工顺序如下：

(1) 施工前测量桥面现有线形，用于桥面铺装时控制线形；

(2) 封闭半幅交通，移除箱梁内水管、电缆及施工垃圾，修补裂缝及混凝土表面缺陷；

(3) 凿除半幅桥面铺装及防撞护栏；

(4) 箱梁体外预应力施工；

(5) 主桥箱梁顶板粘贴碳纤维布；

(6) 浇筑施工一侧人行道各设施及半幅桥面铺装；

(7) 达到养护要求后，开放此半幅交通，封闭另外半幅交通；

(8) 凿除另外半幅桥面铺装及防撞护栏，施工人行道设施及半幅桥面铺装。

体外预应力加固箱梁过程如图 11-45 所示；箱梁粘贴碳纤维如图 11-46 所示；桥梁加固完成后效果如图 11-47 所示，桥梁加固完成后的结构状况得到了显著改善，达到了加固的目标需求。

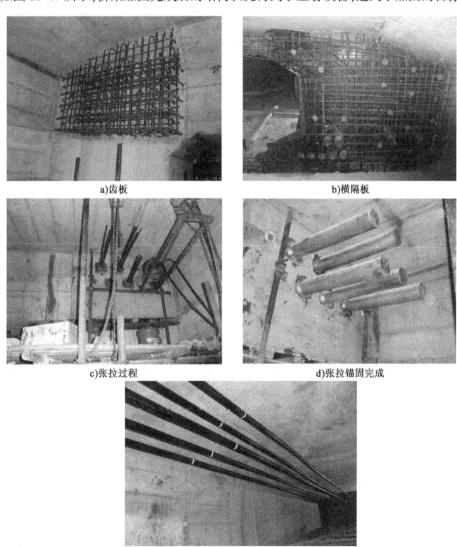

a) 齿板　　　　　　　　b) 横隔板

c) 张拉过程　　　　　　d) 张拉锚固完成

e) 张拉完成的体外预应力筋

图 11-45　体外预应力加固连续箱梁 (55m + 90m + 55m) 桥梁施工过程

图 11-46 粘贴碳纤维横向加固箱梁实施效果

a)左半幅　　　　　　　　　　　　　　b)右半幅

图 11-47 预应力钢筋混凝土连续箱梁(55m+90m+55m)桥加固完成效果

11.5.5 连续梁桥加固(二)

1)工程概况

某高速公路特大桥,全长1477.902m,主桥为15号~17号孔,跨越Ⅴ级航道,交角45°,上部结构采用49.5m+90m+65.5m三跨变截面连续箱梁(图11-48),左右幅错孔布置,截面形式为单箱单室,梁高2.3~5.0m,梁底曲线采用R=328.017m的圆弧线过渡,顶板厚度28cm,底板厚28~80cm,按线形变厚,腹板厚50~70cm,变厚在一个节段内完成,悬臂长度4.0m,根部厚度为70cm,梁端横隔梁厚1.8m,中横隔梁采用双隔板,厚度均为1m,箱梁顶板做成2%横坡,底板水平,左右腹板不等高。

箱梁采用三向预应力,其中纵向预应力有OVM15-19型和OVM15-12型两种,锚下控制张拉应力 $\sigma_k=0.72R_y^b=1339MPa$,张拉方式为双端张拉;横向预应力采用BM15-3扁锚,锚下控制张拉力 $\sigma_k=0.75R_y^b=1395MPa$,张拉方式为间隔单端张拉;竖向预应力采用直径为32mm的精轧螺纹粗钢筋,纵向间距为50cm,每根张拉力为500kN,张拉方式为单端张拉。所有预应力张拉均按双控标准控制。主桥下部结构采用薄壁墩、承台、钻孔灌注桩,边墩采用盖梁、柱式墩、钻孔灌注桩。

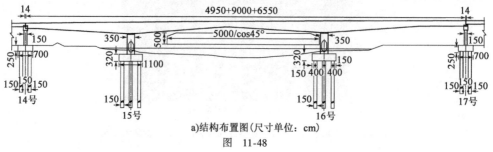

a)结构布置图(尺寸单位:cm)

图 11-48

b)桥梁远景

图 11-48 某高速连续箱梁(49.5m+90m+65.5m)桥梁结构布置图及远景

该桥梁于 2004 年建成通车,2007 年第一次发现腹板斜向裂缝,为了解裂缝的发展状态,2007 年 10 月至 2009 年 3 月之间完成了 6 次裂缝定期观测,观测裂缝无明显发展;2009 年至 2011 年腹板斜向裂缝有少量的增加;2012 年腹板斜向裂缝,箱室内顶板、箱室外底板纵向裂缝呈一定规模发展,其中腹板首次出现"倒八字"斜向裂缝;2013 年相关病害继续发展,主孔跨中出现下挠迹象;2014 年至 2015 年,箱室外底板跨中位置出现横向裂缝,主孔跨中实测下挠约 60mm;2016 年至 2017 年,上部结构病害发展迅速,主孔跨中下挠值达到 80mm。该桥自 2011 年开始,陆续开展封缝灌缝、混凝土破损修补、钢筋阻锈除锈等常规维护项目。

2017 年进行了特殊检查,并与 2015 年检测结果进行了对比,该桥主要存在跨中下挠、腹板倒八字斜向裂缝、顶底板纵向裂缝等病害,主桥主孔跨中下挠达到 80mm,腹板斜向裂缝等病害发展迅速,具体病害如下(图 11-49):

(1)底板共有 12 条横向裂缝,总长 15.1m,其中新增 9 条,新增缝长 10.7m;底板共有 302 条纵向裂缝,总长 431m,其中新增 159 条,新增缝长 149.1m;底板共有 135 条斜向裂缝,总长 81.2m。

(2)主桥腹板共有 257 条斜向裂缝,裂缝总长 303.4m,其中"正八字"斜向裂缝 111 条,"倒八字"斜向裂缝 146 条。箱室外腹板斜向裂缝新增 35 条,新增长度 35.1m;箱室内腹板斜向裂缝新增 41 条,新增长度 21.5m。

(3)箱室外腹板共有 9 条竖向裂缝,总长 5.5m;箱室内腹板共有 67 条竖向裂缝,总长 43.2m。新增竖向裂缝 20 条,新增长度 10.5m。

(4)翼缘板共有 117 条纵向裂缝,总长 192.6m。翼缘板新增 5 条横向裂缝,缝长 6.0m。

(5)箱室内顶板共 194 条纵向裂缝,总长 412.6m,新增 79 条,新增缝长 134.4m。箱室内顶板共有 4 条斜向裂缝,总长 5.4m;箱室内顶板共 11 条横向裂缝,总长 17.3m。

2)加固方案

根据该桥梁的病害情况,经过计算分析,具体加固措施如下:

(1)减小下挠:利用体外预应力进行加固,限制底板横向裂缝、腹板斜向裂缝发展,防止主桥主孔跨中继续下挠,增设体外预应力在箱室内进行,通过成品束、配套锚具张拉,钢结构锚固块、转向块等进行传力(图 11-50)。

体外预应力束布置情况:短边跨 4 束 $\phi^s 15.2$ 成品束,中跨 8 束 $\phi^s 15.2$ 成品束,长边跨 8 束 $\phi^s 15.2$ 成品束,锚下控制应力 $0.6 f_{pk}$;考虑后期可能的裂缝开展、跨中下挠、体外预应力损失等,每孔分别设置 2 个备用束位置,已张拉体外束预留可补张拉措施,并在转向块、锚固块上预留备用孔道,方便后期增加体外束。

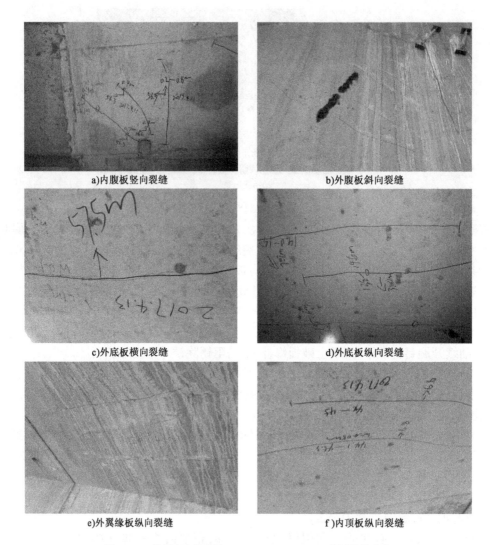

图 11-49　某高速连续箱梁(49.5m+90m+65.5m)桥梁结构病害

体外预应力线形布置时考虑每跨单独锚固:边跨钢束锚固在边墩新增锚固块及主墩顶横隔板处,中跨钢束锚固在主墩顶横隔板处。竖弯线形布置时考虑在主拉应力超限区域下弯,钢束线形与腹板倒八字斜向裂缝垂直,减小该区域主拉应力的同时,减小应力梯度,限制病害的发展。平弯线形布置在避开顶底板纵向束锚固块的同时尽量贴近腹板,减小对底板的影响。

锚固块及转向块均采用钢结构,利用化学锚栓与梁体进行连接,其中间隙利用粘钢胶灌注密实。边墩处锚固块与底板、腹板及顶板部分连接;锚固块及转向块主要材料为 Q420 钢板,由于人孔尺寸限制,将钢板切割为≤70cm 的宽单元,由箱室外吊运至箱室内,并进行现场焊接。化学锚栓机械性能等级为 8.8 级。

(2)抗剪加固:对腹板较薄的部分(主孔 $L/4\sim3L/4$,边孔腹板渐变处至边墩处)在箱室内腹板处加厚 10cm(图 11-51),植筋采用直径 12mm 钢筋(HRB400 级),20cm×20cm 梅花形布置;同时采用直径 12mm(HRB400 级)钢筋焊接成钢筋网,规格为 15cm×15cm,与植入钢筋焊接,最后立模浇筑高强早强无收缩自密实砂浆,解决抗剪截面尺寸不足的问题。

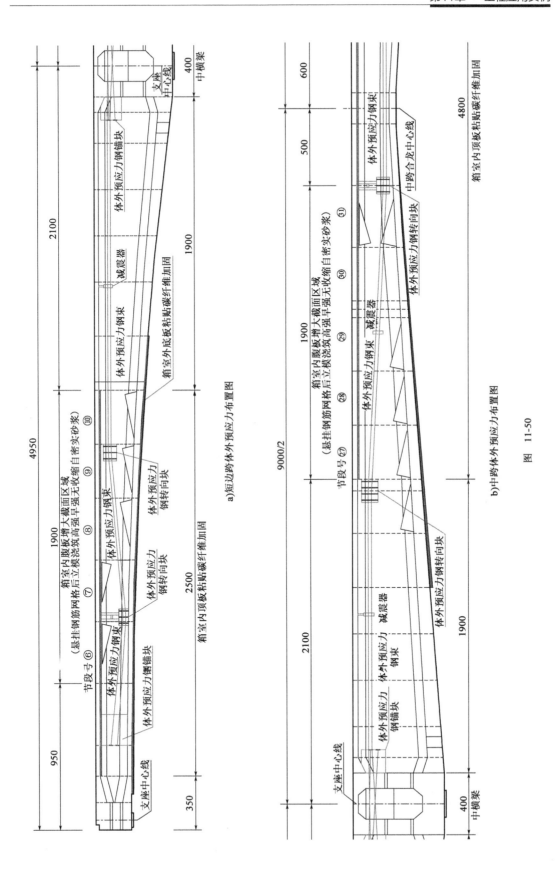

图 11-50

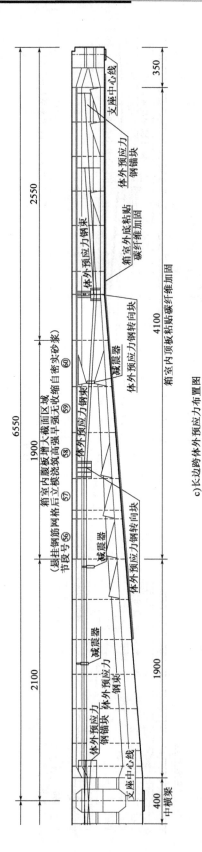

c) 长边跨体外预应力布置图

d) 钢转向块BIM模型

图 11-50 箱梁纵向增设体外预应力加固结构布置图（尺寸单位：cm）

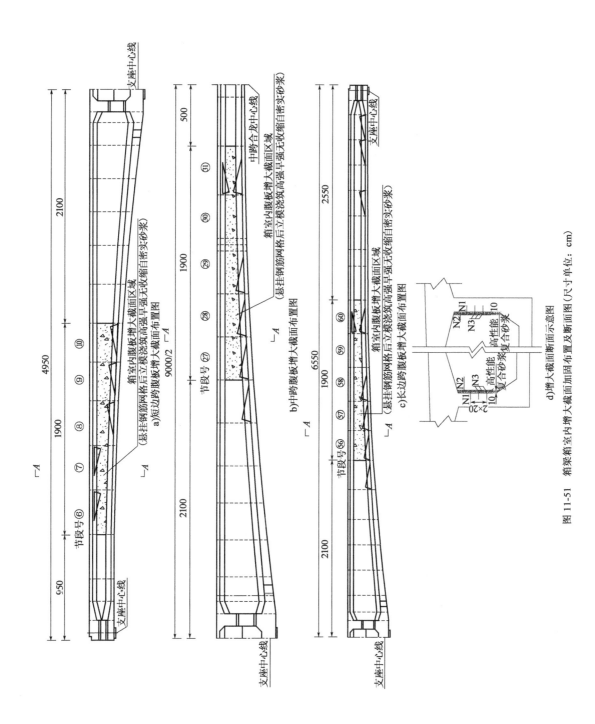

图 11-51 箱梁箱室内增大截面加固布置及断面示意图（尺寸单位：cm）

(3)横向加固:在箱室内、外底板横向粘贴碳纤维布进行加固(图11-52),限制纵向裂缝的发展,采用钢压条进行锚固;碳纤维粘贴方向为横桥向,粘贴范围具体为中跨 $L/4 \sim 3L/4$,边跨腹板渐变处至墩顶位置。碳纤维宽度为25cm,间距一般为25cm。

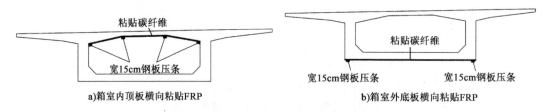

图 11-52 粘贴 FRP 加固箱梁顶底板示意图

(4)其余病害处理:对缝宽≥0.15mm 的裂缝进行灌缝,对缝宽<0.15mm 的裂缝进行封缝处理。利用高强砂浆进行修补混凝土,对露筋的涂刷表面使用迁移型阻锈剂进行防腐处理。对箱梁底面涂刷弹性密封涂料。常规处理墩柱病害,并加强观察。对箱梁内部垃圾进行清除。

3)加固实施与效果

主要施工过程如下:

(1)支架搭设

主桥边跨采用搭设满堂脚手架的形式,进行箱室外底板的维修加固施工。主桥中跨来往船只较多。如按照常规采用浮船搭设脚手架需要进行断航,影响较大。经与当地海事等部门的协调,结合以往水文资料,将中跨梁底粘贴碳纤维施工调整至11月初(一年中水位较低且气温适宜粘贴碳纤维),利用钢桁架挂篮(图11-53)进行水上作业施工。

图 11-53 搭设水中钢桁架挂篮

(2)混凝土破损及露筋处理

混凝土破损、露筋处理施工工艺流程如下:

施工准备→破损、露筋区域的清理→钢筋除锈处理→涂刷阻锈剂→破损修补。

混凝土破损及钢筋外露区域,应采用人工凿除或高速射水法将该处松散、污损的部分清除,使该部位露出坚硬密实的部分,并保证该部位无油污、油脂、蜡状物、灰尘以及附着物等影响修补效果的污物。

对外露钢筋表面的氧化层应利用钢刷予以清除,直至露出坚实未氧化部分;对由钢筋锈蚀探查确定的钢筋锈蚀区域应对该部位混凝土表面进行清洁处理,确保表面无油污、油脂、蜡状物等影响渗透的污物;对外露的钢筋涂刷钢筋保护剂,保护剂可以直接涂刷于钢筋表面,可以分层涂刷,每层厚度1~2mm。

(3)裂缝处理

封缝处理:裂缝位置标记、记录工程量→裂缝清理→封缝胶封闭→封缝胶固化;

灌缝处理:裂缝位置标记、记录工程量→裂缝清理→黏结注胶底座→封缝胶封闭→封缝胶固化→注入灌注胶→灌注胶固化→底座清理及表面处理(图11-54)。

图11-54 裂缝处理

现场质量控制要点:①调查核对病害数量和范围;②混凝土基面的打磨和清洁;③封缝宽度和厚度;④灌缝注胶嘴间距控制和注胶控制。

(4)增设体外预应力

对主桥上部结构增设体外预应力进行加固,主要流程如下:

测定箱梁原钢束(钢筋)位置→新增钢制锚固块及转向块放样→钢板下料、防腐处理→钻孔及孔内处理→现场安装钢板、种植锚栓→转向管与钢板点焊定位→钢锚固块及钢转向块形成→穿布体外预应力钢束→交通管制→张拉体外预应力钢束→封锚及防护处理,设置钢束减振装置→开放交通(图11-55)。

a)锚固块、转向块放样　　　　　　b)锚固块、转向块焊接

图 11-55

c)跨内转向块

d)预应力牵引张拉

e)体外预应力转向

f)体外预应力线型

图11-55 某高速连续箱梁(49.5m+90m+65.5m)桥梁体外预应力加固施工过程

钢结构锚固块、转向块等加工：钢制转向块、锚固块在工厂预制前，需测量好尺寸，确保预制好的块件可通过底板进料孔运输至设计指定位置。

测定箱梁原顶板、腹板、底板钢筋、钢束位置：根据加固施工图设计图纸所标明的新增锚固块及转向块在箱梁中的纵向位置，先用钢筋保护层仪测定顶板原预应力束在该处的位置（同时对照原竣工图的标注），用红漆标明。

钢板下料：钢板下料尺寸应严格按照设计图纸进行，孔位应根据现场放样及钢筋探测位置适当调整。为了保证钢板灌注粘贴质量，应在下料时预留出胶孔，每块钢板出胶孔数量不少于3个。钢板制作完成后，应严格按照要求及时进行防腐涂装。

钢制锚固块及转向块焊接：所有钢板焊接均采用一级焊缝，并进行防腐涂装处理。

测量定位、打孔、锚固：应对原结构钢筋、钢绞线位置进行反复探测，发现与原结构钢筋、钢绞线冲突时应进行适当的孔位调整，并重新标明具体位置。

在打孔、清孔之后，植入锚栓，锚栓与孔壁之间的空隙完全由锚固胶填满，锚固胶刚好有溢出最好；随后，转向管与钢板点焊定位，形成钢锚固块及钢转向块。

预应力张拉：体外索采用箱室内卷扬机牵引、人工配合的方式通过人孔搬运至箱室内并进行穿索，张拉前分别从两端采用千斤顶对钢束进行预紧，以确保钢绞线平行顺直且滑动自由。体外束张拉顺序为同一断面，先中间后外侧，先下后上，相同编号钢束对称同步张拉。预应力钢束张拉采用延伸量与张拉吨位双控，张拉时应力控制为主，校核伸长值。

(5)腹板增大截面及顶底板粘贴FRP

对腹板箱室内增大截面厚度10cm,按照表面处理→植入剪切钢筋→布置钢筋网→立模浇筑→养护的顺序完成(图11-56)。植入剪切钢筋采用 $\phi 12$ 钢筋(HRB400级),植入深度应大于12cm,露出原结构表面5cm,植筋布置为 $20cm \times 20cm$ 的梅花形分布;采用 $15cm \times 15cm$ 的直径12mm钢筋网,并与植入钢筋用点焊连接。

粘贴FRP的过程如下:

施工准备→混凝土表面处理→配制底胶及涂刷→配制找平材料及找平处理→配制浸渍树脂并涂刷→粘贴碳纤维布→表面防护(图11-56)。

a)植筋与绑扎钢筋　　　　　　　　b)搭设模板、浇筑混凝土

c)箱室外底板横向粘贴FRP　　　　　　d)箱室内顶板横向粘贴FRP

图11-56　腹板增大截面及顶底板粘贴FRP施工过程

加固效果如下:

(1)主拉应力改善:在公路Ⅰ级荷载作用下,考虑竖向预应力损失40%、纵向预应力损失20%的情况下,各跨主拉应力降低明显,主孔主拉应力降低1.34MPa(约35%),加固后结构主拉应力均满足规范要求。

(2)纵向正应力改善:增设体外预应力增加了纵向正应力储备,除长边跨边墩位置存在 $-0.37 \sim -0.61$ MPa拉应力外,其余位置纵向正应力均为压应力,整体基本满足规范要求。

(3)主桥跨中上挠,线形改善。张拉体外束后,主孔跨中可上拱约9.8mm。

11.5.6　桁架拱桥加固

1)工程概况

该工程为钢筋混凝土桁架拱桥,位于江苏省昆山市,于1999年设计建造,跨径40m,矢跨比1/8,设计荷载等级为汽-15,挂-80,结构横向由4个拱架拱组成,桁架拱横向轴线间距2.84m,净距2.34m,拱架之间由钢筋混凝土连系梁连接,桥面宽度车行道7.0m,人行道0.75m,桥面平均纵向坡度3.5%。桁架拱桥整体结构情况如图11-57所示。

图 11-57 桁架拱桥结构整体远景

根据现场检测,由于交通量增大、超载、桥梁年久老化等,大桥的上部结构包括拱肋、斜杆、横系梁、弦杆、桥面板等主要构件均出现了大量的病害(图 11-58)。病害类型包括混凝土裂缝、破损、剥落、露筋等,部分构件缺损面积较大,外露主筋锈蚀较严重,部分微弯板底面存在开裂现象,裂缝最宽处约 3.0~4.0mm,部分微弯板还出现混凝土破损、剥落及露筋现象,外露钢筋均严重锈蚀。

a) 拱肋　　　　　　　　　　　　b) 斜杆

c) 横向连系梁　　　　　　　　　d) 桥面板

图 11-58 桁架拱桥构件典型病害形式

这些病害对结构的安全性和耐久性均造成较大危害,需要进行受力分析与加固处理。

2) 加固方案

根据活载横向分布系数计算结果,选取受力最为不利的边拱肋进行结构分析。建模时,所有杆件利用梁单元建立。拱肋实腹段与桁架部分采用铰接,两端拱脚处设固定支座。最终建立的边拱模型共计35个节点,56个单元,如图11-59所示。对建立的模型执行有限元计算分析,根据结构关于跨中截面对称的特征,选取左半结构(1~28号单元,编号如图11-59所示)进行分析,按照内倾斜杆、外倾斜杆、上弦杆、下弦杆、跨中实腹段5种不同杆件类型,分别列出在最不利荷载组合下1~28号杆件1/2截面处的内力。

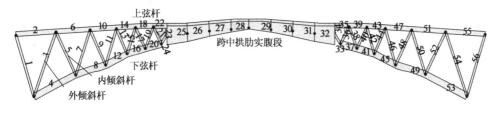

图11-59 桁架拱计算模型及杆件编号

(1)内倾斜杆

内倾斜杆(1,5,9,13,17,21)除1号杆受压,其余均受拉力,且相对于轴力其弯矩和剪力均较小,故主要应对内倾斜杆进行抗拉加固,提高其抗拉承载能力。

(2)外倾斜杆

由图11-59可以看出,外倾斜杆(3,7,11,15,19)均受压力,且相对于轴力其弯矩和剪力同样均较小,故主要应对外倾斜杆进行抗压加固,提高其抗压承载能力。

(3)上弦杆

上弦杆(2,6,10,14,18,22)除2号杆受拉力,其余均受压力;上弦杆在承受轴力之外,还承受了局部荷载产生的弯矩,其数值从跨中向两边逐渐增大,尤其是靠近两边的节间,其跨度较大,节间的跨中弯矩效应影响较大,故主要应对其进行抗弯增强。同时,上弦杆两端承受一定的剪力,在与斜杆交接的临近区域,应进行抗剪加固。

(4)下弦杆

下弦杆(4,8,12,16,20)均承受较大压力,其中,靠近拱脚处的4号杆还承受较大的剪力和弯矩,应同时增强下弦杆截面承载力与刚度。

(5)跨中实腹段

跨中实腹段(25,26,27,28)承受较大弯矩、轴力和一定的剪力,实际为偏心受压构件,其正截面承载能力需要提高。因实腹段截面较高、截面面积较大,弯矩是主要需要应对的荷载。

考虑到纤维增强材料(FRP)轻质高强的特点,本工程选取碳纤维布(CFRP)作为主要加固材料进行主要受力杆件的抗拉、抗压、抗弯加固,对同时承担较大弯矩、轴力与剪力的下弦杆采用背部外包钢筋混凝土增大截面法加固,如图11-60所示。采用恢复损坏横系梁、增设钢剪刀撑、增强主拱横向连接以提高桥梁结构整体性。各杆件加固量的大小,根据前文承载能力极限状态组合作用下的内力与构件现有承载力对比确定。方案如下:

(1)内倾斜杆

内倾斜杆(5,9,13,17,21,除1)承受拉力,在杆件内、外两侧各粘贴1层CFRP,对其进行抗拉加固,弥补承载力的不足及减小钢筋锈蚀的影响,如图11-60a)所示。为防止纵向纤维在受力过程中的剥离破坏,在杆件两端环向粘贴30cm宽的CFRP进行锚固,确保纵向纤维与杆件混凝土的全过程共同受力,充分利用纤维布材料的高强度特性。

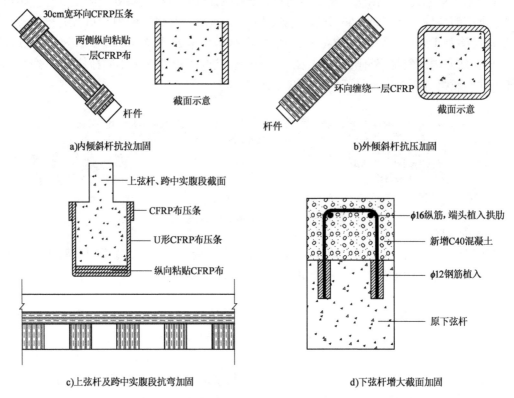

图 11-60 杆件加固示意图

(2) 外倾斜杆

外倾斜杆(3,7,11,15,19)均受压力,在杆件上环向缠绕 1 层 CFRP,对其进行抗压加固,如图 11-60b)所示。施工时,先对杆件的 4 个棱角进行倒圆角,圆角半径不小于 25mm,再缠绕粘贴 CFRP,纤维方向沿着杆件环向,环向搭接长度不小于 20cm,杆件混凝土在纤维布包裹之下处于三向受压状态,受压承载力及延性得到有效的提高。

(3) 上弦杆及实腹段

上弦杆(2,6,10,14,18,22)及跨中实腹段(25,26,27,28)主要受弯,在杆件底面受拉侧纵向粘贴 1~2 层纤维布进行抗弯加固,如图 11-60c)所示。施工时,同样需先对杆件两侧棱角进行倒圆角处理,再粘贴纤维布,底部纵向纤维布粘贴完毕,在其外侧设置 20cm 宽间隔 20cm 净距的 U 形 CFRP 条带对纵向纤维进行锚固,并采用 10cm 宽的 CFRP 压条沿纵向粘贴于 U 形 CFRP 条带的末端,锚固 U 形 CFRP 条带。

(4) 下弦杆

下弦杆(4,8,12,16,20)主要受压,同时承受一定的弯矩,鉴于其截面较为薄弱且易于施工处理的特点,对其背面外包 15cm 厚钢筋混凝土的增大截面加固,可同时有效提高其承载力和刚度,对桥梁整体刚度提高十分有利。施工前,先清除拱片表面涂装,凿除表面风化混凝土,随后对拱背混凝土进行凿毛,表面凹凸不小于 6mm,露出粗集料,锈蚀钢筋还需进行除锈,随后按要求钻孔植筋,绑扎钢筋网,支模现浇外包混凝土,如图 11-60d)所示。在施工中,采取添加微膨胀剂等措施,降低混凝土的收缩率,保证混凝土密实。

(5)其他

横系梁:对破损横系梁进行恢复,并在外倾斜杆 7 顶端处增设钢剪刀撑(图 11-61),增强主拱横向连接,提高桥梁结构整体性。

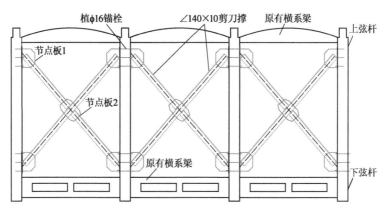

图 11-61 横向钢剪刀撑设置示意图

微弯板:对于损坏比较严重的微弯板,采用矩形截面预制板进行置换;对于一般损坏的,视现场情况进行裂缝注胶修复或底部粘贴纤维布抗弯补强。

铺装层:拆除原有铺装层及微弯板上填平层,通过在微弯板、拱肋实腹段及上弦杆顶部植入 $\phi16$ 钢筋与新浇筑桥面补强层钢筋网绑扎连接,实现新旧结构层的共同工作;新浇筑桥面补强层内铺设 $\phi12$ 间距 $10cm \times 10cm$ 单层钢筋网,在拱顶附近增设 $6\phi18$ 负筋减小混凝土受压区高度,且在路面与桥梁连接处增设伸缩缝,伸缩缝两端不小于 30cm 的范围内采用高强度耐冲击钢纤维混凝土。

3) 总结

(1)通过对钢筋混凝土斜杆桁架拱桥的有限元计算,分析了斜杆桁架拱桥各类杆件的受力特征,即内倾斜杆受拉力为主,外倾斜杆受压力为主,上弦杆及跨中实腹段以受弯为主,而下弦杆以承受压力及弯矩为主。

(2)钢筋混凝土斜杆桁架拱桥的加固应依据各杆件的受力特征进行优化,即对内倾斜杆在内、外两侧纵向粘贴 CFRP 进行抗拉加固,对外倾斜杆在其表面环向粘贴 CFRP 进行抗压加固,对上弦杆及跨中实腹段在底面粘贴 CFRP 进行抗弯加固,对截面薄弱的下弦杆用增大截面法增强其承载力与截面刚度。在粘贴 CRRP 布加固时,构造措施是保证加固效果的关键因素,如截面棱角倒圆角以减小应力集中、U 形 CFRP 条带及纵向压条防止 CFRP 剥离破坏。

(3)除了针对各个杆件的加固,对于斜杆桁架拱桥加固也应注重增加整体横向刚度,即增加横向刚度提高横向各桁架拱片之间的均匀受力能力以减小单个杆件的内力。具体可采取增设横系梁、重新铺设铺装层、加强新旧结构层的连接等措施。

(4)为减小后加补强材料应变(应力)滞后的影响,结构主要杆件的加固(粘贴纤维布、增大截面)应结合铺装层和微弯板的拆除改造进行,在最大程度卸载情况下进行构件的加固。

11.5.7 刚架拱桥加固

1)工程概况

某刚架拱桥于 1998 年 1 月竣工通车,大桥总长 281.12m,桥面净宽 12m。上部结构为 5×

50.6m刚架拱,净跨径为45m,矢跨比为1/8,两桥台范围为9.0m跨矩形梁,截面尺寸同弦杆。桥台为前倾式空腹式桥台,群桩基础。设计荷载为汽车-20、挂车-100。结构整体如图11-62所示。

图11-62 某刚架拱桥结构整体远景

根据检测报告,该桥梁主要病害(图11-63)如下。

图11-63 某刚架拱桥结构主要病害

(1)主拱腿

主拱腿外观总体质量良好,个别主拱腿湿接缝处出现裂缝,个别主拱腿出现露筋锈蚀现象。

(2)斜撑

斜撑外观质量良好,斜撑湿接缝处出现裂缝。

(3)弦杆

弦杆存在竖向裂缝且有向上发展的趋势,裂缝比较严重。

(4)实腹段

实腹段外观质量良好,个别拱片实腹段存在竖向裂缝,缝宽介于0.05~0.5mm,最大缝宽达0.5mm。

(5)横系梁

横系梁外观质量一般,普遍存在竖向裂缝病害,比较严重。个别与肋腋板交接处的横系梁存在混凝土破碎掉块现象,横系梁上方肋腋板支撑处砂浆破碎掉块。

(6)肋腋板、悬臂板

肋腋板外观质量一般,主要存在裂缝、渗水迹象、露筋锈蚀及混凝土破损等病害。

2)加固方案

根据检测报告及原结构复算,结合已有的加固设计经验,对该桥实腹段、弦杆、主拱腿及斜撑采用钢筋混凝土增大截面法进行加固,提高刚架拱片的承载能力;对横系梁采用钢筋混凝土增大截面法提高桥梁整体性。同时拆除全桥桥面铺装及肋腋板,重新浇筑桥面板。

(1)刚架拱片(实腹段、弦杆、主拱腿及斜撑)

根据检测报告,实腹段、弦杆出现竖向裂缝且有继续发展的趋势,个别主拱腿与斜撑湿接缝出现裂缝、露筋锈蚀等现象。根据原结构复算结果,实腹段大节点处极限承载能力不足。为提高刚架拱片的刚度和承载能力,对刚架拱片(包括实腹段、弦杆、主拱腿及斜撑)采用钢筋混凝土增大截面法进行加固(图11-64)。加固时,在拱片两侧面加厚15cm、在原刚架拱片上植入φ16钢筋,挂钢筋网,浇筑增大截面混凝土。

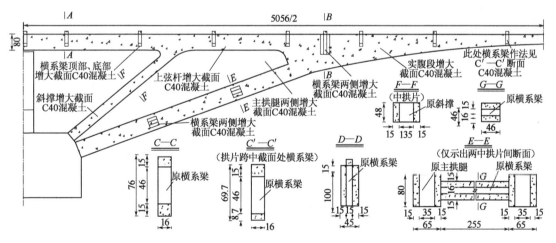

图11-64 刚架拱片加固示意图(尺寸单位:cm)

(2)横系梁

根据桥梁病害,横系梁普遍存在竖向裂缝,且比较严重。根据原结构复算结果,横系梁极限承载能力不足。为提高横向联系及桥梁整体性,对横系梁采用钢筋混凝土增大截面法进行加固。弦杆、实腹段间Ⅰ型横系梁底面加厚15cm、在原横系梁底部植筋、挂钢筋网、浇筑增大截面混凝土,提高横向联系及桥梁的整体性。因实腹段跨中两根横系梁距实腹段底距离较小(不足15cm),将此处横系梁底增大截面至实腹段底,即与实腹段齐平,原横系梁底部植筋,设置两根 $\phi22$ 钢筋,浇筑增大截面混凝土(图11-65)。

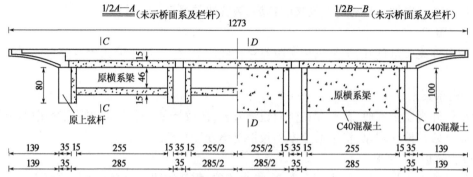

图11-65 横系梁加固示意图(尺寸单位:cm)

实腹段大节点处横系梁两侧植筋、挂钢筋网,浇筑15cm增大截面混凝土。

结合桥面板的施工,在弦杆及实腹段处横系梁上端浇筑15cm增大截面混凝土,与新桥面板共同受力。

(3) 肋腋板及桥面铺装

肋腋板主要存在裂缝、渗水迹象、露筋锈蚀及混凝土破损等病害。结合拱片及横系梁的加固拆除全桥所有肋腋板及桥面铺装混凝土,重新浇筑20cm厚桥面板,将桥面板与主拱片及横系梁浇筑成整体,并在桥面板上铺设5cm厚沥青铺装层。

(4) 其他病害处理

① 凿除5号台前、台后间第4号矩形主梁前台侧端头的混凝土和整体掉块处破损混凝土,对外露锈蚀钢筋除锈,然后用环氧砂浆进行修补。

② 对0号台的混凝土挡土墙的全断面竖向裂缝进行灌浆或封闭处理。

③ 对所有宽度≥0.15mm的裂缝进行灌浆处理,灌浆胶采用优质A级环氧灌缝胶。对所有宽度<0.15mm的裂缝,进行表面封闭。

④ 凿除所有剥落、疏松、腐蚀等劣化混凝土,对外露锈蚀钢筋除锈,然后用环氧砂浆进行修补。

3) 加固实施与效果

根据主拱片病害情况分析,如采用增加拱片方法进行加固,无法从本质上解决原主拱片病害,故本工程采用主拱片增大截面法进行加固。肋腋板普遍存在裂缝等病害,拆除全桥肋腋板及桥面铺装,重新浇筑桥面板作为结构补强层,并在桥面板上布置沥青铺装层。依据加固工程量,本工程维修加固施工总工期约180d,施工期间分时分段进行车辆限行、限速通行。控制工期的主要内容为刚架拱片增大截面混凝土加固、横系梁增大截面、拆除肋腋板及桥面铺装、重新浇筑桥面板加固等。

加固实施时,各跨径采用对称卸载、对称加固的原则组织施工,各跨径卸载、加固荷载差值不得超过原结构的5%;刚架拱片外包混凝土、横梁加固前需完成相应部位的裂缝处治及缺陷混凝土修复工作。主拱肋、横系梁增大截面加固、桥面铺装施工过程及完成效果如图11-66所示。

a)主拱肋增大截面绑扎钢筋

b)主拱肋增大截面支模

c)横系梁增大截面

d)重做桥面铺装

e)加固完成效果

图11-66 某刚架拱桥结构加固过程及完成效果

11.5.8 中承式拱桥加固改造一

1）工程概况

该大桥主桥为中承式拱桥（图11-67），于1994年设计，1995年开工，2002年建成通车。其主桥跨径80m，为等截面悬链线无铰拱，宽度20.9m，拱肋采用双肋式箱型截面，箱高2m，宽1.2m，顶底板厚25cm，侧板厚20cm。拱肋距离拱脚3.5m段采用实心截面、相邻3.5m过渡段，其余段为空心箱梁。左、右两拱肋各设置13对吊杆，吊杆采用2根（每根109×φ5.2钢丝）平行钢丝束、镦头锚，间距5m，钢丝束外采用热挤聚乙烯防护；横梁采用钢筋混凝土工字形横梁，行车道板采用空心板。拱桥桥墩均为重力式实心混凝土墩身，除11号主墩采用明挖扩大基础外,其余桥墩为钻孔灌注桩基础。设计荷载:汽—20级,挂—100;桥面宽度:1.5m+15m+1.5m;设计洪水频率:1/100;抗震设计:按7度设防。

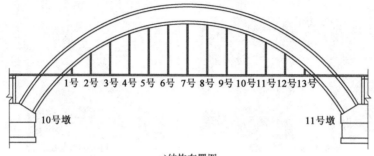

a)结构布置图

b)桥梁远景

图11-67 某中承式拱桥布置图及远景

根据现场检测,该桥梁主要病害如下:

主拱圈未见明显开裂现象,局部出现蜂窝、孔洞。横梁裂缝无明显变化,裂缝长度为50～120cm,宽度基本小于0.15mm,裂缝中间宽、两端窄,形态呈枣核状,分布间隔较为均匀并均未裂至横梁下部,为混凝土收缩裂缝。

桥梁共有吊杆26对,对于PE护套破损的吊杆,检查位置为PE护套破损部位;将钢索锈蚀状况划分为完好、轻微、一般锈蚀、锈蚀和严重锈蚀5个等级。由于吊杆采用109根平行钢丝,检查中只能检查外周围可见的36根钢丝。检查结果表明,该桥梁主要存在吊杆PE护套开裂、PE护套内积水及钢丝锈蚀病害。

(1)PE套管开裂,共10根吊杆存在套管开裂病害。开裂病害主要由PE保护套老化、断裂伸长率降低引起,裂缝宽度基本为2mm。具体分别为左-3-右(1处),左-8-左(2处),左-8-右(2处),左-11-右(1处);右-3-左(1处),右-3-右(1处),右-4-右(1处),右-6-左(1处),右-6-右(2处),右-10-右(1处)。

(2)护套内积水,全部吊杆PE套内部均潮湿,其中左-6-右、左-9-左、左-9-右、左-10-右、左-12-左、左-12-右、内有少量积水,左-11-左内部积水严重。

(3)钢丝锈蚀,全部吊杆钢丝均有不同程度锈蚀(图11-68),左-8-左吊杆内锈蚀较重,有明显锈坑,右-3-右吊杆钢丝锈蚀十分严重,有严重锈坑,钢丝截面削弱明显;其他吊杆钢丝均为一般锈蚀或轻微锈蚀,个别有轻微锈坑。锈蚀病害主要由于PE护套内防护不佳、护套内部有水气及积水引起;另外吊杆拉应力水平较高,吊杆出现锈斑等缺陷后便有应力腐蚀现象发生;且疲劳应力幅及疲劳应力循环频率较大,病害吊杆有应力腐蚀断裂和疲劳断裂的危险性。

a) 轻微锈蚀

b) 严重锈蚀

图 11-68 吊杆主要病害

部分行车道板底部混凝土保护层过薄，出现露筋锈蚀现象。

2) 加固方案

根据现场检测结果，该桥主要病害集中于吊杆。加固方案中，拆除更换全桥旧吊杆，考虑该桥为箱形拱肋，施工时应尽量避免在横隔板上过大钻孔，且原桥双排吊杆安全储备很高，因此综合考虑施工难度和安全性，新吊杆采用 GJ15-12 钢绞线成品吊杆，锚具采用钢绞线整束挤压锚，结构尺寸紧凑，张拉调束方便，整体张拉技术锚固可靠，防腐性能好，如图 11-69 所示。具体特点如下：

(1) 钢绞线外涂专用防腐油脂，单根高密度聚乙烯管防护，整束缠包高强度聚酯带再挤包高密度聚乙烯外护套。多层防护，避免了钢丝因一处腐蚀而整束锈蚀，防腐性能优越。

(2) 钢绞线之间有聚乙烯相隔，结构阻尼较钢丝拉索的大，抗振性能好；钢绞线在聚乙烯管内可以滑动，外层聚乙烯管基本不受拉应力，有效防止其受拉开裂。

(3) 钢绞线两端采用锚碇管压制锚固，并制作出外螺纹用螺母锁紧，张拉时回缩量极小，安全性高。

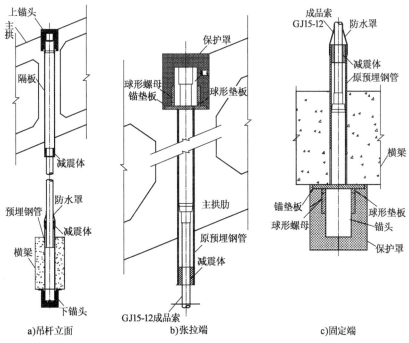

图 11-69 吊杆更换结构细部构造示意图

通过行车道板下缘保护层过薄处采用钢绞线网—聚合物砂浆的加固方法增加保护层厚度,提高构件耐久性。

3)加固实施

该桥加固主要涉及吊杆更换,其主要实施工艺如下:

(1)桥梁状态测量与施工平台搭设

封闭交通后,选择在夜间或凌晨测定恒载状态下吊杆安装位置的拱肋端和系梁端的实际高程,作为吊杆更换等后继施工测量的基点。桥梁状态测量包括吊杆应力、桥面控制点高程及拱轴线等测量,并与该桥建成时的存档数据比较分析;同时,搭设吊杆更换支架等施工平台(图11-70)。

图 11-70 吊杆更换支架

(2)设置临时兜吊系统

临时兜吊系统设置于吊杆位置侧面,由精轧螺纹钢筋、钢绞线或钢丝绳连接上、下兜吊系统,上端临时吊点横担于主拱圈,下端临时吊点设置在吊杆横梁上,临时兜吊系统的长度与受力可调。

(3)旧吊杆拆除

凿除拱肋上端锚头封锚混凝土,露出吊杆锚头,安装千斤顶分级张拉旧吊杆,待锚头松动时使用扭力扳手旋松锚头,逐级卸去吊杆内力后,完成荷载向兜吊系统的转移,拆除吊杆。从每拱最长的吊杆向两端交替逐对拆除,拆除一根旧吊杆后立刻替换新吊杆。

如果锚头无法松脱,可张拉兜吊系统的工具吊杆,将旧吊杆内力逐级转移到工具吊杆上,最后采用割断旧吊杆抽丝的方式进行拆除(图11-71)。

吊杆割断后,凿除锚头表面的混凝土,将锚头割除;进而割除拱下拱肋和横梁内的旧吊杆,可采用钻机取芯钻孔方式,取出旧预埋管、管内混凝土及旧索。完成旧吊杆拆除后,上、下端更换新的锚垫板和预埋管。

(4)新吊杆安装

新吊杆吊装采用卷扬机辅助进行,利用在拱顶吊杆安装位置的正上方设置的拱上平台作为起吊点,将下方的吊杆起吊到安装位置(图11-72)。安装之前先在上端锚垫板上确定出吊杆安装位置,误差 3mm 之内;精确确定两端锚具螺母的安装位置,以保证吊杆的可调节长度;注意球型垫圈的安装方向和各部件的安装控制精度。

图 11-71　旧吊杆抽丝拆除

a)新吊杆安装

b)吊杆张拉

图 11-72　吊杆更换过程

吊杆的张拉过程采用分级、同步的方式,张拉加载速度一般应小于 10MPa/min,张拉至预定值后停止,拧紧螺母。张拉吊杆即是荷载转换过程,荷载由临时兜吊系统转换到新吊杆[图 11-72b)];体系转换完成之后,需测量吊杆位置的系梁顶面高程,使高程控制在设计范围内。

完成吊杆张拉后,安装桥面防水罩以及上、下锚头保护罩,向吊杆锚杯、上下锚头保护罩及预埋管内填充聚氨酯防腐材料,做好吊杆防腐工作。

当全部吊杆更换完成之后,根据检测数据确定是否进行吊杆索力调整。若需调整则按调整值分级调整的程序进行,保持 4 点同步。

11.5.9　中承式拱桥加固改造二

1)工程概况

某京杭运河特大桥主桥为三跨自锚中承式空间曲线钢管混凝土提篮拱桥(图 11-73),主桥跨径布置为 57.5m + 235m + 57.5m,采用以横梁受力为主的悬吊桥面系,双向 6 车道。原设计荷载为:汽车-超20级,挂车-120。主拱肋按1:5.71的斜率在横断面上向桥轴中心线倾斜;主跨拱肋为4根$\phi 850 \times 14$钢管组成的空腹桁架,采用16Mn钢,内灌C50混凝土,单根截面面积为$0.567m^2$;钢管上下钢管中心间距为2.85m,左右钢管中心间距为1.15m。上下弦平联采用12mm厚钢板,腹杆采用$\phi 402 \times 10$钢管,钢材为A3钢;边拱肋为平行四边形实心钢筋混凝土结构;桥面以上设置七道一字型桁架式横撑,两道K字撑,桥面以下两边跨各设三道一字型桁架式横撑,桥面下的立柱横梁截面为异形变截面混凝土箱梁。吊杆采用$163\phi 5$镀锌平行钢丝,断面面积为$3200mm^2$,外包PE护套,锚具采用OVMDS(K)可调试冷铸镦头锚。

图11-73 某京杭运河特大桥结构布置图及远景

系杆为柔性系杆构造,两侧系杆分别采用16束$25\phi 15.2$钢绞线拉索,置于保护钢箱里,纵向贯穿桥梁的主跨和两个边跨,在边跨端横梁内经少量平弯和竖弯后锚固。桥面宽度为33m,桥面板为预制钢筋混凝土槽型板,高0.45m;桥面铺装采用9cm厚沥青混凝土。吊杆横梁均为变高度钢箱梁,立柱横梁截面为异形变截面混凝土箱梁。大桥于1999年7月10日开工,2002年11月20日交付使用。

根据最新《钢管混凝土拱桥技术规范》(GB 50923—2013)规定:中承式和下承式拱桥的悬吊桥面系应采用整体性结构,以横梁受力为主的悬吊桥面系必须设置加劲纵梁,并应具有一根横梁两端相对应的吊索失效后不落梁的能力;中、下承式钢管混凝土拱桥的桥面梁(板)必须采用连续结构体系,连续结构体系的主纵梁应满足2倍吊索跨度的承载能力要求。对于桥面梁(板)与吊杆横梁分离的结构体系,主纵梁应设在吊杆横梁的吊杆对应位置处。对其验算表明,在公路-Ⅰ级(JTG D60—2015)作用下,原吊杆安全系数均较小,端吊杆安全系数为2.09,其余吊杆安全系数约2.5。

全桥检测结果如下:吊杆上锚头封锚材料表面龟裂,周围填充的发泡剂及底部均有蓄水或积水;吊杆一些下锚头黄油干枯、变质,轻度锈蚀,钢丝墩头均有不同程度的锈蚀(图11-74);钢横梁箱室内外、边拱横撑以及附属构件存在一定程度的涂装剥落、锈蚀现象。

 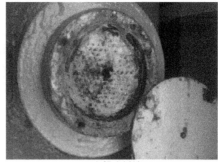

a)上锚头封锚材料龟裂　　　　　　　　b)上锚头锈蚀

图 11-74　吊杆典型病害

鉴于悬吊桥面系的先天性缺陷及吊杆安全系数偏低,该桥面临的安全风险问题十分严峻,亟需加固改造处理。

2)加固方案

本桥加固方案确定为增设加劲纵梁和更换全部吊杆,具体如下:

(1)更换吊杆

对全桥 78 根吊杆进行更换。

(2)增设纵向加劲梁

在主跨吊杆区域钢横梁之间增设纵向加劲梁 156 根,提高结构冗余度,进一步增强悬吊桥面系的结构强健性。

(3)支座处理

对拱上立柱上方、槽型梁下方的所有支座进行更换,更换拱上立柱支座 36 个,更换伸缩缝支座 104 个,对端横梁下方支座进行除锈处理,以提高结构的耐久性。

(4)钢结构涂装

对钢结构涂装剥落、局部锈蚀等病害进行处理。修补涂装后逐一对钢横梁进行封闭处理,保证钢箱内密闭空间。

(5)伸缩缝更换

对主拱肋间横梁伸缩缝进行更换,更换为 65m 伸缩缝。

(6)附属构件维修

对拱肋人行梯道、上下检修通道等附属构件进行维修。

3)加固实施与效果

(1)吊杆更换设计

①端吊杆更换设计——刚架(钢丝绳)兜吊系统

端吊杆更换的荷载转移采用刚架(钢丝绳)兜吊系统(图 11-75)由刚架(钢丝绳)、临时吊杆、下分配梁及千斤顶等组成,其中刚架由刚架底梁、刚架立柱、刚架顶梁及联接系等组成。刚架底梁与下分配梁间采用精轧螺纹钢连接。更换吊杆施工时,张拉临时吊杆力通过刚架传递给主拱肋,以达到提升横梁、转移原吊杆内力的效果。

②中吊杆更换设计——钢桁架兜吊系统

中间吊杆更换的荷载转移采用钢桁架兜吊系统(图 11-76),由简支钢桁架、上分配梁、临时吊杆、下分配梁及千斤顶等组成;根据吊杆间距,将简支钢桁架梁支撑于桥面上所要更换吊杆相邻前后两根吊杆的横梁处,在钢桁架梁的跨中安装4根临时吊杆,穿过桥面凿开的4个孔洞,下端吊住下分配梁,上端固定在钢桁架梁顶面的上分配梁,上下分配梁间采用精轧螺纹钢进行连接,作为吊杆更换过程中的临时吊杆,并用配套锚具、螺栓进行锚固。每根临时吊杆顶部设置一个千斤顶,用于顶升横梁、调整标高及临时支撑。横桥向由于空间问题,内移钢桁架。更换吊杆时,通过张拉上、下分配梁间的临时吊杆,将被更换吊杆内力转移到两侧相邻吊杆。施工过程中重点监控相邻吊杆的变形,确保相邻吊杆安全可靠。

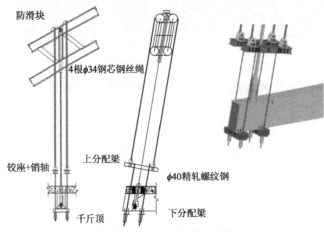

a) 刚架(钢丝绳)兜吊系统荷载传递

b) 刚架兜吊系统BIM模型

c) 刚架分配梁连接BIM模型

图 11-75　刚架(钢丝绳)兜吊系统

a) 钢桁架BIM模型

b) 下分配梁及临时吊杆BIM模型

图 11-76

c) 钢桁架荷载传递实施效果

图 11-76 钢桁架临时兜吊 BIM 模型及实施效果

(2) 增设纵向加劲梁

在主跨吊杆区域钢横梁之间增设纵向加劲梁涉及几种连接：第一类是节段钢纵梁与既有钢横梁的焊接连接；第二类是节段钢纵梁之间高强度螺栓拼接连接，第三类是主拱肋钢牛腿支座连接，钢牛腿组装好后，其异形底座钢板通过化学锚栓与拱肋连接，间隙用粘钢胶填充，钢牛腿上设置双向活动支座，如图 11-77 所示。

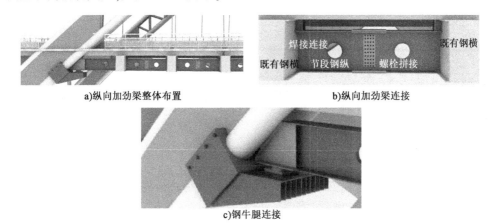

a) 纵向加劲梁整体布置　　　　　　b) 纵向加劲梁连接

c) 钢牛腿连接

图 11-77 增设纵向加劲梁 BIM 模型

吊杆更换施工过程主要包括临时兜吊系统安装、旧吊杆拆除、新吊杆安装、张拉与调整等（图 11-78）。主要实施流程如下。

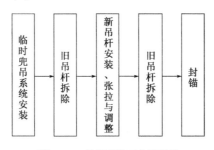

图 11-78 吊杆更换工艺流程图

(1) 临时兜吊系统安装

先对分配梁进行扩孔并进行孔位校核，用吊车将分配梁及螺纹钢安装到位后，对临时兜吊系统预紧至1MPa左右,消除兜吊系统内部件空隙。兜吊系统提梁时保持4台千斤顶行程同步,确保四点受力均匀。

(2)旧吊杆拆除

拟采用分阶段、等步长的方式拆除各根原有吊杆,以结构变形为主、理论吊杆内力为辅的控制方式,确保旧吊杆拆除过程结构安全。在高于桥面一定位置,沿吊杆高度方向50cm范围切开原吊杆外的保护层、清理油脂,注意不要损伤内部平行钢丝;在清理干净的平行钢丝上安装索夹,夹持平行钢丝预割开位置的上下两端并确保有效连接,防止平行钢丝突然崩断导致事故发生;按预定方式张拉第一级临时吊杆内力,张拉过程中实时观测结构变形情况,待第一级张拉到位后,割除预定根数的原有平行钢丝;按既定方式逐级张拉临时吊杆,割断原有平行钢丝,直至该吊杆的全部平行钢丝切割完成,起重机配合放至桥面,吊钩直接拽出上端头,如图11-79所示,每级施工完毕后,对控制点位移及临时吊杆内力进行测量,确保控制点总位移<5mm;保留原锚具锚垫板,对原锚具锚垫板进行除锈和阻锈处理。

a)平行钢丝切割　　　　　　　　b)旧导杆吊出

图11-79　旧吊杆拆除过程

(3)新吊杆安装、张拉与调整

将新吊杆吊装至拱肋下方,挂至提前穿过拱肋上导管的吊绳上,吊车吊钩伸至拱肋正上方,提拽吊绳,使吊杆缓慢穿过拱肋上导管,到位后拧紧球形螺母;张拉前对新吊杆预紧消除弯曲状态、部件空隙;卸载临时吊杆,分级张拉新吊杆,按照10%、20%、40%、60%、80%、100% σ_{con} 的分级顺序张拉新吊杆,并完全卸载临时吊杆,如图11-80所示。张拉过程中,要求监控相邻吊杆位移差<5mm。

a)新吊杆吊装　　　　　　　　b)上锚头安装

图　11-80

c)上锚头螺母拧紧

d)下锚头张拉

图11-80 新吊杆安装与张拉过程

(4)封锚

新吊杆张拉到位后,拆除上、下吊点,对球形螺母及垫板涂防腐蜡,以防渗水和腐蚀;吊杆上锚头外填塞聚氨酯发泡剂,采用3mm厚橡胶板封口;下锚头盖上原有钢横梁盖板。桥面防水罩到下锚头之间填塞聚氨酯发泡剂,最后安装防水罩,如图11-81所示。

a)锚头涂密封蜡

b)防水罩安装

图11-81 封锚及防水罩安装

纵向加劲梁增设的实施流程如下:

(1)钢纵梁安装

通过对钢横梁间距进行实测,使用激光测距仪确定增设纵梁的长度尺寸,并做好记录,提前在工厂完成钢纵梁加工,运输至现场;钢纵梁安装采用纵向线型控制方法,放样时采用以10孔钢纵梁为一组进行拉线放样,每相邻两组钢纵梁放样区域重合2孔,确保线型平缓过渡。

安装时根据螺栓接孔相对位置的差异,确定相邻两螺栓接孔群相对位置,节段对应的栓接孔群按图纸开孔,工地螺栓孔一律采用钻孔,不得采用冲孔,孔壁表面粗糙度 Ra 不得大于 $25\mu m$,孔缘无损伤不平,无刺屑。节段钢纵梁与既有钢横梁焊接前,必须用试孔器检查所有螺栓孔,螺栓孔应100%自由通过较设计孔径小1.0mm的试孔器。制作好的节段,须妥善存放、搬运,注意防锈及避免杆件的早期附加应力。

高强度螺栓施拧时的预紧力可采用示扭扳手读取或通过转角法来控制,建议采用能控制扭矩的电动扳手。高强度螺栓终拧后,按工艺规程规定进行认真严密地检查,检查合格后方可进行腻缝、涂装(图11-82)。

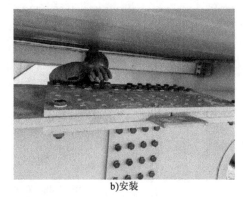

a)加工钢桁梁　　　　　　　　　　　b)安装

图 11-82　钢纵梁加工与安装过程

(2) 钢纵梁涂装

钢纵梁在安装前在加工厂完成底漆涂装,中间漆及面漆待栓接完成后在现场涂装。涂装应在钢纵梁表面喷砂或抛丸除锈清理之后进行,喷砂除锈等级达到Sa2.5级,涂装前钢表面粗糙度应达到Rz40μm~80μm,保证工件表面干燥、无灰尘、无油污、无氧化皮、无锈迹,涂装采用喷涂方式(图11-83)。

a)喷砂除锈　　　　　　　　　　　b)喷砂完成

图 11-83　钢纵梁涂装

11.5.10　下承式拱桥加固改造

1) 工程概况

某高速公路运河大桥全长518.0m,主桥(15号孔)上部结构采用71.6m单跨预应力混凝土系杆拱桥(图11-84),桩柱式墩,盆式橡胶支座,引桥上部结构均为20m预应力钢筋混凝土空心板梁,支座采用板式橡胶支座装。设计荷载等级:汽车-超20级、挂车-120;桥面净宽:净—2×14.75m。航道等级:规划V级,通航净空38m×5m。主桥计算跨径$L=70$m,拱轴线为二次抛物线,矢跨比为0.2,矢高14m,拱肋采用工字型等截面C40钢筋混凝土结构,拱肋高1.4m,宽1.2m;系杆采用工字型等截面C50预应力混凝土结构,高2.0m,宽1.2m;每片拱片设间距为5m的吊杆13根,吊杆采用钢绞线外套钢管的预应力钢管混凝土结构,钢绞线规格为9

根 $\phi^j15.24$,外套内径 8cm、外径 8.7cm 的波纹管,钢管外径 21.9cm,壁厚 1cm,波纹管内注浆,外侧灌注混凝土。上下锚头为夹片锚,封锚混凝土密封。

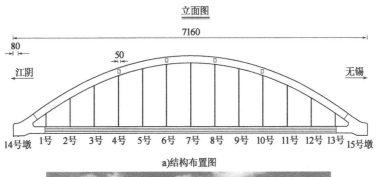

a) 结构布置图

b) 桥梁远景

图 11-84 某高速公路运河大桥结构布置图及远景

2) 桥梁病害

对全桥的 52 根刚性吊杆进行检查,吊杆表面防腐涂装完好,对吊杆进行敲击后共计发现 19 根吊杆上端存在空洞、填充不密实情况。从中选取 11 根进行钻孔,并从开孔检查的吊杆中选取了 5 根吊杆进行开窗检查。

检查发现吊杆空洞处钢绞线均已外露,钢丝表面镀锌耗尽,基质锈蚀导致黄色斑点出现,用钢丝刷、抹布清洁这些黄色斑点后,钢丝恢复光滑外表,有肉眼可见的锈蚀痕迹,经判定为Ⅲ度锈蚀。其中右幅内侧 11 号吊杆钢丝表面出现黄色斑点,且无法用钢丝刷清洗,判定为Ⅳ度锈蚀;左幅内侧 10 号吊杆钢绞线表面锈斑成片出现,除锈后钢丝表面有明显凹坑,判定为Ⅵ度锈蚀(图 11-85)。

a) 上锚头完好

b) 钢绞线表面锈蚀

图 11-85

c) 钢绞线拆除后表面锈斑

d) 钢丝锈坑

图 11-85 钢绞线及锚头现状

上锚头密封于拱肋混凝土中,锚头周围混凝土无水迹,未发现有收缩裂缝,对左幅外侧 7 号吊杆上锚头凿开后检查,钢绞线良好,未发现锈迹、内缩等现象;全桥下锚头盖板锈蚀,右幅内侧 4 号、左幅外侧 9 号下锚头盖板缺失;左幅外侧 9 号、10 号、内侧 11 号下锚头混凝土及盖板周围挂冰、析白。选取左幅外侧 10 号下锚头进行开凿后检查,钢绞线良好,未发现锈蚀、内缩迹象,但外露钢绞线截断面不齐整。

全桥拱脚、拱肋及风撑表面存在涂装,本次检查未发现拱脚、拱肋及风撑有裂缝、变形、破损等病害出现,仅拱肋局部有少量涂装剥落;全桥系梁、横梁整体良好,未发现明显的受力裂缝,仅存在少量收缩裂缝及锈胀露筋等病害。

桥面板主要存在表面裂缝以及锈胀露筋等病害;全桥 8 个盆式支座钢盆均锈蚀,其中右幅 15 号墩顶 2 号支座四氟板滑出 1cm;主桥墩柱仅存在少量锈胀露筋病害,未发现明显受力裂缝等结构性病害;主桥桥面主要存在伸缩缝橡胶条局部破损、泄水孔水箅子缺失及堵塞、伸缩缝锚固混凝土破损等病害。

3) 吊杆更换方案及施工

吊杆、系杆索的设计使用年限为 20 年,原吊杆已达到设计使用寿命。经针对该公路运河大桥检测,部分吊杆钢绞线钢丝存在不同程度的锈蚀,存在安全隐患。为了保证桥梁正常的安全使用和增加结构耐久性,采用吊杆更换方案,新吊杆采用 55φ7 的平行钢丝,其构造与原来吊杆不同,新吊杆上下连接处的直径最大达到了 180mm 左右,原有的预留孔洞过小,需进行扩孔,并合理安排安装顺序。

更换吊杆布置方案为:需更换的两根吊杆在拱肋和系梁两侧共布置 4 根 φ40 精轧螺纹钢临时吊杆兜吊系统(图 11-86),上下吊点均采用型钢支撑梁锚固。本更换方案具有对原结构影响较小,施工简单,锚固措施可靠,造价低等优点。

更换吊杆前需先安装临时吊杆,利用临时吊杆替代原有吊杆,主要包括临时吊杆张拉与旧吊杆拆除、新吊杆张拉与临时吊杆拆除两大步骤。通过临时吊杆张拉、原吊杆割除转移原有吊杆内力,在新吊杆安装就位以后,通过新吊杆张拉、临时吊杆卸载将原吊杆内力转移到新吊杆上,完成吊杆更换施工。

具体步骤包括:

(1) 脚手架搭设。根据现场施工所需搭设施工作业平台,平台长度方向与大桥纵向平行 [图 11-87a)],应严格按照脚手架搭设规范进行搭设并验收。竖立杆时,长短杆搭配使用;接长时使用对接扣件,接头位置不得在同一步架内或同一跨间内,需要相互错开连接。

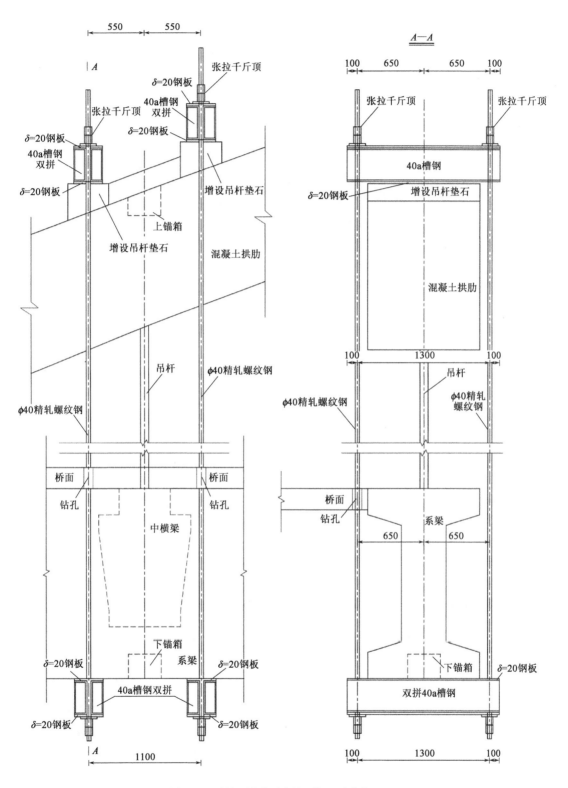

图 11-86 吊杆更换临时兜吊系统(尺寸单位:mm)

(2)临时吊杆垫石施工。施工工序:施工放样→基面凿毛→钻孔→清孔植筋→安装模板→浇筑养护。吊杆垫石采用自流平自密实加固料现场浇筑[图11-87b)]。先对楔形块所在位置拱肋顶面表面进行凿毛处理,并在拱顶植筋,植筋选用HRB400级$\phi12$钢筋,钢筋植入拱肋深度不小于$10d$(d为钢筋直径),绑扎楔形块钢筋网后,浇筑楔块混凝土,养护至设计强度。

a)脚手架搭设

b)临时吊杆垫石

图11-87 搭设脚手架及临时吊杆垫石

(3)安装钢结构锚固齿块。施工工序:施工放样→基底凿毛→钢筋探测→钻孔清孔→兜底钢板安装→安装侧粘贴钢构件→植入化学锚栓→焊接→灌注粘钢胶。

(4)临时吊杆安装及张拉。采用两根40a槽钢双拼作为临时吊杆系统的锚固横梁,采用直径40mm精轧螺纹钢作为临时吊杆;两根槽钢之间用厚度为20mm的钢板焊接连接,对应临时吊杆位置钢板开孔,以便临时吊杆穿过;待临时吊杆上部锚头锚固后,安装桥面临时吊杆张拉分配梁,在分配梁下部上紧临时吊杆下锚头,注意保证各锚固横梁水平,以确保各临时吊杆能够均匀受力;在桥面对应位置钻孔,以便穿过张拉分配梁和系梁底托梁间的临时吊杆,钻孔时注意确保孔位竖直。临时兜吊系统安装就位后,预紧临时吊杆。施工工序为:吊杆穿孔→安装垫片及螺母→临时吊杆张拉(图11-88)。

a)系梁底托梁

b)安装锚固齿块

图 11-88

c)临时吊杆锚固

d)临时吊杆安装

图11-88 临时吊杆安装与锚固

(5)旧吊杆拆除。施工工序为:外护筒拆除→凿除锚固砂浆→安装钢绞线索夹→临时吊杆分级张拉→分级割断原吊杆钢绞线→拆除原吊杆上下锚具。旧吊杆拆除采用分阶段、等步长的方式拆除各根原有吊杆。首先,按照从外向内的顺序逐级割断或凿除外套管、C40混凝土、波纹管、内层水泥浆。该桥原吊杆采用9φ^j15.24钢绞线,按照每级割断原吊杆2根钢绞线(最后一级1根),共分5级的顺序,张拉临时吊杆和割断原有吊杆内的钢绞线。具体施工过程如下(图11-89)。

a)旧吊杆割断

b)旧吊杆上锚头拆除后

图11-89 旧吊杆拆除过程

在高于桥面1.5m左右位置,沿吊杆高度方向50cm范围切开原吊杆外的内外钢套管、清理干净钢绞线外水泥砂浆,注意不要损伤内部钢绞线。在清理干净的钢绞线上安装索夹,夹持钢绞线预割开位置的上下两端并确保有效连接,防止钢绞线突然崩断导致事故发生。按既定方式逐级张拉临时吊杆,割断原有钢绞线,直至该吊杆的全部钢绞线切割完成,割除桥面和拱肋底面外露的钢管和钢绞线。拆除系梁顶面至拱肋底面间的刚性吊杆,凿开已割断吊杆上下锚固端封锚混凝土。吊杆拆除过程中,采用以结构变形为主、理论吊杆内力为辅的控制方式,确保旧吊杆拆除过程结构安全。每级施工完毕后,对控制点位移及临时吊杆内力进行测量,确保控制点位移小于3mm。兜吊系统提梁时保持4台千斤顶行程同步,确保四点受力均匀。

(6)新吊杆安装与张拉。新吊杆改用平行钢丝+上下刚拉杆组合吊杆。施工工序:安装新吊杆→新吊杆分级张拉→临时吊杆分级卸载→索力检测→安装外护筒→更换完成。具体施工过程如下(图11-90)。

在原吊杆锚具锚垫板上安装吊杆锚具的预埋垫板;现场测量上下锚垫板间距离,确定新吊杆的下料长度;利用起吊设备将新吊杆装入吊杆孔,穿装新吊杆,同时套好配套的吊杆外护管,上紧新吊杆上下锚头。按照计算确定的分级张拉方式,逐步、缓慢张拉新吊杆和卸载临时吊杆,直至临时吊杆将全部内力转移给新吊杆,并在新吊杆超张拉5%、持荷2min后锚固,此过程中应全程监测更换吊杆处拱肋和系梁高程,确保其高程变化在设计控制范围之内,并全程监测新吊杆和临时吊杆内力。新吊杆张拉到位后,拆除上下吊点,预埋管内灌注防腐油脂,以防渗水和腐蚀。外部加装锚头罩和防水罩,锚头罩、防水罩和锚垫板应进行防腐处理。

a)新吊杆安装

b)新吊杆张拉

图11-90 新吊杆安装与张拉施工过程

吊杆与吊杆之间的荷载转移要平稳,卸载与加载均应逐步进行,步长控制为设计吊杆力20%。应注意卸载的4根临时吊杆力的总和应等于加载的新吊杆力,4个千斤顶应同步工作,保持每根临时吊杆均匀受力。同时,在原有吊杆完全卸除和新吊杆安装完毕期间,应持续跟踪监测桥面标高以及横梁下吊点挠度的变化情况,并以此作为索力是否需要调整的依据。

11.5.11 斜拉桥换索

1)工程概况

苕溪大桥位于湖州市吴兴区苕溪西路(图11-91),横跨苕溪河,是连接苕溪两岸开发区与老城区主要干道之一。湖州市苕溪大桥主桥采用独塔单索面预应力混凝土斜拉桥的结构形式,跨径为50m(边跨)+70m(中跨),主桥主梁采用单箱三室结构,梁高2m,塔、梁、墩三者固结,主桥总宽为27.6m。原斜拉索规格分别为OVM250-43、OVM250-55、OVM250-61,抗拉强度1860MPa,最长索长度为74.6m,索重约60kN,于2000年施工安装。大桥已运营超过20年,经检测,大桥的主梁、主塔工作状况良好,线形满足设计要求,已发生的变形以及内力重分配是不可逆过程,故不宜对主梁线形进行调整;部分拉索索体有潮湿现象,部分下锚头有漏油、进水现象,结合拉索已运营将近17年的情况,为保证大桥安全运营,决定对全桥斜拉索进行更换。

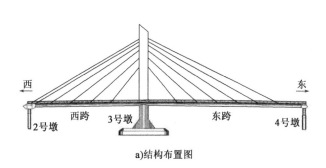
a) 结构布置图

b) 桥梁远景

图 11-91 湖州市苕溪大桥结构布置图及远景

2) 换索方案

斜拉索更换应以保持大桥目前结构受力状态为基本目标,保证换索施工完成后,拉索内力与换索前相接近,从而使全桥结构受力状态与换索前保持一致。拉索索力原则上采用大桥现状实测索力,并由监控单位进行控制,索长根据梁端外露长度、实测锚固点位置而确定。换索的思路是:将原斜拉索用新的拉索一一替换。根据索力等代原则,保持斜拉索索力的基本一致,结合预埋索导管情况,采用目前常用合适规格的斜拉索替换原有斜拉索,主梁及主塔两端均设置张拉端锚具。

大桥共更换 12 对斜拉索,新索采用钢绞线拉索,锚具规格分别为 OVM250A-55、OVM250A-61、OVM250A-73,抗拉强度 1860MPa。最长索长度为 74.6m,索重 6t。斜拉索更换的原则为自上而下,具体更换顺序:南 1 号索→北 1 号索→南 2 号索→北 2 号索→南 3 号索→北 3 号索→南 4 号索→北 4 号索→南 5 号索→北 5 号索→南 6 号索→北 6 号索→南 7 号索→北 7 号索→南 8 号索→北 8 号索→南 9 号索→北 9 号索→南 10 号索→北 10 号索→南 11 号索→北 11 号索→南 12 号索→北 12 号索。单根索的更换程序按放张、拆除、装新索、张拉等顺序施工。换索步骤依次为测定索力及高程、安装施工机具设备、新索检查、旧索拆除、锚固管道修复、穿新索、新索张拉、测量新索索力。更换斜拉索结构构造如图 11-92 所示。

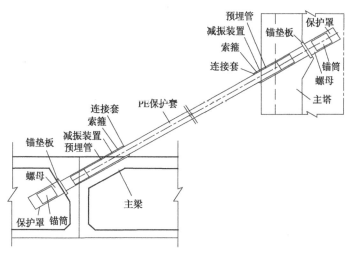

图 11-92 更换斜拉索结构构造示意图

3)换索实施与效果

斜拉索具体更换施工过程如下(图11-93)。

a)清理锚头　　　　　　　　　　b)吊装千斤顶

c)放张旧索　　　　　　　　　　d)割除旧索

e)塔端锚具拆除　　　　　　　　f)梁端锚具拆除

图11-93　拆除旧索施工过程

(1)拆除旧索

将主塔和梁内的保护罩和减振器等部件拆除,清理锚头螺母处丝牙;安装塔顶吊点,布置卷扬机、手拉葫芦等;利用手拉葫芦配合卷扬机吊装千斤顶张拉组件,依次安装撑脚、工具锚板、连接套、千斤顶、张拉杆以及张拉螺母。按照设计顺序对拉索进行索力放张,放张时将锚头螺母拉松约1cm,同时缓慢卸压,完成后再次顶起1cm,重复3次,排除索导管内减振器阻力对实测索力产生的影响;放张并割除旧索,通过整体放张至拉索完全卸载,满足放张行程后,割断斜拉索。

在距离梁段锚头约5m处安装桥面卷扬机钢丝绳,通过卷扬机收紧拉索,同时用手拉葫芦辅助向后拉锚头,直到梁端锚头螺母松动并能拆除为止;卷扬机缓慢放松梁端拉索,当拉索锚头放出预埋管时,用汽吊牵引锚头将拉索放至桥面,安装塔端索夹,塔顶吊架提升拉索,直到可以松掉塔端锚头螺母并将拉索下放至桥面,在桥面将钢丝锈蚀严重的旧索切割为长度6~7m的节段,以便于运输,再用小车拉到指定的堆放地点。

(2)新索安装

钢绞线经工厂下料、成盘、运输,索盘吊装至桥面。新索安装包括钢绞线下料、梁端锚具安装、张拉端锚具安装、HDPE管吊装、钢绞线安装、新索张拉、循环安装拉索、全桥循环调索、全桥防护处理等步骤(图11-94),具体施工过程如下(图11-95)。

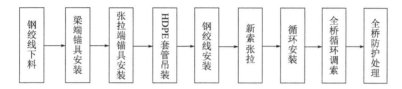

图11-94 新索安装施工流程

a)钢绞线下料

b)锚具安装

c)钢绞线安装

d)新索张拉

图11-95 安装新索施工过程

①钢绞线下料。根据施工现场实际情况及索长,现场下料,丈量准确,尽量减少下料误差。同时要有必要的保护措施,严防PE护套受损。

②梁端锚具安装。先将梁端(固定端)锚具上的锚固螺母旋出,由梁端预埋管下放直到可以旋上螺母;在单根钢绞线安装之前做临时性固定,以防止锚具滑出预埋管口。

③张拉端锚具安装。挂索张拉前,先安装张拉顶压支座,该支座底环有内螺牙与锚板连接,调整张拉支座顶板孔位与锚孔对应后,锚具一一对齐,用螺栓将顶板与支座连接稳固;锚具中心线与锚垫板中心线需保持一致,两者偏差不超过5mm。

④HDPE管吊装。HDPE管运输至塔柱下方并沿桥面纵向展开→在HDPE管两端安装抱箍,预先穿入钢绞线→HDPE管上端吊至塔外预埋管口,将钢绞线穿入塔内锚具并固定,再用悬挂装置将HDPE管临时固定在预埋管口→HDPE管下端牵引至梁端预埋管口,再将钢绞线穿入梁端锚具并固定→张拉钢绞线绷紧并抬起HDPE达到设计要求角度。

⑤钢绞线安装。采用提升机将钢绞线经HDPE护套管牵引至塔端索导管口,在桥面将钢绞线下端牵引穿出梁端锚具锚板,并安装夹片,塔顶用牵引绳将钢绞线上端牵引穿出塔端锚具锚板,直到满足张拉需要的工作长度。

⑥新索张拉。单根张拉过程采用压力式传感器控制,根据传感器变化数值调整张拉油压;张拉过程中应分级加载,保证钢绞线受力均匀,充分延伸;当张拉到位后,夹片安装应保证平齐并且间隙保持均匀。

⑦循环安装拉索。循环安装下一根拉索,完成拉索减振器安装。

⑧全桥调索。对全桥拉索进行调整,达到全桥设计要求。

⑨全桥防护处理。张拉完成后,利用张拉支座配合专用顶压器对钢绞线夹片进行逐根顶压,保证夹片锚固效果;割除张拉端冗长钢绞线,进行锚头防腐,灌注油性蜡,安装索夹、防水罩和保护罩。

11.6 桥梁下部结构加固实例

11.6.1 桥墩加固

1)工程概况

该桥梁位于江苏省射阳县,跨越某入海河流。桥梁跨径组合为5×20m,上部结构采用先张法预应力混凝土空心板梁,板梁高度为0.900m,中板宽0.990m,边板宽1.245m;下部结构采用桩柱式墩台,钻孔灌注桩基础,桥台桩径为1.2m,桥墩桩径为1.5m;桥面宽度为0.5m(墙式护栏)+净—7.5m+0.5m(墙式护栏)=8.5m,桥面采用2%横坡,斜交角度为10°,航道等级为7级,通航净宽18m×3.5m,最高通航水位1.639m。设计荷载为公路—Ⅱ级,结构整体如图11-96所示。

根据现场检测,该桥梁主要病害整理如下:

(1)根据现场混凝土回弹测试,桥梁墩柱强度实测值较设计强度相差较大,各墩柱实际强度推算值较设计值显著偏小,尤其是1-1号、1-2号、4-1号及4-2号墩。

(2)该桥体附近设有一座水泥厂,桥墩混凝土碳化深度较大,但该桥位于入海口附近河流之上,对抵抗环境腐蚀性要求较高。

(3)部分桥墩和系梁由于施工和冲刷的因素造成露筋病害。
(4)伸缩缝凹槽填入碎石等硬物,使伸缩缝不能自由伸缩。

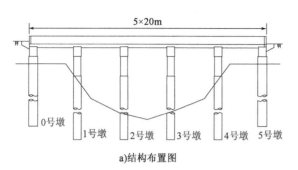
a)结构布置图

b)桥墩远景

图11-96 结构布置图及桥墩远景

2)加固方案

该桥主要病害为桥墩混凝土强度偏小,耐久性、承载能力不足。针对该结构病害,结合现场桥墩全部位于水位线以上的水文情况,拟采用CFRP(碳纤维复合材料)加固墩柱技术进行病害处理。采用的FRP材料名义厚度为0.167mm,极限抗拉强度为3400MPa,弹性模量为250GPa。

根据理论验算,由于设计的墩柱配筋率较大,即使混凝土强度按现有实际强度C20计算,承载能力也已经远远超过规范要求。综上,该桥加固的核心问题应是改善墩柱的耐久性能,减缓混凝土碳化进程,保护墩柱钢筋,同时适当提高墩柱的抗压及抗弯承载能力。因此,建议各墩柱粘贴2~3层碳纤维布即可,对1-1号墩柱、1-2号墩柱、4-1号墩柱及4-2号墩柱适当增加粘贴层数。

综合考虑后的最终加固方案如下:

2-1号墩柱、2-2号墩柱、3-1号墩柱、3-2号墩柱粘贴2层碳纤维,1-1号墩柱、1-2号墩柱、4-1号墩柱及4-2号墩柱粘贴4层碳纤维。桥墩加固方案示意图如图11-97所示。

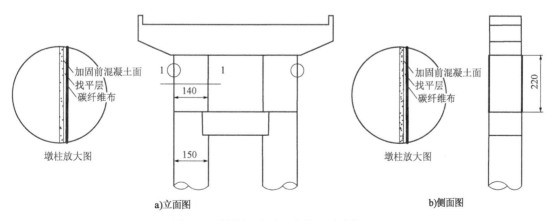

图11-97 桥墩加固方案示意图(尺寸单位:cm)

3)加固实施与效果

该桥梁主要加固内容为环向粘贴FRP加固桥墩,其主要施工过程如下(图11-98)。

a)粘贴纤维布　　　　b)纤维布粘贴完成　　　　c)涂刷涂料　　　　d)完成效果

图 11-98　粘贴 FRP 加固桥墩施工过程

(1)表面处理

将混凝土桥墩表面残缺、破损的部分清除干净达到结构密实部位，使桥墩表面平整；检查外露钢筋是否锈蚀，如有锈蚀，进行必要处理；对经过剔凿、清除的部分和露筋的构件残缺部分，进行修补、复原；清洗打磨过的构件表面，并使其充分干燥。

(2)刷底层胶

底层胶应均匀涂刷，不得漏涂；当温度低于5℃，相对湿度RH＞85%，混凝土表面含水率在8%以上时，不得施工。

(3)构件表面修补找平

构件表面小孔、内角必须用环氧腻子修补平整；若腻子涂刮后，表面仍存在的凹凸糙纹，应再用砂纸打磨平整。

(4)粘贴纤维布

按设计裁剪纤维布，在底层胶和找平层干燥后粘贴，粘贴时确保纤维布充分浸渍多层纤维布采用连续粘贴方式，如单卷纤维布长度不足，需要搭接延长时，顺纤维方向搭接长度为50cm。

(5)表面涂料

为了耐久性防护及美观的需要，对粘贴纤维布表面涂刷与混凝土相近颜色的表面涂料。对该桥梁的6个桥墩加固工程，参与施工的工人共5人，工期10d，工程顺利完成，达到了加固目的。

11.6.2　水下桩基础加固一

1)工程概况

该大桥于1983年4月竣工，横跨某江，大桥全长554.3m，桥面宽1.5m+9m+1.5m，桥面纵坡3%，竖曲线半径4666.67m。主桥上部结构由预应力钢筋混凝土T形刚构+25.0m挂梁组成，共两孔，跨径为52.5m，下部结构为钢筋混凝土实体桥墩，沉井基础；引桥为十四跨跨径30.0m的预应力混凝土简支梁桥，下部结构为柱式桥墩，直径1.5m的钻孔灌注桩基础。全桥共有水中墩14个，按照设计墩位从一侧向另一侧方向分别编号为2号墩～15号墩。结构布置图如图11-99所示。

a)结构布置图

b)7号主桥墩

c)8号主桥墩

图11-99　结构布置图及主桥墩外景

根据现场情况，桩基础水下探摸检查主要检查水中段14个桥墩及承台，共计30根水下桩和1个沉井基础主墩。其中2号、3号、4号、5号、6号、10号、11号、12号、13号、14号、15号墩为引桥墩，每墩为单排2根桩(设计直径1.5m)，11个引桥墩共计桩基22根;7号和9号墩为主桥边墩，每墩各有4根设计直径为1.5m的桩，分成两排每排2根，2个主桥边墩共计8根桩基;8号墩为底节钢壳沉井基础主桥墩。经检测，该桥梁主要病害如下：

部分桥墩处河床面冲刷下切严重，施工时用的混凝土护筒下端基本外露，在桩基下部无混凝土护筒的区段，由于桩基施工的因素，存在不同程度的缩径，造成无护筒段桩基大面积钢筋笼外露(3号、4号、5号、6号、7号和9号墩，10号墩桩基)，典型桩基础混凝土冲刷及钢筋锈蚀病害如图11-100所示。

部分横系梁及桩柱结合部位由于施工和冲刷的因素造成掏空和露筋(3号、4号、5号)病害。

3个主墩处的河床冲刷下切严重，特别是7号和8号墩的河床面距设计时考虑的最大冲刷深度线已高出2m左右，造成沉井基础的底节钢壳外露于河床高约2m。最大冲刷线是指水位达到设计洪水位时(百年一遇)的桥墩位处必须考虑的可能出现的最大冲刷，而此次检测是在常水位下的正常作业，因此应对主墩处的河床冲刷情况给予足够的重视。

主桥墩8号桥墩沉井基础的结构完整，未发现有破损、掏空、露筋现象。

部分承台由于船只碰撞等原因，边角有混凝土的破损及小面积坑槽，并外露钢筋。

2)加固方案

根据该桥梁桩基础的病害以及病害对结构耐久性、安全性的危害情况，并结合该桥桩基础的工程特点，以及水位深、水流大等因素的影响，按以下原则确定了加固设计方案。

该桥桩基础病害均在水中，且桥位处常水位较高、水深较深，同时在7号墩与8号墩之间和8号与9号墩之间为主航道通航区。在不压缩过水断面、不影响通航的前提下，为了顺利地完成桩基础加固工作，通过水下植筋连接原桩基础与新增大截面，实现水下施工增大截面加固桩基础。

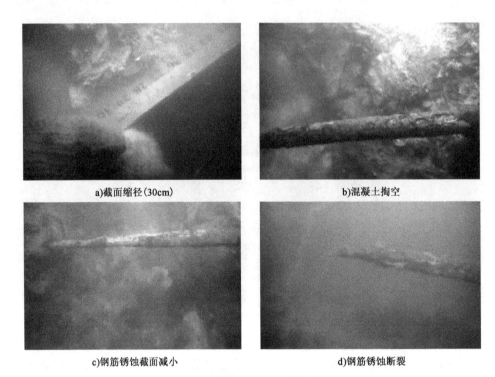

图 11-100　混凝土冲刷及钢筋锈蚀病害

具体方案为：由潜水员在水中清理桩基础表面水生物及劣化混凝土，然后采用水下植筋工艺在原桩基础表面打孔、植筋，植筋采用 Φ16 钢筋，钻孔深度为 16cm，孔径为 20mm；水下绑扎钢筋笼，通过植筋将新增大截面与原桩基础连接锚固；钢筋笼施工完成后水下进行钢模板的施工，模板采用内径 Φ190 钢管，在加工厂制作成两个半圆形，采用法兰连接，在水下由潜水员进行连接锚固；在原桩基础周围布置导管进行增大截面混凝土的浇筑，在原桩基础外增大截面厚度为 20cm（图 11-101）。

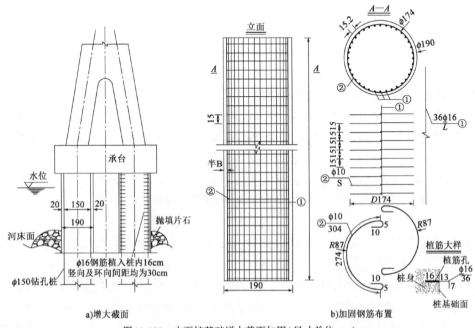

图 11-101　水下桩基础增大截面加固（尺寸单位：cm）

根据现场实际冲刷情况对桥位处进行抛填防护,如图11-102所示。

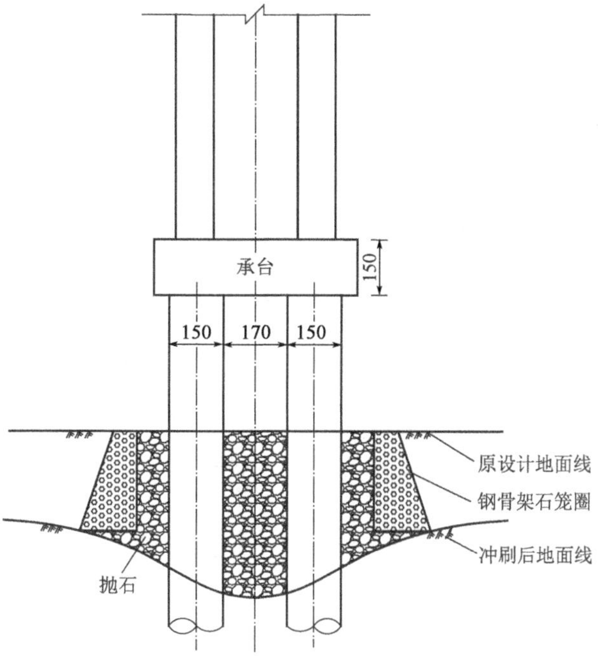

图11-102 水下桩基础抛填防护图(尺寸单位:cm)

其他病害处理:①凿除承台及系梁所有局部剥落、疏松、腐蚀等劣化混凝土,对外露锈蚀钢筋除锈,然后用环氧砂浆进行修补;②对所有宽度≥0.15mm的裂缝进行灌浆处理,灌浆胶采用优质A级环氧灌缝胶;对所有宽度<0.15mm的裂缝进行表面封闭。

3)加固实施施工过程与效果

该工程加固主要为水下桩基础加固与防护,工艺过程主要包括:施工准备、柱脚沉淤清除、植筋、安装首节钢模板及预埋首节钢筋、钢筋安装、钢模板安装、浇注水下混凝土、回收钢模板及冲刷防护等,具体如下:

(1)施工准备

根据水文情况选择枯水期进行施工,由潜水员在水下作业,使用高压风动镐、高压水枪清除待加固构件表面剥落、疏松、蜂窝、腐蚀等的劣化混凝土及附在混凝土表面的水生物;采用水下砂轮机打磨结构表面混凝土砂浆浮层,露出混凝土结构层(图11-103)。

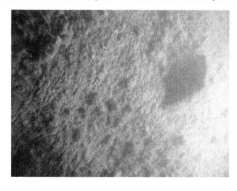

图11-103 清淤后桩基础表面

(2) 柱脚沉淤清除

对柱脚沉淤进行清除处理,应保证清除干净柱脚直径外1m范围内的淤泥,露出底部结构平台,以保证后继工序的质量。

(3) 植筋

水下植筋潜水员采用水下钻孔设备对原桩基础进行钻孔、植筋施工(图11-104)。植筋采用φ16钢筋,钻孔深度为16cm,孔径为20mm。

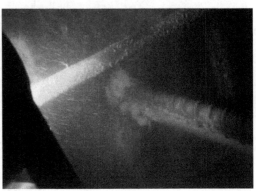

a)钻孔　　　　　　　　　　　　　　b)植筋

图11-104　水下钻孔与植筋

(4) 安装首节钢模板及预埋首节钢筋

根据现场水文情况安装首节钢模板,首节钢模板应插入河床以下,并根据纵筋间距进行预埋首节纵筋,浇筑封底混凝土。

(5) 钢筋安装

在原桩基础外围挂钢筋网,通过植筋与原桩基础连接,纵向采用φ16钢筋,环向采用φ8钢筋。环向钢筋由两个半圆组成如图11-105a)所示;半圆的端头均采用环扣设计,利用两根纵筋进行固定连接,如图11-105b)所示。

(6) 钢模板安装

模板采用壁厚12mm的钢管,钢管在工厂加工成两个半圆形,连接处设置法兰盘,按设计要求在加工厂制作完成后运至现场,采用起吊设备将钢管吊入水中待加固桩基础处,由潜水员使用水下安装设备进行模板的安装,节段与节段之间采用法兰式连接,并设置密封圈等防水装置进行密封防水处理,如图11-105c)、d)所示。

(7) 浇筑水下混凝土

钢模板安装完成后,对加固桩基础进行水下混凝土浇筑,水下混凝土浇筑施工需不间断、连续进行,直至整根桩基础浇筑完成。

(8) 回收钢模板

待水下桩基础加固混凝土达到强度要求后,回收钢模板进行重复利用。首节钢模板因嵌入河床中回收困难可作为防护套保留。加固完成效果如图11-106所示。

(9) 冲刷防护

加固施工完成后,保留桩基础底首节钢模板,作为防护套,同时对桩基础周围及桥位处进行抛填片石及铅丝笼防护(图11-107),做好防冲刷措施。

a) 钢筋网片

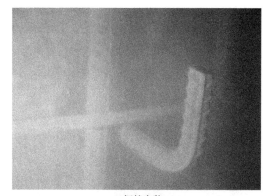
b) 钢筋安装

c) 模板下沉

d) 模板安装

图 11-105　钢筋与模板安装

图 11-106　桩基础加固水下混凝土完成效果

图 11-107　抛填防护

凿除承台及系梁所有局部剥落、疏松、腐蚀等劣化混凝土，对外露锈蚀钢筋除锈，然后用环氧砂浆进行修补（图 11-108）。

11.6.3　水下桩基础加固二

1）工程概况

某高速连接线桥，为预应力混凝土简支梁桥，桥梁全长 551.0m，共 22 跨，跨径组合为 15 ×

20m+5×40m+2×20m,主桥跨越衢江,上部结构为跨径40m预应力混凝土T梁,下部结构为双柱墩及钻孔灌注桩基础,主桥桥墩和桩基础位于江水中,最低水位时水深4.5m左右,最高水位时水深8m左右,其主桥桥墩和桩基础结构如图11-109所示,桩基础直径2.0m,桥墩直径1.8m,在墩桩交界处的两墩之间设有宽1.9m、高1.0m的水平系梁,最低水位位于系梁底面以上。

a)承台缺陷修补

b)桥墩缺陷修补

图11-108 承台与桥墩缺陷修补

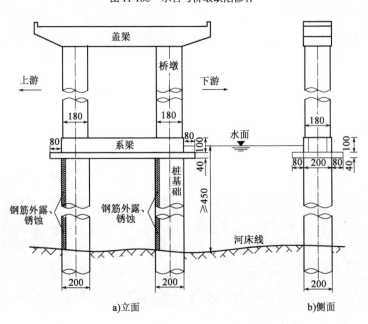

a)立面 b)侧面

图11-109 某高速连接线主桥桥墩和桩基础的结构(尺寸单位:cm)

在该桥建成后,桥梁上游增建了水力发电站,引起水流显著变化。自发电站建成以来,桥梁一直受到上游水流的直接冲刷、侵蚀,针对该桥水下桩基础的水下检测由专业潜水员进行潜水摸查,同时使用水下录像设备对桩基现状和病害情况进行拍照、录像。检测结果表明该桥2个桩基础存在以下严重病害(图11-110):①保护层剥落(设计保护层厚度为5.5cm);②夹泥、缩径;③箍筋、主筋外露;④钢筋锈蚀。同时,桩身自由长度变化,河床冲刷下切。保护层剥落、夹泥、缩径等病害减小了桩基的有效截面,箍筋、主筋外露、钢筋锈蚀严重威胁桩基的耐久性,对该桥的使用性能及安全带来了严重的威胁。

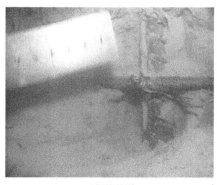 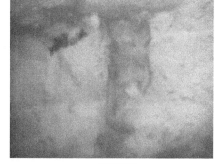

a)钢筋外露　　　　　　　　　　　b)钢筋锈蚀

图11-110　桩基础钢筋外露及钢筋锈蚀病害

2)加固方案

根据该桥梁桩基础的病害以及病害对结构耐久性、安全性的危害情况,结合该桥桩基础的工程特点和水位深、水流急等因素的影响,按以下原则确定了加固设计方案。

(1)进行水下桩基础的补强加固,以恢复桩基础至病害前状态。

(2)对外露钢筋进行除锈、防锈处理,补充受损钢筋面积,采取混凝土耐久性有效保护措施,避免病害的进一步恶化。

(3)对桥墩桩基础采取相应防冲刷措施。

结合该工程现状,提出纤维网格(FRP网格)加固方案,利用FRP网格结合钢套管及不分散砂浆或水下环氧树脂可实现水下结构的免排水加固。在对桩基础的表面缺陷进行预处理之后,沿桩基础四周缠绕安装FRP网格;随后,在FRP网格外侧按节段拼装下沉钢套管,对钢套管的底部进行封堵,通过高压灌浆机将配制好的不分散砂浆或水下环氧树脂灌入钢套管内,从而完成桥梁水下桩基础的结构加固,钢套管可以回收重复利用。采用本方案时,黏结材料可为不分散砂浆或水下环氧树脂,当为不分散砂浆时,新增厚度可为50~200mm;采用水下环氧树脂时,厚度可为5~20mm。

采用FRP网格免排水加固水下桩基础,主要利用FRP网格轻质高强、耐腐蚀、施工方便等优良特性,同时结合不分散砂浆或水下环氧树脂作为免排水填充的黏结材料,进行免排水加固施工,解决了FRP在水下加固施工中纤维布难以粘贴的难题,钢套管直径比待加固桩基础略大,采用分段拼装的方法,化整为零,体积与质量都较小,无需大型设备,工期短,临时设施费用低,整体工艺较先进。根据工程的水下实际检测结果,桩径变化大,桩身有多处不规则突起,填充材料必须具有较大的厚度,因此,最终选择不分散砂浆作为黏结材料,不分散砂浆厚度定为100mm。

根据该桥梁的原有图纸及水下检测结果,本加固目的主要是提高受损桩身的承载力和混凝土耐久性,并对受损的部位予以修复。FRP网格选用性能较好且造价较低的玄武岩纤维编制,玄武岩纤维具有抗老化、耐久性好、强度高、极限应变大的优点,在竖向结构的约束加固与修复方面具有天然的优势。最终采用4000tex玄武岩纤维束编制FRP网格,单束纤维截面积为$1.59mm^2$,长度方向玄武岩纤维束数取16束,幅宽方向玄武岩纤维束数取8束(图11-111)。

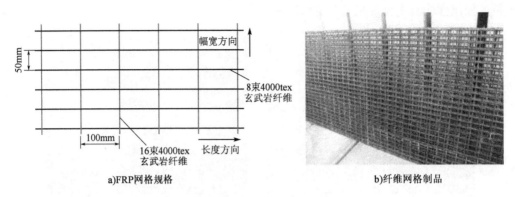

图 11-111　FRP 网格规格与制品

3）加固实施施工过程与效果

按照上述加固方案，具体主要施工过程如下（图 11-112）。

图 11-112　FRP 网格加固水下桩基础关键工艺

(1) 水下结构四周整平

对桩基础四周存在较大高差处进行抛填碎石与砂进行初步整平，以满足钢套管下方的水平需要；对底部一些突出大块石，采用钢钎结合钢丝绳牵引进行清除处理。

(2) FRP 网格安装

按设计要求的尺寸进行 FRP 网格下料，FRP 网格布设一层，搭接长度 1.0m，采用环向缠绕的形式进行安装,完成后采用水下检测设备进行网格安装情况检测。通过水下检测发现[图11-112a)],网格安装位置与预期一致,整体情况良好。

(3)安装钢套管

钢套管由两个半圆组成,采用4mm钢板卷制,外设横向与竖向加劲肋,每节长度应满足安装方便的需要,主要的标准节段为1m,多节套管通过法兰螺栓拼装连接,底端首节节段为了能够方便切入基础泥土中,最下缘加劲肋设于距离底端150mm处,顶端节段设置长度0.5m、0.3m和0.2m各1个,以适应调整现场高程的需要,除底端节段仅在上端设置连接法兰,其他节段上下端同时设置法兰,每一节段分为两个半圆加工,两个半圆之间同样通过法兰连接,由于该桩基础设有承台,且承台位于水面以下,为减少水下工作,每套钢套管在水上预先拼装成两个竖向半圆整体后沉入水下[图11-112b)],再由潜水员进行就位,沿着竖向在水下拼装,钢套管的连接处应垫上橡胶或泡沫垫层等防水装置。该工程采用橡胶垫作为垫层,以提高钢套管的密封性。为保证加固工程完成后钢套管拆除方便,在钢套管安装前应对其内部均匀涂抹隔离剂;为确保钢套管底面的封闭,首节钢套管底部应插入河床以下。

(4)封闭砂浆浇筑

所有钢套管沉入设计高程后,对钢套管底部进行整平,利用碎石及砂袋在钢套管的底部四周堆填,对钢套管的底部进行初步的堵塞封底。为了防止灌压不分散砂浆引起较大的静压力而导致漏浆,在正式灌压之前预先灌注30cm高度的不分散砂浆对钢套管底部进行封闭,待该部分达到终凝之后方才正式灌压不分散砂浆。

(5)灌压不分散砂浆

水下不分散砂浆的制备,是将以絮凝剂为主的水下不分散剂加入新拌砂浆中,使其与水泥颗粒表面生成离子键或共价键,起到压缩双电层、吸附水泥颗粒和保护水泥的作用;同时,水泥颗粒之间、水泥与集料之间可通过絮凝剂的高分子长链的"桥架"作用,使拌合物形成稳定的空间柔性。在无排水的情况下,水下不分散砂浆是一种很好的选择,水下不分散剂能有效提高水下砂浆的施工性能与强度,工作性能好、抗分散能力强、流动度保持性能好、强度损失小,水下不分散砂浆强度为陆上80%以上。

该工程选用的水下不分散剂为双组分:组分甲为袋装粉末状材料,按照水泥量的6%~8%掺入,使用时应紧随水泥加入搅拌机中或预先拌入水泥中;组分乙为液体,在砂浆搅拌过程中加入,按照水泥量的6%掺入。灌压施工通过位于施工平台上的高压灌浆机实现[图11-112c)],砂浆由高压灌浆机自带的搅拌机搅拌完成后压入导管,导管伸入钢套管底部。在灌压过程中,需要保证不分散砂浆的高流动性,并随时检查钢套管底部及侧面有无漏浆现象,如果出现漏浆,立刻减慢灌浆速度或停止灌浆,进行漏浆处理,待灌压砂浆至设计高程,继续灌注3~5罐后方可停止灌注。在灌注24h之后,通过水下触摸的方式探明水下不分散砂浆灌注的密实性。

(6)拆除钢套管

通过同条件养护试件检测钢套管内浆体的强度,与浆体达到设计强度且不小于28d龄期时,由潜水员对钢套管自上向下依次进行回收,首节钢模板如因嵌入河床中,无法回收,可根据现场情况进行保留。拆除后水下不分散砂浆的实测外观如图11-112d)所示,表面光滑,无蜂窝、麻面、孔洞、FRP网格外露等现象。经28d同条件养护试件实测,现场水下不分散砂浆的抗压强度标准值为39.3MPa,按照我国《公路钢筋混凝土及预应力混凝土桥涵设计规范》(JTG 3362—2018)中对混凝土轴心抗压强度及混凝土等级的规定,该强度等级相当于C35~C40混凝土,满足水下桩基础的混凝土强度要求。在加固完成后,对桥位所处区域桩基础周围进行抛填防护,以减小水流对桩基础的冲刷。

该桥梁两个病害桩基础加固施工人力投入为5人,持续工期为30d(不计拆除钢套管时间),施工过程无需大型设备,对通航影响小,工期短,经济投入少。

11.6.4 水下桩基础加固三

53.钢套管加固水下桩基加固施工实例

1)工程概况

福建某公路涉水桥梁为预应力混凝土空心板梁桥(图11-113),全桥共计3跨,桥跨布置为3×10.0m,桥梁全宽26.0m,桥面横向布置为0.32m(护栏)+1.5m(人行道)+22.36m(行车道)+1.5m(人行道)+0.32m(护栏)。上部结构:空心板梁,板式橡胶支座。下部结构:桩柱式桥台,桩基础。桥面系:水泥混凝土铺装,型钢伸缩缝。设计荷载:汽车-20级。经检测,墩柱出现混凝土胀裂、脱落,钢筋锈蚀严重等病害,具体病害如下:

2-3号墩柱:该墩从板梁底面距水面1.5m,检测时水深1.5m,水下墩柱约1.5m,变截面墩柱,上部分直径1.1m,下部分直径1.3m,因在结构新建施工时,墩柱出现胀模情况,鼓出部分约20cm。桩身表面大部分有生物附着,桩身有网状形沟槽、混凝土脱落,钢筋笼外露,钢筋锈蚀严重。周围河床面为淤泥。

2-4号墩柱:该桩水深及墩柱尺寸同2-3号墩柱,墩柱周围有混凝土多处脱落、钢筋外漏,且锈蚀严重,周围河床面为淤泥。水下垃圾、石块等障碍物多且相互堆叠,清理淤泥厚150cm左右。

a)结构远景　　　　　　　　　　　b)病害墩柱

图11-113　某预应力混凝土空心板梁桥结构远景及桩基础病害

2)加固方案

针对病害桩基础,最终选择采用水下免排水FRP膜壳加固技术的加固方案。

水下免排水FRP膜壳加固技术利用预制拼装FRP膜壳及水下不分散混凝土,FRP膜壳设计直径1.7m,加固高度2.5m,通过水下快速拼装、免排水灌注工艺,实现桩基础的修复加固,提升桩基础受力性能,提高水下结构防腐蚀破坏等耐久性。FRP膜壳具有轻质、高强、耐腐蚀的特性,厚度为0.4~0.8cm,单位质量为8~13kg/m^2。

3)加固实施施工过程与效果

为便于拼装,工艺设计了几种不同高度的标准节,根据加固高度合理选择用以搭配拼接。

考虑到水下施工的难度及不确定性,该工程设计了简便易操作的拼装工艺,降低了水下作业难度,减少了作业时间。现场施工过程主要为清理桩身→清淤及整平河床→拼接 FRP 膜壳→浇筑底层封底→固定膜壳→灌注水下不分散混凝土→清理、结束(图 11-114)。

a)FRP膜壳拼装过程

b)FRP膜壳拼装完成

c)水下不分散混凝土浇筑完成

d)完成效果

图 11-114 轻质 FRP 膜壳加固桩基础施工过程

FRP 模壳制作成半圆形,通过不锈钢钢板将两个半圆用螺栓连接围绕墩柱一周。首先在水面上拼接第一环模壳,竖向不锈钢钢板固定两个半环,在半环接缝处内外钢板涂上 5mm 厚的树脂胶,对穿螺栓、拧紧,钢板四周挤出胶体,确保钢板与模壳间胶体的密实性。继而采用同样的方法将完成第二环拼装,待树脂固化后,下沉至水中,第二环与第一环之间同样采用不锈钢钢板、树脂胶及螺栓连接,拼接时第二环的顶部超出水面 30cm,方便第三环的拼装。依次拼接下一环至最上层模壳的上边缘超出水面 30cm。FRP 模壳下沉通过盖梁悬吊均匀下放。

水下不分散混凝土严格按照设计配合比进行配置,配合比必须满足混凝土的设计强度、水陆强度比、水下抗分散性、耐久性及施工和易性的要求。灌注时,首先对模板内浇筑区域进行封底浇筑,浇筑高度 10 ~ 15cm,以防整体浇筑时基底承受压力过大,造成模板底部翻浆、模板开裂等现象发生。封底浇筑完成 12h 后即可进行正式浇筑,考虑到水下不分散混凝土的水中流动性、自密实性,正式浇筑采用双导管水下灌注法,即将两套导管对称布置在桩基外围,同时进行灌注。

水下免排水 FRP 膜壳加固技术成果完成对病害水下桩基础的加固。加固施工工期短,无需围堰排水与加固后拆模;FRP 膜壳材料轻质、高强、耐腐蚀性能好,避免了传统钢套管的锈后养护问题；FRP膜壳轻质简便，单节膜壳仅人工即可搬运、安装，无需大型机械设备，节约现场施工劳动力；FRP膜壳纵横向不锈钢金属连接实现对核心混凝土的有效约束，提高混凝土的强度和延性。

11.6.5 水下桩基础加固四

1）工程概况

江苏某高速公路桥梁全长2513.61m，桥面全宽34.5m。下部结构为ϕ1.2m桩孔灌注桩，墩身为ϕ1.0m普通钢筋混凝土柱。系梁截面为80×80cm。上部结构为先张法预制空心板梁。

该桥梁桥位存在潮汐水位变化，在低潮时进行巡查时发现3号、4号墩有部分桩基存在较严重的病害（图11-115）。随即安排了详细检查，根据现场调查，该桥梁潮汐水位变化约为1.7m。最低水位在下午15:00~16:00，河流水面距系梁顶下约1.6m；最高水位在凌晨2:00，水位距系梁顶上约0.6m。发现共计12根桩均有程度不同的病害，病害比较严重的情况如左幅4-2号桩：纵向偏位15cm；桩基1点~4点方向，距系梁底面0.35m范围内混凝土破损，面积约$1.4 \times 1.3 m^2$，最深约16cm，钢筋笼外露；桩基6点方向混凝土破损，面积$0.8 \times 0.6 m^2$，最深约14cm；钢筋笼向3点方向偏位，保护层缺失，钢筋笼里面掏空16cm；桩顶与系梁交接处存在油布垃圾等。桥梁的系梁顶距离河床4.2m，河床向下5m范围地质以粉质黏土为主。桥位河流附近有两个较大的码头，正常有500t船只通航，无法采用围堰法施工。

 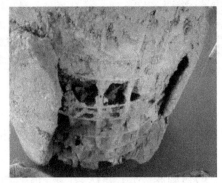

a)混凝土破损　　　　　　　　　　b)露筋

图11-115　桩基典型病害

分析各病害的主要原因如下：①混凝土掏空：桩顶混凝土超灌不足，桩顶混凝土常常为水下混凝土浇筑而产生的泥浆沉淀，存有夹泥现象而影响混凝土质量，由于桩基位于潮汐水域，潮汐冲刷带走泥砂即形成桩身混凝土掏空病害；②夹杂垃圾：夹杂大量油布等垃圾，推测为系梁施工时封堵混凝土漏浆而遗留，其形成桩顶与系梁的薄弱截面，在潮汐作用下加剧桩身混凝土掏空及钢筋外露、锈蚀；③钢筋露筋：钢筋笼定位偏差、护筒埋置深度不够使得钢筋保护层偏小或缺少保护层，潮水起落产生对桩基的冲刷，同时河床变浅、河道变窄变迁等水文条件改变，加剧河水对桩基冲刷，导致桩基钢筋外露。

2）加固方案

针对病害桩基础，根据该桥的土质状况和水文条件确定采用压入钢管加固桩基础技术。压入钢管加固桩基础技术适用于黏性土、碎石土、有机质土等条件下的桥墩、桩基础加固，通过静力压入的方式,将钢管沿着加固结构四周压入到桩基础中。为了达到静力压入钢管的目标,可在桥墩、桩基础与顶部距离较近之处设置反力装置,将千斤顶压入装置安装在加固结构的四周,千斤顶上方与反力装置相连,当静力压入时,其反力通过桥梁自身实现平衡。压入钢管可作为轻型围堰或加固钢套管,该桥梁中,压入钢管可作为轻型围堰。

3) 加固实施施工过程与效果

静力压入钢管加固桩基础的具体施工步骤如下(图 11-116)。

a) 反力架安装　　　　　　　　　　b) 钢套管拼装

c) 钢套管压入　　　　　　　　　　d) 封底混凝土

e) 钢筋安装　　　　　　　　　　　f) 混凝土浇筑

图 11-116　静力压入钢管加固桩基础施工过程

(1) 河床清理

采用航道挖泥船对施工区域进行河床疏浚,保证河床平整。

(2)搭设施工平台

在河岸及河床上搭设满堂脚手架,从而方便施工材料和机械的运输。

(3)制作反力支架,加工钢套管

钢套管直径5m,预制厂加工,每根桩需要6m长钢套管,为了方便拼装和运输,钢套管分节制作,每节0.5m。

(4)钢套管试拼与止水

首先在岸上对钢套管进行试拼,修整边角确保各个部件吻合,对于拼装连接部位采用橡胶条进行填充以达到止水的目的。

(5)反力架安装

反力架由抱箍和若干工字钢纵梁组成。在需要加固的基础墩柱上安装抱箍,其与墩柱产生摩擦力提供反力。抱箍采用两块半圆弧型钢板(板厚12mm左右)制成,抱箍高度不小于30cm,采用M24高强螺栓连接;抱箍上方采用U形螺栓连接纵横工字钢梁,呈"井"字形排布。

(6)钢套管拼装与压入

钢套管由底板和侧板组成,其中底板由钻孔平台转换而成,侧板由分块模板拼装形成。通过手拉葫芦吊起钢套管的分片,在系梁下口进行分节水下拼装,拼装完成后进行压入。钢套管的压入利用千斤顶和手拉葫芦相配合,采用反压法下沉。待钢套管的上缘有足够空间时,再进行第二节钢套管的拼装和沉入。依次进行,直至钢套管下缘达到设计高程。

(7)钢套管封底

在对钢套管封底之前,要先检查套箱底板封孔的情况,并清理钢护筒上的附着物,以增加混凝土和钢护筒间的握裹力。封底浇筑要在潮汐影响较小的低水位进行,采用快速水泥混凝土浇筑封底层,封底层厚度不小于50cm。封底前若河床冲刷严重,围堰外侧需采用回填土进行夯实,以保证围堰不串水。当封底混凝土初凝后根据河道水位变化及时补水及抽水,以减小水头压力差,保证封底混凝土一次封底成功。

(8)围堰加固与防护

钢围堰压入达到设计高程后,对钢围堰外侧采用袋装黏土进行填塞,防止出现管涌。在施工过程中应时刻注意水位变化,当水位差达到设计值时应及时回水,防止出现封底崩溃的情形而导致施工失败。

(9)桩基础加大截面加固

①采用高压水枪冲洗清理桩身混凝土表面淤泥等杂物;②按照设计植筋和绑扎钢筋;③安装模板,浇筑混凝土,桩身加固混凝土采用快凝高强度混凝土,混凝土强度等级大于C50,成型后桩身直径为1.8m。

为了检测加固后的桩基质量是否合格,分别对灌浆料强度、轴线偏位、竖直度、灌浆料用量和加固厚度等技术指标逐一进行检测,检测结果均符合规范标准的要求。同时对此施工技术加固完成后的外观进行检查,桥梁的桩基表面混凝土光滑,无孔洞、大面积蜂窝麻面现象,保证其与原桩基垂直度一致,灌浆料填充饱满并且加固截面顶面平整光滑。压入钢管加固桩基础技术不仅可以方便水中作业,还可以解决桩基础的蜂窝、混凝土离析、钢筋外露等病害,从而达到桩基加固的目的。

附录
课程思政体系

本书面向土木交通行业需求,知识结构贯彻国家"立德树人"根本任务,坚持知识、能力、素质有机融合。根据核心知识特征及思政元素分析,深度挖掘提炼桥梁检测加固知识体系中所蕴含的思想价值和精神内涵,构建了全面融贯课程核心知识系统的思政案例体系,涵盖家国情怀、工匠精神等数十种元素,将课程思政体系与专业知识内容进行有机结合,使思政教育贯穿教学知识体系,令学生在学习专业知识和案例剖析的过程中完成思想升华和价值塑造。

本书的课程思政目标是培养学生自主学习及解决实际工程问题的能力,引导学生体会求真务实、爱岗敬业、精益求精的大国工匠精神,培养学生踏实严谨、团队协作、实践创新的良好工程师素养,激发学生勇于担当民族复兴大任的历史责任感和爱国情怀等,核心课程思政元素及案例库见附表1、附表2。具体课程思政目标包括:

(1)综合素质与绿色发展。以OBE理念为导向,结合大量实际工程案例,培养学生解决复杂工程问题的高级思维和综合能力,在体现课程专业知识"高阶性""挑战性"的同时,注重培养学生专业能力与人文素养、环保意识和可持续发展理念的融合发展。

(2)自主创新与工匠精神。通过科研前沿及技术创新分析,让学生体会在桥梁检测与加固领域突破关键技术的重要性,激发学生自主创新的原动力;通过讲述桥梁科学家一辈子建桥爱桥,为桥梁事业奉献终身的事迹,培养学生终身学习的良好习惯与精益求精的工匠精神。

(3)责任担当与家国情怀。通过讲述我国桥梁建设、检测与加固技术的发展与成就,桥梁典型垮塌事故的原因及后果、土木交通人的奋发图强与技术超越，培养学生不怕困难、不惧艰险的土木精神，强化职业操守和社会责任感，长久激发民族自豪感和家国情怀。

核心课程思政元素植入矩阵　　　　附表1

序号	章节内容	家国情怀	工匠精神	创新精神	社会责任	科学精神	吃苦耐劳	团队协作	可持续发展	其他元素
1	桥梁检测与加固发展现状	●	●	●			●	●		●
2	桥梁结构病害分析		●		●	●				
3	桥梁检测设备与传感器	●		●						
4	桥梁结构的材料性能检测					●	●			●
5	桥梁荷载试验						●	●		
6	桥梁检查与评定				●	●				
7	桥梁缺陷与裂缝修复技术								●	
8	桥梁上部结构改造与加固技术		●	●			●			
9	不同桥型上部结构加固方法			●						
10	桥梁支座更换及下部结构加固技术			●		●				
11	工程应用实例	●	●	●	●				●	

课程思政案例库　　　　附表2

序号	思政案例	家国情怀	工匠精神	创新精神	社会责任	科学精神	吃苦耐劳	团队协作	可持续发展	其他元素
1	我国桥梁发展史	●	●	●						●
2	港珠澳大桥攻坚克难	●		●				●		
3	五峰山长江大桥的大国基建	●	●							
4	南京长江大桥大修的家国情怀	●								
5	北京三元桥整体替代技术的民族自豪	●		●			●	●		
6	桥梁管养人员专业使命与爱岗敬业				●		●			
7	桥梁结构病害诊断的科学精神					●				
8	大跨径预应力混凝土连续梁下挠原因的科学探索					●				●
9	桥梁全寿命周期养护的精益求精		●				●			
10	桥梁下部结构隐蔽工程管养的社会责任				●					
11	北斗定位系统研发的独立自强	●		●						
12	精密传感元件自主的创新精神			●						
13	桥梁缺陷无损检测的科学精神					●				
14	材料性能检测的职业操守				●					●
15	桥梁荷载试验的吃苦耐劳						●			
16	桥梁荷载试验的协作分工							●		

续上表

序号	思政案例	家国情怀	工匠精神	创新精神	社会责任	科学精神	吃苦耐劳	团队协作	可持续发展	其他元素
17	桥梁检测评定的专业使命				●					
18	混凝土缺陷修复的可持续发展理念								●	
19	增大截面加固精细化施工的工匠精神		●				●			
20	体外预应力加固技术哲学思想									●
21	桥梁加固新技术研发的全球视野			●						●
22	预应力钢丝绳-聚合物砂浆加固技术的实践创新			●						
23	桥梁高效加固助力低碳发展								●	
24	古桥加固修缮的文化传承	●							●	
25	东明黄河公路大桥加固创新			●						
26	钢桁架临近传递法更换吊杆创新思维			●						
27	桥梁加固方案选择的辩证思维									●
28	小空间支座更换技术的创新思维			●						
29	桥梁整体提升的可持续发展								●	
30	独柱墩倒塌事故的工程伦理				●				●	
31	水下桩基础加固的环保意识								●	
32	免排水桥梁水下结构加固技术社会节约				●				●	
33	桥梁技术人员职业操守保障桥梁健康安全运营				●					

思政小贴士

第一章

- 我国正处于从桥梁大国向桥梁强国迈进的过程中,并将逐渐引领世界桥梁的发展,在各类桥梁建设中取得了多个世界第一成就,创造了多项世界桥梁建设史上的奇迹,代表性的桥梁包括港珠澳跨海大桥、五峰山长江大桥、沪苏通长江大桥等,这些伟大成就的取得离不开我国桥梁建设者不畏艰难、勇于挑战、攻坚克难的长期奋斗。
- 频发的桥损及垮塌安全事故给社会带来了重大财产损失和人员伤亡,严重威胁人们的生命财产安全,桥梁的设计、建设与管理者肩负着保障桥梁安全运营的重大社会责任。
- 桥梁建造管养技术的发展和进步是一个螺旋式上升的过程,在这一过程中时常会因为对桥梁材料和结构性能的认识不足而受到挫折,也会随着这些认识的不断深化而出现技术革新,作为桥梁工程师,应当坚持辩证唯物主义的观点对待桥梁设计理论与建造技术的发展。

第二章

- 桥梁结构病害多种多样,且导致病害的因素繁多,桥梁病害的成因分析是一项复杂和繁琐工作,需要桥梁工程师不辞辛劳深入工程现场一线,积累丰富的工程经验,基于现场检测结果与专业分析才能给出客观、准确的科学结论。
- 桥梁结构在运营过程中出现的结构性病害,排除偶然因素,一部分是由于先天设计或构造的缺陷引起,一部分则是由于施工质量导致,还有一部分是由于运营期间不正常使用(如超载)造成。桥梁的建造管理过程也是桥梁工作者不断创新设计方法、提升工程质量管控措施和树立全寿命周期可持续发展理念的过程。
- 桥梁结构病害往往与桥梁结构形式密切相关,作为桥梁工程师应当秉承土木工程的专业使命,从设计、施工和管养等全寿命周期去精心呵护,精益求精,为桥梁安全保驾护航。

第三章

- 桥梁结构的精确检测(监测)是桥梁质量评估的重要手段,桥梁检测结果的精确性和可靠性直接关乎到桥梁结构的安全评估和预警准确性。作为桥梁工程技术人员,应当时时事事保持严谨周密的工程思维和实践习惯。
- 独立创新是民族进步的灵魂,近年来,我国科技水平不断进步,在越来越多的领域追赶甚至超越世界先进国家。例如北斗卫星导航系统的自主研发,在桥梁的建设与管养领域,其应用于桥梁测量的精准定位,北斗导航定位系统成功打破了西方国家的技术壁垒,体现了中华民族不畏艰险、勇攀高峰、独立自强的民族精神。
- 在精密传感元器件的研发和生产方面,我国深受西方发达国家技术封锁的困扰。我国大量科学技术人员不畏困难挑战,努力开展科研攻关,不断取得突破,实现了桥梁各类传感元器件的国产化。

第四章

- 材料是桥梁建设的物质基础,随着时间的推移,在使用荷载、环境等综合作用下,混凝土、钢材等桥梁结构材料不可避免地存在退化现象,快速低成本实现对桥梁材料性能的评价是桥梁结构精准养护的前提。因此,检测技术的创新发展是实现这一目标的必由之路。
- 在实现我国交通强国目标的过程中,桥梁检测工程师肩负着保障桥梁服役期结构安全的重要社会责任,材料性能检测更对从业者的责任心提出了更高的要求。桥梁检测工程师应秉承职业操守,遵纪守法,规范化测试,保证每一份检测数据是真实可靠的,为桥梁的安全评估提供真实的状态数据支撑。
- 桥梁超声波检测、回弹检测等检测方法无不彰显着技术发明者的智慧和汗水,只有勇于突破、坚持创新、灵活运用,才能研发出革命性创新技术,推动桥梁检测技术不断向前发展。

第五章

- 桥梁荷载试验多在野外夜间作业,条件艰苦,尤其对于环境恶劣、结构复杂的大跨径桥梁检测,各项测试周期长,测点的定位、仪器的布置、加载车辆的协调,往往耗费大量的时间、精力和耐心。认真负责、吃苦耐劳、勇于奉献是桥梁检测人员必备的从业素质。
- 桥梁荷载试验前期准备复杂,现场工作涉及面广,后期数据处理、结构分析工作量大,技术要求高,其顺利开展与完成离不开荷载试验人员的相互紧密合作,沟通协调能力和团队精神是桥梁荷载试验顺利开展的基本保障。

第六章
- 桥梁检测结果是对桥梁承载性能状态评判的基础,工程师应当坚持职业素养、心系社会,始终坚持科学检测、准确测量、严谨判定,为桥梁等级评定以及养护对策制定提供可靠依据。
- 桥梁管养人员应当定期对桥梁状态进行检测、等级分类以及建立健康档案,如实记录检测结果,掌握桥梁使用性能退化的状态,并及早制订养护维修计划。桥梁管养各个阶段的渎职怠慢都有可能导致桥梁使用功能恶化,出现桥梁垮塌等严重后果。

第七章
- 桥梁运营过程由于环境、荷载等多因素作用,其各类缺陷与裂缝难以避免,需要注重缺陷与裂缝发生规律的统计和成因的分析,及时找出问题根源所在,从源头控制,及时修复,谨防"千里之堤,溃于蚁穴"。这需要桥梁管养人员强烈的责任心和危机管理意识。
- 桥梁混凝土裂缝、破损等缺陷修复属于桥梁病害的早期治理,及时修复早期缺陷可以保障桥梁结构长期处于健康运营状态,延长桥梁结构大修的周期,是一种高性价比的桥梁预防性养护思维。

第八章
- "双碳"目标是我国为世界贡献的中国智慧与中国力量的重大战略决策。为顺利实现"双碳目标",土木工程行业是节能减排的关键和重点领域。对在役桥梁进行高效加固,延长桥梁的使用寿命,减少了桥梁拆除与新建的碳排放量,符合可持续发展的理念。
- 桥梁加固技术方法多样,各有其优缺点和适用场景,没有某种单一加固技术能够独打天下。桥梁工程师应破除迷信,辩证分析实际工程问题,择优选择针对性加固方案,经济合理的加固方案可以在减少旧桥拆除与新桥建设带来的经济支出和环境影响方面,产生良好的社会经济效益,是人类环保意识的重要体现。
- 对具有历史传承和纪念意义的古桥旧桥,通过巧妙的设计和精湛的施工工艺,进行"修旧如新",是桥梁工程师精益求精工匠精神的体现,也是对中国传统文化的传承和保护。
- 随着我国百万座在役桥梁服役年限的增加,桥梁工程师逐渐的主战场从新建桥梁设计建造领域转向桥梁养护管理领域,桥梁工程师应当树立终身学习的观念,不断更新专业知识,适应行业市场的发展需求。
- 桥梁加固新技术研发往往是伴随着某一项新材料、新装备或新工艺的诞生。桥梁工程师应关注行业发展动态,树立全球视野,积极参加技术交流会议,推动桥梁加固技术不断更新进步。

第九章
- 面向经济社会可持续发展需求,桥梁建设与管理者应秉持绿色发展理念,在桥梁工程管理养护过程中,着眼于工程的全寿命周期成本,针对特定病害与具体结构形式桥梁,制定出最佳的处治方案。
- 我国不同历史时期的桥梁往往反映了桥梁建造的历史条件、时代特征和技术水平,如材料节约的双曲拱桥、桁架拱桥,现代气息浓郁的斜拉桥、悬索桥等,桥梁加固设计时应充分考虑结构加固和桥梁历史现状的相协调,注重桥梁历史与美学价值的体现。
- 桥梁结构形式多样,现场环境复杂,每座桥梁都有其独特性,桥梁加固设计方案应当适应桥梁结构形式、病害特点与工程环境,或是针对性补强,或是更新结构材料,乃至转变结构体系,不宜生搬硬套、固守成规。
- 巧妙的桥梁加固设计都是工程师在夜以继日地完善与改进工作中得到的灵感,而这种灵感正是来自于他们对职业的热爱,以及追求完美、止于至善的工匠精神。

第十章
- 独柱墩桥梁侧向倾覆事故会对人民生命及社会财产安全造成巨大威胁。造成独柱墩倾覆事故的原因是由于一定历史时期桥梁设计的认识不足,也是桥梁运营过程中的使用不当,并可能引发工程伦理争议,桥梁管理人员应该辩证分析对待这一问题,并认识到作为工程技术人员的重要社会责任。
- 桥梁下部结构多是隐蔽工程,对桥梁结构安全具有至关重要的影响。桥梁技术人员应牢固树立强烈的社会责任心,坚持职业操守,尽职尽责,未雨绸缪,高质量完成桥梁下部结构隐蔽病害的检测与维修加固工作,确保桥梁的健康安全运营。

第十一章
- 我国数十年高速发展造就了规模庞大的交通基础设施,历经长期的荷载与环境作用,桥梁的结构性能与耐久性日渐劣化。提升交通安全水平也是交通强国战略的重点任务,创新研发低碳高效提升桥梁服役性能的技术,对延长桥梁使用寿命、节约社会资源、促进经济社会可持续发展具有重要的意义。
- 面对桥梁养护与加固工作中遇到的诸多实际工程难题,我国桥梁管理技术人员勇于挑战、开拓创新,以"绣花"功夫雕琢难题的严谨与专注,取得了一系列技术突破,充分体现我国桥梁工程师的爱岗敬业精神。
- 桥梁结构的长期健康安全运营是保障交通安全的基础,从事桥梁工程管养、检测、加固的从业技术人员应当坚持职业操守,遵纪守法,牢筑桥梁安全防线。

参 考 文 献

［1］ ASSAAD J J,DAOU Y,SALMAN H. Correlating washout to strength loss of underwater concrete［J］. Proceedings of the Institution of Civil Engineers-Construction Materials,2011,164(3):153-162.

［2］ ASSAAD J J,ISSA C A. Bond strength of epoxy-coated bars in underwater concrete［J］. Construction and Building Materials,2012,30(5):667-674.

［3］ CHENG C T,YANG J C,YEH Y K,et al. Seismic performance of repaired hollow-bridge piers［J］. Construction and Building Materials,2003,17:339-351.

［4］ HENIEGAL A M,MAATY A A E S,AGWA I S. Simulation of the behavior of pressurized underwater concrete［J］. Alexandria Engineering Journal,2015,106(2):183-195.

［5］ HORSZCZARUK E,BRZOZOWSKI P. Bond strength of underwater repair concretes under hydrostatic pressure［J］. Construction and Building Materials,2014,72(72):167-173.

［6］ WEI Y,MIAO K,ZHANG X,et al. Modeling for complete stress-strain curve of circular concrete columns confined with steel spiral and FRP［J］. Journal of Building Engineering,2021,44(12):1103294.

［7］ WEI Y,JIANG C,WU Y. Confinement effectiveness of circular concrete-filled steel tubular columns under axial compression［J］. Journal of Constructional Steel Research,2019,158(7):15-27.

［8］ 艾珊霞,尹世平,徐世烺. 纤维编织网增强混凝土的研究进展及应用［J］. 土木工程学报,2015,48(1):27-40.

［9］ 曹兴,魏洋,李国芬,等. 钢筋混凝土桥墩加固与修复技术研究［J］. 施工技术,2011,346(40):60-64.

［10］ 曾令宏,钟振. 高性能复合砂浆钢筋网加固高温作用后 RC 梁二次受力刚度研究［J］. 建筑结构学报,2016,37(3):20-28.

［11］ 陈淮,张云娜. 施加横向预应力加固装配式空心板桥研究［J］. 公路交通科技,2008,25(10):58-62.

［12］ 陈卓. 灌浆法在公路桥梁隧道施工中的应用［J］. 交通标准化,2013(7):119-121.

［13］ 谌乐强,谌润水. 压浆配合袋装干混料加固水下基础的研究与应用［J］. 公路交通科技(应用技术版),2011(7):22-23.

［14］ 丁权,黄律群,斯挺,等. 空心板梁桥铰缝破坏机制分析及加固技术［J］. 中国市政工程,2012,(2):38-42.

［15］ 董志强,张光超,吴刚,等. 加速老化环境下纤维增强复合材料筋耐腐蚀性能试验研究［J］. 工业建筑,2013,43(6):14-17.

［16］ 范立础. 桥梁工程(上册)［M］. 北京:人民交通出版社,2004.

［17］ 房世龙,陈红,王岗. 桥墩局部冲刷防护工程特性研究综述［J］. 水利水电科技进展,2007,27(4):84-89.

［18］ 费增乾,何柏春,徐章生. 桁架拱桥典型病害的分析与加固［J］. 公路,2004,8:25-27.

[19] 冯鹏.复合材料在土木工程中的发展与应用[J].玻璃钢/复合材料,2014,9:99-104.

[20] 龚志刚.采用斜拉索体系加固普特桑德预应力混凝土悬臂梁桥[J].世界桥梁,2003,(3):57-59.

[21] 顾安邦.桥梁工程(下册)[M].北京:人民交通出版社,2001.

[22] 桂志敬.美国明尼苏达州钢桁架拱桥坍塌事故回顾[J].中外公路,2012,32(2):138-140.

[23] 郭蓉,王荣霞,赵少伟.体外预应力植筋复合加固空心板梁抗弯性能试验[J].公路交通科技,2013,30(4):40-45.

[24] 韩强,温佳年,杜修力,等.CFRP布加固RC空心桥墩的抗震性能[J].土木工程学报,2015,48(1):90-100.

[25] 韩炜,杜科,李珍,等.大坝混凝土裂缝修补材料的制备研究[J].人民长江,2011,42(10):80-86.

[26] 何晓阳,项贻强,邢骋.混凝土桥梁下部结构病害分析与加固[J].重庆交通大学学报(自然科学版),2013,32(Z1):807-811,822.

[27] 黄民水,朱宏平.空心板梁桥"单板受力"病害机理及其加固处治研究[J].华中科技大学学报(自然科学版),2008,36(2):118-121.

[28] 黄平明,陈万春.桥梁养护与加固[M].北京:人民交通出版社,2008.

[29] 黄淑贞,吕子义,周冰,等.适用于水下混凝土结构裂缝的高性能复合注浆修补材料[J].上海交通大学学报,2006,40(12):2142-2146.

[30] 黄锡明.环向预应力在桥梁加固中的应用[J].中外公路,2006,26(4):160-162.

[31] 江胜华,侯建国,何英明.考虑预应力损失的CFRP布加固钢筋混凝土梁正常使用极限状态可靠度研究[J].土木工程学报,2015,48(11):36-43.

[32] 江苏省质量技术监督局.公路桥梁橡胶支座更换技术规程:DB32/T 2173—2012[S/OL].[2012-12-28].https://std.samr.gov.cn/db/search/std DBDetailed?id=91D99E4D13F92E24E05397BE0A0A3A10.

[33] 江祥林,易汉斌,曾国良.基于缩尺模型的玄武岩纤维布加固桥梁抗弯性能试验[J].公路交通科技,2011,28(7):106-112.

[34] 李福忠.桁架拱桥的常见病害与维修加固[J].公路,2002,9:72-74.

[35] 李树忱,牛平霞,李术才.新型复合黏结技术加固RC梁的抗剪试验研究[J].公路交通科技,2011,28(5):73-79.

[36] 李章珍,卜娜蕊,徐永峰,等.混合FRP嵌入式加固梁的试验方案设计[J].河北建筑工程学院学报,2008,26(4):3-5.

[37] 梁发云,王琛.桥墩基础局部冲刷防护技术的对比分析[J].结构工程师,2014,30(5):130-138.

[38] 刘海祥,刘勇,柯敏勇.钢筋混凝土桁架拱桥的病害及维修[J].市政技术,2006,24(2):95-98.

[39] 龙跃,马秀敏,管方,等.基于OTC/PTC技术的悬索桥主缆系统防腐及耐久性探讨[J].预应力技术,2017,(1):3-7.

[40] 卢亦焱,龚田牛,张学朋,等.外套钢管自密实混凝土加固钢筋混凝土圆形截面短柱轴压性能试验研究[J].建筑结构学报,2013,34(6):121-128.

[41] 马亚丽,王东威,李广慧.基于单板受力的预应力混凝土空心板桥承载力评定[J].公路交通科技,2013,(6):45-48,55.

[42] 欧阳懿桢,庄勇,刘伟庆.带蒙皮FRP格栅增强混凝土板受弯理论分析[J].混凝土,2014(11):44-46.

[43] 潘钻峰,FU C C,吕志涛.装配式板桥的横向预应力设计[J].东南大学学报(自然科学版),2010,40(6):1264-1270.

[44] 秦禄生.重载条件下小跨径简支板桥的横向铰接能力分析[J].公路,2007(10):14-16.

[45] 尚守平,周豪,吕军在.新型复合砂浆对混凝土抗渗及加固性能的研究[J].湖南大学学报:自然科学版,2016,43(3):98-103.

[46] 孙小艳,莫喜晶.钢筋混凝土桁架拱桥病害分析及加固技术[J].重庆交通大学学报(自然科学版).2009,27(Z1):898-901.

[47] 唐俊,李飞.竖向预应力锚索在旧桥墩加固利用中的应用[J].探矿工程:岩土钻掘工程,2010(2):62-63.

[48] 王国鼎,袁海庆,陈开利,等.桥梁检测与加固[M].北京:人民交通出版社,2003.

[49] 王用锁,潘景龙.体外绕丝约束混凝土轴压特性的试验研究[J].工业建筑,2007,37(1):104-106.

[50] 卫军,李沛,徐岳,等.空心板铰缝协同工作性能影响因素分析[J].中国公路学报,2011,24(2):29-33.

[51] 卫军,李沛,张国法,等.空心板铰缝结构耐用性能的试验研究[J].华中科技大学学报(自然科学版),2012,40(1):77-81.

[52] 魏洋,纪军,张敏.FRP网格拉伸性能及加固水下混凝土试验研究[J].玻璃钢/复合材料,2014,21(7):10-15.

[53] 魏洋,吴定燕,李国芬,等.圆形BFRP-钢复合管混凝土轴心受压力学性能研究[J].工业建筑,2015,45(3):169-173.

[54] 魏洋,吴刚,吴智深,等.FRP强约束混凝土矩形柱应力-应变关系研究[J].建筑结构,2007,37(12):75-78.

[55] 魏洋,吴刚,吴智深,等.FRP约束混凝土矩形柱有软化段时的应力-应变研究[J].土木工程学报,2008,41(3):21-28.

[56] 魏洋,吴刚,吴智深,等.不同材料环向缠绕加固混凝土矩形墩柱抗震性能比较研究[J].世界桥梁,2008(3):36-40.

[57] 魏洋,吴刚,吴智深.水下桥墩加固新技术[J].建筑结构,2010,40(S1):683-686.

[58] 魏洋,吴刚,张敏.FRP网格加固桥梁水下结构技术研究与应用[J].施工技术,2014,43(22):73-77.

[59] 吴刚,魏洋,吴智深,等.玄武岩纤维与碳纤维加固混凝土矩形柱的抗震性能比较研究[J].工业建筑,2007,37(6):14-18.

[60] 张依睿,魏洋,柏佳文,等.纤维增强聚合物复合材料-钢复合圆管约束混凝土轴压性能预

测模型[J].复合材料学报,2019,36(10):2478-2485.

[61] 魏洋,张希,吴刚,等.空间曲面纤维网格制作及加固水下混凝土柱试验研究[J].土木工程学报,2017,50(9):1-10.

[62] 王菊,彭兴民,张卫军.基于BIM的桥梁结构加固与改造[J].公路工程,2017,42(2):174-181.

[63] 张树仁.桥梁病害诊断与改造加固设计[M].北京:人民交通出版社,2013.

[64] 刘月莲,林有贵.公路桥梁养护管理与维修加固[M].北京:人民交通出版社,2009.

[65] 张振亮.道路桥梁的病害解析及加固技术探讨[J].交通世界(建养.机械),2012.

[66] 邬晓光,白青侠,雷自学.公路桥梁加固设计规范应用计算示例[M].北京:人民交通出版社,2011.

[67] 任广泉,郝宏伟.浅谈道路桥梁结构病害与加固[J].科学技术创新,2010,33(11):79-79.

[68] 向道明.钢板桩围堰的设计和施工[J].桥梁建设,2003(3):64-65.

[69] 项贻强,邢骋,邵林海,等.铰接预应力混凝土空心板梁桥的空间受力行为及加固分析[J].东南大学学报(自然科学版),2012,42(4):734-738.

[70] 许贤敏,张珍秀.用无裂缝的"外包混凝土"修补奥兰特大桥的桥墩[J].国外桥梁,1997(2):78-82.

[71] 鄢真.微型桩外包混凝土处治河床下切桩基病害研究[J].公路交通科技(应用技术版),2013(2):19-20.

[72] 叶华文,黄若森,刘吉林,等.韩国圣水大桥连续垮塌过程分析[J].世界桥梁,2021,49(5):87-93.

[73] 叶华文,张庆,胡劼成,等.美国I-35W大桥连续垮塌过程研究[J].世界桥梁,2018,46(4):83-87.

[74] 严建科,贺拴海,宋一凡.有侧偏钢筋混凝土桁架拱桥极限承载力分析[J].公路交通科技,2009,34(7):80-94.

[75] 杨海忠,徐建国.关于桥梁整体顶升技术的分析[J].城市道桥与防洪,2015(6):150-152.

[76] 叶见曙,刘九生,俞博,等.空心板混凝土铰缝抗剪性能试验研究[J].公路交通科技,2013,30(6):33-39.

[77] 尹世平,盛杰,贾申.纤维束编织网增强混凝土加固钢筋混凝土梁疲劳破坏试验研究[J].建筑结构学报,2015,36(4):86-92.

[78] 俞博,叶见曙,张剑,等.装配式混凝土铰接板桥铰缝剪力计算[J].深圳大学学报(理工版),2011,28(1):60-64.

[79] 俞同华,林长川,郑信光.钢筋混凝土桁架拱桥[M].2版.北京:人民交通出版社,1983.

[80] 张丰.水下钢筋混凝土加固[J].山西建筑,2013,39(15):163-165.

[81] 张建立.粘贴钢板法加固连续小箱梁桥梁的实例应用[J].华东公路,2014,(6):3-6.

[82] 张俊平,杨勇,黄海云.桥梁检测与维修加固[M].3版.北京:人民交通出版社,2008.

[83] 张雷顺,郭进军.新旧混凝土植筋结合面剪切性能试验对比[J].工业建筑,2007,(11):71-73.

[84] 张为军,田野,覃兆平,等.桥梁用大截面FRP拉挤型材的结构设计与试验研究[J].玻璃钢/复合材料,2013,(8):55-60.

[85] 张喜刚,刘高,马军海,等.中国桥梁技术的现状与展望[J].科学通报,2016,61(Z1):415-425.

[86] 张小娜,温中华.基于缺陷修补的膨胀纤维混凝土耐久性研究[J].人民黄河,2015,37(8):115-118.

[87] 北京市政路桥管理养护集团有限公司,振华集团(昆山)建设工程有限公司.混凝土结构加固设计规范:GB 50367—2013[S].北京:中国建筑工业出版社,2013.

[88] 中交公路规划设计院有限公司.公路钢筋混凝土及预应力混凝土桥涵设计规范:JTG 3362—2018[S].北京:人民交通出版社股份有限公司,2018.

[89] 中交第一公路勘察设计研究院有限公司.公路桥梁加固设计规范:JTG/T J22—2008[S].北京:人民交通出版社,2008.

[90] 中交第一公路勘察设计研究院有限公司.公路桥梁加固施工技术规范:JTG/T J23—2008[S].北京:人民交通出版社,2008.

[91] 中交第一公路勘察设计研究院有限公司.公路桥涵养护规范:JTG 5120—2021[S].北京:人民交通出版社股份有限公司,2021.

[92] 交通运输部公路科学研究院.公路桥梁承载能力检测评定规程:JTG/T J21—2011[S].北京:人民交通出版社,2011.

[93] 交通运输部公路科学研究院.公路桥梁技术状况评定标准:JTG/T H21—2011[S].北京:人民交通出版社,2011.

[94] 长安大学.公路桥梁荷载试验规程:JTG/T J21-01—2015[S].北京:人民交通出版社,2015.

[95] 中华人民共和国住房和城乡建设部.城市桥梁养护技术标准:CJJ 99—2017[S].北京:中国建筑工业出版社,2017.

[96] 交通运输部公路科学研究院.公路工程质量检验评定标准:JTG F80/1—2017[S].北京:人民交通出版社股份有限公司,2017.

[97] 交通运输部公路科学研究院.公路桥梁加固改造技术指南[M].北京:人民交通出版社股份有限公司,2020.

[98] 江苏省市场监督管理局.公路桥梁钢箱梁疲劳裂纹检测、评定与维护规范:DB32/T 3644—2019[S].北京:中国标准质检出版社,2019.

[99] 交通运输部公路科学研究院.公路缆索结构体系桥梁养护技术规范:JTG/T 5122—2021[S].北京:人民交通出版社股份有限公司,2021.

[100] 陕西省建筑科学研究院,浙江海天建设集团有限公司.回弹法检测混凝土抗压强度技术规程:JGJ/T 23—2011[S].北京:中国建筑工业出版社,2011.

[101] 全国统计方法应用标准化技术委员会.数据的统计处理和解释正态样本离群值的判断和处理:JGJ/T 152—2008[S].北京:中国质检出版社,2008.

[102] Standard Method of Test for Surface Resistivity Indication of Concrete's Ability to Resist Chloride Ion Penetration. AASHTO T 358-21[S].美国公路与运输员工协会(US-AASH-

TO).

[103] 中国建筑科学研究院.钢结构现场检测技术标准:GB/T 50621—2010[S].北京:中国建筑工业出版社,2010.

[104] 中国建筑科学研究院.混凝土结构设计标准:GB/T 50010—2010[S].北京:中国建筑工业出版社,2024.